Gastliches Italien

Gastliches Italien

Anna Del Conte

200 Rezepte
Zutaten von A bis Z
Kochbegriffe, Weine

CHRISTIAN VERLAG

Für Oliver

Aus dem Englischen übersetzt von Bibiana Behrendt und Jens Bommel
Redaktion: Silvia Rehder
Korrektur: Petra Tröger
Umschlaggestaltung: Horst Bätz
Herstellung: Dieter Lidl
Satz: Fotosatz Völkl, Puchheim

Copyright © 2002 der deutschsprachigen Ausgabe by Christian Verlag, München
www.christian-verlag.de

Die Originalausgabe mit dem Titel *Gastronomy of Italy*
wurde erstmals 2001 im Verlag Pavilion Books Ltd., London veröffentlicht.

Copyright © 2001 für den Text: Anna Del Conte
Copyright © 2001 für den Text Seite 387–405: Dr. Bruno Roncarati,
deutsche Bearbeitung von Bibiana Behrendt
Copyright © 2001 für die Foodfotos: Tim Hill
Copyright © 2001 für die Illustration auf Seite 24: Emma Garner
Copyright © 2001 für Design und Layout: Pavilion Books Ltd.

Druck und Bindung: Giunti, Italien
Printed in Italy

Alle deutschsprachigen Rechte vorbehalten

ISBN 3-88472-500-9

HINWEIS

Alle Informationen und Hinweise, die in diesem Buch enthalten sind, wurden von
den Autoren nach bestem Wissen erarbeitet und von ihnen und dem Verlag mit
größtmöglicher Sorgfalt überprüft. Unter Berücksichtigung des Produkthaftungsrechts
müssen wir allerdings darauf hinweisen, dass inhaltliche Fehler oder Auslassungen
nicht völlig auszuschließen sind. Für etwaige fehlerhafte Angaben können Autoren,
Verlag und Verlagsmitarbeiter keinerlei Verpflichtung und Haftung übernehmen.

Korrekturhinweise sind jederzeit willkommen und werden gerne berücksichtigt.

INHALT

Vorwort *von Graf Capnist,*
Präsident der Accademia Italiana della Cucina ———————— 6

Einführung ———————————————————— 8

ZUR ENTSTEHUNG DER ITALIENISCHEN
KOCHKUNST ———————————————————— 9

ITALIENS REGIONEN UND IHRE KÜCHE ———————— 25

REZEPTE ———————————————————————— 53

Antipasti ————————————————————————— 55
Suppen ————————————————————————— 63
Pasta ——————————————————————————— 75
Reis, Polenta & Gnocchi ——————————————— 97
Fisch und Meeresfrüchte ——————————————— 113
Geflügel und Wild ——————————————————— 133
Fleischgerichte ————————————————————— 149
Gemüsegerichte ————————————————————— 179
Desserts, Kuchen und Gebäck ———————————— 203
Saucen ————————————————————————— 227
Brot und Pizza ————————————————————— 235

ZUTATEN VON A BIS Z ———————————————— 245

KOCHBEGRIFFE UND KÜCHENTECHNIKEN ———— 363

WEINLAND ITALIEN ————————————————— 387

Bibliographie ————————————————————— 407
Verzeichnis der Rezepte ——————————————— 408
Register ————————————————————————— 410

———— ERKLÄRUNG DER SYMBOLE ————

°   verweist auf einen Eintrag im Kapitel Rezepte

*   verweist auf einen Eintrag im Kapitel Zutaten von A bis Z

♟ verweist auf einen Eintrag im Kapitel Kochbegriffe und Küchentechniken

VORWORT

VON
GRAF CAPNIST, PRÄSIDENT
DER ACCADEMIA ITALIANA DELLA CUCINA

Als Präsident der Accademia Italiana della Cucina freue ich mich über diese Gelegenheit, den bedeutenden Beitrag von Anna Del Conte würdigen zu können. Es ist ihr vortrefflich gelungen, das Interesse an der italienischen Ess- und Kochkultur zu wecken und ihr fundiertes Wissen weiterzugeben.

Dieses Buch behandelt alle Aspekte eines vielschichtigen und zugleich immer köstlichen Themas. Es dient jedem, der mehr über italienische Esskultur erfahren möchte, als allzeit zuverlässiges Nachschlagewerk und ist faszinierende Lektüre für Tausende von Feinschmeckern, die italienisches Essen zu ihren Leidenschaften zählen.

Die Rezepte sind dank der klaren und detaillierten Anleitungen leicht nachzukochen, die Ergebnisse werden mit Sicherheit vorzüglich munden.

Dieses Buch ist leicht zu benutzen, praktisch und wunderschön zugleich. Anna ist es außerdem gelungen, Dr. Bruno Roncarati, einen anerkannten Experten, für die Mitarbeit zu gewinnen. Ihm ist das umfassende und informative Kapitel über die italienischen Weine, die heute in der ganzen Welt bekannt sind, zu verdanken.

„Insomma", wie wir auf Italienisch sagen, ist es für mich eine große Freude, die Accademia Italiana della Cucina mit diesem wertvollen und wichtigen Buch in Verbindung zu bringen.

RECHTE SEITE: *Malfatti (Rezept siehe Seite 112)*

EINFÜHRUNG

„Gastliches Italien" ist die Krönung meiner lebenslangen Liebe zur italienischen Küche und ihrem kulturellen Hintergrund.

Die Italiener lieben das Essen, heißt es. Für mich trifft das sicher zu, und ich hoffe sehr, dass meine Leidenschaft mitschwingt, wenn ich die köstlichen Speisen und die kulinarischen Vorzüge meiner Heimat beschreibe.

Im ersten der sechs Kapitel dieses Buches unternehme ich einen Streifzug durch die Geschichte der italienischen Kochkultur. Während die Beiträge über typische Zutaten und regionale Spezialitäten sowie die Erläuterungen der italienischen Kochbegriffe und Küchentechniken einen umfassenden Überblick geben, habe ich die Auswahl der Rezepte nach meinen persönlichen Vorlieben getroffen. Möglicherweise werden manche Leser das eine oder andere Rezept vermissen – leider konnte ich gerade mal 200 Rezepte aufnehmen aus mehreren Tausenden, die infrage kamen. Ich habe eine beträchtliche Anzahl klassischer Rezepte gewählt, die typisch sind für die jeweilige Region. Andere sind moderner, und einige – meine besonderen Favoriten – zeigen Variationen zu einem Thema auf.

Das A bis Z der Zutaten wurde vor 20 Jahren als eine Art Lexikon der italienischen Küchenzutaten konzipiert. Weil mir schien, dass damals in Großbritannien, wo ich lebte, die echte italienische Küche weitgehend unbekannt war, hatte ich vereinzelte Rezepte zur Veranschaulichung dazwischengestreut. Das Interesse war groß und meine Aufgabe nicht leicht, da es nur wenige Bücher über die Geschichte der italienischen Esskultur und noch weniger über das Essen selbst gab. Ich recherchierte, las, redete, fragte, hörte aufmerksam zu … und ab und zu schrieb ich. Dieses Verzeichnis der Zutaten habe ich nun erheblich ergänzt und erweitert. „Gastliches Italien" umfasst nun ein detailliertes Einführungskapitel über Ursprünge und Entwicklung der italienischen Kochtradition, eine Beschreibung der Regionen Italiens und ihrer heimischen Spezialitäten, einen Rezeptteil mit 200 ausführlichen Kochanleitungen, ein italienisch-deutsches A bis Z der typischen Zutaten, Erläuterungen der italienischen Kochbegriffe und Küchentechniken sowie einen umfassenden Führer durch das Weinland Italien.

Ich hatte das große Glück, Massimo Albertini kennen zu lernen, der mir wertvollste Hinweise und Anleitungen gab und mir wichtige Literatur nannte. Er riet mir auch, Trends, Statistiken und all die Dinge zu meiden, die ein Buch schon nach Monaten als veraltet erscheinen lassen. Inzwischen ist Massimo Albertini, der große Experte für die Geschichte der italienischen Kochkunst, verstorben. Er hat die jüngere Generation und mich wie kein anderer inspiriert.

Anna Del Conte

ZUR ENTSTEHUNG DER ITALIENISCHEN KOCHKUNST

Die römischen Ursprünge

Essen ist in Italien immer ein geselliges Ereignis. Ein willkommener Anlass, sich mit Familie und Freunden zusammenzufinden, lebhafte Gespräche zu führen, mediterrane Gastlichkeit zu pflegen und die Früchte des Landes und der langen Kochtradition zu genießen. Auch wer die Kunst des Kochens selbst nicht beherrscht, weiß die Frische und Qualität der Produkte als Kenner und Liebhaber zu würdigen. So wird das tägliche Essen nie alltäglich. Jedes Mahl stellt etwas Besonderes dar, wird – liebevoll zelebriert – gleichsam zu einem kleinen Fest.

In Italien stehe die Wiege der europäischen Kochkunst, wird oft gesagt. In der Tat kam Italien die Rolle zu, Frankreich und den übrigen Ländern des westlichen Europa das Wesen einer guten Küche zu vermitteln. Als 1533 die 14-jährige Caterina de' Medici den zukünftigen französischen König Henri II ehelichte, nahm sie ein Bataillon von Köchen aus ihrer florentinischen Heimat mit, und auch Maria de' Medici wurde von einer Schar erstklassiger Köche begleitet, als sie im Jahre 1600 nach Frankreich zog, um König Henri IV zu heiraten. Diese Meister ihres Fachs gaben die Geheimnisse raffinierter Kochkunst an ihre französischen Kollegen weiter, die sie sorgsam hüteten und schon bald in jeder Hinsicht vermehrten.

Natürlich vergingen viele Jahrhunderte, bis aus dem kulinarischen Erbe der Etrusker, das in der Antike durch griechische Einflüsse und ab dem 9. Jahrhundert durch Beiträge aus der orientalischen Küche bereichert wurde, eine so hoch entwickelte Küchenkultur entstand.

Pulmentum – Polenta und Brot fürs Volk

Am Anfang war Einfachheit – und sie ist bis heute ein wesentliches Merkmal der italienischen Küche geblieben. Die Hauptnahrung der Bürger Roms und der Legionen Cäsars bestand aus *puls* oder *pulmentum*, einer Art Grütze von zerstoßenen und gerösteten Getreidekörnern, kaum anders zubereitet als heute die Polenta. *Pulmentum* wurde entweder weich und warm als dicker Brei genossen, oft mit Milch verfeinert, oder in Form eines Kuchens kalt verzehrt. Als Beilage gab es rohes oder gekochtes Gemüse, später auch lukanische Würste, geräucherte, pikant gewürzte, oft mit Pinienkernen verfeinerte Schweinswürste. *Pulmentum* ersetzte in frühen Zeiten auch das Brot. Kein Wunder, dass der Komödiendichter Plautus seine Zeitgenossen *pultiphagi* – Brei-(fr)esser – nannte. Erst als es gelang, das Korn so fein zu mahlen, dass *farina* – Mehl – daraus entstand, wurde in römischen Häusern Brot gebacken. Es gehörte zur allmorgendlichen Arbeit, *far*, eine Weizenart, zu mahlen und das tägliche Brot zu backen. Bäcker etablierten sich erst zu Beginn des christlichen Zeitalters, doch ihr Brot war für

die Ärmeren ein unerschwinglicher Luxus. Der Kaiser sorgte deshalb mit einer Ration Getreide für das leibliche Wohl der Arbeitslosen. Für die geistige Erbauung dienten Zirkusspiele. So wurde das Volk mit „panem et circenses" bei Laune gehalten.

Die ersten Römer waren Hirten und Kleinbauern, die einen Streifen Land am Tiber kultivierten. Um ihren eigenen Salzbedarf und den ihrer Schafe zu decken, ließen sie das Seewasser an der Mündung des Tiber verdunsten. Diese Methode erwies sich als so ertragreich, dass sie bald das kostbare Naturgut ausführen konnten und schließlich einen regen und einträglichen Salzhandel mit den griechischen Ansiedlungen im Süden und den Etruskern im Norden pflegten.

Die Schafe lieferten ihnen Milch, Wolle und Fleisch, das sie über dem Feuer rösteten, aber auch in Eisenkesseln kochten – keine Selbstverständlichkeit, denn in Frankreich briet man bis ins 12. Jahrhundert Fleisch nur am Spieß. Auch von Schweinen und Ziegen ernährten sich die römischen Bauern. Rinder jedoch, ihre Zugtiere und Helfer bei der Feldarbeit, waren ihnen heilig. Wer einen Ochsen oder Stier tötete, wurde selbst mit dem Tod bestraft.

Garum – Universalgewürz der alten Römer

Zu jener Zeit war Italien noch kein gesegneter Garten, und die einfachen Römer waren zufrieden, wenn sie ihr *pulmentum* mit Kohl, Saubohnen und Runkelrüben anreichern konnten. Lattich, Zichorie, Kresse, Ampfer, Malven und Raute lieferten – als Salate mit Essig, Öl und Fischsauce zubereitet – die nötigen Vitamine, und mit Zwiebeln und Knoblauch wurde ausgiebig gewürzt. Nicht nur ihres Geschmacks wegen waren diese Lauchgewächse beliebt, sie galten auch als gesund, belebend und sogar aphrodisisch. Der Schriftsteller und Gelehrte Varro spottete, dass die Worte seiner Vorfahren noch immer nach diesen beiden Gewürzen stinken würden. Doch auch Anis, Kümmel und Dill dienten schon früh zur geschmacklichen Verfeinerung der Gerichte. Und im Kochbuch des Apicius ist zu lesen, dass die Köche bereits im 1. Jahrhundert n. Chr. aus einer Vielfalt an Kräutern und Gewürzen wählen konnten, von Liebstöckel, Salbei und Minze bis zu Koriander und Oregano, von Pfeffer und Nelken bis zu Ingwer und Kardamom.

Das berühmteste Gewürz der Römer war jedoch *garum*, auch *liquamen* genannt. Seine Zusammensetzung und Herstellung bereitete den späteren Forschern einiges Kopfzerbrechen und galt als ziemlich „anrüchige" Angelegenheit. Das traf besonders für eine minderwertige Qualität zu, die die Römer aus gesalzenen und an der Sonne vergorenen Fischabfällen bereiteten. Eine von Gargilius Martialis überlieferte exakte Anleitung zeigt jedoch, dass hochwertiges *garum* auf dieselbe Weise hergestellt wurde wie noch heute das indonesische Nationalgewürz *nuoc mâm*. In einem Gefäß wurden im Wechsel stark duftende getrocknete Kräuter, fetter Fisch und Salz aufgeschichtet. Nach sieben Tagen Ruhezeit musste diese Mischung immer wieder gründlich gerührt werden, bis sich frühestens nach 20 Tagen allmählich eine Flüssigkeit absetzte, die man in Krüge filterte. So beliebt war *garum*, dass manche Sklaven dazu verurteilt waren, ihr ganzes Leben mit der Produktion dieser Sauce zuzubringen. Archäologische Funde an den Küsten Spaniens und Portugals konnten allein dort die fabrikmäßige Herstellung von *garum* an über 50 Stellen – alle außerhalb der Wohngebiete – nachweisen. Schon um 700 v. Chr. gab es Garumfabriken, und erst im Mittelalter verschwand die Fischsauce aus den Küchen der Römer. Einzig die kleinen salzigen Sardellen, die in Italien heute noch vielfach zum Würzen verwendet werden, zeigen, dass sich die Geschmäcker nicht so sehr verändert haben.

LINKE SEITE: *Römisches Grabsteinrelief für einen Obst- und Gemüsehändler (3. Jahrhundert n. Chr.).*
OBEN: *Römisches Mosaik aus Thysdrus (heute El-Djem) in Tunesien, das eine Schale mit Feigen darstellt.*

Fleisch aus aller Herren Länder

Als Rom um das 2. Jahrhundert v. Chr. auf dem besten Wege war, eine Weltmacht zu werden, war die Zeit auch reif für eine Bereicherung und Entwicklung der römischen Küche. Vom Feldzug gegen den syrischen Kaiser Antiochus (185 v. Chr.) „brachte das Heer aus Asien ausländischen Luxus nach Rom. Seit jener Zeit begannen die Mahlzeiten, mehr Zeit und Geld für die Zubereitung in Anspruch zu nehmen", berichtet später der Historiker Titus Livius.

Die Römer der Kaiserzeit waren vor allem Fleischesser. Schweine, deren Fleisch sie bevorzugten, wurden in großen Anlagen beinahe industriemäßig gezüchtet. Die Köche verstanden es, die gemästeten Borstentiere auf vielerlei Arten zuzubereiten. In ihrer überschwänglichen Begeisterung für die neuen orientalischen Gewürze verwendeten sie diese allerdings nach dem Motto: „Von allem etwas und das nicht zu wenig". So dürfte sich Schweinefleisch im Geschmack kaum von Lamm oder Wild unterschieden haben.

Festliche Bankette krönte häufig das Trojanische Schwein, nach dem Trojanischen Pferd benannt, weil auch in seinem Bauch etwas verborgen wurde: Gewöhnlich kamen Austern und Singvögel zum Vorschein. Weniger festlich, aber dennoch hoch geschätzt war gepökelter oder roher Schinken. Auch Geflügel aller Art war sehr beliebt. Nicht nur einheimische Hühner, Kapaune und Tauben kamen auf den Tisch. Aus Libyen wurde das „Sultanshuhn" eingeführt, aus Karthago kamen Perlhühner. „Huhn auf numidische Art", mit Pfeffer, Kümmel, Koriander, Essig, Honig und natürlich Liquamen gewürzt und mit Datteln und Pinienkernen verfeinert, galt zu Zeiten Hannibals als besondere Delikatesse. Vom Schwarzen Meer holte man Fasane; Pfaue aus Indien wurden in großen Anlagen gezüchtet. Aus dem nördlichen Gallien trieben die römischen Legionen ganze Herden von Gänsen nach Rom. Damit das Federvieh sein Ziel in gut genährtem Zustand erreichte, wurde ihm „erlaubt", bei den Bauern am Wege zu plündern, wie es die Legionäre selbst taten. Die Gänse der Römer waren daher kaum weniger gefürchtet als die Soldaten.

Das erste Kochbuch

Das erste vollständig erhaltene Kochbuch *De re coquinaria* (Von kulinarischen Dingen) ist unter dem Namen Apicius erschienen und wurde vermutlich im 1. Jahrhundert n. Chr. verfasst. Es wird einem extravaganten römischen Feinschmecker zugeschrieben, der Rezepte seiner Zeit sammelte, aber auch eigene kreierte. Das zehnbändige Werk ist nach griechischen Bezeichnungen gegliedert – Griechisch war damals die gehobene Küchensprache, wie es heute das Französische ist – und bietet einen umfassenden Einblick in die Speisegewohnheiten eines Patrizierhaushalts. Viele der 470 Anleitungen, beispielsweise für die Zubereitung von Jungsau-Gebärmutter oder Flamingozunge, sind allerdings nur als Dokument für die kulinarischen Exzesse im kaiserlichen Rom interessant. Auch die damalige römische Spezialität, der Bilch (lateinisch: *glis*), eine gemästete Haselmaus oder ein Siebenschläfer, gefüllt mit Schweinehack und Pinienkernen, hat ihre Zeit nicht überlebt. Andere Rezepte des Apicius jedoch haben ihren Reiz bewahrt, wie etwa ein Schinken, der mit Honig bestrichen und gespickt mit getrockneten Feigen und Lorbeerblättern in einer Teigkruste gegart wurde, oder eine süßsaure Sauce aus Minze, Pinienkernen, Rosinen, Möhren, Honig, Essig, Pfeffer, Öl, Wein und Moschus. Nach ganz ähnlichen Rezepturen wird heutzutage *agrodolce** bereitet, eine vielseitige Sauce, die zu Fisch, Fleisch oder Gemüse gereicht werden kann. Und eine Reihe weiterer kulinarischer Erfindungen der Römer wird heute noch serviert, etwa *ova mellita* (honiggetränkte Eier), aus denen

unser Omelett wurde, oder der Käsekuchen, den die Römer in einer Tonform aus Mehl, Ricotta, Eiern und Honig bereiteten und mit Mohnsamen bestreuten.

Außer Ricotta kannten die Römer mindestens zwölf weitere Käsesorten, darunter Pecorino sowie einen Edelpilzkäse, der aus der Milch gallischer Schafe gewonnen wurde und als Vorläufer des Roquefort gelten kann. Käse wurde geräuchert, wie heute Scamorza, und auch gegrillt verzehrt. Er durfte zum Frühstück keinesfalls fehlen. Schaf- und Ziegenkäse gehörten zu den Grundnahrungsmitteln und bereicherten auch die Mahlzeiten der Armen. Schon sehr früh bereiteten die Römer eine Art Pesto aus Käse, Knoblauch, Öl und Kräutern, zu einem Kloß geformt, das als *moretum* überliefert ist und von Ovid als „altehrwürdige Speise" bezeichnet wird. Zu frischem, selbst gebackenem Brot schmeckte es sicher köstlich.

Die Gastmähler der Neureichen

Während das römische Weltreich allmählich durch Macht und Luxus korrumpiert wurde, entartete auch seine Kochkunst. Parvenüs, die ihr Vermögen – oft durch Lebensmittelspekulationen – schnell erworben hatten, wetteiferten miteinander in aufwendigen Gastmählern. Satirische Beschreibungen solcher Gelage – in den besseren Kreisen war es allgemein üblich, dass die Gäste auf weichen Sofas zu Tische lagen – waren ein beliebtes Motiv in der Literatur jener Zeit.

So verdanken wir Horaz eine wundervolle Satire über das Gastmahl des Nasidienus Maecen. Dieser eröffnet die Tafel mit einem „Lucanischen Eber, bei lindem Südwind erlegt", serviert „Honigäpfel, bei Neumond geerntet", gefolgt von unzähligen Gängen

Dieses Fresko aus dem 15. Jahrhundert zeigt das reichhaltige Angebot eines Händlers: Olivenöl, Wein und verschiedene Käse stehen bereit; neben einem Hasen hängen Würste und Schinken.

ZUR ENTSTEHUNG DER ITALIENISCHEN KOCHKUNST

geschmacklich bis zur Unkenntlichkeit veränderter Speisen, dazu erlesenste Weine aus allen Teilen des Imperiums, die in Strömen fließen. Nasidienus wird nicht müde, seinen Gästen bei jedem Gericht zu erklären, dass sie bei ihm nur das Erlesenste und Teuerste erwarten dürften, bis diesen schließlich der Appetit vollends vergeht und sie aus Rache keinen Bissen mehr zu sich nehmen.

Petronius schildert in seinem Roman „Satyricon", einem drastischen Sittengemälde, ein besonders üppiges Gelage, das berühmte Gastmahl des Emporkömmlings Trimalcho. Er berichtet darin von einem gebratenen Wildschwein, dessen Wamme lebende Krammetsvögel entfleuchen. Nicht genug, der Hausherr lässt kurz darauf drei lebende Schweine in den Speisesaal treiben, um vor seinen Gästen das Beste auszuwählen. Das erkorene Borstentier wird alsbald dampfend, knusprig und prall aufgetragen. War der Koch etwa nachlässig und hat das Ausnehmen vergessen? Doch ein kühner Schnitt in den Bauch des Tieres lässt appetitliche, fette Würste herausquellen.

Als im 3. nachchristlichen Jahrhundert die Barbaren in Rom eindrangen, stagnierte zwar die Entwicklung der Kochkünste, aber die Barbarenherrschaft übte auch einen wohltuend mäßigenden Einfluss auf die überreiche römische Küche aus. Kulinarische Auswüchse, wie die wahllose Kombination von Nahrungsmitteln zu einem Gericht und der übermäßige Gebrauch von Gewürzen, verschwanden.

Neuer kulinarischer Luxus zur Zeit der Renaissance

Mit der zur Zeit der Kreuzzüge begonnenen Verstädterung des Landes und einer neuen Konzentrierung des Reichtums veränderte sich auch die kulinarische Landschaft. Neben Rom wurden Städte wie Florenz, Venedig, Genua, Ferrara, Mailand und Siena zu Zentren üppiger Gaumenfreuden.

Gewürze, die bereits den alten Römern bekannt waren, wurden neu entdeckt. Andere Gewohnheiten aus dem antiken Rom tauchten wieder auf, wie das Servieren einer Mahlzeit in mehreren Gängen oder der dekorative Aufbau von Speisenpyramiden auf prunkvoll überladenen Tafeln. Wieder prassten die Reichen und Neureichen und übertrafen sich gegenseitig in den extravaganten Gastmählern, die sie für ihre Klientel veranstalteten. Und wer nicht essen wollte oder konnte, befriedigte wenigstens seine Schaulust. Es wird von Gelagen berichtet, bei denen unter Trompetengeschmetter die Gerichte aufgetragen wurden: Fische, Kapaune, ganze Kälber, Ziegen, Kaninchen, Hirsche in der Decke, Rad schlagende Pfauen bildeten schier endlose Menüs. Oft fanden auf einer Bühne während des gesamten Mahls Ballette und Pantomimen statt, auch Kentaurenkämpfe und Nymphentänze wurden dargestellt.

Besonders beliebt waren Schaugerichte. Mythologische Figuren, aus Zucker gebildet, zierten die Tafeln, und die Gäste wurden mit kunstvoll getarnten Speisen überrascht – mit einem Fisch, der sich als Gemüsearrangement entpuppte, oder einem vermeintlichen Schweinebraten, der aus Fisch bestand. Tafelschiffe kamen in Mode, Meisterwerke begnadeter Goldschmiede. Anlässlich der dritten Vermählung Karls des Kühnen von Burgund bogen 30 dieser Prunkstücke die Tafel: „Sie waren beladen mit Braten, und jedes hatte vier Boote, darin waren Beigemüse und zwischen jedem Schiff ein Tabernakel, darunter stunden Pasteten."

Der Luxus wurde so weit getrieben, dass sich der Rat von Florenz gezwungen sah, Sparsamkeitsgesetze zu erlassen. Einem solchen Erlass von 1356 zufolge war es verboten, „bei einer Hochzeit mehr als vier Gänge zu reichen", wobei ein Gang aus mehreren Platten bestand und bei einer Hochzeit von Adligen immerhin 30 Platten ent-

ZUR ENTSTEHUNG DER ITALIENISCHEN KOCHKUNST

Paolo Veronese „Die Hochzeit zu Kana" (1563); Louvre, Paris. Das Hochzeitsmahl beginnt, wie im 16. Jahrhundert in Italien üblich, mit „biscotti" (Keksen) und süßen Früchten.

halten durfte. Auch die Zahl der Gäste wurde begrenzt, und der Koch musste am Vortag des Festes vor der Obrigkeit erscheinen und über die Speisenfolge Bericht erstatten. Doch die toskanischen Köche sahen die verordnete „Kargheit" der Gerichte als Herausforderung und zeigten, dass sie Meister im Zubereiten und Würzen waren und aus dem einfachsten Stück Braten dank raffinierter Behandlung mit aromatischen Kräutern ein kulinarisches Erlebnis machen konnten – eine Gabe, die sie bis heute bewahrt haben. Und wie heute trug auch damals der Reiz der toskanischen Landschaft zum vollendeten Genuss bei: „Dann speisten sie beim Gesang tausender Vögel an dem kleinen See (im Park), von Mücken nicht belästigt, von einem sanften Windhauch erfrischt …", schwärmt Boccaccio.

Wahrer Genuss und gesunde Ernährung

Aus dem 14. Jahrhundert sind zwei Manuskripte erhalten, von einem toskanischen und einem venezianischen Koch geschrieben. Sie bilden einen Teil des Werkes von Maestro Martino da Como, einem Comer Koch des 15. Jahrhunderts, der Küchenchef des Patriarchen von Aquileia im Vatikan war. Sein Manuskript *Libro de Arte Coquinaria* (Das Buch von der Kochkunst) zeigt eine Küche, die nicht mehr länger von mittelalterlicher Deftigkeit geprägt ist, sich stattdessen leicht und elegant präsentiert – der früheste Beleg einer eigenen Küchenkultur der Renaissance. Das Buch enthält etwa das

ZUR ENTSTEHUNG DER ITALIENISCHEN KOCHKUNST

Diese Darstellung der Küchenarbeit wird einem Schüler von Bartolomeo Passaroti (1529–1592) zugeschrieben. Wie aus den herumliegenden Zutaten zu sehen ist, bereitet der korpulente Koch ein opulentes Mahl zu.

Rezept für *Maccheroni Siciliani*, für deren Zubereitung Nudelteig um einen dünnen Eisenstab geschlungen wird. Danach werden die Makkaroni „in der Sonne getrocknet und halten so zwei bis drei Jahre, vor allem, wenn sie während des Vollmonds im August gemacht werden". Heute noch bereitet man *Maccheroni Siciliani* auf dieselbe Art zu, mit Ausnahme des zum Kochen verwendeten Kapaunenfonds, der „mit etwas Safran gegilbt wurde", einem sehr gängigen Gewürz der damaligen Zeit.

Das Werk des wortgewandten Kochs zeichnet sich durch eine deutliche Erweiterung des traditionellen Rezeptrepertoires und präzise Anleitungen aus. Es enthält in 69 Rezepten detaillierte Angaben für die Zubereitung aller Arten von Fisch. Ausführlich berichtet es über die Verwendung von Gewürzen und ersetzt die vormals so üppigen orientalischen Aromen durch frische Kräuter, eine Vorliebe, die die italienische Küche heute noch charakterisiert.

Das vollständige Manuskript des Maestro Martino bildete einen Teil des ersten jemals in gedruckter Form erschienenen Kochbuchs, verfasst von dem Renaissancehumanisten Bartolomeo Sacchi, auch Platina genannt. Dabei handelt es sich nicht um ein Plagiat, Martino wird als „Edelster der Küchenchefs unserer Zeit" gewürdigt, von dem der Autor Platina „lernte, wie jedes erdenkliche Gericht gekocht wird". Platina betitelte das gesamte Werk *De Honesta Voluntate ac Valetudine* (Von wahrem Genuss und Wohlbefinden) und er ergeht sich in nicht weniger als 417 Kapiteln darüber, wie man beides durch Essen erreicht. Sich auf weise Aussprüche klassischer griechischer und römischer Philosophen beziehend, wettert er gegen die kulinarischen Exzesse der Römer und hält mit eigenen Ratschlägen nicht hinter dem Berg. Seiner Zeit voraus, interessiert er sich vor allem für eine gesunde Ernährungsweise und preist auch die Vorteile

ZUR ENTSTEHUNG DER ITALIENISCHEN KOCHKUNST

von Leibesübungen für alle, die gern gut essen, aber dennoch gesund leben wollen. Platinas Werk wurde um 1474 in Rom veröffentlicht, wo er als Bibliothekar im Vatikan arbeitete. Es entwickelte sich bald zu einem Bestseller, der ins Deutsche, Französische und Englische übersetzt wurde. Der deutsche Übersetzer schrieb in seiner Einleitung: „Man spricht, und das ist wahr, dass *culina*, das ist die Küche, der beste Arzt sei. Wo die wohl eingerichtet ist, da bedarf man nicht viel der Doktoren und Apotheker."

Höfische Bankette und Abendgesellschaften

Ein weiterer Meilenstein in der Geschichte der italienischen Kochkunst wurde in der Hochrenaissance von einem Edelmann aus Ferrara gesetzt: Christoforo di Messisbugo, von Kaiser Karl V. mit dem Titel „Küchenmeister" ausgezeichnet, wird von Historikern als Begründer von *la grande tradizione*, der großen Tradition der italienischen Küche, gesehen. Als „Fleischzerleger" und Majordomus stand er in den Diensten der Herzöge aus dem Hause Este in Ferrara. Sein 1549 veröffentlichtes Werk trägt den Titel *Banchetti, Composizioni di Vivande et Apparecchio Generale* (Bankette, Zusammenstellung von Mahlzeiten und allgemeine Vorbereitung).

Der erste Teil enthält detaillierte Anweisungen zu höfischen Festbanketten und Abendgesellschaften, wie man Musik, Tanz oder Theateraufführungen bei einem Festmahl einbezieht und welche Weine serviert werden sollten. Unter den 315 Kochanleitungen für Suppen, Fleisch, Fisch, Saucen und Nachspeisen finden sich die ersten Rezepte französischer, deutscher und sogar englischer Herkunft, die sich auf das kosmopolitische Gepräge am Hofe der Fürsten d'Este zurückführen lassen. Besonders eindrucksvoll ist die Beschreibung der Speisenfolge für ein Essen von wahrhaft gewaltigen Ausmaßen, das der Sohn des Herzogs von Ferrara zu Ehren seines Vaters gab. Den über 100 geladenen Gästen wurden im Laufe des schier endlosen Mahls mehr als 100 verschiedene Gerichte serviert.

Das berühmteste Kochbuch der Spätrenaissance ist zweifellos die 1570 unter dem Titel *Opera* (Werke) *di M. Bartolomeo Scappi* erschienene Sammlung des Leibkochs von Papst Pius V. *Opera* ist die umfassendste und verständlichste Kochanleitung, die je auf Italienisch geschrieben wurde. Das Buch enthält über 1000 Rezepte, Vorbereitungslisten und Menüvorschläge für Bankette sowie Abbildungen von Küchen- und Tafelgeräten, die unser Bild von dieser kulinarischen Epoche bis heute prägen.

Ausgiebig beschreibt Scappi im Kapitel über Fisch die im katholischen Italien so wichtige Fastenspeise. Scappi kocht Fisch auf unprätentiöse Art, meist pochiert, gegrillt oder gebacken, ähnlich, wie man es heute tut. Oft wird der Fisch vor der Zubereitung mariniert. Er macht Angaben über die optimale Größe der Fische, die beste Fangsaison und Herkunft, nennt Austern aus Ancona und Chioggia, Frischwassershrimps aus Brescia und Venedig sowie Tiberforellen. Den zweiten Teil der Fastenrezepte widmet er den Suppen, Gemüse- und Eiergerichten. Detaillierte Anweisungen finden sich darin etwa zum Kochen weicher Eier: Das Ei soll so lange gekocht werden, wie es dauert, das Credo zu rezitieren. Klopft man dann mit der stumpfen Seite der Messerklinge darauf, darf die Eischale nicht brechen – eine einfache Garprobe.

Scappi war der erste Italiener, der Anweisungen für die Verwendung von Käse, die Herstellung von Blätterteig und die Dekoration von Torten mit einer Konditorspritze gab. Ein Rezept beschreibt sogar die Zubereitung eines nahrhaften Kuchens, „den die Neapolitaner *pizza* nennen". Die pikante Variante dieses „Kuchens" entstand erst, als die Tomate aus Amerika in Italien heimisch wurde.

ZUR ENTSTEHUNG DER ITALIENISCHEN KOCHKUNST

Scappi lehrt Kochmethoden, die heute jeder kennt, die damals aber neu waren. Er erklärt die Zubereitung der Gerichte sehr detailliert und teilt höchst präzise sein einzigartiges Wissen über Grundprodukte mit. Seine Rezepte sind erfindungsreich, enthalten Alternativvorschläge und sind in klarer, verständlicher Sprache beschrieben. Alles in allem hat Scappi Großes nicht nur für die italienische, sondern für die gesamte europäische Küchenkultur geleistet.

Frisch aus heimischen Landen: die regionalen Produkte

In den folgenden zwei Jahrhunderten fand die unvergleichliche italienische Kochkunst der Renaissance ihren Weg ins gesamte übrige Europa und kehrte, ihrerseits beeinflusst von den kulinarischen Traditionen anderer Länder, ins eigene Land zurück. Trotz aller fremden Einflüsse blieb aber für die Küche Italiens der Gebrauch frischer regionaler Grundprodukte charakteristisch; die italienische Küche behielt ihren unverwechselbaren Lokalcharakter.

Das zeigt besonders das Buch *Brieve Racconto di Tutte le Radici di Tutte l'Herbe et di Tutti di Frutti* (Ein kurzer Überblick über alle Gemüse, Kräuter und Früchte) von Giangiacomo Castelvetro aus Modena. Das revolutionäre Werk wurde im ersten Jahrzehnt des 17. Jahrhunderts von dem aus Glaubensgründen nach Großbritannien emigrierten Gourmet geschrieben. Es ist weit mehr als nur eine Rezeptsammlung und gibt einen umfangreichen Überblick über den Obst- und Gemüsereichtum Italiens und die vielfältigen Zubereitungsmöglichkeiten insbesondere der vegetarischen Produkte. Der kulinarische Ansatz ist dabei ausgesprochen modern: Gemüse steht oftmals im Zentrum eines Hauptgangs. Castelvetro bevorzugt das heute noch in Italien sehr populäre Marinieren von Gemüse: Es wird in kochendem Wasser gegart und anschließend kalt oder warm mit einer Marinade aus Olivenöl, Salz, frisch gemahlenem Pfeffer und etwas Zitronen-, Bitterorangen- oder Traubensaft angemacht. Sein gegrilltes Gemüse – in Pergamentpapier über dem Holzkohlenfeuer oder auf glühenden Scheiten gegart und anschließend mit etwas Olivenöl beträufelt – lässt sich auch heute als willkommene Alternative zum Barbecue empfehlen.

Castelvetros Buch ist saisonal ausgerichtet. Es beginnt im Frühling mit gekochten Hopfensprossen und schließt im Winter mit Trüffeln. Der Autor beschreibt dabei auch die Suche nach dieser gut getarnten Delikatesse mithilfe von abgerichteten Schweinen. Die richtige Art, Salat zu bereiten, fasst er in den leicht merkbaren Reim: *„Insalata ben saltata / poco aceto e ben oliata"*, „reichlich Salz über den Salat, vom Essig nur wenig, dafür ein kräftiger Schuss Olivenöl", und kommentiert: „Wer sich nicht an dieses einfache, aber gute Rezept hält, wird niemals im Leben einen anständigen Salat genießen können."

Der Einfluss französischer Koch- und Tischkultur

Im 17. Jahrhundert wird Frankreich in der feinen Kochkunst zum Konkurrenten Italiens. Bis dato wurden französische Küchenchefs von der italienischen Küche inspiriert, nun können sie sich revanchieren und ihren italienischen Kollegen wesentliche Impulse vermitteln. So zeigen auch die meisten italienischen Kochbücher dieser Epoche unleugbar französischen Einschlag. Ein Italiener des 17. Jahrhunderts aber, Bartolomeo Stefani, blieb dem Erbe seiner Heimat treu und führte zugleich neue Themen in die Kochbuchliteratur ein – das Alltagsmahl und den Umgang mit dem Wirtschaftsgeld einer Mittelstandsfamilie. Obwohl er Mundkoch am Hofe der Gonzaga von Mantua war, widmete er ein großes Kapitel dem *vitto ordinario*, der Hausmannskost. Die zweite

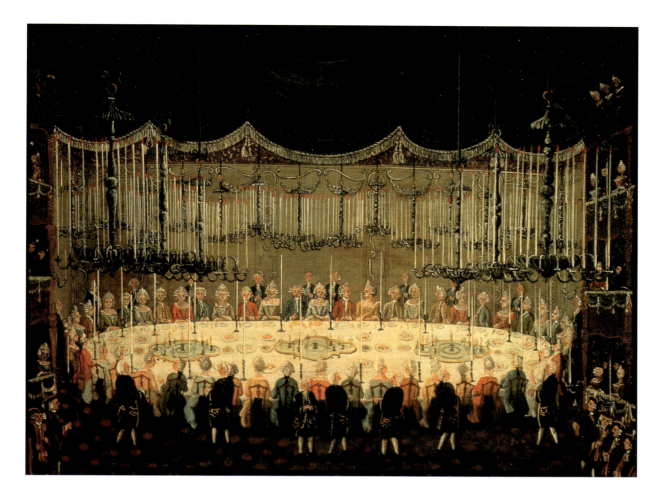

Ausgabe seines Buchs *L'Arte di Ben Cucinare* (Die Kunst des guten Kochens) enthielt sogar eine „Anmerkung für die Leser", in der er die Preise der „üblichen Nahrungsmittel für acht Personen" angibt. Auf seiner Einkaufsliste finden sich beispielsweise Fleisch, Nudeln, Käse, Eier, Schmalz, Ricotta, Brot, Salat, Pfeffer, Rosinen und Essig. Die Gesamtsumme beträgt in der Währung von Mantua 6,19 Lire, doch, wie er feststellt, sei die Welt ein Dorf, wenn es um den Preis von Dingen gehe.

Ein weiteres Kapitel dreht sich um die Vorbereitung und Präsentation bei Festbanketten, so wie man es schon aus den Kochbüchern der Renaissance kennt. Hier findet sich beispielsweise eine detaillierte Schilderung des Festmahls, das die Gonzaga zu Ehren von Königin Christina von Schweden gaben, die auf ihrer Romreise in Mantua Station machte. Die Beschreibung beweist, dass Italien zu dieser Zeit noch immer führend in der Kochkunst wie in der Organisation glanzvoller Feiern war. Immerhin war Italien das erste Land mit einer Tafelkultur, die den Speisenden Messer, Gabel und Löffel sowie einen Teller und ein eigenes Glas anstelle der zuvor üblichen Schüssel mit Serviette zuwies. Zudem waren die Italiener als Kenner guter Weine und für ihre eleganten Trinkrituale bekannt.

Gegen Ende des 17. Jahrhunderts verliert Italien seine Rolle als führende Nation in den kulinarischen Künsten, und die Vorherrschaft auf diesem Gebiet verlagert sich über die Alpen nach Frankreich. Stark vom französischen Küchenchef La Varenne beeinflusst, beschäftigten sich immer mehr italienische Autoren mit dem Tätigkeitsbereich des *Scalco*, des fürstlichen Majordomus. Die Präsentation der Speisen und die Essgewohnheiten

Ausschnitt aus einem Gemälde von Gabriele Belle aus dem 18. Jahrhundert, das ein festliches Bankett darstellt.

ZUR ENTSTEHUNG DER ITALIENISCHEN KOCHKUNST

wurden immer zeremonieller und verfeinerter. Das erste wichtige Buch zur aufkommenden Tischkultur war *Galatheo* von Giovanni della Casa, das zahlreiche Regeln und Vorschriften enthielt. Beispielsweise durften sich die Kellner während des Vorlegens nicht am Kopf oder an anderen Körperteilen kratzen, nicht ausspucken, husten oder niesen, während die Gäste davon absehen sollten, ihre Finger in den Mund zu stecken, mit den Fingern zu essen oder sich mit den Servietten den Schweiß abzuwischen. Es kommt einem seltsam vor, von diesen Geboten im Zusammenhang mit fürstlichen Banketten zu lesen, auf denen goldenes oder silbernes Besteck auf wertvollen Tischtüchern lag, die Teller und Gläser von großer Handwerkskunst zeugten und die Folge an einzelnen Gängen einen heutigen Normalhaushalt über Wochen sättigen würde. Zumal es auch die Zeit war, in der Festmahle zu theatralischen Ereignissen wurden, für die Architekten, Bildhauer, Choreografen, Musiker und Regisseure tätig waren.

Im 18. Jahrhundert, dem „galanten Zeitalter", nahm der Einfluss der französischen „grande cuisine" noch weiter zu, und wer es sich leisten konnte, gab sich reichlichen und verfeinerten kulinarischen Genüssen hin. Allen voran die venezianischen Patrizier, wie wir von Casanova wissen. Für sie war ein ausgiebiges Diner stets das Vorspiel für Liebesfreuden. Selbst der berühmte Schürzenjäger pflegte die Damen erst nach einer üppigen Mahlzeit zu beglücken.

Neue Zutaten aus der Neuen Welt

Den kulinarischen Neuheiten aus Amerika begegnete man in Italien wie auch in Frankreich lange Zeit mit Skepsis und Zurückhaltung. Die Tomate wird erstmals 1554 schriftlich erwähnt und als *pomo d'oro* (goldener Apfel) beschrieben. In der Tat waren die ersten in Europa geernteten Tomaten von gelblicher Farbe und klein wie unsere Kirschtomaten. Der Name *pomodoro* ist ihnen geblieben, auch als sie im Lauf von zwei Jahrhunderten rot und immer größer gezüchtet wurden und das anfänglich gehegte Misstrauen der Italiener sich in eine tiefe und dauerhafte Zuneigung wandelte. Die ersten Tomatenrezepte sind in dem 1692 veröffentlichten Buch von Antonio Latini *Lo Scalco alla Moderna* (Der moderne Haushofmeister) dokumentiert und machen auch heute Appetit: Für einen *Piatto di Cassuola di Pomodoro* (Tomatenschmortopf) wurden die Tomaten zunächst über Holzkohle geröstet und dann „den weiteren Zutaten" (darunter Huhn und Taube) „vorsichtig hinzugefügt, sodass sie nicht zerkochen".

Auch die anderen aus der Neuen Welt eingeführten Vertreter der botanischen Familie *Solanaceae* – Paprika, Chilis und Kartoffeln – wurden wegen ihrer Verwandtschaft mit den giftigen Nachtschattengewächsen zunächst argwöhnisch betrachtet. Während die grünen, gelben und roten, milden oder scharfen Schoten sich gut in italienische Rezepte einfügten, führen Kartoffeln, die man zunächst für eine Trüffelart hielt, bis heute eher ein Dasein am Rande. Sie können auf der Beliebtheitsskala mit Pasta oder Reis einfach nicht mithalten.

Ein anderer Kohlehydratlieferant aus Amerika ist in Italien jedoch schnell heimisch geworden: Als im 17. Jahrhundert der Maisanbau sich ausbreitete, entstand bald aus dem von den Römern übernommenen dicken Getreidebrei die maisgelbe Polenta, die noch heute im nördlichen Italien zu den Grundnahrungsmitteln gehört. Unter den „Einwanderern" aus der Neuen Welt waren auch Truthähne, die in beträchtlicher Menge gezüchtet und nach den vorhandenen Rezepten für Pfauenbraten zubereitet wurden.

Im 17. Jahrhundert kamen auch zwei neue Getränke in Mode: Kaffee und Schokolade. Kaffee, der ursprünglich aus Äthiopien kam, hatte sich vom Jemen aus über

Mekka in der islamischen Welt verbreitet und wurde 1626 in Rom und Venedig eingeführt. Das anregende Getränk wurde schnell zum Erfolg und die Italiener zu Meistern in seiner Zubereitung: Bereits 1645 öffnete am Markusplatz das erste Kaffeehaus Europas. Wenige Jahre später eroberte der Aztekentrunk Schokolade auch die italienische Halbinsel, nachdem ihm die Adelskreise anderer europäischer Länder bereits verfallen waren. Zunächst nur als Getränk aus zierlichen Tässchen genossen, wurde Schokolade gegen Ende des 17. Jahrhunderts auch als Aromaträger in süßen und salzigen Gerichten verwendet – ein Beispiel dafür liefert noch heute eine Zubereitung für Hasenpfeffer (siehe Rezept Seite 144).

Kochbücher für die Bürgersfrau

Gegen Ende des 18. Jahrhunderts erlebte die italienische Küchenkultur wiederum eine Renaissance. Obwohl Italien sich politisch und kulturell im Einflussbereich von Frankreich, Spanien und Österreich-Ungarn befand, lässt sich in der kulinarischen Literatur das Aufkommen einer regional geprägten Kochkultur verfolgen, heute noch Markenzeichen und Stärke der italienischen Landesküche. Kochbücher wurden nicht mehr länger von Küchenchefs für die Leibköche edler Herren geschrieben, nun richteten sie sich an die Bürgersfrau und durch sie an deren Koch. Noch bis zum Zweiten Weltkrieg konnte man in Kochbüchern lesen: „Man lasse dieses Gericht auftragen ..."

Der erste bedeutende Küchenchef, der den französischen Einfluss abschüttelte, war Antonio Nebbia aus der mittelitalienischen Region Marken an der Adria. In seinem 1779 erschienenen Buch *Il Cuoco Maceratese* (Der Koch aus den Marken) legt er besonderen Wert auf örtliche Gemüse sowie Nudeln und Gnocchi und deutet damit die führende Rolle an, die Pasta künftig spielen sollte. Suppen sind nicht länger die Crèmes nach französischer Art, sondern basieren auf mediterranen Gemüsen mit Nudeln oder Reis. Rinderbrühe, nur für Reiche erschwinglich, wird durch Gemüse- oder Hühnerbrühe ersetzt.

Die gleiche Einstellung findet sich bei Vincenzo Corrado in seinem Buch *Il cuoco galante* (Der feine Koch). Der ehemalige Mönch benutzt zwar die französische Küchen-

Neapolitanische „Makkaroniverkäufer" präsentieren dem Fotografen ihre frisch gekochten Spaghetti (1890).

ZUR ENTSTEHUNG DER ITALIENISCHEN KOCHKUNST

terminologie, bleibt aber im Kern den italienischen oder besser neapolitanischen Traditionen treu. Er weist seine Leser auf den Reichtum und die Qualität heimischer Erzeugnisse hin und ruft die Köche dazu auf, sich auf den guten alten Geist der regionalen Kochkultur zu besinnen, um den französischen Kochkünstlern ebenbürtig zu sein. Das 1773 erschienene Werk wurde in Italien begeistert aufgenommen und erfuhr bis ins 19. Jahrhundert hinein eine Reihe von Neuauflagen.

In seinen Kochanleitungen legt Vincenzo Corrado Wert auf die Betonung des Eigengeschmacks – ein Kennzeichen der italienischen Küche aller Regionen. In einem Rezept für Tauben schlägt er vor, die ausgebeinten Vögel mit einer Kalbsbries-Eier-Fülle zu versehen, in mit Zitronenschale und Zimt aromatisierter Brühe zu pochieren und mit einer leichten Sahnesauce zu servieren. Im Fischkapitel finden sich Rezepte, die heute Klassiker der italienischen Fischküche darstellen, wie die Zubereitung *In Bianco*, wobei der Fisch in einer Pergamenthülle mit Zitrone, Lorbeerblättern, Petersilie, Salz und etwas Essig gedämpft und mit einer Sauce aus in Öl zerdrückten Pinienkernen aufgetragen wird.

Corrados wohl wichtigster Beitrag zur italienischen Küchenkultur aber ist die Wiederentdeckung des *Vitto Pitagorico*, der Pythagoräischen Küche. Er beginnt mit diesen Worten – Musik in den Ohren eines Vegetariers: „Die Pythagoräische Küche besteht aus frischen Kräutern, Wurzeln, Blumen, Früchten, Samen und allem, was die Erde an Nahrhaftem hervorbringt. Man nennt sie so, weil Pythagoras bekanntermaßen nur solche Lebensmittel benutzte. Es besteht kein Zweifel, dass diese Ernährungsweise natürlicher ist, das Verzehren von Fleisch erscheint schädlich."

Kurz nach Corrados Werk erschien in Rom die sechsbändige Enzyklopädie *L'Apicio Moderno* (Der moderne Apicius) von Francesco Leonardi, der als Küchenchef in den Diensten der Zarin Katharina der Großen stand. Einige Rezepte aus diesem Lehrbuch, das unzählige Generationen von Köchen beeinflusste, gehören auch heute noch zum Repertoire der italienischen Küche.

Zur gleichen Zeit wurde in Frankreich der große Koch und noch größere Selbstdarsteller Antonin Carème als Genius der *haute cuisine* gefeiert. So groß war sein Ruhm, dass man ihn auch im Ausland nicht ignorieren konnte. Dennoch entstanden in Italien eigenständige Gerichte, die nur sehr wenig mit den grandiosen Kreationen von Carème gemein hatten. Es sind Rezepturen, in denen sich die Entwicklung der italienischen Küche dokumentieren lässt, ein schriftliches Zeugnis für bewusste Regionalität.

Vorüber die Epoche der großen Festbankette, wie sie etwa Scappi für Kardinal Campeggi kochte, als dieser Kaiser Karl V. mit lebenden Vögeln in einer Pastete überraschen wollte. Vorbei Hochzeitsdiners wie das des Herzogs von Mantua im Jahre 1581, als man die Tafel mit Tieren aus Zitronen, Schlössern aus Rüben und Wallanlagen aus Limetten schmückte, die zusätzlich mit Kaviar, Schinken, sardischem Fischrogen und anderen Delikatessen garniert waren. Nun, im 19. Jahrhundert, fügte selbst Giovanni Vialardi, Küchenchef des ersten italienischen Königs, in seine „Abhandlung über moderne Koch- und Backkunst" schlichtere Rezepte ein, die „für den einfachen Haushalt passend" erschienen. Moderne Zubereitungen wie „Lammnieren mit Anchovis und Zitrone"° (siehe Rezept Seite 178) oder „Gnocchi alla Romana"° (siehe Rezept Seite 108) finden sich schon in Kochanleitungen aus dieser Zeit. In verschiedenen Regionen Italiens erscheinen nun Bücher, die den ausgeprägten Lokalcharakter der Küche widerspiegeln. Noch heute bekannte Rezepte für Pesto oder Stockfisch und erstmals auch die Kombination von Tomaten und Pasta sind hier nachzulesen.

Artusi und die moderne italienische Küche

Eine neue Ära in der italienischen Kochbuchliteratur begann mit Pellegrino Artusis Klassiker *La Scienza in Cucina e L'Arte di Mangiar Bene* (Von der Wissenschaft des Kochens und der Kunst des Genießens). Wie der Untertitel verrät, handelt es sich dabei um ein „praktisches Handbuch für Familien", in dem es um „Reinlichkeit, Ökonomie und Wohlgeschmack" geht. In diesem Werk ist die große kulinarische Tradition deutlich spürbar, doch zum ersten Mal wird sie für die Gegenwart neu interpretiert. Artusi, der aus der Emilia-Romagna stammte und in Florenz lebte, war kein professioneller Koch, sondern ein Gourmet und leidenschaftlicher Sammler von Rezepten, die er zu Hause zusammen mit Marietta, der Köchin der Familie, ausprobierte. Die Rezepte bestechen durch ihre Klarheit und sind durch Anekdoten und witzige Einschübe aufgelockert, mit Bedacht als Beispiele für den Reichtum der kulinarischen Traditionen Italiens ausgewählt.

Artusi kann sich für bestimmte Rezepte regelrecht begeistern und andere ablehnen, wie etwa bei dem Rezept für *Braciole alla Contadina* (Koteletts nach Bauernart): „Ich mag diese Koteletts nicht und überlasse sie gerne dem Landvolk. Aber da sie dem einen oder anderen doch schmecken könnten, stelle ich sie hier vor – und mir stelle ich vor, ich sei jetzt ein Bauer." In der Einführung zu *Quenelles* (Fischklößchen) schreibt er: „Das Rezept stammt höchstwahrscheinlich von einem Koch mit zahnlosem Dienstherrn."

So amüsant das Buch auch zu lesen ist, es sollte doch nicht übersehen werden, dass es die Grundlage der modernen italienischen Küche bildet. In seinen Rezepten legt Artusi großen Wert auf die gezielte Zusammenstellung der Aromageber, die den Eigengeschmack der Grundprodukte nur unterstreichen, aber nicht verdecken dürfen. Der „Artusi", wie das Buch bald genannt wurde, sollte für Generationen von italienischen Köchen, Jungvermählten und Küchenamateuren eine unverzichtbare Hilfe werden.

Ehre gebührt neben den großen Kochbuchautoren auch der *Accademia Italiana della Cucina* (Gastronomische Akademie Italiens). Die 1953 gegründete kulinarisch-akademische Vereinigung wacht über den Fortbestand der kulinarischen Traditionen Italiens und bereichert die Küchenkultur durch kulturhistorische Forschungsarbeiten. Die Akademie ist im In- und Ausland vertreten, und ihre Mitglieder sind die Kritiker und Richter der in den italienischen Restaurants präsentierten Küche.

Den wichtigsten Beitrag zum kulinarischen Erbe Italiens hat aber letztlich das italienische Volk selbst geleistet, als Köche wie als Genießer und auf den Märkten ebenso wie bei Tisch. In den Küchen der Bauern- und Arbeiterfamilien ließen Findigkeit und Fantasie Gerichte entstehen, die heute zu den Klassikern einer einfachen, bodenständigen Kochkultur geworden sind. Und in den Häusern der Adligen und vornehmen Handelsfamilien entwickelten professionelle Köche eine abwechslungsreiche, raffinierte Küche, die zwar keine ausgeprägten regionalen Züge trägt, aber dennoch typisch italienisch ist.

Sosehr sich Geschmack und Vorlieben im Lauf der Jahrhunderte auch gewandelt haben, von den opulenten Banketten der Römer, der Renaissance und des Barock hin zu den leichteren, raffiniert einfachen Speisen von heute, in einem Grundsatz war die italienische Küche stets modern: in der ausschließlichen Verwendung von frischen, hochwertigen Zutaten und der Zubereitung nach Methoden, die den natürlichen Eigengeschmack betonen. *De gustibus non est disputandum* – das bekannte Sprichwort könnte in diesem Sinne auch bedeuten: Über Geschmack *braucht* man nicht zu streiten.

„Festa della polenta" in Ponti in der Provinz Alessandria (1932). Viele Köche rühren den Brei auf dem Piemonteser Polenta-Fest.

ZUR ENTSTEHUNG DER ITALIENISCHEN KOCHKUNST

ITALIENS REGIONEN UND IHRE KÜCHE

ABRUZZO (ABRUZZEN)

Obwohl sich die Landschaft der Abruzzen zwischen Nord- und Süditalien befindet, lässt sich die dort gepflegte Küche dem Süden zurechnen und ist je nach Lage unterschiedlich geprägt: Entlang der Küste wird vorwiegend Fisch, im Hinterland Schweinefleisch und Lamm verzehrt.

Auch in den Abruzzen wird eine Version des *brodetto**, der typischen Fischsuppe der Adria, gekocht, die aber im Gegensatz zum adriatischen *brodetto* keinen Safran enthält. Erstaunlich, denn der Safrankrokus wird in der Nähe der Abruzzen-Hauptstadt L'Aquila großflächig angebaut. Chilischoten werden dagegen in Hülle und Fülle verwendet. Kleine Tintenfische werden mit Chili roh mariniert, Kraken werden damit gekocht, und das bekannteste regionale Nudelgericht, *maccheroni alla chitarra**, wird in Chilibrühe gegart, ebenso wie das reichhaltige Resteessen 'ndocca 'ndocca.

Früher einmal wurden hier die Nudeln überwiegend von Hand gefertigt, heute ist aus der Pastaherstellung ein wichtiger Industriezweig geworden, bei dem regionale Erzeuger mit den Markennamen aus Neapel konkurrieren. Die lange Tradition der Abruzzen sowie der hochwertige Hartweizen, der hier vor Ort angebaut wird, haben den heutigen Pastaprodukten zum Erfolg verholfen.

Beste Gemüse gibt es im Überfluss. Besonders wohlschmeckend sind sie in einer reichen Gemüsesuppe, einer Minestrone*, die hier auch *le virtù* (die Tugenden) genannt und vor allem im Frühling mit getrockneten Hülsenfrüchten, Nudeln und frischem Gemüse gekocht wird.

Zu den zahlreichen Wurstwaren aus Schweinefleisch zählt der *prosciutto d'Aquila*, ein dem spanischen Serrano vergleichbarer Schinken, und *ventricina*, eine Salami, die mit Chili, wildem Fenchel und Orangenschale aromatisiert wurde. Wie in anderen Bergregionen wird auch hier Lammfleisch von Schäfern nach jahrhundertealter Art zubereitet. Es wird gerne *a catturo*, in einer großen Kupferpfanne über dem offenen Feuer, mit Basilikum, Zwiebeln, Salbei und Chili gegart.

Käse ist unverzichtbarer Bestandteil der regionalen Ernährung; besonders beliebt ist der Pecorino*. Der heimische *caciocavallo** wird aus Büffelmilch hergestellt, die mit Chili gewürzt wurde. Mozzarella* hingegen wird hier aus Kuhmilch gemacht, ebenso wie der birnenförmige *scamorza**, der manchmal am Spieß gegrillt wird.

SPEZIALITÄTEN

Ventricina – *eine mit Chilischoten, Fenchel und Orangenschale aromatisierte Salami*
Maccheroni alla chitarra – *hausgemachte Maccheroni mit Lammragout*
Agnello cacio e uova – *Lammfrikassee*
Scamorza – *birnenförmiger Kuhmilchkäse*
Cassata di sulmona – *mit Vanillecreme, Haselnusscreme und Schokolade gefüllter Biskuitkuchen*

WEINE

Montepulciano d'Abruzzo, Trebbiano d'Abruzzo

In den Bergen der Abruzzen im Herzen Italiens leben auch heute noch Wölfe, die die Schafherden bedrohen.

ITALIENS REGIONEN UND IHRE KÜCHE

Süßspeisen sind gleichfalls beliebt, und die Vielfalt der Desserts ist erstaunlich. Manche sind schlicht, andere aufwendig wie die *noci attorrati* – Mandelpralinen – und die zarten *confetti**.

Wichtigstes Erzeugnis der Region ist Safran. Er kann dem besten Safran aus Spanien Konkurrenz machen.

BASILICATA

Diese kleine, südliche Region, die auch unter ihrem lateinischen Namen Lucania bekannt ist, gehört zu den ärmsten Gegenden Italiens, was sich auch auf die Küche auswirkt. Wichtigste Fleischlieferanten sind Schweine, die von jeder Kleinbauernfamilie selbst aufgezogen werden. Von diesem hoch geschätzten Tier stammen die Wurstsorten *salsiccia**, Salami*, *capocollo** sowie Prosciutto* (Schinken) und gesalzener Schweinebauch, der auch mit Chilischoten eingelegt und als Brotaufstrich gegessen wird. Die hervorragenden Wurstwaren sind seit den Zeiten der Römer bekannt. *Luganega** ist wohl hier entstanden, wie sich aus frühen Erwähnungen schließen lässt. Lamm und Ziegenkitz sind hier ebenso beliebt wie in den Nachbarregionen, die ähnliche Traditionsgerichte kennen.

Brot wird aus Hartweizen gebacken und ähnelt damit dem Brot aus Apulien. Die traditonelle Form, *panella* genannt, kann so groß wie ein Wagenrad sein und reicht dann für eine ganze Woche. Auch die handgemachte Pasta wird hier mit Hartweizenmehl und Wasser hergestellt, die Formen gleichen denen Apuliens. Traditionsgemäß wird Pasta in der Basilicata mit *ragù* serviert, einer Fleischsauce, die kleine Stücke

SPEZIALITÄTEN

Capocollo und andere Salamisorten
Luganega – *grobe Mettwurst*
Lagane con lenticchie – *breite Bandnudeln mit Linsen*
Agnello e cardoncelli – *Lamm mit wilden Pilzen*
Scapice – *gebratene Sardellen oder Sardinen, mit Minze gewürzt*
Burrata und burrini – *regionale Frischkäse*

WEIN

Aglianico del Vulture

Der Dom und die Sassi – aus dem Felsen gehauene Häuser – von Matera in der Basilicata.

Lamm oder Schweinefleisch enthält, die *'ntruppic* genannt werden, Hindernisse. Zur Vollendung dienen in Olivenöl erhitzte Peperoni, auf die ganz zum Schluss noch großzügig die lokale Spezialität, salziger Ricotta*-Hartkäse, gerieben wird.

Aus Gemüse entstehen eigenständige Hauptgerichte wie *ciammotta*, eine Platte aus gebratenem Gemüse, oder *mandorlata di peperoni*, ein ungewöhnliches und köstliches Gericht, für das Peperoni mit Mandeln kombiniert werden. Hülsenfrüchte spielen eine bedeutende Rolle und werden sehr vielseitig und einfallsreich zubereitet, wie etwa beim Traditionsgericht *lagane e ceci*, breiten Bandnudeln mit Kichererbsen.

Die Fischgerichte an den beiden Küstenstreifen entlang des Ionischen und Tyrrhenischen Meers ähneln denen der dortigen Nachbarn Apulien und Kalabrien. Allerdings stammt ein eigenständiges Rezept für *baccalà**, Klippfisch, von den Lukaniern selbst: Gewässerter Klippfisch wird mit Kartoffeln bedeckt, mit Olivenöl, Oregano, Knoblauch und dem unverzichtbaren Chili gewürzt und überbacken.

Burrata*, *burrini* und Mozzarella* sind die örtlichen Kuhmilchkäse. Süßspeisen entstehen bevorzugt aus Mandeln. Besonders interessant sind die *panzarotti**, süße Ravioli, die mit Kichererbsenpüree gefüllt und mit Schokolade, Zucker und Zimt gewürzt werden.

CALABRIA (KALABRIEN)

Obwohl Kalabrien heute eine der ärmsten Regionen Italiens ist, reicht die Küchentradition zurück in die glorreiche Vergangenheit dieser Gegend. Griechen, Araber, Normannen, Franzosen und Spanier haben die kulinarischen Gewohnheiten beeinflusst, die sich vor allem um Gemüsezubereitungen drehen. Besonders beliebt sind Auberginen. Von süßsauer bis hin zu einem gratinierten Auflauf mit Käsesauce werden sie in einer nahezu unendlichen Vielfalt zubereitet. Eine Spezialität sind gebratene Auberginenscheiben, gefüllt mit *provolone** und *'ndugghia*, einer Schweinswurst, die der französischen *andouille* ähnelt.

Frisches Fleisch ist selten, aber Wurstwaren werden in großer Anzahl erzeugt. Am beliebtesten ist *capocollo* aus Schweinenacken, die Blutwurst *sopressata* sowie die *'ndugghia*. All diese Würste werden mit Chili aromatisiert, dem traditionellen Gewürz Kalabriens. Im Winter werden die Küchen mit Girlanden aus Chilischoten geschmückt, die während des Jahres an Südfenstern und Türen trocknen konnten.

Auf dem 3000 Meter hohen Sila-Plateau, dessen Vegetation an die der entfernten Alpen erinnert, gedeihen viele Pilze. Hier wachsen auch Esskastanien im Überfluss.

Vielerorts wird Pasta aus Hartweizen und Wasser noch selbst gemacht, von Hausfrauen geduldig zu *lagane**, *ricci di donne* (Damenlocken), *capieddi e previti* (Priesterhüten) und Maccheroni* (unter Verwendung einer Stricknadel) geformt. Nudeln werden normalerweise mit Gemüsesauce oder Hülsenfrüchten kombiniert. Reichhaltigstes Nudelgericht ist *sagne chine*, eine mit Schweinefleisch, Erbsen, Mozzarella*, Artischocken, Käse und Tomatensauce gefüllte Lasagne.

Hügellandschaft in der Nähe von Peitragalla in der Basilicata.

SPEZIALITÄTEN

Capocollo, 'ndugghia und sopressata – *mit Chili aromatisierte Würste*
Mustica – *sonnengetrocknete Sardellen*
Ovotarica – *getrockneter Thunfischrogen*
Sagne chine – *reichhaltiges Lasagnegericht*
Frischer Thunfisch in süßsaurer Sauce
Scamorza, Provolone und Caciocavallo – *Kuhmilchkäse*
Fichi alla sibarita – *gefüllte Trockenfeigen*

WEIN

Cirò

ITALIENS REGIONEN UND IHRE KÜCHE

Die dicht bewaldeten Höhenzüge der kalabrischen Berge. Hier gedeihen Steinpilze und Maronen.

Entlang der Küsten des Ionischen und des Tyrrhenischen Meeres ist Fisch das Hauptnahrungsmittel. An der Stiefelspitze wird gerne Schwertfisch gegessen und auf ähnliche Weise wie im nahen Sizilien zubereitet: ob *in pizzaiola** (mit Tomate, Oregano und Mozzarella), in Weißwein pochiert oder mit Oliven und Kapern gefüllt – das Aroma der *peperoncini** darf nie fehlen. Sardellen sind sehr beliebt (vgl. das Rezept für gebackene frische Sardellen, Seite 124), ebenso wie Sardinen und Thunfisch, beide meist mit Tomaten geschmort. Regionale Delikatessen sind *mustica*, auch *rosmarina* genannte, in Salzlake eingelegte und mit Chili gewürzte Jungsardellen, und *ovotarica*, getrockneter Thunfischrogen.

Alle in Süditalien beliebten Käsesorten werden auch in Kalabrien produziert, Mozzarella, *provolone* und *caciocavallo** aus Kuhmilch, dazu Pecorino* aus Schafsmilch und einige Ziegenkäse.

Die Süßspeisen mit ihren exotischen Aromen des Nahen Ostens ähneln den sizilianischen. Getrocknete Feigen, Mandeln, kandierte Früchte, Rosinen und Sultaninen werden, fein gehackt und geröstet, zur Zubereitung der meisten *dolci* gebraucht. *Torrone gelato* ist ein köstliches Nougat aus fein gehackten, kandierten Früchten und Mandeln. Getrocknete Feigen werden mit Mandeln oder Haselnüssen gefüllt, mit Zimt aromatisiert und gelegentlich mit Schokolade überzogen.

Zwei Zitrusfrüchte sind hier zu Hause – Zitronen und Bergamotten. Die Zitronenschale wird kandiert und für Kuchen und Süßspeisen verwendet. Bergamotten, eine Kreuzung zwischen Bitterorangen und Limetten, werden vor allem wegen ihres aromatischen Öls geschätzt, das zum Parfümieren von Likör, Earl-Grey-Tee und Eau de Cologne verwendet wird. Die Zitrusfrucht ist wegen ihrer unangenehmen Bitterkeit nicht essbar, aber mit viel Glück kann man einmal Bergamottenmarmelade probieren, eine exquisite, sehr aromaintensive Marmelade, die in Kalabrien in nur geringen Mengen hergestellt und kaum exportiert wird.

Ein weiteres, hoch geschätztes Produkt der Region ist Olivenöl, dessen regionaler Charakter sich durch fruchtige Tiefe mit zartem Mandelaroma und einen pfeffrigen Nachgeschmack auszeichnet.

CAMPANIA (KAMPANIEN)

Die Küche Kampaniens spiegelt das fröhliche Wesen, die Genussfreude und Fantasie seiner Bewohner wider. Hier wird gekocht, was für viele Ausländer die typisch italienische Küche repräsentiert: Spaghetti mit Tomatensauce, Pizza, Mozzarella*, gefüllte oder gegrillte Gemüsepaprika und Auberginen … all diese vertrauten Gerichte stammen aus Neapel oder seinem Umland und wurden von ausgewanderten Neapolitanern in der ganzen Welt bekannt gemacht. Daneben schätzt man Fisch, der normalerweise gegrillt, gebraten oder als *fritto misto* im Backteig zubereitet wird.

Hervorragende Gemüse und Früchte werden hier dank vulkanischer Bodenbeschaffenheit und idealem Klima im Überfluss geerntet. Dem Einfallsreichtum der Einwohner und der weltläufigen Erfahrung vieler Küchenchefs, die oft in Frankreich ihr Handwerk gelernt haben, ist der große Bestand an Hauptgängen auf Gemüsebasis zu verdanken. *Gattò di patate** (Kartoffelkuchen), *parmigiana di melanzene** (Auberginenauflauf) und *peperoni ripiendi di pasta** (gefüllte Paprikaschoten) sind nur einige Beispiele.

Vor 200 Jahren genoß die englische Aristokratie den neapolitanischen Lebenstil während ihrer Grand Tours, der Bildungsreisen in antike Landschaften. Man labte sich in kleinen Osterien an *spaghetti alla pommarola* (mit Tomatensauce) und *fritto misto**, dann speiste man wieder fürstlich bei Hofe und in Adelspalästen: zwei Extreme einer Küche, die unterschiedlich wie kaum eine andere sein kann, die aber dennoch immer auf der Qualität der verwendeten Zutaten und der Kreativität des Kochs basiert.

Hauptnahrungsmittel sind Trockennudeln. Das Trocknen als Konservierungsmethode für Pasta wurde in Neapel entwickelt, und hier entstand gegen Ende des 18. Jahrhunderts die perfekte Verbindung aus Spaghetti und Tomaten, wobei die hervorragenden Tomaten von den Hängen des Vesuvs stammten. Nach und nach wurden Muscheln und andere Meeresfrüchte hinzugefügt, und die Nudeln dienten dazu, auch den kleinsten Rest köstlichen Ragouts aufzusaugen.

Reis kommt nur in einem traditionellen Gericht vor, in *sartù**, einer aufwendigen Zubereitung, bei der sich französische Haute Cuisine mit neapolitanischer Bodenständigkeit verbindet. Wichtigste Zutat ist bei diesem Reisauflauf elfenbeinfarbener Büffelmozzarella, ein anderes neapolitanisches Produkt, das die Welt erobert hat. Mozzarella wird zur klassischen Pizza benötigt, zur *calzone** und für gefüllte Gemüse. Andere regionale Käsesorten sind *scamorza**, *provolone** und *caciocavallo**.

SPEZIALITÄTEN

Pizza
Gattò di patate – *Kartoffelkuchen mit Salami-Käse-Füllung*
Mozzarella in carozza – *gebratenes Mozzarella-Sandwich*
Gefüllte Gemüse
Jegliche Art von Nudelgerichten aus Trockennudeln, meistens mit Tomaten
Fritto misto – *frittierter Fisch*
Polpo alla luciana – *Tintenfischtopf*
Gelati – *Eiscreme und Sorbets*
Sfogliatelle – *Kleingebäck*
Mozzarella – *Büffelmilchkäse*
Scamorza, Provolone, Caciocavallo – *Kuhmilchkäse*

WEINE

Greco di Tufo, Falerno, Fiano di Avellin, Taurasi

Die Stadt Rivello erstreckt sich auf einem Bergrücken, der von der wilden Gebirgsregion Kampaniens hinab ins Hochland verläuft.

Neapolitanisches Gebäck ist außergewöhnlich reichhaltig und basiert auf Ricotta, Nüssen und Zitrusfrüchten. An Ostern bietet jede Konditorei *pastiera** an, während eine Pyramide aus *struffoli**, süßen Bällchen, den festlichen Mittelpunkt der Weihnachtstafel bildet. Das ganze Jahr über schmecken *sfogliatelle**. Dazu gibt es unzählige Eisdesserts wie *granita**° oder *spumone**° (Rezepte Seite 226), Köstlichkeiten, die alle von der hohen Qualität des hier angebauten Obstes profitieren.

EMILIA-ROMAGNA

Die Emilia-Romagna besteht aus zwei sehr unterschiedlichen Landstrichen: im Westen die Emilia, von der fruchtbaren Poebene im Norden begrenzt. Im Osten schließt sich bis zur Adriaküste die Romagna an. In beiden Regionen wird aromaintensiv und bodenständig für Menschen gekocht, die bewusst mit ihrer kulinarischen Tradition leben.

Die Hausfrauen sind hier Expertinnen im Nudelmachen. Formen und Füllungen variieren, aber die Qualität ist immer gleich bleibend hoch. Die einfallsreichen Zusammenstellungen aus Nudelsorten und unterschiedlichsten Saucen finden in anderen Teilen Italiens kaum ihresgleichen.

Die Emilianer sind Meister im Umgang mit Schweinefleisch und Milch. Aus Schweinefleisch werden so viele Sorten Salami und Schinken erzeugt, wie es Orte in der Region gibt. Piacenza ist für seine *coppa** und für *pancetta** berühmt, Parma für den weltberühmten Prosciutto* und *culatello**. Aus Reggio Emilia kommen große Würste, die etwa *cotechino** oder *cappelli da prete* heißen. Mortadella aus Bologna, *zampone** aus Modena und *salame da sugo** aus Ferrara werden von Gourmets sehr geschätzt.

Milch ist wichtigster Bestandteil des dritten Haupterzeugnisses der Region. Im Alltag schlicht als Parmesan bezeichnete Hartkäse wie der *grana padano** oder der teurere Parmigiano Reggiano* sind unverzichtbar

SPEZIALITÄTEN

Prosciutto di Parma, Culatello, Salame felino, Mortadella und andere Wurstwaren aus Schweinefleisch

Cappellacci, Anolini, Tortellini, Tagliatelle, Lasagne und andere gefüllte Nudeln

Faraona all'aceto balsamico – *Perlhuhn in Balsamessigsauce*

Squacquerone – *ein sehr weicher Käse aus Kuhmilch*

Aceto balsamico – *Balsamessig*

WEINE

Albana, Lambrusco, Sangiovese di Romagna

für Nudelsaucen, Pastaaufläufe und einige Fleisch- und Gemüsegerichte, die als *alla parmigiana* auf den Speisekarten stehen. Parmesan wird auch für das Fischgericht *sogliole all'emiliana* benötigt, bei dem Seezunge mit Parmesan im Weißwein-Fisch-Fond überbacken wird.

Die Küche der Romagna verfügt über ein großes Repertoire an Fischgerichten. Von Aal bis Seezunge reicht das frische Angebot auf den Märkten. Ihren Höhepunkt erreicht die kulinarische Liebe der Romagner zum Fisch jedoch im *brodetto**, der Fischsuppe der Region, die den meisten anderen Fischsuppen der Adria an Geschmack überlegen ist.

Als große Genießer und herzhafte Esser können sich die Einwohner der Emilia-Romagna natürlich dem Zauber der Süßspeisen nicht verschließen. *Sbrisolona**, eine knusprige Mandeltorte, *spongata**, ein honigwürziger Reiskuchen, gelegentlich mit Teighülle, und der Tagliatellekuchen sind nur einige der vielen Backwaren, die man in den hervorragenden Konditoreien kaufen kann, die, wie die anderen Lebensmittelläden auch, nur erstklassige Waren anbieten. Esswaren einzukaufen ist in Bologna, Parma oder Ferrara so faszinierend wie Modekauf in Mailand.

Die Vielschichtigkeit dieser reichen Küchenkultur war schon immer die Grundlage für die nachhaltige Rivalität zwischen den sieben Provinzen der Emilia-Romagna, die miteinander im Anbieten der besten Gerichte aus dem großen Repertoire der italienischen Küche wetteifern. Nicht vergessen werden soll ein weiteres außergewöhnliches Produkt der Region: der Balsamessig, *aceto balsamico**, der zunehmend in ganz Europa beliebt wird.

FRIULI-VENEZIA-GIULIA (FRIAUL-JULISCH-VENETIEN)

Die kleine Region Friaul-Julisch-Venetien an der Grenze zu Österreich und Slowenien ist eine Welt für sich. Nicht nur eine bewegte Geschichte und viele Kunstschätze zeichnen diesen Landstrich aus, hier lassen sich auch kulinarische Entdeckungen machen. Vielleicht ist das typisch für ein Grenzland. Einflüsse der österreichischen, ungarischen und slavischen Nachbarn, dazu die Traditionen des Balkans, gingen in der regionalen Küche auf. Aber auch die Verwandtschaft zum benachbarten Veneto ist spürbar. Während die grundlegenden Lebensmittel aus der Poebene und den Alpen stammen, sind die hier verwendeten Gewürze und Aromen eindeutig fremdländisch beeinflusst.

Dieses Nebeneinanderleben verschiedenster Küchenstile ist in Julisch-Venetien deutlicher als im gebirgigen Friaul, wo man sehr bodenständig kocht. Dort ist die Küche kärglich und besteht vorwiegend aus Bohnen, Polenta* und Suppen. Bemerkenswert unter den Gemüsesorten sind weiße Rüben, aus denen die Friulaner einen schmackhaften Eintopf zubereiten, der traditionell mit gekochtem Schweinefleisch serviert wird.

Ein überregional bekanntes Erzeugnis der Gegend ist der San-Daniele-Schinken, der qualitativ so hochwertig wie Parmaschinken ist. Schweinefleisch wird auch zum Eintopf *toc de purcit* verwendet, für den das Fleisch in Wein mit reichlich Gewürzen geschmort wird. In Triest schätzt man Gulasch, allerdings mit deutlich weniger Schärfe als in Un-

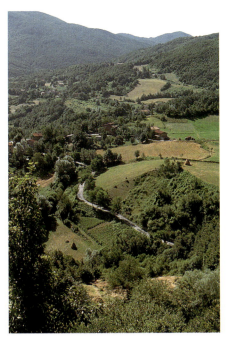

Die sanften Kuppen der Colli Bolognesi zu Füßen des Apennin durchziehen die grünen, fruchtbaren Täler der Emilia-Romagna.

SPEZIALITÄTEN

San-Daniele-Schinken
Cialzons — *Ravioli mit verschiedensten Füllungen, von Kartoffeln bis Trockenfeigen*
Jota — *Kohlsuppe*
Fischsuppe aus Grado
Stinco arrosto o in umido — *gebratene oder geschmorte Schweine- oder Kalbshachse*
Montasio — *Kuhmilchkäse*
Formaggio di Malga — *Frischkäse aus den Alpen*
Gubana — *Nuss-Rosinen-Kuchen*
Apfel- und Quarkstrudel

WEIN

Colli Orientali del Friuli, Collio Gorziano

Die Stadt Cividale im Friaul vor der Kulisse der slowenischen Ostalpen. Hier wurden die blutigsten Schlachten des Ersten Weltkriegs ausgetragen. Und hier spielt auch Hemingways 1929 erschienener Roman „A farewell to arms" (In einem anderen Land).

SPEZIALITÄTEN

Carciofi alla giudea und eine Vielzahl weiterer Artischockengerichte
Pinzimonio – *Olivenöldip*
Spaghetti alla carbonara
Saltimbocca – *gebratenes Kalbsschnitzel mit Salbei und Parmaschinken*
Porchetta – *Spanferkel*
Pecorino Romano – *gereifter Schafskäse*
Ricotta – *Frischkäse*

WEIN

Frascati, Colli Albani, Vini dei Castelli Romani

garn, und serviert es nach italienischer Art mit Bandnudeln oder *bigoli** (Vollkornspaghetti).

Bigoli, die eigentlich aus Venedig stammen, werden auch gerne mit frischen Sardinen aufgetischt. Eine andere traditionelle Nudelsorte ist *cialzons*, halbmondförmige Teigtaschen, deren Füllung wesentlich vielseitiger als bei klassischen Ravioli ist. Roggenbrot, Kartoffeln oder Spinat, des Weiteren Schokolade, Zitronenschale, Sukkade – insgesamt mehr als 40 Zutaten gehören in die traditionelle Füllung. Die Sauce selbst ist dann schlicht, nur ein wenig geschmolzene Butter und frisch geriebener Parmesan. Ein weiteres, sehr typisches Gericht sind Kartoffel-Gnocchi mit Pflaumenfülle.

Die Köche dieser Region verstehen sich besonders gut aufs Suppenkochen. Dazu gehören Bohnen- und Gerstensuppen, Kohltöpfe, Schweinebrühe und der wohlschmeckende *paparot*, eine Spinatsuppe.

Von den Gemüsesorten der Region sind besonders der Spargel aus Aquilea und aus Sant'Andrea bei Gorizia weithin bekannt. Im Überfluss wachsen die Zichoriengewächse. *Radicchietto nano* (Zwergradicchio), ein zartes, angenehm bitteres Gemüse mit kleinen, samtenen Blattkolben, wird bei Gorizia im Frühjahr im Glashaus und später im Freiland angebaut.

Die Meeresküste östlich von Venedig, zwischen Grado und Triest, beherbergt zahlreiche Muschel- und Austernfarmen. Meeresfrüchte und Risotto sind die Spezialitäten der Küstenregion, ebenso wie die unterschiedlichsten Fischsuppen. Der beste Käse der Region ist der Montasio*, wesentlicher Bestandteil von *frico**, einem Snack, den man auf jeder Party im Friaul kosten kann.

Die fremdländischen Einflüsse werden besonders bei den Süßspeisen deutlich, etwa bei der *koch* genannten, gebackenen Orangencreme und bei *strucolo**, dem gleichfalls aus der österreichisch-ungarischen Küchentradition stammenden Strudel der Gegend. *Presnitz*, ein Strudel mit einer Gewürzfüllung aus kandierten Früchten, der wohl ursprünglich aus dem Osten stammt, ist ein traditionelles Osterbackwerk. Aus Venedig hat die hiesige Küche dagegen die *fritole**, ein Schmalzgebäck, übernommen, das während des Karnevals gegessen wird.

LAZIO (LATIUM)

In dieser Region dreht sich alles um die Hauptstadt Rom, deren Lebensfreude immer ansteckend wirkt, gleich ob es sich um die Liebe, um kulinarische Genüsse, Shopping oder Mode dreht. Auch aus diesem Grund orientiert sich die Regionalküche Latiums sehr stark an der Roms und das seit der Zeit vor über 2000 Jahren, als die römischen Bankette sprichwörtlich für ihre kulinarischen und festlichen Meriten waren.

In späteren Jahrhunderten genossen Päpste und Kardinäle die angenehmen Seiten des Lebens, und exzellente Tafelfreuden standen hoch im Kurs. Große Küchenchefs waren dafür verantwortlich und orientierten sich gerne an der Großzügigkeit, wenn nicht gar an der Zügellosigkeit der Festmahle zu antiken Kaiserzeiten. Heute noch wird zur Karnevalszeit eine Pastete zubereitet, die den Reichtum der päpstlichen Tafelkultur zu

Zeiten des Barock deutlich macht: *pasticcio di maccheroni*. Die Füllung der Deckelpastete besteht aus Makkaroni in einer Sauce aus Fleischsaft, Hühnerleber, kleinen Kalbfleischklößchen und Wurststückchen. Sie wird mit Eiercreme bedeckt, bevor sich der Teigdeckel darüber schließt.

Trotz gelegentlicher Extravaganz ist der eigentliche Küchenstil Roms bodenständig und schlicht. Heute wie in der Vergangenheit werden bevorzugt Brot, Käse, Lammfleisch, Oliven, frische Gemüse und Wildkräuter aus heimischem Anbau gegessen.

Die Landschaft um die Stadt Rom ist vulkanischen Ursprungs und daher ideal zum Anbau von Gemüse geeignet. Frische, Qualität und Vielfalt bestimmen das Angebot. Artischocken sind das Lieblingsgemüse der Römer und werden fantasievoll zubereitet, am bekanntesten sind *carciofi alla giudea**. Für *pinzimonio** werden rohe Gemüse in eine Sauce aus Olivenöl, Zitronensaft, Salz und Pfeffer gedippt – ein schlichtes Gericht, das nur durch die Qualität der Zutaten zum Hochgenuss wird. Der Wildkräutersalat *misticanza**, mit Spargel und Hopfensprossen, ist im Frühling sehr beliebt.

Die Römer sind Meister im Zubereiten von reichhaltigen Gerichten aus schlichten Zutaten. *Gnocchi di semolina°*, die Escoffier in seinem *Guide Culinaire* als *gnoki à la romaine* bezeichnet, bestehen schlicht aus Grieß, Milch und Eiern. In den Händen eines römischen Kochs allerdings werden sie zu jenem „Traum aus saftiger Leichtigkeit", den Waverley Root in seinem Buch *The Food of Italy* beschreibt. Die gleiche Verbindung aus Schlichtheit und exquisiter Eleganz findet sich auch in der *stracciatella**, der wohl bekanntesten Suppe Roms. Die römischen *frittate** enthalten Gemüse und Käse wie Ricotta*, *mozzarella di bufala** und Pecorino*.

Die Römer besitzen auch das Talent, appetitliche Speisen aus Resten oder weniger geschätzten Fleischteilen zuzubereiten. *Coratella d'agnello** etwa oder die wohlschmeckende *pagliata*, geschmorte oder gegrillte Innereien vom Milchkalb oder Lamm.

Entlang der Küstenlinie Latiums kommt häufig Fisch auf den Tisch, in der Umgebung des Bolsenasees sind es Aale. Bei einem Mittagessen in einer einfachen Trattoria in Marta am Seeufer konnte ich aus fünf verschiedenen Zubereitungsarten für den Aal auswählen: *arrosto*, also gebraten, *alla cacciatora°*, in süßsaurer Sauce, gegrillt oder mit Lorbeer in Wein geschmort. Wie lautete wohl das Lieblingsrezept des Avignon-Papstes Martin IV. aus dem 13. Jahrhundert, der seine Aale vor dem Zubereiten eine Weile in Vernacciawein hielt? Mit unangenehmen Nebenwirkungen für den Fisch, aber großem Geschmacksgewinn und vereinfachter Zubereitung, denn das Aroma des Weines teilte sich bereits dem Fleisch des noch lebendenden Tieres mit.

Selbst bei den Nachspeisen hat sich in der Küche Latiums nicht viel während der vergangenen Jahrhunderte geändert. In dörflichen Trattorien werden nach wie vor *maritozzi** und *budino di ricotta*, ein Quarkauflauf, angeboten, so wie es schon die Wirte im 15. Jahrhundert taten. Und zum Karneval trinkt man in Rom den *frappè*, so wie die Mailänder dann traditionell *chiacchiere** und die Venezianer *galani** essen.

Die etruskische Landschaft an der Grenze der südlichen Toskana zum nördlichen Latium ist reich an Olivenbäumen und saftigen Wiesen. Dort weiden die Schafe, aus deren Milch der beste Pecorino bereitet wird.

ITALIENS REGIONEN UND IHRE KÜCHE

SPEZIALITÄTEN

Trenetto oder Gnocchi mit Pesto
Focaccia – *Brotspezialität*
Farinata – *Kichererbsenkuchen*
Pansoti con preboggion – *Raviolo mit Wildkräuterfüllung*
Cima alla Genovese – *gefüllte Kalbsbrust*
Torta pasqualina – *Spinat-Eier-Pastete*
Kandierte Früchte, glasierte Kastanien

WEIN

Cinqueterre

LIGURIA (LIGURIEN)

Die Ligurer leben zwischen dem Ligurischen Meer und den Bergen, die sich nur wenige Kilometer landeinwärts steil erheben. Diesen schmalen Landstreifen machten sie mithilfe von mildem Klima und feuchter Seeluft zu einem der fruchtbarsten Gemüsegärten Europas.

Entsprechend wichtig sind die einheimischen Agrarerzeugnisse für die Regionalküche. Fleisch und Getreideprodukte wurden aus dem Piemont und aus der Provence eingeführt, auf der bäuerlichen Tafel fand sich lange nur Kaninchen als Fleischspeise. Und auch heute noch werden im stillen Hinterland wie eh und je Kaninchen gehalten. In den Gärten wachsen Rosmarin und Salbei der Sonne entgegen und lassen ahnen, wie ihre frischen Aromen bald die Küchen erfüllen.

An der westlichen Riviera wachsen zahllose Olivenbäume und das hier erzeugte Öl, unverzichtbarer Bestandteil der heimischen Küche, hat einen zartsüßlichen Charakter, der sich mit jedem Gericht verträgt.

Ein gutes Beispiel für die hohe Qualität der Landesküche ist das Fladenbrot *focaccia**°. Einfacher Brotteig wird mit Zwiebelscheiben bedeckt und mit Weichkäse gefüllt oder mit Kräutern bestreut. Das klingt schlicht, aber in Ligurien wird daraus etwas Köstliches. Die Stimmigkeit des Backwerks wird durch die perfekte Harmonie der unterschiedlichen Aromen erreicht. Durch besondere Harmonie der Zutaten zeichnet sich auch Pesto* aus, die beliebte Basilikumpaste, die einfachste aller Saucen. Sie schmeckt unvergleichlich aromatisch, wenn sie mit dem hier wachsenden, frischen Basilikum und den dazu präzise abgestimmten weiteren Zutaten bereitet wird. Auch *preboggion**, eine Kräuterfüllung für Ravioli und Gemüse, gehört zu den Spezialitäten aus heimischen Kräutern.

Seltsamerweise finden sich in der Küche dieser Region mit ihrer langen Küstenlinie nur wenige Fischrezepte. Fisch wird sehr schlicht gekocht, wodurch seine Frische besonders zur Geltung kommt. Die Fanggründe sind mager, aber die Genueser als sparsame und hart arbeitende Menschen haben das Beste daraus gemacht. Auch weniger begehrte Speisefische verwandeln sie in wunderbare Gerichte, wie etwa Makrelen mit Erbsen. *Ciuppin*, eine Fischsuppe, wird meist püriert und durch ein Sieb gestrichen, um die unzähligen Gräten schlechterer Speisefische zu entfernen. Muscheln gibt es besonders im Golf von La Spezia in großer Anzahl, hier werden sie zudem gezüchtet. Besonders beliebt ist in Genua auch gesalzener und getrockneter Kabeljau.

Selbst die Nachspeisen werden in Ligurien vorwiegend aus hier angebauten Zutaten hergestellt. Der Gewürzreichtum, den die Genueser auf ihren Schiffen nach Europa brachten, fand nie seinen Weg in die traditionelle Küche vor Ort. Doch die Genueser wandten zu Hause an, was sie von den Arabern gelernt hatten: ihre heimischen Früchte zu kandieren. Sie waren schließlich solche Experten auf diesem Gebiet, dass königliche Häuser in ganz Europa einen eigenen Hoflieferanten für kandierte Früchte in der Stadt besaßen. Kandierte Früchte, Sultaninen und Pinienkerne aus lokaler Produktion sind Grundlage der meisten

Ein ligurisches Dorf liegt eingezwängt im Tal zwischen den hohen Bergen, die das Landschaftsbild im Nordwesten Italiens prägen.

ITALIENS REGIONEN UND IHRE KÜCHE

Süßspeisen. Besonders beliebt sind das schwere, kuppelförmige *pan dolce** oder leckere, frittierte Teigtaschen mit einer Füllung aus karamellisiertem Kürbis und Zitrusschalen.

Von Pesto abgesehen, sind nur wenige Spezialitäten der ligurischen Küche weltweit bekannt geworden. Wer diese kulinarisch interessante Region also erschmecken möchte, muss sich schon vor Ort umsehen.

Die Weingärten der Cinqueterre, eine eindrucksvolle Kulturlandschaft an der ligurischen Küste. Die Terrassen wurden alle per Hand in die steil zum Meer abfallenden Hänge gegraben. Zwischen die Weinstockreihen sind Feigenbäume gepflanzt.

LOMBARDIA (LOMBARDEI)

Der Großteil dieser Region wird vom Valle Padana, dem Flusstal des Po, eingenommen. Hier ist das Land fruchtbar, und die Menschen sind arbeitsam und erfolgreich. Die Küche allerdings zeugt noch von früheren, weit bescheideneren Zeiten. Polenta ist besonders in den Berggebieten Hauptbeilage zu Fleischgerichten, und das Abendessen beginnt normalerweise mit einem Teller Suppe. Die heute weltbekannte Minestrone* etwa verdankt ihre Entstehung dem Einfallsreichtum der hiesigen Hausfrauen, die Speckschwarten und Reis mit den üblichen Bohnen und Saisongemüsen kochten.

Nudeln wurden in der Lombardei erst relativ spät bekannt. Deshalb sind nur wenige traditionelle Pastarezepte überliefert, wie beispielsweise *tortelli di zucca**, Kürbisravioli aus Mantua oder *pizzoccheri** aus dem Valtellinatal. Der Unterschied zwischen beiden Nudelgerichten – das eine so reich und glanzvoll wie die Renaissance, aus der das Rezept stammt, das andere so bescheiden und armselig wie seine Herkunft aus den ver-

SPEZIALITÄTEN

Bresaola – *luftgetrocknetes Rinderfilet*
Eine Vielzahl an Risotti
Pizzoccheri – *Buchweizennudeln mit Wirsing und Kartoffeln*
Cassoeula – *Schweinefleisch-Kohl-Eintopf*
Ossobuco – *geschmorte Kalbshachsenscheiben*
Grana Padano, Gorgonzola, Mascarpone, Taleggio
Mostarda di Cremona – *in Sirup eingelegte kandierte Früchte, mit Senf aromatisiert*
Torrone – *Nougat*
Panettone – *Hefeteig-Früchte-Kuchen*

ITALIENS REGIONEN UND IHRE KÜCHE

gessenen Bergtälern im alpinen Norden – zeigen am deutlichsten die Vielfalt und Komplexität der lombardischen Küche.

In der Lombardei gibt es verschiedene regionale Kochtraditionen, die aber vieles gemeinsam haben. Fleisch wird gerne geschmort oder gesotten und selten gegrillt oder gebraten. Bevorzugtes Kochfett ist Butter, und viele Mailänder Rezepte basieren auf Sahne, was dem Einfluss der französischen Küche zu verdanken ist. In der letzten Zeit haben einige Mailänder Restaurants alte Rezepte wieder entdeckt: *Ossobuco** wird ohne Tomaten, aber mit einer *gremolada** geschmort und mit einem cremigen Risotto serviert, der Knochenmark enthält, das *costolette* wird wieder wie einst mit dem Kotelettknochen gebraten und *vitello tonnato* wie im Originalrezept ohne Mayonnaise zubereitet. Nur wenige Beispiele von vielen.

Im Osten Mailands, auf das Veneto zu, ist Polenta als Beilage zu saftigen Fleischspeisen und Fischgerichten führend. Kommt man zum Gardasee, ändern sich Klima und kulinarische Kultur. Die Küche wird leichter und frischer, die Landschaft südlicher. Schon häufig leuchtet das Grün von Zitrushainen, bisweilen durchsetzt vom Silbergrau der Olivenbäume. Das Öl vom Gardasee ist rar und eine regionale Kostbarkeit.

Von allen lombardischen Städten erfüllt Mantua die Erwartungen des Besuchers am besten. Abseits überlaufener Touristenpfade in einer romantischen und nebligen Ebene gelegen, ist die Stadt reich an Kunst und kulinarischen Traditionen. Beides hat seine Wurzeln am einst glanzvollen Hof der Herzöge aus der Familie Gonzaga. Die weißen Trüffeln, die sich am Po-Ufer finden lassen, bereichern die mit Kapaun-

Diese Kirche am Ufer des Comer Sees in der nördlichen Lombardei zeigt deutlich den österreichischen Einfluss auf die Architektur der Gegend.

ITALIENS REGIONEN UND IHRE KÜCHE

fleisch gefüllten Ravioli und den Risotto mit Wildente, der erstmals wohl im Jahre 1543 anlässlich einer päpstlichen Visite gereicht wurde.

Auch der beliebteste Risotto in Pavia entstammt kirchlichen Traditionen – der *risotto alla certosina*, nach Kartäuserart, enthält Süßwasserkrebse aus den nahe gelegenen Flüssen. Frösche aus den moorigen Flächen um Pavia werden auch heutzutage noch in spezialisierten Trattorien für *rane in guazzetto** verwendet, ganz so, wie man sie einst im 12. Jahrhundert dem deutschen Kaiser Friedrich Barbarossa auftischte.

Zum Schluss sei noch die Vielzahl der Käse genannt, die den wohl wichtigsten Beitrag dieser Region zur italienischen Tafelkultur darstellen. Neben dem weltbekannten Gorgonzola stammen auch *crescenza**, *quartirolo**, *taleggio**, allesamt gereifte *stracchino**-Sorten, *bitto*, *caprini* und Mascarpone von hier, die besten Qualitäten werden von Hand gemacht.

MARCHE (DIE MARKEN)

Die geruhsame und friedliche Stimmung dieser viel zu wenig bekannten Region Italiens scheint sich auch auf den Küchenstil auszuwirken. An den örtlichen Gegebenheiten in den Marken orientieren sich unterschiedliche Kochrichtungen. Die Küche der Küste basiert auf Fisch, im Hügelland dahinter dominieren Gemüse- und Geflügelgerichte, in den Bergen schließlich wird nach Hirtentradition gekocht.

Die Vielfalt an Fisch und Meeresfrüchten ist beeindruckend. Kulinarischer Höhepunkt ist die wohl reichhaltigste Form der Adria-Fischsuppe *brodetto**, die hier bis zu 13 verschiedene Fischsorten enthält und mit Weinessig, gelegentlich auch mit Safran aromatisiert wird. Fisch wird betont schlicht zubereitet, meistens nur gegrillt, während sich der Einfallsreichtum der Köche etwa in den Ricottaravioli mit Petersilie zeigt, die mit einer Sauce aus Seezunge und Tomaten serviert werden. *Stoccafisso**, also Stockfisch, wird wohl am typischsten *in potacchio* zubereitet, in einer Sauce aus Rosmarin und Knoblauch geschmort. Diese Sauce wird auch gerne zu Huhn und Kaninchengerichten verwendet. Kaninchen, eine sehr geschätzte Fleischsorte, heißt *coniglio in porchetta*, wenn es wie *porchetta* (Spanferkel) mit wildem Fenchel gebraten wird.

Aus der Nudelpalette seien die *maccheroni di Campofilone* erwähnt, dünne Bandnudeln aus Hartweizen und Eiern, die mit einem delikaten Ragout aus Schweine- und Kalbfleisch und frischen Tomaten serviert werden, aber auch die wundervolle Lasagne*-Version *Vincisgrassi*.

Weiße und schwarze Trüffeln sind weitere kulinarische Schätze dieser Region. Leider werden sie meistens direkt nach Alba oder Norcia weiterverkauft, wo man bessere Preise dafür erzielen kann. Auch eine Vielzahl anderer Waldpilze wachsen an den Hängen des Apennin.

Für die Zubereitung von Gemüsegerichten nimmt man sich hier viel Zeit, und so stellen die Ergebnisse auch eigenständige Hauptgerichte dar. Zucchini werden mit Speck, Zwiebeln und Knoblauch angebraten und dann mit Tomaten geschmort. Der in ganz Italien geschätzte Blumenkohl wird leicht mit einem Backteig überzogen und frittiert. Der Backteig enthält Weißwein und etwas *mistra*, einen heimischen Anislikör.

Die fruchtbare Landschaft der Marken.

SPEZIALITÄTEN

Oliven nach Art von Ascoli – *gefüllte Oliven, paniert und ausgebacken*

Trüffeln

Vincisgrassi – *Lasagne-Variation*

Porchetta – *Spanferkel*

Kaninchen „in porchetta" – *Kaninchenbraten mit wildem Fenchel*

Formaggio di fossa – *eine Pecorinosorte*

Casciotta – *Käsesorte aus Kuh- und Schafsmilch*

Frustingolo – *Weihnachtskuchen aus Ascoli Piceno*

WEIN

Rosso Piceno, Rosso Cònero, Verdicchio

ITALIENS REGIONEN UND IHRE KÜCHE

Die Mahlzeiten werden mit Käse abgeschlossen, von denen der manchmal in Walnussblätter gehüllte Pecorino* der beliebteste ist. Andere Käsespezialitäten sind *formaggio di fossa*, eine Pecorinosorte, die in einer Höhle ausgereift wurde, sowie *casciotta*, der aus zwei Dritteln Schafs- und einem Drittel Kuhmilch besteht.

Die Kuchen aus den Marken erinnern mehr an süßes Brot, abgesehen vom *frustingolo*, dem Weihnachtskuchen aus Ascoli Piceno, der dem bekannten Panforte aus Siena ähnelt.

Eine Besonderheit der südlichen Marken sind die köstlichen Oliven, die, mit Hackfleisch gefüllt und ausgebacken, als *olive all'Ascolana* (Oliven nach Art von Ascoli) ein perfektes Antipasto ergeben.

MOLISE

Diese wenig bekannte Region war bis vor kurzem Teil der Verwaltungsgemeinschaft Abruzzen-Molise. Hauptnahrungsmittel sind die hier angebauten Agrarprodukte, die nach den Traditionen von Hirten und Kleinbauern zubereitet werden. Im Herbst ziehen die Schäfer wie ehedem mit ihren Herden hinab in die Ebenen von Apulien, um im darauf folgenden Frühjahr wieder in die Berge von Molise zurückzukehren – ein traditioneller Zug, der *trasumanza* genannt wird und auf antike Zeiten zurückgeht. Dabei ernährten sich die Hirten von allem, was sich unterwegs finden ließ, und kochten über einem offenen Lagerfeuer – ihre Essgewohnheiten prägten die Küche der Region.

Der *contadino* dagegen, der Kleinbauer, lebt von seinem wenigen Land, wo er auf oft kärglichem Boden dennoch beste Gemüse zieht. Seine Grundnahrung bilden Gemüse, Brot und Öl, dazu Salami und andere geräucherte Würste, deren Fleisch von dem zu Lebzeiten viel geliebten Schwein der Familie stammt.

Hinzu kommen Pastagerichte, für die die Nudeln in einer Vielzahl an Formen gefertigt werden. *Taccozze, sagne, laganelle** und *fusilli* sind auch in den nördlich gelegenen Abruzzen beliebt, andere wie *recchiettelle* und *cavatelli* auch weiter südlich in Apulien gebräuchlich. Dazu schätzt man hier im Gegensatz zu anderen süditalienischen Regionen die Polenta des Nordens, die gerne mit gebratenem Gemüse zu *polenta a tordiglioni* kombiniert wird, aber auch mit Wurst, wie weiter im Norden üblich. An den Suppen lässt sich die Armut der Gegend ablesen. Getrocknete Bohnen, Nudeln und Schweinefüße werden zum Eintopf, aus Nesseln entsteht eine Kräutersuppe. Kartoffeln mit Sellerie werden zur sämigen Suppe gekocht, die in Tonschüsseln gefüllt an die *tielle** Apuliens erinnert, allerdings ohne die edle Fischeinlage.

Entlang der kurzen Küstenlinie wird Fisch gegrillt oder gebacken und bereichert eine traditionelle Suppe aus Tomaten und Chilischoten, die den Appetit anregenden Namen *diavolillo* trägt – Teufelchen.

Beim Fleisch beschränkt man sich auf die billigen Stücke und die Innereien. Molise hat das größte Repertoire an Kuttelrezepten Italiens, wobei die Kutteln meist vom Lamm oder Ziegenkitz stammen. Besonders köstlich ist *tripa alla combusciana*, gekochte Rinderkutteln, die mit

---

SPEZIALITÄTEN

Capocollo – *geräucherte Schweinswurst*
Soppressata – *Schweinskopfsülze*
**Gegrilltes oder gebratenes Lamm sowie Lamminnereien*
Sämige Fischsuppe
Scamorza – *Kuhmilchkäse, manchmal auch gegrillt oder geräuchert*
Calciuni – *süße Frischteigravioli*
Ciambellini – *ringförmige Kekse*

Ein leuchtendes Sonnenblumenfeld bei Mosciano in der sanft hügeligen Landschaft der südlichen Molise.

einer Vinaigrette und Stangensellerie gegessen werden und hier besonders gut schmecken.

In einer durch Viehzucht dominierten Landschaft sind Käse wichtige Agrarerzeugnisse. Die meisten werden nach wie vor vor Ort produziert. Erwähnenswert ein Weichkäse namens *burrino*, der ursprünglich aus Kampanien stammt. Man isst ihn frisch und cremig direkt nach der Herstellung oder erst nach vier bis fünf Wochen, wenn er leicht an Schärfe gewonnen hat.

Nachspeisen werden oft mit feinem Ricottaquark aus Schafsmilch gemacht, etwa das Weihnachtsdessert *calciuni*, frittierte Teigtaschen mit Maronen-Mandel-Gewürzfüllung, oder *fritelle di ricotta*, in Ravioliform gebratene Ricottacreme. Die verführerischen Süßspeisen werden bevorzugt in der Pfanne zubereitet und nicht gebacken. Das liegt an alten Traditionen: Hirten hatten selten Backöfen, aber immer eine Bratpfanne und reichlich Olivenöl dabei. Hervorragendes Öl, das heute noch einen wesentlichen Bestandteil der regionalen Küche darstellt.

PIEMONTE (PIEMONT)

Das Piemont ist die Region im Norden Italiens, in der sich der Einfluss der französischen Küche am deutlichsten zeigt. Die Piemonteser Küche ist elegant, verzichtet aber nicht auf ihren eindeutigen Regionalcharakter, der aus dem Stolz der Bevölkerung auf die heimischen Erzeugnisse resultiert. Im Ganzen gesehen kann man diese Kochtradition als eine *cucina borghese*, als gutbürgerliche Küche, bezeichnen.

Ein weiterer Aspekt trägt zur Attraktivität dieser Küche bei: Sie ist gesundheitsförderlich. Knoblauch ist wesentlicher Geschmacksträger, anders als bei den anderen Regionalküchen des Nordens. Reis und Gemüse werden gerne gegessen, zumal einige der hier angebauten Gemüse zu den besten Italiens gehören. Der Spargel aus Santena, die Zwiebeln aus Ivrea, Karden aus Chieri oder die Paprika aus Asti zählen dazu.

Diese wie viele andere Gemüsesorten sind Bestandteil der besten Vorspeise des Piemont: *bagna caôda**°. Antipasti sind ohnehin ein Höhepunkt der Piemonteser Küche, vielleicht verfügt nur Apulien über eine ähnlich bemerkenswerte Auswahl.

Ein Salat aus Wildpilzen und weißen Trüffeln, geröstetes Landbrot mit Trüffelcreme, Sardellenfilets mit Trüffelspänen, all das ist unverzichtbar zur Trüffelsaison. Dabei werden natürlich die weißen Trüffeln aus Alba verwendet, das wohl kostbarste Produkt des Piemont und den ebenfalls berühmten schwarzen Trüffeln aus dem Périgord sicherlich überlegen.

Das Piemont ist eines der bedeutensten Reisanbaugebiete der Welt. Die hohe Qualität dieser Reissorten wurde schon im 18. Jahrhundert geschätzt, als der amerikanische Präsident Thomas Jefferson zwei Säcke mit keimfähigem Reis von hier zu seiner Plantage in Virginia schmuggelte. Natürlich kennt man vielerlei Rezepte für Risotto: mit Karden, mit Artischocken, mit Barolo-Wein oder die eher ländliche *paniscia*°, ein Risotto mit Bohnen, Wurst und Gemüse. Nicht zu vergessen *riso con la fonduta*, Risotto mit lokalem Fondutakäse, sowie Trüffelrisotto.

SPEZIALITÄTEN

Weiße Trüffeln

Grissini – *dünne Brotstäbchen*

Bagna caôda – *warmer Sardellen-Knoblauch-Dip für Gemüse*

Carne cruda all'Albese – *rohe Scheiben vom Rinderfilet*

Gnocchi alla bava – *Kartoffelklöße mit geschmolzenem Käse*

Risotto

Bollito misto – *verschiedene Fleischsorten, in Brühe gekocht*

Brasata al Barolo – *Rinder- oder Kalbsschmorbraten in Barolo*

Castelmagno – *Kuhmilchkäse, einer der besten Italiens*

Toma – *verschiedene Kuhmilchkäse, die man auch in der Lombardei findet*

Baci di dama – *Mandelkekse*

Pere cotte al vino – *Birnenkompott mit Wein*

Cioccolatini – *Schokoladenspezialitäten*

Gianduiotti – *Nuss-Nougat-Pralinen*

WEIN

Asti Spumante, Barbaresco, Barbera, Barolo, Gattinara, Gavi, Roero

Langhe bei La Morra im Piemont. Einige der besten Weine, wie der Barolo, stammen aus dieser Gegend.

Pasta spielt im Piemont keine sonderlich große Rolle. Zwei regionale Nudelgerichte sind *agnolotti**, Teigtaschen mit Spinatfülle, die in der Saison mit Trüffelspänen und geschmolzener Butter serviert werden, sowie *tajarin°*, dünne Bandnudeln (Rezept Seite 82).

Fleisch- und Wildgerichte gibt es in Hülle und Fülle. Ein Klassiker ist *bollito misto**, ein Eintopf aus mindestens fünf verschiedenen Sorten gekochtem Fleisch. *Sanato** ist das hochwertigste italienische Kalbfleisch und wird auch roh, in dünnen Scheiben als *carne all'albese* gegessen. Mit Trüffelspänen garniert, ist dieses Gericht ein kulinarisches Erlebnis.

Die Käse sind hervorragend und meistens noch von Hand hergestellt. Dazu gehört etwa der leicht scharfe *bra*, ein Kuhmilchkäse, dem manchmal auch etwas Schafsmilch hinzugefügt wird. Oder *castelmagno*, ein Kuhmilchkäse mit sehr kräftigem Aroma, den schon viele Könige schätzten, von Karl dem Großen bis zu Vittorio Emanuele II. von Italien. Hervorzuheben ist auch der weiche, sehr beliebte, aber auch sehr gute *toma**.

Desserts, Süßwaren, Gebäck und Schokolade spielen eine wichtige Rolle in der Piemonteser Küche und auch im Leben der Bevölkerung. *Zabaione**, *pesche ripiene**, *panna cotta**, die Schokoladen-Nuss-Torte *gianduia*, die hübschen *baci di dama**, also „Damenküsse", und als Kontrastprogramm die *brutti ma buoni*, was „hässlich, aber herrlich" bedeutet, sind nur einige der süßen Verlockungen, die die Piemonteser so gerne in den Cafés genießen, den Zentren des gesellschaftlichen Lebens.

ITALIENS REGIONEN UND IHRE KÜCHE

PUGLIA (APULIEN)

Apulien ist eine Landschaft mit kurzen, milden Wintern, langen, sonnenverwöhnten und trockenen Sommern, mit fruchtbaren, schweren Böden, auf denen alles im Überfluss gedeiht. Sieht man diese Geschenke der Natur, so wundert es wenig, dass sich die Küche dieser Region auf Gemüsegerichte konzentriert, die mit Fisch und Pasta ein kulinarisches Dreigestirn bilden. Tomaten, Artischocken, Fenchel, Chicorée und Zwiebeln werden gerne roh gegessen und bilden mit dem fruchtigen Öl der Region wundervolle Antipasti. Bohnenpüree mit blanchiertem Wildchicorée, *incapriata** genannt, oder Kichererbsengerichte können ihre Verwandtschaft mit der griechischen Küche nicht verleugnen. Seit der Antike steht Apulien mit den Ländern auf der anderen Seite der Adria, vor allem mit Griechenland, in enger Verbindung. Hier zeigt sich der griechische Einfluss besonders deutlich, und auch die Einwohner ähneln in vielem ihren Nachbarn von jenseits des Meeres mehr als den Landsleuten von der anderen Seite des Apennin.

In Bari kann man heute noch Fischer bei einer zeitaufwendigen Verrichtung beobachten: Kleine, gerade erst gefangene Tintenfische werden in einem flachen Korb so lange rhythmisch geschleudert, bis sich die Tentakel einrollen. Dann werden die Tintenfische roh mit Zitronensaft und Olivenöl oder in Öl ausgebacken genossen. Roher Fisch wird hier gerne gegessen, sofern die Apulier wissen, wo und wann er gefangen wurde. *Tielle di pesce**, kleine Fischaufläufe, sind vielleicht die beste Fischzubereitung, die je erfunden wurde. Schichtweise werden Fisch oder Muscheln, Tomaten und/oder Reis, Zwiebeln und/oder Zucchini aufeinander gelegt, reichlich mit dem hier produzierten Öl begossen und schließlich gebacken.

Das apulische Olivenöl konkurriert mit dem toskanischen und ligurischen Öl, wenn es um die beste Qualität geht, ist aber in weit größerer Menge verfügbar. Das Olio Extra Vergine wird weltweit exportiert.

Ein weiteres wichtiges Produkt Apuliens ist der Käse. Ob jung oder gereift, getrocknet oder geräuchert, Käse wird hier in ländlichen Kleinbetrieben aus Kuh- und Schafsmilch bereitet, und jeder davon ist hervorragend: etwa *scamorza**, *Mozzarella**, *burrini* und natürlich *burrata**, ein bekannter Käse, der nur in Apulien hergestellt wird und angeblich einst per Privatjet zur Tafel des Schahs von Persien eingeflogen wurde.

Gemüse und Käse werden oft mit Nudeln zu einem Hauptgang kombiniert. Dabei sind Gestalt- und Sortenreichtum der Pasta größer als in anderen Regionen Italiens. Am beliebtesten sind, abgesehen von den Standardsorten Makkaroni und Spaghetti, *cavatieddi* (Muschelnudeln), *baganelle* (Lasagneblättchen), *minuicchi* (kleine Kartoffel-Gnocchi) sowie *orecchiette* (Nudelöhrchen). Vielleicht zeigen die diminutiven Kosenamen der Nudelsorten am besten, wie sehr diese in Apulien geschätzt werden. Früher wurde die Pasta von Hand aus Hartweizengrieß, Mehl und Wasser gemacht – und das ist auch heute oft noch so. Dabei werden die Nudeln härter und haltbarer als die mit Ei hergestellten Sorten des Nordens. Zu jeder Nudelform passen bestimmte Saucen. Orecchiette

SPEZIALITÄTEN

Incapriata – *Püree aus gekochtem Chicorée und Bohnen*
Tarantello – *gesalzener Thunfisch*
Capocollo – *in Weinbeize gepökelter Schinken*
Ciceri e trai – *Bratnudeln mit Kichererbsen*
Tielle di pesce – *Fischauflauf*
Polipetti – *kleine Tintenfische*
Burrata – *mit Sahne gefüllter Mozzarella*
Cotognata – *Quittenkäse*
Viele Brotspezialitäten
Lampascioni – *Wildblüten vom Muskat, in Öl eingelegt*

WEINE

Castel del Monte, Copertino, Locotorondo, Primitivo di Mandurai, Salice Salentino

Ostuni, genannt La Città Bianca, die weiße Stadt, mit ihren maurisch anmutenden Häusern in malerischer Lage auf einem apulischen Hügel.

Der Blick von La Testa del Gargano in Apulien auf einen normannischen Turm, der zur Abwehr der sarazenischen Invasoren erbaut wurde.

werden beispielsweise bevorzugt mit Rucola, weißen Rüben oder Wildpflanzen kombiniert.

Lieblingsfleisch der Apulier sind Lamm und Ziegenkitz. Üblicherweise wird das oft schon gepökelte Fleisch gegrillt und mit Rosmarin und Salbei gewürzt. Für die nomadisierenden Hirten, die mit ihren großen Herden in jedem Herbst aus den Bergen von Molise ins tiefer gelegene Apulien zurückkehrten, war dies die einzige Methode, die ihnen zum Kochen zur Verfügung stand.

Die Tradition des häuslichen Brotbackens ist in Apulien noch immer lebendig. Die Hausfrauen sind stolz auf ihre Brotsorten und bringen einmal in der Woche große Laibe aus frischem Brotteig in die Dorfbäckerei, wo sie für jeden Haushalt gebacken werden. Das bekannteste und wohl auch beste ist das *pane di Altamura*.

Wohin man auch schaut, immer strahlt Apulien die Weisheit und Würde einer sehr alten Kulturlandschaft aus. Einer der gelehrtesten Herrscher entschied sich dafür, hier zu leben: der römische Kaiser Friedrich II. (Federico Secondo). Er begründete das so: „Es ist offensichtlich, dass der Gott der Juden Apulien nicht kannte, sonst hätte er seinem auserwählten Volk Apulien und nicht Palästina als das Gelobte Land verheißen."

SARDEGNA (SARDINIEN)

Über die Jahrhunderte hinweg hat Sardinien unzählige Invasionen überstanden, wobei die Eroberer allerdings nie von der Küste ins Landesinnere vorstießen. Während die Küche im zentralen Bergland bodenständig blieb, wurden an der Küste viele Fischrezepte von den Invasoren übernommen. Dazu gehören etwa der aus Spanien stammende Fischeintopf *cassola* und die aus Genua eingeführte *burrida**, während man von den Sizilianern lernte, wie man aus Meeräschen- und Thunfischrogen die Spezialität *bottarga** macht. Entlang der Küsten werden alle nur denkbaren Fischsorten gefangen, selbst Hummer und Felsenlanguste (Rezept Seite 129). Der Fisch wird üblicherweise gegrillt, gebraten oder pochiert und mit heimischem Olivenöl und Zitronensaft abgeschmeckt.

Die Sarden sind eigentlich keine Seeleute, ihre traditionelle Kost basiert auf den Erzeugnissen der Landwirtschaft. Die typische Mahlzeit besteht aus Milch, Käse und gebratenem Fleisch, dazu Brot. Das nach überkommenem Brauch gebackene Brot ist lange haltbar, etwa das große *civraxiu*, das krustenlose *carta da musica** oder das *pane carasau*.

Nach alter Tradition backen die Frauen das Brot, während die Männer für Fleischgerichte zuständig sind, die seit Jahrhunderten über einem offenen Feuer gegart werden. Ob Lamm, Ziegenkitz oder *porceddu**, ein saftiges Spanferkel, in jedem Fall wird das Tier an einem Spieß geröstet oder auch in der *caraxiu* genannten Grube in der Erde gegart. Eine Methode, die wohl einmal dazu diente, gewilderte Tiere während des Bratvorgangs zu verstecken. Das Fleisch wird mit heimischen Kräutern gewürzt. Bei besonderen Anlässen wird der aufwendigste Braten in Angriff genommen. *Pastu mistu* erinnert an russische Babuschka-Puppen: In einem großen Tier steckt ein kleineres, das wiederum mit einem kleineren gefüllt wurde.

SPEZIALITÄTEN:

Malloreddus – *kleine Kartoffel-Gnocchi mit Safran*

Pane carasau – *dünnes, knuspriges Brot*

Pane frattau – *mariniertes „pane carasau", mit Tomaten und Pecorino belegt und mit einem Spiegelei gekrönt*

Porceddu – *Spanferkel*

Burrida – *Bratfisch mit Pinienkern-Knoblauch-Sauce*

Bottarga – *getrockneter Rogen von Meeräsche oder Thunfisch*

Pecorino und gesalzener Ricotta

Seadas – *frittierte Teigtaschen mit Pecorinofüllung und Honig*

WEINE

Cannonau, Cerasuolo di Vittoria, Vermentino, Vernaccia di Oristano

ITALIENS REGIONEN UND IHRE KÜCHE

Die Insel verfügt zudem über reiche Wildbestände. Wildschweine, Damwild, Rebhühner, aber auch Wachteln, Drosseln und Amseln werden mit Rosmarin und anderen Kräutern am Spieß gegrillt. Schweinefleisch wird nicht nur gebraten, man macht daraus auch Wurstwaren, von denen Wildschweinschinken am begehrtesten ist. Salamis sind mit wildem Fenchel und Chili gewürzt und mit dem starken, vor Ort hergestellten Essig und/oder mit Knoblauch aromatisiert.

Die Kunst des Nudelmachens lernten die Sarden von den Genuesern, aber ihr Nudelteig wird nur mit Hartweizengrieß und Wasser gemacht, zu dem oft eine Prise Safran hinzugefügt wird. Die Spezialität *malloreddus** ist so beliebt, dass die kleinen Klößchen heute auch kommerziell als *gnocchetti sardi* hergestellt werden. *Culurzones** oder *culurgiones* sind Teigtaschen, die nach althergebrachtem Rezept mit Kartoffeln, Ricotta und Minze oder etwas moderner mit Schweizer Käse und Pecorino gefüllt werden.

Die heimischen Käse werden alle aus Schafsmilch gemacht und genießen einen besonderen Stellenwert auf dieser landwirtschaftlich ausgerichteten Insel. Der Pecorino Sardo* ist in ganz Italien verbreitet und wird auch ins Ausland exportiert. Daneben stellt man Pecorino Romano* und den einjährigen *fiore sardo* her, eine Pecorinovariante, die gerne zum Kochen benutzt wird. Ricotta* gibt es als Quark, eingesalzen und fest zum Reiben oder als Rauchkäse. Aus Ziegenmilch werden Frischkäse und reifere Sorten hergestellt.

Die Süßwaren der Sarden sind eher leicht und werden oft mit einem Glas Süßwein als Abschluss des Essens genossen. Die meisten enthalten Ricotta oder andere Käsesorten, gekochten Mostsirup oder heimischen Honig, der als der beste Italiens gilt. Beliebtestes Dessert sind *seadas*, frittierte Teigtaschen mit Pecorinofüllung und Honig.

Muschelfarmen im Golf von Olbia an der Nordostküste von Sardinien.

SICILIA (SIZILIEN)

Die ebenso bezaubernde wie faszinierende Insel Sizilien blickt auf eine bewegte Geschichte zurück. Seit der Zeit der Kolonisation durch die Griechen diente sie vielen Herren. Und von jeder Kultur behielten die Sizilianer neue Kenntnisse und Fähigkeiten zurück, passten diese an und entwickelten sie weiter, sei es in der Architektur, der Philosophie oder der Küchenkultur. Man verstand es schnell, besser griechisch als die Griechen selbst zu kochen, sodass reiche Athener sich einen Koch aus Sizilien hielten. Tatsächlich liegen die Wurzeln des für die Entwicklung der italienischen Küche so prägenden sizilianischen Einflusses in Griechenland.

Ein Jahrtausend später überflutete eine weitere kulturell hoch stehende Zivilisation die Insel: Die Araber führten neue Lebensmittel und Kochmethoden ein. Die Sarazenen brachten den Sizilianern Auberginen, Spinat, Bitterorangen, Mandeln, Reis, Aprikosen, Zucker und Gewürze nahe. Sie lehrten das Kandieren von Obst und die Herstellung des Konfekts, für das Sizilien heute noch berühmt ist. Auch die Technik des Sorbetbereitens stammt von den Sarazenen. Und zu guter Letzt brachten die Araber die Kunst des Destillierens nach Sizilien. Das Wort Alkohol selbst leitet sich vom arabischen Wort „al-kohl" ab.

SPEZIALITÄTEN

Arancini – *frittierte Reisbällchen*
Sarde a beccafico – *gebratene Sardinen*
Pasta con le sarde – *Nudeln mit frischen Sardinen, Fenchel und anderen Zutaten*
Pesce spada alla griglia – *Schwertfisch vom Grill*
Salmoriglio – *Essigsauce zum Fisch*
Caponata – *Aubergineneintopf*
Gelati – *Eis und Sorbets*
Cassata – *Eiscremetorte*
Pasta reale – *Mandelpaste*

WEINE

Contessa Entellina, Marsala, Moscato di Pantelleria

ITALIENS REGIONEN UND IHRE KÜCHE

Als Nächste kamen die Normannen und brachten ihre Heimatrezepte aus dem Norden mit, ihre Koch- und Konservierungsmethoden für Fisch und Fleisch. Während dieser Zeit, im 13. Jahrhundert, findet sich die erste Erwähnung von Spaghetti. Ein vom normannischen König Roger II. mit der Untersuchung der Insel beauftragter Geograph aus Arabien berichtet von einem Mehl-Wasser-Teig, der von Einheimischen in lange Schnüre gezogen wurde, die sie *itryah* nannten, das arabische Wort für Schnur. Noch heute wird das Wort *trii* in manchen süditalienischen oder sizilianischen Rezepten als Synonym für Spaghetti verwendet.

Bis auf den heutigen Tag ist Pasta in Sizilien besonders beliebt. *In brodo*, in der Suppe, oder *asciutta*, mit Fleischsauce, werden wenigstens einmal am Tag Nudeln gegessen – mit einer reichhaltigen Sauce serviert und zum Schluss großzügig mit geriebenem Pecorino* oder in Salz gereiftem Ricotta*, der Lokalspezialität, bestreut. Fisch und Pasta ist die beliebteste kulinarische Verbindung in Sizilien. Von der Vielzahl der Rezepte seien hier nur Nudeln mit frischen Sardinen erwähnt. Bei dieser besonders erfolgreichen Kombination werden Nudeln und Fisch stets mit wildem Fenchel gekocht, ansonsten aber nach Lust und Laune mit anderen Zutaten ergänzt.

Auch Pasta mit Gemüse ist sehr beliebt, besonders mit Auberginen. Favorisiertes Rezept ist *pasta alla Norma* mit Auberginen, Tomaten und gesalzenem Ricotta. Das Nudelgericht aus Catania, der Heimatstadt des Komponisten Bellini, wurde nach dessen Meisterwerk benannt, der Oper Norma.

Fisch gibt es reichlich. Beim Bummel über die *Vucciria*, den Markt von Palermo, wird klar, wie fischreich die See vor Sizilien noch ist und wie

Eine kontrastreiche Landschaft mit fruchtbaren Ebenen und schroffem Hochland erstreckt sich bei Ficuzzi, südlich von Palermo auf Sizilien.

ITALIENS REGIONEN UND IHRE KÜCHE

sehr die Sizilianer dieses große Angebot zu schätzen wissen. Der kampfeslustige Schwertfisch und der düstere Oktopus liegen einträchtig neben der fröhlichen Rotbarbe, krabbelige Krustentiere neben den Sardinen und Sardellen in ihren blau schimmernden Gewändern. Das Angebot erscheint schier unendlich in seiner Vielfalt, aber bei den Kochmethoden beschränkt man sich auf nur wenige, sehr schlichte Zubereitungsarten, um den Geschmack des frischen Fisches zu unterstreichen, nicht zu übertönen. Ganz so, wie es schon der aus Syrakus stammende Autor Archestratus berichtet, dessen Rezeptsammlung aus dem 5. Jahrhundert v. Chr. die erste uns bekannte ihrer Art ist.

Ein wesentliches Merkmal der hier gepflegten Küche ist die Einfachheit der Zutaten, die erst in ihrem Zusammenspiel zu einem nahezu barock anmutenden Reichtum gelangen. Das zeigt sich etwa bei der *caponata**, die auf Auberginen und Zwiebeln basiert, aber durch Zugabe eines Hummers schließlich zu einem Genuss der kulinarischen Hochkultur wird.

Besonders gut zeigt sich die Kunstfertigkeit der Sizilianer aber bei den *dolci**, den Süßspeisen, die einst mit den Arabern hierher kamen, und bei den Sorbets. Bis heute sind sizilianische Eiscremes und Sorbets in ihrer Perfektion vorbildlich, was sowohl am Können der Eismacher wie an den hervorragenden Früchten liegt, die hier im Überfluss vorhanden sind.

Ein Olivenhain bei Piazza Amerina im Süden Siziliens.

TOSCANA (TOSKANA)

Die Küche der Toskana wird oft als die beste *cucina povera* Italiens bezeichnet, als beste Armeleuteküche im Sinne von Verzicht auf jeglichen Aufwand bei der Zubereitung und Beschränkung auf schlichte, aber hervorragende Grundprodukte. Obwohl die Stadtstaaten der Toskana durch die Jahrhunderte immer wieder in erbittertem Streit miteinander lagen, waren sie sich kulinarisch immer einig. Die Zutaten und Kochmethoden sind in der ganzen Region einheitlich, obgleich natürlich im Norden die Verwandtschaft mit den Nachbarregionen Emilia-Romagna und Ligurien, im Süden mit Rom nicht übersehen werden kann. Überall in der Toskana wird viel mit frischen Kräutern gekocht. Thymian, Salbei, Rosmarin und Estragon, den man anderswo nur selten findet, würzen Suppen, Fleisch und Fisch. Auch Gewürze sind gebräuchlich, vor allem Fenchelsamen und Chili, den man hier *zenzero* nennt, ein Wort, das normalerweise in Italien Ingwer bedeutet.

Vor allem das toskanische Olivenöl gibt der regionalen Küche den typischen „toskanischen" Geschmack. Mehr als nur Zutat, steht das Öl im Mittelpunkt der heimischen Tafelkultur. Das Essen wird darin gebraten oder frittiert, in Suppen wird zur Abrundung ein Löffel Öl gegeben, was man *benedette* nennt – sie werden dadurch „gesegnet". Auch Gemüse profitieren von etwas Öl zur Vertiefung des Eigengeschmacks. Olivenöl dient aber auch zur Herstellung von Süßspeisen wie etwa *castagnaccio** oder den zahlreichen in Öl ausgebackenen Teigen, die hier so beliebt sind.

Ein traditionelles toskanisches Essen beginnt mit einer Suppe. Sämig und sättigend, mit viel Gemüse, Bohnen, Kräutern und Olivenöl wird sie

SPEZIALITÄTEN

Crostini – *geröstetes Landbrot mit verschiedensten Aufstrichen*
Finocchiona – *Salami mit Fenchelaroma*
Ribollita – *Gemüsesuppe*
Pappardelle con le lepre – *breite Bandnudeln mit Wildhasenragout*
Cacciucco – *Fischsuppe*
Fagioli all'uccelletto – *Bohneneintopf*
Pecorino delle Crete Senesi und Marzolino – *hervorragende Pecorinokäse*
Panforte – *fester Hefekuchen mit Nelken- und Zimtaromen*
Riciarelli – *Bonbons aus gemahlenen Mandeln, Honig und Orangenschale*

WEINE

Bolgheri, Brunello di Montalcino, Chianti, Nobile di Montepulciano, Vernaccia di San Gimignano, Vin Santo

Zum Ockergelb der klassischen Toskanalandschaft bei Siena gehören das satte Dunkelgrün der Zypressen und das silbrige Graugrün der Olivenbäume.

duftend über das heimische ungesalzene Landbrot *pan sciocco* geschöpft. Ob *ribollita**° (Rezept Seite 69) aus Siena und Florenz oder *acquacotta** aus der Maremma, alle werden sie mit hier angebautem Gemüse gekocht und nach Lust und Laune der Köchin abgeschmeckt. Nudeln sind eigentlich nicht die Stärke der Toskaner, obwohl man sich heutzutage sehr gute Nudelgerichte in den Restaurants schmecken lassen kann. Zwei Nudelspezialitäten sind allerdings durch und durch toskanischer Herkunft: *pappardelle** con la lepre* und *pici**.

Rind- und Schweinefleisch, auch das Geflügel, sind hier vorzüglich – am Spieß gebraten oder gegrillt, werden sie naturell genossen, ohne Saucen, ohne Beilagen. Wild ist hoch geschätzt, vom Rehbock und Wildschwein bis zu Drosseln und Lerchen, denn die Toskaner jagen alles, was sich bewegt, und genießen hinterher ausgiebig die kulinarischen Aspekte ihres Jagderfolgs.

Schweinefleisch wird für die *soppressata** aus Siena, für *biroldo**-Würste mit Chiliaroma aus Pistoia, für *finocchiona** mit Fenchelaroma und all die *Prosciutti** gepökelt. Diese Schinken der Toskana werden gelegentlich auch geräuchert und sind viel kleiner und magerer als ihre berühmteren Vettern aus Parma, haben dafür aber wesentlich mehr Aroma. Auch die örtliche Wildschweinsalami gehört zu den genießenswerten Spezialitäten.

Eine andere, große Vorliebe gilt den Bohnen. Nicht umsonst haben sich die Toskaner den Spitznamen *mangia fagioli*, Bohnenesser, verdient. Um den Geschmack der weißen Cannellini*-Bohne zu bewahren, haben

ITALIENS REGIONEN UND IHRE KÜCHE

sie die Kochmethode in einer Flasche entwickelt. Heute werden die Bohnen mit gleichem Ergebnis allerdings in einem konischen Tontopf gekocht. Sie begleiten Schweinebraten (arista*°, Rezept Seite 168), auch gegrillte Koteletts oder fegatelli*, gegrillte Leber im Schweinenetz.

Entlang der Küste wird natürlich Fisch gekocht. Die Fischsuppe cacciucco* und triglie alla Livornese°, Rotbarben nach Livorneser Art (Rezept Seite 118), stammen aus dem Norden, während weiter südlich vor allem Meeräsche sowie Kalmar und Oktopus gegrillt auf den Tisch kommen. An keinem anderen Ort Italiens ist die toskanische Spezialität cieche oder ce'e bekannt, winzige Glasaale, die an der Arnomündung nahe Pisa gefangen und in Olivenöl mit Salbei und Knoblauch frittiert werden.

In der Toskana findet man die vielleicht besten Pecorinokäse. Am meisten werden von diesen Schafsmilchkäsen die aus Crete Senesi und aus Pienza geschätzt. Hervorragend ist auch der marzolino* del Chianti, den schon die aus Florenz stammende Königin Katharina von Medici so sehr liebte, dass sie ihn sich regelmäßig nach Frankreich bringen ließ. Das toskanische Mahl endet denn auch mit einem Stück Pecorino, zu dem im April gerne die ersten Saubohnen roh gegessen werden.

TRENTINO-ALTO ADIGE (TRENTINO-SÜDTIROL)

Der Küchenstil dieser beiden im Norden gelegenen und nur aus administrativen Gründen zu einer Region zusammengefügten Landschaften könnte unterschiedlicher nicht sein. Im Trentino spürt man die starke Verwandtschaft zum südöstlich anschließenden Veneto, während Südtirol, zumindest aus kulinarischer Sicht, immer noch wie ein Landesteil Östereichs wirkt, wenn auch mit italienischen Einflüssen.

Im Trentino ist wie im Veneto die Polenta unverzichtbar. Man rührt sie aus Maismehl oder dem dunkleren Buchweizen-(Schwarzplenten-)Mehl, woraufhin sie dann Polenta Nera genannt wird. Auch eine Mischung beider Mehle kann ebenso wie Kartoffelmehl Verwendung finden. Dazu serviert man Schweinefleisch, auch Käse und Stockfischpüree.

Der Pilzreichtum der Dolomiten führte zur Kombination der Polenta mit einem Pilzragout. Hier findet man Steinpilze, Pfifferlinge, choidini, russole* und eine Vielzahl nur regional vorkommender Pilzsorten. Auf dem Pilzmarkt in Trento, dem größten Italiens, wurden an manchen Tagen schon mehr als 250 verschiedene Pilze angeboten.

Käse werden aus Kuhmilch gefertigt und sind wichtiges Lebensmittel, hervorragend ist der vezzena*. Äpfel wachsen hier in bester Qualität im Überfluss, und in vielen Restaurants gehören Apfelgerichte zu den leckersten Speisen. Etwa der risotto alla renetta mit Renette-Äpfeln, der ein wenig an unsere Michreisgerichte erinnert.

In Südtirol kocht man offen und ungeniert typisch österreichisch. Kein Wunder, hier bereiten Köche mit österreichischen Vorfahren die Speisen für überwiegend deutsche Touristen. Und dennoch ist gerade dies tatsächlich die traditionelle Küche Südtirols. Merkwürdigerweise sind zahlreiche Klassiker des Alto Adige in die Küche des Trentino ein-

Die sanften Hügel und die terrassierten Anlagen der Kleinbauern prägen das toskanische Landschaftsbild.

SPEZIALITÄTEN

Biroldo – *Blutwurst*
Polenta e funghi – *Polenta mit Wildpilzen*
Canederli – *Speckknödel*
Kaminwurz – *geräucherte Hartwurst*
Speck – *Schinkenspeck*
Ravioli pusterese – *Teigtaschen mit Sauerkraut- oder Spinatfülle*
Vezzena – *Kuhmilchkäse*
Zelten – *Weihnachtsstollen, in Südtirol aus Roggen, im Trentino aus Weizenmehl*
Apfelstrudel

WEINE

Kalterer See, Sankt Magdalener, Teroldego

ITALIENS REGIONEN UND IHRE KÜCHE

Das weite Villnösstal (Val di Funes) durchzieht die eindrucksvolle Gebirgslandschaft der Dolomiten in Südtirol.

SPEZIALITÄTEN

Wildschweinsalami und -schinken
Spaghetti alla nursina – *Spaghetti mit schwarzen Trüffeln*
Lenticchie – *Linsen*
Palombacci – *gebratene Täubchen und anderes Wildgeflügel*
Porchetta – *am Spieß gebratenes Spanferkel*
Anguilla – *Aal aus dem Trasimener See*
Attorta – *schlangenförmiger Kuchen*
Pinoccate – *Weihnachtsgebäck aus Pinienkernen*

WEINE

Orvieto, Sagrantino di Montefalco, Torgiano

geflossen, während keine einzige Trentiner Spezialität beeindruckend genug erschien, um die sehr heimatverbundenen Südtiroler zu locken. Nicht einmal Pasta schaffte das. Das einzige gemeinsame Gericht beider Landschaften sind die Speckknödel, die man im Trentino *canederli** nennt – Semmelknödel mit Speck, Salami oder Leber, die mit geschmolzener Butter und geriebenem Käse serviert werden.

Schweinefleisch spielt hier die Hauptrolle und wird meist mit Sauerkraut aufgetischt. Es wird gekocht, gebraten oder verwurstet, wobei Kaminwurz und Schinkenspeck am bekanntesten sind.

Das einzige traditionelle Pastagericht sind *ravioli alla pusterese*, wobei der Nudelteig aus einer Mischung aus Roggen- und Weizenmehl gemacht wird. Gefüllt werden die Teigtaschen entweder mit Spinat und Quark oder mit Sauerkraut, in diesem Fall aber frittiert. Das Brot ist dunkel und meist ein Mischbrot aus Weizen und Roggen, der in den Tälern der Region angebaut wird. Aus dem Vintschgau stammt ein dünnes knuspriges Fladenbrot.

Desserts und Süßspeisen sind so österreichisch, wie es ihre Namen verheißen. Die Kastanientorte wird aus Maronenpüree mit Butter, Mehl, Eiern und Zucker bereitet und schließlich mit Schlagsahne verziert. Der hier gebackene Strudel enthält Obst je nach Saison, Eiercreme und Mohn. Zelten, Weihnachtsstollen aus einem Hefeteig aus Roggenmehl, werden großzügig mit getrockneten Feigen, Sultaninen, Datteln, Pinienkernen und Walnüssen angereichert. Auch im Trentino sind mittlerweile die Zelten beliebt. Auf dem Weg nach Süden hat sich das Weihnachtsrezept allerdings angepasst und enthält nun Weizenmehl und Eier. Der so gebackene Stollen ist heller, leichter und in Aussehen und Geschmack merklich italienisch – was man sich in Südtirol so nicht vorstellen könnte. Kein Wunder, kam doch Südtirol, Alto Adige, erst nach dem Ersten Weltkrieg zu Italien.

UMBRIA (UMBRIEN)

Im Herzen Italiens befindet sich Umbrien auf den Höhen des Apennin, umgeben von der Toskana im Westen und Norden, den Marken im Osten und Latium im Süden. In dieser Landschaft hat sich das korrekte Schlachten und Aufteilen eines Schweines zu einer solchen handwerklichen Kunst entwickelt, dass ein eigener Berufsstand entstand: die *norcini** – Schweinemetzger. Das Fleisch der heimischen Wildschweine ist besonders geschmackvoll, da die Tiere in den Bergen frei leben und sich von Wildpflanzen, Kräutern und manchmal auch Trüffeln ernähren.

Den Wurstwaren, darunter Salami, Würste, Koch- und Rauchfleisch sowie Schinken, ist auf den Vorspeisewagen der Restaurants nur schwer zu widerstehen. Hier gibt es etwa *porchetta*, am Spieß gegrilltes Milch-Spanferkel, dessen Zubereitung in Umbrien entstand, nun aber in ganz Italien beliebt ist.

Auch das Rindfleisch ist gut, besonders, wenn es von den Herden stammt, die nahe der Grenze zur Toskana weiden und aus umbrischen und *Chianina*-Rindern gekreuzt wurden. Die Schafe und Ziegen des Hügellandes, die Vielfalt an Wild in den Bergen, dazu die Geflügel und Kaninchen aus Bauernzucht machen Umbrien zu einem Paradies für Fleischliebhaber. Fleischgerichte werden oft über offenen Holzfeuern gebraten, deren unwiderstehlicher Duft die Luft im ganzen Land zur Mittagszeit erfüllt.

Zu den Nudelgerichten gehören auch drei örtliche Besonderheiten: *strascinati** und *umbrici*, zwei Arten langer, dicker Spaghetti, sowie *ciriole*, dickere Bandnudeln, die alle aus Hartweizengrieß, Eiern und Wasser gefertigt werden. Während des Herbstes verfeinern schwarze Trüffeln vielerlei Gerichte, von Nudelsaucen bis zu Kaninchen oder Tauben.

Ein anderes geschätztes Erzeugnis der Region ist Schokolade; die Hauptstadt Umbriens, Perugia, ist dafür weltweit bekannt. Der Chocolatier Perugina hat hier seinen Sitz, Hersteller der beliebten *baci*, süßer Küsschen. Dies sind moderne Süßwaren, aber auch der Einfallsreichtum der Umbrier bei ihren traditionellen Süßspeisen ist groß. Viele davon führen auf alte Gebräuche zurück, auf Traditionen und Aberglaube. *Attorta* ist ein althergebrachter Kuchen in Form einer langen, geringelten Schlange – der Genuss des Kuchens schützt angeblich vor Schlangenbissen! *Stinchetti* sind weiche Mandelplätzchen, die wie kleine Schienbeine aussehen. Dem Volksglauben nach bewahrt ihr Verzehr vor Hals- und Beinbruch.

VALLE D'AOSTA (AOSTATAL)

Berge, Berge und nochmals Berge – sie bilden das Hauptmerkmal dieser kleinen Region im äußersten Nordwesten Italiens. Trotz der Höhenlage wird das Land extensiv landwirtschaftlich genutzt, und die Küche spiegelt die geographische Lage wider. Wichtigste Nahrungsmittel sind Polenta, Mischbrot aus Roggen und Weizen sowie Brotsuppen.

Gute Brühen bilden die Grundlage aller Suppen. In den Küchen steht stets ein Suppentopf auf dem Herd, meist aus Ton und oft uralt. Das Vieh des Aostatals wird eigentlich nur zur Käseerzeugung gehalten. Das Fleisch ist deshalb nach dem Schlachten nur noch zum Brühekochen zu gebrauchen, dafür allerdings perfekt geeignet. Zusammen mit Suppengemüse kocht es Stunde um Stunde. Ist die Suppe fertig, wird das ausgelaugte Fleisch in Fässern mit Kräutern und Knoblauch eingelegt und später zu vielerlei Gerichten verwendet. Der Klassiker der Regionalküche, *carbonade*, wird beispielsweise aus diesem Fleisch gemacht: Klein geschnitten schmort es stundenlang in Rotwein.

Wild kommt nicht mehr so häufig vor wie noch in der Vergangenheit. Damwild, Wildhase, Fasan, Rebhuhn, gelegentlich Moorhuhn und Wildziege werden im Herbst gerne gegessen. Die Wildspezialität des Tales aber ist Murmeltier, das zwei Tage in Wein mariniert und dann geschmort wird.

Ein anderer Pfeiler der Küchenkultur im Aostatal ist der Käse. Dank der reichen Bergwiesen mit Wildkrautervegetation sind die Milch und später der Käse hier besonders hochwertig und aromatisch. Die Bergtäler rund um die Hauptstadt Aosta haben sich auf die Herstellung von

Getreideäcker im Wechsel mit Sonnenblumenfeldern und Weingärten in Umbrien im Herzen Italiens.

SPEZIALITÄTEN

Mocetta – *gepökelter Hüftschinken von Bergziege, Gemse oder Rind*

Lardo d'arnad – *fetter Schweinespeck, mit Kräutern aromatisiert*

Zuppa di castagne – *Kastanien-Reis-Suppe*

Carbonade – *geschmortes Rindfleisch*

Verschiedenste Wildgerichte

Fontina – *Rohmilch-Schnittkäse*

Robiola – *Frischkäse*

Montebianco – *Sahnecreme mit Kastanien*

ITALIENS REGIONEN UND IHRE KÜCHE

Dieses enge Tal zu Füßen des Gran Paradiso in den Westalpen gehört zur Region Valle d'Aosta.

SPEZIALITÄTEN

Bigoli in salsa – *Vollkornspaghetti mit Sardellensauce*
Pasta e fagioli – *Eintopf aus Nudeln und Bohnen*
Risi e bisi – *Reistopf mit Erbsen*
Radicchio aus Treviso vom Grill
Meeresfrüchte und der Risotto davon
Baccalà alla vicentina – *in Milch pochierter Stockfisch*
Tiramisù – *mit Espresso und Likör getränkter Biskuitkuchen mit Mascarponecreme*
Zaleti – *Maiskekse*
Asiago – *Kuhmilchkäse*

WEINE

Bianco di Custoza, Prosecco, Soave, Valpolicella, Recioto, Amarone

Fontina*-Käse spezialisiert, der zu den besten Käsen überhaupt gehört. Fontina wird in der Küche gerne verwendet, besonders aber für das aus dem Piemont stammende Käsefondue *fonduta*, aber auch bei *polenta concia*, einer mit Fontina überbackenen Polentaschnitte. *Tomini**, kleine Kuhmilchkäse, werden dagegen mit Olivenöl und Zitronensaft mariniert und als Vorspeise gegessen.

Die Antipasti des Aostatals könnten ebenso wie die des Piemont auch den gierigsten Riesen zufrieden stellen. *Mocetta**, also geräucherter Wildschinken, gekochter Schinken, luftgetrocknete Würste, die Blutwurst *boudin*, verschiedene Pilzgerichte während der Saison, dazu die hübschen *tomini* und die gesellige *fonduta* sind nur einige davon.

In dieser an sich ländlichen Küche finden sich dennoch zwei Desserts, die höchster Ehren würdig wären. Eines davon ist *montebianco**, eine Sahnecreme mit Kastanien, das andere *fiandolein*, eine schmelzende Vanillecreme, die über eine Lage aus dünnem Roggenbrot gegossen wird.

Obst ist hier nicht übermäßig reichlich zu finden, aber es gibt ausreichend Kastanien und hervorragende wilde Beeren wie Walderdbeeren, Blaubeeren oder Himbeeren. Die Birnensorte Martin Sec, die nur hier wächst, wird als Rotweinkompott serviert.

Erwähnt werden soll auch der hervorragende Honig, von dem der beste aus dem Cognetal kommt, wo die Bienenstöcke hoch an den Hängen des Gran Paradiso stehen.

VENETO (VENETIEN)

Die Venezianer lieben das Raffinierte und elegant Verfeinerte. Hier wurden schon im 11. Jahrhundert die erste Gabel und die ersten Servietten bei Tisch benutzt. Aus Murano kamen die feinsten Gläser, um die Tafel zu zieren. Auch neue Lebensmittel wurden über Venedig im Rest von Europa bekannt. Eines davon war Maismehl, das seit dem 17. Jahrhundert seine goldene Spur durch die Regionalküchen Norditaliens zieht. Die Einheimischen setzten das neue Mehl mit Begeisterung in ihren althergebrachten Rezepten ein, so wie sie es seit Jahrhunderten mit Buchweizen, Kirchererbsenmehl und Hirse getan hatten. Polenta, ob gekocht, gegrillt oder gebraten, wurde wichtigste Beilage zu Fleisch, Fisch oder Wild.

Die Venezianer, schon immer führend bei der Einführung innovativer Essgewohnheiten, machten auch den Reis populär. Im 15. Jahrhundert hatte man begonnen, den Reis in der Lombardei anzubauen. Die Idee dazu hatten die Venezianer, die während zahlreicher Handelsfahrten in den Nahen Osten auf die vielseitige Verwendbarkeit dieses Nahrungsmittels aufmerksam geworden waren. Sie kombinierten den Reis mit ihren beiden Lieblingsspeisen Fisch und Gemüse so vielfältig, dass heute für jeden Tag des Jahres ein anderes Risottorezept vorhanden ist.

Bei meinen Besuchen in Venedig sehe ich immer mit Bedauern, wie Touristen Nudeln bestellen, sobald sie sich im Restaurant niedergelassen haben. Pasta ist eigentlich kein Traditionsgericht in Venedig, wenn man von *pasta e fagioli* absieht, einem Eintopf aus kleinen Röhrennudeln mit

ITALIENS REGIONEN UND IHRE KÜCHE

Bohnen. Diese in ganz Italien beliebte Suppe schmeckt im Veneto dank der hervorragenden, hier angebauten Bohnen besonders gut. Die einzige hier heimische Nudelsorte sind die dicken, an Spaghetti erinnernden *bigoli*, wohl die einzigen Vollkornnudeln Italiens nach traditioneller Art.

Treviso wurde vor allem durch seinen roten Radicchio weltweit bekannt, der im Spätsommer alle Verkaufsstände am Rialtomarkt ziert. Dort lassen sich die Grundlagen der venezianischen Küche am besten studieren. Im Frühling findet sich jede nur erdenkliche wilde oder gezüchtete Salatsorte, in allen vorstellbaren Schattierungen von Grün. Am nächsten Stand zeugen lange, weiße Spargel aus Bassano von der Güte der Produkte der Terraferma, des Hinterlands der Lagunenstadt. Erbsen wachsen auf den Laguneninseln, ebenso wie *castraure*, die kleinen Artischocken, die auf dem Markt einen Berg aus gelbgrünen Dornen und Stacheln bilden.

Fisch ist ein weiteres Grundnahrungsmittel Venedigs und seiner Lagune und hier gleichfalls zu bestaunen. Die Auswahl ist überwältigend. Fisch und Meeresfrüchte jeder Form, Farbe und Größe, mit deutlichen Hinweisen darauf, ob der Fisch wild oder gezüchtet, gefroren oder frisch ist. Fragen Sie den Fischhändler, wie irgendeiner seiner Fische am besten zu kochen ist, und er, aber auch die Venezianerin neben Ihnen, wird Ihnen raten, den Fisch nur zu braten, zu pochieren oder gar roh zu essen, da der Fisch dank seiner Frische noch einen Hauch Seeluft auszuströmen scheint. Weiter im Landesinneren, wo Fisch nicht so einfach zu bekommen ist, wurde stattdessen *stoccafisso**, also getrockneter Kabeljau, zubereitet, den man in Venedig auch *baccalà** nennt, obwohl er vor dem Trocknen nicht gesalzen wird. Rezepte dafür gibt es viele, etwa *baccalà alla vicentina* oder *baccalà mantecato*, eine mit Olivenöl gerührte, weiße Stockfischmousse, die in Frankreich *brandade de morue* heißt.

Im Hinterland finden sich einige Fleischgerichte, die meistens lange garen. Lieblingsfleisch ist allerdings Geflügel, im Ofen gebraten oder geschmort. Die vielleicht interessantesten Traditionsrezepte sind Truthahn mit Granatäpfeln, *bigoli** mit Ente oder Perlhuhn mit einer von alters her beliebten Würzsauce namens *peverada**.

Süße Speisen reduzieren sich fast völlig auf einfaches Gebäck oder süßes Brot aus Hefeteig. *Baicoli**, *zaleti** und andere Kekse werden zu einem Glas süßem oder trockenem Weißwein getrunken, ein Getränk, das alle Gesellschaftsschichten Venedigs eint. Man nennt dieses Glas Wein *ombra*, Schatten, aus Zeiten, als man sich in geselliger Runde im Schatten des Campanile am Markusplatz traf. Heute trinkt man seine *ombra* in einer Bar oder einem *bacaro*, der venezianischen Weinbar, in der man auch leckere *chiceti*, kleine Snacks zum Wein, verzehren kann.

Die Bandbreite der Küche innerhalb dieser reichen Region ist enorm, aber die wesentlichen Elemente sind sehr ähnlich. All diese Facetten der Küche des Veneto stammen aus der Zeit, als die Serenissima, die venezianische Republik, auch das Hinterland beherrschte und dennoch den einzelnen Dörfern und Städten das Bewahren ihrer lokalen Traditionen ermöglichte.

Ein Lastkahn, voll geladen mit Gemüse und Früchten, am Rialtomarkt in Venedig.

ITALIENS REGIONEN UND IHRE KÜCHE

REZEPTE

ANTIPASTI	55
SUPPEN	63
PASTA	75
REIS, POLENTA & GNOCCHI	97
FISCH UND MEERESFRÜCHTE	113
GEFLÜGEL UND WILD	133
FLEISCHGERICHTE	149
GEMÜSEGERICHTE	179
DESSERTS, KUCHEN UND GEBÄCK	203
SAUCEN	227
BROT UND PIZZA	235

LINKE SEITE: *Filetto di Maiale alla Cavalcanti (siehe Seite 168)*

ANTIPASTI

Bagna Caôda
Heißer Anchovis-Dip für Gemüse

FÜR 6–8 PERSONEN

50 g Butter
4 Knoblauchzehen, sehr fein gehackt
10 Anchovisfilets, entgrätet, gewässert, abgetropft und fein gehackt
200 ml natives Olivenöl extra, vorzugsweise aus Ligurien oder eine andere milde Sorte
Etwa 1,25 kg Gemüse, geputzt und in Streifen geschnitten

LINKE SEITE: *Bagna Caôda*

Die Küche des Piemont ist bekannt für die Vielfalt ihrer Antipasti. „Bagna caôda" (wörtlich: heißes Bad) mit frischem Gemüse zählt zweifellos zu den beliebtesten. Dieses Rezept stammt aus einer Gegend in der Nähe von Ligurien, woher auch das milde Öl kommt, mit dem „bagna caôda" zubereitet wird. Am besten serviert man die Anchovissauce in einem feuerfesten irdenen Topf und hält sie, ähnlich wie ein Schweizer Käsefondue, über einem Rechaud warm. Zum Dippen reicht man in Streifen geschnittene rohe Gemüse der Saison.

Die Butter in einem kleinen, tiefen irdenen Topf bei sehr niedriger Hitze zerlassen. Sobald sie geschmolzen ist, den Knoblauch hinzufügen und einige Sekunden anschwitzen, ohne dass er dabei Farbe annimmt.

Die Anchovis dazugeben und das Olivenöl nach und nach unter ständigem Rühren hinzugießen. Etwa 10 Minuten bei sehr niedriger Hitze unter häufigem Rühren leicht köcheln lassen. Die *bagna caôda* ist servierfertig, wenn alle Zutaten gut vermischt sind und die Sauce glatt ist.

Zusammen mit dem Gemüse und frischem italienischem Landbrot auftragen.

Finocchi e Gamberi in Salsa di Vino
Fenchel und Riesengarnelen in Weinsauce

FÜR 4 PERSONEN

500 g Fenchel, geputzt und
  gewaschen
200 ml trockener Weißwein
I Scheibe Zwiebel, ½ cm dick
  geschnitten
I Knoblauchzehe
½ Stange Staudensellerie
I Lorbeerblatt
6 Pfefferkörner
½ TL Salz
350 g frische Riesengarnelen-
  schwänze, geschält und den Darm
  entfernt
4 EL natives Olivenöl extra

Das zart süßliche Fenchelaroma harmoniert ausgezeichnet mit Fisch und Meeresfrüchten. Anstelle der Garnelen können auch ausgelöste Flusskrebse verwendet werden.

Den Fenchel ohne Stiele längs in dünne Spalten schneiden. Das Fenchelkraut beiseite stellen. Den Wein in eine große Pfanne gießen. Fenchel, Zwiebeln, Knoblauch, Staudensellerie, Lorbeerblatt, Pfefferkörner und Salz hinzufügen. So viel Wasser dazugießen, bis der Fenchel bedeckt ist. Zum Kochen bringen und den Fenchel ohne Deckel gar kochen. Den Fenchel herausnehmen und in eine tiefe Servierschüssel umfüllen.

Die Garnelenschwänze in die Kochflüssigkeit des Fenchels geben und in zwei Minuten bei niedriger Hitze gar ziehen. Herausnehmen und abkühlen lassen. Sechs schöne Garnelenschwänze kalt stellen, die restlichen in I cm dicke Stücke schneiden und unter den Fenchel mischen.

Die Kochflüssigkeit bei starker Hitze einkochen und mit der Hälfte des Öls über die Fenchel-Garnelen-Mischung gießen. Alle Zutaten mischen und zugedeckt in den Kühlschrank stellen.

Etwa 2 Stunden vor dem Servieren aus dem Kühlschrank nehmen. Die Garnelenschwänze dekorativ auf der Mischung verteilen, mit dem restlichen Öl beträufeln und das Gericht mit dem Fenchelkraut garnieren.

Mozzarella in Carrozza
Ausgebackene Mozzarellabrote

FÜR 4 PERSONEN

400 g Mozzarella*, in Scheiben
  geschnitten (je ½ cm dick)
8 große Scheiben italienisches
  Weißbrot ohne Rinde
Salz und schwarzer Pfeffer aus der
  Mühle
250 ml Milch
2 Eier von Freilandhühnern
75 g Mehl
Pflanzenöl zum Frittieren

ANMERKUNG: In Kampanien nimmt man Büffelmozzarella. Für dieses Rezept können Sie auch Mozzarella aus Kuhmilch verwenden, obgleich das Ergebnis dann nicht ganz so gut ist.

Eine klassische Zwischenmahlzeit aus Kampanien. Wörtlich übersetzt bedeutet der Name „Mozzarella in einer Kutsche", wobei das Brot die Kutsche ist. Man kann auch in dicke Scheiben geschnittenes Ciabatta* nehmen.

Den Mozzarella in acht gleich große Portionen schneiden. Die Brotscheiben halbieren und eine Portion Mozzarella auf je eine halbe Brotscheibe legen. Salzen und pfeffern und die andere Hälfte der Brotscheibe darüber legen.

Die Milch in einen Suppenteller gießen. Die Eier in einem weiteren Suppenteller mit etwas Salz und Pfeffer verquirlen. Das Mehl auf eine Platte oder einen großen Teller streuen.

Eine große Bratpfanne etwa I cm hoch mit Öl füllen und das Öl bei hoher Temperatur erhitzen, bis es sehr heiß ist, aber nicht raucht. Inzwischen ein Sandwich kurz in die Milch tauchen, anschließend leicht in Mehl wenden und durch das Ei ziehen. Überschüssiges Ei abtropfen lassen.

Das Öl sollte jetzt heiß genug sein. Das Sandwich vorsichtig mit einem Pfannenwender in das heiße Fett geben. Die restlichen Sandwichs auf die gleiche Art vorbereiten und im heißen Fett auf beiden Seiten goldbraun ausbacken. Auf Küchenpapier abtropfen lassen und heiß servieren.

Mozzarella in Carrozza

ANTIPASTI

Cozze Ripiene
Gefüllte Miesmuscheln

Die Vorliebe der Italiener für schmackhafte Füllungen kommt bei diesem köstlichen Muschelgericht besonders gut zum Ausdruck.

FÜR 6 PERSONEN

1,25–1,5 kg frische Miesmuscheln
10 EL geriebenes trockenes Weißbrot
   (ersatzweise Semmelbrösel)
10 EL glatte Petersilie, frisch gehackt
2 Knoblauchzehen, fein gehackt
Frisch gemahlener schwarzer Pfeffer
100 ml Olivenöl
Salz
2 EL geriebener reifer Pecorino*
   oder Parmesan

Die Miesmuscheln unter fließendem kaltem Wasser abbürsten, bei starkem Bewuchs auch mit einem Messer abschaben. Meist erübrigt sich dieser Arbeitsgang, da die Miesmuscheln heute fast ausschließlich aus kultivierten „Muschelgärten" stammen und schon gesäubert sind. Die Bärte entfernen und mehrmals gründlich waschen. Geöffnete Muscheln, die sich auf Druck mit Daumen und Zeigefinger nicht mehr schließen, wegwerfen – sie sind verdorben.

Den Ofen auf 230 °C vorheizen.

Die gewaschenen Muscheln in einen großen Topf füllen. Den Topf zudecken und die Muscheln in ihrer eigenen Flüssigkeit bei starker Hitze etwa 4 Minuten kochen, bis sie sich geöffnet haben, dabei den Topf gelegentlich schütteln. Die Muscheln mit einem Schaumlöffel herausnehmen, etwas abkühlen lassen und das Muschelfleisch mit einem leeren Schalenpaar oder den Fingern herauslösen. Je eine Schalenhälfte aufheben. Den Muschelsud durch ein mit Musselintuch ausgelegtes Sieb abseihen. Das geriebene Brot mit der Petersilie, dem Knoblauch und reichlich Pfeffer vermischen, dann das Olivenöl und 4 Esslöffel des Muschelsuds hinzugießen. Alle Zutaten gut miteinander vermengen. Abschmecken und nach Geschmack nachwürzen.

Das Muschelfleisch in die vorbereiteten Schalen legen und auf zwei Backblechen verteilen. Mit den Fingern etwas Füllung auf jede Schale geben und das Muschelfleisch damit vollständig zudecken. Die gefüllten Muscheln mit dem geriebenen Käse bestreuen und 10 Minuten im vorgeheizten Ofen überbacken.

Nach der Hälfte der Garzeit das untere Blech auf die obere Einschubleiste schieben und umgekehrt, dabei die Bleche gleichzeitig um 180° wenden.

ANTIPASTI

Salviata
Salbeiauflauf

FÜR 4 PERSONEN

6 Eier von Freilandhühnern
2 TL Mehl
1 Tasse lose, frische Salbeiblätter
   (etwa 20 g), gehackt
½ Knoblauchzehe, fein gehackt
40 g Parmigiano Reggiano* oder
   Grana Padano*, frisch gerieben
2 EL Sahne
Salz und schwarzer Pfeffer aus der
   Mühle
1 EL Olivenöl

Im Frühling, wenn der Salbei jung, zart und besonders aromatisch ist, bereitet man in der Toskana dieses traditionelle Gericht gerne zu. Der Auflauf soll eine goldbraune Kruste bekommen, innen aber weich und saftig bleiben.

Den Ofen auf 170 °C vorheizen.

Die Eier verquirlen, das Mehl hinzufügen und sorgfältig unterheben. Kleine Klümpchen, die sich eventuell bilden, lösen sich beim Backen wieder auf. Die restlichen Zutaten bis auf das Öl dazugeben und gründlich unterrühren.

Eine ofenfeste runde Auflaufform (Durchmesser 20 cm) mit dem Öl fetten. Die Masse in die Form gießen und im vorgeheizten Ofen etwa 30 Minuten backen, bis die Salviata vollständig gestockt, aber noch weich ist.

Crostini alla Chiantigiana
Crostini mit Geflügelleberpastete

RECHTE SEITE: *Salviata*

FÜR 8 PERSONEN

250 g Geflügellebern
4 EL natives Olivenöl extra
25 g Butter
½ Stange Staudensellerie, sehr fein
   gehackt
½ Möhre, sehr fein gehackt
1 kleine Zwiebel, sehr fein gehackt
3 EL trockener Weißwein
1½ TL Tomatenmark in 4 EL
   warmem Wasser aufgelöst
Salz und schwarzer Pfeffer aus der
   Mühle
1 EL Kapern, vorzugsweise in Salz
   eingelegt, gewaschen, abgetropft
   und gehackt
1 kleine Knoblauchzehe, gehackt
2 in Salz eingelegte Anchovisfilets,
   gewaschen, abgetropft und gehackt
Getoastete Scheiben Ciabatta* oder
   Toskanabrot

Crostini* mit Geflügelleber werden traditionell überall in der Toskana zubereitet. Bei dieser Version aus dem Chianti rundet etwas Tomatenmark den leicht süßlichen Geschmack der Lebern ab.

Die Geflügellebern reinigen, weitgehend von Äderchen und Sehnen befreien und in sehr kleine Stücke schneiden. Das Olivenöl und die Hälfte der Butter in einer Kasserolle erhitzen. Sobald die Butter zerlassen ist, den Sellerie, die Möhre und die Zwiebel etwa 10 Minuten unter häufigem Rühren bei niedriger bis mittlerer Temperatur andünsten.

Die Hitze reduzieren, die Leberstücke hinzufügen und braten, bis sie ihre rohe Farbe vollständig verloren haben. Die Hitze erhöhen, die Lebern und das Gemüse mit dem Wein ablöschen und die Flüssigkeit einkochen, bis sie fast vollständig verdampft ist. Die Kasserolle zudecken und das Gericht weitere 5 Minuten bei niedriger Hitze köcheln lassen.

Die Kasserolle vom Herd nehmen, etwas Pfeffer, die Kapern, den Knoblauch, die Anchovisfilets und die restliche Butter unterrühren. Sobald die Butter geschmolzen ist, den Inhalt der Kasserolle in einer Küchenmaschine einige Sekunden zerkleinern, bis die Masse glatt ist. Die Lebermasse zurück in die Kasserolle füllen und unter ständigem Rühren weitere 3 Minuten köcheln lassen.

Die Pastete ist servierfertig und kann als Aufstrich zu getoastetem Brot gereicht werden. Am besten nimmt man Ciabatta oder anderes weißes Landbrot. Die Crostini schmecken warm, aber auch kalt vorzüglich.

ANTIPASTI

Insalata Veronese
Veronesischer Salat

FÜR 4 PERSONEN

½ mittelgroßer Knollensellerie
2 Köpfe Chicorée
½ mittelgroßer Kopf Radicchio
2 TL gehackte Petersilie
  (nach Belieben)

FÜR DIE SALATSAUCE
2 EL Zitronensaft
½ TL scharfer Senf
4 EL natives Olivenöl extra
Salz und Pfeffer

Zwei der Zutaten in diesem Salat sind in Verona besonders beliebt: Knollensellerie, auf Italienisch „sedano di Verona", und Radicchio.

Zuerst die Salatsauce zubereiten. Dazu in einer kleinen Schüssel den Zitronensaft mit dem Senf glatt rühren. Das Öl in einem dünnen Strahl dazugießen, dabei mit einer Gabel kräftig rühren, bis eine glatte Emulsion entsteht. Nach Geschmack mit Salz und Pfeffer würzen.

Den Sellerie schälen und in feine Streifen (Julienne) schneiden. Mit der Hälfte der Sauce anmachen und den Salat in die Mitte einer Servierschüssel oder -schale füllen.

Den Chicorée und den Radicchio in 1 cm dicke Streifen schneiden. Die Blattsalate gut waschen und gründlich abtropfen lassen. Mit der übrigen Salatsauce anmachen. Die Blattsalate rings um den Selleriesalat anrichten und nach Belieben mit der Petersilie bestreuen.

Panzanella
Brot-Gemüse-Salat

FÜR 6 PERSONEN

½ rote Zwiebel
Salz
6 EL natives Olivenöl extra,
  vorzugsweise aus der Toskana
2 Knoblauchzehen, zerdrückt
2 frische rote Chilis, halbiert, die
  Samen und Scheidewände entfernt
1 gelbe Paprika, geputzt und
  gewürfelt
2 große, reife, feste Tomaten
½ Salatgurke
4 EL frische Basilikumblätter,
  zerpflückt
1 EL Kapern, vorzugsweise in Salz
  eingelegt, abgespült
Etwa 2 EL Rotweinessig
200 g italienisches Landbrot
  (siehe Einleitung), entrindet

Ein rustikaler Brotsalat, wie man ihn in Mittelitalien zubereitet, dessen genaue Rezeptur den regional und saisonal verfügbaren Gemüsesorten und dem Gusto des Kochs entsprechend unterschiedlich ausfällt. Man muss ihn unbedingt mit einem guten, zwei oder drei Tage alten Landbrot zubereiten. Am besten eignet sich ungesalzenes Brot, wie man es in der Toskana kennt. Die Gemüse sollen von bester Qualität sein, das gilt besonders für die Tomaten. Das folgende Rezept entspricht der beliebten toskanischen Version.

2–3 Stunden vor dem Servieren die Zwiebel in sehr dünne Scheiben schneiden, in einer Schüssel mit kaltem Wasser und 1 TL Salz bedecken und stehen lassen. Das Olivenöl, den Knoblauch und die Chilis in eine Schüssel geben und genauso lange wie die Zwiebeln durchziehen lassen.

Die Tomaten entkernen und in kleine Würfel schneiden, dabei den Saft auffangen. Die Salatgurke schälen, längs halbieren und nach Wunsch mit einem spitzen Esslöffel die Samen herauskratzen. Die Hälften in feine Scheiben schneiden. Alle vorbereiteten Zutaten mit dem Tomatensaft, dem Basilikum und den Kapern in eine Schüssel geben.

Die Zwiebelscheiben abtropfen lassen, trockentupfen und unter die restlichen Zutaten mischen. Den Knoblauch und die Chilis aus dem Öl nehmen. 2 Esslöffel Essig in das Öl gießen und mit einem Schneebesen kräftig schlagen. Die Mischung über den Gemüsen verteilen. Mit Salz würzen.

Das Brot in 2 cm große Würfel schneiden und sorgfältig unter den Salat mengen. Probieren und, falls nötig, mit Salz und Essig nachwürzen. Den Salat mit Zimmertemperatur servieren.

SUPPEN

Pancotto
Brotsuppe

FÜR 4 PERSONEN

175 g Toskanabrot oder anderes weißes Landbrot vom Vortag, entrindet
5 EL natives Olivenöl extra
½–1 TL getrocknete Chilis, zerstoßen
3 Knoblauchzehen, gehackt
2 EL glatte Petersilie, frisch gehackt
1,5 l heiße Fleisch- oder Geflügelbrühe (siehe Seite 71), fertigen Fond oder sehr gute Brühwürfel, in der gleichen Menge Wasser aufgelöst
Salz und schwarzer Pfeffer aus der Mühle
Frisch geriebener Pecorino* als Beigabe

„Pancotto"* ist in ganz Italien beliebt und kommt in beinahe ebenso vielen verschiedenen Versionen auf den Tisch, wie es Köche gibt. Verwenden Sie für „pancotto" ein gutes helles Landbrot aus Weizen- oder Hartweizenmehl. Gut eignet sich Toskanabrot, das fast überall erhältlich ist, oder auch „pugliese"* (apulisches Brot).

Das Brot in sehr kleine Stücke schneiden und einige Sekunden in kurzen Schüben in einer Küchenmaschine zerkleinern oder mit einem großen Messer grob hacken.

Die Chilis, den Knoblauch und die Petersilie kurz in dem Olivenöl in einer Pfanne bei niedriger bis mittlerer Temperatur anbraten. Das Brot hinzufügen und unter häufigem Rühren in 3–4 Minuten goldgelb rösten. Die erhitzte Brühe dazugießen und die Brotsuppe etwa 30 Minuten zugedeckt köcheln lassen.

Die Suppe abschmecken und mit dem geriebenen Pecorino als Beigabe servieren.

Minestrone alla Milanese
Minestrone nach Mailänder Art

FÜR 6–8 PERSONEN

150 g getrocknete Borlotti-Bohnen
50 g Butter
50 g Pancetta*, gehackt (ersatzweise
    magerer geräucherter Speck)
3 Zwiebeln, in Scheiben geschnitten
4 Möhren, in Würfel geschnitten
2 Stangen Bleichsellerie, in Würfeln
2 Zucchini, in Würfel geschnitten
100 g Prinzessbohnen, in Stücken
100 g frische Erbsen, gepalt
200 g Wirsing, in feinen Streifen
1,5–2 l Fleischbrühe (siehe Seite 71)
350 g mehlig kochende Kartoffeln,
    geschält und geviertelt
250 g frische Tomaten, enthäutet,
    oder abgetropfte Dosentomaten
180 g italienischer Rundkornreis,
    vorzugsweise Vialone Nano*
75 g Parmigiano Reggiano* oder
    Grana Padano*, frisch gerieben

Anstelle von Reis kann man auch kleine Suppennudeln verwenden, obgleich „Minestrone alla Milanese" stets mit Reis zubereitet wird.

Die Bohnenkerne über Nacht in kaltem Wasser einweichen, dann abtropfen lassen und kalt abbrausen. In einem Topf mit Wasser bedecken, zum Kochen bringen und bei niedriger Temperatur zugedeckt 1–1 ½ Stunden köcheln lassen, bis sie weich sind. Nach Bedarf während des Garens etwas Wasser nachgießen. Abgießen und beiseite stellen.

Die Butter in einem großen Topf mit schwerem Boden zerlassen. Pancetta und Zwiebeln hinzufügen und etwa 5 Minuten bei mittlerer Temperatur anschwitzen, dann die Möhren- und Selleriewürfel dazugeben. Die Zutaten weitere 5 Minuten unter häufigem Rühren dünsten, dann Zucchini, Prinzessbohnen und Erbsen dazugeben. Nach weiteren 5 Minuten den Wirsing hinzufügen und alle Zutaten sorgfältig vermischen.

Brühe, Kartoffeln und Tomaten hinzufügen und die Suppe mit Salz und Pfeffer würzen. Zum Kochen bringen und zugedeckt etwa 30 Minuten köcheln lassen. Die Kartoffeln mit einem Schaumlöffel herausnehmen, mit einer Gabel zerdrücken und zurück in die Suppe geben.

Den Reis hinzufügen und die Minestrone weitere 10 Minuten köcheln lassen, bis der Reis gar ist. Die Borlotti-Bohnen dazugeben und die Minestrone mit Salz und Pfeffer abschmecken. 4 Esslöffel geriebenen Parmesan hineinrühren und den restlichen Käse getrennt reichen.

Minestra di Pomodori alla Calabrese
Tomatensuppe aus Kalabrien

FÜR 4–5 PERSONEN

6 EL natives Olivenöl extra
2 Knoblauchzehen, fein gehackt
5 große reife, frische Tomaten, überbrüht, enthäutet und grob gehackt
1 Zwiebel, in dünne Scheiben
    geschnitten
2 EL glatte Petersilie, frisch gehackt
Salz und schwarzer Pfeffer aus der
    Mühle
150 g Ditalini* oder andere kleine
    Suppennudeln
Reifer Pecorino*, frisch gerieben, als
    Beigabe

Ein Rezept aus dem süditalienischen Kalabrien, wo es ausgezeichnete Tomaten gibt. Bereiten Sie diese Suppe nur zu, wenn reife und wirklich aromatische Tomaten zu haben sind.

Das Olivenöl in einem Topf erhitzen und den Knoblauch, die Tomaten, Zwiebeln und die Hälfte der gehackten Petersilie hinzufügen. Etwa 10 Minuten unter häufigem Rühren andünsten.

1,5 l Wasser angießen und die Suppe mit Salz und reichlich Pfeffer würzen. Zum Kochen bringen und offen bei niedriger Temperatur etwa 20 Minuten köcheln lassen.

Die Temperatur erhöhen und die Pasta hineinrieseln lassen. Die Suppennudeln *al dente* kochen, die restliche Petersilie hinzufügen und die Minestra nach Geschmack mit Salz und Pfeffer würzen. Die Minestra mit dem Pecorino als separate Beigabe servieren.

RECHTE SEITE: *Minestra di Pomodori alla Calabrese*

La Ribollita
Toskanische Bohnensuppe

FÜR 6–8 PERSONEN

FÜR DAS GAREN DER BOHNEN
250 g getrocknete Cannellini-Bohnen
1 Zwiebel, geviertelt
1 kleine Stange Sellerie, in Stücke geschnitten
Frische Zweige Salbei, Rosmarin und Petersilie
3 Knoblauchzehen, in Scheiben

FÜR DIE SUPPE
5 EL natives Olivenöl extra
1 Gemüsezwiebel (große milde Zwiebel), in Scheiben geschnitten
½–1 TL zerstoßene getrocknete Chilis
Salz
2 reife, frische Tomaten, enthäutet, entkernt und grob gehackt
1 EL Tomatenmark
3 Kartoffeln, in kleine Würfel geschnitten
2 Möhren, in kleine Würfel geschnitten
1 kleine Stange Lauch, in kleine Stücke geschnitten
3 Stangen Staudensellerie, in kleine Stücke geschnitten
250 g Cavolo nero*, in schmale Streifen geschnitten
200 g Wirsing, in schmale Streifen geschnitten
2 Knoblauchzehen, in feine Scheiben geschnitten
3–4 frische Zweige Thymian
Schwarzer Pfeffer aus der Mühle

ALS BEIGABE ZUM SERVIEREN
1–2 Gemüsezwiebeln
6–8 Scheiben Toskanabrot oder anderes weißes Landbrot
2 Knoblauchzehen, halbiert
2 EL natives Olivenöl extra

Die folgende Zubereitung von „La Ribollita"* zeigten mir meine Nachbarn im Chianti. Sollten Sie keinen „cavolo nero"* bekommen können, ersetzen Sie Ihn durch die gleiche Menge Grünkohl oder Wirsing. Der Name „La Ribollita" bedeutet „die Aufgewärmte". Bereiten Sie die Suppe also am besten einen Tag im Voraus zu, damit sich der Geschmack und die Aromen voll entfalten können.

Die Bohnen über Nacht in kaltem Wasser einweichen, dann abtropfen lassen und kalt abbrausen.

Die Bohnen mit allen Zutaten für das Garen der Bohnen in einen großen Topf mit schwerem Boden geben und 5 cm hoch mit Wasser bedecken. Zum Kochen bringen, mit einem Schaumlöffel den Schaum abnehmen und zugedeckt bei niedriger Temperatur etwa 1½ Stunden köcheln lassen, bis die Bohnen weich sind.

Alle Bohnen mit einem Schaumlöffel aus der Kochflüssigkeit nehmen. Drei Viertel der Bohnen mit einer Gemüsepresse (grobe Lochscheibe) in eine Schüssel pressen oder mithilfe einer Küchenmaschine pürieren. Die restlichen Bohnen ganz lassen. Die Kochflüssigkeit durch ein Sieb in eine Schüssel gießen und alle Rückstände im Sieb wegwerfen.

Das Olivenöl in den Topf gießen, in dem die Bohnen gegart worden sind. Die Zwiebeln und Chilis hinzufügen. Eine Prise Salz darüber streuen. Etwa 10 Minuten bei niedriger bis mittlerer Temperatur unter häufigem Rühren anschwitzen, dann die Tomaten und das Tomatenmark hinzufügen und die Zutaten weitere 2–3 Minuten garen. Schließlich das Bohnenpüree dazufüllen. Das Püree einige Minuten ständig rühren, damit es die Aromen der restlichen Zutaten aufnimmt. Dann die restlichen Gemüse, den Knoblauch und den Thymian hinzufügen.

Die Kochflüssigkeit der Bohnen abmessen, mit Wasser auf 1,5 l ergänzen und in den Topf zum Püree gießen. Salzen und die Suppe erneut zum Kochen bringen. Bei niedriger Temperatur etwa 1 Stunde köcheln lassen. Die Suppe pfeffern und abschmecken. Im Topf auf Raumtemperatur abkühlen lassen und bis zum nächsten Tag kalt stellen.

Vor dem Servieren den Ofen auf 180 °C vorheizen.

Die ganzen Bohnen in die Suppe geben. Die Zwiebeln sehr fein schneiden und in einer dünnen Schicht über die Suppe streuen. Den Topf für etwa 45–60 Minuten in den vorgeheizten Ofen stellen, bis die Zwiebeln weich und goldgelb sind.

Das Brot mit den halbierten Knoblauchzehen einreiben und unter dem Grill toasten. In Suppentellern verteilen, die Suppe darüber schöpfen und mit etwas Öl beträufeln. Die Ribollita heiß servieren.

LINKE SEITE: *La Ribollita*

Passato di Sedano
Selleriesuppe

FÜR 4 PERSONEN

- 1 mittelgroßer Staudensellerie
- 40 g Butter
- 2 EL Olivenöl
- 1 l Gemüsebrühe oder Fleischbrühe (siehe Seite 71), fertigen Fond oder sehr gute Brühwürfel, in der gleichen Menge Wasser aufgelöst
- 2 Kartoffeln, in kleine Stücke geschnitten
- Salz
- 2 Scheiben dunkles Brot, entrindet und leicht getoastet
- 125 g Ricotta*
- Schwarzer Pfeffer aus der Mühle
- Parmigiano Reggiano* oder Grana Padano*, frisch gerieben

Diese Suppe könnte auch aus der französischen Küche stammen. Auf typisch italienische Art wird sie jedoch nicht mit Crème fraîche oder Crème double, sondern mit Ricotta verfeinert und mit gebratenen Brotkrumen eingedickt. In Frankreich würde man stattdessen Croûtons dazu reichen.

Die Fäden von den Selleriestangen abziehen, den Sellerie gründlich waschen und in Stücke schneiden. Die Blätter zum Würzen anderer Gerichte aufbewahren oder gehackt in einen Salat geben.

Je 1 Esslöffel Butter und Öl in einem Topf erhitzen. Sobald die Butter aufschäumt, den Sellerie und die Kartoffeln hineingeben. Etwa 5 Minuten bei schwacher Hitze unter gelegentlichem Rühren andünsten.

Inzwischen die Brühe zum Kochen bringen und in den Topf mit dem Gemüse gießen. Nach Geschmack salzen und die Suppe 30 Minuten köcheln lassen.

Währenddessen das entrindete Brot in einer Küchenmaschine oder einem Mixer zu groben Brotkrumen zerkleinern.

In einer kleinen Bratpfanne die restliche Butter und das Öl erhitzen und die Brotkrumen hineingeben, sobald das Fett sehr heiß ist. Unter häufigem Rühren braten, bis alles Fett absorbiert ist und die Brotkrumen braun und knusprig sind.

Die Suppe in der Küchenmaschine oder im Mixer pürieren. Die pürierte Suppe erneut zum Kochen bringen, dann die Herdplatte abschalten. Den Ricotta mit einer Gabel zerdrücken und mit reichlich frisch gemahlenem Pfeffer in die Suppe geben. Gut umrühren und, wenn nötig, erneut mit Salz und Pfeffer abschmecken.

Die heiße Selleriesuppe in Suppentassen schöpfen und die gebratenen Brotkrumen sowie den geriebenen Parmesan separat in Schüsseln dazu reichen.

Jota
Bohnen-Gersten-Suppe

FÜR 4 PERSONEN

100 g getrocknete Borlotti-Bohnen
150 g geräucherter Pancetta*
25 g Butter
2 EL Olivenöl
1 Knoblauchzehe, gehackt
1 kleine Zwiebel, gehackt
2 EL glatte Petersilie, frisch gehackt
1 EL frischer Salbei, gehackt
1 l Fleischbrühe, fertigen Fond oder
  sehr gute Brühwürfel, in der
  gleichen Menge Wasser aufgelöst
100 g Perlgraupen, gewaschen
2 EL natives Olivenöl extra
150 g Sauerkraut
Salz

Das Rezept stammt aus Julisch-Venetien, wo die Jota nicht mit „brovade" (einge-
legte Steckrüben) wie im Friaul, sondern mit Sauerkraut zubereitet wird.

Die Bohnen über Nacht in kaltem Wasser einweichen, dann abtropfen
lassen und kalt abbrausen. Den Pancetta in Würfel schneiden.

Die Butter mit dem Olivenöl in einem Suppentopf mit schwerem
Boden zerlassen und den Pancetta, den Knoblauch, die Zwiebel und die
Kräuter hinzufügen. Bei niedriger bis mittlerer Temperatur unter häufigem Rühren andünsten, dann die eingeweichten Bohnen dazugeben und
gut untermischen, damit sie gleichmäßig mit dem Fett überzogen werden. Die Brühe dazugießen. Die Suppe zugedeckt etwa 45 Minuten bei
niedriger Temperatur köcheln lassen. Die Perlgraupen hinzufügen und
weitere 45 Minuten garen, bis die Gerste und die Bohnen weich sind.

Das Olivenöl in einer Kasserolle erhitzen und das Sauerkraut unter
häufigem Rühren bei mittlerer Temperatur etwa 10 Minuten andünsten, dann in die Suppe geben. Etwas Wasser dazugießen, falls die Suppe
zu dick wird. Nur mit Salz würzen, ganz so, wie es im Originalrezept
steht. Die *jota* weitere 15 Minuten köcheln lassen und dann servieren.

Brodo di Carne
Fleischbrühe

ERGIBT 1,5–2 l

1,5 kg Suppenfleisch von Rind, Kalb
  und Huhn, in größeren Stücken
1 Zwiebel, halbiert und mit 3 Nelken
  gespickt
1–2 Möhren, in Stücke geschnitten
2 Stangen Bleichsellerie, in Stücke
  geschnitten
1 Fenchelstängel oder ein paar
  Zweige frisches Fenchelkraut
  (von der Fenchelknolle)
1 Stange Lauch, in Stücke geschnitten
50 g Pilzabschnitte und -stiele
6 Petersilienstiele
1 Lorbeerblatt
1 Knoblauchzehe, geschält
1 reife, frische Tomate, geviertelt
6 Pfefferkörner
1 TL Salz

Italienischer „brodo* di carne" ist eine besonders schmackhafte Fleischbrühe. Diese
Kochanleitung habe ich beim Testen der Rezepte für dieses Buch verwendet, daher wird
an einigen Stellen auf sie verwiesen. Sollte es Ihnen jedoch an Zeit für die Zubereitung
mangeln, können Sie auch fertigen Rinderfond oder sehr gute Brühwürfel verwenden.

Alle Zutaten in einen Suppentopf geben. Etwa 3 l kaltes Wasser dazugießen oder so viel, dass alle Zutaten bedeckt sind, und zum Kochen
bringen. Die Brühe abschäumen und die Temperatur so weit wie möglich reduzieren. Bei etwa 80 °C wird die Brühe aromatischer, als wenn
sie bei 100 °C sprudelnd kocht. Den Topf nicht ganz zudecken, damit
der Dampf entweichen kann. Während der ersten 15 Minuten immer
wieder den sich bildenden Schaum abnehmen. Die Brühe etwa 3 Stunden kochen, dann durch ein großes, mit Musselintuch ausgelegtes Sieb
abgießen, auskühlen lassen und in den Kühlschrank stellen.

Alles Fett von der Oberfläche abnehmen. Die Brühe erneut erhitzen
und mit Küchenpapier an der Oberfläche schwimmende Fettaugen aufnehmen. Die Brühe probieren: Ist sie nicht kräftig genug, die Brühe bei
starker Hitze einkochen, bis sie die gewünschte Konzentration erreicht
hat. Die ausgekühlte Brühe mit Klarsichtfolie abdecken. Sie hält sich im
Kühlschrank drei Tage, in der Tiefkühltruhe etwa drei Monate.

Brodetto Abruzzese
Fischsuppe aus den Abruzzen

Eine der besten Versionen des „brodetto"*, der klassischen Fischsuppe der Adria.

FÜR 4–5 PERSONEN

1,5 kg verschiedene Fische, wie Seeteufel, Rascasse (Drachenkopf), Rotbarben, Meeräschen, Petersfisch (Saint-Pierre) oder Seehecht, jedoch nicht Lachs, Makrele, Sardine oder Hering
1 Zwiebel, in Scheiben geschnitten
4 EL Rotweinessig
1 Lorbeerblatt
500 g kleinere Sepien oder Kalmare
100 ml natives Olivenöl extra
3 Knoblauchzehen, in feine Scheiben geschnitten
1 getrocknete rote Chili (je nach Schärfe auch mehr), zerstoßen
400 g Eiertomaten aus der Dose, mit Saft, gehackt
1½ TL Tomatenmark
Salz
1 kg frische Miesmuscheln, gut abgeschabt und fest verschlossen
150 ml trockener Weißwein
8–10 Scheiben Ciabatta* oder Toskanabrot, getoastet und mit Knoblauch eingerieben

Die Köpfe und Flossen von den Fischen abtrennen und mit Zwiebel, Weinessig und Lorbeerblatt in einen Topf füllen. Mit kaltem Wasser bedecken, langsam zum Kochen bringen und 20 Minuten köcheln lassen. Den Fond durch ein Sieb abgießen. Die Rückstände wegwerfen.

Inzwischen die Fische in mundgerechte Stücke schneiden. Die Sepien oder Kalmare säubern, waschen und in Streifen schneiden. Den Knoblauch und den Chili in dem Olivenöl sanft anschwitzen, bis der Knoblauch etwas Farbe annimmt. Die gehackten Tomaten mit dem Saft und dem Tomatenmark hinzufügen und unter häufigem Rühren 5 Minuten kochen. Die Sepia- oder Kalmarstreifen dazugeben, salzen und bei niedriger Temperatur etwa 40–60 Minuten köcheln lassen, bis sie weich sind.

Etwas von den Sepia- oder Kalmarstreifen mit einem Teil der Tomatensauce in einen großen Topf schöpfen, eine Lage rohe Fischstücke und ein paar Muscheln darüber legen. So fortfahren, bis alle Zutaten verbraucht sind.

Den Fisch 2–3 cm hoch mit dem Wein und Fischfond bedecken. Wenn nötig, mit etwas Wasser auffüllen. Bei mittlerer Temperatur zum Köcheln bringen, die Hitze reduzieren und etwa 5 Minuten ziehen lassen, dabei den Topf gelegentlich etwas schütteln, aber nicht rühren, denn sonst würden die Fischstücke auseinander fallen. Vom Herd nehmen und sehr heiß servieren. Dazu das Knoblauchbrot reichen.

SUPPEN

PASTA

Ziti alla Palermitana
Ziti mit Thunfischsauce

FÜR 4 PERSONEN

1 kleine Zwiebel, fein gehackt
Salz und schwarzer Pfeffer aus der Mühle
5 EL natives Olivenöl extra
2 Knoblauchzehen, fein gehackt
4 Anchovisfilets, gewaschen, abgetropft und gehackt
350 g reife, frische Tomaten, überbrüht, enthäutet, die Samen entfernt und grob gehackt
2 TL gerebelter Oregano
75 g in Olivenöl eingelegter Thunfisch aus der Dose, abgetropft und zerpflückt
350 g Ziti*
50 g Caciocavallo* (ersatzweise Parmigiano Reggiano* oder Grana Padano*), gerieben

LINKE SEITE: *Ziti alla Palermitana*

Zwei der traditionsreichsten Zutaten Siziliens – Ziti* und Thunfisch – werden bei diesem einfachen, aber delikaten Gericht kombiniert. Nehmen Sie Bucatini* oder andere kleine Röhrennudeln, wie Penne* oder Rigatoni*, falls keine Ziti zu haben sind.

Für die Pasta Wasser in einem großen Topf erhitzen und salzen. Inzwischen die Zwiebel mit 2 Prisen Salz in dem Öl etwa 7 Minuten unter häufigem Rühren bei niedriger Temperatur anschwitzen.

Den Knoblauch hinzufügen und weitere 2 Minuten dünsten. Die gehackten Anchovisfilets hinzufügen, mit einem Kochlöffel am Rand des Topfes auseinander drücken und unter die Zwiebeln mischen. Nach etwa 1 Minute die Tomaten und den Oregano dazugeben. Die Sauce etwa 20 Minuten bei niedriger bis mittlerer Temperatur köcheln lassen.

Den zerpflückten Thunfisch dazugeben und die Sauce weitere 10 Minuten köcheln lassen. Wenn nötig, mit Salz würzen und mit reichlich Pfeffer abschmecken. Inzwischen die Ziti in das kochende Wasser geben und entsprechend den Angaben auf der Packung *al dente* kochen. Die Nudeln abgießen und gründlich abtropfen lassen, dabei das Sieb schütteln, damit alle Flüssigkeit aus den Röhrennudeln herauskommt. Die Pasta auf vier tiefe Teller verteilen, die Sauce darüber schöpfen und das Gericht mit geriebenem Käse bestreuen. Sofort servieren.

Pasta con le Sarde
Pasta mit frischen Sardinen

FÜR 4 PERSONEN

50 g Sultaninen
50 g Pinienkerne
5 EL Olivenöl
1 Zwiebel, sehr fein gehackt
Salz
75 g Fenchelkraut (das Kraut an den
    Stängeln einer frischen Fenchel-
    knolle)
4 Anchovisfilets, gewaschen und
    abgetropft
500 g frische Sardinen, ausgenommen
    und ohne Kopf
1 TL Fenchelsamen
Schwarzer Pfeffer aus der Mühle
350 g Penne* oder Rigatoni*

Wahrscheinlich das berühmteste sizilianische Pastagericht und nach Meinung vieler Kenner auch das beste.

Die Sultaninen 10 Minuten in warmem Wasser einweichen. Abtropfen lassen und trockentupfen. Die Pinienkerne in einer gusseisernen Pfanne unter Rühren 3–4 Minuten erhitzen, damit sich ihr Aroma entfaltet.

3 Esslöffel Olivenöl in eine Pfanne gießen, die Zwiebeln und ein wenig Salz hineingeben und unter häufigem Rühren bei niedriger bis mittlerer Temperatur in 10 Minuten glasig dünsten. Die Sultaninen und die Pinienkerne dazugeben und weitere 2 Minuten garen.

Inzwischen das Fenchelkraut in einem großen Topf mit kochendem, gesalzenem Wasser 1 Minute blanchieren. Mit einem Schaumlöffel herausnehmen, abtropfen lassen und trockentupfen. Die Kochflüssigkeit aufbewahren. Das Fenchelkraut hacken und zu der Zwiebelmischung geben. 10–15 Minuten köcheln lassen, dabei öfter etwas Fenchelwasser angießen, damit das Gemüse nicht zu trocken wird.

Den Ofen auf 200 °C vorheizen.

Die Hälfte der vorbereiteten Sardinen filetieren und hacken. Die Anchovisfilets ebenfalls hacken und mit den Sardinen, den Fenchelsamen und reichlich Pfeffer aus der Mühle in die Pfanne zu dem Gemüse geben. Die Sauce weitere 10 Minuten köcheln lassen, dabei immer wieder etwas Fenchelwasser dazugießen, damit die Sauce nicht zu dick wird und ansetzt. Probieren und mit Salz und Pfeffer abschmecken.

Während die Sauce kocht, die Pasta in dem übrigen Fenchelwasser *al dente* kochen. Wenn nötig, vor der Zugabe der Nudeln mehr Wasser in den Topf füllen und zum Kochen bringen. Die fertige Pasta abgießen, gut abtropfen lassen und zurück in den Topf füllen. Die Sardinensauce darüber geben.

Eine hohe Auflaufform mit etwas Olivenöl fetten und die Pasta darin gleichmäßig verteilen. Die übrigen Sardinenfilets darüber legen, mit dem restlichen Öl beträufeln und die Pasta mit Alufolie zudecken. 15 Minuten im vorgeheizten Ofen backen.

ANMERKUNG: In Italien wird dieses Rezept mit wildem Fenchel zubereitet, der sich von gezüchtetem Knollenfenchel leicht unterscheidet und dickes, buschiges Kraut besitzt. Wenn Sie nicht genug Fenchelkraut zur Verfügung haben, ergänzen Sie es durch die entsprechende Menge gehackter Fenchelknolle und gehackter glatter Petersilie.

RECHTE SEITE: *Pasta con le Sarde*

Orecchiette con i Broccoli

Orecchiette mit Brokkoli

FÜR 4 PERSONEN

3 EL Sultaninen
500 g Brokkoli
Salz
1 Zwiebel, in Scheiben geschnitten
6 EL natives Olivenöl extra
4 Anchovisfilets, gewaschen,
    abgetropft und gehackt
25 g Pinienkerne
Schwarzer Pfeffer aus der Mühle
350 g Orecchiette*, muschelförmige
    oder andere mittelgroße Pasta
50 g Pecorino*, frisch gerieben

In zwei mittelgroßen Töpfen jeweils Wasser mit etwas Salz zum Kochen bringen. Die Sultaninen in einer Tasse mit warmem Wasser einweichen. Die Brokkolistiele in Scheiben schneiden, die Röschen längs in Stücke teilen. Zusammen in das sprudelnd kochende Wasser geben und 1–2 Minuten kochen. Herausnehmen, abtropfen lassen und beiseite stellen.

Die Zwiebelscheiben in 4 Esslöffel Olivenöl in einer großen Bratpfanne anschwitzen, bis sie weich sind. Inzwischen das restliche Öl in einem kleinen Topf erhitzen, die Anchovisfilets dazugeben und bei niedriger Temperatur 1 Minute ständig rühren. Beiseite stellen.

Die Sultaninen abtropfen lassen und zusammen mit dem Brokkoli und den Pinienkernen zu den Zwiebeln geben. Die Zutaten bei schwacher Hitze etwa 5 Minuten dünsten, dabei vorsichtig rühren. Dann die Anchovissauce hinzufügen und die Sauce mit Salz und Pfeffer abschmecken.

Die Pasta entsprechend den Angaben auf der Packung in dem kochenden Salzwasser *al dente* kochen. Abgießen, gut abtropfen lassen und in die Pfanne mit der Sauce geben. Die Pasta 1–2 Minuten erhitzen, dabei die Orecchiette behutsam unter die Sauce mengen. Den Pecorino dazugeben und untermischen. Sofort servieren, am besten in der Pfanne.

Pasta con la Mollica

Pasta mit Semmelbröseln, Tomaten und Anchovis

RECHTE SEITE: *Orecchiette con i Broccoli*

FÜR 3–4 PERSONEN

250 g reife, frische Tomaten,
    enthäutet
2 Knoblauchzehen, fein geschnitten
1 TL getrocknete Chilis, zerstoßen
1 EL glatte Petersilie, frisch gehackt
6 EL natives Olivenöl extra
350 g Spaghetti oder Linguine*
Salz
8 Anchovisfilets, gewaschen,
    abgetropft und klein gehackt
1 TL gerebelter Oregano
6 EL Semmelbrösel

In den ärmeren Regionen Süditaliens wurden und werden häufig geröstete Semmelbrösel anstelle von teurem Parmesan oder Pecorino verwendet. Natürlich schmeckt die Pasta dann anders, aber sicherlich nicht weniger gut.

Für die Pasta Wasser in einem großen Topf zum Kochen bringen und salzen. Die Tomaten halbieren und hacken. Den Knoblauch, die Chilis, die Petersilie in der Hälfte des Olivenöls in einer großen Pfanne erhitzen und 1 Minute bei niedriger bis mittlerer Temperatur andünsten. Die Tomaten hinzufügen und bei mittlerer Temperatur unter häufigem Rühren 5 Minuten kochen.

Inzwischen die Pasta in das kochende Wasser geben und entsprechend den Angaben auf der Packung *al dente* kochen.

Das restliche Öl in einer kleinen Bratpfanne erhitzen und die Anchovisfilets und die Semmelbrösel hinzufügen. Etwa 1 Minute braten, dabei kräftig rühren und alles in die Tomatensauce umfüllen. Den Oregano dazugeben und die Sauce 1 weitere Minute kochen. Probieren und eventuell mit Salz abschmecken. Die Pfanne vom Herd nehmen, bis die Pasta *al dente* gekocht ist. Die Spaghetti oder Linguine abgießen, gut abtropfen lassen und in der Pfanne gründlich mit der Sauce vermischen.

PASTA

Spaghetti alla Nursina
Spaghetti mit schwarzen Trüffeln

FÜR 4 PERSONEN

75 g schwarze Trüffeln
100 ml Olivenöl
1 Knoblauchzehe, zerdrückt
4 Anchovisfilets, gewaschen,
    abgetropft und gehackt
Salz und schwarzer Pfeffer aus der
    Mühle
350 g Spaghettini (oder Spaghetti)

Der „tartufo* nero", die schwarze Trüffel aus Norcia in Umbrien, verleiht diesem Gericht mit einfachen Spaghettini ein majestätisches Aroma.

Für die Pasta Wasser in einem großen Topf zum Kochen bringen und salzen. Die Trüffeln behutsam unter fließendem kaltem Wasser abbürsten und mit Küchenkrepp trockentupfen. Die Trüffeln reiben. Dazu eignet sich eine Parmesanreibe oder die feine Fläche einer Vierkantreibe.

Die feinen Trüffelstücke in der Hälfte des Olivenöls in einer kleinen Kasserolle erhitzen und bei niedriger Temperatur etwa 1 Minute andünsten. Vom Herd nehmen, den Knoblauch und die Anchovisfilets dazugeben, dabei die Zutaten mit einer Gabel zerdrücken und gründlich mischen. Erneut auf den Herd stellen und weitere 5 Minuten bei niedriger Temperatur unter ständigem Rühren garen. Die Temperatur darf nur sehr niedrig sein, denn die Sauce soll auf keinen Fall kochen. Probieren und, wenn nötig, nachsalzen. Mit reichlich Pfeffer würzen.

Inzwischen die Spaghettini oder Spaghetti nach den Angaben auf der Packung al dente kochen. Das restliche Öl über die abgetropften Spaghettini träufeln und die Pasta in einer vorgewärmten Servierschüssel anrichten. Die Trüffelsauce darüber löffeln und sofort servieren.

Tajarin all'Albese
Tagliatelle mit weißen Trüffeln

FÜR 4 PERSONEN

75 g Butter
4 EL trockener Weißwein
1 Prise gemahlene Muskatnuss
Salz und schwarzer Pfeffer aus der
    Mühle
Tagliatelle* aus 300 g Mehl und
    3 großen Eiern oder 500 g fertige
    frische Tagliatelle oder 350 g
    getrocknete Eiernudeln
50 g Parmigiano Reggiano* oder
    Grana Padano*, frisch gerieben
1 weiße Trüffel, etwa 50 g,
    gesäubert

Am besten serviert man „tartufi* bianchi", weiße Trüffeln, auf einem schlichten Risotto (siehe Seite 98) oder über Tagliatelle gehobelt, wie man sie in Alba im Piemont bevorzugt, dem Zentrum für die Jagd auf die begehrte Knolle. Tagliatelle nennt man in dieser Region Tajarin.

Für die Pasta Wasser in einem großen Topf zum Kochen bringen und salzen. Die Butter zerlassen und den Wein dazugießen. Bei starker Hitze zum Kochen bringen und kurz auf die Hälfte einkochen. Dies dauert nur wenige Sekunden. Mit Muskat, Salz und Pfeffer würzen.

Die Tagliatelle al dente kochen (frische Pasta ist meist schon kurz nach dem Aufwallen des Wassers gar). Abgießen, gut abtropfen lassen und sofort in eine vorgewärmte Servierschüssel umfüllen. Die Buttersauce über die Pasta gießen, den Parmesan darüber streuen und die Pasta gründlich wenden. Dann die Trüffel mit einem Trüffelhobel oder einem Gemüsehobel (feinstmögliche Einstellung der Klinge) über die Pasta hobeln. Sofort servieren.

Pasticcio di Penne con Formaggi e Funghi
Überbackene Penne mit Käse und Pilzen

FÜR 4–5 PERSONEN

20 g getrocknete Porcini* (Steinpilze), eingeweicht, abgetropft und
gehackt
500 g frische Speisepilze (Champignons, Egerlinge, Pfifferlinge oder
Austernpilze), dünn geschnitten
1 Knoblauchzehe
50 g Butter
Salz und schwarzer Pfeffer aus der
Mühle
300 g Penne*
Butter zum Fetten
150 g Bel Paese* (ersatzweise
Mozzarella*), dünn geschnitten
150 g Fontina* (ersatzweise Toma,
französischer Cantal oder
Greyerzer), dünn geschnitten
75 g Parmigiano Reggiano* oder
Grana Padano*, frisch gerieben
200 ml Sahne

Dieses Rezept für „pasticcio", eine Art Auflauf, stammt aus Norditalien. Wenn Pilzsaison ist, nehmen Sie anstelle von Zuchtpilzen und getrockneten „porcini" frische Steinpilze.*

Den Ofen auf 200 °C vorheizen. Für die Pasta Wasser in einem großen Topf zum Kochen bringen und salzen. Die Porcini und die frischen Pilze mit der ganzen Knoblauchzehe in 25 g Butter bei starker Hitze anbraten. Salzen und pfeffern, die Temperatur reduzieren und die Mischung 3 Minuten unter gelegentlichem Rühren dünsten, dann die Knoblauchzehe entfernen.

Die Pasta entsprechend den Angaben auf der Packung *al dente* kochen. Abgießen, gut abtropfen lassen und die restliche Butter untermischen.

Eine Auflaufform mit Butter fetten und den Boden der Form mit einer Lage Pasta belegen. Ein Viertel der Pilze und der geschnittenen Käsesorten gleichmäßig darüber verteilen und mit 1 Esslöffel Parmesan bestreuen. Eine weitere Lage Pasta hinzufügen und wie eben mit Pilzen und Käse bedecken. In dieser Weise fortfahren, bis alle Zutaten aufgebraucht sind. Mit einer Lage geschnittenem Käse abschließen. Die Sahne darüber gießen und den Auflauf mit Salz und Pfeffer würzen.

Die Form mit Alufolie zudecken und im vorgeheizten Ofen etwa 10 Minuten backen. Die Folie entfernen und abgedeckt weitere 10 Minuten backen oder bis sich eine leichte Kruste an der Oberfläche gebildet hat. Den *pasticcio* aus dem Ofen nehmen und 5 Minuten stehen lassen, dann servieren.

Linguine all'Aglio, Olio e Peperoncino
Linguine mit Knoblauch, Öl und Chili

FÜR 4 PERSONEN

350 g Linguine* oder Spaghetti
Salz
5 EL natives Olivenöl extra
3 Knoblauchzehen, in Scheiben
geschnitten
½–1 TL getrocknete, zerstoßene
Chilis

Eine der besten Arten, Linguine oder Spaghetti zu servieren, bietet diese einfachste aller Saucen, deren Zubereitung nur wenige Minuten in Anspruch nimmt.

Für die Pasta in einem großen Topf Wasser mit Salz zum Kochen bringen. Die Linguine oder Spaghetti entsprechend den Angaben auf der Packung *al dente* kochen.

Inzwischen das Öl in einer großen Bratpfanne erhitzen und den Knoblauch und die Chilis darin etwa 1 Minute bei mittlerer Temperatur leicht anbraten.

Die Pasta abgießen, gut abtropfen lassen und sofort in die Pfanne füllen. Etwa 1 Minute unter ständigem Rühren erhitzen, dabei die Pasta gleichmäßig mit dem Öl überziehen. Sofort servieren.

Pasta 'Ncasciata
Pasta-Auflauf mit Auberginen

FÜR 6 PERSONEN

2 Auberginen (insgesamt 700 g)
Salz
1½ Mengen Tomatensauce 2
   (siehe Seite 229)
Pflanzenöl zum Frittieren
400 g Penne oder Rigatoni*
50 g Parmigiano Reggiano* oder
   Grana Padano*, frisch gerieben
1 EL gerebelter Oregano
Schwarzer Pfeffer aus der Mühle
Olivenöl zum Fetten der Springform
2 hart gekochte Eier, in Scheiben
   geschnitten
150 g italienische Salami, in dickere
   Scheiben und anschließend in
   Streifen geschnitten
200 g Mozzarella*, in Scheiben
   geschnitten
50 g Caciocavallo*, in Scheiben
   geschnitten
2 EL Semmelbrösel
2 EL natives Olivenöl extra

Ein sizilianischer Pasta-Auflauf, bei dem die Pasta in frittierte Auberginen eingeschlagen wird. Eine ungemein schmackhaftes und aromatisches Ofengericht.

Die Auberginen längs in dünne Scheiben schneiden. Die Scheiben in einen Durchschlag legen und vor jeder neuen Lage salzen. Die Auberginenscheiben etwa 1 Stunde Wasser ziehen lassen.

Inzwischen die Tomatensauce zubereiten.

Für die Pasta Wasser in einem großen Topf zum Kochen bringen und salzen. Die gesalzenen Auberginen behutsam unter fließendem kaltem Wasser abspülen und jede Scheibe mit einem Küchentuch trockentupfen. Die Auberginen in reichlich heißem Pflanzenöl frittieren. Nicht zu viele Scheiben auf einmal in die Fritteuse oder den Frittiertopf geben, damit die Temperatur des Frittierfettes nicht zu sehr absinkt. Sobald sie auf beiden Seiten goldbraun sind, mit einem Gitterlöffel herausnehmen und auf Küchenkrepp abtropfen lassen.

Den Ofen auf 190 °C vorheizen.

Die Pasta entsprechend den Angaben auf der Packung nicht ganz *al dente* kochen (Garzeit um 1–2 Minuten verkürzen), abgießen, gut abtropfen lassen und in die Tomatensauce geben. Den Parmesan und den Oregano hinzufügen, alle Zutaten gut vermengen und mit Salz und Pfeffer abschmecken.

Eine Springform mit 20 cm Durchmesser fetten und den Boden und die Seiten der Form mit den frittierten Auberginenscheiben auslegen. Darüber eine Lage Pasta verteilen. Auf die Pasta einen Teil der Eischeiben und der Salamistreifen legen, darüber Auberginen-, Mozzarella- und Caciocavallo-Scheiben legen. In dieser Weise fortfahren, bis alle Zutaten aufgebraucht sind. Mit Semmelbröseln bestreuen und Olivenöl darüber träufeln.

In den vorgeheizten Ofen schieben und etwa 20 Minuten backen, bis der Auflauf vollständig durcherhitzt ist.

Den Auflauf herausnehmen, mit einem Holzspatel an der Innenseite der Form rundherum fahren und den Auflauf vom Rand lösen. Eine Servierplatte auf die Springform legen und den Auflauf mit einer schnellen Bewegung stürzen. Ein paar Minuten stehen lassen, dann den Ring der Form öffnen und vorsichtig abheben. Den Boden der Form mithilfe eines Palettmessers vorsichtig abheben. Sofort servieren.

Pasta 'Ncasciata

PASTA

Timballo di Maccheroni del Gattopardo

PASTA

Timballo di Maccheroni del Gattopardo
Makkaroni-Auflauf mit süßer Kruste

FÜR 6–8 PERSONEN

FÜR DEN TEIG
250 g Mehl
150 g Butter, in kleine Stücke
  geschnitten
1 großes Ei
1 Eigelb
120 g Zucker
1 Prise Salz

FÜR DIE FÜLLUNG
150 g Butter
50 g Lucanica* oder andere rohe
  Schweinswurst, ohne Haut, zerpflückt
100 g Hühnerbrust, ohne Knochen,
  enthäutet und in Streifen
  geschnitten
100 g Geflügellebern, Sehnen und
  Äderchen entfernt, in kleine Stücke
  geschnitten
100 ml trockener Weißwein
4–5 EL Passata (sehr fein durchgeseihte Tomatensauce)
Salz und schwarzer Pfeffer aus der
  Mühle
100–150 ml konzentrierte Fleischbrühe
100 g Prosciutto* (roher Schinken),
  in dicke Scheiben, dann in dünne
  Streifen geschnitten
100 g schwarze Trüffeln, gerieben,
  oder 100 g Trüffelpaste
250 g Maccheroni*, Pennette* oder
  kleine Röhrennudeln
75 g Parmigiano Reggiano* oder
  Grana Padano*, frisch gerieben
2 EL Semmelbrösel
2 hart gekochte Eier, in Spalten geteilt

FÜR DIE GLASUR
1 Eigelb
2 EL Milch
2 Prisen Salz

Timballo* wurde im 19. Jahrhundert gerne bei festlichen Banketts serviert. Giuseppe Tomasi di Lampedusas sinnliche und appetitanregende Beschreibung in seinem Roman „Der Leopard" inspirierte mich dazu, das berühmte Gericht auszuprobieren.

Zuerst den süßen Teig zubereiten (siehe Seite 203). Den Teig leicht mit Mehl bestäuben, in Klarsichtfolie einschlagen und kalt stellen.

Für die Füllung 50 g Butter in einer Kasserolle zerlassen. Sobald die Butter aufschäumt, die Schweinswurst hineingeben und unter häufigem Rühren 1–2 Minuten anbraten. Die Hühnerbrust dazugeben und die Zutaten unter gelegentlichem Rühren 5 Minuten sanft braten, dann die Geflügellebern hinzugeben. Sobald die Lebern von allen Seiten leicht Farbe genommen haben, die Zutaten mit dem Weißwein ablöschen und den Wein bei großer Hitze einkochen, bis er fast vollständig verdampft ist. Inzwischen einen großen Topf mit Wasser und Salz für die Makkaroni erhitzen. Die Passata unter die Füllung rühren und mit Salz und Pfeffer würzen. Bei schwacher Hitze die Füllung unter gelegentlichem Rühren weitere 10 Minuten köcheln lassen. Falls nötig, etwas Fleischbrühe dazugießen. In eine Schüssel umfüllen und die Schinkenwürfel samt der geriebenen Trüffeln oder der Trüffelpaste untermischen.

Den Ofen auf 220 °C vorheizen.

Die Pasta nicht ganz *al dente* kochen (Garzeit um 1–2 Minuten verkürzen). Abgießen, gut abtropfen lassen und in die Schüssel mit der Fleischfüllung umfüllen. Die Hälfte des Parmesan und die restliche Butter hinzugeben und alle Zutaten gut miteinander vermischen. Etwas Fleischbrühe dazugießen, wenn die Pasta zu trocken erscheint.

Eine Springform mit 20 cm Durchmesser oder eine ähnliche Auflaufform buttern. Etwa ein Drittel des Teiges in der Größe der Form ausrollen, den Boden der Form auskleiden. Mit der Hälfte des übrigen Teiges die Seiten der Form auskleiden. Den übrigen Parmesan und die Semmelbrösel gleichmäßig über den Teigboden streuen. Die Hälfte der Pasta in der Form verteilen und die hart gekochten Eier darauf legen. Die restliche Pasta darüber verteilen und die Oberfläche des Auflaufs glatt streichen.

Den restlichen Teig wie den Boden ausrollen und auf die Pasta legen. Die Teigränder mit kaltem Wasser einstreichen und mit den Seitenrändern fest zusammendrücken. Mit den Teigresten Verzierungen formen und die Oberfläche damit dekorieren. Die Milch und das Eigelb verquirlen und den Timballo mit der Glasur bestreichen. Im vorgeheizten Ofen etwa 10 Minuten backen. Die Temperatur auf 180 °C reduzieren und weitere 20 Minuten backen, bis der Auflauf überall goldbraun ist.

Den Timballo etwa 10 Minuten in der Form auskühlen lassen, dann den Seitenring der Form vorsichtig öffnen und den Timballo mithilfe eines Palettmessers auf eine Servierplatte gleiten lassen. Sofort servieren.

Pasta all'Uovo
Frische Eierpasta

FÜR 4 PERSONEN ALS VORSPEISE ODER
FÜR 3 PERSONEN ALS HAUPTGANG

300 g Mehl
1 Prise Salz
3 große Eier
Mehl zum Bestäuben

RECHTE SEITE:
Tagliatelle al Limone e Erbe Odorose

Pasta wird in den italienischen Regionen auf unterschiedliche Arten hergestellt. In der Emilia-Romagna bevorzugt man Eierpasta nach diesem traditionellen Rezept.

Das Mehl mit dem Salz auf eine saubere Arbeitsfläche sieben und in die Mitte eine Mulde drücken. Die Eier aufschlagen, in die Mulde geben und mit einer Gabel oder den Fingern verquirlen. Nach und nach mehr Mehl in die Eier aufnehmen und die Zutaten zügig zu einem Teig verarbeiten. Den Teig etwa 5–7 Minuten durchkneten. In Klarsichtfolie einschlagen und mindestens 30 Minuten oder bis zu 4 Stunden bei Raumtemperatur ruhen lassen. Den Teig auspacken und 2–3 Minuten auf einer mit Mehl bestäubten Arbeitsfläche kneten. Dann in vier gleich große Stücke teilen. Drei Stücke davon in Klarsichtfolie einschlagen. Den Teig mit der Hand oder mit einer Nudelmaschine entsprechend den Angaben des Herstellers ausrollen.

Für Lasagne oder andere Arten von gefüllter Pasta den ausgerollten Teig sofort schneiden und füllen. Für lange Pasta den Teig vor dem Schneiden leicht antrocknen lassen, damit er nicht mehr klebt. Beim Ausrollen mit der Maschine für Tagliatelle oder Fettuccine die Teigbahnen in mehreren Durchgängen – die Walzen dabei immer enger stellen – bis zur gewünschten Stärke ausrollen. Dann mit dem entsprechenden Vorsatz in Streifen schneiden.

Tagliatelle al Limone e Erbe Odorose
Tagliatelle mit Zitronen-Kräuter-Sauce

FÜR 4 PERSONEN

40 g Butter
Abgeriebene Schale und Saft von
  1 unbehandelten Zitrone
3 EL verschiedene frische Kräuter,
  wie Petersilie, Salbei, Rosmarin und
  Schnittlauch, gehackt
150 ml Sahne
Salz und schwarzer Pfeffer aus der
  Mühle
Tagliatelle* aus einem Teig mit 300 g
  Mehl und 3 großen Eiern (Rezept siehe oben) oder 500 g frische Tagliatelle oder 350 g getrocknete Eiernudeln
50 g Parmigiano Reggiano* oder
  Grana Padano*, frisch gerieben

Dieses Gericht basiert auf einem alten Rezept aus dem Piemont. Mischen Sie für die Sauce mehrere frische Kräuter Ihrer Wahl.

Für die Pasta einen großen Topf mit Wasser und Salz erhitzen.

Die Butter in einer kleinen Kasserolle mit schwerem Boden zerlassen. Zitronenschale, gehackte Kräuter und Sahne hinzufügen und mit Salz und Pfeffer würzen. Die Sauce zum Kochen bringen und unter gelegentlichem Rühren einige Minuten bei niedriger bis mittlerer Temperatur köcheln lassen. Den Zitronensaft dazugießen und die Sauce erneut zum Kochen bringen. Dann die Kasserolle vom Herd nehmen und die Sauce warm stellen.

Die Pasta *al dente* kochen. (Die Garprobe für frische Pasta bereits kurz nach dem Aufwallen des Kochwassers machen.) Die Pasta abgießen, abtropfen lassen und in eine vorgewärmte Schüssel geben.

Die Sauce über der Pasta verteilen, etwas Parmesan darüber streuen und alle Zutaten gut miteinander vermengen. Sofort servieren und den restlichen Parmesan separat dazu reichen.

Anolini alla Piacentina
Anolini mit geschmortem Rindfleisch

FÜR 4–6 PERSONEN

75 g Butter

2 EL Pflanzenöl

350 g Schmorfleisch vom Rind
(Schulter, Tafelspitz, Oberschale)

1 Zwiebel, fein gehackt

1 Stange Bleichsellerie, fein gehackt

1 kleine Möhre, fein gehackt

150 ml trockener Weißwein

1 EL Tomatenmark

200 ml Fleischbrühe

Salz und schwarzer Pfeffer aus der
Mühle

4 EL Parmigiano Reggiano* oder
Grana Padano*, frisch gerieben, und
noch etwas mehr als Beigabe

50 g Weißbrot, ohne Rinde, frisch
gerieben (oder in der Küchenmaschine fein zerkleinert)

1 Msp. Muskatnuss, frisch gerieben

2 Eier

Eierpasta aus 300 g Mehl, Salz und
3 Eiern (siehe Seite 88)

Anolini*, eine gefüllte Pasta-Variante, sind typisch für die Emilia-Romagna und stammen ursprünglich aus Piacenza. Es sind kleine, halbmondförmige Ravioli, die traditionell in Fleischbrühe serviert werden. Man kann sie auch, abgetropft, mit zerlassener Butter und geriebenem Parmesan servieren oder mit Gefügelleber-Ragout und Pilzen, eine Ergänzung zu der Füllung selbst.

Ein Drittel der Butter mit dem Öl in einer Kasserolle zerlassen. Das Fleisch hineingeben und bei großer Hitze von allen Seiten gut anbraten. Aus der Kasserolle nehmen und auf einen Teller legen. Die Zwiebel, den Bleichsellerie und die Möhre in den Topf geben und das Gemüse unter häufigem Rühren anbraten, bis es weich wird. Das Fleisch zurück in die Kasserolle geben und die Zutaten mit dem Wein ablöschen. Die Flüssigkeit auf ein Viertel einkochen.

Das Tomatenmark in der Fleischbrühe auflösen und zu dem Fleisch in die Kasserolle gießen. Das Fleisch zugedeckt bei niedriger Temperatur 2–2½ Stunden schmoren, dabei das Fleisch von Zeit zu Zeit wenden und, wenn nötig, etwas warmes Wasser dazugießen. Am Ende der Garzeit sollte die Flüssigkeit gut eingekocht und dick sein.

2 Esslöffel Parmesan mit dem geriebenen Weißbrot in einer Schüssel vermischen. Etwa die Hälfte des Bratensaftes von dem Schmorfleisch dazugießen und gründlich unterrühren.

Für die Pasta einen großen Topf mit Wasser und Salz erhitzen. Inzwischen das Fleisch in Stücke schneiden, dann sehr klein hacken oder in einer Küchenmaschine grob zerkleinern. Die Parmesanmischung und die geriebene Muskatnuss hinzufügen und unterrühren. Probieren und, wenn nötig, erneut abschmecken. Dann die Eier zu der Füllung geben und gut untermischen.

Für die Pasta den Teig in vier gleich große Stücke teilen und drei davon in ein sauberes Tuch einschlagen. Das vierte Teigstück dünn ausrollen und mit einem Rundausstecher (Durchmesser 4–5 cm) Kreise ausstechen. Einen Teelöffel Füllung auf eine Hälfte jedes Teigtalers geben, die Ränder der Teigtaler mit kaltem Wasser einstreichen und die Taler über der Füllung einschlagen, sodass sich halbmondförmige Teigtaschen bilden. Die Ränder mit den Fingern fest zusammendrücken. Diesen Arbeitsschritt mit den übrigen Zutaten wiederholen.

Die Anolini in das sprudelnd kochende Wasser geben und al dente garen, was zwischen 5 und 10 Minuten dauern kann, je nachdem, wie sehr die Pasta getrocknet ist. Mit einem Schaumlöffel herausnehmen und in einen Durchschlag geben, abtropfen lassen und in eine vorgewärmte Schüssel umfüllen.

Die restliche Butter zerlassen, über die Anolini träufeln und die Pasta mit dem restlichen Parmesan bestreuen. Sofort servieren, Parmesan separat dazu reichen.

RECHTE SEITE: *Anolini alla Piacentina*

Lasagne al Forno
Lasagne al Forno

FÜR 4–6 PERSONEN

Bologneser Sauce (siehe Seite 227)
Béchamelsauce aus 750 ml Milch, 75 g Butter, 50 g Mehl und 2 Msp. geriebener Muskatnuss (siehe Seite 232)
Eierpasta aus 300 g Mehl, Salz, 3 großen Eiern (siehe Seite 88) oder 500 g getrocknete Lasagneblätter
1 EL Salz
1 EL Pflanzen- oder Olivenöl
75 g Parmigiano Reggiano* oder Grana Padano*, frisch gerieben
25 g Butter

Wenn Sie nicht die Zeit haben, die Lasagneblätter selbst herzustellen, verwenden Sie getrocknete Lasagne von einer guten italienischen Pastamarke.

Zuerst die Bologneser Sauce zubereiten. Während sie kocht, die Béchamelsauce zubereiten.

Den Pastateig herstellen und, in Klarsichtfolie eingeschlagen, mindestens 30 Minuten ruhen lassen. Eine große Pfanne mit Wasser füllen, salzen, das Öl dazugeben und das Wasser erhitzen. Den Pastateig auspacken, dünn ausrollen und in 12 × 8 cm große Rechtecke schneiden. Die Lasagneblätter nicht trocknen lassen. Die Rechtecke getrennt auf saubere Küchentücher legen. Sobald das Wasser kocht, jeweils 5–6 Lasagneblätter auf einmal hineingeben. Je nach Dicke 1–2 Minuten garen, dabei die Lasagneblätter mit einem Holzlöffel behutsam bewegen, damit sie nicht zusammenkleben. Sobald sie *al dente* sind, vorsichtig mit einem Schaum- oder Gitterlöffel herausnehmen und in eine große Schüssel mit kaltem Wasser tauchen. Herausnehmen, abtropfen lassen, auf Küchentücher legen und vorsichtig trockentupfen.

Den Ofen auf 220 °C vorheizen.

Eine 30 × 20 cm große Auflaufform buttern. Etwas Bologneser Sauce auf dem Boden der Form verteilen, darüber etwas Béchamelsauce. Mit einer Lage Lasagneblätter bedecken, dann erneut etwas Bologneser Sauce und Béchamelsauce darüber verteilen und mit etwas Parmesan bestreuen. In dieser Weise fortfahren, dabei immer dünne Schichten bilden, bis alle Zutaten aufgebraucht sind. Mit Béchamelsauce abschließen.

Die Lasagne mit Butterflocken bestreuen und im vorgeheizten Ofen 20 Minuten backen. Aus dem Ofen nehmen und mindestens 5 Minuten stehen lassen, damit sich die Aromen noch mehr entfalten können.

Vincisgrassi
Lasagne mit Prosciutto, Pilzen und Kalbsbries

FÜR 8 PERSONEN

100 g Butter

50 g Prosciutto*, gehackt

1 mittelgroße Zwiebel, halbiert

1 mittelgroße Möhre, halbiert

250 g frische Geflügellebern, Äderchen und Sehnen entfernt, gesäubert und in kleine Stücke geschnitten

50 ml trockener Weißwein

1 EL Tomatenmark, in 100 ml warmer Fleischbrühe aufgelöst

20 g getrocknete Porcini* (Steinpilze)

100 g Egerlinge, gesäubert und in Scheiben geschnitten

1 Knoblauchzehe, mit der flachen Seite eines Messers zerdrückt

2 EL Olivenöl

250 g Kalbshirn und Kalbsbries, gesäubert und blanchiert

100 ml Sahne

½ TL Muskatnuss, frisch gerieben

¼ TL gemahlener Zimt

Salz und schwarzer Pfeffer aus der Mühle

Béchamelsauce aus 100 g Butter, 75 g Mehl und 1 l Milch (siehe Seite 232)

25 g Butter

50 g Parmigiano Reggiano* oder Grana Padano*, frisch gerieben

FÜR DIE LASAGNE

400 g Mehl

200 g Hartweizengrieß

4 Eier

40 g weiche Butter

4 EL Vin Santo oder Marsala (oder ein anderer Dessertwein)

1 TL Salz

1 EL Pflanzen- oder Olivenöl

Der ungewöhnliche Name dieses Pastagerichts aus den Marken stammt von Prinz Windisch-Grätz, der General im Dienste der österreichischen Armee während der Napoleonischen Kriege war. Ein ähnliches Gericht, „Pringsgras", ist in einem Kochbuch aus dem 18. Jahrhundert erwähnt. Das Kalbshirn und das Kalbsbries werden heute häufig durch geschnetzeltes Kalbsfleisch ersetzt.

Prosciutto, Zwiebeln und Möhre in 75 g Butter in einer Kasserolle einige Minuten sanft andünsten, sodass die Butter die Aromen der Gemüse annimmt. Die Gemüse entfernen, die Geflügellebern hinzufügen und bei mittlerer Temperatur etwa 1 Minute anbraten. Mit dem Wein ablöschen und einkochen, bis der Wein verdampft ist. Das Tomatenmark zufügen und die Sauce unter Rühren zum Kochen bringen. Bei schwacher Hitze etwa 30 Minuten köcheln lassen. Bei Bedarf noch etwas Wasser dazugießen.

Inzwischen die getrockneten Porcini etwa 20 Minuten in 50 ml warmem Wasser einweichen. Abtropfen lassen und die Einweichflüssigkeit aufheben. Die Egerlinge mit dem Knoblauch in dem Olivenöl 5 Minuten anbraten. Den Knoblauch entfernen. Die Einweichflüssigkeit der Steinpilze durch ein mit Musselintuch ausgelegtes Sieb in eine kleine Schüssel abgießen. Die Steinpilze hacken und mit den Egerlingen und der Einweichflüssigkeit zu der Geflügellebersauce geben. Das Kalbshirn und das Kalbsbries fein hacken und mit der Sahne und den Gewürzen dazugeben. Abschmecken und weitere 10 Minuten köcheln lassen.

Die Béchamelsauce zubereiten und mit Klarsichtfolie zudecken.

Für den Lasagneteig das Mehl auf eine Arbeitsfläche sieben und mit dem Hartweizengrieß und Salz vermischen. In die Mitte eine Mulde drücken, Eier, Butter und Vin Santo hineingeben. Alle Zutaten zu einem Teig verkneten und, wie auf Seite 88 beschrieben, weiterverarbeiten.

Für die Lasagneblätter einen großen Topf mit Wasser, Salz und 1 Esslöffel Öl erhitzen. Eine 28 × 20 cm große Lasagne-Auflaufform buttern. Die Pasta in 28 × 10 cm große Rechtecke schneiden. Jeweils 3–4 Lasagneblätter auf einmal in das sprudelnd kochende Wasser geben und 2 Minuten garen. Herausnehmen und auf einem feuchten Küchentuch ausbreiten.

Drei Viertel des Parmesan in die Béchamelsauce rühren. 3 Esslöffel der Sauce auf dem Boden der Form verteilen und eine Lage Lasagneblätter darüber legen. 3–4 Esslöffel Geflügellebersauce und etwas Béchamel darüber verteilen. Mit einer Lage Lasagneblätter abdecken. In dieser Weise fortfahren, bis alle Zutaten aufgebraucht sind. Mit einer Lage Lasagneblätter und Béchamel abschließen. Die Vincisgrassi nach Möglichkeit 4 Stunden stehen lassen, damit die Zutaten alle Aromen aufnehmen.

Den Ofen auf 200 °C vorheizen und die Vincisgrassi etwa 25 Minuten backen. Herausnehmen und mit dem restlichen Parmesan bestreuen. Die restliche Butter zerlassen, über den Käse gießen und die Vincisgrassi vor dem Servieren noch etwa 5 Minuten stehen lassen.

Maccheroni alla Chitarra
Makkaroni mit Lammragout

Die eigenartige Bezeichnung für dieses Rezept aus den Abruzzen, wörtlich „Makkaroni nach Art der Gitarre", stammt von dem Namen des Gerätes, „chitarra", mit dem diese Pasta hergestellt wird. Es besteht aus einem Holzrahmen mit gespannten Metalldrähten, auf die die ausgerollte Pasta gelegt und einfach durchgedrückt wird. Das Ergebnis sind eckige Spaghetti, die man auch Tonnarelli nennt.

FÜR 3–4 PERSONEN

50 g gepökelter Rückenspeck (Lardo*) oder ungeräucherter, fetter Pancetta*, gehackt
300 g Lammrücken, ohne Knochen und Sehnen, in Würfeln
½–1 TL getrocknete Chilis, zerstoßen
1½ TL getrockneter Oregano
1 Knoblauchzehe, gehackt
Salz
4 EL Olivenöl
100 g Pilze, gehackt
1 kleine Zwiebel, fein gehackt
4 EL Rotwein
3 EL Rotweinessig
1½ EL Tomatenmark, in 4 EL warmem Wasser aufgelöst
1 EL Mehl
Tonnarelli* aus 300 g Mehl, Salz und 3 großen Eiern (siehe Seite 88) oder 500 g frische Tagliatelle*
2 EL glatte Petersilie, gehackt

Den Speck oder Pancetta in einer Bratpfanne erhitzen. Das Lammfleisch dazugeben und bei großer Hitze von allen Seiten anbraten. Mit den Chilis, dem Oregano und Knoblauch würzen. Salzen und etwa 30 Sekunden garen, dann das Fleisch herausnehmen und beiseite stellen.

Das Öl in der Pfanne erhitzen. Die Pilze darin 5 Minuten braten, dann zu dem Fleisch geben. Die Zwiebeln in die Pfanne geben und bei mittlerer Temperatur anschwitzen, bis sie glasig sind. Den Wein und den Essig angießen und bei starker Hitze einkochen, bis fast alle Flüssigkeit verdampft ist.

Das aufgelöste Tomatenmark dazugießen und das Mehl hineinstreuen. Etwa 2 Minuten unter ständigem Rühren kochen und mit etwas Salz würzen. Das Lamm und die Pilze dazugeben und zugedeckt etwa 45 Minuten bei niedriger Temperatur köcheln lassen, bis das Lammfleisch sehr weich ist. Inzwischen die Pasta in viel sprudelnd kochendem Salzwasser *al dente* kochen. Die Garzeit von unmittelbar vor dem Kochen hergestellten Tonnarelli beträgt etwa 30 Sekunden. Die Pasta nur kurz abtropfen lassen, in eine vorgewärmte Schüssel umfüllen, die Sauce darüber gießen und behutsam untermischen. Mit der Petersilie bestreuen und sofort servieren.

Pizzoccheri
Buchweizenpasta mit Kartoffeln und Kohl

FÜR 6 PERSONEN

FÜR DIE PASTA
100 g Mehl
200 g Buchweizenmehl
1 TL Salz
1 sehr großes Ei
Etwa 120 ml warme Milch

FÜR DIE SAUCE
250 g Kartoffeln, grob gewürfelt
Salz und schwarzer Pfeffer aus der
   Mühle
300 g Wirsing, in 1 cm dicke
   Streifen geschnitten
75 g Butter
1 kleine Zwiebel, sehr fein gehackt
1 Knoblauchzehe, sehr fein gehackt
6 frische Salbeiblätter, zerpflückt
Etwas Butter für die Auflaufform
150 g Fontina*, grob gehobelt
75 g Parmigiano Reggiano* oder
   Grana Padano*, frisch gerieben

Pasta, die aus Buchweizenmehl hergestellt wird, nennt man „pizzoccheri"*. Gleichzeitig ist dies auch die Bezeichnung für ein rustikales, aber hervorragendes Gericht aus dem Alpental Valtellina. Sind keine „pizzoccheri" zu haben, kann man auch Spaghetti aus Vollkornweizenmehl nehmen.

Für den Pastateig beide Mehlsorten und das Salz auf eine Arbeitsfläche sieben. In die Mitte eine Mulde drücken und das Ei hineinschlagen. Mit einer Gabel das Mehl nach und nach in die Mitte arbeiten, dabei drei Viertel der Milch langsam dazugießen. Den Teig kneten und, wenn nötig, noch mehr Milch zugeben. Im Gegensatz zu herkömmlichem Pastateig, der nur aus Mehl und Eiern zubereitet wird, sollte der Teig weich und elastisch sein. Dazu je nach Konsistenz eventuell noch etwas warmes Wasser oder etwas mehr Mehl hinzufügen. Den Teig etwa 5 Minuten kneten und anschließend in ein Küchentuch oder in Klarsichtfolie einschlagen und mindestens eine Stunde ruhen lassen.

Den Teig etwa 3 mm dick ausrollen und in 2 × 10 cm große Nudeln schneiden. Die Nudelstreifen auf saubere Tücher legen, ohne dass sie sich dabei berühren.

Den Backofen auf 180 °C vorheizen.

In einem großen Topf etwa 4 l Wasser mit 1½ Teelöffeln Salz zum Kochen bringen. Die Kartoffelwürfel hineingeben und etwa 10 Minuten bei niedriger bis mittlerer Temperatur garen, dann den Wirsing hinzufügen und die Zutaten weitere 5 Minuten kochen, bis der Kohl zwar etwas weich, jedoch noch nicht gar ist. Dann die Pizzoccheri hineingeben und alle Zutaten behutsam umrühren. Weitere 5 Minuten garen, nachdem die Flüssigkeit erneut zu kochen begonnen hat.

Inzwischen Butter, Zwiebeln, Knoblauch und Salbei in einem kleinen Topf mit schwerem Boden erhitzen und die Zwiebeln bei schwacher Temperatur unter häufigem Rühren goldgelb dünsten. Den Salbei herausnehmen.

Eine flache Auflaufform mit etwas Butter einstreichen. Sobald die Pizzoccheri gar sind, alle Zutaten durch ein Sieb abgießen. 1–2 Schöpflöffel von den Zutaten auf dem Boden der Form verteilen und ein wenig von beiden Käsesorten darüber streuen, etwas Zwiebel-Butter-Sauce darüber träufeln und die Zutaten gut pfeffern. Erneut 1–2 Schöpfer Pasta, Kartoffeln und Wirsing darüber geben und, wie vorstehend beschrieben, vorgehen, bis alle Zutaten aufgebraucht sind.

Die Pizzoccheri mit Alufolie zudecken und etwa 15 Minuten im vorgeheizten Ofen backen, bis der Käse zerlaufen ist. Sofort servieren.

REIS, POLENTA & GNOCCHI

Risotto coi Peoci
Risotto mit Muscheln

FÜR 4 PERSONEN

1,8 kg Miesmuscheln
200 ml trockener Weißwein
4 EL gehackte Petersilie
6 EL natives Olivenöl extra
3 Schalotten oder 1 mittelgroße Zwiebel, sehr fein gehackt
Salz
1 l leichte Fisch- oder Gemüsebrühe
1 Stange Staudensellerie
1 Knoblauchzehe
½ getrockneter Chili, zerstoßen
300 g italienischer Risottoreis (Arborio*, Vialone Nano* oder Carnaroli*)
Schwarzer Pfeffer aus der Mühle

Dies ist eine delikate Abwandlung des gewöhnlichen Muschelrisottos. Ein Teil der Muscheln wird gehackt und verleiht so dem Reis ein besonders intensives Aroma.

Die Miesmuscheln unter fließendem kaltem Wasser waschen, dabei eventuelle Sand- und Kalkreste entfernen und die Muscheln entbarten. Ein großer Teil der angebotenen Miesmuscheln stammt heute aus Zuchtkulturen und muss lediglich gewaschen werden. Muscheln, die sich nicht schließen, nachdem man sie gegen eine harte Oberfläche geklopft hat, müssen aussortiert werden.

Den Wein in einen großen Topf gießen, die Muscheln dazugeben und zugedeckt bei großer Hitze 3–4 Minuten dämpfen, bis sie sich geöffnet haben. Den Topf dabei gelegentlich kurz und kräftig schütteln.

Die Muscheln etwas abkühlen lassen und das Muschelfleisch mit einem Paar Schalen oder den Fingern herausnehmen. Die Garflüssigkeit durch ein mit Musselintuch ausgelegtes Sieb filtern, dabei langsam abgießen, damit der Sand auf dem Boden des Topfes zurückbleibt.

Zwölf der schönsten Miesmuscheln beiseite legen und den Rest hacken. In eine Schüssel geben und mit der Petersilie vermischen. Das Öl in einem mittelgroßen Topf mit schwerem Boden erhitzen, die Schalotten und eine Prise Salz dazugeben und die Schalotten in etwa 5 Minuten weich dünsten, bis sie anfangen, Farbe zu nehmen.

Die Brühe zum Kochen bringen und kochend heiß halten. Inzwischen den Sellerie und den Knoblauch hacken und mit dem Chili zu den Schalotten geben. Eine weitere Minute dünsten, dann den Reis dazugeben und unter häufigem Rühren ein paar Minuten dünsten. Die Kochflüssigkeit der Miesmuscheln dazugießen und gut umrühren. Sobald der Reis die Flüssigkeit aufgesogen hat, einen Schöpfer kochend heiße Brühe an den Reis gießen. Wieder warten, bis alle Flüssigkeit aufgesogen ist, dann den nächsten Schöpfer Brühe dazugießen. Dabei häufig umrühren. Kurz vor Ende der Garzeit, nach etwa 15–18 Minuten, das gehackte Muschelfleisch hinzufügen. Ist keine Brühe mehr vorhanden, fügt man kochend heißes Wasser hinzu.

Den Risotto, wenn nötig, mit Salz abschmecken und pfeffern. Die ganzen Muscheln darüber verteilen. Den Risotto heiß servieren.

Risotto in Bianco
Risotto – Grundzubereitung

FÜR 4–6 PERSONEN

1,2 l leichte Fleisch- oder Gemüse-
　brühe
1 kleine Zwiebel
50 g Butter
300 g Risottoreis, vorzugsweise
　Arborio* oder Carnaroli* (siehe
　Anmerkung)
50 g Parmigiano Reggiano* oder
　Grana Padano*, frisch gerieben
Salz
Schwarzer Pfeffer aus der Mühle
　(nach Belieben)

Dies ist der Risotto*, über den man fein gehobelte Scheiben weiße Trüffeln rieseln lässt. Es ist auch der Risotto, den man zu „ossobuco* alla milanese" (siehe Seite 159) und „costolette* alla milanese" reicht.

Die Brühe zum Kochen bringen und leicht köcheln lassen.

Inzwischen die Zwiebel sehr fein hacken und mit der Hälfte der Butter in eine größere Kasserolle mit schwerem Boden geben. Die Zwiebeln bei mittlerer Temperatur anschwitzen und unter Zugabe von etwas Wasser – damit die Zwiebel keine Farbe nimmt – und unter häufigem Rühren etwa 15 Minuten dünsten.

Den Reis hinzufügen und unter Rühren mit der heißen Butter überziehen. Den Reis weiter unter ständigem Rühren erhitzen, bis die Körner außen glasig werden und anfangen, am Topfboden haften zu bleiben.

Nun etwa 150 ml heiße Brühe dazugießen. Den Reis die Flüssigkeit absorbieren lassen und dann einen weiteren Schöpfer angießen. Immer wieder etwas Brühe dazugießen, sodass der Reis stets in etwas Flüssigkeit kocht, aber nicht darin untergeht. Am Anfang ohne Unterlass rühren, dann häufig, aber nicht mehr ständig rühren. Dabei die Temperatur auf niedrig bis mittel schalten, sodass der Reis stets leicht köchelt. Ist die Brühe vor Erreichen des richtigen Garpunktes verbraucht, gibt man kochendes Wasser dazu.

Wenn der Risotto gar ist, was etwa 18 Minuten dauert, die Kasserolle vom Herd nehmen, den Risotto probieren und eventuell mit Salz und Pfeffer abschmecken. Die restliche Butter in kleine Würfel schneiden und mit dem geriebenen Parmesan unter den Risotto mischen. Die Kasserolle mit dem Deckel verschließen und 1–2 Minuten stehen lassen, bis die Butter und der Parmesan geschmolzen sind.

Den Risotto kräftig durchmischen und sofort servieren, dabei noch mehr geriebenen Parmesan in einer Schüssel separat dazu reichen.

ANMERKUNG: Dies ist der vielseitigste von allen Risotti. Er schmeckt ausgezeichnet ohne alles, man kann aber auch weitere Zutaten, wie Gemüse, Fisch oder Würste, hinzugeben. Die Wahl des Risottoreises und der Brühe sollte man mit dem Rezept abstimmen. Für einen Gemüserisotto nimmt man *Vialone Nano** und Gemüsebrühe, für ein Fischrisotto am besten *Carnaroli** und Fischbrühe, während sich für einen *risotto alla milanese** (Rezept Seite 99) oder einen Risotto mit Würsten oder Fleisch *Arborio** oder *Carnaroli** eignen.

Risotto al Branzino
Risotto mit Wolfsbarsch

FÜR 3–4 PERSONEN

2 EL natives Olivenöl extra
1 Knoblauchzehe, zerdrückt
100 g Wolfsbarschfilet, ohne Haut,
  in kleine Stücke geschnitten
Salz und frisch gemahlener schwarzer
  Pfeffer
1 TL edelsüßes Paprikapulver
5 EL trockener Sherry
5 EL Weinbrand
1 l Fischbrühe
4 TL Olivenöl
50 g Butter
½ Zwiebel, in Scheiben geschnitten
250 g Risottoreis, vorzugsweise
  Carnaroli*
2 EL trockener Weißwein
Einige Blätter frische glatte Petersilie

Das Olivenöl mit dem Knoblauch in einer Pfanne erhitzen und die Fischstücke dazugeben. Mit Salz, Pfeffer und Paprika würzen, mit dem Sherry und Weinbrand ablöschen und einige Esslöffel Fischbrühe dazugeben. Rühren, den Knoblauch herausnehmen und die Pfanne beiseite stellen.

Die Fischbrühe in eine Kasserolle gießen, zum Kochen bringen und bei niedriger Temperatur zugedeckt heiß stellen.

Das Olivenöl, die Hälfte der Butter und die Zwiebelscheiben in einer Kasserolle mit schwerem Boden erhitzen. Die Zwiebel einige Minuten bei mittlerer Temperatur glasig dünsten. Dann den Reis hinzufügen und unter Rühren mit dem Fett überziehen, bis die Körner glasig sind und der Reis am Topfboden zu kleben beginnt. Den Reis mit dem Wein ablöschen und die Flüssigkeit verdampfen lassen. Den Reis bei niedriger bis mittlerer Temperatur weiterköcheln lassen, dabei nach und nach etwas heiße Fischbrühe dazugießen.

Nachdem der Reis etwa 12 Minuten gekocht hat, die Wolfsbarschstücke samt Sauce dazugeben. Sobald der Reis nach 15–18 Minuten gar ist, die Kasserolle vom Herd nehmen und kurz stehen lassen, schließlich die übrige Butter in kleinen Stücken untermengen.

Den Risotto mit der Petersilie garnieren und sofort servieren.

Risotto alla Milanese
Risotto nach Mailänder Art

FÜR 4 PERSONEN

1 l selbst gemachte Fleisch- oder
  Geflügelbrühe
1 Schalotte oder ½ kleine Zwiebel,
  fein gehackt
100 g Butter
350 g Risottoreis, vorzugsweise
  Carnaroli*
100 ml Rotwein
1 Packung Safranpulver oder
  ½ TL zerstoßene Safranfäden
Salz und schwarzer Pfeffer aus der
  Mühle
50 g Parmigiano Reggiano* oder
  Grana Padano*, frisch gerieben

In früheren Tagen gab man Rindermark in den „risotto alla milanese", damit er würziger schmeckte. Anstelle des Rotweins kann man auch Weißwein nehmen.*

Die Brühe zum Kochen bringen und bei niedriger Temperatur heiß stellen.

Die Schalotte mit der Hälfte der Butter in einer Kasserolle bei mittlerer Temperatur glasig dünsten. Den Reis hinzufügen und unter ständigem Rühren mit dem Fett überziehen, bis er glasig wird. Den Wein angießen und den Reis unter weiterem Rühren etwa 2 Minuten kochen. Dann etwa 200 ml der heißen Brühe dazugeben. Köcheln lassen, bis fast alle Brühe von dem Reis absorbiert worden ist, dann weitere 150 ml kochend heiße Brühe angießen. Der Risotto sollte stets leicht köcheln.

Nach etwa der Hälfte der Garzeit, also nach etwa 7–9 Minuten, den in etwas Brühe aufgelösten Safran dazugeben. Sobald der Risotto gar ist, also weich und cremig, aber nicht matschig, den Reis mit Salz und Pfeffer abschmecken. Die Kasserolle vom Herd nehmen und die restliche Butter in kleinen Stücken samt 2 Esslöffeln Parmesan untermengen. Sofort servieren, dabei den übrigen Parmesan separat dazu reichen.

REIS, POLENTA & GNOCCHI

Risotto alla Paesana
Risotto mit Gemüse

FÜR 4 PERSONEN

- 1 l selbst gemachte Hühner- oder Gemüsebrühe
- 75 g Butter
- 1 EL Olivenöl
- 1 mittelgroße Zwiebel, fein gehackt
- 250 g Arborio-* oder Vialone-Nano-*Reis
- 1 mittelgroße Möhre, fein gewürfelt
- 2 Stangen Bleichsellerie, in dünne Scheiben geschnitten
- 100 g frische Erbsen, gepalt
- 2 reife Tomaten, enthäutet, die Samen entfernt und grob gehackt
- 1 mittelgroße Zucchini, fein gewürfelt
- 75 g Parmigiano Reggiano* oder Grana Padano*, frisch gerieben
- Salz und schwarzer Pfeffer aus der Mühle

Für diesen Risotto* (wörtlich nach Bäuerinnen-Art) kann man alle Gemüse der Saison nehmen, auch Spargelspitzen oder grüne Bohnen — Hauptsache, sie sind frisch. Man nennt diesen Risotto auch „risotto primavera", also Frühlingsrisotto.

Die Brühe zum Kochen bringen und heiß stellen.

50 g Butter, das Öl und die Zwiebel in einer größeren Kasserolle mit doppeltem Boden erhitzen und die Zwiebeln bei mittlerer Temperatur glasig dünsten. Den Reis hinzufügen und 1 Minute unter ständigem Rühren rösten, bis er gleichmäßig mit dem Fett überzogen und außen glasig ist. Etwa 200 ml heiße Brühe angießen und den Reis unter ständigem Rühren kochen, bis er beinahe alle Flüssigkeit absorbiert hat. Dann weitere 150 ml heiße Brühe dazugießen und weiterrühren. Die Temperatur etwas niedriger stellen, damit der Reis nur mehr leicht köchelt.

Nach etwa 10 Minuten die Möhre, den Sellerie, die Erbsen und die Tomaten in den Reis geben. Vorsichtig untermischen und stets etwas heiße Brühe nachgießen, sobald der Reis kaum noch Flüssigkeit hat.

Nach weiteren 5 Minuten die Zucchiniwürfel dazugeben. Unter häufigem Rühren weiterköcheln lassen, stets etwas heiße Brühe angießen, wenn der Risotto beginnt, trocken zu werden. Sobald der Risotto so gut wie gar ist, nur noch sehr kleine Mengen heiße Brühe hinzufügen, dabei nicht mehr als 4 Esslöffel auf einmal. Nach etwa 20 Minuten ist der Risotto fertig.

Wenn der Reis weich, aber *al dente* ist, die Kasserolle vom Herd nehmen und die restliche Butter in kleinen Würfeln samt der Hälfte des Parmesan untermischen. Den Risotto probieren und mit Salz und Pfeffer würzen. Die Butter vollständig schmelzen lassen, dann gut durchmischen und den Risotto auf eine vorgewärmte Platte umfüllen.

Sofort servieren und den übrigen Parmesan separat in einer kleinen Schüssel reichen.

RECHTE SEITE: *Risotto alla Paesana*

REIS, POLENTA & GNOCCHI

Riso Arrosto alla Genovese
Gebackener Reis mit Hackfleisch und getrockneten Porcini

FÜR 3–4 PERSONEN

- 20 g getrocknete Porcini* (Steinpilze)
- 1 kleine Zwiebel, fein gehackt
- 1 Bund frische glatte Petersilie, gehackt
- Salz
- 50 g Butter
- 1 Knoblauchzehe, gehackt
- 300 g mageres Schweinehackfleisch
- 600 ml selbst gemachte Fleischbrühe
- 300 g Arborio*-Reis
- 40 g Parmigiano Reggiano* oder Grana Padano*, frisch gerieben
- 6 EL Rotwein
- Schwarzer Pfeffer aus der Mühle

Dies ist meine Interpretation eines Rezeptes aus „Cuciniera Genovese", einem Kochbuch aus dem 19. Jahrhundert, geschrieben von Giovanni Ratto und einem Autor mit dem Akronym GB. Es gilt als die Bibel der Genueser Küche. „Riso arrosto alla genovese" ist das einzige traditionelle italienische Reisgericht, das im Ofen gegart wird. Im Originalrezept wird Kalbfleisch und Euter verwendet, eine großartige Delikatesse, die heute leider nicht mehr auf dem Speisezettel steht. Als Ersatz werden Würste empfohlen, die weder würzig noch mit Kräutern gemacht sind. Da solche Würste kaum zu bekommen sind, empfehle ich, Schweinehackfleisch zu nehmen. Ich bereite „riso arrosto" in einer ofenfesten Auflaufform zu.

Den Ofen auf 220 °C vorheizen.

Die getrockneten *porcini* in 100 ml heißem Wasser etwa 30 Minuten einweichen. Die *porcini* aus dem Wasser nehmen und eventuell unter kaltem Wasser abbrausen, falls sich noch Sand an ihnen befindet. Die Einweichflüssigkeit durch ein mit Musselintuch ausgelegtes Sieb abgießen und aufbewahren.

Die Zwiebeln mit der Petersilie und der Butter in einem größeren Topf erhitzen, ½ Teelöffel Salz hinzufügen und die Zwiebeln glasig dünsten. Den Knoblauch dazugeben und 2 Minuten garen, dabei häufig rühren. Die *porcini* hinzufügen, 1–2 Minuten braten, dann das Hackfleisch in die Kasserolle geben, gründlich untermischen und gut Farbe nehmen lassen. 4–5 Esslöffel Brühe dazugießen und alle Zutaten unter häufigem Rühren etwa 5 Minuten bei mittlerer Temperatur kochen.

Inzwischen die restliche Brühe und die Einweichflüssigkeit der *porcini* in einem weiteren Topf zum Kochen bringen.

Den Reis und 1½ Esslöffel des Parmesan in die Kasserolle mit dem Fleisch geben. Den Wein dazugießen und etwa 2 Minuten kochen, dabei ständig rühren. Den kochenden Fond dazugießen, den *riso* nach Geschmack pfeffern und alle Zutaten gut vermischen. Den Topf offen 10–15 Minuten in den vorgeheizten Ofen schieben und den Reis backen, bis er gar ist und sich eine schöne Kruste gebildet hat.

Den restlichen Parmesan separat dazu reichen.

Polenta I
Traditionelle Polenta

FÜR 6 PERSONEN

2 TL Salz
300 g grob gemahlenes Maismehl

Dies ist die traditionelle Art, Polenta* aus Maismehl und nicht mit Instant-Polentamehl zuzubereiten.

1,8 l Wasser in einem großen Topf mit schwerem Boden zum Kochen bringen. Sobald das Wasser kocht, das Salz hinzufügen. Den Topf vom Herd nehmen und das Maismehl in einem dünnen Strahl durch die fast geschlossene Hand in das kochend heiße Wasser rieseln lassen. Dabei mit einem langstieligen Holzlöffel ununterbrochen rühren. Die Polenta während der ersten 10 Minuten unter ständigem Rühren kochen, dann weitere 30 Minuten unter häufigem Rühren bei niedriger Temperatur garen.

Sobald die Polenta fertig ist, den Brei in eine große Schüssel umfüllen, die zuvor mit kaltem Wasser ausgespült wurde. Ein paar Minuten stehen lassen und die Schüssel anschließend auf eine große, runde, mit einer Stoffserviette ausgelegte Platte oder ein großes Holzbrett stürzen. Die Polenta löst sich von selbst aus der Schüssel. Sie sieht dann aus wie ein goldgelber, großer Hügel.

Polenta II
Polenta aus dem Ofen

FÜR 6 PERSONEN

2 TL Salz
300 g grob gemahlenes Maismehl

Eine moderne und einfache Variante des vorstehenden Rezeptes, bei der man nicht so lange rühren muss.

Den Ofen auf 190 °C vorheizen.

1,8 l Wasser zum Kochen bringen. Den Topf vom Herd nehmen und 2 Teelöffel Salz hinzufügen. Nun das Maismehl in einem dünnen Strahl durch die fast geschlossene Hand in das kochend heiße Wasser rieseln lassen. Dabei mit einem langstieligen Holzlöffel ununterbrochen rühren. Den Topf erneut auf den Herd stellen und die Polenta langsam zum Kochen bringen, dabei stets in die gleiche Richtung rühren. Etwa 5 Minuten unter Rühren kochen. Anschließend die Polenta in eine gebutterte Auflaufform umfüllen und mit Backpapier zudecken. Im vorgeheizten Ofen etwa 1 Stunde backen.

Polenta Pasticciata
Gebackene Polenta mit Rindfleisch und getrockneten Porcini

FÜR 4–6 PERSONEN

FÜR DIE POLENTA
300 g grob gemahlenes Maismehl
2 TL Salz

FÜR DIE SAUCE
25 g getrocknete Porcini* (Steinpilze)
3 EL Olivenöl
25 g Butter
1 kleine Zwiebel, fein gehackt
1 kleine Möhre, fein gehackt
½ Stange Bleichsellerie, fein gehackt
350 g mageres Rinderhackfleisch
1 Lorbeerblatt
Salz und schwarzer Pfeffer aus der Mühle
2 EL Tomatenmark, in 100 ml Fleischbrühe aufgelöst
Butter für die Form
6 EL Parmigiano Reggiano* oder Grana Padano*, frisch gerieben

Es gibt viele Varianten von gefüllter Polenta. Die nachstehende mit Rinderhack und Steinpilzen ist eine der bekanntesten und beliebtesten.

Zuerst die Polenta nach einem der beiden Rezepte auf Seite 103 zubereiten. Eine glatte Oberfläche aus Marmor, Kunststoff oder Ähnlichem (jedoch nicht aus Holz) mit Wasser leicht besprenkeln und die heiße Polenta darauf gießen. Gleichmäßig auf der Fläche zu einer 1–2 cm dicken Schicht verteilen und abkühlen lassen.

Die getrockneten *porcini* in 100 ml warmem Wasser etwa 30 Minuten einweichen. Die Pilze herausnehmen, kalt abbrausen, behutsam ausdrücken und auf ein trockenes Tuch legen. Anschließend die *porcini* grob hacken. Die Einweichflüssigkeit durch ein mit Musselintuch ausgelegtes Sieb abgießen und auffangen.

Den Ofen auf 200 °C vorheizen.

Die Zwiebeln in dem Öl und der Butter in einer Kasserolle mit schwerem Boden bei mittlerer Temperatur glasig dünsten. Die *porcini*, Zwiebel- und Möhrenwürfel dazugeben und ein paar Minuten mitdünsten. Das Hackfleisch in die Kasserolle geben und mitgaren, bis es nicht mehr roh ist. Dann das Lorbeerblatt hinzufügen und alles salzen und pfeffern. Das aufgelöste Tomatenmark und die Einweichflüssigkeit der *porcini* dazugießen. Sobald die Flüssigkeit zu kochen beginnt, die Temperatur herunterschalten und die Sauce etwa 2 Stunden ohne Deckel bei niedriger Temperatur köcheln lassen. Eventuell etwas Flüssigkeit nachgießen.

Probieren, nach Geschmack nachwürzen und das Lorbeerblatt entfernen.

Eine flache Auflaufform (20 × 15 cm) reichlich buttern. Die Polenta in passende Stücke schneiden und den Boden der Form damit auskleiden. Etwa ein Drittel der Sauce darüber verteilen. Die Sauce mit etwa 2 Esslöffeln Parmesan bestreuen. Die übrigen Polentastücke, die Sauce und den Parmesan in gleicher Weise darüber schichten, bis alle Zutaten verbraucht sind. Die Polenta etwa 30 Minuten im vorgeheizten Ofen backen.

Herausnehmen und gut 5 Minuten stehen lassen, dann servieren.

ANMERKUNG: Dieses Rezept wird mit traditionellem Maismehl zubereitet. Man kann auch Instant-Polentamehl nehmen, das man nur 5 Minuten kocht. Zwar ist es nicht ganz so delikat, dafür spart man aber Zeit und Mühe.

LINKE SEITE: *Polenta Pasticciata*

Rotolo di Patate e Spinaci
Kartoffel-Spinat-Rolle

FÜR 6 PERSONEN

500 g mehlig kochende Kartoffeln
Salz
I Zwiebel, sehr fein gehackt
I EL Olivenöl
I kg Spinat, blanchiert und gehackt,
   oder 750 g gehackter Tiefkühl-
   Spinat, aufgetaut und abgetropft
100 g Ricotta*
100 g Parmigiano Reggiano* oder
   Grana Padano*, frisch gerieben
I Prise Muskatnuss
I Eigelb
Schwarzer Pfeffer aus der Mühle
I Ei
I TL Backpulver
200 g Weizenmehl
200 g feiner, gekochter Schinken,
   dünn geschnitten
Butter für die Auflaufform
75 g Butter

Dieses Rezept meiner Mutter ist eine Abwandlung von „rotolo di spinaci", das mit selbst gemachter Pasta zubereitet wird. Statt die Rolle vor dem Überbacken mit Butter und Parmesan zu bestreuen, kann man sie auch mit einer mit reichlich Parmesan und etwas Muskatnuss gewürzten Béchamelsauce (Rezept siehe Seite 232) überziehen.

Die Kartoffeln in kaltem Wasser waschen und anschließend in reichlich Wasser etwa 30 Minuten kochen, bis sie gar sind.

Inzwischen den Ofen auf 200 °C vorheizen. Für die Füllung die Zwiebeln in dem Olivenöl in 2–3 Minuten glasig dünsten. Den Spinat hinzufügen und unter häufigem Rühren weitere 2 Minuten dünsten. Den Spinat in eine Schüssel umfüllen und den Ricotta, die Hälfte des Parmesan, die Muskatnuss und das Eigelb dazugeben, salzen und pfeffern und alles gründlich miteinander vermischen.

Die Kartoffeln abschütten, etwas abkühlen lassen und noch warm schälen. Durch eine Kartoffelpresse direkt auf die Arbeitsfläche drücken. In die Mitte eine Mulde drücken, das ganze Ei aufschlagen und in die Mulde geben. Etwas Salz, das Backpulver und einen Großteil des Mehls dazugeben und die Zutaten behutsam miteinander vermischen. Das übrige Mehl nach und nach unterarbeiten und kneten, bis der Teig weich und glatt ist, wobei er durchaus etwas klebrig sein darf. Den Teig zu einer Kugel formen.

Den Kartoffelteig auf einer großzügig mit Mehl bestäubten Arbeitsfläche etwa 35 × 25 cm groß ausrollen. Die Teigplatte mit dem Schinken belegen und darüber die Spinatfülle gleichmäßig verteilen, dabei einen Rand von etwa I cm frei lassen. Den belegten Teig vorsichtig zu einer salamiförmigen Rolle einrollen und die Rolle behutsam in ein ausreichend großes Musselintuch einschlagen. Die Enden des Tuches eng an den Enden der Spinatrolle mit Küchenschnur zubinden. Einen länglichen Fischkessel oder einen anderen Topf, der die Rolle aufnehmen kann, mit Wasser füllen. I Teelöffel Salz hineingeben. Zum Kochen bringen und die Spinatrolle vorsichtig in das kochend heiße Wasser geben. Das Wasser erneut zum Kochen bringen und die Rolle in dem teilweise zugedeckten Topf in etwa 30 Minuten in leicht siedendem Wasser garen.

Die Rolle behutsam herausnehmen, dabei darauf achten, dass der Inhalt nicht bricht. Das Musselintuch entfernen und die Rolle auskühlen lassen.

Die Rolle in 2 cm dicke Scheiben schneiden und die Stücke leicht überlappend in eine gebutterte Auflaufform schichten. Die Butter zerlassen und über die Kartoffel-Spinat-Scheiben gießen. Den übrigen Parmesan darüber streuen und die Rolle in 15–20 Minuten im vorgeheizten Ofen goldbraun backen.

RECHTE SEITE: *Rotolo di Patate e Spinaci*

Gnocchi alla Romana
Semolino-Gnocchi

FÜR 4 PERSONEN

1 l Milch
Salz
230 g Hartweizengrieß
3 Eigelb
75 g Parmigiano Reggiano* oder Grana Padano*, frisch gerieben
¼ TL geriebene Muskatnuss
75 g Butter
Butter für die Form

Dieses Gnocchi*-Gericht, das auch „gnocchi di semolino" heißt, lässt sich sehr leicht zubereiten. Wenn möglich, sollte man für die Zubereitung den etwas gröberen italienischen Hartweizengrieß nehmen. Man kann die Gnocchi nach Belieben auch mit einer dünnen Béchamelsauce (Rezept siehe Seite 232) oder mit Sahne und Parmesan überziehen.

Die Milch mit etwas Salz in einer Kasserolle mit schwerem Boden erhitzen. Sobald die Milch aufzuwallen beginnt, den Topf vom Herd ziehen und den Grieß in einem dünnen Strahl hineinlaufen lassen. Dabei mit einem Schneebesen kräftig schlagen, damit sich keine Klumpen bilden. Den Topf erneut auf den Herd stellen und den Grieß unter ständigem Rühren etwa 15 Minuten bei niedriger Temperatur kochen, bis sich ein dicker Brei gebildet hat, der sich von der Seitenwand der Kasserolle löst.

Die Kasserolle vom Herd nehmen und den Grieß etwas abkühlen lassen. Dann ein Eigelb nach dem anderen zuerst mit einem Kochlöffel und dann mit dem Schneebesen unterrühren. Sobald alle Eidotter gründlich untergearbeitet sind, den ganzen Parmesan bis auf 4 Esslöffel hinzufügen, dann die Muskatnuss und ein Drittel der Butter dazugeben, den Grieß salzen und alle Zutaten gründlich vermischen. Anschließend den Grieß auf eine Arbeitsfläche aus Marmor oder Kunststoff geben, die zuvor leicht mit kaltem Wasser besprenkelt wurde. Den Grieß mit einem Spatel oder einer Teigkarte etwa 1 cm dick gleichmäßig verteilen und vollständig auskühlen lassen. Dies dauert etwa 2 Stunden.

Den Ofen auf 230 °C vorheizen.

Mit einem Rundausstecher (Durchmesser 4 cm) Taler aus dem Gnocchi-Grieß stechen. Eine größere, flache Auflaufform leicht buttern und den Boden der Form mit ausgestochenen Gnocchi belegen. Darüber die nächste Schicht Gnocchi leicht überlappend anordnen.

Die Butter zerlassen und über die Gnocchi gießen. Den übrigen Parmesan darüber verteilen und die Gnocchi im vorgeheizten Ofen 15 Minuten backen, bis sie anfangen, Farbe zu nehmen. Aus dem Ofen nehmen und vor dem Servieren ein paar Minuten abkühlen lassen.

ANMERKUNG: Man kann dieses Gericht wunderbar vorbereiten und dann kurz vor dem Servieren backen.

Gnocchi di Patate
Kartoffel-Gnocchi

FÜR 4 PERSONEN

1 kg mehlig kochende Kartoffeln, gewaschen
1 TL Salz
300 g Weizenmehl
1 Ei, verquirlt
75 g Butter
2 Knoblauchzehen, leicht zerdrückt
3–4 frische Salbeiblätter, gezupft
75 g Parmigiano Reggiano* oder Grana Padano*, frisch gerieben

Nach diesem Rezept bereitet man Gnocchi im Latium und in Venetien. Im Piemont wird der Teig ohne Ei hergestellt.

Die Kartoffeln in reichlich Wasser gar kochen. Abschütten, etwas abkühlen lassen und noch möglichst heiß schälen. Die Kartoffeln sofort durch eine Kartoffelpresse auf die Arbeitsfläche drücken.

Das Salz mit dem Mehl in eine Schüssel füllen und gründlich vermischen.

Das verquirlte Ei und die Hälfte des Mehls zu den durchgedrückten Kartoffeln geben. Die Masse kneten, nach und nach das Mehl unterarbeiten, bis ein weicher, glatter und leicht klebriger Teig entstanden ist. Den Teig zu 2–3 cm dicken Rollen formen und die Rollen in 2 cm dicke Stücke schneiden.

Zum Formen der Gnocchi mit einer Hand eine Gabel im 45-Grad-Winkel mit der Wölbung der Zacken nach unten auf die Arbeitsfläche drücken. Jedes Teigstück mit Mehl bestäuben und mit dem Daumen der anderen Hand leicht gegen die Zacken der Gabel drücken. Die Gnocchi sollten an der Daumenseite hohl und an der gerillten Seite bauchig sein.

5 l Wasser in einem großen Topf zum Kochen bringen. Das Wasser nicht salzen, da die Gnocchi sonst leicht aneinander kleben.

Inzwischen die Sauce zubereiten. Die Butter in einer kleinen Stielkasserolle mit schwerem Boden zerlassen und den Knoblauch und den Salbei kurz darin erhitzen. Die Sauce ist fertig, wenn die Butter nicht mehr aufschäumt und klar wird. Sofort vom Herd nehmen. Den Knoblauch herausnehmen und die Sauce warm stellen.

Jeweils etwa 30 Gnocchi in kochendes Wasser tauchen. Etwa 20 Sekunden kochen, nachdem sie wieder an die Oberfläche gekommen sind. Dann mit einem Schaum- oder Gitterlöffel herausnehmen, kurz auf einem Küchentuch abtropfen lassen und auf eine vorgewärmte Platte geben. Auf diese Weise alle Gnocchi garen, dabei die fertigen Gnocchi mit etwas Sauce begießen und mit Parmesan bestreuen und in dem auf 100 °C vorgeheizten Ofen warm stellen. Zum Schluss die übrige Sauce darüber gießen, den restlichen Parmesan darüber streuen und die Gnocchi servieren.

Gnocchi di Zucca
Kürbis-Gnocchi

FÜR 4–5 PERSONEN

1 EL Pflanzenöl
500 g Hokkaido- oder Gartenkürbis
500 g Süßkartoffeln (ersatzweise die
    gleiche Menge Kürbisfleisch)
200 g Weizenmehl
2 TL Backpulver
Salz
2 Eier
4 EL Parmigiano Reggiano* oder
    Grana Padano*, frisch gerieben
Muskatnuss, frisch gerieben

SAUCE 1
75 g Butter
25 g Parmigiano Reggiano* oder
    Grana Padano*, frisch gerieben
1 EL Zucker
1 TL Zimtpulver

SAUCE 2
75 g Butter
6 frische Salbeiblätter, gezupft
50 g Parmigiano Reggiano* oder
    Grana Padano*, frisch gerieben

Eine Mischung aus Hokkaidokürbis und Süßkartoffeln kommt der würzigen Süße und der feuchten Konsistenz norditalienischer Kürbisse sehr nahe. Diese Gnocchi* sind eine traditionelle Spezialität aus Venetien und der südlichen Lombardei. Beide Saucen sind klassisch, die erste stammt aus Venetien, die zweite aus der Lombardei.

Den Ofen auf 180 °C vorheizen.

Ein Backblech mit Alufolie auslegen und mit dem Öl einstreichen. Den Kürbis abwischen und halbieren. Die Kerne und Fasern mit einem Löffel entfernen und den Kürbis mit der Schnittstelle nach unten auf das vorbereitete Blech legen. Die Süßkartoffeln mit einer Spicknadel mehrfach einstechen und zu den Kürbishälften auf das Blech legen. Das Blech in den vorgeheizten Ofen schieben und beide Gemüse backen, bis man sie mit einer Gabel leicht durchstechen kann. Den Ofen auf 100 °C herunterschalten.

Die Süßkartoffeln schälen und mit einem Löffel das Fruchtfleisch aus den Kürbisstücken herausnehmen. Beide Gemüse in eine Küchenmaschine füllen und pürieren oder durch eine Kartoffelpresse in eine Schüssel drücken. Mehl, Backpulver und Salz untermischen, dann die Eier aufschlagen und dazugeben. Alle Zutaten gründlich miteinander vermischen und die Masse anschließend mit Parmesan und frisch geriebener Muskatnuss würzen. Nach Geschmack salzen.

Reichlich Wasser in einem großen Topf zum Kochen bringen und das Wasser salzen. Man kann die Gnocchi mit einem Spritzbeutel mit einer großen, glatten Tülle herstellen oder mit mehlierten Händen etwas Masse aufnehmen und kleine Bällchen abdrehen.

Für die erstere Methode die Masse in den Spritzsack füllen, den Sack zudrehen, bis er sich spannt, und mit einer Hand fest umschließen. Den Spritzsack über das kochende Wasser halten, mit der einen Hand darauf drücken und mit dem Zeigefinger der anderen Hand etwa 2 cm lange Gnocchi von der Tülle abtrennen und ins kochende Wasser gleiten lassen. Nicht alle Gnocchi auf einmal, sondern in 3 Arbeitsgängen kochen. Die Gnocchi jeweils 1–2 Minuten kochen, sobald sie an die Oberfläche gestiegen sind, und mit einem Schaum- oder Gitterlöffel herausnehmen und in eine flache, große Auflaufform füllen. Die Kürbis-Gnocchi im niedrig geschalteten Ofen warm stellen. Die Gnocchi des zweiten und dritten Arbeitsganges je nach Größe der Form in weiteren Auflaufformen verteilen.

Für die erste Sauce die Butter in einem Wasserbad oder in einer kleinen Kasserolle auf dem Herd bei niedriger Temperatur zerlassen und die Butter über die Gnocchi gießen. Den Parmesan, den Zucker und den Zimt miteinander vermischen und über die Gnocchi streuen.

Alternativ für die zweite Sauce die Butter und die Salbeiblätter in einer kleinen Kasserolle erhitzen, bis die Butter aufzuschäumen beginnt. Über den Gnocchi verteilen und mit Parmesan bestreuen.

Gnocchi di Zucca

Malfatti
Spinat-Ricotta-Gnocchi

FÜR 4 PERSONEN

500 g Tiefkühl-Blattspinat, über Nacht im Kühlschrank aufgetaut, oder die gleiche Menge frischer Spinat, blanchiert und gut abgetropft
2 sehr große Eier
200 g Ricotta*
200 g Mehl,
½ TL geriebene Muskatnuss
100 g Parmigiano Reggiano* oder Grana Padano*, frisch gerieben

Der Name „malfatti" bedeutet „schlecht zubereitet" und bezieht sich auf die äußere Beschaffenheit dieser rustikalen Gnocchi*, die ganz unterschiedlich geformt werden können.

Den Spinat mit den Händen gründlich auspressen und sehr fein hacken oder durch die gröbste Scheibe einer Gemüsepresse (Passiergerät) drücken.

Die Eier in einer Schüssel verquirlen, den Ricotta mit einer Gabel zerdrücken und unter die Eier rühren. Eier und Ricotta gut miteinander verrühren. Das Mehl, den Spinat, Muskat und die Hälfte des Parmesan untermischen. Probieren und mit Salz und Pfeffer abschmecken.

Die Hände mit Mehl bestäuben und die Gnocchi-Masse zu etwa 3 cm großen Bällchen formen. Die Bällchen auf einen großen Teller geben und etwa 30 Minuten kalt stellen.

In einem großen Topf 5 l Wasser salzen und zum Kochen bringen. Etwa ein Dutzend Gnocchi in das kochende Wasser geben und 3–4 Minuten sanft kochen, nachdem das Wasser wieder zu kochen beginnt. Die fertigen Gnocchi mit einem Schaum- oder Gitterlöffel herausnehmen und in eine vorgewärmte Schüssel umfüllen. Ein paar Butterflocken und etwas Parmesan darüber streuen und die Gnocchi bei 80 °C im Backofen warm stellen, bis alle Bällchen gekocht sind.

Inzwischen die restliche Butter in einem kleinen Topf zerlassen. Die Butter unmittelbar vor dem Servieren über die gekochten Gnocchi träufeln und diese mit dem übrigen Parmesan bestreuen. Sofort servieren.

Abbildung der Malfatti siehe Seite 7

FISCH UND MEERESFRÜCHTE

Dentice al Sale
Zahnbrasse in Salzkruste

FÜR 4 PERSONEN

1 große Zahnbrasse von etwa 1 kg, ausgenommen, mit Kopf, Schwanz und Rückenflossen
3 kg grobes Meersalz

ALS BEIGABE ZUM SERVIEREN
Mildes natives Olivenöl extra
Frisch gepresster Saft von 1 Zitrone

Die Zahnbrasse ist ein außergewöhnlich schmackhafter Vertreter der Familie der Meerbrassen. Durch die Salzkruste bleibt das feine Aroma des Fischs erhalten. Man kann auch andere Brassenarten, wie Dorade Royale, Marmorbrasse oder Sackbrasse, für diese Zubereitung nehmen. Das folgende Rezept stammt aus „La Cucina d'Oro" von Giovanni Nuvoletti, das in Zusammenarbeit mit der Accademia Italiana della Cucina entstanden ist.

Den Backofen auf 200 °C vorheizen. Den Boden einer Bratenreine gleichmäßig 2 cm hoch mit Meersalz füllen. Den Fisch darauf legen und mit dem restlichen Salz bedecken. Dabei das Salz mit den Händen auf den Fisch drücken.

Die Brasse mindestens eine Stunde im vorgeheizten Ofen backen. Für die Garprobe ein wenig Salzkruste an der Stelle entfernen, wo sich die Rückenflossen des Fisches befinden. Lässt sich eine der Rückenflossen leicht und ohne Widerstand herausziehen, ist das Fleisch gar.

Den Fisch in der Salzkruste servieren und die Kruste bei Tisch aufbrechen. Die Schuppen lösen sich zusammen mit dem Salz. Reichen Sie zu dem Fisch lediglich mildes natives Olivenöl extra und Zitronensaft – mehr nicht!

Spigola al Forno
Gebackener Wolfsbarsch

FÜR 6 PERSONEN

1 Wolfsbarsch von etwa 1,5 kg,
    ausgenommen
1 Knoblauchzehe, gehackt
Reichlich frische Kräuter (Rosmarin,
    Thymian, Majoran und Basilikum),
    grob gehackt
Reichlich glatte Petersilie, gehackt
Salz
1 EL Semmelbrösel
100 ml Olivenöl
1 TL Zitronensaft

Dieses Rezept stammt aus „Mediterranean Seafood" von Alan Davidson. In der Einleitung des Buches schreibt er: „Der Erfolg hängt vor allem davon ab, dass man wirklich frischen Fisch hat." „Spigola" wird oft auch „branzino" genannt.

Den Backofen auf 200 °C vorheizen. Den Fisch schuppen, ausnehmen und waschen. Die Bauchhöhle des Fisches mit dem gehackten Knoblauch, den Kräutern und der Petersilie füllen.

Den gefüllten Fisch in eine ausreichend große, geölte, flache Auflaufform legen. leicht salzen, mit den Semmelbröseln bestreuen. Das Olivenöl mit dem Zitronensaft verrühren und über den Fisch gießen. Den gefüllten Wolfsbarsch 25–30 Minuten im vorgeheizten Ofen backen. Mit Zitronenscheiben und Kräutern garniert servieren.

RECHTE SEITE: *Spigola al Forno*

Branzino alla Rivierasca coi Carciofi
Wolfsbarsch mit Artischocken

FÜR 4 PERSONEN

Saft von ½ Zitrone
4–6 mittelgroße Artischocken
4 EL Olivenöl
3 TL Zitronensaft
Salz und frisch gemahlener Pfeffer
1 Wolfsbarsch von etwa 900 g,
    geschuppt und ausgenommen, mit
    Kopf und Schwanz, kalt abgebraust
1 TL Rosmarinnadeln

Diese Variante eines Rezepts von der ligurischen Riviera ist in „The Second Classic Italian Cookbook" von Marcella Hazan zu finden.

Den Backofen auf 220 °C vorheizen. Den Zitronensaft in eine Schüssel mit kaltem Wasser gießen. Die äußeren grünen Blätter der Artischocken wegschneiden, dann den Stiel herausbrechen und den Boden gerade abschneiden. Die Artischocken mit einer Hand festhalten, das untere Drittel einschließlich des Bodens abschneiden und den Rest wegwerfen. Die Artischockenböden in das gesäuerte Wasser legen, damit sie sich nicht verfärben. Jede Artischocke längs vierteln, die feinen Blätter und das darunter sitzende so genannte „Heu" wegschneiden. Die geviertelten Artischocken längs in möglichst dünne Scheiben schneiden und zurück in das Wasser legen.

Das Olivenöl mit dem Zitronensaft in einer kleinen Schüssel verrühren, salzen und pfeffern und beiseite stellen.

Den Fisch und die Artischocken in eine Auflaufform legen und mit der Olivenöl-Zitronensaft-Mischung beträufeln. Die Rosmarinnadeln über den Fisch streuen. Die Artischockenscheiben gut in der Ölmischung wenden und einige davon in die Bauchhöhle des Fisches stecken. Die Form in das obere Drittel des vorgeheizten Ofens stellen. Nach etwa 20 Minuten den Fisch begießen und die Artischocken wenden. Den Fisch weitere 15–20 Minuten backen, dann vorsichtig auf eine vorgewärmte Platte heben. Die Artischockenscheiben um den Fisch legen, den Fisch mit dem Saft aus der Form überziehen und sofort servieren.

FISCH UND MEERESFRÜCHTE

Orata alla Pugliese
Gebackene Goldbrasse mit Kartoffeln

FÜR 6 PERSONEN

6–8 fest kochende Kartoffeln
I Goldbrasse (Dorade Royale)
   von etwa 1,5–1,8 kg
Salz
I Bund frische glatte Petersilie
I Knoblauchzehe
150 ml natives Olivenöl extra
100 g reifer Pecorino*, gerieben
Schwarzer Pfeffer aus der Mühle

LINKE SEITE: *Orata alla Pugliese*

In Apulien wird Fisch traditionell mit Kartoffeln gebacken. Ich koche die Kartoffeln vor, damit sie gleichzeitig mit dem Fisch gar werden. Dorade Royale zählt zu den feinsten Vertretern der Familie der Brassen. Sehr gut eignen sich für diese Zubereitung auch Zahnbrassen, Marmorbrassen oder Sackbrassen.

Die Kartoffeln 5 Minuten vorkochen, dann schälen und beiseite stellen. Die ausgekühlten Kartoffeln in dünne Scheiben schneiden. Den Fisch außen und innen leicht salzen.

Den Backofen auf 200 °C vorheizen.

Die Petersilie und den Knoblauch hacken. 4 Esslöffel des Olivenöls in eine Auflaufform geben und den Boden der Form mit der Hälfte der Kartoffeln, der Petersilie-Knoblauch-Mischung und des Käses belegen. Die Zutaten leicht salzen und reichlich pfeffern. Etwas Öl über die Zutaten gießen und den Fisch darauf legen. Die andere Hälfte der Petersilie-Knoblauch-Mischung, der Kartoffeln und des Käses (diese Reihenfolge beachten) darüber geben. Wie zuvor würzen und das restliche Öl darüber gießen. Den Fisch im vorgeheizten Ofen etwa 25 Minuten backen.

Nasello alla Palermitana
Gebackener Seehecht mit Anchovis

FÜR 4 PERSONEN

I–2 Seehechte von insgesamt etwa
   1,25 kg, ausgenommen, mit Kopf
   und Schwanz
5 EL Olivenöl
Salz und frisch gemahlener schwarzer
   Pfeffer
3–4 Zweige frischer Rosmarin
I Knoblauchzehe, fein gehackt
6 Anchovisfilets, vorzugsweise in Salz
   eingelegt, gewaschen und abgetropft
4 EL Semmelbrösel
Saft von ½ unbehandelten Zitrone

Am schönsten serviert man dieses Gericht mit ein oder zwei ganzen Fischen. Sind ganze Seehechte nicht erhältlich, kann man auch Stücke davon oder andere Fische, wie Kabeljau oder Wittling, nehmen.

Den Backofen auf 180 °C vorheizen. Die Fische innen mit etwas Olivenöl einstreichen, salzen und pfeffern. Die Bauchhöhlen mit den Rosmarinzweigen füllen und mit Zahnstochern verschließen.

Das übrige Öl in einer kleinen Bratpfanne erhitzen und den Knoblauch bei niedriger Temperatur darin etwa eine halbe Minute anschwitzen. Vom Herd nehmen und die Anchovisfilets dazugeben und zerdrücken. Die Fische von allen Seiten mit der Anchovispaste bestreichen und mit den Semmelbröseln bestreuen.

Die Fische in eine geölte Auflaufform legen und im vorgeheizten Ofen etwa 30 Minuten backen, bis sie auch innen vollständig gar sind. Etwa 5 Minuten vor Ende der Garzeit den Zitronensaft darüber träufeln.

Die fertigen Fische sollten überall goldbraun sein. Sind sie zu trocken, übergießt man sie großzügig mit der Bratflüssigkeit und etwas Olivenöl.

FISCH UND MEERESFRÜCHTE

Triglie alla Livornese
Rotbarben in Tomatensauce

FÜR 4 PERSONEN

4 Rotbarben à 250 g
4 EL Mehl
6 EL natives Olivenöl extra
1 Knoblauchzehe, sehr fein gehackt
1 kleine Zwiebel, fein gehackt
1 Lorbeerblatt
½ TL gehackter frischer Thymian
Ein kleines Stück getrockneter Chili
Salz und frisch gemahlener schwarzer Pfeffer
400 g Tomatenstücke aus der Dose, abgetropft
2 EL glatte Petersilie, gehackt

Die Rotbarbe zählt zu den Lieblingsfischen der Italiener und kennt zahlreiche Zubereitungsarten. Dieses Rezept aus Livorno ist eines der bekanntesten. Die Köpfe dürfen nicht entfernt werden. Sie vervollständigen Geschmack und Aussehen des Gerichts. Anstelle der Rotbarben kann man auch Meeräschen nehmen. Sie sind jedoch nicht ganz so schmackhaft.

Die Fische beim Einkauf schuppen, ausnehmen und die Kiemen wegschneiden lassen. Die Leber sollte dabei in der Bauchhöhle zurückbleiben (nur bei Rotbarben). Die Fische vor der Zubereitung unter fließendem kaltem Wasser waschen, abtropfen lassen und trockentupfen.

Die Fische in Mehl wenden.

Das Olivenöl in einer großen Bratpfanne bei mittlerer Temperatur erhitzen, die Fische in das heiße Öl geben und von jeder Seite etwa 2 Minuten braten. Die restlichen Zutaten dazugeben und die Hitze reduzieren. Etwa 10 Minuten köcheln lassen, dabei die Fische öfters mit Sauce übergießen und einmal wenden. Probieren und eventuell mit Salz und Pfeffer abschmecken. Servieren.

Cefalo con le Zucchine
Meeräsche mit Zucchini

FÜR 4 PERSONEN

500 g Zucchini
Salz
1 Knoblauchzehe, gehackt
2 EL gehackte glatte Petersilie
Schwarzer Pfeffer aus der Mühle
1 frische Meeräsche von etwa 1 kg, geschuppt und ausgenommen, mit Kopf und Schwanz
150 ml natives Olivenöl extra

Die milden Zucchini passen gut zu der Meeräsche.

Die Zucchini in Scheiben schneiden, in ein Sieb geben und leicht salzen. Etwa 30 Minuten Wasser ziehen lassen. Abtropfen lassen, trockentupfen und in eine Schüssel füllen. Den Knoblauch und die Petersilie dazugeben und die Zucchini pfeffern.

Den Backofen auf 190 °C vorheizen.

Den Fisch innen und außen salzen und pfeffern und innen mit 1 Esslöffel Öl beträufeln. Den Fisch in eine große Auflaufform oder eine Bratenreine geben und die Zucchinischeiben um den Fisch herumlegen. Das restliche Öl über die Zucchini gießen und diese darin wenden.

Die Form mit Alufolie zudecken und den Fisch etwa 20 Minuten im vorgeheizten Ofen backen. Die Folie abnehmen, die Zucchini wenden und den Fisch mit etwas Bratenflüssigkeit begießen. Den Fisch in 15 Minuten fertig backen und in der Form servieren.

FISCH UND MEERESFRÜCHTE

Sogliole in Saor
Marinierte Seezungenfilets

FÜR 6–8 PERSONEN

50 g Sultaninen
Mehl zum Bestäuben
Salz
700 g Seezungenfilets
Öl zum Frittieren
2 EL Olivenöl
250 g milde Zwiebeln, gehackt
2 TL Zucker
120 ml guter Weinessig
4 Lorbeerblätter
50 g Pinienkerne
2–3 Msp. Zimtpulver
2 Nelken
12 schwarze Pfefferkörner, leicht zerstoßen

Dieses Gericht wird in Venedig häufig als Antipasto serviert, ist aber genauso ein vollwertiger Hauptgang. Anstelle der Seezungen- kann man auch Schollen- oder Flunderfilets oder auch frische Sardinen nehmen, die man zuvor so filetiert, dass sie am Schwanz- und Kopfende zusammenbleiben und sich nicht in zwei Filets teilen.

Die Sultaninen in etwas warmem Wasser einweichen. Inzwischen etwas Mehl auf einen großen Teller streuen, das Mehl salzen und den Fisch darin wenden.

Das Öl zum Frittieren in einem Wok oder einer Bratpfanne erhitzen. Sobald das Öl sehr heiß ist, einige Fischfilets in das heiße Fett geben und etwa 3 Minuten von jeder Seite frittieren, bis sich eine goldbraune Kruste bildet. Die Filets mit einem Gitter- oder Schaumlöffel herausnehmen und auf Küchenkrepp abtropfen lassen.

Das Olivenöl und die Zwiebeln in einer kleinen Bratpfanne bei mittlerer Temperatur erhitzen. Je eine Messerspitze Salz und Zucker dazugeben und die Zwiebeln goldgelb dünsten. Die Temperatur hochschalten und den Weinessig dazugießen, zum Kochen bringen und einkochen, bis der Essig um die Hälfte reduziert ist.

Den Fisch in eine flache Auflaufform legen. Die Weinsauce darüber gießen und die Lorbeerblätter darauf legen. Die Sultaninen abtropfen lassen und mit den Pinienkernen, Gewürzen und Pfefferkörnern über den Fisch streuen. Die Form mit Klarsichtfolie zudecken und den Fisch mindestens 24, am besten 48 Stunden kalt stellen, damit er die Aromen der Gewürze und der Zwiebelsauce aufnimmt.

Etwa 2 Stunden vor dem Servieren aus dem Kühlschrank nehmen.

Sogliole al Basilico e ai Pinoli
Seezunge mit Basilikum und Pinienkernen

FÜR 4 PERSONEN

4 Seezungen à 300 g
1 EL natives Olivenöl extra
2 EL grob zerkleinerte Pinienkerne
5–6 frische Basilikumblätter

FÜR DIE MARINADE
4 EL Olivenöl
3 EL Zitronensaft
1 EL gehacktes frisches Basilikum
Salz und frisch gemahlener schwarzer
   Pfeffer

RECHTE SEITE:
Sogliole al Basilico e ai Pinoli

Ein altes Rezept aus der Stadt Caorle, östlich von Venedig, aus dem großartigen Kochbuch „Antica Cucina Veneziana" von Massimo Alberini. Die Rezepte wurden von den alten Originalen durch Romana Bosco adaptiert, die eine renommierte Kochschule in Turin leitet. Dies ist meine Interpretation.

Die Seezungen beim Einkauf ausnehmen, Kopf und Flossen wegschneiden und die Haut abziehen lassen. Die Fische waschen, gründlich trockentupfen und auf eine Platte legen.

Für die Marinade das Olivenöl und den Zitronensaft in eine Schüssel gießen und mit einem Schneebesen glatt rühren, dann das Basilikum dazugeben und die Marinade salzen und pfeffern. Über die Seezungen gießen und den Fisch etwa 1 Stunde in der Marinade stehen lassen.

Den Backofen auf 200 °C vorheizen.

Eine flache, große Auflaufform mit dem Olivenöl fetten, die Seezungen aus der Marinade nehmen und in die Form legen. Im vorgeheizten Ofen etwa 10 Minuten backen. Inzwischen die Marinade erhitzen und die Pinienkerne hinzufügen. Sobald die Flüssigkeit kocht, die Marinade über die Seezungen gießen und den Fisch weitere 5 Minuten backen.

Vor dem Servieren mit den Basilikumblättern bestreuen.

Trance di Pesce alla Casalinga
Fischsteaks in Tomatensauce

FÜR 4 PERSONEN

4 große Fischsteaks (siehe
   Einführung)
Salz und frisch gemahlener schwarzer
   Pfeffer
5 EL natives Olivenöl extra
½ milde Zwiebel, fein gehackt
1 Bund glatte Petersilie, gehackt
1 getrockneter roter Chili, gehackt
1 Knoblauchzehe
400 g geschälte Tomaten aus der
   Dose, mit Saft

Man kann beinahe alle Sorten von Fischsteaks für diese beliebte Zubereitungsart nehmen. Mein Lieblingsfisch hierfür ist Kabeljau – wegen seiner festen Konsistenz –, aber auch Seehecht und sogar Rochenflügel eignen sich gut.

Die Fischsteaks waschen, trockentupfen und mit etwas Salz und Pfeffer einreiben.

Das Öl in einer großen Bratpfanne erhitzen und die Zwiebeln darin etwa 7 Minuten anschwitzen. Die Hälfte der Petersilie, des Chilis und Knoblauchs hineingeben und die Zutaten ein paar Minuten bei niedriger bis mittlerer Temperatur unter häufigem Rühren dünsten.

Die Tomaten mit dem Saft dazugießen. Mit einem Holzlöffel die Tomaten zerkleinern. Die Sauce salzen und 10 Minuten kochen.

Die Fischsteaks nebeneinander hineingeben, etwas Sauce über die Steaks löffeln und die Pfanne zudecken. Je nach Dicke der Fischsteaks diese 10–15 Minuten bei niedriger Temperatur köcheln lassen und die Steaks nach etwa der Hälfte der Garzeit wenden.

Vor dem Servieren die Sauce erneut abschmecken und mit der übrigen Petersilie, mit Chili und Knoblauch bestreuen.

FISCH UND MEERESFRÜCHTE

Pesce Spada alla Trapanese
Schwertfisch in Tomaten-Oliven-Cornichons-Sauce

Dies ist meine Interpretation eines aus „Il Gastronomo Educato" von Denti di Pirajno, einem sizilianischen Autor des 20. Jahrhunderts, übersetzten Rezepts. Nehmen Sie Steaks aus dem Bauchbereich des Schwertfisches, sie haben den besten Geschmack.

FÜR 4 PERSONEN

1 Zwiebel, gehackt
2 EL natives Olivenöl extra
4 Cornichons
6 schwarze Oliven, entsteint
2 EL Kapern, vorzugsweise in Salz eingelegt, gewaschen
1 Stange Staudensellerie
Salz und schwarzer Pfeffer aus der Mühle
2 EL Tomatenmark
600 g Schwertfisch, in dünne Steaks geschnitten
Etwa 1 EL Zitronensaft

Die Zwiebeln mit 100 ml Wasser in eine große Bratpfanne geben. Bei mittlerer Temperatur zum Kochen bringen und ein paar Minuten köcheln lassen. Die Temperatur hochschalten, das Olivenöl dazugießen und weiterkochen, bis das Wasser vollständig verdampft ist und die Zwiebeln goldgelb sind. Dabei häufig rühren, damit die Zwiebeln gleichmäßig Farbe nehmen und nicht am Boden der Pfanne haften bleiben.

Inzwischen Cornichons, Oliven, Kapern und Staudensellerie hacken und vermischen. Zu den goldgelb gedünsteten Zwiebeln geben, salzen und gut pfeffern. Bei niedriger Temperatur 5–6 Minuten köcheln lassen.

Das Tomatenmark in 200 ml kochendem Wasser auflösen und dazugießen. Die Sauce unter häufigem Rühren etwa 5–7 Minuten kochen, bis sie eingedickt ist.

Nun den Fisch in die Sauce geben und etwa 5 Minuten sanft köcheln, dabei den Fisch einmal wenden. Die genaue Garzeit der Fischsteaks hängt von ihrer Dicke ab. Am besten schmecken sie, wenn sie nicht ganz durchgegart sind.

Die Schwertfischsteaks mit der Sauce in eine vorgewärmte Servierschüssel umfüllen, den Zitronensaft darüber träufeln und sofort servieren.

FISCH UND MEERESFRÜCHTE

Acciughe alla Moda di Reggio Calabria
Gebackene frische Sardellen

FÜR 4 PERSONEN

700 g frische Sardellen
4 EL Olivenöl
5 EL frische Brotkrumen (dazu
    2–3 entrindete Scheiben Weiß-
    brot in einer Küchenmaschine
    oder einem Mixer zerkleinern)
1 EL Kapern, vorzugsweise in Salz
    eingelegte, abgespült und abgetropft
2 Knoblauchzehen, zerstoßen
½ getrockneter roter Chili, gehackt
1 EL gehackter frischer Majoran
Salz
Etwas Öl für die Form

Für dieses Rezept kann man auch frische Sardinen oder Sprotten nehmen, die aller-dings nicht ganz so delikat schmecken wie Sardellen. Auf jeden Fall sollte man nur absolut frischen Fisch dafür verwenden.

Mit einer kurzen, schnellen Bewegung den Kopf von jeder Sardelle ab-reißen, dabei gleichzeitig die Mittelgräte und die Innereien mit entfer-nen. Die Sardelle unter kaltem Wasser abspülen und trockentupfen.
   Den Backofen auf 200 °C vorheizen.
   Alle anderen Zutaten miteinander vermischen. Eine flache Auflauf-form mit etwas Öl fetten und den Boden der Form mit einer Lage Sar-dellen belegen. Die Hälfte der vermischten Gewürze über dem Fisch verteilen und mit den restlichen Sardellen bedecken. Die übrigen Ge-würze darüber streuen und die Sardellen etwa 20 Minuten im vorge-heizten Ofen backen. Heiß, aber nicht direkt aus dem Ofen, oder bei Zimmertemperatur servieren.

Sarde a Beccaficu
Gefüllte Sardinen

RECHTE SEITE: *Sarde a Beccaficu*

FÜR 4 PERSONEN

25 g Sultaninen
1 kg frische Sardinen
5 EL Olivenöl
100 g frische Brotkrumen (dazu
    8–10 Scheiben entrindetes
    Weißbrot in einer Küchenmaschine
    oder einem Mixer zerkleinern)
25 g Pinienkerne
2 Knoblauchzehen, gehackt
2 EL Kapern, vorzugsweise in Salz
    eingelegte, abgespült, abgetropft
    und gehackt
2 EL gehackte glatte Petersilie
2 EL frisch geriebener Pecorino*
Salz und schwarzer Pfeffer aus der
    Mühle
2 EL Orangensaft
4–5 Lorbeerblätter, grob gezupft

Eine herzhafte Spezialität aus Sizilien. Anstelle der Sardinen kann man auch frische Sprotten, notfalls auch frische Heringe, für dieses Gericht nehmen.

Den Backofen auf 200 °C vorheizen. Die Sultaninen in etwas heißem Wasser einweichen, während man die Sardinen zubereitet.
   Die Köpfe und Flossen, jedoch nicht die Schwanzflossen der Sardinen abschneiden und die Fische ausnehmen. An der Schnittstelle am Kopfende die Mittelgräte mit den Fingern lösen, herausziehen und am Schwanzende abbrechen. Fische abspülen und mit Küchenkrepp trockentupfen.
   3 Esslöffel des Olivenöls in einer Bratpfanne erhitzen und die Brot-krumen hineingeben. Bei niedriger Temperatur goldbraun braten, dann die Pinienkerne, den Knoblauch, die Kapern, die Petersilie und die abge-tropften Sultaninen dazugeben. Alle Zutaten gut vermischen und 1–2 Mi-nuten dünsten. Die Mischung in eine Schüssel umfüllen und den Peco-rino untermischen. Die Füllung mit Salz und Pfeffer abschmecken.
   Die Sardinen leicht salzen und gut pfeffern. Etwas Füllung auf der In-nenseite der Sardinen verteilen. Jeden Fisch vom Kopfende her einrollen und mit einem Zahnstocher fixieren. Die Sardinen mit dem Schwanz nach oben in eine gefettete flache Auflaufform oder Reine legen. Das restliche Öl und den Orangensaft über die Sardinen träufeln. Die Lorbeerstücke zwischen die Röllchen stecken und die Form für etwa 20 Minuten in den vorgeheizten Ofen stellen. Die Sardinen in der Form servieren.

FISCH UND MEERESFRÜCHTE

Sgombri con le Cipolle
Makrelenfilets mit Zwiebeln

FÜR 4 PERSONEN

400–500 g Zwiebeln, vorzugsweise
  weiße, sehr fein geschnitten
2 große Makrelen, filetiert
200 ml trockener Weißwein
100 ml Weißweinessig
8–10 Wacholderbeeren, zerstoßen
Salz und schwarzer Pfeffer aus der
  Mühle
3 Zweige frischer Thymian
2–3 Lorbeerblätter

LINKE SEITE:
Trance di Tonno in Salsa Rinascimentale

Dieses Fischgericht stammt aus dem östlichen Ligurien und wird dort meist mit Zimmertemperatur gegessen, jedoch nie gekühlt. Man sollte es frühestens einen Tag nach der Zubereitung servieren, denn in dieser Zeit werden die Zwiebeln durch die Wein-Essig-Marinade milder, und der Fisch kann die Aromen der anderen Zutaten gut aufnehmen.

Den Backofen auf 180 °C vorheizen.

Die Hälfte der geschnittenen Zwiebeln in einer flachen Auflaufform oder Reine verteilen, die groß genug ist, um alle Filets aufzunehmen. Die Filets auf die Zwiebeln legen und mit den restlichen Zwiebelscheiben bedecken. Wein, Essig und Wacholderbeeren in eine Schüssel geben, mit Salz und Pfeffer würzen und über den Fisch und die Zwiebeln gießen. Den Thymian und die Lorbeerblätter, gleichmäßig verteilt, unter die Zwiebeln stecken.

Im vorgeheizten Ofen etwa 15 Minuten backen. Aus dem Ofen nehmen, abkühlen lassen und für mindestens 24 Stunden kalt stellen. Die Makrelenfilets etwa 2 Stunden vor dem Servieren aus dem Kühlschrank nehmen.

Trance di Tonno in Salsa Rinascimentale
Thunfischsteaks in süßsaurer Sauce

FÜR 4 PERSONEN

12 Backpflaumen, entsteint
100 ml Weißwein
4 EL Olivenöl
4 frische Thunfischsteaks, nicht
  dicker als 2 cm
1 Schalotte, in sehr dünne Scheiben
  geschnitten
1½ EL Balsamessig
½ TL geriebene Muskatnuss
½ TL gemahlene Nelken
¼ TL gemahlener Zimt
Salz und schwarzer Pfeffer
  aus der Mühle
½ TL Safranpulver oder
  1 TL Safranfäden
100 ml Fleischbrühe

Heutzutage werden Thunfischsteaks meist einfach gegrillt und gebraten. Versuchen Sie diese Zubereitung, sie ist meine Interpretation eines Rezepts aus dem 16. Jahrhundert von Bartolomeo Scappi. Die süßsaure Sauce harmoniert ausgezeichnet mit dem Fleisch des Thunfisches.

Die Backpflaumen etwa 1 Stunde in dem Wein einweichen. Eine flache Reine mit 1 Esslöffel des Olivenöls fetten und die Thunfischsteaks hineinlegen.

Das übrige Öl, die Schalotte, den Balsamessig, Muskatnuss, Nelken und Zimt in einen Topf geben und zum Kochen bringen. Salzen und pfeffern.

Die Backpflaumen aus dem Wein nehmen und den Wein in den Topf gießen. Bei der Verwendung von Safranfäden diese auf einen Esslöffel legen und mit dem Rücken eines Teelöffels zerstoßen. Die Brühe erhitzen, den Safran darin auflösen und die Safranbrühe in den Topf mit den anderen Zutaten füllen. Gut umrühren und etwa 15 Minuten kochen.

Inzwischen den Backofen auf 200 °C vorheizen. Die Backpflaumen in Streifen schneiden und über den Fisch streuen.

Die Sauce probieren und abschmecken und über die Thunfischsteaks gießen. Den Fisch etwa 15 Minuten im vorgeheizten Ofen backen, bis die Steaks gar sind. Während des Backens zweimal mit Sauce begießen.

FISCH UND MEERESFRÜCHTE

Polpettone di Tonno
Thunfischrolle

FÜR 3–4 PERSONEN

200 g Thunfisch in Olivenöl aus der Dose, abgetropft
2 sehr große Eier
1 hart gekochtes Ei, grob gehackt
2 EL gehackte glatte Petersilie
50 g Parmigiano Reggiano* oder Grana Padano*, frisch gerieben
1 Prise geriebene Muskatnuss
Salz und schwarzer Pfeffer aus der Mühle
100 ml Weinessig
100 ml trockener Weißwein
4–5 Petersilienstängel
1 kleine Zwiebel, in Scheiben geschnitten

FÜR DIE GARNITUR
4–5 EL natives Olivenöl extra
1 TL Zitronensaft
Kapern, vorzugsweise in Salz eingelegte, abgespült und abgetropft
Schwarze Oliven
Zitronenscheiben

So wohlschmeckend und dekorativ lässt sich Thunfisch aus der Dose zubereiten — doch er sollte von bester Qualität sein.

Mit einer Gabel den Thunfisch in einer Schüssel zerpflücken. Die rohen Eier aufschlagen und dazugeben. Das hart gekochte Ei, die Petersilie, den Parmesan, Muskat und reichlich Pfeffer aus der Mühle dazugeben. Mit den Händen gründlich mischen. Ein Stück Nesseltuch mit Wasser befeuchten, gut auswringen und auf einer Arbeitsfläche ausbreiten. Die Thunfischmasse auf dem Tuch verteilen und zu einer Rolle mit 8 cm Durchmesser einrollen. Das Tuch um die Rolle wickeln und an den Enden mit Küchenschnur zubinden.

Die Rolle in eine ovale Stielkasserolle oder einen Fischkessel legen. Essig, Wein, Petersilienstängel, Zwiebeln und etwas Salz in die Reine geben. Dann so viel Wasser dazugießen, bis die Rolle etwa 1 cm hoch bedeckt ist. Das Wasser in der zugedeckten Kasserolle oder dem Kessel zum Kochen bringen und die Rolle bei sehr niedriger Temperatur in etwa 45 Minuten gar kochen.

Die Thunfischrolle aus der Flüssigkeit nehmen und auf ein Schneidebrett legen. Ein weiteres Brett auf die Rolle legen und dieses mit einem Gewicht beschweren. Die Rolle mindestens 2 Stunden stehen lassen.

FÜR DIE GARNITUR: Die ausgekühlte und beschwerte Rolle behutsam auspacken und in 1 cm dicke Scheiben schneiden. Die Scheiben leicht überlappend auf einer Platte anrichten. Das Öl, den Zitronensaft und eine Prise Salz mit einem Schneebesen verrühren, bis die Sauce glatt ist. Die Sauce über die Scheiben gießen. Die Kapern und Oliven darüber verteilen und die Thunfischscheiben mit den Zitronenscheiben garnieren.

Baccalà alla Vicentina
Klippfisch à la Vicentina

FÜR 4 PERSONEN

500 g Klippfisch
200 g Zwiebeln, sehr fein geschnitten
150 ml Olivenöl
1 kleines Bund glatte Petersilie,
    gehackt
2 Knoblauchzehen, gehackt
4 Sardellenfilets, kalt abgespült,
    abgetropft und gehackt
500 ml Milch
2–3 EL Mehl
½ TL gemahlener Zimt
Salz und schwarzer Pfeffer aus der
    Mühle
4 EL Parmigiano Reggiano* oder
    Grana Padano*, frisch gerieben

Das Rezept stammt aus Vicenza, wo man Stockfisch (Stoccafisso*) und nicht Klippfisch (Baccalà*) dafür nimmt. Ich nehme stets Klippfisch (gesalzener und getrockneter Kabeljau, Schellfisch, Seelachs u. a.). Stockfisch ist ähnlich wie Klippfisch: Er wird getrocknet, aber nicht gesalzen.

Den Klippfisch mindestens 24, besser 48 Stunden in kaltem Wasser einweichen, dabei das Wasser vier- bis fünfmal wechseln.

Den Backofen auf 150 °C vorheizen.

Den Klippfisch enthäuten und in dicke Scheiben schneiden. Die Zwiebeln in dem Olivenöl in einer großen Bratpfanne bei niedriger Temperatur weich dünsten. Die gehackte Petersilie, den Knoblauch und die Sardellenfilets hinzufügen und bei sehr niedriger Temperatur unter ständigem Rühren nicht länger als eine Minute dünsten. Die Milch dazugießen und zum Kochen bringen. Gut rühren und einige Minuten köcheln lassen, dann den Topf vom Herd nehmen.

Das Mehl mit dem Zimt und etwas Salz und Pfeffer mischen und die Fischstücke darin wenden, bis sie gleichmäßig bedeckt sind. Die Fischstücke nebeneinander in einen feuerfesten irdenen Topf legen. Den Parmesan dazugeben und die gewürzte Milch darüber gießen. Langsam zum Kochen bringen und den Fisch zugedeckt im Ofen schmoren, bis alle Flüssigkeit absorbiert ist. Die Flüssigkeit sollte während des Garens nur gelegentlich Blasen werfen und niemals kochen. Nach 2–2½ Stunden sollte das Gericht fertig sein. Es wird traditionell mit Polenta gegessen.

Aragosta al Forno
Languste aus dem Ofen

FÜR 2 PERSONEN

4 EL Olivenöl
1–1,25 kg Langusten, vorzugsweise
    lebend (ersatzweise 1–2 Hummer
    oder 8 Riesengarnelen)
Salz und schwarzer Pfeffer aus der
    Mühle
Saft von 3 unbehandelten Zitronen
2 EL Semmelbrösel
2 EL gehackte glatte Petersilie

Den Backofen auf 180 °C vorheizen. Eine Bratenreine mit Olivenöl fetten.

Wasser in einem mittelgroßen Topf zum Kochen bringen und die Langusten nacheinander für einige Sekunden mit dem Kopf und den Fühlern in sprudelnd kochendes Wasser tauchen, bis sie tot sind. Dann mit einem großen Schlagmesser die Langusten längs halbieren. Das Schwanzfleisch aus den Schalen lösen und längs leicht einschneiden. Den Darmteil abschneiden. Körper, Fühler und Beine für eine Suppe oder einen Fond verwenden. Mit einem Nudelholz das Schwanzfleisch leicht plattieren. Das Fleisch in die vorbereitete Reine legen.

Mit Salz, Semmelbröseln, Petersilie, der Hälfte des Olivenöls und etwas Pfeffer bestreuen und mit der Hälfte des Zitronensafts beträufeln. Das Langustenfleisch etwa 15 Minuten backen und etwa 5 Minuten abkühlen lassen.

Den übrigen Zitronensaft und das Öl mit Salz und reichlich schwarzem Pfeffer aus der Mühle verrühren und separat dazu reichen.

Calamari Ripieni

FISCH UND MEERESFRÜCHTE

Scampi all'Abruzzese
Scampi in scharfer Tomatensauce

FÜR 4 PERSONEN

24 frische ganze Scampi (Kaisergranat) oder Scampischwänze,
  ersatzweise Riesengarnelen
1 großes Bund glatte Petersilie,
  die Stängel entfernt
3 Knoblauchzehen
1 oder 2 getrocknete rote Chilis,
  je nach gewünschtem Schärfegrad
6 EL natives Olivenöl extra
2 TL Anchovispaste oder 4 fein
  zerdrückte Anchovisfilets
500 g sehr reife, frische Tomaten,
  enthäutet, entkernt und gehackt
120 ml trockener Weißwein
Salz und schwarzer Pfeffer aus der
  Mühle

Die Scampi oder Riesengarnelen gründlich waschen, die Köpfe (falls vorhanden) entfernen und das Schwanzfleisch herauslösen. Dazu mit einer Schere die dünnere Innenseite der Schale längs am Rand aufschneiden und das Fleisch in einem Stück herausnehmen. Den dunklen Darm am Rücken entfernen. Die Körper, Schalen und Beine kann man für einen Fond oder eine Fischsuppe verwenden.

Petersilie, Knoblauch und Chili hacken und mit dem Olivenöl in einer Pfanne etwa eine Minute bei niedriger Temperatur andünsten. Die Anchovispaste dazugeben und die Zutaten eine weitere halbe Minute unter ständigem Rühren dünsten.

Nun die Scampischwänze dazugeben und im Öl wenden. Nach 1 Minute die Tomaten hinzufügen. Gut umrühren und den Wein dazugießen. Die Temperatur hochschalten und 3 Minuten kochen. Mit Salz und Pfeffer abschmecken und sofort in der Pfanne servieren.

ANMERKUNG: Sollte am Ende des Mahls etwas von den Scampi übrig sein, die Scampi hacken und als Garnitur für ein Pastagericht verwenden und, wenn nötig, noch etwas Olivenöl dazugeben.

Calamari Ripieni
Gefüllter Kalmar

FÜR 4 PERSONEN

4 Kalmare, etwa 20 cm lang
2 EL gehackte glatte Petersilie
1 EL gehackter frischer Majoran
1 kleiner milder getrockneter Chili,
  zerbröselt
3 Knoblauchzehen, gehackt
7 EL natives Olivenöl extra
4 Anchovisfilets, kalt abgebraust,
  abgetropft und gehackt
50 g frische Brotkrumen
  (dazu 3 entrindete Scheiben
  Weißbrot im Mixer zerkleinern)
Salz und Pfeffer aus der Mühle
1 kleine Zwiebel, fein gehackt
4 EL trockener Weißwein
400 g Eiertomaten aus der Dose,
  abgetropft und gehackt

Servieren Sie die Kalmare entweder halbiert oder in 2 cm dicke Scheiben geschnitten. Löffeln Sie die Tomatensauce darüber und reichen Sie als Beilage gekochten Reis.

Den Backofen auf 200 °C vorheizen. Die Kalmare häuten und putzen, dabei die Körper unverletzt lassen. Gut waschen. Die Flossen und Fangarme abtrennen und hacken.

Petersilie, Majoran, Chili und Knoblauch in einer Bratpfanne mit 3 Esslöffeln Öl 1 Minute andünsten. Die gehackten Flossen und Fangarme dazugeben und 5 Minuten dünsten. Die Anchovis dazugeben und nach 30 Sekunden die Brotkrumen hineinrühren. Die Zutaten bei niedriger Temperatur braten, bis sie knusprig und goldbraun werden. Mit Salz und Pfeffer abschmecken und die Kalmare zu je zwei Dritteln — nicht mehr — mit der Masse füllen. Die Kalmare mit Zahnstochern verschließen.

Das übrige Öl in einer feuerfesten Pfanne erhitzen, die Zwiebeln darin weich dünsten, dann die Kalmare unter vorsichtigem Wenden bei mittlerer Temperatur anbraten. Den Wein und die Tomaten dazugeben, mit Salz und Pfeffer abschmecken und langsam zum Kochen bringen. Etwa 5 Minuten kochen. Die Pfanne zugedeckt in den vorgeheizten Ofen stellen und die Kalmare 1 Stunde schmoren. In der Pfanne servieren.

FISCH UND MEERESFRÜCHTE

Polpo alla Luciana
Geschmorter Oktopus

FÜR 4 PERSONEN

1 kg Oktopus
3 reife frische Tomaten, enthäutet
  und gehackt, oder Tomaten aus der
  Dose, abgetropft und gehackt
7 EL Olivenöl
2 Knoblauchzehen, gehackt
½–1 TL zerstoßene getrocknete
  Chilis
2 EL gehackte glatte Petersilie
Salz und schwarzer Pfeffer aus der
  Mühle

Ein traditionelles neapolitanisches Gericht und eine der besten Zubereitungsarten für Oktopus. Polpo alla Luciana wird traditionell nur mit Brot gegessen.

Den Oktopus häuten und putzen oder vom Fischhändler vorbereiten lassen. Waschen, abtropfen lassen und in einen tiefen Topf legen.

Alle anderen Zutaten hinzufügen, eine doppelte Schicht Alufolie auf den Topf legen und diesen mit einem Deckel dicht verschließen. Bei der geringstmöglichen Temperatur etwa 2 Stunden schmoren, dabei den Deckel nicht abnehmen.

Den Oktopus etwa eine halbe Stunde im verschlossenen Topf abkühlen lassen und anschließend im Topf servieren. Ein Stück nach dem anderen von dem delikaten Kraken abschneiden und vorlegen.

Seppie in Zimino
Sepia mit Mangold

FÜR 4 PERSONEN

700 g Sepien
5 EL Olivenöl
1 Zwiebel, fein gehackt
2 Knoblauchzehen, fein gehackt
1 EL fein gehackte Sellerieblätter
1½ EL Tomatenmark
Salz und schwarzer Pfeffer aus der
  Mühle
500 g Mangold

Eine traditionelle Art, Sepia zuzubereiten, die aus dem östlichen Ligurien und der Versilia in der Toskana stammt. Anstelle der Sepien kann man auch Kalmare nehmen und anstelle von Mangold auch frischen Feldspinat.

Die Sepien häuten, putzen und waschen. Die Körper in 1 cm dicke Streifen schneiden und die Tentakel hacken. Mit Küchenkrepp abtupfen. Olivenöl, Zwiebeln, Knoblauch und Sellerieblätter in einen Topf mit schwerem Boden geben und etwa 10 Minuten anschwitzen. Das Sepiafleisch dazugeben und unter ständigem Wenden noch 5 Minuten dünsten, dann das Tomatenmark hinzufügen und eine weitere Minute dünsten.

4–5 Esslöffel heißes Wasser dazugießen und das Gericht salzen. Gut umrühren und die Sepien bei niedriger Temperatur in etwa 45 Minuten weich kochen. Wenn nötig, etwas Wasser dazugießen.

Inzwischen die weißen Stiele von den Mangoldblättern abtrennen und die Blätter waschen. Die Stiele für ein anderes Gericht verwenden. Die Blätter gründlich abtropfen, in einer Salatschleuder trockenschleudern oder in einem Küchentuch trockenschütteln. Die Blätter in den Topf mit den Sepien geben. Den Mangold zugedeckt 10 Minuten garen. Das Gericht gut pfeffern und mit Salz abschmecken.

Im Topf servieren.

GEFLÜGEL UND WILD

Anitra Selvatica al Sugo di Melagrana
Stockente mit Granatapfel-Leber-Sauce

FÜR 2–3 PERSONEN

½ kleine milde Zwiebel, grob gehackt
½ Möhre, grob gehackt
½ Stange Staudensellerie, grob gehackt
1 EL Olivenöl
50 g gewürfelter Pancetta* oder roher durchwachsener Speck, gehackt
40 g Butter
1 küchenfertige Stockente
Salz
Schwarzer Pfeffer aus der Mühle
4 Salbeiblätter
2 Zweige Thymian
1 Lorbeerblatt
1 EL Grappa oder ein anderer Tresterbranntwein
150 ml trockener Weißwein
200 g frische Enten- oder Geflügellebern
Saft von 1 Zitrone
2 Granatäpfel

Stockenten und Granatäpfel schmecken während der Herbstzeit am besten. Der Saft der Granatäpfel ist eine ideale Ergänzung zum zarten Wildgeschmack der Ente.

In einem Topf, der groß genug ist, die Ente ganz aufzunehmen, die gehackten Gemüse und den Pancetta in dem Öl andünsten. Die Stockente innen und außen putzen, Federkiele herausziehen, waschen und gründlich trockentupfen. Salzen und pfeffern und die Ente mit den Kräutern füllen. Den Grappa in die Bauchhöhle gießen.

Sobald die Gemüse weich sind und anfangen, Farbe zu nehmen, an den Rand des Topfes schieben und die Butter in die Mitte geben. Sobald die Butter aufschäumt, die Stockente hineingeben und von allen Seiten bräunen. Den Wein dazugießen und zum Kochen bringen. Die Ente zugedeckt bei niedriger Temperatur 30–40 Minuten schmoren, eventuell etwas Flüssigkeit nachgießen, damit nichts anbrennt. Die Ente auf eine Platte legen und mit Alufolie abdecken.

Die Enten- oder Geflügellebern häuten und putzen, dabei kleine Adern und Sehnen entfernen. Hacken und zur Entensauce in den Topf geben. Etwa 5 Minuten schmoren. Die Schmorflüssigkeit mit der Leber in eine Küchenmaschine umfüllen und zu einer glatten Sauce pürieren. Ist sie zu dick, die Sauce mit etwas heißem Wasser verlängern. Die Sauce zurück in den Topf füllen, den Zitronensaft hinzufügen und den Topf bei niedriger Temperatur heiß halten.

Die Granatäpfel halbieren. Eine Hälfte beiseite legen, die anderen drei Hälften auspressen. Den Saft in die Sauce gießen und diese erneut abschmecken. In eine vorgewärmte Schüssel füllen. Die Samen aus der vierten Hälfte herausnehmen und alle weißen Hautreste von den Samen entfernen.

Die Stockente zerlegen, mit den Granatapfelsamen bestreuen und mit der Sauce servieren.

Petti di Cappone alla Stefani
Kapaunbrüste in süßsaurer Sauce

FÜR 4–6 PERSONEN

6 Kapaunbrüste, ohne Haut und
  Knochen, ersatzweise Hähnchenbrüste
½ l helle Brühe
150 ml trockener Weißwein

FÜR DIE SAUCE
2 EL brauner Zucker
100 ml trockener Weißwein
30 g Sultaninen
Fein abgeriebene Schale von
  1 unbehandelten Zitrone
3 EL Balsamessig
Salz
Schwarzer Pfeffer aus der Mühle
50 ml natives Olivenöl extra

Ein elegantes kaltes Gericht von Bartolomeo Stefani, Küchenchef des Fürsten-geschlechts Gonzaga in der Provinz Mantova im 17. Jahrhundert und Autor des berühmten Kochbuchs „L'Arte di Ben Cucinare" (Die Kunst des guten Kochens).

Die Kapaunbrüste abtupfen und überschüssiges Fett wegschneiden. Die Brüste in eine große Bratpfanne legen und die Brühe und den Wein dazugießen. Langsam erhitzen und bei niedriger Temperatur je nach Größe in etwa 20 Minuten gar ziehen. Vom Herd nehmen und in der Garflüssigkeit abkühlen lassen.

Für die Sauce den Zucker und den Wein in einen kleinen Topf füllen, langsam erhitzen und kochen, bis sich der Zucker aufgelöst hat. Sultaninen und Zitronenschale dazugeben. Den Topf vom Herd nehmen, die Sauce abkühlen lassen und durch ein Sieb in eine Schüssel abgießen. Den Balsamessig dazugießen und die Sauce mit Salz und Pfeffer würzen. Das Öl nach und nach mit einem Schneebesen unterrühren, bis eine glatte Sauce entsteht. Die Sultaninen und die Zitronenschale wieder in die Sauce rühren und diese mit Salz und Pfeffer abschmecken.

2–3 Stunden vor dem Servieren die kalten Kapaunbrüste aus der Brühe nehmen. Die Brühe für eine Suppe verwenden – sie schmeckt köstlich. Die Brüste in etwa 1 cm dicke Scheiben schneiden und diese auf einer Platte anrichten. Das Fleisch mit der Sauce überziehen und mit Klarsichtfolie abdecken. Mit Zimmertemperatur servieren.

RECHTE SEITE: *Pollo Arrosto*

Pollo Arrosto
Brathuhn mit Salbei und Rosmarin

FÜR 4–6 PERSONEN

50 g Butter
1 Zweig frischer Rosmarin
4–6 frische Salbeiblätter
1 Knoblauchzehe
Salz und schwarzer Pfeffer aus der
  Mühle
1 küchenfertiges Huhn aus ökologischer
  oder Freilandhaltung, etwa 1,5 kg
1 unbehandelte Zitrone, halbiert
2 EL Olivenöl
150 ml trockener Weißwein

Eine Butterflocke, die Kräuter, den Knoblauch, 1 Teelöffel Salz und reichlich Pfeffer in die Bauchhöhle des Huhns geben. Dann das Huhn mit einer Zitronenhälfte einreiben und mit Salz und Pfeffer würzen.

Die Hälfte der übrigen Butter und das Olivenöl in einem großen Schmortopf erhitzen und das Huhn von allen Seiten anbraten. Den Wein dazugießen und 1 Minute stark einkochen lassen. Die Hitze reduzieren und das Huhn halb zugedeckt in 1¼–1½ Stunden fertig schmoren, dabei gelegentlich etwas Wasser nachgießen, damit der Bratenfond nicht ansetzt. Für die Garprobe eine Hühnerkeule an der dicksten Stelle einstechen: Der austretende Fleischsaft sollte klar und nicht mehr blutig sein.

Das fertige Huhn auf eine vorgewärmte Platte legen und mit Alufolie zudecken. Den Saft der zweiten Zitronenhälfte zusammen mit 4–5 Esslöffeln Wasser und der restlichen Butter in den Topf geben. 2–3 Minuten kochen, dabei Bratenrückstände am Boden des Topfes mit einem Kochlöffel lösen. Das Huhn aufschneiden und mit der Bratensauce servieren.

GEFLÜGEL UND WILD

Petti di Pollo al Ragù di Porcini

GEFLÜGEL UND WILD

Petti di Pollo al Ragù di Porcini
Hähnchenbrüste mit Steinpilzragout

FÜR 4 PERSONEN

5 EL Olivenöl

4 Hähnchenbrüste (Brusthälften) von
Hähnchen aus ökologischer oder
Freilandhaltung, entbeint, aber mit
Haut

5 EL Fleischbrühe

Salz und schwarzer Pfeffer aus der
Mühle

1 Zwiebel, fein gehackt

150 g frische Steinpilze, geputzt und
in Scheiben geschnitten

5 EL trockener Weißwein

300 g Tomaten, geschält, entkernt
und in Würfel geschnitten

Dieses unprätentiöse Gericht ist typisch italienisch. Das Rezept stammt aus „Cucina Creativa all'Italiana", dem Werk des großen Küchenchefs Angelo Paracucchi.

3 Esslöffel des Öls in einer großen Bratpfanne erhitzen. Die Hähnchenbrüste hineingeben und von beiden Seiten bräunen. Die Hitze reduzieren, die Brühe dazugießen, salzen und pfeffern. Die Brüste zugedeckt in 7–8 Minuten gar schmoren.

Die Zwiebeln in dem übrigen Öl anschwitzen. Die Steinpilze darin 1 Minute braten, dann den Wein darüber gießen und verdampfen lassen. Die Tomaten dazugeben und die Mischung köcheln lassen, bis sich eine dicke Sauce bildet. Mit Salz und Pfeffer abschmecken.

Die Hühnerbrüste längs halbieren und auf einer vorgewärmten Servierplatte anrichten. Die Steinpilzsauce darüber gießen und servieren.

ANMERKUNG: Sind frische Steinpilze nicht erhältlich, nimmt man 15 g getrocknete Steinpilze und weicht sie 10 Minuten in warmem Wasser ein. Abtropfen lassen und die Einweichflüssigkeit durch ein feines Sieb gießen und mit den geschnittenen Pilzen und 2 weiteren Tomaten in die Sauce geben.

Petti di Pollo al Prosciutto
Hähnchenbrüste mit Parmaschinken und Mozzarella

FÜR 4 PERSONEN

4 Hähnchenbrüste (Brusthälften) von
Hähnchen aus ökologischer oder
Freilandhaltung

Salz und schwarzer Pfeffer aus der
Mühle

25 g Butter

2 EL Olivenöl

200 g Mozzarella*

4 frische Salbeiblätter

100–120 g Parmaschinken, dick
geschnitten

150 ml trockener Weißwein

Den Backofen auf 180 °C vorheizen. Die Hähnchenbrüste mit der Hautseite nach unten in Klarsichtfolie legen und mit einem Fleischklopfer leicht plattieren. Die Folie entfernen und die Brüste salzen und pfeffern.

Die Butter und das Olivenöl in einer großen Bratpfanne erhitzen. Sobald die Butter nicht mehr aufschäumt, die Hähnchenbrüste mit der Hautseite nach unten in die Pfanne legen und bräunen. Die Brüste wenden und bei niedriger bis mittlerer Temperatur 5–6 weitere Minuten braten. Herausnehmen und in eine feuerfeste Form legen.

Den Mozzarella in Scheiben schneiden und diese gleichmäßig auf die Hähnchenbrüste verteilen. Ein Blatt Salbei auf jedes Bruststück legen und mit einer Scheibe Parmaschinken bedecken, dabei den Schinken auf die Größe der Hähnchenbrust zuschneiden. Ist der Parmaschinken sehr dünn geschnitten, belegt man die Brüste mit 2 Scheiben Schinken.

Den Wein in die Pfanne gießen, zum Kochen bringen und bei hoher Temperatur um die Hälfte einkochen. Den reduzierten Wein über die Hähnchenbrüste gießen. Die Form mit Alufolie zudecken und die Brüste im vorgeheizten Ofen etwa 10 Minuten backen oder so lange, bis der Mozzarella geschmolzen ist. Sogleich zu Tisch bringen.

Tacchino Ripieno alla Lombarda
Gefüllter Truthahn auf lombardische Art

FÜR 12 PERSONEN

1 Pute von 5–6 kg, mit Geflügelklein
200 g Pancetta*
2 EL Olivenöl
150 g Butter
100 g Luganega* oder eine andere
    rohe Bratwurst mit grobem Brät,
    grob zerpflückt
50 g Kalbshackfleisch
½ TL geriebene Muskatnuss
¼ TL gemahlenes Zimtpulver
Salz und schwarzer Pfeffer aus der
    Mühle
100 g entsteinte Backpflaumen,
    eingeweicht
2 Tafeläpfel, geschält, entkernt und
    in Würfel geschnitten
2 Birnen, geschält, entkernt und in
    Würfel geschnitten
300 g Maronen, geschält
50 g Walnusskerne
100 ml trockener Marsalawein
    (ersatzweise Portwein)
1 Zwiebel, in dünne Scheiben
    geschnitten
1 Zweig frischer Rosmarin
1 Zweig frischer Salbei
150 ml trockener Weißwein
1 EL Mehl

FÜR DIE BRÜHE

1 kleine Möhre
1 Zwiebel
1 Stange Staudensellerie
1 Lorbeerblatt
4–5 Petersilienstängel
6 schwarze Pfefferkörner
1 TL Salz
150 ml Rotwein

Es mag überheblich klingen, wenn ich dieses Rezept als „alla lombarda" bezeichne, da es eigentlich kein traditionelles Rezept für Truthahn auf lombardische Art gibt. Es ist jedoch das Rezept für Truthahn, wie ihn meine Großmutter, die aus Voghera in der südwestlichen Lombardei stammt, zu Hause, in Mailand, zuzubereiten pflegte. Sie verwendete kein Olivenöl, sondern gesalzenes Schweineschmalz, das außerhalb Italiens nur selten zu bekommen ist.

Zuerst die Brühe zubereiten. Dazu vom Geflügelklein Hals, Magen und Herz (die Leber beiseite legen) in einen Topf geben, alle übrigen Zutaten hinzufügen und 5 cm hoch mit Wasser bedecken. Zum Kochen bringen und bei niedriger Temperatur etwa 2 Stunden köcheln lassen.

Den Backofen auf 180 °C vorheizen. Die Hälfte des Pancetta hacken und mit dem Olivenöl und 50 g der Butter in einem kleinen Topf erhitzen. Die Wurst, das Kalbshackfleisch und die gehackte Leber der Pute dazugeben und 2–3 Minuten braten. Die Gewürze hinzufügen und die Zutaten mit Salz und Pfeffer abschmecken. In eine Schüssel umfüllen und alle Früchte, Nüsse und den Marsala dazugeben. Gut mischen.

Die Pute innen und außen mit Salz und Pfeffer einreiben und die Bauchhöhle des Vogels mit der Fleischmasse füllen. Die Öffnung mit einer Küchennadel und mit einem dicken Küchenfaden aus Baumwolle zunähen. Die Pute in eine ausreichend große Reine legen. Die Brust mit den restlichen Pancettascheiben belegen und mit Küchenfaden binden. Etwa 25 g Butter beiseite legen, den Rest in Würfel schneiden und mit den Zwiebeln, dem Rosmarin- und Salbeizweig in die Reine geben.

Die Reine für 30 Minuten in den vorgeheizten Ofen stellen. Mit dem gesamten Weißwein und etwas Brühe 2–3 cm hoch begießen. Die Pute in 3–3½ Stunden durchbraten. Etwa 30 Minuten vor Ende der Garzeit die Pancettascheiben von der Brust entfernen und die Temperatur auf 200 °C erhöhen. Die Brust Farbe nehmen lassen, bis sie glänzt. Für die Garprobe in die dickste Stelle einer Keule einstechen: Der austretende Saft sollte klar sein.

Die Pute auf eine vorgewärmte große Platte legen und die Sauce zubereiten. Den Bratensaft durch ein Sieb in einen Topf abgießen. Die restliche Butter mit dem Mehl vermischen und in kleineren Flocken nach und nach unter ständigem Rühren mit einem Schneebesen untermischen. Die Sauce zum Kochen bringen und unter weiterem Rühren 1–2 Minuten kochen lassen, damit sich der Mehlgeschmack verflüchtigt. Für eine dünnere Sauce gießt man noch etwas Brühe in die Sauce. In eine vorgewärmte Sauciere umfüllen und zu der Pute servieren.

ANMERKUNG: Anstelle der Bauchhöhle kann man auch den Nacken der Pute mit der Hälfte der Zutaten füllen. Dann die Bauchhöhle mit Kräutern, Salz und Pfeffer würzen.

Anatra all'Apicio
Ente nach Apicius

FÜR 3 PERSONEN

1 Zweig frischer Dill
1 Lorbeerblatt
Salz
1 küchenfertige Barbarieente oder
  eine andere gute Zuchtente, mit
  Geflügelklein
150 ml körperreicher Rotwein
5 Knoblauchzehen, ungeschält und
  zerstoßen
1 Zweig Weinraute (nach
  Geschmack)
1 Zwiebel, mit 2 Nelken gespickt
1 Stange Staudensellerie
1 Möhre
3–4 Petersilienstängel
1 EL Olivenöl

FÜR DIE SAUCE
1 Bund frisches Korianderkraut
1 Zweig Liebstöckel oder 1 Zweig
  Sellerieblätter
1 TL Kreuzkümmel
6 schwarze Pfefferkörner
1 EL getrockneter Oregano
1 EL unraffinierter Rohrzucker
Meersalz
1 EL Weinessig
15 g Butter
1 EL Mehl

Die Römer liebten Ente, betrachtet man die große Anzahl von Rezepten in Apicius' Kochbuch „De Re Coquinaria". Entsprechend der typischen Fleischzubereitung zur Römerzeit wird die Ente vor dem Braten in kochendes Wasser gegeben. Dadurch verliert sie einen Teil ihres Fettes.

Wasser in einem großen Topf zum Kochen bringen. Den Dill, das Lorbeerblatt, etwas Salz und die Ente hineingeben und die Flüssigkeit erneut zum Kochen bringen. Die Ente 15 Minuten köcheln lassen und anschließend aus der Brühe nehmen.

Die Keulen und die Brüste aus der Karkasse herausschneiden und die Haut entfernen. Die Brüste diagonal in Tranchen schneiden. Aus Rotwein, Knoblauch, Salz und Weinraute (nach Geschmack) eine Marinade bereiten und die Entenstücke darin 2–3 Stunden bei Zimmertemperatur ziehen lassen.

Die Karkasse mit dem Hals und dem Magen in die Garflüssigkeit der Ente geben. Zwiebeln, Sellerie, Möhre und Petersilienstängel hinzufügen und die Brühe etwa 1 Stunde kochen. Mit einem Schöpfer so viel Fett wie möglich von der Oberfläche abschöpfen.

Inzwischen die Sauce zubereiten. Dazu Korianderkraut, Liebstöckel oder Sellerieblätter, Kreuzkümmel, Pfefferkörner, Oregano, Zucker, Meersalz, gehackte Entenleber und Essig mischen und in einem Mörser zerstoßen oder in einer Küchenmaschine zerkleinern. Aus der Butter und dem Mehl in einem mittelgroßen Topf eine helle Mehlschwitze bereiten und 300 ml der abgeseihten Entenbrühe unter ständigem Rühren mit einem Schneebesen dazugießen. Die Sauce bei niedriger Temperatur 10 Minuten unter häufigem Rühren leicht köcheln lassen. Probieren und mit Salz und Pfeffer abschmecken. Vom Herd nehmen und warm stellen.

Die Entenkeulen und -brusttranchen aus der Marinade nehmen und gründlich trockentupfen. Die Marinade durch ein Sieb abgießen. Das Olivenöl in einer beschichteten Bratpfanne rauchend heiß erhitzen und die Entenkeulen darin etwa 8 Minuten braten. Die Brusttranchen dazugeben und 2 Minuten braten. Das Fleisch aus der Pfanne nehmen und warm stellen. Die Marinade in die Bratpfanne gießen und bei hoher Temperatur einkochen, bis nur mehr 3 Esslöffel Flüssigkeit übrig sind. Die Entenstücke mit der Marinade überziehen und sogleich servieren. Die Sauce dazu reichen.

GEFLÜGEL UND WILD

Fagiano alla Milanese
Fasan auf Mailänder Art

FÜR 2–3 PERSONEN

1 Fasan, küchenfertig und gebunden
Salz und schwarzer Pfeffer aus der
  Mühle
50 g Butter
25 g Pancetta*, gewürfelt oder in
  Streifen geschnitten
100 g mageres Schweinehackfleisch
1 Schalotte, mit 2 Nelken gespickt
¼ TL gemahlener Zimt
½ TL geriebene Muskatnuss
150 ml Fleischbrühe
150 ml trockener Weißwein
100 ml Sahne

Die Jagd ist eine große Leidenschaft in der Lombardei und der Toskana. Häufig gilt sie den Fasanen, denn ihr Fleisch ist besonders beliebt. In der Toskana brät man Fasan mit Pancetta im Ofen und würzt ihn mit Salbei und Rosmarin. In der Lombardei sind die Rezepte von der französischen Küche beeinflusst.

Den Fasan innen und außen mit Salz und Pfeffer würzen. Die Butter und den Pancetta in einem großen Schmortopf aus Gusseisen erhitzen. Den Fasan darin von allen Seiten etwa 10 Minuten anbraten. Die Leber des Fasans, das Schweinehackfleisch, die Schalotte und die Gewürze dazugeben. Die Zutaten salzen und pfeffern. Die Brühe und den Wein dazugießen und zum Kochen bringen. Den Fasan zugedeckt bei niedriger Temperatur etwa 1 Stunde schmoren, bis das Fleisch zart und weich ist.

Den Fasan aus dem Topf nehmen und warm stellen.

Die Sauce pürieren und in einen sauberen Topf umfüllen. Zum Kochen bringen und, wenn nötig, bei hoher Temperatur weiter einkochen, wenn sie noch zu dünn ist. Die Temperatur herunterschalten, die Sahne dazugießen und die Sauce weitere 5 Minuten unter häufigem Rühren kochen.

Den Fasan aufschneiden und auf einer vorgewärmten Platte anrichten. Mit etwas Sauce überziehen und die übrige Sauce separat dazu reichen.

Quaglie all'Aceto Balsamico
Wachteln mit Balsamessig

FÜR 4 PERSONEN

4 Wachteln
Salz und schwarzer Pfeffer aus der
  Mühle
2 EL Olivenöl
100 ml konzentrierte frische Fleischbrühe oder fertigen Fleischfond
3 EL Balsamessig
25 g Butter

In den Provinzen Modena und Reggio Emilia würzt man nicht nur Wachteln gerne mit Balsamessig, sondern auch Huhn, Perlhuhn und Kaninchenbraten.

Den Backofen auf 200 °C vorheizen. Die Wachteln säubern und trockentupfen. Außen und innen mit Salz und Pfeffer einreiben.

Das Olivenöl in einem feuerfesten Topf aus Gusseisen erhitzen und die Wachteln darin bei mittlerer Temperatur in 5 Minuten von allen Seiten anbraten. Die Hälfte der Brühe dazugießen und den Topf in den Ofen stellen. Die Wachteln 10–15 Minuten garen, dabei zweimal mit der Bratenflüssigkeit begießen. Nach der Hälfte der Garzeit 1 Esslöffel Balsamessig über die Wachteln träufeln. Sobald sie gar sind, die Wachteln auf eine vorgewärmte Platte legen und warm stellen.

Den Bratenfond mit dem restlichen Balsamessig ablöschen, dann die übrige Brühe dazugießen. Erneut zum Kochen bringen und 1–2 Minuten kochen. Die Butter in kleine Stücke schneiden und nach und nach mit einem Schneebesen unter die Sauce schlagen. Mit Salz und Pfeffer abschmecken. Die Wachteln mit etwas Sauce überziehen, den Rest der Sauce in einer vorgewärmten Sauciere separat zu den Wachteln reichen.

GEFLÜGEL UND WILD

Quaglie all'Aceto Balsamico

GEFLÜGEL UND WILD

Faraona al Mascarpone

GEFLÜGEL UND WILD

Faraona al Mascarpone
Perlhuhn mit Mascarponefüllung

FÜR 3 PERSONEN

1 küchenfertiges Perlhuhn, etwa 1,6 kg
100 g Mascarpone*
Salz und schwarzer Pfeffer aus der
  Mühle
2 EL Pflanzen- oder Olivenöl
100 g Butter
1 kleine Stange Staudensellerie,
  gehackt
1 kleine Möhre, gehackt
2 Schalotten, gehackt
150 ml trockener Weißwein
5–6 EL Milch

Wie dieses Rezept stammt auch Mascarpone ursprünglich aus der südlichen Lombardei. Am besten serviert man Kartoffelpüree zu dem Perlhuhn.

Das Perlhuhn innen waschen, gut abtropfen lassen und trockentupfen. Innen salzen und pfeffern und mit dem Mascarpone füllen.

Öl, Butter, Sellerie, Möhre und Schalotten in einen Schmortopf geben. Das Huhn auf das Gemüse setzen, das gehackte Geflügelklein – falls vorhanden – mit dazugeben und den Topf auf den Herd stellen. Den Wein dazugießen und das Perlhuhn salzen und pfeffern. Zugedeckt bei niedriger Temperatur 1¼–1½ Stunden schmoren, bis das Huhn gar ist. Gelegentlich prüfen, ob sich genügend Flüssigkeit im Topf befindet, eventuell einige Esslöffel heiße Milch nachgießen.

Das Perlhuhn herausnehmen und warm stellen. Die Kochflüssigkeit mit dem Gemüse pürieren, erneut aufkochen, mit Salz und Pfeffer abschmecken und in einer Sauciere separat dazu reichen.

Coniglio ai Peperoni
Kaninchen mit Paprika

FÜR 4 PERSONEN

1 Kaninchen, etwa 1 kg, in Hinter-
  und Vorderläufe und Rückenstücke
  geteilt
50 g Rindertalg, gehackt, oder
  3 EL Olivenöl
50 g Butter
1 EL Rosmarinnadeln
1 Lorbeerblatt
100 ml Fleischbrühe
3 gelbe Paprika
2 EL natives Olivenöl extra
6 Anchovisfilets, vorzugsweise in Salz
  eingelegt, gewaschen, abgetropft
  und gehackt
2 Knoblauchzehen, gehackt
Salz und schwarzer Pfeffer aus der
  Mühle
1 EL Weinessig

Dies ist meine Version des in „La Cucina d'Oro", einem Kochbuch aus dem Jahre 1482 von Graf Giovanni Nuvoletti erschienenen Rezepts. In der Rezeptur ist Talg aufgeführt, ein Hinweis darauf, dass es sich um ein sehr altes Rezept handelt. Heute nimmt man meist Öl. Anstelle eines Zuchtkaninchens kann man auch ein Wildkaninchen nehmen. Die Garzeit verlängert sich dann um etwa 10 Minuten.

Die Kaninchenstücke waschen und trockentupfen. Den Rindertalg oder das Öl mit der Hälfte der Butter und dem Rosmarin in einem Schmortopf erhitzen. Die Kaninchenteile von allen Seiten darin bräunen. Die Hälfte der Brühe dazugießen, das Lorbeerblatt beigeben und die Kaninchenstücke unbedeckt bei niedriger Temperatur etwa 20 Minuten schmoren, dabei, wenn nötig, etwas Brühe nachgießen.

Die Paprikaschoten längs halbieren. Den Strunk, die Samen und Scheidewände entfernen und die Paprikahälften in dünne Streifen schneiden.

In einem weiteren Topf die übrige Butter mit dem Olivenöl und den Anchovis erhitzen. Bei niedriger Temperatur garen, bis die Anchovis zu Mus werden, dann den Knoblauch und die Paprikastreifen dazugeben. Salzen und pfeffern. 5 Minuten kochen, dann den Essig untermischen. Weitere 10 Minuten unter häufigem Rühren kochen.

Das Paprikagemüse zum Kaninchen geben und alles weitere 20 Minuten schmoren, dabei die Fleischstücke zwei- bis dreimal wenden. Die Kaninchenstücke mit dem Gemüse auf einer vorgewärmten Platte anrichten.

GEFLÜGEL UND WILD

Lepre in Salmì
Hasenpfeffer

FÜR 6 PERSONEN

1 Hase von 2–2,5 kg, Vorder- und Hinterläufe sowie das Rückenstück in kleinere Stücke geteilt
75 g Butter
50 g Pancetta*, gewürfelt
1 Zwiebel, sehr fein gehackt
1 EL Mehl
Leber, Herz, Lunge und Blut des Hasen, gehackt, oder
200 g Schweineleber, gehackt
25 g Zartbitterschokolade, gerieben
Salz und schwarzer Pfeffer aus der Mühle
200 ml Sahne

FÜR DIE MARINADE
1 Flasche Barbera oder ein anderer körperreicher Rotwein aus dem Piemont
2 Zweige frischer Thymian
2 Zweige frischer Rosmarin
1 große Zwiebel, grob geschnitten
2 Knoblauchzehen, grob geschnitten
1 Stange Staudensellerie, grob geschnitten
4 Lorbeerblätter
6 frische Salbeiblätter
2 Nelken
1 Msp. gemahlene Muskatnuss
1 Zimtstange
5 Wacholderbeeren, zerstoßen
1 TL grobes Meersalz
6 schwarze Pfefferkörner

Bei mir zu Hause in Mailand gab man neben Leber, Herz, Lunge und Blut des Hasen stets auch etwas geriebene Schokolade in dieses typisch lombardische Gericht.

Die Fleischstücke waschen und trockentupfen. Die Stücke in eine große Schüssel legen und den Wein und die übrigen Zutaten für die Marinade hinzufügen. Das Fleisch an einem kühlen Ort, nicht jedoch im Kühlschrank etwa 24 Stunden zugedeckt stehen lassen.

Die Fleischstücke aus der Marinade nehmen und gut abtropfen lassen. Die Marinade beiseite stellen. Die Butter und den Pancetta in einem großen Topf mit schwerem Boden erhitzen. Die Zwiebeln hineingeben und goldgelb dünsten. Die Hasenstücke dazugeben und von allen Seiten bräunen. Dann das Mehl darüber stäuben und die Fleischstücke unter ständigem Wenden 5 weitere Minuten braten (das Fleisch in zwei Arbeitsschritten braten, falls der Topf zu klein ist). Mit der Marinade bedecken und die gehackten Innereien (oder die Schweineleber) samt dem Blut sowie die Schokolade hinzufügen. Mit Salz und Pfeffer würzen. Das Fleisch zugedeckt bei sehr geringer Temperatur oder im Backofen bei 170 °C weich schmoren: Bei einem jungen Tier dauert dies etwa 2 Stunden, bei einem älteren kann es bis zu 4 Stunden dauern. Die Fleischstücke in eine vorgewärmte Servierschüssel umfüllen und warm stellen.

Die Zimtstange, die Wacholderbeeren und die holzigen Stücke der Kräuter aus der Sauce nehmen und die Sauce mit einem Mixstab, in einer Küchenmaschine oder einem Mixer pürieren. Die Sauce zurück in den Topf füllen und die Sahne dazugießen. Glatt rühren und die Fleischstücke zurück in die Sauce geben. Das Fleisch weitere 5 Minuten in der Sauce garen, dann servieren. Dazu eine weiche Polenta* reichen, die ausgezeichnet mit üppigen Wildsaucen harmoniert.

GEFLÜGEL UND WILD

Spezzatino di Cinghiale
Wildschweinragout

FÜR 6 PERSONEN

1,3–1,5 kg Wildschwein (Schulter oder Nacken), in 4 cm dicke Würfel geschnitten

Je 6 Zweige Rosmarin und Salbei

12 Knoblauchzehen

Salz und schwarzer Pfeffer aus der Mühle

½–1 TL zerstoßene getrocknete Chilis oder Chiliflocken

1 EL Fenchelsamen

150 ml Olivenöl

500 ml Rotwein, vorzugsweise Chianti

Frisch geriebene Muskatnuss

2 EL Tomatenmark

400 g gehackte Tomaten aus der Dose, mit Saft

Im Chianti isst man häufig Wildschwein. Es wird in der Saison geschossen, und für den Rest des Jahres friert man Teile davon ein. Für das nachstehende Rezept nimmt man am besten gut durchwachsenes Fleisch und schmort es so lange, bis es zart und weich ist. Polenta* passt sehr gut zu diesem Gericht.

Das Fleisch waschen und in einer Schicht in einen großen Topf legen. Je 2–3 Zweige von dem Rosmarin und dem Salbei und die Hälfte der Knoblauchzehen dazugeben. Salzen und pfeffern. Den Topf dicht verschließen und das Fleisch bei sehr niedriger Temperatur ohne Zugabe von Flüssigkeit 30–40 Minuten schmoren. Das Fleisch herausnehmen, die Kräuterzweige samt dem Knoblauch entfernen.

Den Backofen auf 150 °C vorheizen.

Die Hälfte des Öls in einer großen Bratpfanne erhitzen. Sobald das Öl sehr heiß ist, die Fleischstücke hineingeben und von allen Seiten gut bräunen. Mit einem Drittel des Rotweins ablöschen und diesen vollständig verdampfen lassen.

Das Fleisch in einen Schmortopf oder einen irdenen Topf umfüllen. Mit Salz, Pfeffer und Muskatnuss würzen. Die Pfanne auswischen und das übrige Öl darin erhitzen. Inzwischen die übrigen Kräuter und den restlichen Knoblauch hacken, mit den Chilis und Fenchelsamen mischen und etwa 3 Minuten bei mittlerer Temperatur im Öl anbraten. Das Tomatenmark dazugeben und weitere 3 Minuten dünsten. Die gehackten Tomaten mit dem Saft dazugießen und die Mischung zum Kochen bringen. 5 Minuten köcheln lassen, dann den übrigen Wein dazugießen. Die Sauce erneut zum Kochen bringen, weitere 5 Minuten kochen und die Sauce über das Fleisch gießen. Den Topf gut verschließen, dazu ein großes Stück Alufolie nehmen, falls kein dicht schließender Deckel vorhanden ist. Das Fleisch in etwa 3 Stunden im vorgeheizten Ofen unter gelegentlichem Rühren sehr weich schmoren. Das Wildschweinragout probieren und vor dem Servieren eventuell mit Salz und Pfeffer abschmecken.

GEFLÜGEL UND WILD

Capriolo alla Alto Atesina
Hirschragout

FÜR 6 PERSONEN

1,5 kg Hirschfleisch, ohne Knochen

4 EL Olivenöl

2 EL Mehl

50 g Pancetta*, gewürfelt

50 g grüner Speck, gewürfelt, oder
    4 EL Olivenöl

2 mittelgroße weiße Zwiebeln, in
    dünne Scheiben geschnitten

Salz und schwarzer Pfeffer aus der
    Mühle

¼ TL gemahlener Zimt

¼ TL gemahlene Nelken

300 ml saure Sahne

FÜR DIE MARINADE

1 Möhre, in Stücke geschnitten

1½ Zwiebeln, in Scheiben geschnitten

1 Stange Staudensellerie, in Stücke
    geschnitten

1 EL grobes Meersalz

12 Wacholderbeeren, zerstoßen

8 schwarze Pfefferkörner, zerstoßen

3 Nelken

1 Zweig frischer Rosmarin

2–3 Zweige frischer Thymian

1 Zweig frischer Salbei

3 EL Olivenöl

3 Lorbeerblätter

3 Knoblauchzehen

1 Flasche guter körperreicher
    Rotwein

In Südtirol nimmt man das Fleisch von Rehböcken. Gewöhnlich handelt es sich dabei um Zuchttiere. Ihr Fleisch schmeckt weniger intensiv und muss einige Tage abgehangen werden. Ich bereite das Ragout mit Hirschfleisch zu, das meist von Rothirschen stammt.

Alle Zutaten für die Marinade bis zum Siedepunkt erhitzen und die Marinade abkühlen lassen.

Das Hirschfleisch in 5 cm große Würfel schneiden. In eine Schüssel geben und die Marinade darüber gießen. Die Schüssel zugedeckt zwei Tage an einen kühlen Ort, nicht jedoch in den Kühlschrank stellen.

Das Fleisch aus der Marinade nehmen und mit Küchenkrepp trockentupfen. Die Marinade durch ein Sieb abgießen und beiseite stellen.

Den Backofen auf 170 °C vorheizen.

2 EL des Olivenöls in einer großen Bratpfanne aus Gusseisen erhitzen. Die Hälfte des Fleischs in das rauchend heiße Öl geben und die Würfel von allen Seiten bräunen. Herausnehmen und auf einen großen Teller legen. Die zweite Hälfte des Fleisches wie zuvor bräunen.

Das Mehl in das heiße Öl geben und unter ständigem Rühren bräunen, dabei am Boden der Pfanne haftende Rückstände mit einem Holzlöffel lösen. Die Hälfte der Marinadeflüssigkeit durch ein Sieb dazugießen und unter ständigem Rühren zum Kochen bringen, dabei eventuell entstehende kleine Mehlklumpen mit dem Holzlöffel zerdrücken. Die Sauce etwa 5 Minuten kochen und durch ein Sieb abgießen.

Das übrige Öl, den Pancetta und den Speck in einem Schmortopf erhitzen und 5 Minuten braten. Die Zwiebelscheiben und 1 Messerspitze Salz dazugeben und die Zwiebeln in dem Fett weich dünsten, dabei ein paar Esslöffel heißes Wasser dazugießen, damit die Zwiebeln nicht anbrennen.

Nun das Fleisch mit dem ausgetretenen Fleischsaft, die eingedickte Marinade aus der Pfanne und etwa 150 ml der übrigen Marinade in den Schmortopf geben. Salz, Pfeffer, übrige Gewürze und Kräuter hinzufügen und das Ragout langsam zum Kochen bringen. Den Schmortopf zugedeckt in den vorgeheizten Ofen stellen. Das Hirschragout etwa 1 Stunde schmoren, dabei zweimal etwas übrige Marinade nachgießen.

Die saure Sahne in einem kleinen Topf erhitzen und in den Schmortopf gießen. Den Schmortopf zurück in den Ofen stellen und das Ragout weitere 30 Minuten schmoren, bis das Fleisch sehr weich ist. Die Garzeit variiert je nach Qualität des Fleisches und Alter des Tieres. Das Ragout im Topf servieren.

RECHTE SEITE: *Capriolo alla Alto Atesina*

FLEISCHGERICHTE

Coda alla Vaccinara
Geschmorter Ochsenschwanz

FÜR 4 PERSONEN

1,25 kg Ochsenschwanz
250 g Schweineschwarte
50 g Pancetta* oder durchwachsener Speck, in einer dicken Scheibe, gehackt
3 EL Olivenöl
25 g grüner Speck oder Schweineschmalz
1 EL gehackte glatte Petersilie
1–2 Knoblauchzehen, gehackt
1 Zwiebel, fein gehackt
1 Möhre, fein gehackt
200 ml trockener Weißwein
2 EL Tomatenmark, in 250 ml Fleischbrühe aufgelöst
Salz und schwarzer Pfeffer aus der Mühle
250 g Staudensellerie, dick geschnitten

LINKE SEITE: *Coda alla Vaccinara*

Der frische Staudensellerie ist eine gute Ergänzung zu dem gehaltvollen Ochsenschwanzgericht. Bei einigen Rezepten wird das Blanchieren des Ochsenschwanzes ausgelassen. „Coda alla vaccinara" bereitet man am besten ein bis zwei Tage im Voraus, damit sich die Aromen voll entfalten können.

Den Backofen auf 170 °C vorheizen. Den Ochsenschwanz und die Schweineschwarte 5 Minuten in kochendem Wasser blanchieren. Abtropfen lassen und unter fließendem kaltem Wasser abschrecken. Die Schwarte in Streifen schneiden.

Petersilie, Knoblauch, Zwiebeln und Möhre in einem feuerfesten Topf mit schwerem Boden mit dem Pancetta, Olivenöl, grünen Speck oder Schmalz weich dünsten. Den Ochsenschwanz und die Schwarte hinzufügen und ein paar Minuten braten. Den Wein angießen und bei großer Hitze einkochen, dabei das Fleisch öfters wenden. Das in Fleischbrühe aufgelöste Tomatenmark dazugießen und das Fleisch salzen. Den Topf zugedeckt in den vorgeheizten Ofen stellen. Das Fleisch in etwa 2 Stunden weich schmoren. Dabei das Fleisch zwei- bis dreimal wenden. Den Topf aus dem Ofen nehmen und auskühlen lassen. Anschließend bis zur weiteren Verwendung in den Kühlschrank stellen.

Bevor der Ochsenschwanz serviert werden soll, das fest gewordene Fett von der Oberfläche abheben und wegwerfen. Den Topfinhalt zum Kochen bringen. Den Sellerie hinzufügen und das Gericht weitere 20 Minuten köcheln lassen. Großzügig pfeffern, den Ochsenschwanz probieren und eventuell nachsalzen. Man kann das Gericht auch im Ofen aufwärmen. Dazu den Topfinhalt auf dem Herd zum Kochen bringen, den Sellerie dazugeben und den Topf zugedeckt in den auf 200 °C vorgeheizten Backofen stellen. So dauert es etwa 30 Minuten.

Bistecca alla Fiorentina
Gegrilltes Rindersteak

FÜR 2–3 PERSONEN

1 T-Bone-Steak, mindestens 2,5 cm
dick, etwa 600 g
Salz und schwarzer Pfeffer aus der
Mühle
Olivenöl oder Zitronensaft

Für dieses berühmte Gericht aus Florenz nimmt man Steaks vom Chiana-Rind, eine Kreuzung, die äußerst schmackhaftes Fleisch in stattlichen Mengen liefert, und dies sogar bei Tieren, die nicht älter als zwei Jahre sind. Nehmen Sie das beste Fleisch, das Sie bekommen können, damit es dem echten „bistecca alla fiorentina" gleichkommt. Das Original wird stets auf einem Holzkohlengrill oder über einem Holzfeuer geröstet.

Das Steak auf beiden Seiten mit schwarzem Pfeffer aus der Mühle würzen und den Pfeffer in das Fleisch einmassieren.

Das Steak auf einem Holzkohlengrill oder über einem Holzfeuer grillen. Sobald eine Seite des Steaks Farbe angenommen hat – das Steak muss blutig serviert werden –, dieses wenden, leicht salzen und weitergrillen. Jede Seite benötigt etwa 3–4 Minuten.

Einige Köche träufeln vor dem Servieren etwas natives Olivenöl extra darüber, während andere es gerne mit etwas frischem Zitronensaft würzen.

Brasato alla Lombarda
Geschmortes Rindfleisch auf lombardische Art

FÜR 6 PERSONEN

2 EL Pflanzenöl
1 kg Rinderbraten (Oberschale oder
Tafelspitz), sorgfältig gebunden
1 große Zwiebel, geviertelt
2 Möhren, in große Stücke geschnitten
2 Stangen Staudensellerie, in Stücke
geschnitten
2 Nelken
Frisch geriebene Muskatnuss
2 Lorbeerblätter
½ TL Zimtpulver
50 g Butter
1 EL Olivenöl
200 ml Rotwein
7 EL konzentrierte Fleischbrühe oder
¼ Brühwürfel, in 7 EL Wasser
aufgelöst
Salz und schwarzer Pfeffer aus der
Mühle

RECHTE SEITE: *Brasato alla Lombarda*

Den Backofen auf 150 °C vorheizen. Das Pflanzenöl in einer Bratpfanne erhitzen. Sobald das Öl heiß ist, das Fleisch von allen Seiten bräunen, bis die Poren geschlossen sind. Den Braten auf eine Platte legen.

Zwiebeln, Möhren, Sellerie, Nelken, Muskatnuss, Lorbeerblätter, Zimt, Butter und Olivenöl in einen gut schließenden Schmortopf geben. Den geschnürten Braten auf die Gemüse und Gewürze legen.

Die Bratpfanne wieder auf den Herd stellen, den Wein dazugießen und bei starker Hitze etwa 20 Sekunden einkochen, dabei mit einem Holzlöffel Bratenrückstände am Boden der Pfanne lösen. Den Inhalt der Pfanne über das Fleisch und die Gemüse gießen, die Brühe dazugießen, salzen und pfeffern. Den Schmortopf mit Alufolie zudecken und mit dem Deckel fest verschließen.

Das Fleisch im vorgeheizten Ofen etwa 3 Stunden schmoren, dabei den Braten alle 30 Minuten wenden. Das Fleisch ist gar, wenn es sich mit einer Gabel ganz leicht einstechen lässt. Den Braten auf ein Schneidebrett legen und etwas abkühlen lassen.

Das Fett von der Schmorflüssigkeit abschöpfen und die Lorbeerblätter entfernen. Die Sauce mit einem Mixstab, in einer Küchenmaschine oder einem Mixer pürieren, dann probieren und, falls nötig, mit Salz und Pfeffer abschmecken. Warm stellen.

Den Braten in 1 cm dicke Tranchen aufschneiden und auf einer vorgewärmten Platte anrichten. Mit etwas Sauce begießen und die restliche Sauce in einer Sauciere separat dazu reichen.

FLEISCHGERICHTE

Polpette alla Casalinga
Hausgemachte Fleischbällchen

FÜR 6 PERSONEN

50 g entrindetes Weißbrot (etwa 2 Scheiben Landbrot)
Milch
500 g mageres Rinderhackfleisch
1 Knoblauchzehe
1 kleines Bund glatte Petersilie
50 g Mortadella, gehackt
4 EL Parmigiano Reggiano* oder Grana Padano*, frisch gerieben
1 Msp. geriebene Muskatnuss
Salz und schwarzer Pfeffer aus der Mühle
3 Eier
2 EL Mehl
50 g getrocknete Brotkrumen (dazu 2 entrindete Scheiben altbackenes Weißbrot in der Küchenmaschine zerkleinern – aber nicht so fein wie Semmelbrösel)
25 g Butter
2 EL Olivenöl

FÜR DIE BRÜHE ODER SAUCE

150 ml Fleischbrühe oder 600 ml Tomatensauce 1 (siehe Seite 229)

Um wirklich gutes mageres Rinderhackfleisch zu bekommen, kaufe ich beim Metzger Oberschale und lasse sie durch den Fleischwolf drehen, nachdem das Fett weggeschnitten wurde.

Das Brot in ausreichend Milch einweichen. Nach etwa 5 Minuten herausnehmen, auspressen und mit dem Hackfleisch in eine große Schüssel geben. Den Knoblauch und die Petersilie hacken und mit der Mortadella, dem Parmesan und der Muskatnuss zu dem Hackfleisch geben. Mit Salz und Pfeffer würzen.

Die Eier mit 1 Messerspitze Salz leicht schlagen und die Hälfte davon in den Fleischteig geben. Die Masse mit den Händen gründlich mischen und anschließend mandarinengroße Bällchen daraus formen. Die Fleischbällchen in Mehl wenden und durch das übrige Ei ziehen.

Jede *polpetta* mit Brotkrumen panieren, dabei die Krumen mit dem Handballen leicht in das Fleisch drücken. Die Bällchen mindestens 1 Stunde, am besten noch länger, in den Kühlschrank stellen.

Die *polpette* in der Butter und dem Öl bei mittlerer Hitze von beiden Seiten anbraten. Sobald sie gut gebräunt sind, die Fleischbrühe oder die Tomatensauce dazugießen und zugedeckt etwa 10 Minuten schmoren.

ANMERKUNG: Anstelle der Fleischbrühe oder der Tomatensauce schmore ich die *polpette* auch gerne in Zitronensauce. Dazu verquirle ich zwei Eigelb mit dem Saft von einer unbehandelten Zitrone und 250 ml plus 2 Esslöffeln heißer Fleischbrühe und gebe die Sauce ganz zum Schluss in die Pfanne mit den *polpette*, nachdem ich die Hitze abgeschaltet habe. Die Sauce darf jedoch nicht mehr kochen, da sie sonst gerinnt.

LINKE SEITE: *Polpette alla Casalinga*

FLEISCHGERICHTE

Polpettone Freddo
Kalter Hackbraten

FÜR 6 PERSONEN

50 g entrindetes Weißbrot (etwa
  2 Scheiben Landbrot)
4 EL Milch
500 g mageres Rinderhackfleisch
50 g italienische Salami, fein gehackt
  oder durch den Wolf gedreht
1 Ei
2 EL Parmigiano Reggiano* oder
  Grana Padano*, frisch gerieben
3 EL gehackte frische Kräuter, wie
  Petersilie, Rosmarin, Salbei
  und Basilikum
1 EL sehr fein gehackte Zwiebeln
1 Knoblauchzehe, sehr fein gehackt
Abgeriebene Schale von
  1 unbehandelten Zitrone
Salz und schwarzer Pfeffer aus der
  Mühle
2 EL natives Olivenöl extra

„Polpettone"* wird oft auch in der Pfanne zubereitet. Man kann ihn natürlich auch heiß essen, ich mag ihn jedoch lieber kalt mit etwas Olivenöl bestrichen und reiche eine „salsa verde"*° dazu (siehe Seite 233).

Den Backofen auf 200 °C vorheizen. Das Brot 10–15 Minuten in Milch einweichen.

Inzwischen das Rinderhackfleisch mit der Salami sowie mit Ei, Parmesan, Kräutern, Zwiebeln, Knoblauch und Zitronenschale in einer großer Schüssel gründlich mischen.

Das Brot auspressen, zu dem Hackfleisch geben und gut untermischen. Eine Kastenform (ca. 800 ml Inhalt) mit Öl bestreichen und den Fleischteig hineinfüllen. Dabei den Teig nach unten pressen und die Form mehrmals auf die Arbeitsfläche stampfen, damit sich keine Luftkammern bilden. Die Oberfläche mit etwas Öl einstreichen.

Im heißen Ofen etwa 35 Minuten backen. Der Hackbraten ist gar, wenn er sich von den Seitenrändern der Form löst.

Die Form aus dem Ofen nehmen und überschüssiges Fett abgießen. Den Hackbraten in der Form etwas abkühlen lassen und anschließend auf ein Schneidebrett stürzen. Vollständig auskühlen lassen und in Scheiben schneiden. Die Scheiben leicht überlappend auf eine Platte legen. Vor dem Servieren mit etwas Öl bestreichen.

Nodini
Kalbsmedaillons mit Salbei

RECHTE SEITE: *Nodini*

FÜR 4 PERSONEN

4 Kalbsmedaillons, mindestens
  3 cm dick
1 Zweig frischer Salbei
50 g Butter
3 EL Mehl
5 EL trockener Weißwein
Salz

„Nodini" sind ein klassisches Gericht aus Mailand, wo man besonders gerne Kalbfleisch isst. Anstelle der Kalbsmedaillons kann man auch Nüsschen vom Lamm nehmen.

Die Kalbsmedaillons mit Küchenschnur seitlich binden oder mit Zahnstochern fixieren, damit sie schön rund bleiben.

Den Salbei in der Butter in einer großen Pfanne kurz anbraten und die zuvor leicht mehlierten Medaillons in die heiße Butter geben. Die Hitze erhöhen und das Fleisch auf beiden Seiten anbraten. Beim Wenden das Fleisch möglichst nicht einstechen.

Den Wein dazugießen und die Medaillons salzen. Zugedeckt bei niedriger Hitze etwa 20 Minuten schmoren, bis der Wein verdampft und das Fleisch schön glaciert ist.

FLEISCHGERICHTE

Ossobuco alla Milanese
Ossobuco nach Mailänder Art

FÜR 4 PERSONEN

4 Scheiben Kalbshachse à 250 g
Mehl zum Bestäuben
Salz und schwarzer Pfeffer aus der
  Mühle
2 EL Olivenöl
40 g Butter
1 kleine Zwiebel, fein gehackt
½ Stange Staudensellerie, fein
  gehackt
150 ml trockener Weißwein
300 ml Fleischbrühe

FÜR DIE GREMOLADA

1 TL abgeriebene Schale von einer
  unbehandelten Zitrone
½ Knoblauchzehe, sehr fein gehackt
2 EL gehackte glatte Petersilie

Dies ist das Mailänder Originalrezept für „ossobuco"*. Im Gegensatz zu anderen Versionen enthält es keine Tomaten. Die Beinscheiben sollten alle gleich groß sein, damit sie auch gleichzeitig gar sind.

Die Fleischscheiben horizontal und vertikal mit Küchenschnur binden, so wie man ein Paket schnürt. Etwas Mehl mit 1 Teelöffel Salz mischen und die Beinscheiben darin wenden.

Das Olivenöl in einer Bratpfanne mit schwerem Boden erhitzen, die groß genug ist, um die Scheiben in einer Lage aufnehmen zu können. Die Beinscheiben hineingeben und von beiden Seiten in dem heißen Öl bräunen. Herausnehmen und auf eine Platte legen.

25 g der Butter mit den Zwiebeln und dem Sellerie in die Pfanne geben. Leicht salzen, damit die Zwiebeln ihren Saft schneller abgeben. In 10 Minuten bei niedriger Hitze dünsten, ohne dass die Zwiebeln dabei Farbe nehmen. Dann das Fleisch mit dem entstandenen Fleischsaft erneut in die Pfanne geben.

Den Wein in einem Topf erhitzen und über das Fleisch gießen. Die Hitze erhöhen und die Flüssigkeit um die Hälfte einkochen, dabei den Bodensatz mit einem Holzlöffel lösen.

Die Brühe in dem Topf erhitzen, in dem auch der Wein erhitzt wurde, und etwa die Hälfte davon über das Fleisch gießen. Die Hitze reduzieren und die Ossobuchi 1½–2 Stunden zugedeckt bei sehr niedriger Temperatur schmoren, bis das Fleisch beginnt, sich vom Knochen zu lösen. Dabei die Beinscheiben etwa alle 20 Minuten behutsam wenden und darauf achten, dass das Mark der Knochen nicht beschädigt wird. Falls nötig, etwas mehr Brühe nach und nach während des Schmorens zufügen, jedoch nicht mehr als 3–4 Esslöffel auf einmal. Ist am Ende der Garzeit die Sauce zu dünn, das Fleisch herausnehmen und die Sauce bei starker Hitze reduzieren.

Die Beinscheiben auf eine vorgewärmte Platte legen und das Küchengarn entfernen. Mit Alufolie zudecken und warm stellen.

Die übrige Butter in 3–4 Stücke schneiden und nach und nach mit einem Schneebesen unter die Sauce schlagen. Sobald die Butter geschmolzen ist, den Topf vom Herd nehmen. Durch die Butter erhält die Sauce mehr Bindung, Glanz und einen delikaten Geschmack.

Die Zutaten für die Gremolada vermischen, in die Sauce rühren und 1–2 Minuten warten, damit sich die Aromen entfalten können. Die Sauce über das Fleisch gießen und die Ossobuchi sogleich auftragen.

LINKE SEITE: *Ossobuco alla Milanese*

Tomaxelle
Gefüllte Kalbsröllchen

FÜR 4 PERSONEN

500 g Kalbsschnitzel
Mehl zum Bestäuben
50 g Butter
1 EL Olivenöl
4 EL trockener Weißwein
1 EL Tomatenmark
200 ml Fleischbrühe

FÜR DIE FÜLLUNG

20 g getrocknete Steinpilze (Porcini*)
100 g Kalbs- oder Lammbries
1 EL Weißweinessig
100 g Kalbfleisch zum Hacken
25 g frische weiße Brotkrumen (dazu 1 entrindete Scheibe Weißbrot in der Küchenmaschine zerkleinern)
100 ml Fleischbrühe
Salz und schwarzer Pfeffer aus der Mühle
1 EL Pinienkerne, gehackt
1 EL gehackter frischer Majoran
1 EL Pecorino* oder Parmigiano Reggiano*, frisch gerieben
1 Msp. geriebene Muskatnuss
1 Msp. gemahlene Nelken
1 Ei
1 Knoblauchzehe, sehr fein gehackt

„Tomaxelle" stammen aus Ligurien und wurden gekocht, wenn Fleisch vom Vortag übrig war. Die Ligurer sind Meister im Zubereiten gefüllter Speisen. Es scheint, als enthalte jedes ligurische Gericht ein anderes ebenso gutes Gericht. Im Originalrezept wird gehacktes Kuheuter verwendet, eine Zutat, die heute kaum mehr erhältlich ist. Ich habe es durch Kalbsbries ersetzt. Kalbshirn ist ebenfalls ein guter Ersatz.

Zuerst die Füllung zubereiten. Dazu die Steinpilze in einer Tasse mit warmem Wasser mindestens 30 Minuten einweichen. Herausnehmen, unter fließendem kaltem Wasser abspülen, gut abtropfen lassen und trockentupfen. Den Weinessig mit ½ l Wasser in einem kleinen Topf zum Kochen bringen und das Bries darin 2 Minuten blanchieren. Abgießen und das Bries auf Küchenkrepp abtropfen lassen. Die Haut, Gerinnsel und sehnige Partien entfernen. Das Bries mit dem Kalbfleisch und den Steinpilzen hacken. Die Brotkrumen in der Brühe einweichen, auspressen und mit den übrigen Zutaten für die Füllung in eine große Schüssel geben. Die Fleischmischung dazugeben, gründlich untermischen und die Füllung salzen und pfeffern.

Die Schnitzel in 10–12 cm lange Stücke schneiden. Die Füllung gleichmäßig auf jedem Stück Fleisch verteilen und das Fleisch wie Rindsrouladen einrollen und die Röllchen mit Küchengarn binden oder mit Zahnstochern fixieren. Anschließend in Mehl wenden und überschüssiges Mehl abklopfen.

Die Butter und das Öl in einer großen Bratpfanne erhitzen und die *tomaxelle* darin von allen Seiten gleichmäßig bräunen. Den Wein dazugießen und 1 Minute bei starker Hitze einkochen, dann das Tomatenmark hinzufügen. Eine halbe Minute unter ständigem Rühren kochen und etwa 100 ml der Brühe dazugießen. Zum Kochen bringen und bei niedriger Hitze 15–20 Minuten schmoren, dabei die Röllchen von Zeit zu Zeit wenden. Verdampft die Kochflüssigkeit zu schnell, einige Esslöffel Brühe nachgießen. Ist die Sauce am Ende der Garzeit zu dünn, die *tomaxelle* auf eine vorgewärmte Servierplatte legen und die Sauce so lange einkochen, bis sie eingedickt ist und glänzt. Die *tomaxelle* mit der Sauce überziehen.

Spalla di Agnello alla Marchigiana
Lammschulter mit Anchovis, Chili und Zitrone

FÜR 5–6 PERSONEN

800 g Lammschulter, ohne Knochen
2 EL Olivenöl
1 rote Zwiebel, fein gehackt
2 EL Tomatenmark
150 ml trockener Weißwein
Salz und schwarzer Pfeffer aus der Mühle

FÜR DIE SAUCE

2 Knoblauchzehen, geschält
2 Zweige Rosmarin, etwa 20 cm lang
1 getrockneter Chili, je nach Geschmack auch mehr
Abgeriebene Schale von ½ unbehandelten Zitrone
4 in Salz eingelegte Anchovisfilets, gewässert und abgetropft
2 EL natives Olivenöl extra
Salz und schwarzer Pfeffer aus der Mühle
12 grüne Oliven, entsteint

Ein „trockenes" Lammragout mit den typischen Aromen der Marken: Zitronenschale, Knoblauch und grüne Oliven.

Ist die Lammschulter zu fett, einen Teil von dem Fett wegschneiden. Das Fleisch in 1½–2 cm große Würfel schneiden.

Das Öl in einem Topf mit schwerem Boden erhitzen. Die Zwiebeln darin 10 Minuten dünsten. Nach 2–3 Minuten ein paar Esslöffel Wasser hinzufügen, damit die Zwiebeln weiter dünsten und nicht braten. Dann das Lammfleisch dazugeben und 10 Minuten unter häufigem Wenden von allen Seiten gleichmäßig Farbe nehmen lassen. Das Tomatenmark unterrühren und einige Minuten kochen. Dann den Wein dazugießen und das Ragout salzen und pfeffern.

Zum Kochen bringen und halb zugedeckt bei niedriger Hitze in 1½ Stunden weich schmoren. Öfters nachsehen und einige Esslöffel kochendes Wasser nachgießen, damit das Fleisch nicht am Boden des Topfes ansetzt.

Für die Sauce den Knoblauch, die Rosmarinnadeln, den Chili und die Anchovisfilets hacken und in eine kleine Bratpfanne geben. Das Öl dazugießen und die Zutaten 2 Minuten dünsten.

Die Sauce zu dem Fleisch geben, das Ragout probieren und eventuell mit Salz und Pfeffer nachwürzen. Die Oliven dazugeben und das Lammragout weitere 5 Minuten köcheln lassen.

FLEISCHGERICHTE

Scaloppine alla Perugina
Kalbsschnitzel mit Prosciutto und Hühnerleber

FÜR 4 PERSONEN

4 Anchovisfilets, gewässert und
   abgetropft
1 Knoblauchzehe
100 g Hühnerlebern, geputzt,
   gewaschen und trockengetupft
1 EL Kapern, vorzugsweise in Salz
   gelegte, gewässert
75 g Parmaschinken
Schale von ½ unbehandelten Zitrone
6 frische Salbeiblätter
4 EL natives Olivenöl extra
500 g Kalbsschnitzel, siehe
   Einführung
1 EL Zitronensaft
Salz und schwarzer Pfeffer aus der
   Mühle

„Alla perugina" bedeutet zwar „nach der Art von Perugia", doch könnte dieses Gericht aus jeder beliebigen Stadt Mittelitaliens stammen. Anstelle von Kalbfleisch kann man genauso gut Truthahnschnitzel nehmen. Die Schnitzel sollten dünn und eher klein geschnitten werden. Sind sie dicker als ½ cm, kann man sie mit einem Fleischklopfer zwischen zwei Lagen Klarsichtfolie plattieren.

Die ersten sieben Zutaten mit einem Schlagmesser oder mithilfe einer Küchenmaschine gemeinsam hacken.

Das Öl in einer großen Bratpfanne erhitzen. Die Schnitzel von beiden Seiten gut bräunen. Die Hitze reduzieren, die Schnitzel mit Zitronensaft beträufeln, salzen und gut pfeffern. Etwa 2–3 Minuten braten, bis sie durch sind. Auf eine vorgewärmte Platte legen, mit Alufolie zudecken und warm stellen.

Den Lebermix in die Pfanne geben und bei großer Hitze etwa 3 Minuten unter häufigem Rühren braten. Die Mischung auf den Kalbsschnitzeln verteilen. Die Bratenflüssigkeit mit 2–3 Esslöffeln Wasser ablöschen und zum Kochen bringen. Dabei mit einem Holzlöffel Bratenrückstände lösen.

Die Sauce über den Schnitzeln verteilen und diese sofort servieren.

Manzo alla California
Rinderschmorbraten mit Gemüse-Sahne-Sauce

FÜR 8 PERSONEN

120 g Butter
2 Zwiebeln, sehr fein gehackt
2 Stangen Staudensellerie, sehr fein
   gehackt
2 Möhren, sehr fein gehackt
1 EL Pflanzenöl
1,8 kg mageres Rindfleisch
   (Oberschale, Tafelspitz), in einem
   Stück, mit Küchengarn gebunden
120 ml Rotweinessig
Salz
Frisch gemahlener schwarzer Pfeffer
600 ml Sahne

RECHTE SEITE: *Scaloppine alla Perugina*

„Alla California" hat in diesem Fall nichts mit dem amerikanischen Kalifornien zu tun, sondern mit einem Vorort von Mailand, aus dem dieses Rezept angeblich stammt.

Die Butter in einem großen Topf zerlassen. Die Gemüse 10 Minuten unter häufigem Rühren sanft dünsten. Das Pflanzenöl in einer großen Pfanne erhitzen und das Fleisch von allen Seiten bräunen, bis die Poren geschlossen sind. Das Fleisch auf das Gemüsebett setzen. Den Bratensatz in der Pfanne mit dem Rotweinessig ablöschen. Die Bratenflüssigkeit über das Fleisch gießen und den Braten mit Salz und Pfeffer würzen.

Die Sahne erhitzen und über das Fleisch gießen, sobald sie zu kochen beginnt. Den Schmorbraten langsam erhitzen und das Fleisch zugedeckt in mindestens 3 Stunden bei niedriger Temperatur sehr weich schmoren, dabei drei- bis viermal wenden. Den fertigen Braten auf eine Platte geben, mit Alufolie zudecken und warm stellen.

Die Sauce mit einem Stabmixer glatt pürieren, in einen Topf umfüllen und langsam erhitzen. Die Sauce mit Salz und Pfeffer abschmecken und, falls nötig, bei großer Hitze einkochen.

Das Fleisch in 1 cm dicke Tranchen schneiden, auf einer Platte anrichten und mit etwas Sauce begießen. Die übrige Sauce separat reichen.

Costolettine a Scottadito
Gegrillte Koteletts vom Milchlamm

FÜR 4 PERSONEN

1 EL gehackter frischer Majoran
½ EL gehackte frische Minze
1 EL gehackter frischer Thymian
1 Knoblauchzehe, fein gehackt
Schwarzer Pfeffer aus der Mühle
Je nach Größe 8–12 Koteletts vom
    Milchlamm
Saft von 1 unbehandelten Zitrone
½ TL Dijonsenf
4 EL natives Olivenöl extra
Salz

LINKE SEITE: *Costolettine a Scottadito,*
auf einem Gemüsebett serviert

Koteletts zum „Fingerverbrennen" heißen diese Lammkoteletts wörtlich, was bedeutet, dass man sie sehr heiß, geradewegs vom Grill, mit den Fingern essen soll. Dies ist ein regionales Gericht von den Apenninen östlich von Rom, wo man Lämmer sehr jung schlachtet, wenn sie noch von der Mutter gesäugt werden. Also nimmt man am besten Koteletts von möglichst jungen Lämmern. Sie sollten klein und das Fett weiß sein.

Alle gehackten Kräuter, den Knoblauch und den schwarzen Pfeffer aus der Mühle mischen und die Koteletts damit würzen, dabei die Gewürze mit den Händen fest auf beide Seiten drücken. Die Koteletts auf eine gefettete Platte legen und 1 Stunde stehen lassen. Inzwischen einen Holzkohlengrill anzünden und die Kohlen heiß glühen lassen.

    Den Zitronensaft durch ein Sieb in eine kleine Schüssel abgießen, das Olivenöl nach und nach unterschlagen. Mit Salz und Pfeffer abschmecken.

    Sobald die Kohlen sehr heiß glühen, die Koteletts auf den Grill legen und durchbraten. Die genaue Garzeit hängt von der Dicke der Koteletts, der Intensität der glühenden Kohlen und der Nähe des Fleisches zur Glut ab. Grob geschätzt, die Koteletts 3 Minuten auf jeder Seite grillen, wenn das Fleisch eher rosa gebraten sein soll, und entsprechend länger, wenn die Koteletts durch sein sollen. Die fertigen Koteletts auf eine Platte legen und mit Salz bestreuen. Die Zitronensauce separat dazu reichen.

Agnello, Cacio e Uova
Lammfrikassee

FÜR 4 PERSONEN

1 EL Olivenöl
1,3 kg Lammkeule, entbeint und in
    2,5 cm große Würfel geschnitten
2 EL Olivenöl
1 Zwiebel, sehr fein gehackt
1 TL gehackter frischer Thymian
150 ml trockener Weißwein
Salz und schwarzer Pfeffer aus der
    Mühle
3 große Eigelb
3 EL gereifter Pecorino*, frisch gerieben
15 g frische weiße Brotkrumen (dazu
    2 entrindete Scheiben Weißbrot in
    der Küchenmaschine zerkleinern)
Saft von 1 unbehandelten Zitrone

In Mittelitalien isst man am liebsten Lammfleisch. Bei dieser italienischen Version des französischen Frikassees wird die Sauce mit Ei und Pecorino gebunden und mit Zitronensaft gewürzt. Das Rezept stammt aus den Abruzzen.

1 Esslöffel Olivenöl in einer großen beschichteten Bratpfanne rauchend heiß erhitzen und das Fleisch von allen Seiten darin bräunen. Das Fleisch herausnehmen und auf eine Platte geben.

    2 Esslöffel Olivenöl in einem feuerfesten Schmortopf erhitzen und die Zwiebeln darin weich dünsten. Das Fleisch und den Thymian hineingeben und mit den Zwiebeln gut vermischen. Dann den Wein dazugießen. Zum Kochen bringen und mit Salz und Pfeffer würzen. Zugedeckt in etwa 45 Minuten weich schmoren.

    Das Eigelb mit dem Käse, den Brotkrumen und dem Zitronensaft verquirlen und die Mischung gut pfeffern. Die Eimasse unter ständigem Rühren mit einem Schneebesen unter das Frikassee ziehen. Dabei darf die Sauce auf keinen Fall mehr kochen, denn sonst gerinnt sie. Die Sauce, wenn nötig, mit Salz und Pfeffer abschmecken und das Lammfrikassee servieren.

FLEISCHGERICHTE

Agnello alla Cacciatora con le Patate
Lamm-Kartoffel-Ragout mit Steinpilzen

FÜR 6 PERSONEN

20 g getrocknete Steinpilze (Porcini*)
4 EL Olivenöl
1 kg Lammschulter, ohne Knochen, in
    5 cm große Würfel geschnitten
1 kleine Zwiebel, fein gehackt
250 g frische Steinpilze, in Scheiben
    geschnitten
2 EL Tomatenmark
750 g fest kochende Kartoffeln,
    geschält und in grobe Würfel
    geschnitten
1 Lorbeerblatt
Salz und schwarzer Pfeffer aus der
    Mühle
6–8 EL Fleischbrühe
2 EL gehackte glatte Petersilie

Die Bezeichnung „alla cacciatora"☞ bezieht sich auf eine ganze Reihe von meist recht rustikalen Gerichten, die mit Zutaten der Saison zubereitet werden. Bei diesem Rezept aus Ligurien wird das Lamm mit Kartoffeln und Steinpilzen gekocht. Außerhalb der Pilzsaison ersetzt man die Steinpilze durch braune Champignons (Egerlinge).

Die getrockneten Steinpilze in heißem Wasser mindestens 30 Minuten einweichen. Anschließend abtropfen lassen, die Einweichflüssigkeit durch ein mit Mulltuch ausgelegtes Sieb abgießen und beiseite stellen.

Das Olivenöl in einem feuerfesten Schmortopf erhitzen und das Fleisch von allen Seiten gut bräunen. Herausnehmen und beiseite stellen. Die Zwiebel und die eingeweichten sowie die frischen Steinpilze in den Schmortopf geben und unter häufigem Rühren in etwa 10 Minuten weich dünsten. Das Fleisch zurück in den Topf geben und das Tomatenmark samt den Kartoffeln und dem Lorbeerblatt hinzufügen. Die Einweichflüssigkeit der Steinpilze dazugießen. Das Ragout salzen und pfeffern.

Zugedeckt bei niedriger Temperatur etwa 1½ Stunden schmoren (dies kann auch im auf 170 °C vorgeheizten Ofen geschehen). Falls die Flüssigkeit zu schnell verdampft, einige Esslöffel heiße Brühe oder Wasser zufügen. Das Lammragout vor dem Servieren mit Petersilie bestreuen.

Polpette di Agnello e Pecorino
Lammfrikadellen mit Pecorino

FÜR 4–6 PERSONEN

100 g frische Brotkrumen (dazu
    4–5 entrindete Scheiben weißes
    Landbrot in der Küchenmaschine
    zerkleinern)
2 EL getrockneter Oregano
2 Knoblauchzehen, geschält und
    zerstoßen
100 g Pecorino Sardo* oder Pecorino
    Romano*, fein gerieben
800 g mageres Lammhackfleisch
1 großes Ei, leicht geschlagen
250 g Mozzarella*, grob gehackt
Olivenöl zum Braten
250 g reife Tomaten, enthäutet,
    entkernt und grob gehackt
Salz und Pfeffer aus der Mühle

In Sardinien, wo diese Polpette zubereitet werden, nimmt man Pecorino Sardo. Wenn er nicht erhältlich ist, kann er durch Pecorino Romano ersetzt werden. Die Brotkrumen stellt man aus Landbrot, wie Pugliese oder Toskanabrot, her.

Die Brotkrumen, den Oregano, Knoblauch und Pecorino in eine kleine Schüssel geben. Alle Zutaten gut mischen.

Das Hackfleisch in eine große Schüssel geben und alle Zutaten aus der kleinen Schüssel, das Ei und die Hälfte des Mozzarellas untermischen. Dies macht man am besten mit der Hand. Pfeffern und salzen.

Aus dem Fleischteig zwölf gleich große Frikadellen formen. Die Frikadellen auf eine große Platte legen und diese für 30 Minuten in den Kühlschrank stellen. Den Backofen auf 200 °C vorheizen.

Olivenöl in einer Bratpfanne erhitzen und die Frikadellen bei mittlerer Hitze auf jeder Seite in 2 Minuten knusprig braten. Auf ein leicht gefettetes Backblech legen und im vorgeheizten Ofen 15 Minuten backen.

Die fertigen Lammfrikadellen aus dem Ofen nehmen und etwas Tomate und Mozzarella auf jede Frikadelle legen. Das Blech erneut in den Ofen schieben und die Frikadellen backen, bis der Mozzarella geschmolzen ist.

FLEISCHGERICHTE

Maiale al Latte
In Milch geschmorter Schweinerücken

FÜR 6 PERSONEN

1 kg Schweinerücken, ohne Knochen und Schwarte, aber mit einer dünnen Fettschicht, mehrfach mit Küchengarn gebunden
4 EL Pflanzenöl
3 Nelken
1 Msp. gemahlener Zimt
1 Zweig frischer Rosmarin
2 Knoblauchzehen, zerstoßen
1 TL grobes Meersalz
4–5 schwarze Pfefferkörner, zerstoßen
1 Lorbeerblatt
25 g Butter
300 ml Milch
Salz und schwarzer Pfeffer aus der Mühle

Zahlreiche Regionen beanspruchen für sich, dieses ausgezeichnete Gericht erfunden zu haben.

Das Schweinefleisch in eine Auflaufform legen, die Hälfte des Öls darüber gießen, die Nelken, den Zimt, Rosmarin, Knoblauch, das Salz, die Pfefferkörner und das Lorbeerblatt dazugeben und das Fleisch von allen Seiten mit der Marinade bedecken. Etwa 8 Stunden an einen kühlen Ort, nicht jedoch in den Kühlschrank stellen. Das Fleisch gelegentlich wenden.

Die Marinade von dem Fleisch abstreifen. Die Butter und das übrige Öl in einem Schmortopf mit schwerem Boden zerlassen. Sobald die Butter nicht mehr aufschäumt, das Fleisch hineingeben und von allen Seiten bräunen.

Die Milch zum Sieden bringen und langsam über das Fleisch gießen. Den Braten salzen und pfeffern und halb zugedeckt bei niedriger Temperatur etwa 2 Stunden schmoren. Das Fleisch ab und an wenden und etwa alle 20 Minuten begießen. Am Ende der Garzeit sollte die Sauce eine goldbraune bis dunkle Farbe besitzen und leicht eingedickt sein. Ist sie noch sehr hell, wenn das Fleisch bereits fertig ist, den Deckel abnehmen und die Sauce bei starker Hitze reduzieren, bis sie dunkler wird und eindickt.

Das Fleisch auf ein Holzschneidebrett legen und mit Alufolie zudecken. Etwa 10 Minuten stehen lassen.

So viel Fett wie möglich von der Oberfläche der Bratenflüssigkeit abschöpfen, 2 Eßlöffel Wasser zufügen und die Sauce bei starker Hitze etwa 2 Minuten kochen, dabei mit einem Holzlöffel den Bodensatz lösen. Die Sauce probieren und, falls nötig, mit Salz und Pfeffer abschmecken.

Das Küchengarn entfernen, den Braten in 1 cm dicke Tranchen schneiden und die Scheiben auf einer vorgewärmten Servierplatte anrichten. Einen Teil der Sauce über das Fleisch gießen und den Rest in einer vorgewärmten Sauciere separat dazu reichen.

FLEISCHGERICHTE

Arista alla Fiorentina
Florentiner Schweinebraten

FÜR 6 PERSONEN

2 Knoblauchzehen, gehackt

2 Zweige frischer Rosmarin, etwa
    10 cm lang, die Nadeln gehackt

Salz und schwarzer Pfeffer aus der
    Mühle

1 kg Schweinerücken, ohne Knochen
    und Schwarte (eventuell die aus-
    gelösten Knochen für die Sauce
    verwenden)

2 Nelken

3 EL Olivenöl

Dies ist einer der bekanntesten toskanischen Braten. Man serviert ihn meist kalt mit Cannellini-Bohnen.

Knoblauch und Rosmarinnadeln mit Salz und Pfeffer mischen. Das Fleisch an mehreren Stellen leicht einschneiden und die Gewürze dort einmassieren. Die übrigen Gewürze auf dem Fleisch verteilen und festdrücken. Das Fleisch mit den Nelken spicken und die Hälfte des Olivenöls in das Fleisch massieren. Den Braten mit Küchengarn locker binden und mehrere Stunden an einem kühlen Ort, jedoch nicht im Kühlschrank die Aromen aufnehmen lassen.

Den Backofen auf 180 °C vorheizen. Das übrige Öl, das Fleisch und eventuell die Knochen in eine Reine geben und diese in den Ofen stellen. Das Fleisch etwa 2 Stunden braten, dabei alle 20 Minuten begießen und wenden. Etwa 10 Minuten vor Ende der Garzeit die Temperatur auf 220 °C erhöhen, damit der Braten nochmals bräunt. Den fertigen Braten auf ein Schneidebrett legen und mit Alufolie zudecken.

So viel Fett wie möglich von der Oberfläche der Bratenflüssigkeit abschöpfen. 4 Esslöffel heißes Wasser in die Reine gießen und bei großer Hitze mit einem Holzlöffel den Bratensatz am Boden der Reine lösen.

Das Küchengarn entfernen, das Fleisch aufschneiden und mit der Bratensauce begießen. Der Braten schmeckt sowohl warm als auch kalt.

Filetto di Maiale alla Cavalcanti
Schweinefilet mit Holunderbeeren, Mandeln und Balsamessig

FÜR 4 PERSONEN

600 g Schweinefilet, das Fett entfernt

40 g Butter

2 EL Olivenöl

120 ml guter Rotwein

Salz und schwarzer Pfeffer aus der
    Mühle

4 TL Zucker

1 Msp. gemahlener Zimt

2 EL Balsamessig

1 EL sehr fein gemahlene Mandeln

2 EL Holunderbeeren

1 EL Kapern, vorzugsweise in Salz
    eingelegt, abgespült

Ein Rezept von Ippolito Cavalcanti, einem Kochbuchautor des 19. Jahrhunderts.

Die Filets, wenn nötig, halbieren, sodass sie in eine große Bratpfanne passen. Die Hälfte der Butter und das Olivenöl in der Pfanne erhitzen und das Fleisch darin von allen Seiten bräunen.

Den Wein in einem kleinen Topf zum Kochen bringen und mit 2 Esslöffeln Wasser über das Fleisch gießen. Sobald die Flüssigkeit zu kochen beginnt, das Fleisch salzen und pfeffern. Die Hitze reduzieren und die Filets zugedeckt etwa 10 Minuten schmoren, bis das Fleisch knapp durch ist. Herausnehmen und warm stellen.

Zucker, Zimt, Balsamessig, Mandeln, Holunderbeeren und Kapern in die Pfanne geben und unter ständigem Rühren etwa 2 Minuten kochen. Die übrige Butter in kleine Stücke schneiden und diese nach und nach unter ständigem Rühren und Schwenken der Pfanne unter die Sauce ziehen.

Die Filets in dicke Scheiben tranchieren und für 2 Minuten in die heiße Sauce geben, damit sie deren Aromen aufnehmen. Sofort servieren.

FLEISCHGERICHTE

Arista alla Fiorentina

FLEISCHGERICHTE

Braciole di Maiale alla Pizzaiola
Schweinesteaks mit Mozzarella und Oregano

FÜR 4 PERSONEN

500 g Schweinesteaks, dünn geschnitten
Salz und schwarzer Pfeffer aus der Mühle
2–3 Zweige frischer Majoran
150 ml Rotwein
230 g Eiertomaten aus der Dose, abgetropft
3 EL Olivenöl
1 Knoblauchzehe, zerstoßen
4 EL Mehl
25 g Butter
4 EL Fleischbrühe
100 g Mozzarella*, in dünne Scheiben geschnitten
1 EL getrockneter Oregano

Die Bezeichnung „alla pizzaiola", die neapolitanischen Ursprungs ist, bedeutet, dass ein Gericht mit denselben Zutaten zubereitet wird, mit denen auch eine neapolitanische Pizza belegt wird.

Die Schweinesteaks in eine große Schüssel legen, salzen, pfeffern und mit dem Majoran würzen. Den Rotwein darüber gießen und die Steaks etwa 1 Stunde marinieren.

Den Backofen auf 200 °C vorheizen.

Die Tomaten mit einem Stabmixer oder in der Küchenmaschine pürieren und in einen Topf geben. 1 Esslöffel des Olivenöls und den Knoblauch dazugeben und die Sauce salzen und pfeffern. Bei mittlerer Hitze etwa 5 Minuten ohne Deckel kochen.

Die Steaks aus der Marinade nehmen (die Flüssigkeit aufheben) und mit Küchenkrepp trockentupfen. Die Steaks in dem Mehl wenden und überschüssiges Mehl abklopfen.

Das übrige Öl und die Butter in einer großen Bratpfanne erhitzen. Sobald die Butter nicht mehr aufschäumt, die Steaks darin von beiden Seiten anbraten. Die abgeseihte Marinade zufügen und 30 Sekunden einkochen, dann die Brühe dazugießen und die Flüssigkeit zum Kochen bringen. Die Hitze reduzieren und die Steaks zugedeckt 5–7 Minuten schmoren.

Die fertigen Steaks in eine Auflaufform legen. Den Bratsatz mit etwas Wasser ablöschen und die Flüssigkeit auf 3–4 Esslöffel einkochen. Über die Steaks gießen.

Jedes Steak mit einer Lage Mozzarella belegen, etwas Tomatensauce in die Mitte träufeln und die Form für etwa 5 Minuten in den heißen Ofen stellen, damit der Käse zerläuft.

LINKE SEITE: *Braciole di Maiale alla Pizzaiola*

FLEISCHGERICHTE

Stinco in Umido con le Patate
Geschmorte Schweinshachse mit Kartoffeln

Anstelle der Schweinshachsen kann man auch Kalbs- oder Lammhachsen nehmen. Eine Schweins- oder Kalbshachse von etwa 1 kg ergibt 2–3 Portionen, wenn man das fertige Fleisch vor dem Servieren vom Knochen löst. Lammhachsen sind kleiner, daher sollte man eine Hachse pro Person rechnen.

FÜR 2–3 PERSONEN

1 Schweinshachse von etwa 1 kg
1 milde Zwiebel, in dünne Scheiben geschnitten
4 Knoblauchzehen, gehackt
Salz und schwarzer Pfeffer aus der Mühle
4 EL Olivenöl
200 ml Rotwein
2 EL gehackter frischer Rosmarin, Salbei und Thymian
400 g gehackte Tomaten aus der Dose, mit Saft
Etwa 150 ml Fleischbrühe
800 g fest kochende Kartoffeln, geschält und in größere Stücke geschnitten

Den Backofen auf 180 °C vorheizen. Etwaige Borsten auf der Schwarte über einer Gasflamme oder mit einem Feuerzeug absengen. 1 Teelöffel Salz und reichlich Pfeffer in die Schwarte der Hachse einmassieren.

Die Zwiebeln und den Knoblauch mit dem Olivenöl und 1 Teelöffel Salz in einem Schmortopf 3–4 Minuten andünsten. 3–4 Esslöffel Wasser dazugießen und die Zwiebeln bei niedriger Temperatur in etwa 15 Minuten weich kochen.

Die Zwiebeln und den Knoblauch auf eine Seite des Schmortopfs schieben und die Hachse hineingeben. Die Temperatur erhöhen und die Hachse von allen Seiten anbraten. Den Wein angießen und 2–3 Minuten kochen. Die Kräuter und die Tomaten mit Saft zufügen und die Hälfte der Brühe hinzugießen. Den Schmortopf zugedeckt – der Deckel sollte dicht schließen, wenn nicht, den Topf mit einer Lage Alufolie abdichten und den Deckel darauf legen – für 2 Stunden in den Ofen stellen, bis sich das Fleisch leicht vom Knochen lösen lässt. Falls nötig, während des Schmorens etwas Brühe zufügen. Die Hachse ab und zu wenden und begießen. Die Sauce sollte am Ende konzentriert sein und glänzen.

Inzwischen die Kartoffeln halb gar kochen. Etwa 15 Minuten vor Ende der Garzeit der Hachse die Kartoffeln in den Schmortopf geben. Die Kartoffeln in der Sauce wenden und den Topf zurück in den Ofen stellen.

Die Hachse herausnehmen, mit Alufolie zudecken und das Fleisch 5 Minuten ruhen lassen. Das Fleisch vom Knochen lösen und in Stücke schneiden. Die Kartoffeln um das Fleisch anrichten und mit der Sauce begießen oder die Sauce in einer vorgewärmten Sauciere separat dazu reichen.

FLEISCHGERICHTE

Fagottini di Verza
Gefüllte Wirsingrouladen

FÜR 4 PERSONEN

2 Bund Frühlingszwiebeln
400–500 g Wirsing
Salz und schwarzer Pfeffer aus der
  Mühle
250 g mageres Hackfleisch
100 g Luganega* oder eine andere
  rohe Bratwurst, ohne Pelle,
  zerpflückt
3 EL Parmigiano Reggiano* oder
  Grana Padano*, frisch gerieben
I Ei
I Msp. geriebene Muskatnuss
I Scheibe Weißbrot, entrindet
5 EL Milch
I Nelke
I Knoblauchzehe, geschält
I EL Tomatenmark, in 4 EL heißer
  Fleischbrühe aufgelöst
25 g Butter
Olivenöl für die Form

LINKE SEITE: *Fagottini di Verza*

Die harten Außenblätter des Wirsings entfernen. Die inneren Blätter einzeln ablösen. Die langen grünen Blätter der Frühlingszwiebeln abschneiden und das Weiße für ein anderes Gericht verwenden.

Wasser in einem großen Topf zum Kochen bringen. Salzen und die Kohlblätter darin 3 Minuten blanchieren. Die Blätter herausnehmen, abtropfen lassen und auf mehreren Küchentüchern verteilen. Dann die Frühlingszwiebeln etwa I Minute in dem siedenden Wasser blanchieren und sofort in eiskaltem Wasser abschrecken und gut abtropfen lassen.

Das Hackfleisch, die Luganega-Wurst, den Parmesan und das Ei in einer Schüssel gründlich miteinander vermischen. Salzen und pfeffern und mit Muskat würzen.

Das Brot, die Milch und die Nelke in einen kleinen Topf geben und bei niedriger Temperatur zum Kochen bringen. Unter Rühren köcheln lassen, bis die Milch vollständig absorbiert und das Brot aufgelöst ist. Die Nelke herausnehmen, das Brot zu dem Hackfleisch geben und gründlich untermischen. Mit Salz und Pfeffer abschmecken.

Den Backofen auf 190 °C vorheizen. Die Kohlblätter trockentupfen, die großen Blätter halbieren und die dicken Mittelrippen herausschneiden. Bei den kleineren Blättern nur das dicke Rippenende herausschneiden. Einen gehäuften Esslöffel Füllung in die Mitte der Kohlblätter geben und die Blätter zu einer festen Roulade einrollen. Die Rouladen mit den blanchierten Blättern der Frühlingszwiebeln binden.

Eine flache Auflaufform, die groß genug ist, um alle Rouladen in einer Schicht aufzunehmen, mit der Knoblauchzehe einreiben und mit etwas Öl einstreichen. Die Kohlrouladen dicht nebeneinander in die Form legen, die heiße Brühe mit dem Tomatenmark darüber gießen und die Butter in kleinen Flocken darüber geben. Die Form mit Alufolie zudecken und die Rouladen 25 Minuten backen.

Fegato alla Veneziana
Kalbsleber mit Zwiebeln

FÜR 4 PERSONEN

50 g Butter
4 EL Pflanzenöl
700 g Zwiebeln, sehr fein geschnitten
700 g Kalbsleber, in dünne Scheiben
  geschnitten
Schwarzer Pfeffer aus der Mühle
I EL gehackte glatte Petersilie
Salz

Die Hälfte der Butter und das Öl in einer großen Bratpfanne erhitzen. Die Zwiebeln darin bei niedriger bis mittlerer Temperatur in etwa 30 Minuten sehr weich dünsten und leicht bräunen. Dabei die Zwiebeln gelegentlich wenden und sanft gegen den Rand der Pfanne drücken, damit die Flüssigkeit verdampfen kann. Die fertigen Zwiebeln in eine Schüssel umfüllen.

Die restliche Butter in der Pfanne erhitzen, dabei die Temperatur erhöhen. Die Leber darin rosa braten (etwa I Minute auf jeder Seite). Die Zwiebeln zurück in die Pfanne geben, salzen, pfeffern und gut mischen. Mit der Petersilie bestreuen und die Leber sofort servieren.

FLEISCHGERICHTE

Bollito Misto
Gemischter Fleischtopf

FÜR 10–12 PERSONEN

1 große Zwiebel, mit 1 Nelke gespickt
2 Stangen Staudensellerie
1 Stange Lauch
2 Möhren
1 kg durchwachsenes Rindfleisch
    (z. B. Rinderbrust), in einem Stück
3 reife frische Tomaten, geviertelt
5–6 schwarze Pfefferkörner, leicht
    zerstoßen
Einige Petersilienstängel
Salz
500 g Kalbsschulter, in einem Stück,
    oder 2 dicke Ossobuco*-Scheiben
    (Beinscheiben vom Kalb)
½ frisches Suppenhuhn
1 Cotechino*-Wurst, etwa 500 g, oder
    1 Zampone* (gefüllter Schweinefuß)

Das Originalrezept für „bollito misto"* sieht auch eine kleine Kalbszunge vor. Ist sie gerade erhältlich, unbedingt zugreifen. Die Zunge etwa 1 Stunde separat kochen, anschließend enthäuten und in den Topf mit dem anderen Fleisch geben. Ist die Cotechino*-Wurst bereits vorgekocht, folgt man den Anweisungen des Herstellers. Rohe Würste weicht man 4–5 Stunden in kaltem Wasser ein, sticht sie mit einer Nadel ein, bindet sie in Nesseltuch und kocht sie 2–2 ½ Stunden.

Zwiebeln, Staudensellerie, Lauch und Möhren in einen großen Suppentopf geben, mit kaltem Wasser bedecken und zum Kochen bringen. Das Rindfleisch hineingeben und die Brühe erneut zum Kochen bringen. Abschäumen und bei niedriger Temperatur köcheln lassen. Tomaten, Pfeffer und Petersilie hinzufügen und leicht salzen. Das Fleisch etwa 1 ½ Stunden leicht sieden, gelegentlich etwas heißes Wasser nachgießen.

Das Kalbfleisch dazugeben und die Suppe eine weitere Stunde garen.

Das Suppenhuhn in die Brühe geben und den Fleischtopf je nach Größe des Huhns weitere 1–2 Stunden leicht sieden.

Beim Servieren die gekochte Cotechino-Wurst in den *bollito misto* geben. Stets nur so viel Fleisch herausnehmen, wie gerade benötigt wird. Das restliche Fleisch in der Brühe lassen, damit es nicht austrocknet.

Das geschnittene Fleisch auf einer großen Platte anrichten und separat mit gekochten Salzkartoffeln, Möhren, Zwiebeln und anderen Wurzelgemüsen der Saison servieren, die alle getrennt gekocht werden. Weitere traditionelle Beilagen sind kleine Schüsseln mit *salsa verde**° (Rezept Seite 233), *bagnet ross*° (Rezept Seite 230) und *mostarda di cremona**.

Rognoncini Trifolati all'Acciuga e Limone
Lammnieren mit Anchovis und Zitrone

FÜR 4 PERSONEN

500 g Lamm- oder Kalbsnieren
2 EL Weinessig
40 g Butter
1 EL Mehl
4 Anchovisfilets, gewässert, abgetropft
    und gehackt
3 EL natives Olivenöl extra
1 Knoblauchzehe, fein gehackt
Salz und Pfeffer aus der Mühle
1 EL gehackte glatte Petersilie
2 TL Zitronensaft

Die Nieren halbieren, Talg und sehnige Partien wegschneiden. Die Nieren abspülen und in einer Schüssel mit kaltem Wasser und dem Essig mindestens 30 Minuten wässern. (Das Wässern entfällt bei Kalbsnieren.) Abtropfen lassen. Die Butter, das Mehl und die Anchovisfilets miteinander vermischen und beiseite stellen.

Das Olivenöl mit dem Knoblauch in einer Bratpfanne erhitzen, die Nieren hineingeben und von allen Seiten anbraten, bis sie ihre Farbe ändern, was nur wenige Minuten dauert. Wichtig ist dabei, dass Sie die Nieren nicht zu lange braten, da sie sonst hart werden. Die Hitze reduzieren und die Anchovispaste nach und nach unter ständigem Rühren in die Pfanne geben. Probieren und die Nieren salzen und pfeffern. 1 Minute kochen. Die Herdplatte abschalten, die Petersilie dazugeben und die Nieren mit dem Zitronensaft würzen. Sogleich servieren.

GEMÜSEGERICHTE

Finocchi al Latte
In Milch geschmorter Fenchel

FÜR 4 PERSONEN

900 g Fenchelknollen
Salz
¼ TL gemahlener Zimt
¼ TL geriebene Muskatnuss
Schwarzer Pfeffer aus der Mühle
200 ml Vollmilch
120 ml Sahne
1 TL Zucker

Ein Rezept aus dem Kochbuch „Il Cuoco Galante" von Vincenzo Corrado. Ich habe die Mengenangaben hinzugefügt, da sie in seinen Rezepten fehlen. Die ideale Beilage zu Brathähnchen und ein schmackhaftes Antipasto*.

Die Fenchelknollen putzen, dabei die Stängel und eventuelle braune Stellen wegschneiden und die Fäden abziehen. Die Knollen etwa 3 Minuten in kochendem Wasser blanchieren. Abtropfen lassen und längs in 2–3 cm breite Spalten schneiden.

Die Gewürze und 150 ml der Milch in eine große Bratpfanne oder große flache Stielkasserolle (Sautoir) geben und den Fenchel hineinlegen. Zugedeckt bei niedriger Temperatur in 15–20 Minuten weich kochen, dabei den Fenchel öfters wenden und, wenn nötig, etwas mehr Milch zufügen, damit er nicht am Boden ansetzt.

Die Sahne und den Zucker dazugeben. Rühren und den Fenchel weitere 5 Minuten zugedeckt köcheln lassen.

Sformato di Finocchi
Fenchelauflauf

FÜR 6–8 PERSONEN

700 g Fenchelknollen
50 g Butter
Salz
300 ml Vollmilch
3 EL Mehl
2 Msp. geriebene Muskatnuss
weißer Pfeffer aus der Mühle
3 sehr große Eier
4 EL Parmigiano Reggiano* oder
   Grana Padano*, frisch gerieben
3 EL Semmelbrösel

Von allen „sformati" zähle dieser zu den schmackhaftesten und „edelsten", schreibt der große Artusi. Er empfiehlt, ihn als Beilage zu gekochtem Kapaun oder als eigenes Gericht mit Hühnerklein und Kalbsbries zu reichen.

Das Fenchelkraut, die Stängel und alle braunen Stellen von den Fenchelknollen wegschneiden. Das Fenchelkraut beiseite legen.

Die Knollen längs in ½ cm dicke Scheiben schneiden. Die Scheiben und das Kraut waschen und trockentupfen.

Die Hälfte der Butter in einer Bratpfanne zerlassen. Sobald die Butter aufschäumt, den Fenchel hineingeben und 5 Minuten dünsten. Salzen und die Hälfte der Milch zugießen. Den Fenchel zugedeckt bei sehr niedriger Hitze in etwa 20 Minuten weich kochen. Etwas Wasser hinzufügen, falls das Gemüse während des Garens zu wenig Flüssigkeit bekommt.

Den Fenchel entweder mit einem Messer oder mithilfe einer Küchenmaschine grob hacken und in eine Schüssel füllen.

Den Backofen auf 190 °C vorheizen.

Aus der übrigen Butter, Mehl und der übrigen Milch eine dicke Béchamel zubereiten (siehe Seite 232). Die Sauce mit Muskat und etwas Pfeffer würzen und zu dem Fenchel in die Schüssel geben.

Die Eier mit einer Gabel gründlich verquirlen und mit dem Parmesan zu der Fenchelmischung geben. Gründlich mischen und die Masse mit Salz und Pfeffer abschmecken.

Eine Ringform (Inhalt: ca. 1,2 l) großzügig buttern. Damit sich der *sformato* sicher aus der Form stürzen lässt, kann man die Form auch mit zuvor gebuttertem Backpapier auslegen. Die Form mit den Semmelbröseln ausstreuen, dabei die überschüssigen Brösel herausschütten.

Die Mischung gleichmäßig in der vorbereiteten Form verteilen. Die Form in eine Auflaufform oder Reine stellen und diese mit Wasser füllen, sodass der *sformato* zu zwei Dritteln im Wasser steht. Die Form im Wasserbad in den heißen Ofen stellen und den *sformato* etwa 45 Minuten backen. Für die Garprobe mit einem Zahnstocher tief in den *sformato* stechen. Lässt er sich glatt herausziehen, ohne dass Partikel an ihm kleben bleiben, ist der *sformato* fertig.

Etwa 5 Minuten in der Form abkühlen lassen. Die Ränder des Fenchelauflaufs mit einem Holzspatel vorsichtig lösen und einen großen Teller oder eine Platte darauf legen. Dann den *sformato* durch eine schnelle Kippbewegung auf den Teller stürzen und den Auflauf auf den Teller gleiten lassen, dabei, wenn nötig, mit ein paar kurzen ruckartigen Bewegungen nachhelfen. Die Form abheben, eventuell verwendetes Backpapier ablösen. Den *sformato* nach Belieben mit Fenchelkraut garnieren. Servieren.

RECHTE SEITE: *Sformato di Finocchi*

Porri alla Milanese
Lauch mit Spiegelei, Butter und Parmesan

FÜR 4 PERSONEN

8–12 dünne Stangen Lauch
Salz
4 EL Parmigiano Reggiano* oder
  Grana Padano*, frisch gerieben
75 g Butter
6–8 Eier
Schwarzer Pfeffer aus der Mühle

In Mailand wird der „Spargel des armen Mannes" (der Lauch) auf die gleiche Art serviert wie echter Spargel, und er schmeckt ebenso gut. Mit ein paar Kartoffeln als Beilage bildet dieses Gericht eine vollständige vegetarische Mahlzeit.

Den Backofen auf 170 °C vorheizen. Den Lauch putzen, dabei nicht alle grünen Blätter entfernen. Gründlich waschen und in reichlich kochendem und gesalzenem Wasser 5–7 Minuten kochen, bis der Lauch zwar gar, aber noch fest ist.

Gründlich abtropfen lassen und mit den Händen behutsam auspressen. Mit Küchenkrepp trockentupfen.

Eine ovale Auflaufform buttern und die Lauchstangen darin verteilen. Mit einem Teil des Parmesans bestreuen und mit ein paar Butterflocken belegen. Die Form in den heißen Ofen stellen, während die Eier gebraten werden.

Für die Eier die übrige Butter in einer großen Bratpfanne zerlassen und die Eier hineinschlagen. Das Eiweiß, nicht jedoch das Eigelb der Spiegeleier salzen, da Salz die Oberfläche der Dotter hart werden lässt. Die fertigen Spiegeleier auf den Lauch setzen. Die Butter aus der Pfanne darüber verteilen, dann den übrigen Parmesan darüber streuen und die Eier reichlich pfeffern.

Cipolline in Agrodolce
Zwiebeln in süßsaurer Sauce

FÜR 4 PERSONEN

700 g kleine weiße Zwiebeln
50 g Butter
1 EL Tomatenmark, in 2 EL
  warmem Wasser aufgelöst
1 EL Zucker
2 EL Weinessig
Salz und schwarzer Pfeffer aus der
  Mühle

Es gibt zahlreiche Versionen dieses Gerichts. Diese wird mit Butter und Tomatenmark zubereitet und ist typisch für die Region Emilia-Romagna.

Um die Zwiebeln zu schälen, diese für ein paar Sekunden in kochendes Wasser geben. Dadurch lässt sich die Schale leichter abziehen. Den Strunk der Zwiebeln nicht entfernen, da sie sonst während des Garens auseinander fallen könnten.

Die geschälten Zwiebeln und die Butter mit dem aufgelösten Tomatenmark und etwa 300 ml warmem Wasser in eine große Bratpfanne oder eine große flache Stielkasserolle (Sautoir) geben. Bei mittlerer Hitze etwa 30 Minuten ohne Deckel unter häufigem und behutsamem Rühren garen.

Den Zucker und Weinessig dazugeben und die Zwiebeln salzen und pfeffern. Gut mischen, die Hitze reduzieren und eine weitere Stunde sanft garen. Falls nötig, während des Garens etwas Wasser dazugießen. Am Ende der Garzeit sollten die Zwiebeln zwar weich, aber noch ganz sein und eine intensive braune Farbe besitzen. Die Zwiebeln mit Zimmertemperatur servieren.

Carciofi alla Romana
Gefüllte Artischocken

FÜR 4 PERSONEN

4 junge und frische Artischocken

FÜR DEN GARSUD
1 unbehandelte Zitrone
1 Knoblauchzehe
2–3 Petersilienstängel
2 Zweige Minze
4 EL Olivenöl
Salz und Pfeffer

FÜR DIE FÜLLUNG
2 EL Semmelbrösel
1–2 Knoblauchzehen, geschält und
  gehackt
1 großes Bund glatte Petersilie, gehackt
1 kleines Bund Minze, gehackt
2 Msp. geriebene Muskatnuss
Salz und schwarzer Pfeffer aus der
  Mühle

FÜR DIE SAUCE
2 TL Zitronensaft
15 g Butter

Diese Artischocken werden wie gekochte mit den Fingern gegessen. Jedoch sind sie im Gegensatz zu gekochten eher etwas ölig, sodass man jedem Gast mehrere Papierservietten dazu reichen sollte.

Die Stiele der Artischocken an den Böden gleichmäßig abschneiden. Mit einem kleinen Messer die dicke äußere Schicht der Stiele abschälen und das weiche Innere in 2 cm lange Stücke schneiden. Die harten äußeren Blätter und 2–3 cm vom oberen Ende der Artischocken mit einem großen scharfen Messer abtrennen. Nur die weichen Blätter übrig lassen. Alle Schnittstellen der Artischocken mit einer halben Zitrone einreiben. Die Stiele und alle Zutaten für den Garsud in einen Topf geben, der groß genug ist, um alle Artischocken aufrecht aufzunehmen. Die Artischocken hineingeben und den Topf zu zwei Dritteln mit Wasser auffüllen. Die Flüssigkeit langsam zum Kochen bringen und den Topf mit einer Schicht Alufolie und einem fest schließenden Deckel zudecken. Die Artischocken in 10–15 Minuten bei sehr niedriger Temperatur halb gar kochen. Kleine Artischocken benötigen etwa 5–10 Minuten.

Inzwischen die Semmelbrösel und alle anderen Zutaten für die Füllung in eine Schüssel geben und gründlich mischen. Die Füllung probieren und mit reichlich Salz, Pfeffer und Muskat würzen. Sie soll aromatisch und kräftig schmecken.

Die Artischocken etwas abkühlen lassen und anschließend die inneren Blätter abziehen, bis das faserige „Heu" zu sehen ist. Dieses mit einem Esslöffel entfernen, dabei darauf achten, dass die Artischockenböden nicht verletzt werden. Die Böden leicht salzen und pfeffern.

Die Artischockenböden aufrecht in den Topf zurückstellen und mit der Bröselmischung füllen. Den Topf mit der Folie und dem Deckel fest verschließen und die Artischocken in etwa 30 Minuten fertig garen.

Die Artischocken auf Tellern anrichten und etwas abkühlen lassen — am besten schmecken sie mit Zimmertemperatur.

Für die Sauce den Garsud durch ein Sieb in einen sauberen Topf abgießen. Bei großer Hitze einkochen, bis er konzentriert schmeckt. Die Hitze reduzieren, den Zitronensaft dazugießen und die Butter nach und nach mit einem Schneebesen unter die Sauce schlagen. Dabei darf die Sauce nicht mehr kochen, da sie sonst ihre Bindung verliert. Ein wenig von der Sauce über die Artischocken löffeln und den Rest in einer vorgewärmten Sauciere separat zu den Artischocken reichen. Die Sauce wird heiß serviert.

GEMÜSEGERICHTE

Asparagi alla Parmigiana
Grüner Spargel mit Parmesankruste

FÜR 4 PERSONEN

1 kg frischer grüner Spargel
50 g Parmigiano Reggiano* oder
   Grana Padano*, frisch gerieben
75 g Butter
Salz

In diesem schlichten traditionellen Rezept für grünen Spargel, das aus Parma stammt, wird ganz auf Pfeffer verzichtet.

Das untere Drittel der Spargelstangen abschneiden und die Stangen unter fließendem kaltem Wasser waschen. In 2–3 Portionen aufteilen und die Bündchen mit Küchengarn nicht zu fest binden. Den Spargel dämpfen oder in Salzwasser kochen, bis er knapp gar ist. Die Bündchen in eine ovale Auflaufform legen, das Küchengarn entfernen, die Spargelspitzen mit einem Teil des Parmesan bestreuen und zugedeckt warm stellen. Den Grill des Ofens einschalten.

Die Butter zerlassen und über den Spargel gießen. Die Form unter den Grill stellen und den Spargel einige Minuten überbacken, bis sich eine goldbraune Kruste bildet.

Carciofi coi Piselli
Artischocken mit Erbsen

FÜR 4 PERSONEN

4 junge Artischocken
Saft von ½ Zitrone
2 Schalotten oder 1 kleine Zwiebel
50 g Parmaschinken
3 EL Olivenöl
15 g Butter
150 ml Fleischbrühe
300 g frische Erbsen, gepalt, oder
   aufgetaute Tiefkühlerbsen
Salz und schwarzer Pfeffer aus der
   Mühle

In Rom kennt man so viele Zubereitungsarten für Artischocken wie nirgendwo sonst. Diese gehört zu den besten.

Die harten äußeren Blätter und etwa 2 cm vom oberen Ende der Artischocken abschneiden. Die Stiele ebenfalls abschneiden. Die Artischocken in mit Zitronensaft gesäuertes Wasser tauchen, damit sie nicht fermentieren und schwarz werden.

Die Schalotten oder die Zwiebel und den Parmaschinken hacken und mit dem Olivenöl und der Butter in einen Topf mit schwerem Boden geben. Die Zwiebeln und den Schinken anschwitzen und währenddessen die Artischocken längs halbieren und das „Heu" mit einem Esslöffel entfernen. Die Artischocken nochmals längs halbieren und trockentupfen. In den Topf geben und bei mittlerer Hitze etwa 5 Minuten dünsten, dabei die Artischockenviertel gleichmäßig mit dem Fett überziehen.

Die Brühe dazugießen, die Erbsen hinzufügen und alle Zutaten leicht salzen und gut pfeffern. Sanft kochen, bis die Artischocken und Erbsen gar sind. Falls nötig, während des Garens einige Esslöffel Wasser zufügen, damit die Zutaten nicht am Topfboden ansetzen. Bei der Verwendung von Tiefkühlerbsen diese bereits kurz nach den Artischocken in die Pfanne geben.

LINKE SEITE: *Asparagi alla Parmigiana*

Gattò di Patate
Kartoffelkuchen mit Mozzarella und Parmaschinken

FÜR 4 PERSONEN

850 g mehlig kochende Kartoffeln
(z. B. Bintje oder Datura), gebürstet
und gewaschen
100 ml Milch
75 g Butter
Salz und schwarzer Pfeffer aus der
Mühle
Etwas geriebene Muskatnuss
50 g Parmigiano Reggiano* oder
Grana Padano*, frisch gerieben
2 sehr große Eier
1 sehr großes Eigelb
175 g Mozzarella*, in Scheiben
geschnitten
75 g Parmaschinken, nicht zu dünn
geschnitten
75 g Mortadella oder Salami

FÜR DIE FORM UND DEN BELAG
20 g Butter
4–5 EL Semmelbrösel

Man kann diesen Kartoffelkuchen ebenso gut als warme Vorspeise wie auch als Hauptgang nach einer Suppe reichen.

Die Kartoffeln in der Schale in reichlich ungesalzenem Wasser kochen, bis sie gerade gar sind.

Inzwischen den Backofen auf 200 °C vorheizen.

Die Kartoffeln abgießen, etwas abkühlen lassen und schälen. Die Milch mit der Butter erhitzen. Die Kartoffeln durch eine Kartoffelpresse drücken oder mit dem Stabmixer pürieren. Die heiße Milch mit einem Schneebesen unter die Kartoffeln rühren. Das Püree mit Salz, Pfeffer, Muskatnuss und Parmesan würzen, die Eier und das Eigelb dazugeben und alles gründlich verrühren.

Eine Springform (Durchmesser: 20 cm) buttern und mit Semmelbröseln ausstreuen. Die Hälfte des Kartoffelpürees in die Form füllen, den Mozzarella, Parmaschinken und die Mortadella oder Salami darüber legen und das übrige Püree darüber verteilen. Die übrige Butter als Flocken und einige Semmelbrösel darüber streuen.

Den Kartoffelkuchen 20–30 Minuten im vorgeheizten Ofen backen, bis er an der Oberfläche goldbraun und im Kern heiß ist.

Ist er noch ein wenig blass, den *gattò* für etwa 3 Minuten dicht unter den heißen Grill des Ofens stellen.

Den *gattò* vor dem Servieren etwa 5 Minuten abkühlen lassen.

Taccole alla Piemontese
Zuckerschoten mit Fontina und Sahne

FÜR 4 PERSONEN

500 g Zuckerschoten, geputzt und
die Fäden abgezogen
Salz
60 g Butter, in kleine Stücke
geschnitten
150 ml Sahne
4 EL Parmigiano Reggiano* oder
Grana Padano*, frisch gerieben
2 TL Trüffelpaste
75 g Fontina*

RECHTE SEITE: *Gattò di Patate*

Man kann die Taccole als Beilage zu einem Braten oder gegrilltem Fleisch servieren. Ich reiche sie gerne als herbstliche oder winterliche Vorspeise.

Den Backofen auf 180 °C vorheizen.

Die Schoten waschen, leicht salzen und in höchstens 3–4 Minuten weich dämpfen. Alternativ dazu kann man die Zuckerschoten auch in reichlich Salzwasser kochen. Dabei verkürzt sich die Garzeit um nicht ganz die Hälfte.

Die gegarten Zuckerschoten mit einem Schaumlöffel herausnehmen und auf Küchenkrepp gut abtropfen lassen. Die Schoten in einer flachen Auflaufform verteilen. Nun die Butter, Sahne, den Parmesan und die Trüffelpaste dazugeben. Den Fontinakäse mit der groben Seite einer Vierkantreibe reiben und zu den Zuckerschoten geben. Alle Zutaten miteinander vermischen und die Form für etwa 5 Minuten in den heißen Ofen stellen.

Timballini di Spinaci
Spinat-Timbalen

Anstelle kleiner Förmchen kann man auch eine Ringform (Inhalt: ca. 1,2 l) für dieses Rezept nehmen und die Spinatmasse darin 40 Minuten backen. Anschließend in die Mitte etwas Tomatensauce gießen und die übrige Sauce in einer Sauciere dazu reichen.

FÜR 8 PERSONEN

600 g frischer blanchierter Spinat oder die gleiche Menge Tiefkühlspinat, über Nacht im Kühlschrank aufgetaut
25 g Butter
1 EL fein gehackte Zwiebeln
2 Eier
100 g Parmigiano Reggiano* oder Grana Padano*, frisch gerieben
200 ml Sahne
3 EL frisch gepresster Orangensaft, vorzugsweise von unbehandelten Früchten
Geriebene Muskatnuss
Salz und schwarzer Pfeffer aus der Mühle
Butter und Semmelbrösel für die Form
Tomatensauce (siehe Seite 229) zum Servieren

Den Backofen auf 190 °C vorheizen. Den Spinat mit den Händen gründlich auspressen. Die Butter in einer großen Pfanne zerlassen und die Zwiebeln darin glasig dünsten. Den Spinat dazugeben und etwa 5 Minuten dünsten. Mit der Butter und den Zwiebeln in eine Küchenmaschine umfüllen und zu einem groben Püree zerkleinern oder mit einem Messer grob hacken. Den gehackten Spinat in eine Schüssel füllen und in einer weiteren Schüssel die Eier mit dem Parmesan gründlich verquirlen. Sahne und Orangensaft dazugeben und die Masse mit Salz, Pfeffer und Muskat würzen. Die Masse nochmals gründlich mischen.

Acht Pudding- oder Souffléförmchen (Inhalt: 150 ml) großzügig buttern, dabei die Böden der Förmchen besonders gut fetten. Die Förmchen mit den Semmelbröseln ausstreuen. Überschüssige Brösel herausschütten und die Förmchen mit der Spinatmasse füllen.

Die Förmchen in eine Reine stellen und diese mit Wasser füllen, bis die Förmchen zu zwei Dritteln im Wasser stehen. Die Reine in den Ofen stellen und die *timballini* etwa 20 Minuten backen, bis das Ei vollständig gestockt ist.

Die Ränder der fertigen *timballini* mit einem kleinen Messer lösen und die *timballini* auf vorgewärmte Teller stürzen. Etwas heiße Tomatensauce um die Timbalen verteilen und sofort servieren.

GEMÜSEGERICHTE

Spinaci alla Romana
Spinat mit Sultaninen und Pinienkernen

FÜR 4 PERSONEN

1 kg frischer Spinat
Salz
25 g Sultaninen
½ Knoblauchzehe, fein gehackt
4 EL Olivenöl
25 g Butter
25 g Pinienkerne, geröstet
Schwarzer Pfeffer aus der Mühle

Die römische Art, einen köstlichen Spinat zuzubereiten.

Den Spinat putzen und mehrmals in kaltem Wasser waschen, bis kein Sand mehr auf dem Boden des Beckens zu sehen ist. Gut abtropfen lassen und in einen ausreichend großen Topf geben. 1 Teelöffel Salz hinzufügen und die Blätter bei mittlerer Hitze in etwa 3 Minuten zusammenfallen lassen, dabei den Spinat öfters wenden. Erneut abtropfen und etwas abkühlen lassen, dann mit den Händen gut auspressen.

Währenddessen die Sultaninen etwa 10 Minuten in warmem Wasser einweichen. Abtropfen lassen und auf Küchenkrepp trockentupfen.

Den Knoblauch in dem Olivenöl und der Butter etwa eine halbe Minute andünsten, dann den Spinat, die Sultaninen und Pinienkerne dazugeben und untermischen. Den Spinat bei niedriger bis mittlerer Hitze etwa 5 Minuten unter häufigem Wenden dünsten. Reichlich salzen und pfeffern.

Radicchio Rosso alla Trevisana
Gegrillter Radicchio

FÜR 4 PERSONEN

4 Köpfe Radicchio (ca. 1 kg)
6 EL natives Olivenöl extra
Salz und schwarzer Pfeffer aus der
 Mühle

Auch wenn sich der besonders aromatische Radicchio Rosso di Treviso am besten für dieses Gericht eignet, tut's auch der runde Radicchio di Chioggia, der überall erhältlich ist.

Den Grill des Ofens einschalten. Die äußeren verwelkten Blätter der Radicchioköpfe und den Strunk abtrennen, die Köpfe längs vierteln und gründlich waschen.

Abtropfen lassen und die Radicchioviertel in eine feuerfeste Pfanne legen. Das Olivenöl darüber gießen und die Radicchiostücke salzen und reichlich pfeffern. Unter dem heißen Grill etwa 10 Minuten garen, dabei den Radicchio öfters wenden, damit er nicht verbrennt. Die Stücke auf eine Servierplatte legen und den Bratensaft darüber verteilen. Heiß oder kalt servieren.

GEMÜSEGERICHTE

Radicchio Rosso alla Trevisana

GEMÜSEGERICHTE

Funghi Trifolati
Gebratene Pilze mit Petersilie und Knoblauch

FÜR 4 PERSONEN

25 g getrocknete Steinpilze (Porcini*)
500 g frische Wild- oder Zuchtpilze
2 Schalotten
4 EL natives Olivenöl extra
15 g Butter
1 Knoblauchzehe, fein gehackt
4 EL gehackte glatte Petersilie
Salz und schwarzer Pfeffer aus der
   Mühle

Frische Steinpilze sind natürlich am besten für dieses Gericht, aber mit einer Mischung aus Wild- und Zuchtpilzen und einer Hand voll getrockneter Steinpilze, wie ich es hier beschreibe, schmeckt dieses Pilzgericht ebenfalls ausgezeichnet.

Die getrockneten Steinpilze in eine Schüssel geben, mit heißem Wasser bedecken und etwa 30 Minuten einweichen.

Inzwischen die frischen Pilze putzen. Da Pilze sehr schnell Wasser aufsaugen, ist es besser, sie nicht zu waschen, sondern sie nur mit Küchenkrepp sauber zu wischen.

Die getrockneten Steinpilze aus dem Wasser nehmen. Kurz unter fließendem kaltem Wasser abspülen und in kleine Stücke schneiden. Anschließend die Schalotten hacken und in dem Olivenöl und der Butter in einer großen Pfanne weich dünsten. Den Knoblauch, die Hälfte der Petersilie, etwas Salz und reichlich Pfeffer hinzufügen. Unter ständigem Rühren etwa 1 Minute dünsten, dann die Steinpilze dazugeben und etwa 5 Minuten braten. Die frischen Pilze schneiden und mit etwas Petersilie in die Pfanne geben. Bei mittlerer Hitze etwa 10 Minuten braten, dabei die Pilze öfters wenden, damit sie nicht am Boden der Pfanne ansetzen. Am Ende der Garzeit sollte nur mehr sehr wenig Flüssigkeit übrig sein. Die restliche Petersilie darüber streuen und sogleich servieren.

Cappelle di Porcini alla Graticola
Gegrillte Steinpilzkappen

FÜR 4 PERSONEN

700 g frische Steinpilze (Porcini*)
Salz
6 EL natives Olivenöl extra
Schwarzer Pfeffer aus der Mühle
1 Knoblauchzehe, gehackt
4 EL gehackte glatte Petersilie

Auf die gleiche Art kann man auch große Braunkappen zubereiten, aber frischen Steinpilzen können sie natürlich nicht das Wasser reichen.

Die Stiele von den Steinpilzen entfernen und für eine Sauce oder Suppe verwenden.

Die Kappen mit Küchenkrepp gründlich säubern und die Pilze auf ein Schneidebrett legen. Mit Salz bestreuen und etwa eine halbe Stunde Wasser ziehen lassen.

Einen Elektrogrill vorheizen.

Die Pilzkappen trockentupfen und mit der Lamellenseite nach unten in eine große feuerfeste Pfanne legen. Mit der Hälfte des Olivenöls beträufeln, pfeffern und die Pfanne für etwa 2 Minuten unter den heißen Grill stellen. Die Steinpilzkappen vorsichtig wenden. Mit dem Knoblauch und der Petersilie bestreuen und das übrige Öl darüber träufeln. Nochmals etwa 2 Minuten grillen.

Die Steinpilzkappen schmecken sowohl heiß als auch kalt ausgezeichnet.

RECHTE SEITE:
Cappelle di Porcini alla Graticola

Parmigiana di Melanzane
Gebackene Auberginen

FÜR 4–5 PERSONEN

1,5 kg Auberginen
Salz
5 EL Olivenöl
400 g Eiertomaten aus der Dose, abgetropft
1 Knoblauchzehe, zerstoßen
Einige frische Basilikumblätter, gezupft
Schwarzer Pfeffer aus der Mühle
Pflanzenöl zum Frittieren
300 g italienischer Mozzarella*
50 g Parmigiano Reggiano* oder Grana Padano*, frisch gerieben
2 hart gekochte Eier, in Scheiben geschnitten

LINKE SEITE: *Parmigiana di Melanzane*

Viele Regionen landauf, landab beanspruchen den Ursprung dieses Gerichts für sich. Die Zutaten jedenfalls sind typisch neapolitanisch. Es gibt zahlreiche Versionen dieses Auberginengerichts. Einige Köche grillen die Auberginen lieber, anstatt sie zu frittieren. Eine „parmigiana di melanzane" sollte man höchstens warm, aber nicht heiß essen. Am besten schmeckt sie mit Zimmertemperatur.

Die Auberginen längs in etwa 5 mm dicke Scheiben schneiden. Reichlich salzen und in einen Durchschlag legen und etwa 1 Stunde oder länger Wasser ziehen lassen.

Die Auberginenscheiben unter fließendem kaltem Wasser abspülen und mit Küchenkrepp trockentupfen.

Den Backofen auf 200 °C vorheizen.

Die Tomaten, den Knoblauch und das Basilikum mit 2 Esslöffeln des Olivenöls in einen kleinen Topf geben, mit Salz und Pfeffer würzen und 10 Minuten bei kleiner Hitze kochen. Die Tomaten mit einem Stabmixer oder in einer Küchenmaschine pürieren.

Eine große Bratpfanne 2–3 cm hoch mit Pflanzenöl füllen und erhitzen, bis das Öl sehr heiß ist. Es sollte zischen, wenn man ein Ende einer Auberginenscheibe hineintaucht. Jetzt so viele Auberginenscheiben in das heiße Fett tauchen, wie die Pfanne nebeneinander aufnehmen kann. Auf beiden Seiten goldbraun backen, dann herausnehmen und auf Küchenkrepp abtropfen lassen. Auf diese Weise alle Auberginenscheiben goldbraun frittieren.

Den Boden einer flachen Auflaufform mit 1 Esslöffel des übrigen Olivenöls bestreichen. Mit einer Schicht Auberginenscheiben belegen, dann etwas von der Tomatensauce darüber schöpfen und einige Mozzarellascheiben darauf legen. Salzen, pfeffern und mit etwas Parmesan bestreuen. Ein paar Eierscheiben darüber verteilen. Alles mit einer weiteren Schicht Auberginen bedecken und auf die gleiche Art fortfahren, bis alle Zutaten aufgebraucht sind. Mit einer Schicht Auberginen und etwas Parmesan abschließen. Mit dem übrigen Olivenöl beträufeln und die *parmigiana di melanzane* etwa 30 Minuten im vorgeheizten Ofen backen.

Vor dem Servieren etwa 10 Minuten ruhen lassen.

GEMÜSEGERICHTE

Caponata

Auberginen in süßsaurer Sauce

FÜR 4 PERSONEN

750 g Auberginen
Pflanzenöl zum Frittieren
Salz
Die zarten inneren Stängel von
  1 Staudensellerie, die groben Fäden
  abgezogen
7 EL Olivenöl
1 Zwiebel, sehr fein geschnitten
250 g Eiertomaten aus der Dose,
  abgetropft und gehackt
Schwarzer Pfeffer aus der Mühle
1 EL Zucker
6 EL Weißweinessig
1 EL geriebene Zartbitterschokolade
4 EL Kapern, vorzugsweise in Salz
  eingelegte, abgespült
50 g große grüne Oliven, entsteint
  und geviertelt
2 hart gekochte Eier als Garnitur

„Caponata", ein sizilianisches Gericht, gibt es überall in Italien in zahlreichen Versionen. Man kann das Gericht auch mit kleinen gekochten Octopussen, einem kleinen Hummer, mit Garnelen oder Crevetten oder mit „bottarga"* (der getrocknete Rogen der Streifenbarbe oder des Thunfischs), einer Spezialität aus Sizilien, garnieren.

Die Auberginen in 1 cm große Würfel schneiden. Eine Bratpfanne 2–3 cm hoch mit Pflanzenöl füllen und erhitzen. Die Auberginenwürfel portionsweise in das heiße Fett geben und von allen Seiten goldbraun braten. Herausnehmen und auf Küchenkrepp abtropfen lassen.

Den Sellerie waschen und in ebenso große Stücke wie die Auberginen schneiden. In demselben Öl wie die Auberginen goldbraun und knusprig braten. Auf Küchenkrepp abtropfen lassen.

Das Olivenöl in eine saubere Pfanne gießen, erhitzen und die Zwiebeln darin bei niedriger Temperatur in etwa 10 Minuten weich dünsten. Die Tomaten dazugeben und unter häufigem Rühren bei mittlerer Hitze etwa 15 Minuten kochen. Die Sauce mit Salz und Pfeffer würzen.

Inzwischen den Zucker und den Essig in einem kleinen Topf erhitzen. Schokolade, Kapern und Oliven dazugeben und köcheln lassen, bis die Schokolade vollständig geschmolzen ist. Die Tomatensauce dazugießen und die Sauce weitere 5 Minuten köcheln lassen.

Die Auberginen- und Selleriewürfel in die Tomatensauce geben. Rühren und die *caponata* 20 Minuten köcheln lassen, damit sich alle Aromen gut vermischen. Die *caponata* in eine Servierschüssel umfüllen und abkühlen lassen. Vor dem Servieren die hart gekochten Eier fein hacken und die *caponata* damit garnieren.

Peperonata

Paprikagemüse

FÜR 4 PERSONEN

1 kg rote, gelbe und grüne
  Paprikaschoten
300 g milde Zwiebeln, fein
  geschnitten
5 EL Olivenöl
2 Knoblauchzehen, geschnitten
Salz
500 g reife Tomaten, geschält,
  entkernt und gehackt
Schwarzer Pfeffer aus der Mühle
2 EL gehackte glatte Petersilie

Man kann aus der klassischen milden „peperonata" auch ein feuriges Gemüsegericht machen und sie mit zwei getrockneten und fein gehackten roten Chilis würzen.

Die Paprikas waschen und trockentupfen. Vierteln und die Strünke, Samen und Scheidewände entfernen. Jedes Paprikaviertel längs in Streifen schneiden.

Die Zwiebeln in einem Topf mit schwerem Boden bei mittlerer Hitze weich dünsten. Die Paprikastreifen dazugeben und alle Zutaten unter häufigem Rühren weitere 10 Minuten dünsten.

Die Tomaten hinzufügen und zum Kochen bringen. Die Hitze reduzieren und die *peperonata* etwa 25 Minuten unter gelegentlichem Rühren bei niedriger Hitze köcheln lassen. Nach Geschmack pfeffern und mit der Petersilie bestreuen. Weitere 1–2 Minuten kochen und servieren.

GEMÜSEGERICHTE

Cicoria Belga all'Aceto Balsamico
Gebackener Chicorée mit Balsamessig

FÜR 4 PERSONEN

2 EL Pinienkerne
4 Anchovisfilets, gewässert und
    abgetropft
6 feste, etwa gleich große
    Chicoréestauden
6 EL natives Olivenöl extra
Salz und Pfeffer
3 EL Balsamessig

Die Pinienkerne ohne Fett in einer kleinen Pfanne goldbraun rösten, dabei die Pfanne häufig schwenken. Die Anchovisfilets hacken.

Die äußeren braunen Blätter von den Chicoréestauden abtrennen und die Strünke am unteren Ende abschneiden, dabei darauf achten, dass sich die Blätter nicht ablösen können. Die Chicoréestauden längs halbieren, waschen und abtropfen lassen. Mit Küchenkrepp trockentupfen.

Den Backofen auf 200 °C vorheizen.

Ein Backblech mit etwas Öl einstreichen. Die Chicoréehälften mit der Schnittseite nach unten auf das Blech legen, mit Olivenöl bestreichen, salzen und pfeffern. Etwa 15 Minuten im heißen Ofen backen, bis sich der Chicorée mit einer Gabel ohne Widerstand einstechen lässt. Den gebackenen Chicorée auf einer Servierplatte anrichten.

Die Anchovisfilets mit dem übrigen Öl in eine kleine Pfanne geben. Etwa 1 Minute bei niedriger Hitze anbraten, dabei die Anchovis mit einer Gabel fein zerdrücken. Die Pinienkerne und den Balsamessig hinzufügen. Eine weitere Minute braten und die Würzsauce gut pfeffern. Die Hälfte der Sauce über dem Chicorée verteilen und diesen abkühlen lassen. Mit Klarsichtfolie zudecken und etwa 2 Stunden durchziehen lassen.

Vor dem Servieren den Chicorée mit der restlichen Sauce überziehen.

Peperoni in Agrodolce
Süßsauer mariniertes Paprikagemüse

FÜR 3–4 PERSONEN

4 große schöne Paprikaschoten
    (2 gelbe und 2 rote), gewaschen,
    halbiert und entkernt
Pflanzenöl zum Braten
Salz und schwarzer Pfeffer aus der
    Mühle
3 EL sehr guter Rotweinessig
1 ½ EL brauner Zucker

Das Originalrezept für dieses Gericht stammt aus dem exzellenten Kochbuch „I Sapori del Sud" von Mariano und Rita Pane. Der Essig muss von allerbester Qualität sein, andernfalls fällt das Ergebnis weniger gut aus.

Die Paprikahälften in etwa 3–4 cm breite Streifen schneiden.

Ausreichend Pflanzenöl zum Braten in einen Wok oder eine große Bratpfanne mit schwerem Boden füllen. Für einen Wok benötigt man nur wenig Öl, eine Bratpfanne muss 2–3 cm hoch gefüllt werden. Das Öl stark erhitzen und die Paprikastreifen portionsweise hineingeben. Von beiden Seiten braten, bis sie leicht Farbe angenommen haben. Die Paprikastreifen am besten mit einer Grillzange herausnehmen, über der Pfanne abtropfen lassen und auf einer mit Küchenkrepp ausgelegten Arbeitsfläche verteilen. Die Paprika mit weiteren Bögen Küchenkrepp trockentupfen und auf eine Servierplatte legen. Mit Salz und Pfeffer würzen.

Den Essig und den Zucker in einen kleinen Topf geben und bei niedriger Hitze kurz zum Kochen bringen. Die Sauce über die Paprikastreifen gießen und das Gemüse abkühlen lassen. Raumtemperiert servieren.

Am besten schmeckt das Paprikagemüse, wenn man es mindestens 24 Stunden durchziehen lässt.

Peperoni Arrostiti
Gegrilltes Paprikagemüse

FÜR 4 PERSONEN

4 schöne Paprikaschoten
6 Anchovisfilets
3 Knoblauchzehen
2 EL gehackte glatte Petersilie
½–I TL zerstoßene getrocknete
   Chilis oder Chiliflocken
5 EL natives Olivenöl extra

Ein klassisches Antipasto* aus dem Piemont, das heute in ganz Italien gerne gegessen wird. Besonders gut ist diese Variante mit Anchovissauce.

Die Paprikaschoten auf ein dickes Drahtgitter legen und über einer Gasflamme oder einem Holzfeuer – was die beste Methode ist – von allen Seiten grillen, dabei die Haut leicht verkohlen lassen. Alternativ dazu kann man die Paprikaschoten auch halbiert mit der Hautseite nach oben auf einem Backblech dicht unter den heißen Grill des Ofens schieben.

Die Paprika in einem geschlossenen Gefrierbeutel abkühlen lassen. Anschließend lässt sich die verkohlte Haut mit einem kleinen Messer leicht abziehen. Der feine Grillgeschmack bleibt erhalten. Die Schoten halbieren, Strünke und Samen entfernen und das Fruchtfleisch längs in Streifen schneiden. Die Paprikastreifen auf eine Servierplatte legen.

Die Anchovisfilets mit dem Knoblauch, der Petersilie und den Chilis in einem Mörser zerstoßen oder sehr fein hacken. Das Olivenöl und die Anchovispaste in einen kleinen Topf mit schwerem Boden geben und langsam erhitzen, dabei ständig rühren und die Paste weiter mit einem Holzlöffel zerstoßen, bis sie glatt ist. Die Sauce auf den Paprikastreifen verteilen und das Gemüse mindestens 4 Stunden durchziehen lassen. Je länger man das Gemüse durchziehen lässt – bis zu 1 Woche im Kühlschrank –, desto besser schmeckt es.

Carote alla Giudea
Süßsaure Möhren

FÜR 4–5 PERSONEN

60 g Pinienkerne
700 g Möhren
4 EL Olivenöl
2 EL fein gehackte Schalotten
4 EL Weinessig
Salz und Pfeffer
2 TL Zucker
60 g Sultaninen
100 ml Rotwein
I TL Maizena oder Speisestärke

Die sephardischen Juden brachten viele ihrer kulinarischen Traditionen, Aromen und Gewürze mit nach Venedig, und diese Zubereitung ist charakteristisch für ihre Küche. Früher nahm man Gänseschmalz für dieses Gericht, heute bevorzugt man Olivenöl.

Die Pinienkerne in einer Bratpfanne mit schwerem Boden ohne Fett goldbraun rösten. Die Möhren putzen und in dünne Stäbchen schneiden.

Die Schalotten in dem Olivenöl in einer großen Bratpfanne oder einer großen flachen Stielkasserolle (Sautoir) 5 Minuten anschwitzen. Die Möhren dazugeben und weitere 5 Minuten unter häufigem Wenden dürsten, dann den Weinessig und die gleiche Menge heißes Wasser dazugießen. Mit Salz, Pfeffer und Zucker würzen. Die Möhren zugedeckt bei niedriger Hitze etwa 20 Minuten dünsten und einige Esslöffel Wasser zufügen, falls die Möhren zu trocken werden.

Inzwischen die Sultaninen 15 Minuten in dem Rotwein einweichen und anschließend mit dem Wein und den Pinienkernen zu den Möhren geben. Die Speisestärke mit I Esslöffel Wasser glatt rühren und in das Möhrengemüse rühren. Noch weitere 2 Minuten köcheln lassen.

GEMÜSEGERICHTE

Peperoni Arrostiti

GEMÜSEGERICHTE

Polpettone di Fagiolini
Bohnen-Kartoffel-Auflauf

FÜR 6 PERSONEN

20 g getrocknete Steinpilze (Porcini*)
250 g mehlig kochende Kartoffeln,
    gebürstet und gewaschen
500 g Prinzessbohnen oder Kenia-
    bohnen, geputzt
2 Eier
75 g Parmigiano Reggiano* oder
    Grana Padano*, frisch gerieben
Salz und schwarzer Pfeffer aus der
    Mühle
1 TL gehackter frischer Thymian
3 EL natives Olivenöl extra
Semmelbrösel

LINKE SEITE: *Polpettone di Fagiolini
und Fave con Guanciale*

Gemüseaufläufe wie dieser sind eine ligurische Spezialität. Sie schmecken warm oder kalt gleichermaßen gut. Nur sollte man sie nicht direkt aus dem Backofen servieren oder eiskalt essen.

Die getrockneten Steinpilze etwa 30 Minuten in etwa 200 ml heißem Wasser einweichen, dann unter fließendem kaltem Wasser abspülen. Trockentupfen, grob hacken und in eine große Schüssel geben.

Die Kartoffeln in der Schale in reichlich kochendem, ungesalzenem Wasser gar kochen. Abgießen, etwas abkühlen lassen und schälen. Durch eine Kartoffelpresse drücken und zu den Steinpilzen geben.

Den Backofen auf 180 °C vorheizen.

Die Bohnen in kochendem, gesalzenem Wasser knapp gar kochen. Je nach Frische und Alter der Bohnen dauert dies zwischen 3 und 8 Minuten. Herausnehmen, gut abtropfen lassen und mit Küchenkrepp trockentupfen. In Stücke schneiden und zu dem Kartoffelpüree geben.

Die Eier mit dem Parmesan verquirlen und mit Salz, Pfeffer und Majoran würzen. Die Eimasse unter die Kartoffelmasse mischen. 1 Esslöffel Olivenöl untermengen, den *polpettone* probieren und, falls nötig, mit Salz und Pfeffer abschmecken.

Eine rechteckige, 20 cm lange Auflaufform mit 1 Esslöffel des übrigen Öls einstreichen und mit den Semmelbröseln ausstreuen. Überschüssige Brösel herausschütten. Die Auflaufmasse gleichmäßig in der Form verteilen, die Oberfläche mit einem Holzspatel glatt streichen und den Auflauf leicht mit Semmelbröseln bestreuen. Das übrige Olivenöl gleichmäßig darüber träufeln und den *polpettone* etwa 45 Minuten im vorgeheizten Ofen backen, bis sich eine goldbraune Kruste gebildet hat. Den *polpettone* aus dem Ofen nehmen und etwa 5 Minuten stehen lassen. Dann servieren.

Fave con Guanciale
Bohnen mit Pancetta

FÜR 4 PERSONEN

200 g Pancetta*, gewürfelt
1 kleine Zwiebel, gehackt
4 EL natives Olivenöl extra
2 kg frische junge Dicke Bohnen,
    gepalt
Etwa 150 ml Gemüsebrühe oder
    Wasser
Salz und schwarzer Pfeffer aus der
    Mühle

„Guanciale" bedeutet gepökelte Schweinebacke und ist eine traditionelle Zutat für dieses Gericht. In Italien ist sie noch erhältlich. In unseren Breiten kann man — wie auch in diesem Rezept — an ihrer Stelle „pancetta" nehmen.

Den *pancetta* mit den Zwiebeln in dem Olivenöl unter häufigem Rühren gute 10 Minuten braten.

Die Bohnen dazugeben. 2–3 Minuten dünsten und mit dem Fett überziehen. Dann 100 ml Brühe oder Wasser dazugießen. Die Bohnen zugedeckt bei niedriger Hitze in etwa 10 Minuten weich kochen, ohne dass sie am Ende der Garzeit auseinander fallen. Falls nötig, während des Kochens noch etwas Brühe nachgießen.

Pesche Ripiene alla Piemontese
Gefüllte Pfirsiche

FÜR 4 PERSONEN

4 große gelbe Pfirsiche, halbiert und
   entsteint
12 Amarettikekse
15 g Mandeln, blanchiert und
   geschält
40 g Zucker
2 TL ungesüßtes Kakaopulver
150 ml Moscato oder ein anderer
   süßer Weißwein
25 g Butter

Ein klassisches Dessert aus dem Piemont, für das man häufig einige der Kerne aus den aufgebrochenen Steinen mahlt und mit in die Füllung gibt, damit diese einen intensiveren Mandelgeschmack erhält.

Den Backofen auf 200 °C vorheizen. Ein wenig Fruchtfleisch aus den Pfirsichhälften herauslöffeln, um größere Hohlräume zum Füllen zu erhalten. Das Fruchtfleisch hacken und in eine Schüssel geben. Die Amaretti zerkrümeln und dazugeben. Die Mandeln grob zermahlen und mit einem Großteil des Zuckers, dem Kakao und etwas Moscato zum Befeuchten der Füllung in die Schüssel geben. Alle Zutaten gut miteinander vermischen.

Die Pfirsiche in eine gebutterte Auflaufform legen und mit der Mandelmischung füllen. Jede Pfirsichhälfte mit einer Butterflocke belegen. Den restlichen Wein um die Pfirsiche gießen und mit dem übrigen Zucker bestreuen. Im vorgeheizten Ofen 20–25 Minuten backen. Vor dem Servieren auf Raumtemperatur abkühlen lassen.

ANMERKUNG: Zum Blanchieren und Schälen der Mandeln diese in einen Topf mit kochendem Wasser geben. 30 Sekunden kochen, abtropfen lassen und die Haut entfernen, indem man die Mandeln zwischen den Fingern drückt, bis die Kerne herausschießen.

Arance Caramellate
Karamellisierte Orangen

FÜR 4 PERSONEN

6 unbehandelte Blutorangen
175 g Zucker
2 EL Zitronensaft von einer
   unbehandelten Zitrone
2–3 EL Grand Marnier

RECHTE SEITE:
Pesche Ripiene alla Piemontese

Zwei der Orangen mit einem Tuch gründlich abreiben und die Schale ohne die weiße Haut mit einem Sparschäler abschälen. Die Schalenstücke in Streifen von Streichholzgröße schneiden. Die Streifen in kochendes Wasser geben und etwa 6–7 Minuten kochen, damit der bittere Geschmack verschwindet. Abtropfen lassen und beiseite stellen.

Mit einem kleinen scharfen Messer die Orangen so schälen, dass die weiße Haut dabei vollständig abgeschnitten wird. In Scheiben schneiden und die Scheiben in eine Schüssel geben.

Den Zucker, Zitronensaft und 2 Esslöffel Wasser in einen kleinen Topf geben. Langsam erhitzen, bis sich der Zucker aufgelöst hat. Den Läuterzucker anschließend bei starker Hitze zu einem hellen Karamell kochen. Dabei die Flüssigkeit nicht mehr rühren und von selbst einen hellen bernsteinfarbenen Ton annehmen lassen. Nun 150 ml kochendes Wasser dazugießen und anschließend die Orangenschale dazugeben. Etwa 5 Minuten kochen und den Grand Marnier dazugießen.

Den etwas abgekühlten Karamell über die Orangen gießen. Vollständig auskühlen lassen, die Orangen mit Klarsichtfolie bedecken und bis zum Servieren kalt stellen.

DESSERTS, KUCHEN UND GEBÄCK

Ricotta alla Mentuccia
Ricotta mit Minze

FÜR 4 PERSONEN

300 g sehr guter, frischer Ricotta
(siehe Einführung)
3 EL brauner Zucker
1½ TL Ingwerpulver
¾ TL gemahlener Zimt
Etwa 1 Hand voll frische
Minzeblätter

LINKE SEITE: *Ricotta alla Mentuccia*

Die ursprüngliche Idee für dieses einfache und schnell zubereitete Dessert stammt von meinem Freund und Mentor Massimo Alberini, dem wahrscheinlich besten Kenner der kulinarischen Geschichte Italiens. Ricotta* und Minze harmonieren sehr gut miteinander, wenn man sparsam mit der Minze umgeht. Minze ist je nach Sorte und Jahreszeit sehr unterschiedlich. Darum sollte man sie zuerst probieren und dann gerade so viel zu dem Ricotta geben, dass er ein feines Minzearoma erhält. Nehmen Sie keinen mit Hitze behandelten Ricotta in Bechern, er ist nicht gut genug für dieses Dessert.

Den Ricotta für 15 Minuten ins Gefrierfach stellen, damit er fest wird. In 2 cm dicke Scheiben schneiden. Die Scheiben auf einer Platte anrichten und für 2 Stunden in den Kühlschrank stellen.

Den Zucker, Ingwer und Zimt miteinander vermischen und jede Ricottascheibe mit der Gewürzmischung bestreuen, dabei die Gewürze leicht in den Ricotta pressen. Die Platte erneut für mindestens 3 Stunden in den Kühlschrank stellen. Der Zucker wird sich dann teilweise aufgelöst und den Ricotta durchdrungen haben.

Sind die Minzeblätter sehr groß, diese in Stücke zupfen. Die Minze über den Ricotta streuen und servieren.

Budino di Ricotta alla Romana
Ricottapudding

FÜR 6–8 PERSONEN

50 g Sultaninen
4 EL weißer Rum
250 g frischer Ricotta*
2 gehäufte EL Crème fraîche oder
Sahne
3 große Eier, getrennt
200 g Zucker
3 EL Mehl
½ TL gemahlener Zimt
25 g kandierte Zitrusschalen, gehackt
Abgeriebene Schale von
1 unbehandelten Zitrone
1 TL Zitronensaft
Butter und Semmelbrösel für die
Form
Puderzucker zum Bestäuben

Dies ist eines der zahlreichen Ricottagerichte aus Mittelitalien. Es schmeckt am besten, wenn man es mit frischem Ricotta zubereitet.

Die Sultaninen in eine Schüssel füllen. Den Rum darüber gießen und die Sultaninen stehen lassen, bis sie rundlich geworden sind.

Den Backofen auf 180 °C vorheizen. Den Ricotta durch ein Sieb in eine Schüssel drücken, damit er luftig und locker wird (eine Küchenmaschine ist hierfür ungeeignet). Die Crème fraîche gründlich untermischen. Die Eidotter nach und nach unterheben, dann den Zucker, das Mehl, den Zimt, die kandierten Zitrusschalen, die Sultaninen, den Rum und die Zitronenschale dazugeben und gut mischen. Das Eiweiß mit dem Zitronensaft steif schlagen und unter die Ricottamasse heben.

Eine tiefe, 20 cm große Kastenform (Inhalt: ca. 1 l) großzügig buttern und mit den Semmelbröseln ausstreuen. Überschüssige Brösel ausschütten und die Ricottamasse gleichmäßig in der Form verteilen. 40–50 Minuten backen, bis sich eine Küchennadel trocken aus dem Ricottapudding herausziehen lässt. Sofort auf eine runde Platte stürzen und vor dem Servieren großzügig mit Puderzucker bestreuen.

Den Pudding warm oder kühl, aber nicht eiskalt servieren.

DESSERTS, KUCHEN UND GEBÄCK

Tiramisù
Tiramisu

FÜR 6 PERSONEN

150 ml starker Espresso
3 EL Weinbrand
50 g Zartbitterschokolade
3 große Eigelb
4 EL Zucker
250 g Mascarpone*
2 große Eiweiß
Etwa 18 Savoiardi-Biskuits (oder
    Löffelbiskuits)
Mit Schokolade überzogene Kaffee-
    bohnen zum Dekorieren

ANMERKUNG: Savoiardi-Biskuits sind ähnlich wie Löffelbiskuits, jedoch weniger süß, und sie nehmen Flüssigkeit besser auf. Sie sind in gut sortierten Feinkostgeschäften erhältlich.

Den Espresso mit dem Weinbrand verrühren. Etwa ein Viertel der Schokolade raspeln, die übrige Schokolade in kleine Stücke schneiden.

Das Eigelb mit dem Zucker schaumig schlagen, bis sich weiche Spitzen bilden. Den Mascarpone Löffel für Löffel mit dem Schneebesen unterheben, bis eine glatte Masse entsteht. Das Eiweiß steif schlagen und behutsam unter die Mascarponecreme heben.

Die Biskuits einen nach dem anderen in den parfümierten Espresso tauchen, dabei wenden, damit sie die Flüssigkeit gleichmäßig aufnehmen. Sofort wieder herausnehmen, damit sie sich nicht voll saugen. Etwa 6–7 getränkte Biskuits als Boden in eine ovale flache Form legen. Etwa ein Viertel der Mascarponecreme gleichmäßig darüber verteilen und ein paar Schokoladenstücke darüber streuen. Auf diese Weise vier Schichten bilden, dabei etwas Creme zurückbehalten. Ich nehme bei der zweiten und dritten Schicht jeweils ein bis zwei Biskuits weniger als bei der vorigen.

Das Tiramisu* mit Klarsichtfolie zudecken und mit der übrigen Creme für etwa 6 Stunden in den Kühlschrank stellen.

Vor dem Servieren die Klarsichtfolie abnehmen und die übrige Creme gleichmäßig auf dem Tiramisu verteilen. Dabei die Creme mit einem Holzspatel oder einem Palettmesser schön glatt streichen. Die geraspelte Schokolade auf der Oberfläche der Creme verteilen und das Tiramisu mit den Kaffeebohnen dekorieren.

Zabaione
Zabaglione

FÜR 4 PERSONEN

5 große Eigelb
7 EL Zucker
1 Msp. Zimtpulver
5 EL trockener Marsala (ersatzweise
    Vin Santo oder Madeira)
5 EL Weißwein

Dieses berühmte Dessert entstand im 17. Jahrhundert aus purem Versehen. Der Koch von Graf Carlo Emanuele I. von Savoyen schüttete versehentlich etwas gespriteten Wein in eine Eiercreme. Das Ergebnis schmeckte so gut, dass die Creme schon bald darauf der Piemonteser Aristokratie serviert wurde.

Das Eigelb mit dem Zucker in eine feuerfeste Schüssel geben und mit dem Elektromixer in etwa 5 Minuten schaumig schlagen. Den Zimt dazugeben. Die Schüssel auf einen Topf mit leicht köchelndem Wasser setzen, ohne dass der Boden der Schüssel das Wasser berührt. Zuerst den Marsala, dann den Wein dazugießen, dabei unentwegt bei hoher Geschwindigkeit weiterrühren. Die Creme gewinnt an Volumen, wird schaumig und beginnt anzudicken. Sobald der Zabaione weiche Spitzen bildet, die Schüssel vom Herd nehmen und den Zabaione in Weingläsern oder Dessertschüsseln verteilen. Zabaione wird fast immer heiß serviert. Möchten Sie ihn jedoch gerne kalt servieren, geben Sie etwas geschlagene Sahne darüber.

Torta di Riso
Reiskuchen

FÜR 6–8 PERSONEN

750 ml Milch
175 g Zucker
1 Streifen Schale von
  1 unbehandelten Zitrone, ohne
  weiße Haut
Ein 3 cm langes Stück von einer
  Vanilleschote, längs halbiert
Ein 5 cm langes Stück Zimtstange
1 Msp. Salz
150 g Arborio-Reis (ersatzweise
  Milchreis)
125 g Mandeln mit Haut, blanchiert
  und geschält
50 g Pinienkerne
4 Eier, getrennt
25 g kandierte Zitrusschale von
  unbehandelten Früchten
Abgeriebene Schale von
  ½ unbehandelten Zitrone
3 EL Rum
Butter und Semmelbrösel für die
  Form
Puderzucker zum Bestäuben

„Torta di riso" ist ein Kuchen, der ursprünglich aus der Toskana und der Emilia-Romagna stammt. Man isst ihn kalt und bereitet ihn ein bis zwei Tage im Voraus zu. Die vielen Rezepte, die es dazu gibt, unterteilen sich in zwei Kategorien: in die mit und in die ohne Teigboden. Dieses Rezept ist ohne Teig.

Die Milch, 25 g des Zuckers, Zitronenschale, Vanille, Zimt und Salz in einen Topf geben und zum Kochen bringen.

Den Reis hineingeben und mit einem Holzlöffel gut umrühren. Unbedeckt etwa 40 Minuten bei niedriger Hitze köcheln lassen, bis der Reis die Flüssigkeit vollständig absorbiert hat und weich und cremig ist. Während des Kochens häufig umrühren. Vom Herd nehmen und abkühlen lassen.

Inzwischen den Backofen auf 180 °C vorheizen.

Die Mandeln und Pinienkerne auf einem Backblech verteilen und im vorgeheizten Ofen etwa 10 Minuten rösten, dabei das Blech ein- bis zweimal schütteln, damit die Nüsse nicht verbrennen. Aus dem Ofen nehmen (die Ofentemperatur unverändert lassen) und etwas abkühlen lassen. Grob hacken oder in einer Küchenmaschine grob zerkleinern. Nicht zu fein zerkleinern.

Die Zitronenschale, Vanilleschote und Zimtstange entfernen und den Reis in eine große Rührschüssel umfüllen. Ein Eigelb nach dem anderen unter den Reis mischen, dabei nach jedem Eigelb kräftig rühren. Den übrigen Zucker, die gerösteten und gehackten Nüsse, kandierte Zitrusschale und den Rum dazugeben und gründlich untermischen.

Das Eiweiß steif schlagen und unter den Reis heben.

Eine Springform (Durchmesser: 25 cm) buttern, den Boden mit Backpapier auslegen und das Papier ebenfalls buttern. Die Form mit den Semmelbröseln ausstreuen und die überschüssigen Semmelbrösel ausschütten.

Die Reismasse in der Form gleichmäßig verteilen und etwa 45 Minuten im vorgeheizten Ofen backen, bis sich die Ränder des Reiskuchens vom Rand der Form lösen. Für die Garprobe den Kuchen mit einem Zahnstocher in der Mitte tief einstechen. Beim Herausziehen sollte er zwar feucht, aber sauber sein.

Den Reiskuchen in der Form abkühlen lassen, dann den Ring der Form öffnen und abheben und das Backpapier vom Rand ablösen. Eine runde Servierplatte auf den Kuchen legen und diesen mit einer kurzen schnellen Bewegung stürzen. Den Boden der Form abheben und das Backpapier ablösen. Den Reiskuchen vor dem Servieren großzügig mit Puderzucker bestäuben.

DESSERTS, KUCHEN UND GEBÄCK

Torta di Mele all'Olio
Apfelkuchen mit Ölteig

Dies ist mein Lieblingsrezept für Apfelkuchen. Ein saftiger Kuchen, der am Ende eines Mahls besonders gut schmeckt, vor allem mit Schlagsahne. Er ist einer der wenigen Kuchen, die statt mit Butter mit Öl zubereitet werden. Am besten nimmt man dafür ein mildes Olivenöl aus Ligurien. Normales Olivenöl tut's aber auch.

FÜR 8–10 PERSONEN

120 g Sultaninen
150 ml Olivenöl
200 g Zucker
2 große Eier
350 g Mehl
1 TL gemahlener Zimt
1 ½ gestrichene TL Backpulver
½ TL Weinsteinpulver
½ TL Salz
500 g Tafeläpfel, geschält und in kleine Würfel geschnitten
Abgeriebene Schale von 1 unbehandelten Zitrone

Die Sultaninen etwa 20 Minuten in warmem Wasser einweichen.
Inzwischen den Backofen auf 180 °C vorheizen.
Das Olivenöl mit dem Zucker in eine Schüssel geben und mit einem Schneebesen schlagen, bis sich der Zucker teilweise aufgelöst hat. Die Eier eines nach dem anderen dazugeben und die Masse schlagen, bis sich ihr Volumen merklich vergrößert hat und sie wie eine dünne Mayonnaise aussieht.
Das Mehl mit dem Zimt, Back- und Weinsteinpulver und Salz in eine Schüssel sieben. Die gesiebten Zutaten nach und nach mit einem Kochlöffel unter die Eimasse heben. Gründlich mischen und die gewürfelten Äpfel und die Zitronenschale dazugeben. Gut mischen.
Die Sultaninen abtropfen lassen und trockentupfen. In den Teig geben und gut untermischen. Der Teig ist in diesem Stadium sehr fest.
Eine Springform (Durchmesser: 20 cm) buttern und mit Mehl bestäuben. Den Teig in der Form gleichmäßig verteilen und mindestens 1 Stunde backen. Für die Garprobe mit einem Zahnstocher in die Mitte des Kuchens tief einstechen. Beim Herausziehen sollte er trocken sein. Den Kuchen aus der Form nehmen und auf einem Kuchengitter auskühlen lassen.

DESSERTS, KUCHEN UND GEBÄCK

Torta di Mandorle
Mandelkuchen

FÜR 6–8 PERSONEN

3 große Eier, getrennt
150 g Zucker
50 g Speisestärke
150 g gemahlene Mandeln
2–3 Tropfen Mandelextrakt
Saft von 1 ½ unbehandelten Orangen
Puderzucker zum Bestäuben

Kuchen mit Mandeln sind überall in Italien beliebt. Dieser enthält kein Mehl und passt ausgezeichnet zu weichen Früchten und Fruchtsorbets.

Den Backofen auf 180 °C vorheizen. Das Eigelb mit dem Zucker in einer Schüssel schaumig schlagen, bis die Eimasse hell und dick wird. Die Speisestärke darüber sieben und mit den gemahlenen Mandeln sorgfältig unterheben. Den Mandelextrakt, die abgeriebene Schale von einer Orange und den passierten Saft von eineinhalb Orangen untermischen. Das Eiweiß steif schlagen, bis sich feste Spitzen bilden, und dann unter den Teig heben.

Eine Springform (Durchmesser: 20 cm) reichlich buttern. Den Teig darin gleichmäßig verteilen und im vorgeheizten Ofen 45 Minuten backen. Für die Garprobe mit einem Zahnstocher in die Mitte des Kuchens tief einstechen. Beim Herausziehen sollte er trocken sein.

Etwa 5 Minuten abkühlen lassen und den Kuchen aus der Form nehmen. Auf einem Kuchengitter auskühlen lassen und vor dem Servieren mit Puderzucker bestäuben.

Torta Sbrisolona
Mandel-Polenta-Kuchen

FÜR 6 PERSONEN

120 g Mandeln, blanchiert und
　geschält (siehe Seite 204)
120 g Zucker
150 g Mehl
120 g Polenta*
Abgeriebene Schale von
　1 unbehandelten Zitrone
1 Msp. Salz
2 große Eigelb
120 g weiche Butter und etwas mehr
　für die Form
Puderzucker zum Bestäuben

In Mantua, in der südlichen Lombardei, gibt es zahlreiche Spezialitäten, darunter auch diese. Der Name kommt von „sbriciolare", zu Deutsch „krümeln", weil der Kuchen beim Schneiden in viele köstliche nussige Bröckchen zerfällt. In Mantua trinkt man einen lieblichen Dessertwein dazu.

Den Backofen auf 200 °C vorheizen. Die Mandeln auf einem Backblech verteilen und im vorgeheizten Ofen in 7 Minuten goldbraun rösten. Aus dem Ofen nehmen und die Hitze auf 180 °C reduzieren.

Die Mandeln in eine Küchenmaschine umfüllen und mit 2 Esslöffeln des Zuckers fein zerkleinern. Mehl, Maismehl, den übrigen Zucker, Zitronenschale, Mandeln und Salz in eine Schüssel geben. Das Eigelb hinzufügen und die Zutaten mit den Händen kneten. Die Butter dazugeben und in die Masse zu einem krümeligen und klebrigen Teig mischen.

Eine flache runde Kuchenform (Durchmesser: 20 cm) reichlich buttern und mit Backpapier auslegen. Den Teig mit den Händen gleichmäßig in die Form drücken. 40–45 Minuten im vorgeheizten Ofen backen, bis der Kuchen goldbraun ist. Für die Garprobe mit einem Zahnstocher in die Mitte des Kuchens tief einstechen. Beim Herausziehen sollte er trocken sein.

Den Kuchen aus der Form nehmen und auf ein Kuchenblech geben. Das Backpapier abziehen und den Kuchen auskühlen lassen. Den Kuchen vor dem Servieren mit Puderzucker bestäuben.

Torta di Pane
Brotkuchen

FÜR 8 PERSONEN

5 Scheiben helles Landbrot (siehe Einführung), 1 Tag alt
75 g Butter
200 ml Milch
300 ml Sahne
40 g Sultaninen
3 EL Rum
120 g Zucker
Abgeriebene Schale von 1 unbehandelten Zitrone
1 Msp. gemahlene Nelken
½ TL gemahlener Zimt
1 Msp. Ingwerpulver
1 Msp. Safranpulver
25 g kandierte Zitrusschale, gehackt
25 g Pinienkerne
3 große Eier, getrennt
Puderzucker zum Bestäuben
Butter für die Form

Eine wohlschmeckende Form von Resteverwertung, die in ganz Italien beliebt ist. Diese Version sollte einen Tag im Voraus zubereitet werden, damit sich alle Aromen entfalten können. Am besten nimmt man Toskanabrot oder apulisches Brot.

Den Backofen auf 190 °C vorheizen. Die Brotscheiben entrinden und in grobe Stücke schneiden und im vorgeheizten Ofen 5 Minuten rösten. Das Brot in eine Schüssel geben und die Butter dazugeben. Die Milch mit der Sahne in einem kleinen Topf zum Kochen bringen und über das Brot und die Butter gießen. Kräftig mischen und abkühlen lassen.

Inzwischen die Sultaninen 15 Minuten in dem Rum einweichen. Sobald die Brotmischung abgekühlt ist, diese mit einer Gabel schlagen, bis sie weich und breiig ist. Den Zucker, die Sultaninen mit dem Rum, die Zitronenschale, die Gewürze, die kandierte Zitrusschale und die Pinienkerne hinzufügen und gut mischen.

Das Eigelb verquirlen und in die Brotmasse geben. Das Eiweiß steif schlagen, bis sich kleine Spitzen bilden. Den Eischnee behutsam unter die Kuchenmasse heben.

Eine mittelgroße Kastenform buttern und mit Backpapier auslegen. Das Papier ebenfalls buttern und die Kuchenmasse gleichmäßig darin verteilen. Im vorgeheizten Ofen etwa 1 Stunde backen, dann den Ofen auf 150 °C herunterschalten und den Brotkuchen weitere 20 Minuten backen. Für die Garprobe mit einem Zahnstocher in die Mitte des Kuchens tief einstechen. Beim Herausziehen sollte er trocken sein.

In der Form abkühlen lassen, dann den Kuchen aus der Form nehmen. Das Backpapier ablösen, den Kuchen auf eine Servierplatte legen und großzügig mit Puderzucker bestäuben.

DESSERTS, KUCHEN UND GEBÄCK

Panforte
Früchtebrot mit Gewürzen

FÜR 8–10 PERSONEN

230 g Mandeln mit Haut, blanchiert
  und geschält (siehe Seite 204)
100 g Walnüsse
50 g Haselnüsse
100 g kandierte Zitrusschalen, in
  kleine Stücke geschnitten
1 TL gemahlener Zimt
1 gehäufte Msp. gemahlener
  Koriander
1 gehäufte Msp. gemahlener weißer
  Pfeffer
1 gehäufte Msp. frisch gemahlene
  Macisblüte (oder Muskatnuss)
100 g Mehl
180 ml Honig
80 g Zucker
Reispapier zum Auslegen der Form

ALS GARNITUR
2 EL Puderzucker
1 TL gemahlener Zimt

Dieser traditionelle Kuchen ist der Weihnachtskuchen von Siena. Heute ist er, wie auch Panettone*, sehr beliebt, und man bekommt ihn zur Weihnachtszeit in Supermärkten und italienischen Feinkostgeschäften. Anders als Panettone kann man Panforte* leicht zu Hause zubereiten.

Mit einem Wiegemesser die Mandeln, Walnüsse und Haselnüsse fein hacken. Man kann sie auch in einer Küchenmaschine zerkleinern, nur sollte man darauf achten, dass man die Nüsse nicht zu fein, wie zu einer Paste zerkleinert. Die Nüsse müssen körnig bleiben. In eine große Schüssel geben und die Zitrusschalenstücke, die Hälfte des Zimts, den Koriander, den weißen Pfeffer und die Macisblüte hinzufügen. Alle Zutaten mit einem Holzlöffel gut mischen. Dann 75 g des Mehls dazugeben.

Den Honig in einem kleinen beschichteten Topf aus Kupfer oder Edelstahl bei mittlerer Temperatur erhitzen. Den Zucker dazugeben und rühren, bis der Honig sehr flüssig ist und sich der Zucker aufgelöst hat. Den Honig jedoch nicht zum Kochen bringen.

Den Honig in die Schüssel mit den Nüssen gießen. Alle Zutaten mit einem Holzlöffel gründlich, aber behutsam mischen.

Den Backofen auf 180 °C vorheizen.

Den Boden und die Ränder einer Tarteform mit herausnehmbarem Boden (Durchmesser: 20 cm) oder einer flachen Kuchenform mit dem Reispapier auslegen. Die Nuss-Früchte-Masse gleichmäßig in der Form verteilen und die Oberfläche mit einem Holzspatel oder einem Palettmesser glatt streichen. Das übrige Mehl mit dem restlichen Zimt mischen und gleichmäßig über die Masse streuen. Den Früchtekuchen im vorgeheizten Ofen etwa 35 Minuten backen.

Aus dem Ofen nehmen und etwa 10 Minuten in der Form abkühlen lassen. Den Panforte aus der Form nehmen, auf ein Kuchengitter geben und etwa 8 Stunden stehen lassen.

Den Kuchen fest in Alufolie einschlagen (siehe Anmerkung).

Den Panforte vor dem Servieren auf eine Servierplatte geben. Den Puderzucker mit dem Zimt mischen und über den Kuchen streuen.

ANMERKUNG: Panforte isst man am besten mindestens eine Woche nach dem Backen. In Folie eingeschlagen, hält er zwei bis drei Monate.

Budino di Panettone
Panettonepudding

FÜR 4–6 PERSONEN

200 g Panettone* (etwa 7 Scheiben)
2 EL Rum
1 EL Marsala
300 ml Sahne
300 ml Milch
¼ TL gemahlener Zimt
Abgeriebene Schale von 1 kleinen unbehandelten Zitrone
100 g Zucker
3 große Eier
Butter für die Puddingform

Es gibt ein ganze Reihe von Rezepten, bei denen übriger Panettone verwendet wird, und dies ist eines von ihnen. Es ist das Originalrezept, nach dem Panettonepudding früher bei mir zu Hause zubereitet wurde. Eine weitere einfache Art, Panettonereste zu servieren, ist, getoastete Panettonescheiben mit Mascarpone zu bestreichen – eine meiner Lieblingsspeisen.

Den Backofen auf 170 °C vorheizen. Den Panettone in dünne Scheiben schneiden. Es macht nichts, wenn der Kuchen dabei sehr krümelt. Mit dem Rum und dem Marsala beträufeln.

Die Sahne und die Milch mit Zimt, Zitronenschale und Zucker langsam zum Kochen bringen. Vom Herd nehmen und etwas abkühlen lassen. Die Eier leicht schlagen und die Gewürzmilch unter ständigem Rühren dazugießen.

Eine klassische Puddingform oder ein anderes feuerfestes zylinderförmiges Gefäß buttern. Die Panettonescheiben hineingeben und die Eiermilch dazugießen. Die Puddingform in einen feuerfesten größeren Topf stellen und diesen mit kochendem Wasser auffüllen, sodass die Form zu zwei Dritteln im Wasser steht. In den vorgeheizten Ofen schieben und den Pudding 1–1 ¼ Stunden backen, bis das Ei vollständig gestockt ist.

Die Puddingform aus dem Topf nehmen und etwas abkühlen lassen. Bis zum Servieren in den Kühlschrank stellen. Kurz vor dem Servieren die Form für ein paar Sekunden in kochend heißes Wasser stellen, dann den Rand des Puddings mit einem kleinen Messer von der Form lösen und den Pudding auf eine runde Platte stürzen, dabei, wenn nötig, die Form und die Platte gut festhalten und durch kurze ruckartige Bewegung den Pudding aus der Form gleiten lassen.

ANMERKUNG: Man kann den Panettonepudding auch mit geraspelter Schokolade oder gehackten Mandeln garnieren und ihn mit flüssiger oder geschlagener Sahne servieren. Oder man bestreicht ihn mit geschlagener Sahne.

DESSERTS, KUCHEN UND GEBÄCK

216

Certosino

DESSERTS, KUCHEN UND GEBÄCK

Certosino

Gewürzkuchen mit kandierten Früchten

FÜR 8–10 PERSONEN

75 g Rosinen
2 EL süßer Marsala oder Sherry
7 EL klarer Honig
150 g Zucker
40 g Butter, Butter für die Form
1 EL Anissamen
1 TL gemahlener Zimt
350 g Mehl
150 g leicht gesüßtes Apfelmus
150 g blanchierte Mandeln, grob
    gehackt
50 g Pinienkerne
75 g Zartbitterschokolade, gehackt
150 g kandierte Zitrusschalen, gehackt
½ EL Backpulver
4 EL Aprikosenkonfitüre
Kandierte Früchte und blanchierte,
    geschälte Mandeln zum Dekorieren

„Certosino" aus Bologna, ein eher leichter Kuchen, der durch Lagerung weicher wird, ist weit weniger bekannt als der aus Mailand stammende Panettone*.

Die Rosinen 20 Minuten in dem Marsala oder Sherry einweichen. Inzwischen den Backofen auf 160 °C vorheizen. Den Honig mit dem Zucker, der Butter und 3 Esslöffeln Wasser leicht erhitzen, bis sich der Zucker aufgelöst hat. Die Anissamen und den Zimt hinzufügen. Das Mehl in eine Schüssel sieben und den flüssigen Honig unter ständigem Rühren in einem dünnen Strahl dazugießen. Die Zutaten gut vermischen.

Rosinen, Apfelmus, Mandeln, Pinienkerne, Schokolade und Zitrusfrüchte untermischen. Das Backpulver in etwas Wasser auflösen und in den Teig gießen. Alle Zutaten gut miteinander vermengen.

Eine Springform (Durchmesser: 25 cm) buttern und den Teig darin verteilen. Den Kuchen 1¼–1½ Stunden backen, aus der Form nehmen und abkühlen lassen.

Die Aprikosenkonfitüre leicht erhitzen und den ausgekühlten Kuchen damit bestreichen. Mit den kandierten Früchten und/oder den Mandeln dekorieren. Die Früchte mit Konfitüre bestreichen und die Konfitüre fest werden lassen. Den Gewürzkuchen mit Klarsichtfolie zudecken. Luftdicht verschlossen bleibt er zwei bis drei Monate haltbar.

Baci di Dama

Damenküsse

ERGIBT ETWA 40 STÜCK

150 g sehr gute Mandeln, blanchiert
    und geschält (siehe Anmerkung
    Seite 204)
150 g Zucker
150 g weiche Butter
Mark von ½ Vanilleschote (dazu die
    Schote längs aufschlitzen und das
    Mark herauskratzen)
1 Msp. Salz
150 g Mehl
Etwas Butter für die Form
200 g Halbbitterschokolade

Die Bezeichnung für diese Biskuits aus dem Piemont rührt von ihrer Form her, die an den Schmollmund einer Frau denken lässt.

Den Backofen auf 180 °C vorheizen. Die Mandeln auf ein Blech geben und 5 Minuten im Ofen rösten, damit sie ihr Aroma entfalten.

Die Mandeln in eine Küchenmaschine umfüllen. 1–2 Esslöffel des Zuckers dazugeben und die Mandeln zerkleinern. Die Butter, das Vanillemark und Salz hinzufügen und alle Zutaten zu einer glatten Paste pürieren. In eine Schüssel umfüllen. Das Mehl über die Mandelpaste sieben und mit den Händen in die Paste kneten, bis ein glatter Teig entsteht.

Mit einer Hand kirschgroße Stücke von dem Teig aufnehmen und mit beiden Händen zu Bällchen formen. Die Bällchen in 2 cm Abstand auf ein gebuttertes Backblech legen. In 15 Minuten goldbraun backen.

Die Schokolade im Wasserbad schmelzen. Die flache Seite eines ausgekühlten Biskuits mit etwas Schokolade bestreichen und die flache Seite eines weiteren, ähnlich geformten Biskuits darauf legen. Die übrigen Biskuits auf die gleiche Art zu Damenküssen formen.

DESSERTS, KUCHEN UND GEBÄCK

Cantucci di Prato
Mandelkekse

ERGIBT ETWA 40 STÜCK

1 Msp. Safranfäden, zwischen zwei
   Löffeln zerrieben
½ TL Fenchelsamen, zerstoßen
100 g Mandeln mit Haut
40 g Pinienkerne
250 g Mehl
230 g Puderzucker
¼–½ TL Backpulver
2 große Eier
Butter für die Form

Den Backofen auf 200 °C vorheizen. Den Safran in 1 Esslöffel kochendem Wasser einweichen. Die Mandeln und Pinienkerne auf ein Backblech legen und etwa 5 Minuten im Ofen rösten. Herausnehmen (den Ofen auf 200 °C angeschaltet lassen) und die großen Mandeln halbieren.

Das Mehl auf eine Arbeitsfläche sieben, Zucker und Backpulver dazugeben. Die Zutaten gut vermischen und in der Mitte eine Mulde bilden. Die Eier mit den Fenchelsamen und dem Safran leicht schlagen. Die Eier in die Mulde gießen und die trockenen Zutaten nach und nach in die Eier arbeiten. Zum Schluss die Mandeln hinzufügen. Sobald alle Zutaten vermischt sind, den Teig in zwei Hälften teilen und jede Hälfte mit bemehlten Händen zu einer 30 cm langen Wurst kneten und rollen. Ein Backblech buttern und mit Mehl bestäuben. Die Rollen in ausreichendem Abstand auf das Blech legen und 15–18 Minuten bei 200 °C backen.

Das Blech herausnehmen und die Ofentemperatur auf 150 °C reduzieren. Die Rollen 10 Minuten abkühlen lassen, dann diagonal in 1 cm dicke Schnitten schneiden. Die Schnitten nebeneinander auf das Backblech legen und etwa 45 Minuten weiter backen, bis sie sehr trocken sind.

Die Cantucci vollständig auskühlen lassen und in einem luftdicht verschließbaren Behälter aufbewahren. Sie bleiben zwei bis drei Monate haltbar.

Zaleti
Polentakekse

ERGIBT ETWA 40 STÜCK

75 g Sultaninen
4 EL brauner Rum
250 g fein gemahlenes Maismehl
   (Polenta*) oder Instantpolenta
100 g Mehl
1 TL Backpulver
1 Msp. Salz
120 g Zucker
150–200 ml Milch
100 g Butter
Abgeriebene Schale von
   ½ unbehandelten Zitrone
Butter für die Backbleche
Puderzucker zum Bestäuben

Den Backofen auf 180 °C vorheizen. Die Sultaninen in eine Schüssel geben und den Rum dazugießen. Etwa 30 Minuten einweichen, bis sie sich voll gesaugt haben. Abtropfen lassen und trockentupfen.

Beide Mehlsorten in eine Schüssel sieben und das Backpulver, Salz und den Zucker dazugeben. Die Milch mit der Butter in einen kleinen Topf geben und erhitzen, bis die Butter geschmolzen ist. Mit einer Hand die Milch nach und nach in das Mehl gießen, dabei mit der anderen Hand die Milch in das Mehl arbeiten. Die Sultaninen und die Zitronenschale untermischen. Der Teig sollte zwar weich sein, aber doch so fest, dass man damit die Zaleti formen kann. Je nach Konsistenz eventuell etwas mehr Milch oder Mehl in den Teig arbeiten.

Zwei Backbleche großzügig buttern. Mit bemehlten Händen eine walnussgroße Menge Teig aufnehmen und mit den Handballen zu einer länglichen, baguetteähnlichen kleinen Stange formen. So fortfahren, bis der ganze Teig aufgebraucht ist. Die Zaleti mit nicht zu knappem Abstand auf die gefetteten Backbleche legen, da sie beim Backen aufgehen. 10–12 Minuten im heißen Ofen backen. Sie sind fertig, sobald sie goldgelb und an den Enden leicht braun sind. Die Zaleti auf einem großen Kuchengitter auskühlen lassen und vor dem Servieren mit Puderzucker bestäuben.

Cantucci di Prato

DESSERTS, KUCHEN UND GEBÄCK

220

Torrone Molle

DESSERTS, KUCHEN UND GEBÄCK

Torrone Molle
Weicher Nougat

FÜR 8 PERSONEN

120 g Mandeln mit Haut, blanchiert und gehackt (siehe Seite 204)
200 g Butter
200 g Zucker
120 g bestes ungesüßtes Kakaopulver
1 großes Ei
1 großes Eigelb
120 g Butterkekse
2 EL brauner Rum
Kandierte Blüten und blanchierte oder kandierte Mandeln zum Dekorieren

Laut Elizabeth David in ihrem Buch „Italian Food" ist dies eines der traditionellen Desserts, wie sie in norditalienischen Familien zubereitet werden. Dieses Rezept stammt von meiner Familie. Man muss dafür ungesüßtes Kakaopulver von bester Qualität nehmen.

Den Backofen auf 180 °C vorheizen. Die Mandeln auf einem Backblech verteilen und in 7–10 Minuten goldbraun rösten. In eine Küchenmaschine umfüllen und grob zerkleinern.

Die Butter und den Zucker schaumig schlagen. Den Kakao Löffel für Löffel in die Butter geben, dabei kräftig rühren, bis eine glatte Masse entsteht. Das nimmt ein bisschen Zeit in Anspruch. Alternativ dazu kann man dies auch in einer Küchenmaschine erledigen. Dann die Mandeln dazugeben.

Das Ei mit dem Eigelb leicht schlagen und in die Kakao-Butter-Mischung gießen, dabei kräftig rühren, bis eine glatte Creme entsteht.

Die Kekse mit einem Nudelholz zerstoßen und mit dem Rum in die Creme geben. Gut mischen.

Eine Kastenform (Inhalt: 600 ml) mit Klarsichtfolie auslegen und die Nougatmasse darin verteilen. Die Form mehrfach auf die Arbeitsfläche klopfen, damit keine Luftlöcher entstehen. Die Oberfläche mit einem Holzspatel oder einer Teigkarte glätten. Mit Klarsichtfolie zudecken und den Nougat für mindestens 4 Stunden in den Kühlschrank stellen.

Den Nougat mit kandierten Blüten, wie Veilchen- oder Rosenblüten, und blanchierten oder kandierten Mandeln dekorieren.

DESSERTS, KUCHEN UND GEBÄCK

Sorbetto di Limone al Basilico
Zitronensorbet mit Basilikum

FÜR 4–6 PERSONEN

8 unbehandelte Zitronen
2 unbehandelte Orangen
350 g Zucker
24 frische Blätter Basilikum, gehackt

ANMERKUNG: Für ein gutes Sorbet ist
eine Eismaschine unverzichtbar.

Der erfrischende Zitrusgeschmack wird bei diesem Sorbet durch das Basilikumaroma harmonisch abgerundet. Ein Sorbet, bei dem die Augen gleichermaßen mitessen — es ist blassgrün und mit den kräftig grünen Punkten des Basilikums durchsetzt. Nehmen Sie junges mildes Basilikum, damit es nicht den frischen Geschmack der Zitronen überlagert.

Die Zitronen unter fließendem Wasser waschen und dabei mit einer Gemüsebürste abschrubben. Trockentupfen und die Schale ohne die weiße Haut abschälen. In einen Topf geben, 600 ml Wasser und den Zucker dazugeben. Langsam zum Kochen bringen und köcheln lassen, bis sich der Zucker vollständig aufgelöst hat. Dann den Läuterzucker bei mittlerer Hitze 3–4 Minuten kochen. Vom Herd nehmen und vollständig auskühlen lassen.

Die Schalen aus dem ausgekühlten Läuterzucker herausnehmen. Die Zitronen und Orangen auspressen und den Saft durch ein Sieb in den Läuterzucker gießen. Die gehackten Basilikumblätter hinzufügen.

Den aromatisierten Läuterzucker in die Eismaschine geben und nach den Angaben des Herstellers gefrieren (für ein Sorbet etwa 20 Minuten).

Gelato di Crema
Italienische Eiscreme

FÜR 8–10 PERSONEN

1 l Milch oder 500 ml Milch und
   500 ml Sahne
300 g Zucker
Schale von 1 unbehandelten Zitrone,
   ohne weiße Haut
8 große Eigelb

Italienische Eiscreme wird meist mit Eiercreme und seltener nur mit Sahne zubereitet. So nimmt es andere Zutaten, wie den Saft von Früchten, besser auf.

Die Milch (oder die Milch und die Sahne) mit der Hälfte des Zuckers und der Zitronenschale in einen Topf geben und zum Kochen bringen. Vom Herd nehmen und abkühlen lassen.

Das Eigelb mit dem übrigen Zucker schaumig schlagen, bis die Creme hell wird. Die Zitronenschale aus der Milch nehmen und die Milch langsam und unter ständigem Rühren mit einem Holzlöffel in das schaumig geschlagene Eigelb gießen. Die Creme in einem Wasserbad unter ständigem Rühren langsam erhitzen, bis sie eindickt und den Rücken eines Löffels vollständig überzieht. Die Eiercreme dann sofort in eine Schüssel mit kaltem Wasser setzen und unter gelegentlichem Rühren komplett auskühlen lassen, dabei die erste Minute ständig rühren, damit sich keine Haut bildet.

Die Eiercreme in eine Eismaschine gießen und gemäß den Angaben des Herstellers gefrieren. Ist keine Eismaschine vorhanden, die Creme in eine Schüssel aus Metall füllen und in das Gefrierfach stellen. Während der ersten 2 Stunden die Eiscreme alle 20 Minuten mit einer Gabel durchrühren, damit sich keine Kristalle bilden. Danach kann die Eiscreme ohne weiteres Zutun gefrieren. Nach etwa 6 Stunden ist sie servierfertig.

RECHTE SEITE: *Sorbetto di Limone al Basilico*

DESSERTS, KUCHEN UND GEBÄCK

Cassata di Sulmona
Cassata mit Krokant und Schokolade

Nicht so bekannt wie „cassata alla siciliana"*, aber vielleicht noch besser. Diese Spezialität stammt aus Sulmona in den Abruzzen.

FÜR 6–8 PERSONEN

FÜR DEN KROKANT
2 EL Zucker
1 TL Zitronensaft
25 g Mandeln, blanchiert und geschält (siehe Seite 204)

FÜR DIE CASSATA
75 g Zucker
100 g weiche Butter
3 große Eigelb
25 g Haselnüsse, geröstet, enthäutet und grob gehackt
25 g Zartbitterschokolade, in kleine Stücke gebrochen
1 EL ungesüßtes Kakaopulver
350 g Sandkuchen
5 EL Centerbe, Strega oder Chartreuse oder ein anderer Kräuterlikör
Puderzucker, Schokoraspel und gemahlene Nüsse zum Dekorieren

Für den Krokant Zucker und Zitronensaft mit einem halben Esslöffel Wasser langsam erhitzen, bis sich der Zucker aufgelöst hat. Die Temperatur erhöhen und den Läuterzucker kochen, bis er einen hellen, bernsteinfarbenen Ton annimmt. Vom Herd nehmen und die Mandeln dazugeben. Die Masse auf einem geölten Backblech ausbreiten und auskühlen lassen.

Den erkalteten Krokant zwischen zwei Bögen Backpapier legen und mit einem Nudelholz zerstoßen oder in einer Küchenmaschine zerkleinern.

Für die Cassata den Zucker und die Butter in einer Schüssel schaumig rühren, dann ein Eigelb nach dem anderen untermischen. Die Creme in drei gleich große Portionen teilen, den Krokant unter die eine, die Haselnüsse und die Schokoladenstücke unter die zweite mischen und das Kakaopulver über die dritte Portion sieben und untermischen.

Eine Kastenform (Inhalt: ca. 900 ml) mit Klarsichtfolie auslegen. Den Boden mit einer Lage Kuchen auslegen und diesen mit etwas Likör beträufeln. Darüber die Krokantcreme gleichmäßig verteilen. Wieder eine Schicht Sandkuchen darüber legen, mit Likör beträufeln und die Nuss-Schokoladen-Creme darauf verteilen. Nun die letzte Lage Kuchen darüber schichten, mit Likör beträufeln und die Kakaocreme darauf verteilen. Die Cassata mit Klarsichtfolie zudecken und für mindestens 6 Stunden oder über Nacht in den Kühlschrank stellen. Vor dem Servieren die Cassata auf eine Platte stürzen und mit Puderzucker, Schokoladenraspeln und/oder gemahlenen Haselnüssen bestreuen.

DESSERTS, KUCHEN UND GEBÄCK

Spumone al Caffè
Geeiste Mokkamousse

FÜR 6–8 PERSONEN

2 EL fein gemahlenes Espresso-
  Kaffeepulver
4 große Eigelb
120 g Zucker
¼ TL gemahlener Zimt
300 ml Sahne
2 EL Weinbrand
300 ml Sahne
2 große Eiweiß

Bei diesem Spumone* kann es passieren, dass sich die Kaffeecreme am Boden absetzt. Dann ist das Kaffeepulver nicht fein genug gemahlen. Es schmeckt aber ebenso köstlich.

Das Eigelb, Kaffeepulver und den Zimt in eine Schüssel geben und mit einem Schneebesen schlagen, bis alle Zutaten gut vermischt sind.

Einen halb mit Wasser gefüllten Topf erhitzen und die Schüssel mit der Eiercreme darauf setzen, sobald das Wasser zu dampfen beginnt. Die Creme weiterschlagen, bis sie die Konsistenz einer Mousse erreicht und sich ihr Volumen verdoppelt hat. Dabei das Wasser stets nur leicht köcheln lassen.

Die Sahne erhitzen. Sobald sie warm ist, diese unter ständigem Schlagen unter die Eiercreme ziehen. Die Schüssel aus dem Topf nehmen, den Weinbrand dazugießen und die Creme weiterschlagen, bis sie fast auf Zimmertemperatur abgekühlt ist. Die Sahne steif schlagen, bis sich weiche Spitzen bilden. Die Schlagsahne unter die Creme heben. Das Eiweiß steif schlagen, bis sich feste Spitzen bilden, und dann unter die Creme heben.

Eine Kastenform (Inhalt: 1 l) mit Klarsichtfolie auslegen und die Creme gleichmäßig darin verteilen. Mindestens 3 Stunden gefrieren, bis das Spumone fest geworden ist. Während des Gefrierens die Creme ein- bis zweimal mit einer Gabel behutsam umrühren.

Granita al Caffè
Mokka-Granita

FÜR 4 PERSONEN

600 ml frisch gebrühter Espresso
Etwa 4 EL Zucker
120 ml Sahne
1 EL Puderzucker

Die italienische Eiszubereitung par excellence! Meist genießt man Granita in einem Straßencafé, während man dem Treiben davor zusieht.

Den Mokka erhitzen, 4 Esslöffel Zucker dazugeben und rühren, bis er sich aufgelöst hat. Probieren und nach Geschmack noch etwas Zucker hinzufügen. Den Mokka in eine flache Form (am besten aus Metall) gießen und vollständig auskühlen lassen. In das Tiefkühlfach geben und gefrieren, bis das Kaffeeeis fest ist. Den Boden der Form für ein paar Sekunden in heißes Wasser tauchen, das Eis in Stücke brechen und in eine Küchenmaschine umfüllen. In kurzen Schüben zerkleinern, bis sich kleine Kristalle gebildet haben. Die Granita wieder in die Form umfüllen und erneut ins Tiefkühlfach stellen.

Etwa 20 Minuten vor dem Servieren vier lange Stielgläser in den Kühlschrank stellen. Die Sahne steif schlagen und den Puderzucker unterheben.

Die Granita aus dem Tiefkühlfach nehmen und – falls sie zu fest ist – nochmals ein paar Sekunden in der Küchenmaschine zerkleinern. Die Granita auf die Weingläser verteilen und mit der Schlagsahne garnieren.

DESSERTS, KUCHEN UND GEBÄCK

SAUCEN

Ragù alla Bolognese
Bologneser Fleischsauce

AUSREICHEND FÜR 4 PORTIONEN PASTA

50 g Butter
2 EL Olivenöl
100 g Pancetta*, fein gehackt
1 kleine Zwiebel, sehr fein gehackt
1 kleine Möhre, sehr fein gehackt
1 kleine Stange Staudensellerie, sehr fein gehackt
350 g mageres Rinderhackfleisch (aus der Oberschale oder dem Rücken)
5 EL Rotwein
1 ½ EL Tomatenmark
100 ml heiße Fleischbrühe
Salz und schwarzer Pfeffer aus der Mühle
5 EL Milch

Jeder italienische Koch kennt seine eigene Version von „ragù alla bolognese". Dies ist mein Rezept. Es stammt von meiner Mutter, vielleicht sogar schon von meiner Großmutter.

Die Butter und das Olivenöl mit dem Pancetta in einem großen Topf mit schwerem Boden erhitzen. 2–3 Minuten bei niedriger bis mittlerer Hitze braten und die gehackten Gemüse dazugeben. Die Gemüse bei mittlerer Hitze unter häufigem Rühren braten, bis sie weich sind.

Das Hackfleisch dazugeben und braten, bis es nicht mehr rosa ist. Den Rotwein dazugießen und 2–3 Minuten bei starker Hitze einkochen, bis alle Flüssigkeit fast vollständig verdampft ist.

Das Tomatenmark in der Brühe auflösen und unter die Hackfleischsauce mischen. Die Sauce nach Geschmack mit Salz und Pfeffer würzen und unter Rühren 5 Minuten kochen. Inzwischen die Milch in einem kleinen Topf bis zum Siedepunkt erhitzen.

Die Milch über das Fleisch gießen (die Flüssigkeit der Sauce sollte das Hackfleisch knapp bedecken) und gründlich rühren. Die Sauce bei sehr niedriger Temperatur ohne Deckel mindestens 2 Stunden köcheln. Gelegentlich rühren, am Ende der Garzeit probieren und, falls nötig, mit Salz und Pfeffer abschmecken.

Ragù alla Napoletana
Neapolitanische Fleischsauce

AUSREICHEND FÜR
6–8 PORTIONEN PASTA

I kg Schweine- oder Rinderrücken,
   in einem Stück
50 g Pancetta*, gewürfelt
6 EL Olivenöl
Salz
½ Knoblauchzehe, fein gehackt
3 Zwiebeln, fein gehackt
2 Möhren, fein gehackt
I Stange Staudensellerie, fein gehackt
150 ml Rotwein
I EL Tomatenmark
300 ml heiße Fleischbrühe
300 ml Tomatensauce (nach dem
   Rezept für Tomatensauce I auf
   Seite 229)

Dieses „ragù" ist weit weniger bekannt als die Bologneser Sauce. Die Sauce alleine wird zu Pasta (Ziti oder Maccheroni*) als warme Vorspeise gereicht. Das Fleisch bildet dann den Hauptgang zusammen mit etwas Sauce. Die Sauce wird bei sehr niedriger Hitze sehr lange gekocht. In neapolitanischen Küchen wird sie morgens als Erstes aufgesetzt, damit sie bis zum Mittag fertig ist.*

Das Fleisch mit einem feuchten Tuch abwischen und an mehreren Stellen mit der Spitze eines scharfen Messers einschneiden. Ein kleines Stück Pancetta in jeden Einschnitt stopfen. Das Olivenöl in einem Schmortopf erhitzen, das Fleisch hineingeben und von allen Seiten darin bräunen. Das Fleisch salzen und den Knoblauch, die Zwiebeln, die Möhren und den Sellerie dazugeben.

Bei mittlerer Temperatur langsam braten, bis das Gemüse leicht Farbe angenommen hat. Den Rotwein dazugießen, zum Kochen bringen und verdampfen lassen.

Das Tomatenmark in 150 ml heißer Fleischbrühe auflösen. Zu dem Fleisch geben und 30 Minuten köcheln lassen.

Die übrige heiße Brühe und die Tomatensauce dazugießen und das Fleisch bei sehr niedriger Hitze mindestens 3 Stunden schwach köcheln lassen, dabei das Fleisch alle 30 Minuten wenden und, falls nötig, einige Esslöffel heißes Wasser zufügen.

Salsa allo Speck
Specksauce

AUSREICHEND FÜR 4 PORTIONEN
PASTA

40 g Butter
200 g geräucherter Speck, in feine
   Streifen geschnitten
100 ml trockener Weißwein
I große Msp. Safranpulver oder
   ½ TL Safranfäden
Schwarzer Pfeffer aus der Mühle
150 ml Sahne
Salz
6 EL Parmigiano Reggiano* oder
   Grana Padano*, frisch gerieben,
   und etwas mehr zum Servieren

Von allen Pastaformen passen Tagliatelle am besten zu dieser cremigen Sauce.*

Die Butter in einer Bratpfanne erhitzen, die groß genug ist, um die Pasta später aufnehmen zu können. Sobald die Butter aufschäumt, den Speck dazugeben und 5 Minuten anschwitzen. Den Weißwein dazugießen und bei großer Hitze 5 Minuten einkochen, bis alle Flüssigkeit fast vollständig verdampft ist.

Nimmt man Safranfäden, diese in einen Esslöffel geben und mit dem Rücken eines Teelöffels zerreiben. Den Speck mit dem Safran und Pfeffer würzen und gut umrühren. Nach etwa I Minute die Sahne dazugießen und zum Kochen bringen, dabei ständig rühren. Probieren und, falls nötig, die Sauce salzen. Vom Herd nehmen.

Die Pasta *al dente* kochen, durch ein Sieb abgießen, gut abtropfen lassen und in die Pfanne mit der Sauce geben. Die Pasta sorgfältig mit der Sauce überziehen und den Parmesan darüber streuen.

Sogleich servieren und frisch geriebenen Parmesan separat dazu reichen.

Sugo di Pomodoro I
Tomatensauce I

ERGIBT 600 ML

800 g Eiertomaten aus der Dose
2 EL Tomatenmark
1 TL Zucker
2 Zwiebeln, gehackt
2 Stangen Staudensellerie, gehackt
5 EL natives Olivenöl extra
4 EL guter Rotwein
25 g Butter

Eine gehaltvolle Tomatensauce, die gut zu einer Schüssel mit heißen Penne* passt. Ich serviere sie auch zu pochiertem Huhn oder zu einigen „polpette"* vom Vortag.

Die Tomaten grob hacken und mit ihrem Saft, dem Tomatenmark, dem Zucker, den Zwiebeln, dem Sellerie und Olivenöl in einen schweren Topf geben. Mit Salz und Pfeffer würzen. Etwa 15 Minuten kochen und die Sauce in der Küchenmaschine oder im Mixer pürieren.

Die Sauce in den Topf zurückgießen und den Wein zufügen. Weitere 40 Minuten köcheln. Die Butter unterrühren, probieren und, falls nötig, mit Salz und Pfeffer abschmecken.

Sugo di Pomodoro II
Tomatensauce II

ERGIBT 600 ML

1 Knoblauchzehe
1 kleine Zwiebel oder 2 Schalotten
1 TL Zucker
Etwa 2 EL Gemüsebrühe
750 g reife Tomaten, geschält und
  gehackt
Salz und schwarzer Pfeffer
6 frische Basilikumblätter, zerpflückt
4 EL natives Olivenöl extra

Diese frisch und fruchtig schmeckende Tomatensauce lässt sich schneller zubereiten als die Tomatensauce I und passt gut zu Spaghetti, Gnocchi oder Fisch.

Den Knoblauch und die Zwiebel hacken. Zusammen mit dem Zucker und 2 Esslöffeln Brühe in einen Topf geben. Zugedeckt bei sehr niedriger Hitze 15–20 Minuten garen, dabei öfters rühren und, falls nötig, etwas Brühe oder Wasser dazugießen. Am Ende der Garzeit sind die Zwiebeln weich, und die Brühe ist mehr oder weniger verdampft.

Die Tomaten dazugeben, mit Salz und Pfeffer würzen, zum Kochen bringen und nicht länger als 5 Minuten weiterköcheln lassen. Vor dem Servieren das Öl unterrühren und das Basilikum darüber streuen.

La Peverada
Pfeffersauce

AUSREICHEND FÜR 4 PORTIONEN

50 g Butter
2 Knoblauchzehen, zerstoßen
1 Nelke
3 EL Semmelbrösel
300 ml Fleischbrühe
Salz und schwarzer Pfeffer aus der
  Mühle

Eine Sauce, die zu gebratenem Geflügel und zu „bollito misto"* gereicht wird.

Die Butter in einen kleinen Topf mit schwerem Boden geben. Den Knoblauch und die Nelke darin andünsten, bis der Knoblauch leicht Farbe annimmt. Knoblauch und Nelke herausnehmen.

Die Semmelbrösel in die Butter geben und 1–2 Minuten braten. Etwa 100 ml der Brühe dazugießen und die Sauce bei niedriger Temperatur kochen, bis sie eindickt. Nach Geschmack salzen und reichlich pfeffern.

Die Sauce weitere 30 Minuten kochen, dabei häufig rühren und, falls nötig, etwas Brühe dazugießen.

SAUCEN

Bagnet Ross
Piemonteser Tomatensauce

AUSREICHEND FÜR 6 PORTIONEN

700 g frische Tomaten
I kleine Zwiebel
I Möhre, in Scheiben geschnitten
I Stange Staudensellerie, in Stücke
  geschnitten
2 frische Salbeiblätter, zerkleinert
I kleiner Zweig frischer Rosmarin
2 Knoblauchzehen, geschält
I kleines Bund glatte Petersilie,
  gehackt
Einige frische Majoranblätter
I kleiner getrockneter roter Chili
I TL Tomatenmark
Salz und schwarzer Pfeffer
7 EL Weinessig
I EL Zucker
I Msp. gemahlener Zimt

Diese Tomatensauce wird — meist zusammen mit „salsa verde"*° (Rezept Seite 233) — traditionell im Piemont zu „bollito misto"* serviert.

Die Tomaten blanchieren, häuten und hacken. Die Zwiebel in dicke Scheiben schneiden. Tomaten und Zwiebeln zusammen mit der Möhre, dem Sellerie, den Salbeiblättern und dem Rosmarinzweig, dem Knoblauch, der Petersilie, dem Majoran, Chili und Tomatenmark in einen Topf geben und bei sehr niedriger Hitze 30 Minuten köcheln lassen. Durch ein Sieb passieren oder im Mixer pürieren und zurück in den Topf gießen.

Den Essig, Zucker und Zimt unterrühren und die Sauce etwa 20 Minuten kochen, bis sie eingedickt ist. Probieren und mit Salz und Pfeffer abschmecken. Heiß oder kalt servieren.

Amatriciana
Pancetta-Tomaten-Sauce

AUSREICHEND FÜR
4–6 PORTIONEN PASTA

450 ml Tomatensauce (nach
  Wunsch, siehe unten)
350 g Pancetta*, in I cm große
  Würfel geschnitten
I EL Olivenöl
I kleine Zwiebel, sehr fein gehackt
Salz
I Knoblauchzehe, fein gehackt
I getrockneter Chili, fein gehackt
120 ml trockener Weißwein
Schwarzer Pfeffer aus der Mühle

Nach dem traditionellen Rezept wird „Amatriciana" mit Schweinebacke anstelle von Pancetta und mit vielen getrockneten Chilis zubereitet, die einen Kontrast zu dem Fett des Fleisches bilden sollen. Geriebener Pecorino* wird separat dazu gereicht. Bucatini* sind die traditionelle Pasta, zu der man die Sauce reicht. Spaghetti sind eine gute Alternative.

Zuerst die Tomatensauce nach eigenem Geschmack zubereiten oder das Rezept für Tomatensauce I nehmen.

Die Pancettawürfel in dem Olivenöl in einer beschichteten Bratpfanne anschwitzen und bei niedriger Hitze braten, bis der Pancetta einen Großteil seines Fettes abgegeben hat und die Würfel knusprig und braun sind. Dabei häufig rühren.

Die Zwiebeln und eine Messerspitze Salz in die Bratpfanne geben und etwa 10 Minuten braten. Den Knoblauch und den Chili dazugeben. Eine weitere Minute braten, dann den Weißwein dazugießen. Die Hitze erhöhen und den Wein um die Hälfte einkochen.

Die Tomatensauce unterrühren und alles 15 Minuten köcheln lassen, damit sich die Aromen miteinander verbinden. Probieren und mit Salz und Pfeffer abschmecken.

Salsa di Noci
Walnusssauce

AUSREICHEND FÜR 4 PORTIONEN PASTA

1 Scheibe weißes Landbrot wie
  Toskanabrot oder apulisches Brot
100 g Walnusskerne, vorzugsweise
  blanchiert und gehäutet
1 Knoblauchzehe, geschält
3 EL Parmigiano Reggiano* oder
  Grana Padano*, frisch gerieben
3 EL natives Olivenöl extra
4 EL Sahne
Salz

Dies ist die traditionelle ligurische Sauce für „pansotti" (eine regionale Ravioliart) und andere regionale Pasta. Vorsicht ist bei Walnusskernen geboten. Man muss sie nach der Ernte relativ schnell verzehren, da sie sonst ranzig schmecken und das Gericht verderben. Zur Weihnachtszeit kaufe ich gerne viele Walnüsse in der Schale, schäle sie und friere die Kerne ein.*

Das Brot 5 Minuten in warmem Wasser einweichen und anschließend gut auspressen.

Das Brot, die Walnüsse und den Knoblauch in einem Mörser fein zerstoßen oder in der Küchenmaschine fein zerkleinern. Dann den Parmesan, das Olivenöl und die Sahne unterrühren und die Sauce nach Geschmack salzen.

Man würzt diese Walnusssauce traditionell nicht mit Pfeffer.

Fonduta
Piemonteser Fondue

FÜR 4 PERSONEN

300 g Fontina* (ersatzweise Fontal*)
Etwa 250 ml Milch
50 g Butter
1 EL Mehl
3 große Eigelb
Frisch gemahlener Pfeffer

Die Hauptzutat für diese köstliche Sauce aus dem Piemont ist eine der wunderbaren Käsesorten dieser Region — Fontina. Im Herbst gibt man frisch gehobelte Trüffeln in die „fonduta". Die Sauce sollte sehr sämig und glatt sein sowie ohne Klumpen und sollte auch keine Fäden ziehen, daher bereitet man sie im Wasserbad zu. „Fonduta" ist eine unkomplizierte Sauce aus perfekt aufeinander abgestimmten, komplexen Aromen. Man serviert sie zu Polenta, gekochtem Reis oder Crostini*.*

Etwa 6 Stunden bevor man die *fonduta* servieren möchte, den Fontina in Würfel schneiden. Den Käse in eine Schüssel geben und die Milch darüber gießen.

Kurz vor dem Servieren die Butter mit dem Fontina und der Milch in eine Schüssel aus Metall geben und diese auf einen Topf mit leicht köchelndem Wasser setzen, dabei darauf achten, dass der Boden der Schüssel mit dem Wasser nicht in Kontakt kommt.

Das Mehl mit dem Eigelb verschlagen und unter die Käsesauce mischen, dabei ständig mit einem Schneebesen schlagen. Die Zutaten weitererhitzen, bis der Käse geschmolzen und die Sauce sämig und glänzend ist. Die *fonduta* pfeffern, jedoch nicht salzen, da der Fontina ausreichend Salz enthält. Die Sauce nicht weitererhitzen, da der Käse sonst Fäden ziehen würde.

Die *fonduta* in einer vorgewärmten, irdenen Schüssel servieren, damit sie lange heiß und flüssig bleibt.

Salsa di Funghi Secchi
Steinpilzsauce

**AUSREICHEND FÜR
3–4 PORTIONEN PASTA**

25 g getrocknete Steinpilze (Porcini*)
50 g Butter
2 EL gehackte glatte Petersilie
1 Knoblauchzehe, sehr fein gehackt
Salz und schwarzer Pfeffer aus der
   Mühle
150 ml Sahne

Die Steinpilze etwa 30 Minuten in 200 ml heißem Wasser einweichen. Die Pilze herausnehmen und die Flüssigkeit durch ein mit Musselintuch ausgelegtes Sieb gießen. Die Steinpilze unter kaltem Wasser abspülen, trockentupfen und grob hacken.

Die Butter mit Petersilie und Knoblauch in einer großen Pfanne erhitzen. Die Pilze dazugeben und etwa 10 Minuten dünsten, dabei 3–4 Esslöffel der Einweichflüssigkeit dazugießen. Die Pilze salzen und pfeffern.

Sobald die Pasta beinahe *al dente* ist, die Sahne in die Sauce rühren. Die abgetropfte Pasta in die Pfanne umfüllen und unter ständigem Wenden in der Sauce etwa 1 Minute erhitzen. Etwas Einweichflüssigkeit der Pilze dazugießen, wenn die Pasta zu trocken wirkt.

Besciamella
Béchamelsauce

ERGIBT ETWA 450 ML

600 ml heiße Milch
50 g Butter
40 g Mehl
Salz
Frisch gemahlener weißer Pfeffer
Geriebene Muskatnuss

Die Milch bis zum Siedepunkt erhitzen. Inzwischen die Butter in einem Topf mit schwerem Boden bei niedriger Temperatur zerlassen. Das Mehl dazugeben, dabei kräftig rühren. Vom Herd nehmen und die Milch – immer einige Esslöffel auf einmal – nach und nach in die Mehlschwitze rühren, bis eine glatte, klumpenfreie und sämige Sauce entsteht.

Sobald die Milch untergerührt ist, den Topf erneut auf den Herd stellen. Die Béchamelsauce mit Salz, Pfeffer und Muskatnuss würzen und unter ständigem Rühren zum Kochen bringen. Bei sehr niedriger Temperatur unter häufigem Rühren mindestens 10 Minuten kochen.

Salsa di Mascarpone
Mascarponesauce

**AUSREICHEND FÜR 4 PORTIONEN
PASTA**

150 g Mascarpone*
2 Eigelb
100 g Parmaschinken, in dünne
   Streifen geschnitten
50 g Parmigiano Reggiano* oder
   Grana Padano*, frisch gerieben

Ada Boni ist wahrscheinlich die berühmteste italienische Kochbuchautorin des 20. Jahrhunderts. In ihrem Rezept für Fettucine mit Mascarpone gibt sie etwas Parmaschinken mit ein paar Esslöffeln Nudelwasser in den Mascarpone und erhält eine äußerst köstliche Sauce. Dies ist meine adaptierte Version dieses Rezepts.

Die gewählte Pasta *al dente* kochen und durch ein Sieb abgießen, dabei das Kochwasser aufheben. Den Mascarpone mit einigen Esslöffeln Pastawasser in einer vorgewärmten Schüssel glatt rühren. Das Eigelb mit einem Holzlöffel unter den Mascarpone rühren. Dann den Parmaschinken und die Hälfte des Parmesan untermischen.

Die abgetropfte Pasta in die Schüssel umfüllen und gründlich in der Sauce wenden. Servieren und den übrigen Parmesan separat dazu reichen.

Pesto
Basilikumsauce

**AUSREICHEND FÜR 4 PORTIONEN
PASTA ODER GNOCCHI**

20 g Pinienkerne
50 g frische Basilikumblätter
1 Knoblauchzehe, geschält
1 Prise grobes Meersalz
4 EL Parmigiano Reggiano* oder
   Grana Padano*, frisch gerieben
2 EL reifer Pecorino*, frisch gerieben
120 ml natives Olivenöl extra,
   vorzugsweise aus Ligurien

Dies ist mein Rezept für Pesto. Man kann die Zutaten variieren, nur sollte man ein sehr gutes, mildes Olivenöl nehmen.

Den Backofen auf 180 °C vorheizen. Die Pinienkerne auf einem Backblech verteilen und 3–4 Minuten im heißen Ofen rösten. Durch das Rösten entfalten die Pinienkerne ihr Aroma.

Basilikum, Knoblauch, Pinienkerne und Salz in einen Mörser geben. Die Zutaten mit einem Stößel gründlich zerstoßen, bis eine Paste entsteht. Man kann die Zutaten auch in der Küchenmaschine zerkleinern.

Den geriebenen Käse dazugeben und das Olivenöl in einem dünnen Strahl in den Mörser laufen lassen, dabei mit einem Holzlöffel kräftig rühren.

Salsa Verde
Grüne Sauce

FÜR 4–6 PORTIONEN

25 g frische Brotkrumen (dazu
   1 entrindete Scheibe Weißbrot in
   einer Küchenmaschine oder einem
   Mixer zerkleinern)
1–1 ½ TL Rotweinessig
1 kleine Knoblauchzehe
40 g glatte Petersilie
2 EL Kapern, vorzugsweise in Salz
   eingelegte, abgespült
6 Cornichons
1 hart gekochtes Ei
6 in Salz eingelegte Anchovisfilets,
   abgespült und abgetropft
2 TL Dijonsenf
150 ml natives Olivenöl extra
Schwarzer Pfeffer aus der Mühle

Je nachdem, wozu ich die „salsa verde" reichen möchte, nehme ich unterschiedliche Kräuter, zum Beispiel Rucola, Minze, Dill oder Estragon. Manchmal ersetze ich das Brot durch eine gekochte Kartoffel oder ich lasse das hart gekochte Ei weg und gebe stattdessen ein rohes Eigelb in die Salsa. Dieses Rezept soll als Richtlinie für Ihre eigene „salsa verde" dienen – probieren Sie je nach Gericht verschiedene Kombinationen aus. Beachten Sie, dass eine mit Zitrone zubereitete „salsa verde" am besten zu Fisch passt, während man für ein Fleischgericht, wie „bollito"*, besser Essig nimmt. Eine traditionelle „salsa verde" wird ohne Knoblauch bereitet, in meinem Rezept ist er jedoch dabei.*

Die Brotkrumen in eine Schüssel geben und den Essig darüber träufeln. Beiseite stellen. Den Knoblauch schälen, halbieren und den Keimling herausnehmen. Sein Aroma ist eher stechend als mild.

Die Petersilie, Kapern, Cornichons, das hart gekochte Ei, die Anchovisfilets und den Knoblauch auf ein großes Schneidebrett legen und sehr fein hacken. Die gehackten Zutaten in eine weitere Schüssel geben.

Die Brotkrumen leicht auspressen, in die Schüssel mit den gehackten Zutaten geben und mit einer Gabel untermischen. Den Senf dazugeben und das Öl in einem dünnen Strahl hineinlaufen lassen, dabei mit der Gabel ständig rühren. Mit reichlich Pfeffer würzen und probieren, eventuell noch etwas Essig hinzufügen. Salz wird nicht nötig sein, da die Anchovis und Kapern bereits genug Salz enthalten.

ANMERKUNG: Man kann die Sauce auch in einer Küchenmaschine zubereiten, jedoch die Zutaten nicht zu lange mixen – die Petersilie sollte noch, wie gehackte, in kleinen Stücken vorhanden sein.

SAUCEN

Salsa di Fiori di Zucchine
Zucchiniblütensauce

AUSREICHEND FÜR 4 PORTIONEN PASTA

12 Zucchiniblüten
1 kleine Zwiebel, gehackt
1 Bund glatte Petersilie
4 EL Olivenöl
1 Msp. Safranpulver oder ein paar Safranfäden
4 EL heiße, leichte Gemüsebrühe
Salz und schwarzer Pfeffer aus der Mühle
1 großes Eigelb
75 g Pecorino*, frisch gerieben

Ich mache eine Schüssel heiße Pasta mit dieser köstlichen Sauce an, so wie man dies in Umbrien tut. Gerne reiche ich sie auch zu gebratenem Fisch, wie Zahnbrasse oder Dorade Royale. Wenn Sie selbst Zucchini oder Sommerkürbisse ziehen, können Sie Ihre eigenen Blüten verwenden. Ansonsten sind sie in der Saison in gut sortierten italienischen Feinkostgeschäften und an Marktständen erhältlich.

Die Zucchiniblüten waschen und mit der Zwiebel und der Petersilie sehr fein hacken.

Die Hälfte des Olivenöls und die gehackten Zutaten in einen Topf geben und bei sehr niedriger Temperatur unter häufigem Rühren etwa 10 Minuten dünsten.

Inzwischen den Safran in der heißen Brühe auflösen und zu den anderen Zutaten in den Topf geben. Gut umrühren und weitere 10 Minuten kochen. Nach Geschmack mit Salz und Pfeffer würzen und die Sauce anschließend durch ein Sieb passieren oder in der Küchenmaschine pürieren.

Sobald die ausgewählte Pasta *al dente* gekocht ist, diese abgießen, gut abtropfen lassen und in eine vorgewärmte Schüssel füllen. Sogleich mit dem übrigen Olivenöl anmachen. Das Eigelb in die Sauce rühren und den Pecorino untermischen. Die Salsa über die Pasta gießen und sofort servieren.

BROT UND PIZZA

Focaccia alla Genovese
Focaccia (Grundrezept)

FÜR 6–8 PERSONEN

500 g Mehl
1 ½ TL Trockenhefe
1 gehäufter TL Salz
6 EL natives Olivenöl extra
1 TL grobes Meersalz

„*Focaccia*"* ist eine kleine Zwischenmahlzeit, die man zu Hause, auf der Straße und in Bars vor dem Essen zu sich nimmt. Dies ist das Rezept für eine weiche „*focaccia*", die traditionelle „*focaccia alla genovese*" aus Genua. Man belegt sie vor dem Backen nach Geschmack mit Rosmarin oder dünn geschnittenen, milden Zwiebelscheiben.

Das Mehl in eine Schüssel sieben. Die Hefe und das feine Salz darüber streuen und etwa 4 Esslöffel des Olivenöls dazugeben. Die Zutaten sofort miteinander mischen und dann 300–350 ml warmes Wasser nach und nach dazugießen, dabei kräftig rühren. Den Teig kneten, bis er glatt ist.

Den Teig auf eine bemehlte Arbeitsfläche geben und 1–2 Minuten weiterkneten, nicht länger. Der Teig ist dann sehr feucht. Die Schüssel auswaschen, abtrocknen und mit ein wenig Öl einstreichen. Den Teig in die Schüssel geben und mit einem feuchten Tuch zudecken. An einem warmen Ort etwa 2 Stunden gehen lassen, bis sich das Volumen des Teigs verdoppelt hat.

Den Teig abschlagen, dabei immer wieder wenden und kneten. Ein Backblech (30 × 23 cm) mit etwas Öl einstreichen und den Teig gleichmäßig bis in die Ecken des Blechs verteilen. Zugedeckt an einem warmen Ort eine weitere Stunde gehen lassen, bis der Teig weich und locker ist.

Den Backofen auf 240 °C vorheizen.

Das übrige Öl mit etwas Wasser verrühren. Die Finger in die Flüssigkeit tauchen und mehrfach in die *focaccia* drücken, sodass sich überall tiefe Mulden bilden. Mit dem groben Meersalz bestreuen und die Oberfläche mit der Flüssigkeit bestreichen. So bleibt die Oberfläche während des Backens weich.

Die Backofenhitze auf 220 °C reduzieren – die höhere Temperatur ist nur am Anfang nötig – und die *focaccia* sofort in den Ofen schieben. In etwa 20 Minuten goldbraun backen. Die *focaccia* auf einem Kuchengitter etwas abkühlen lassen und noch warm essen. Ansonsten kurz vor dem Servieren bei niedriger Temperatur aufwärmen.

Focaccia Dolce
Süße Focaccia

Ein typisches süßes Brot aus Norditalien, das auch „fugazza di casa" – so die venezianische Bezeichnung – genannt wird. Hier ist meine Adaption eines Focaccia-Rezepts von Giuseppe Maffioli, der für die venezianische Küche eine Art Institution war. Diese „focaccia" sieht aus wie ein Kuchen und hat eine ähnliche Konsistenz wie ein Landbrot. Sie passt ausgezeichnet zu eingemachten Früchten, zu einem Glas Vino di Cipro oder Vin Santo, einer Tasse Kaffee oder heißer Schokolade – ein besonderes süßes Brot zu vielen Gelegenheiten.

FÜR 6 PERSONEN

300 g Weißmehl (Brotmehl)
1 TL Backpulver
1 TL Weinsteinpulver
1 Msp. Salz
3 große Eier, getrennt
100 g Zucker
100 g weiche Butter
4 EL Milch
2 EL brauner Rum
Abgeriebene Schale von
   1 unbehandelten Zitrone
Butter und Semmelbrösel für die Form

ZUM BESTREICHEN
1 Eigelb, mit 2 EL Milch verquirlt
Grober Kristallzucker

Den Backofen auf 180 °C vorheizen. Das Mehl in eine große Schüssel sieben und das Backpulver, Weinsteinpulver und Salz untermischen. Ein Eigelb nach dem anderen dazugeben und untermischen, dann den Zucker, die Butter, die Milch, den Rum und die Zitronenschale hinzufügen. Alle Zutaten gründlich miteinander vermischen.

Das Eiweiß steif schlagen und unter den Teig heben.

Eine Springform (Durchmesser: 20 cm) reichlich buttern und mit den Semmelbröseln ausstreuen. Überschüssige Brösel herausschütten und den Teig gleichmäßig in der Form verteilen. Die Oberfläche mit dem mit der Milch verquirlten Eigelb einstreichen und mit dem groben Zucker bestreuen.

Die Form in den vorgeheizten Ofen stellen und die *focaccia* etwa 1 Stunde backen.

Für die Garprobe einen Zahnstocher in der Mitte der *focaccia* tief einstechen – er sollte beim Herausziehen trocken sein. Die *focaccia* stürzen und auf einem Kuchengitter auskühlen lassen.

Pasta per Pizza
Pizzateig

ERGIBT ZWEI 30 CM GROSSE PIZZAS

500 g Weizenmehl (Brotmehl)
1 Päckchen Trockenhefe
1 EL Salz
1 EL Olivenöl
Etwas natives Olivenöl extra zum
  Bestreichen

Das Mehl auf eine Arbeitsfläche sieben, die Hefe und das Salz untermischen und in die Mitte eine Mulde drücken. In Italien bereitet man Brotteige auf einer Arbeitsfläche zu und nicht in einer Schüssel. Das Öl mit 200 ml handwarmem Wasser in die Mulde gießen und das Mehl vom Rand der Mulde nach und nach in die Mitte arbeiten. Noch etwa 200 ml Wasser dazugeben und alle Zutaten zu einem dicken Teig formen.

Den Teig etwa 10 Minuten kneten. Zu zwei gleich großen Kugeln formen und in zwei mit Öl bestrichene Schüsseln geben. Zugedeckt etwa 2½ Stunden an einem warmen, zugfreien Ort gehen lassen.

Zwei rechteckige Backbleche leicht mit Mehl bestäuben und den Ofen auf die höchstmögliche Temperatur einstellen.

Die Teigkugeln abschlagen und zu 5 mm dicken, runden Fladen ausrollen. Beim Ausrollen wird sich der Teig anfänglich wieder zusammenziehen, er gibt aber bald nach. Die Ränder etwas dicker lassen. Die ausgerollten Teigfladen auf die beiden vorbereiteten Bleche geben und nach Wunsch belegen (siehe unten). Die Pizzas im vorgeheizten Ofen 12 – 15 Minuten backen, bis sie an den Rändern braun sind. Die Ränder der Pizzas noch heiß mit etwas Olivenöl bestreichen.

KLASSISCHE PIZZABELÄGE:

Pizza alla Marinara

700 g reife, frische Tomaten, geschält
4 EL natives Olivenöl extra
2 Knoblauchzehen, sehr fein geschnitten
2 TL getrockneter Oregano
Salz und schwarzer Pfeffer aus der
  Mühle

Dies ist der ursprüngliche Pizzabelag. Er ist zugleich auch der einfachste.

Die Tomaten halbieren, einen Teil des Saftes auspressen und das Fruchtfleisch grob hacken. Die Tomaten auf den ausgerollten Pizzateigfladen verteilen, mit Oregano, Knoblauch, etwas Salz und reichlich Pfeffer bestreuen und wie oben backen.

Pizza Margherita

200 g Mozzarella di buffala*
4 EL natives Olivenöl extra
Salz und schwarzer Pfeffer aus der
  Mühle
500 g reife, frische Tomaten,
  entkernt und gehackt
12 Basilikumblätter
1 EL Parmigiano Reggiano* oder
  Grana Padano*, frisch gerieben

Dieser Belag wurde im 19. Jahrhundert zu Ehren des Besuchs von Königin Margherita von Neapel kreiert. Er hat die drei Farben der italienischen Flagge: Grün (Basilikum), Weiß (Mozzarella), Rot (Tomate).

Den Mozarella klein schneiden und in eine Schüssel geben. 2 Esslöffel des Olivenöls und reichlich Pfeffer zufügen. Etwa 1 Stunde stehen lassen.

Die gehackten Tomaten und den Mozzarella auf den ausgerollten Pizzateigfladen verteilen, mit dem Basilikum und Parmesan bestreuen und mit dem übrigen Öl beträufeln. Wie oben backen.

Pizza Aglio, Olio e Peperoncino
Pizza mit Knoblauch, Öl und Chilis

FÜR 4 PERSONEN

7–8 EL natives Olivenöl extra
4 Knoblauchzehen, sehr fein geschnitten
2 TL getrockneter Oregano
Salz und Pfeffer aus der Mühle
½–1 TL getrocknete Chilis

Eine Pizza ohne Tomaten, wahrscheinlich die Urahnin unzähliger Generationen fantasievoll belegter Pizzas.

Das Öl über die Pizzateigfladen träufeln, dann den Knoblauch, den Oregano, etwas Salz und Pfeffer und die zuvor im Mörser zerstoßenen getrockneten Chilis darüber streuen. Gemäß den Angaben auf Seite 240 backen.

Pizza Rustica
Pizza mit Wurst, Parmaschinken und Käse

FÜR 4–6 PERSONEN

150 g Luganega* oder eine milde
   rohe Schweinsbratwurst, enthäutet
1 EL Olivenöl
150 g Mozzarella*
100 g Parmaschinken
100 g Mortadella
250 g frischer Ricotta*
50 g geräucherter Provolone*, gewürfelt
50 g Parmigiano*, frisch gerieben
½ Knoblauchzehe, gehackt
2 EL gehackte glatte Petersilie
2 Msp. Cayennepfeffer oder
   Chiliflocken
2 Eier, verquirlt
Pfeffer aus der Mühle
1½ EL Semmelbrösel
Etwas Butter für die Form

FÜR DEN TEIG
250 g Mehl
140 g Butter
2 Eigelb
1½ TL Salz
1 EL Zucker
2 EL kaltes Wasser

ZUM BESTREICHEN
1 Eigelb
2 EL Milch

Eine Art rustikale Pastete aus den Abruzzen in Mittelitalien, die nichts mit der Pizza aus Neapel zu tun hat. Nach Möglichkeit sollte frischer, kein abgepackter Ricotta verwendet werden. Der Provolone lässt sich auch durch geräucherten Scamorza ersetzen.

Den Mürbeteig mit den Händen oder in einer Küchenmaschine zubereiten. Den fertigen Teig in zwei Kugeln aufteilen, wovon eine größer ist als die andere. In Klarsichtfolie einschlagen und kalt stellen.

Inzwischen die Bratwurst mit den Fingern zerpflücken und in dem Olivenöl in einer kleinen Bratpfanne unter häufigem Wenden 5 Minuten anbraten. Das Brät in einer Schüssel abkühlen lassen.

Den Mozzarella, den Parmaschinken und die Mortadella in kleine Stücke schneiden und mit allen anderen Zutaten – außer den Semmelbröseln – in eine große Schüssel geben und mit den Händen gründlich vermischen. Kalt stellen.

Den Backofen auf 200 °C vorheizen. Eine mittelgroße Kastenform buttern.

Den Mürbeteig aus dem Kühlschrank nehmen. Sobald er ein wenig weicher geworden ist, die größere Teigkugel ausrollen und die Form damit vollständig auskleiden. Mit den Semmelbröseln ausstreuen und die Füllung gleichmäßig darin verteilen. Für den Deckel die kleinere Teigkugel ausrollen und über die Füllung legen. Die Ränder umschlagen und mit den Zinken einer Gabel festdrücken.

Kurz vor dem Backen das Eigelb mit der Milch und dem Salz verquirlen und den Teigdeckel damit einstreichen. Den Deckel mehrfach mit der Gabel einstechen. Etwa 10 Minuten im Ofen backen, dann die Temperatur auf 180 °C reduzieren und die Pastete weitere 45 Minuten backen.

Die Pastete nicht sofort nach dem Backen servieren, sondern mindestens 10 Minuten abkühlen lassen.

BROT UND PIZZA

Pissaladeira
Pissaladière

FÜR 6 PERSONEN

1 Menge Pizzateig (siehe Seite 240)
1 kg weiße Zwiebeln, fein geschnitten
6 EL Olivenöl
1 TL Zucker
Salz
12 Anchovisfilets, abgespült, abgetropft und gehackt
1 Knoblauchzehe, sehr fein gehackt
Schwarzer Pfeffer aus der Mühle
Etwas Olivenöl für die Form
2 TL getrockneter Oregano
12 kleine schwarze Oliven, entsteint

Diese besondere Pizza wird auch „sardenaira" genannt und stammt von der westlichen Riviera. In Frankreich kennt man sie als „pissaladière". Sie ist mit der neapolitanischen Pizza nur noch entfernt verwandt, doch gibt es Varianten, die auch mit Tomaten belegt werden.

Den Pizzateig zubereiten und in einem Stück gehen lassen. Während der Teig geht, die Füllung zubereiten.

Die Zwiebeln mit Olivenöl, Zucker und etwas Salz in eine große Bratpfanne oder eine große flache Stielkasserolle (Sautoir) geben. Zugedeckt bei sehr niedriger Temperatur etwa 45 Minuten dünsten, bis die Zwiebeln weich und goldgelb sind. Gelegentlich rühren und 2 Esslöffel Wasser dazugießen, wenn die Zwiebeln am Boden der Pfanne ansetzen.

Den Backofen auf 220 °C vorheizen. Eine große Tarteform (Durchmesser: 25 cm) mit Olivenöl bestreichen.

Den Pizzateig 5 mm dick ausrollen und die Form damit auskleiden. Den Teig an den Seiten fest andrücken. Den Belag gleichmäßig darauf verteilen. Mit dem Oregano bestreuen und mit den Oliven belegen.

Im vorgeheizten Ofen 15 Minuten backen, dann die Hitze auf 190 °C reduzieren und weitere 5 Minuten backen. Aus dem Ofen nehmen und etwas abkühlen lassen. Die *pissaladeira* lauwarm servieren.

LINKE SEITE: *Pissaladeira*

ZUTATEN VON A BIS Z

ABBACCHIO (Milchlamm)
Das Fleisch eines Milchlamms, das normalerweise geschlachtet wird, solange es noch mit Milch ernährt wird. Heute jedoch werden Milchlämmer häufig erst geschlachtet, wenn sie bereits anfangen, Gras zu fressen. Ein fachgemäß geschlachtetes *abbacchio* besitzt sehr helles, zartes und delikates Fleisch, das geschmacklich mehr an das Fleisch von Freilandhühnern als an Lammfleisch erinnert.

Abbacchio zählt zu den bekanntesten Spezialitäten der römischen Küche, wo es auf verschiedene Art zubereitet wird. Meist wird es im Ofen oder am Spieß gebraten und *brodettato*✥ – als Frikassee – oder *alla cacciatora*✥ – auf Jägerart, mit Rosmarin und Essig geschmort – serviert.

ACCIUGA Anchovis (Sardelle)
Ein kleiner Salzwasserfisch, auch *alice* genannt, der an der gesamten Küste Italiens gefangen wird, obwohl er aufgrund der Überfischung in den 1960er- und 1970er-Jahren inzwischen eher selten geworden ist. Der schuppenfreie Rücken von frischen Sardellen besitzt eine wunderbar blaugrüne Farbe und geht an den Seiten in ein silbriges Grau über. Die Frische lässt sich leicht feststellen, denn der Rücken verändert seine Farbe zu dunkelblau bis schwarz, wenn die Fische schon längere Zeit aus dem Wasser sind. Sardellen sind kleiner als Sardinen und unterscheiden sich durch einen überstehenden Oberkiefer.

Der Großteil des Fangs wird entweder in Salz, als *acciughe sotto sale*, oder in Öl, als *filetti di acciuga sott'olio*, eingelegt. Bei in Salz eingelegten Anchovis werden die Fische ohne Kopf mit grobem Meersalz in Fässchen geschichtet, beschwert und drei Monate darin gereift. Vor der weiteren Verwendung in der Küche spült man sie in kaltem Wasser und entfernt die Hauptgräte.

Filetti di acciuga sott'olio sind Anchovisfilets, die mit Öl in Dosen eingemacht werden.

Acciughe sotto sale und *filetti di acciughe* finden in der italienischen Küche sehr häufig Verwendung und verleihen vielen Saucen und Gerichten ihren charakteristischen Geschmack. Zahlreiche Pastasaucen werden mit pürierten Anchovis zubereitet. Die wohl bekannteste unter ihnen ist jene, mit der in Venedig *bigoli**, eine Art Vollweizen-Spaghetti, zubereitet werden. Anchovis finden sich auch in vielen Füllungen für gebackene Gemüse oder werden zerstoßen für auf Öl basierende Saucen verwendet, die man zu gekochtem Gemüse reicht, besonders zu Spinat und Blumenkohl, oder sie dekorieren den Belag verschiedenster Arten von klassischer oder moderner Pizza.

Pasta d'acciuga ist Anchovispaste, die in Tuben verkauft wird. Sie besteht aus eingelegten Anchovis und Oliven- oder Pflanzenöl. Sie ist sehr geschmacksintensiv, lässt sich häufig aber leichter einsetzen als eingelegte Anchovis, da sich die Intensität des Anchovisgeschmacks besser dosieren lässt.

ACETO *(Essig)*

In Italien bezeichnet dieser Begriff in der Regel Weinessig. Er wird mithilfe von Essigsäurebakterien hergestellt, die den Alkohol im Wein durch Oxidation in Essigsäure verwandeln. Traditionell hergestellter Essig erhält seine Farbe durch Enocyanin, einen natürlichen Farbstoff, der im Wein enthalten ist. Die Verwendung von Geschmacksstoffen ist außer für aromatisierte Essige unzulässig.

Sowohl Rot- als auch Weißweinessig nimmt man hauptsächlich für Salatsaucen. Essig verwendet man auch für süßsaure Saucen für Gemüse und Fisch, für eingemachte Gemüse, zum Marinieren von Fleisch, Wild und Fisch und zur Intensivierung des Kochfonds von Fleisch und Fisch.

ACETO BALSAMICO *(Balsamessig)*

Der einzige Essig, der nicht aus Wein, sondern aus gekochtem und konzentriertem Most von weißen Trebbiano-Trauben hergestellt wird. *Aceto balsamico* wird nach-

einander in Fässern aus verschiedenen Hölzern gealtert, wie Eiche, Kirsche, Kastanie, Maulbeere und Esche, in denen der Most je ein Jahr reift. Wenn im Herbst die neuen Trauben kommen, wird ein Teil des Mosts aus dem Vorjahr in das nächste Fass umgefüllt und ein Teil von diesem wiederum in das Fass mit drei Jahre altem Most, und so fort. Das Ergebnis dieser komplizierten Prozedur ist ein weicher Essig von sirupähnlicher Konsistenz, der sehr ausgewogen schmeckt.

Per Gesetz muss Essig, der als *aceto balsamico tradizionale* etikettiert wird, mindestens zehn Jahre alt sein. Manchmal jedoch ist er sogar 50 Jahre und länger gereift. Er ist weich, körperreich und schwer, besitzt eine dunkelbraune Farbe mit goldenen Lichtern und ein besonders ausgeprägtes, wundervolles Aroma.

Es gibt auch industriell hergestellten Balsamessig, der nur als *aceto balsamico* bezeichnet wird und nicht als *tradizionale* in den Handel kommen darf. Er schmeckt ähnlich, wenngleich nicht so weich und rund und weniger aromatisch, wird aber nicht so lange gereift. Seinen Geschmack erhält er, indem eine kleine Menge Zuckercouleur mit gutem Weißweinessig versetzt wird.

Balsamessig wird in Modena in der Emilia-Romagna und nach einem nur wenig anderen Verfahren auch in der Reggio Emilia, dem Umland von Modena, erzeugt. Bis in die 1980er-Jahre war *aceto balsamico* weitgehend unbekannt. Inzwischen ist er zu einer beliebten Zutat für viele Gerichte geworden. Man nimmt ihn zum Würzen von Erdbeeren, als pikante Note an Vanilleeis, zum Aromatisieren von Kraftbrühe und für spezielle Marinaden. Es mag etwas eigenartig wirken, aber mit Eiswasser verlängerter und mit etwas Zucker gesüßter *aceto balsamico tradizionale* ist ein ausgezeichneter Durstlöscher.

ACQUACOTTA (Ländliche Gemüsesuppe)

Eine traditionelle Suppe aus der toskanischen Küstenregion Maremma, die heute überall in der Toskana zubereitet wird. Wie ihr Name „gekochtes Wasser" schon andeutet, handelt es sich um eine sehr einfache Suppe, deren Geschmack ganz und gar von der Frische und Qualität der verwendeten Gemüse abhängt. Sie wird überall anders zubereitet, enthält aber stets Zwiebeln, Tomaten und Sellerie, die in bestem toskanischem Olivenöl angedünstet und anschließend mit Wasser aufgegossen werden. *Acquacotta* wird über geröstetes, ungesalzenes Toskanabrot gegossen, auf das ein rohes Ei gegeben wurde, das in der Suppe gar zieht.

AFFETTATO (Aufschnitt)

Eine Vorspeisenplatte aus aufgeschnittenen rohen Wurstwaren vom Schwein, die eine wahre Augenweide ist und auch vorzüglich mundet. *Affettato* muss Prosciutto*, zwei bis drei verschiedene Salamisorten, Coppa*, Mortadella* und einige regionale Spezialitäten enthalten, die alle auf einer großen Platte angerichtet und in Norditalien manchmal mit kleinen Butterflocken garniert werden. Es ist das einzige Gericht, das mit Butter serviert wird, dazu viel knuspriges Brot. Salat wird nicht dazu gereicht, wohl aber gelegentlich essigsaures Gemüse. *Affettato* wurde traditionell als Antipasto* serviert, aber nur um die Mittagszeit. Heute ersetzt es bisweilen den Pastagang oder dient als Hauptgang bei einem Imbiss.

AGLIATA (Cremige Knoblauchsauce)

Gleich zwei Saucen tragen diesen Namen. Die ligurische Version ist provenzalischen Ursprungs: In Essig eingeweichte Brotkrumen werden mit viel Knoblauch im Mörser zerstoßen. Anschließend fügt man reichlich Olivenöl in einem dünnen Strahl hinzu. Man reicht sie zu gesottenem Fisch. Im Piemont besteht *agliata* aus Petersilie, Sellerie, Basilikum und Knoblauch, fein gehackt und vermischt mit einem Weichkäse der Region und mit Olivenöl und Zitronensaft angemacht. Man reicht sie zu heißem Röstbrot. *Agliata* zählt zu den ältesten bekannten Saucen und wird bereits im 14. Jahrhundert in dem Buch *Libro per Cuoco*, das ein anonymer Venezianer verfasst hat, erwähnt.

AGLIO (Knoblauch)

Knoblauch ist eine wichtige Zutat in der italienischen Küche, auch wenn er nie wesentlicher Bestandteil eines Gerichts ist, mit Ausnahme von Saucen wie *agliata**, in geringerem Maße auch bei *bagna caôda** und zusammen mit Chili und Olivenöl in der Spaghettisauce *aglio e olio*. Mit Knoblauch werden viele Gerichte gewürzt, er ist entweder Grundzutat oder dient zum Spicken oder Marinieren der Hauptzutat. In der italienischen Küche wird Knoblauch jedoch weit weniger verwendet, als manch Außenstehender glauben mag. Häufig, besonders in Norditalien, werden Knoblauchzehen einem Gericht im Ganzen beigegeben und vor dem Servieren wieder entfernt. Frischen Knoblauch gibt es im Spätfrühling und Sommer. Er ist milder als getrockneter. Im Piemont wird Knoblauch auch für einige Stunden in Milch gelegt (*aglio dolce*), wodurch sein Aroma besonders mild wird.

AGNELLO (Lamm)

Fleisch von einem sehr jungen, mit Milch ernährten Lamm wird *agnellino da latte* oder, wie in Rom, *abbacchio** genannt. In ganz Italien wird Lamm von jeher vor allem an Ostern gegessen. Die besten Rezepte kommen aus Mittelitalien, wo sehr junges Lamm am Spieß gebraten und mit Rosmarin und anderen Kräutern gewürzt wird.

Ist das Lamm ein wenig älter, brät man die Keule oder die Schulter mit etwas Wein oder in einem Eintopf, in Stücke geschnitten, mit verschiedenen Zutaten, zu denen fast immer Tomaten gehören. Häufig werden auch Essig, Zitronensaft und Anchovisfilets für Lammzubereitungen verwendet. In Julisch-Venetien wird kurz vor Ende der Garzeit Meerrettich an einen Lammeintopf gegeben — ein in der italienischen Küche sonst nicht übliches Gewürz. Das Rezept für diesen Eintopf entstammt der österreichischen Küche. Auf Seite 166 findet sich das Rezept für die traditionelle Version aus Mittelitalien.

AGNOLOTTI *siehe* PASTA

AGRODOLCE (Süßsaure Sauce)

Eine Sauce, die aus Essig und Zucker bereitet und mit Lorbeerblättern, Zwiebeln, Knoblauch, Kräutern und Gewürzen aromatisiert wird. Sultaninen und Pinienkerne oder Tomaten werden ebenfalls gerne hinzugefügt. *Agrodolce* wird gewöhnlich mit Balsamessig zubereitet und zu Fisch-, Wild- und Gemüsegerichten gereicht, speziell zu solchen, die Zwiebeln und Auberginen enthalten.

AGUGLIA (Hornhecht)

Ein schöner, schmaler Fisch, der bis zu 1 m lang wird. Sein Fleisch ist fest und sehr schmackhaft. Besonders in Venedig wird er sehr geschätzt. Hornhechte waren einst an der oberen Adria sehr verbreitet, sind aber heute vergleichsweise selten geworden. Kleine *aguglie* werden in Stücke geschnitten und wie Aal in einer Tomatensauce gekocht.

ALBESE, CARNE ALL' *(Roh mariniertes Rindfleisch)*
Bei diesem traditionellen Gericht, das ursprünglich aus Alba, einer Stadt im Piemont, stammt, wird Rindfleisch wie für ein Carpaccio in hauchdünne Scheiben geschnitten. Das Fleisch wird mit nativem Olivenöl extra, Zitronensaft, Salz und Pfeffer, feinen Spänen von bestem Parmigiano Reggiano, weißer Trüffel oder – in der Pilzsaison – mit rohen Steinpilzen angemacht.

ALBICOCCA *(Aprikose)*
Aprikosen werden in Italien in allen wärmeren Gegenden angebaut. Aus Aprikosen macht man gerne Konfitüre, pochiert sie in Weißwein oder legt sie in Alkohol ein. In Süditalien werden *albicocche* auch zu Hause getrocknet.

ALLORO siehe LAURO

AMARETTI *(Mandelmakronen)*
Aus geriebenen Mandeln, Eiweiß und Zucker gebackene Makronen, die in den meisten Regionen Italiens zubereitet werden. Einige sind weich, wie die sardischen, andere sind knusprig, wie die bekannten *amaretti di saronno* aus der Lombardei, die in ihren typischen Verpackungen in den Handel kommen.

Amaretti isst man zu verschiedenen Mousses und Cremespeisen. Sie sind Hauptzutat für *bônet**, eine Süßspeise aus dem Piemont, und werden gelegentlich auch für einige wenige salzige Speisen genommen.

ANATRA DOMESTICA *(Hausente)*
Bis vor einigen Jahren war diese Geflügelart in Italien nicht sonderlich angesehen, wird aber heute in Norditalien vielfach gezüchtet. Am bekanntesten sind die *anatra comune* und die *muschiata*, die ihren Namen aufgrund ihres moschusartigen Duftes erhalten hat.

Ein ganz besonderes Rezept aus Venetien heißt *bigoli co'l'anatra*: Die Ente wird mit Möhren, Zwiebeln und Sellerie gekocht, anschließend warm gestellt, im durchgeseihten Entenfond werden dann die venezianischen Vollkornspaghetti *bigoli* gekocht. Die *bigoli* werden mit einem *ragù* vermischt, das aus der Leber und dem Herz der Ente zubereitet wird, und als Pastagang gereicht. Danach kommt die Ente selbst, die mit der pikanten Peverada*-Sauce mit Safran-Pfeffer-Aroma serviert wird. Ein weiteres vorzügliches Rezept aus Venedig ist *anara col pien*, ein traditionelles Gericht, das am Tag der *Festa del Redentore*, am dritten Sonntag im Juli, zubereitet wird. Die entbeinte Ente wird mit etwas gehacktem Kalb- oder Hühnerfleisch, der Leber der Ente und etwas *soppressa** (eine weiche Schweinswurst aus Venetien) und in Marsala eingeweichtem Brot zubereitet. Und dann ist da natürlich noch das Rezept für *anatra all'arancia*, Ente mit Orangen, das in der Toskana, woher es ursprünglich kommt, *paparo all'arancia* heißt.

Auch wenn die Franzosen den toskanischen Ursprung dieses Klassikers bestreiten, beharren die Toskaner darauf, dass er erst mit der toskanischen Prinzessin Caterina de' Medici und ihren Höflingen Einzug in Frankreich fand.

ANATRA SELVATICA *(Wildente)*
Die vielen Wildentenarten, die erhältlich sind, unterscheiden sich in Größe, Gefieder und Farbe. Zu den begehrtesten Tafelenten zählen die *germano* (die französische Canard Colvert, Stockente) und die *mestolone* (Canard Souchet, Schwimmente).

Wildenten werden sofort ausgenommen, nach einem Tag gerupft und etwa zwei Tage abgehangen. Sie werden wie die Hausenten am Spieß geröstet, im Ofen oder in der Pfanne gebraten oder geschmort, brauchen aber länger, bis sie gar sind.

ANGUILLA *(Aal)*
Die Weibchen des Europäischen Flussaals werden bis zu 1,5 m lang. Die wilden Aale aus der Comacchio-Lagune und dem Po-Delta, die auf ihrem Weg in die Saragossasee im Meer gefangen werden, gelten als die schmackhaftesten. Heute werden Aale auch in so genannten *valli*, eingezäunten Gewässern, gezüchtet. Aal ist ein sehr feiner Speisefisch, dessen Fleisch etwas fett, aber besonders schmackhaft ist. Schon die Römer, die große Feinschmecker waren, was Fisch anging, schätzten ihn sehr. In der Renaissance wurde er gerne bei üppigen Banketts serviert. Aal wird sehr oft in Wein geschmort. Weitere klassische Zubereitungen aus der italienischen Aalküche sind *alla griglia*, wobei enthäutete, gegrillte Stücke mit Lorbeerblättern aufgespießt und in Tomatensauce mit Essig geschmort werden.

ANICE *(Anis)*
Ein hoch wachsendes Kraut mit prächtigen weißen Blüten, ähnlich denen des wilden Fenchels, das von den Arabern in Sizilien eingeführt wurde. Die aromatische Frucht enthält die begehrten ölhaltigen Samen, die *semi di anice* (Anissamen) genannt werden. In der toskanischen Küche werden Anissamen für Salate und zum Würzen von gegrilltem Fisch verwendet. Hauptsächlich wird Anis jedoch zur Likörherstellung und für Feingebäck genommen. Die besten *anicini* (Anisplätzchen) stammen aus Sardinien.

ANIMELLE *(Bries)*
Bries ist der kulinarische Name für die Thymusdrüse von Kalb oder Lamm, die sich zurückbildet, sobald die Tiere geschlechtsreif sind. Es ist in der italienischen Küche sehr beliebt. Gewöhnlich werden *animelle* zuerst blanchiert, dann in Ei und Semmelbröseln gewendet und gebraten, oder man sautiert sie in Butter und beträufelt sie anschließend mit Zitronensaft. Da Bries keinen stark ausgeprägten Eigengeschmack besitzt, eignet es sich besonders für Füllungen oder als Bindemittel für Saucen.

ANOLINI *siehe* PASTA

ANTIPASTO (VORSPEISE)
Wörtlich bedeutet Antipasto „vor dem Hauptgang" und nicht „vor der Pasta", wie man meinen könnte. Der Anblick eines Buffets mit Antipasti, das einen häufig am Eingang eines Restaurants anlacht, ist eine Wohltat für das Auge und verheißt große Gaumenfreuden. Ein solches Buffet oder eine Vitrine bietet eine breite Palette

appetitanregender Vorspeisen, von denen einige nach traditionellen Rezepten zubereitet werden und andere Eigenkreationen des Küchenchefs sind.

Antipasti werden meistens kalt, aber auch warm serviert. Bei den kalten Appetithappen hat man die Wahl zwischen einem *antipasto misto*, einem *affettato** oder einem *antipasto di pesce*. Der *antipasto misto* besteht meist aus einer appetitanregenden Zusammenstellung aus Thunfisch und Bohnen, hart gekochten Eiern mit unterschiedlichen Füllungen, in Olivenöl eingelegten Anchovisfilets, runden, schwarzen Gaeta-Oliven, einer Auswahl verschiedenfarbiger, gegrillter Paprika, verschiedener, in Tomatensauce oder in süßsaurer Sauce gegarter Gemüse und aus gefülltem Gemüse.

Der *affettato** besteht aus aufgeschnittenen Wurstwaren, wie Prosciutto* und Salame*. *Antipasto di pesce* ist eine Auswahl aus gefüllten Muscheln, rohen, in Olivenöl und Zitronensaft marinierten Anchovis, süßsauer marinierten Fisch oder einem Meeresfrüchtesalat.

Ein warmes Antipasto könnte zum Beispiel aus ein oder zwei Scheiben *cotechino** oder *zampone**, einem Schneckengericht, etwas Fisch oder Geflügelkroketten, kleinen Fleischbällchen oder einem Stück Gemüsekuchen bestehen. Heutzutage ersetzen warme Antipasti gerne den Pastagang im Menü.

ARAGOSTA *(Languste)*
Diese delikate Vertreterin der Krustentiere besitzt im Vergleich zum echten Hummer keine Scheren und ist kleiner als dieser: Langusten können bis zu 50 cm Länge erreichen, Hummer sogar bis zu 60 cm. Obwohl man Langusten an den Küsten Sardiniens und Siziliens noch fangen kann, sind sie in den übrigen Küstengebieten Italiens nur noch selten anzutreffen. Zum Teil ist dies auf die hohen Preise zurückzuführen, die Fischer für Langusten erzielen können: Das verlockt – das lud zur Überfischung ein.

Langusten werden in Italien meist kalt mit Olivenöl und Zitronensaft gegessen oder längs halbiert gegrillt. Das Rezept auf Seite 129 für *aragosta al forno*° stammt aus Sardinien. Die normalerweise entfernten Fleischanteile des Kopfes und der Rogen ergeben, mit Wein und Tomaten geschmort, eine Pastasauce, die anschließend püriert und mit Knoblauch, Chili und Petersilie gewürzt wird.

ARANCIA (Orange)

Der Stolz der Familie der Zitrusfrüchte. Die *arancia amara* (Bitterorange) kam etwa 1000 v. Chr. mit den Sarazenen nach Sizilien und wird seither mit großem Erfolg auf der Insel kultiviert. Man verwendet sie als Würzmittel.

Die *arancia dolce* (die gewöhnliche Orange) wird in Süditalien vielerorts angebaut, besonders in Sizilien und den fruchtbaren Gebieten Kalabriens um Reggio Calabria. Es werden verschiedenste Orangenarten kultiviert, sodass von November bis März Orangen angeboten werden können.

Ein traditionelles, in Sizilien immer noch sehr beliebtes Gericht ist ein Salat, der aus Orangenscheiben, Zwiebeln, Olivenöl, Salz und Pfeffer zubereitet wird.

ARANCINI (Kroketten)

Arancini bedeutet wörtlich „kleine Orangen": Es handelt sich dabei jedoch um kleine Reiskroketten, die mit unterschiedlichen Zutaten gefüllt werden. Man bereitet sie mit Risotto oder gekochtem Reis zu, der mit Butter und geriebenem Käse gewürzt wird. Dann werden die Kroketten durch Ei gezogen, in Semmelbröseln gewendet und in Butter, Schweineschmalz oder Öl gebraten oder ausgebacken. Die vier traditionellen Füllungen sind Fleisch und Tomaten, Geflügelleber und Tomaten, Mozzarella und Tomaten sowie ein *ragù* aus Schinken und Erbsen.

Arancini kommen ursprünglich aus Sizilien und werden dort mit gekochtem Reis zubereitet, der mit Eiern und Pecorino vermischt und mit geliertem Fleischsaft und jungem Pecorino gefüllt wird. In Rom bereitet man *arancini* aus einem einfachen Risotto und füllt sie mit Bologneser Sauce oder einem Pilzragout. *Arancini* sind inzwischen in ganz Italien sehr beliebt, und man isst sie gerne in einer Bar zu einem Aperitif.

AROMI (Kräuter)

Ein allgemeiner Begriff, der verschiedene Kräuter beschreibt, wie Rosmarin, Salbei, Thymian etc. Auch aromatische Gemüse, wie Sellerie und Zwiebeln, werden als *aromi* bezeichnet. Man verwendet diesen Begriff, wenn keine speziellen Kräuter genannt werden, und überlässt das Würzen mit Kräutern dem Geschmack und dem Können des Kochs, wie beim kulinarischen Fachbegriff *un po' di aromi* (Kräuter nach Belieben).

ARROSTO (Braten, Gebratenes)

Das Wort ist zum einen ein Substantiv und bezeichnet ein Gericht, wie in *arrosto morto* oder *arrosto di manzo* (Rinderbraten), und zum anderen ein Adjektiv, wie in *pollo arrosto* (gebratenes Huhn oder Brathähnchen). Wie italienische Köche einen Braten zubereiten, siehe *arrostire*°.

ASIAGO (Käseart)

Eine kontrollierte Herkunftsbezeichnung für einen halbfetten Käse, der aus Kuhmilch bereitet wird und nach der Gegend von Asiago, nahe Vicenza in Venetien, benannt ist, wo er hergestellt wird. Die weitläufige Wiesenlandschaft auf dem Hochplateau von Asiago ist von einem milden, trockenen Klima begünstigt, das sich gut für die Herstellung von Käse eignet. Asiago kann man nicht industriell produzieren, da der Herstellungsprozess sehr aufwendig ist und Handarbeit erfordert.

Man unterscheidet zwei Arten von Asiago: *asiago d'allevo* und *asiago pressato*. Junger *asiago d'allevo* ist halbfetter Hartkäse, der etwa sechs Monate reift. Nach zwölf Monaten heißt er *vecchio* und nach 18 Monaten *stravecchio*. Länger gereiften *Asiago d'allevo* nimmt man zum Kochen und als Reibekäse. *Asiago pressato* ist ein junger Hartkäse, der sehr würzig, aber delikat schmeckt und bei Tisch serviert wird. Beide Arten sind ideale Käse zum Kochen.

ASPARAGI *(Spargel)*

Spargel zählt zu den am meisten geschätzten Gemüsen in Italien. Es gibt viele Arten von Spargel, die angebaut werden: Sorten mit dünnem oder dickem Stängel, weißer, grüner und sogar violetter Spargel. Der Spargel von Bassano, einer Stadt in Venetien, gilt als der feinste. Sein Stängel ist dick und weiß, da er gestochen wird, wenn er noch vollständig im Sand vergraben ist. Venezianischer Spargel wird traditionell mit einer Sauce aus Öl und Zitronensaft serviert, in die zerdrücktes Eigelb von hart gekochten Eiern gegeben wird. Der Spargel aus Pescia in der Toskana ist ebenso köstlich wie der Napolitano. Beide sind von wunderbar violetter Farbe.

Meist wird Spargel kalt mit Olivenöl und Zitronensaft oder warm mit Butter gegessen. Das Rezept auf Seite 185 für *asparagi alla parmigiana°* zeigt eine weitere traditionelle Art der Spargelzubereitung in Italien. Dieses Rezept kennt man auch in Frankreich, wo es *à la milanaise* genannt wird, während man in Italien unter *asparagi alla milanese* Spargel mit Butter und Parmesan versteht, zu denen Spiegeleier gereicht werden. Spargel kann auch Teil eines *fritto misto** sein, bei dem die rohen Spargelspitzen durch Backteig gezogen und in Öl gebacken werden.

Asparagi di campo (Wildspargel) findet man heute noch an sandigen Straßen in Mittelitalien. Er besitzt dünne Stängel, ist grün und sehr schmackhaft.

ASTICE *(Hummer)*

Das größte essbare Krustentier nennt man auch *elefante di mare*. Lebender Hummer besitzt eine attraktive, dunkelblaue Farbe. An der italienischen Küste findet man ihn nur noch sehr selten. Vor der Küste Sardiniens werden noch wenige Exemplare gefangen, dort hat man zu Ehren der High Society der Costa Smeralda eine eigene Pastasauce kreiert, die mit den Scheren des Hummers und in Butter sautierten Pilzen zubereitet wird. Hinzu kommt etwas frisch geriebene weiße Trüffel, die dem Gericht einen noch exotischeren und kostbareren Geschmack verleiht.

B

BABA *(Kleiner, mit Rum getränkter Hefekranz)*

Dieser kleine, nach der russischen Großmutter benannte Kuchen, hat in Italien Tradition und ist weltbekannt. Baba wird aus süßem Hefeteig in einer Kranzform goldbraun gebacken und nach dem Stürzen mit Rumsirup getränkt. Dann überzieht man ihn mit Zuckerguss und bestreut ihn mit Mandelsplittern. Baba wird mit einer warmen Sauce serviert, die man mit einem lokalen Dessertwein zubereitet.

BACCALÀ *(Klippfisch)*

Ohne *baccalà* wäre das Repertoire der italienischen Spezialitäten deutlich ärmer. In Venedig nennt man ihn *stoccafisso** (Stockfisch), was zu endlosen Verwechslungen führt. Der Unterschied zwischen *baccalà* und *stoccafisso* liegt in der Konservierungsmethode, nicht in der Wahl des Fisches.

Für die Herstellung von Klipp- und Stockfisch werden vor allem Kabeljau, Seelachs und Schellfisch verwendet. *Baccalà* ist Kabeljau, der noch auf dem Schiff gesalzen und an Land getrocknet wird. Meist wird er in größeren Stücken oder als nur kurz getrocknetes ganzes Filet angeboten. Man muss ihn vor der weiteren Verwendung mindestens 24 Stunden in Milch oder Wasser legen. In Italien kommt er gewöhnlich kochfertig in den Handel.

Einige Regionen Italiens kennen ausgezeichnete Rezepte für *baccalà*. In Ligurien wird er traditionell mit Spinat gekocht – *baccalà in zimino* – oder gebraten und mit einer Sauce aus frischen Brotkrumen und gehacktem Knoblauch serviert. *Baccalà alla fiorentina* ist in der Pfanne angebratener und dann in Tomatensauce geschmorter Klippfisch, während man in Rom *baccalà* in einen ganz leichten Backteig hüllt, unter den geschlagenes Eiweiß gehoben wird, und dann frittiert. In den Abbruzzen und der Molise kombiniert man *baccalà* mit Sellerie, Pinienkernen, Sultaninen, schwarzen Oliven und Tomaten, eines der schmackhaftesten Baccalà-Gerichte. Von den beiden traditionellen, neapolitanischen Zubereitungen ist eine der aus den Abbruzzen und der Molise sehr ähnlich, bei der anderen werden gegrillte Paprika zu dem gebratenen Fisch gereicht.

ZUTATEN VON A BIS Z

BACI (Kleines Feingebäck)
Wörtlich „Küsse". Die bekanntesten *baci* sind die „Baci Perugina", die mit Schokolade hergestellt werden. Andere heißen *baci di dama*° (Damenküsse), kleine Mandel-Schokoladen-Kekse, deren Name auch von ihrer Qualität zeugt, siehe Rezept Seite 217.

BAGNA CAÔDA (Heiße Knoblauch-Anchovis-Sauce)
Bagna caôda (siehe Rezept Seite 55) bedeutet „heißes Bad", denn die Sauce aus dem Piemont muss bei Tisch auf ein Rechaud gestellt werden, meist in einem offenen Gefäß aus Ton. In die Sauce taucht man rohe Gemüse, wie Gemüsepaprika, Karden, Kohl, Sellerie und Fenchel. In manchen Gegenden werden gekochte Zwiebeln, Möhren, Kartoffeln und weiße Rüben in die Sauce gedippt. Saucenreste mischt man mit Eiern und macht Rührei daraus. Wie viele Gerichte aus dem Piemont ist auch *bagna caôda* für Partys und fröhliches Beisammensein gedacht, bei dem alle Gäste sich aus dem gleichen Topf bedienen.

BAICOLI (Kekse)
Baicoli sind die bekanntesten Vertreter venezianischen Feingebäcks. Die Venezianer tauchen die knusprigen Kekse gerne in Dessertwein, heiße Schokolade oder Zabaione.

BARBABIETOLA (Rote Bete)
Die dicke, rotfleischige Wurzel ist in Norditalien beliebter als andernorts und wird meist bereits gegart angeboten, entweder gekocht oder gebacken. Beim Backen, der traditionellen Garmethode, behält die Rote Bete mehr Eigengeschmack. Rote Bete hat im Frühherbst Saison, wenn man sie zusammen mit gebackenen Zwiebeln an den Marktständen findet. Beide Gemüse nimmt man für einen Salat, der nur mit Salz, bestem Olivenöl und eventuell Rotweinessig angemacht wird.

BARBA DI FRATE (Grüne Gemüsepflanze)
Der Name der kleinen Pflanze bedeutet „Mönchsbart" und bezieht sich auf deren Aussehen. Sie sieht aus wie ein sehr dicker Bund Schnittlauch. *Barba di frate* wächst wild, wo immer der Boden feucht und sandig ist. Sie wird in Nord- und Mittelitalien angebaut und dort auch *agretto* genannt. Sie schmeckt wie Queller oder Meerfenchel, eine

Salzpflanze, die an Meeresküsten gedeiht. Sehr junge Pflanzen werden roh in Salaten gegessen. Ältere Pflanzen kocht man wie Spinat und macht sie mit Olivenöl und Zitronensaft an oder sautiert sie mit Knoblauch in Olivenöl.

BASILICO (Basilikum)
Das Wort kommt aus dem Griechischen und bedeutet „königlich". Das ursprünglich aus Judäa stammende Kraut wurde schnell in ganz Italien bekannt, besonders in Ligurien, wo man es im Pesto sehr populär machte. Die ligurische Basilikumsorte heißt *genovese* und besitzt ein intensives Aroma. Die Sorte *napoletano* hat größere Blätter, einen delikateren Duft und lässt sich auch trocknen. Im Allgemeinen ist Basilikum nicht besonders gut zum Trocknen geeignet. Die beste Aufbewahrungsmethode für Basilikum ist, die Blätter mit Olivenöl in ein sterilisiertes Gefäß zu legen oder sie einzufrieren. Neben Pesto wird Basilikum häufig für Salate und Tomatensaucen verwendet. Einer Minestrone oder einer Gemüsesuppe verleiht es eine besondere Note.

BAVETTE *siehe* PASTA (LINGUINE)

BECCACCIA *(Waldschnepfe)*
Dieser seltene Wandervogel wird im Winter in den Wäldern Mittel- und Süditaliens und Siziliens geschossen oder mit Netzen gefangen, was aus Gründen des Naturschutzes heutzutage allerdings immer mehr verurteilt wird.

BECCACCINO *(Moor- oder Sumpfschnepfe)*
Die Bekassine, wie sie auch heißt, zählt zu den Wildvögeln, die nur schwer zu jagen sind, da sie sehr plötzlich und schnell in die Lüfte aufsteigen. In Italien findet man sie in den Monaten September bis November und von Februar bis April. Die Italiener sind sich darüber nicht einig, ob man eine Sumpfschnepfe ausgenommen oder unausgenommen zubereiten soll. Ausnehmen muss man sie jedoch nur, wenn es sehr warm und feucht ist. Sumpfschnepfen brät man im Ofen oder am Spieß oder schmort sie. Man serviert sie stets auf einem Croûton aus Weißbrot.

BEL PAESE *(Kuhmilchkäse-Spezialität)*
Sein Name bedeutet „schönes Land" und stammt von seinem Erfinder Egidio Galbani. 1906 fing er an, diesen Käse herzustellen, als er von einer Reise durch Frankreich zurückgekommen war, auf der er die Geheimnisse der Herstellung von Port-Salut, einem ähnlichen Käse, kennen gelernt hatte. Bel Paese ist von sahnig gelber Farbe und besitzt 45 % Fett i. Tr. Er wird gern bei Tisch gereicht, eignet sich aber genauso gut zum Kochen, da er gut schmilzt. Man kann ihn statt Mozzarella verwenden.

BESCIAMELLA *(Béchamelsauce)*
Eine französische Sauce, obgleich einige Historiker behaupten, sie werde seit Jahrhunderten in Italien zubereitet, und zwar nach einer einfacheren Methode als die französische Béchamel. Besciamella ist fester Bestandteil der meisten überbackenen Pastagerichte. Häufig wird sie auch zum Überbacken von Gemüsegerichten, als Füllung oder zum Binden von Zutaten, wie bei *polpette** und *crochette**, verwendet.

BIANCHETTI *(Junge Heringsfische)*
Bianchetti ist der Oberbegriff für junge, gerade frisch geschlüpfte Fische der Heringsfamilie und ähnliche kleine Fische, also Alsen, Sardellen, Sardinen und Ähren. In Süditalien nennt man sie auch *neonati*, in Ligurien heißen sie *gianchetti*. Kleine Ährenfische werden als *latterini* bezeichnet.

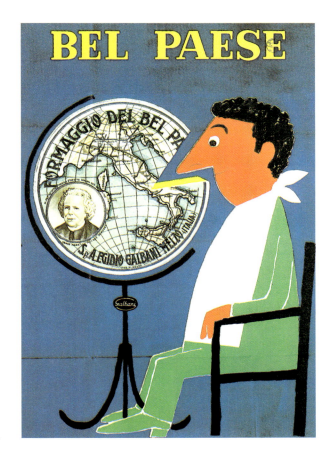

Zum Verkauf kommen die Fische nach Gewicht und sehen dann aus wie eine weißlich graue Masse. Im Feinkostgeschäft werden abgekochte und mit Olivenöl und Zitronensaft angemachte *bianchetti* angeboten. Bei einem guten Fischhändler bekommt man sie auch roh, dann muss man sie allerdings am Fangtag verbrauchen, da sie leicht verderblich sind. Am besten kocht man sie in Meerwasser.

BIETA ODER BIETOLA *(Mangold)*
Mangold erfreut sich von jeher in allen Regionen Italiens großer Beliebtheit. Man unterscheidet zwei Arten von Mangold. Die eine ist gemeinhin als *erbette* bekannt und besitzt einen dünnen, grünlichen Stiel. *Erbette* werden oft mit Kräutern gekocht und anschließend mit Olivenöl angemacht. Diese Mangoldart wird auch für Füllungen, besonders für Pasta, verwendet. Ravioli, zum Beispiel, werden häufig mit *erbette* und nicht mit Spinat gefüllt, weil der Geschmack dann milder wird.

Die andere Art entspricht dem Mangold, so wie wir ihn kennen. Die Blätter müssen von den Stielen abgetrennt und extra gegart werden. Die Blätter kocht man auf die gleiche Art wie *erbette*, während man die Stiele mit Butter und Parmesan mischt und in einer Käsesauce kocht.

ZUTATEN VON A BIS Z

BIGNÈ *(Profitéroles)*

Das Wort *bignè* stammt, wie sich leicht erahnen lässt, von dem französischen Beignet ab. *Bignè* werden aus Brandteig gemacht. Nach dem Backen füllt man sie mit *crema pasticcera** (Konditorcreme), Schokoladencreme oder Schlagsahne. Man bereitet sie nur selten zu Hause zu, kann sie aber wie anderes Cremegebäck auch in den *pasticcerie** – Konditoreien – kaufen.

BIGOLI *siehe* PASTA

BIOVA, BIOVETTA *siehe* PANE

BISCOTTO *(Keks)*

Biscotto bedeutet wörtlich „zweimal gekocht" bzw. „gebacken", kann aber auch Kuchen oder Brot sein, das ohne Hefe gebacken wird – *pan biscotto*. Wenn nichts anderes angegeben ist, sind *biscotti* immer süß.

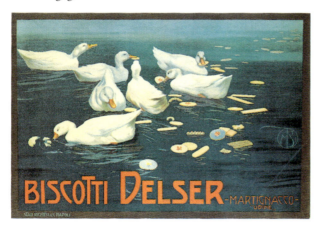

Biscotti wurden im 16. Jahrhundert bekannt und kamen in verschiedenen Sorten meist mit Obst, Gelees und anderen Süßspeisen zu Beginn eines Mahls auf den Tisch (siehe Abbildung Seite 15).

Erst im 19. Jahrhundert fing man an, *biscotti* kommerziell herzustellen. Zur gleichen Zeit kam auch der Genuss von Kaffee und heißer Schokolade in Mode. Auch heute noch werden *biscotti* gerne dazu, aber auch zu Tee geknabbert oder zu einem Glas Dessertwein genossen und in den Wein gedippt.

BISTECCA *(Steak)*

Eine phonetische Wiedergabe des englischen Wortes „beefsteak". Eine *bistecca* ist ein dickes Rindersteak, das aus dem Filet oder dem Rücken geschnitten wird. *Bistecca* kann aber auch ein Rinderkotelett bezeichnen, wie bei *bistecca alla fiorentina*, auch eine dünne Scheibe Rindfleisch, ein Kalbsschnitzel oder -kotelett oder sogar ein Schweinesteak. In einem solchen Fall wird das Fleisch jedoch meist näher bezeichnet, zum Beispiel *bistecca di vitello* (Kalbssteak) oder *di maiale* (Schweinesteak). *Bistecca* wird immer gegrillt oder in der Pfanne gebraten. Eine klassische Zubereitung ist *bistecca all'arrabbiata*, für das eine dünne Scheibe Rindfleisch in Öl gebraten und wie das Pastagericht gleichen Namens mit viel Chili gewürzt wird.

BITTO *(Hartkäse aus der Lombardei)*

Ein Kuhmilchkäse aus der Provinz Sondrio in der Lombardei, wo er von Schäfern im Valtellina-Tal in den Alpen hergestellt wird. Der cremige, aromatische Käse ist außerhalb der Lombardei nahezu unbekannt.

BOCCONCINI *(Appetithäppchen)*

Bocconcini ist eine Verkleinerungsform von *boccone* (Happen) und bezeichnet Nahrungsmittel, die man als kleine, mundgerechte Portion essen kann. Es gibt drei Arten von *bocconcini*. Eine ist ein Ragout aus kleinen Stücken Kalbfleisch, die in einer Tomaten-Wein-Sauce gegart werden. Dann gibt es die *bocconcini di mozzarella*, kleine Mozzarellakugeln aus Büffel- oder Kuhmilch, die in Italien sehr beliebt sind. Die dritte Art sind kleine Kugeln aus gewürztem Ricotta*, die in Semmelbröseln gewendet und gebraten werden, eine Spezialität aus Mittelitalien und der Emilia-Romagna. Dafür kann man jedoch nur frischen und keinen industriell produzierten, ultrahoch erhitzten Ricotta nehmen.

BOERI *(Kirschpralinen)*
Die mit einer Likörkirsche gefüllten Pralinen aus Zartbitterschokolade, die man hierzulande besser als Mon Chéri kennt, stammen aus dem Piemont.

BOLLITO MISTO *(Siedfleisch)*
Ein Eintopf mit verschiedenen Sorten Siedfleisch, der je nach Region unterschiedlich zusammengestellt wird. Im Piemont und in der Lombardei ist Rind die Hauptzutat, in der Emilia-Romagna nimmt man vor allem Wurstwaren aus Schweinefleisch, wie *cotechino** und *zampone**. Ein klassisches *bollito misto* sollte Rind, Kalb, Huhn, Zunge, ein *cotechino* und einen halben Kalbskopf enthalten. Die Fleischstücke wierden je nach Garzeit nacheinander in siedendes Wasser gegeben.

Bollito misto wird in größeren Mengen für mindestens acht Personen zubereitet. Restaurants, die *bollito misto* auf die Speisekarte schreiben – und nur die besten tun dies noch –, servieren ihn auf speziellen Servierwagen mit dem Fleisch in verschiedenen Behältern voll kochend heißer Brühe. Das Fleisch wird aus der Brühe genommen und für jeden Gast einzeln tranchiert, sodass es niemals austrocknet. Je nach Region reicht man unterschiedliche Saucen dazu. Die zwei wichtigsten sind *salsa verde**° (eine pikante Petersiliensauce) und *salsa rossa** (eine Tomatensauce, die manchmal süßsauer abgeschmeckt wird). Der bekannteste *bollito misto* ist der Piemonteser *gran bui*, zu dem mindestens drei Saucen gereicht werden, die grüne und die rote, wie oben beschrieben, sowie *saussa d'avie*, eine Rotweinsauce. Die venezianische Version wird von einer *peverada**°, einer Safransauce, begleitet, während man in der Lombardei eine bis zum Rand gefüllte Schale *mostarda** *di Cremona*, ein Kompott aus Senffrüchten, zusammen mit der *salsa verde* auf den Tisch stellt.

BOMBOLONI *(Krapfen)*
Dieses Fettgebäck ohne Konfitüre ist eine Spezialität aus der Toskana. *Bomboloni* werden aus einem Teig mit Hefe und Eiern gemacht, in Fett schwimmend ausgebacken und mit Zucker bestreut.

BONET *(Karamellcreme aus dem Piemont)*
Eine Creme, die nach der häubchenförmigen Kupferform benannt ist, in der sie gegart wird. Eine Piemonteser Spezialität, die mit zerstoßenen Amaretti, Eiern, Zucker, Milch, Kakao und Rum zubereitet wird. Sie wird in einem Wasserbad im Ofen zum Stocken gebracht.

BORRAGINE ODER BORRANA *(Borretsch)*
Ein kräftiges, mediterranes Kraut mit kleinen intensiv blauen Blüten, das wild an Hängen nahe des Meeres gedeiht. Man isst es ausschließlich gekocht. *Borragine* ist besonders in Kampanien und Ligurien beliebt, wo man es zum Füllen der dortigen Ravioli nimmt.

BOTTARGA *(Getrockneter Rogen der Meeräsche)*
Der Rogen, der sofort herausgenommen wird, nachdem der Fisch gefangen wurde, wird gesalzen, anschließend gepresst und in der Sonne getrocknet. Sizilien und Sardinien sind die Hauptproduzenten dieser Spezialität. Der sehr schmackhafte *bottarga* wird als Antipasto* serviert, in dünne Scheiben geschnitten und in Olivenöl und Zitronensaft mariniert. Man reibt ihn auch und bereitet eine ausgezeichnete Pastasauce damit. Bei einem weiteren Rezept aus Oristano, wo die größten Meeräschen gefangen werden, wird *bottarga* in Olivenöl gebraten und dann unter die gekochten Spaghetti gemischt. *Bottarga* ist ein handgefertigtes Nahrungsmittelprodukt, das in den besten Delikatessengeschäften in und außerhalb Italiens angeboten wird.

BRACIOLA *(Lendenstück)*
Wie so oft bei kulinarischen Begriffen Italiens besitzt auch *braciola* in verschiedenen Regionen eine andere Bedeutung und bezeichnet dann unterschiedliche Fleischsorten oder Arten des Zuschnitts. Meist ist mit *braciola* ein Kotelett oder ein Steak von verschiedenen Schlachttieren gemeint, das gerne *alla bracia* (gegrillt) zubereitet wird, daher der Name. In Süditalien ist *braciola* ein Rouladengericht. In Apulien nimmt man einen Teil der Bratensauce, vermischt sie mit frisch gekochter Pasta und reicht diese als warme Vorspeise, während die Braciola-Roulade selbst den Hauptgang bildet. Niemals jedoch serviert man beides zusammen. Bei der neapolitanischen *braciola* aus Schweinefleisch besteht die Füllung aus gehacktem Prosciutto, Sultaninen und Pinienkernen. Die gefüllten Rouladen werden dann lange in Weißwein gegart. *Braciola di lonzo* ist der Kalbsnierenbraten, während *braciola panata* das italienische Wort für Wiener Schnitzel ist, das anders als *costoletta alla milanese* ohne Knochen paniert und ausgebacken wird.

BRANZINO ODER SPIGOLA *(Wolfsbarsch)*
Wolfsbarsch oder Loup de Mer zählt zu den teuersten Speisefischen. Sein Fleisch ist weiß, er besitzt keine Seitengräten. Inzwischen wird er in Apulien und im

ZUTATEN VON A BIS Z

Po-Delta in Fischfarmen gezüchtet. Alle gezüchteten Wolfsbarsche haben etwa die gleiche Größe und wiegen zwischen 250 und 350 g, also so viel, wie man als Portion im Restaurant im Ganzen serviert. Ihr Geschmack und ihre Konsistenz sind mit denen der wilden Wolfsbarsche nicht vergleichbar. Bei jedem guten Fisch ist die einfachste Garmethode meist die beste. Kleinere Exemplare werden gegrillt, während größere Fische in einem Fischfond gesotten und meist mit Zitronensaft und Olivenöl serviert werden. Sehr gut schmeckt er auch vom Rücken her ausgenommen und gefüllt. Meist füllt man ihn mit Meeresfrüchten, mir ist aber ein Rezept untergekommen, bei dem der entgrätete Fisch mit Bohnen, Kalbsbries, Prosciutto, Mangold, Trüffeln und Gewürzen gefüllt wird. Anschließend wird er in Fleischbrühe gegart und mit Kalbssauce serviert.

BRESAOLA *(Luftgetrocknetes Rindfleisch)*
Rohes Rinderfilet, das gepökelt und luftgetrocknet wird und zwei bis dreieinhalb Monate reift. Eine Spezialität aus dem Valtellina, einem Tal in den lombardischen Alpen, wo *bresaola* stets als Antipasto* bei einem aufwendigen Menü gereicht wird. *Bresaola* ist noch delikater und auch ein wenig pikanter als Prosciutto di Parma.

Reifer Bresaola wird sehr dünn aufgeschnitten und mit etwas Olivenöl, ein paar Tropfen Zitronensaft und frischem Pfeffer aus der Mühle angemacht.

BROCCOLI ODER BROCCOLETTI *(Brokkoli)*
Es gibt zwei Hauptarten dieses Gemüses, das zur Familie der Kohlgewächse zählt. Die eine heißt Calabrese, stammt aus Kalabrien und ist gemeinhin auch außerhalb Italiens bekannt. Die andere Brokkoliart besteht aus einem einzigen großen Kopf, dessen Farbe von grünlich weiß bis lilagrün reicht und ähnlich aussieht wie Blumenkohl, in Deutschland nennt man ihn auch Romanesco. In Sizilien und anderen südlichen Regionen bedeutet *broccoli* Blumenkohl, was leicht zu Missverständnissen führt.

Alle Brokkolirezepte stammen aus dem Süden. In der Regel blanchiert man ihn, kocht ihn in Olivenöl, Knoblauch und Chili und fügt nach Geschmack frisch geriebene Weißbrotkrumen und Käse hinzu. Geschmorter Brokkoli ergibt ausgezeichnete Pastasaucen, die manchmal auch Sultaninen, Pinienkerne und/oder Anchovisfilets enthalten.

BRODETTO *(Eintopf mit gedämpftem Fisch oder Fleisch)*
Der Name bezeichnet zwei verschiedene Gerichte. Am bekanntesten ist die adriatische Fischsuppe, die in der Regel aus verschiedenen Fischarten und Meeresfrüchten besteht, von denen einige, wie Drachenkopf (Rascasse), Meeräsche, Kaisergranat (Scampi) und Tintenfisch oder Kalmar, unverzichtbar sind. Die Fische werden im Ganzen, also mit Kopf, in Fischsud gegart.

Bei dem traditionellen venezianischen *brodetto* fehlen die Tomaten, *brodetto* in der Romagna wird mit Essig gewürzt, in den Marken wird dem *brodetto* nach der Hälfte der Garzeit Safran hinzugefügt, und in den Abruzzen wird Letzterer durch viel Chili ersetzt (Rezept Seite 72).

Die Spezialität von Latium, *brodetto pasquale* (Oster-Brodetto), wird nicht mit Fisch, sondern mit Rind- und Lammfleisch, Kräutern, Zwiebeln und weiteren Zutaten und Gewürzen zubereitet, wobei der Eintopf mehrere Stunden vor sich hin köchelt. Die durchgeseihte Brühe wird mit Eigelb und Parmesan gebunden und mit Zitronensaft abgeschmeckt. Anschließend schöpft man sie über getoastetes Brot und reicht sie als warme Vorspeise. Das Fleisch wird als Hauptgang serviert.

ZUTATEN VON A BIS Z

BRODO (Brühe)

Mehrere Arten von Brühe bzw. Fond kennt man in der italienischen Küche, *brodo di carne°* (Fleischbrühe, Rezept Seite 71), *brodo di pollo°* (Geflügelbrühe) und *brodo di verdura* (Gemüsebrühe) sowie *brodo di pesce* (Fischfond).

Brodo di carne ist eine unverzichtbare Zutat für klare Suppen, Risotti oder Schmorgerichte. Italienische Fleischbrühe ist im Gegensatz zum konzentrierten und würzigen französischen Fond leicht und aromatisch. Ein guter *brodo di carne* wird mit verschiedenen Fleischstücken und Knochen von Rind und Kalb (niemals mit Schwein oder Lamm, da die Brühe einen zu strengen Geschmack bekommen würde), Suppengemüse, Gewürzen und Kräutern zubereitet. Häufig wird auch nach der Hälfte der Garzeit ein Suppenhuhn oder ein Hähnchen in die Fleischbrühe gegeben. Bei *brodo di pollo* verwendet man natürlich fast ausschließlich Geflügelfleisch und -knochen, Suppengemüse, Gewürze und Kräuter. Geflügelbrühe nimmt man besonders gerne für Suppen mit kleinen gefüllten Teigwaren, wie Tortellini. Gemüsebrühe wird aus einer Zusammenstellung verschiedener Gemüse zubereitet, wie Kartoffeln, Möhren, Zwiebeln, Lauch, weiße Rüben, Petersilie und getrocknete Pilze oder Zuchtpilze. Man lässt sie lange köcheln, und nach dem Abseihen verwendet man sie meist für Gemüse- und Fischsuppen und für Saucen.

BRIS, BRUSSO, BROS (Piemonteser Käsezubereitung)

Diese Spezialität aus dem Piemont wird nur in kleinen Mengen hergestellt, und doch ist sie sehr bekannt. Die Herstellung von Bris ist sehr aufwendig, um nicht zu sagen, ein Ritual. Ein Frischkäse, meist *robiola**, manchmal auch Ziegen- oder Schafskäse, wird geschnitten und mit Grappa, Weißwein, Essig, Öl, Pfeffer und Chili in ein Gefäß aus Keramik gegeben. Nachdem er einige Wochen gereift ist, entsteht ein cremiger Käse, den man auf heißes getoastetes Brot oder heiße Polentascheiben streicht. Beim ersten Happen schmeckt er feuerscharf, mit der Zeit gewöhnt man sich an die Schärfe!

BRUSCANDOLI (Hopfensprossen)

Der Name bezeichnet im venezianischen Dialekt zwei Arten von Sprossen: Hopfen- und Stechpalmensprossen. Beide verwendet man für ein ausgezeichnetes Risotto, das in Padua mit Hopfen- und in Verona mit Stechpalmensprossen zubereitet wird. In Rom kocht man aus Hopfensprossen eine Suppe und in Brianza, in der Gegend zwischen Mailand und Como, bereitet man mit ihnen mehrere sehr schmackhafte Gerichte, wobei die blanchierten Sprossen mit viel geschmolzener Butter und großen Mengen geriebenen Parmesans gewürzt werden.

BRUSCHETTA (Röstbrot)

Viele Mahlzeiten beginnt man in Rom mit *bruschetta*. Diese Vorspeise besteht aus dicken Scheiben Brot, die von einem großen runden Laib abgeschnitten, über Holzkohle geröstet, dann mit Knoblauch eingerieben und mit einem pfeffrigen Olivenöl beträufelt werden. Zwar stammt *bruschetta* aus Latium und den Abruzzen, doch erfreut sie sich landauf, landab und auch außerhalb Italiens sehr großer Beliebtheit. *Bruschetta* wird mit ganz unterschiedlichen Garnituren zubereitet. Traditionelle Zutaten sind zum Beispiel gehackte Tomaten in Latium, gehackter wilder Fenchel in der Toskana und Cannellini-Bohnen in Umbrien, wobei sie natürlich vor dem Servieren stets mit bestem Olivenöl der Region beträufelt wird.

BRUTTI MA BUONI (Piemonteser Mandelkekse)

Diese knorrigen Kekse aus dem Piemont werden aus den berühmten Haselnüssen dieser Region und aus Mandeln, Eischnee, Zucker, Zimt und Vanille gemacht. Ihr Name bedeutet „hässlich, aber gut" und beschreibt die trockenen Kekse sehr treffend.

BUCATINI siehe PASTA

BUDINO (Pudding, auch Blutwurst)

Meist sind *budini* süß und werden landauf, landab in unendlich vielen Variationen zubereitet, wie *budini di riso, di semolina* und *di ricotta**. In Friaul gibt es drei Arten von *budino*. Bei *budino di avena* wird Hafer in Milch gekocht und dann mit Eiern und Zucker vermischt. Anschließend füllt man die Masse in eine Puddingform und stellt den *budino* bis zum Servieren kalt. Die zweite Budino-Art ist eine süße Béchamel, die mit Eiern gebunden und stark mit Marsala* aromatisiert wird. Die dritte Art schließ-

ZUTATEN VON A BIS Z

lich ist eine besonders interessante Variante: *budino di patate* (Kartoffelpudding). Ein Kartoffelbrei wird mit Butter, Zucker, Sahne und Eiern, ein paar Sultaninen und Pinienkernen vermischt. Der Pudding wird dann gebacken und heiß serviert. Es gibt auch noch herzhafte *budini*, von denen einer, *budino alla genovese*, am bekanntesten ist. Er wird mit Huhn und Prosciutto gemacht, die mit Eiern und Béchamel gebunden werden. *Budino sanguinaccio* entspricht unserer Blutwurst.

BURIDDA *(Fischtopf)*

Dieser traditionelle Fischtopf aus Ligurien wird mit Dornhai, Drachenkopf, Sepia oder Kalmar und Garnelen zubereitet. Manchmal gibt man auch einige zuvor eingeweichte Stücke *stoccafisso** hinein. Alle Zutaten werden in Schichten in einem Keramiktopf mit Zwiebeln, Tomaten, Wildpilzen, Pinienkernen und gesalzenen Anchovis gegart. Dazu gießt man etwas Olivenöl und trockenen Weißwein darüber. Zwar ist der Name vom provenzalischen Fischtopf Bourride entlehnt, doch sind beide recht verschieden und werden mit den jeweiligen Fischsorten ihrer Region zubereitet.

BURRATA *(Apulische Frischkäsekugeln)*

Dieser Käse der Vollfettstufe wird aus Kuhmilch gefertigt und ist eine der ganz großen Spezialitäten Apuliens.

Die Herstellung von *burrata* ist sehr anspruchsvoll und erfordert großes handwerkliches Geschick. Die Milch vom Vorabend wird leicht erwärmt, dann setzt man Lab zu. Wenn die Milch geronnen ist, wird der Quark sehr gründlich zerkleinert, damit sich die Molke abscheidet. Kleinere geronnene Stücke werden in siedendes Wasser getaucht und während eines mühsamen Mischprozesses nehmen sie die Form von langen rechteckigen Bändern an, die *lucini* heißen. An dieser Stelle muss der Käsemeister das Gleiche vollbringen wie sein Landsmann in Murano, wenn er Glas bläst. Er bläst also in einen *lucino*, der anschwillt und so eine kleine ballonförmige Luftkammer bildet, in die einige kleine Brocken *lucini* zusammen mit etwas Sahne gedrückt werden. Der Hals des aufgeblasenen *lucino* wird verschnürt, und der Burrata-Käse ist fertig.

Es gibt keinen vergleichbaren Käse, und meiner Meinung nach ist der sehr delikate *burrata* einen Umweg wert. *Burrata* kann nicht über größere Strecken transportiert werden, also muss man dort hingehen, wo es ihn gibt, obwohl ich ihn schon einmal in einer sehr spezialisierten *salumerie** in Mailand gefunden habe.

BURRIDA *(Sardischer Fischtopf)*

Dieses Fischgericht aus Sardinien wird anders zubereitet als die Genueser *buridda* und auch anders geschrieben. Zwar brachten die Genueser ihre Fischspezialität mit nach Sardinien, als sie das Land okkupierten, doch die Sarden machten daraus ein neues Gericht. Die sardische *burrida* wird mit nur einer Fischsorte zubereitet, meistens mit Dornhai, der pochiert und mit einer Knoblauchsauce serviert wird, die mit sehr fein gehackten Walnüssen oder Pinienkernen zubereitet wird.

BURRO *(Butter)*

Butter wird hauptsächlich in Norditalien verwendet, da im Gegensatz zu den trockenen Regionen im Süden die saftige Poebene und die Alpenausläufer reich an Weideland sind und sich daher besonders für die Rinderzucht eignen. Butter ist das Bratenfett für das klassische *costoletta alla milanese** und wird häufig, ob nun in festem Zustand, zerlassen oder mit frischem Salbei und Knoblauch aromatisiert, für alle Arten von Ravioli, Gnocchi und Tagliatelle verwendet. Diese Kombination in Verbindung mit Parmigiano Reggiano ist unschlagbar.

In Italien stellt man nie Butter auf den Tisch.

BUSSOLAI *(Teigkringel)*

Ringförmiges Gebäck, das vor allem im nordöstlichen Italien beliebt ist und aus einem Teig aus Eiern, Zucker, Butter und dem Likör Rosolio hergestellt wird. Die süßen, knackigen Kringel werden gerne in Dessertwein getippt. Traditionell bekommt ein Kind bei der Erstkommunion *bussolai* von den Paten geschenkt. Nach der Messe ziehen die Kinder dann mit den mit bunten Farbbändern zusammengebundenen *bussolai* durch die Straßen.

C

CACAO *(Kakao)*
Für Puddings und einige salzige Gerichte wird manchmal Kakaopulver anstelle von Schokolade genommen, wie zum Beispiel für Hasenpfeffer oder einige süßsaure Speisen, die meist aus Sizilien stammen, wie *caponata°*, ein Auberginengericht. *Torrone molle°* (weicher Nougat), eine Süßspeise aus Norditalien, wird mit Kakaopulver hergestellt, das von sehr guter Qualität sein muss.

CACCIATORE *(Kleine Salami)*
Cacciatore besteht aus reinem, grob gehacktem Schweinefleisch, das gepökelt und geräuchert wird. Sie stammt aus der Lombardei und dem Piemont und ist der *salame milanese* ähnlich. Eine *cacciatore* wiegt etwa 150 g und wird etwa vier Monate gereift. *Cacciatore* reicht man nur selten als Teil eines Antipasto*, vielmehr schneidet man sie in 2–3 cm dicke Stücke und isst sie als kleine Mahlzeit zwischendurch mit Brot. *Cacciatore* bedeutet Jäger, und da diese Salami recht klein ist, passt sie auch wunderbar in die Tasche des Jägers, der sie gerne als Wegzehrung mitnimmt.

CACCIUCCO *(Traditionelle Fischsuppe)*
Diese ursprünglich aus Livorno stammende Fischsuppe wird heute überall an der Küste der toskanischen Region Versilia gekocht. Angeblich ist das Originalrezept aus Livorno das älteste Fischsuppenrezept Italiens, es soll von den Türken stammen, mit denen man seit Urzeiten Handel trieb. Eigentlich mehr Eintopf als Suppe, ist *cacciucco* dunkel, sämig, sehr aromaintensiv und wird mit Chilis gekocht. Mindestens fünf Fischsorten (Drachenkopf, Hai, Knurrhahn, Meeraal, Tintenfisch oder Krebse) sollten enthalten sein, eine für jedes C im Namen.

CACIO *(Käse vom Laib)*
Neben *formaggio** ein vor allem in Mittel- und Süditalien gebräuchlicher Ausdruck für Käse.

CACIOCAVALLO *(Süditalienischer Weichkäse)*
Dieser Kuhmilchkäse wird wie *provolone** hergestellt und wie dieser mit einer Schnur gebunden, an der man ihn aufhängt. Er wird jung, nach drei Monaten Reife, gegessen, wenn er eine blassgelbe Kruste und einen sanften, milden Geschmack besitzt. Nach einer Reifezeit von sechs bis zwölf Monaten ist der Käse fester und würziger und kann sehr gut als Reibekäse verwendet werden. Junger *caciocavallo* dient auch häufig als Gratinkäse. In Sizilien schneidet man ihn auf, brät die Scheiben kurz in Olivenöl und würzt sie mit Weinessig, Oregano und reichlich frischem Pfeffer.

Der Name bedeutet wörtlich „Pferdekäse" und leitet sich wohl vom türkischen Äquivalent *qasqawal* ab.

CACIOTTA *(Kleine, halbfeste Schnittkäse)*
Eine Gruppe von flachen, maximal 1 kg schweren Schnittkäsen, die aus Kuh-, Schaf- und/oder Ziegenmilch hergestellt werden. Die breite Palette der Caciotta-Käse reicht von hell, weich und mild bis zu leuchtend gelb und pikant. Kuhmilch-Caciotta besitzt ein zartes Aroma, während die Varianten aus Schaf- oder Ziegenmilch eher würzig schmecken. Ursprünglich ein bäuerlicher Käse aus Mittelitalien, wird *caciotta* heute kommerziell hergestellt und ist in ganz Italien sehr beliebt.

ZUTATEN VON A BIS Z

CAFFÈ *(Kaffee)*

Italienischer Espresso, schwarz und stark, ist heute ein Markenzeichen Italiens. Darüber hinaus werden in der typischen Kaffeemaschine durch Dampfdruck aus fein gemahlenem Kaffeemehl allerdings eine Vielzahl weiterer Kaffeesorten gemacht. *Caffè macchiato* ist ein Espresso mit einem Schuss kalter Milch, *caffè corretto* ist Espresso mit einem Schuss Grappa*. *Caffè ristretto* ist ein extrastarker Espresso, während *caffè lungo* ein verlängerter Kaffee in einer großen Tasse ist.

Cappuccino, dessen Farbe der Kutte eines Kapuzinermönchs gleicht, ist ein *caffè lungo* mit heißer, aufgeschäumter Milch, die mit Kakaopulver bestreut wird. *Cappuccino senza spuma* ist geschmacklich ähnlich, allerdings wird die heiße Milch nicht aufgeschäumt. *Caffè e latte*, halb Kaffee, halb heiße Milch, und *caffè con latte*, ein *caffè lungo* mit einem großzügigen Schuss kalter Milch, sind ebenso beliebt wie *caffè con panna*, ein *caffè lungo* mit Schlagsahne. Im Sommer trinkt man *caffè freddo*, süßen, gekühlten Kaffee, und ein *granita di caffè*, ein Kaffeesorbet.

Kaffee wird zudem gerne als Aroma in süßen Gerichten wie Tiramisu oder für Kaffeeeis, Kaffeehalbgefrorenes und Sorbets verwendet.

CALAMARI *(Kalmare)*

Ein in ganz Italien beliebter Tintenfisch, den man vielfältig zubereitet. Kleine Kalmare *(calamaretti)* schmecken am besten ausgebacken und geben einem *fritto misto di pesce** erst den zartsüßen, leckeren Geschmack. Gerne wird Tintenfisch auch mit Öl und Pfeffer mariniert und am Spieß gegrillt, bevor er mit Petersilie und Zitrone bestreut serviert wird. Für ein neapolitanisches Rezept werden kleine Tintenfischchen in Tomatensauce geschmort, die mit Rosinen, Pinienkernen und Oliven angereichert ist.

Mittelgroßer Tintenfisch wird gerne mit einer Mischung aus Semmelbröseln oder gekochtem Reis, Petersilie, Knoblauch und Pfeffer und dem fein gehackten Tentakelfleisch gefüllt und dann leicht in Olivenöl gebraten. Die gefüllten Tintenfische werden zugenäht und in einer Weißweinsauce, einer Tomatensauce oder beidem geschmort, entweder im Ofen oder auf dem Herd (Rezept auf Seite 131).

Große Tintenfische werden normalerweise geschmort. Obwohl sie weniger aromatisch und etwas gummiartiger in der Konsistenz sind, werden sie geputzt, in Ringe geschnitten und mit Zwiebeln, Knoblauch und verschiedenen Gewürzen in Tomatensauce und Wein gekocht.

In Ligurien nennt man Kalmare *totano**, ein Wort, das eigentlich eine weniger gute Sorte Tintenfisch bezeichnet, während man in der Toskana gewöhnliche Tintenfische als Calamari bezeichnet – eine Sprachverwirrung, an die man sich bei der italienischen Küche wohl gewöhnen muss.

CALZONE *(Gefüllte Pizzatasche)*

Für die Calzone wird Pizzateig oval ausgerollt und zur Hälfte mit den Zutaten belegt, die durch lokale Tradition, die Laune des Kochs oder den Inhalt des Kühlschranks bestimmt sind. Darüber wird die andere Hälfte des Teiges geklappt und festgedrückt, sodass sich eine halbmondförmige Teigtasche ergibt, die gebacken werden kann. Wörtlich bedeutet *calzoni* „Hose", Hosentasche wäre die passendere Bedeutung. Die neapolitanische Calzone wird mit Salami* oder Prosciutto*, mit Mozzarella*, Ricotta* und Parmigiano* gefüllt. Die apulische Calzone enthält Zwiebeln, Tomaten, Sardellen und Kapern, die Calzone der Basilicata wird mit Schweizer Käse und Chilis bereitet. In Apulien wird dieselbe Füllung für *calzoneddi* verwendet, kleine Pizzataschen, die in Olivenöl ausgebacken als Snack geschätzt sind.

ZUTATEN VON A BIS Z

CAMOSCIO (Gams)

Gämsen leben in den Alpen und den Höhenlagen des Apennin, ihr Fleisch wird als das hochwertigste Wildbret geschätzt (vgl. *daino* auf Seite 276). Gamsfleisch muss gebeizt werden und wird danach mit Zwiebeln zu Wildragout geschmort. Gamskeule wird mit geräuchertem Pancetta gespickt und im Rohr gebraten.

CANEDERLI (Knödelspezialität aus dem Trentino)

Der Name ist kein Zufall – die trentinische Version der Gnocchi* stammt vom Tiroler Knödel ab und wird ebenso aus Knödelbrot gemacht, das in Milch eingeweicht und mit Eiern und etwas Mehl zu einem Knödelteig verarbeitet wird. Fein gehackter Speck, Zwiebeln, Petersilie und Majoran kommen hinzu. Canederli können so klein wie Walnüsse, aber auch so groß wie Orangen sein. Die kleineren dienen als Suppeneinlage oder werden mit Fleischsauce oder brauner Butter serviert, die großen Knödel sind Beilagen.

CANESTRELLO (Kammmuschel)

Die kleineren, feineren Verwandten der Jakobsmuschel sind im ganzen Mittelmeer heimisch, bevorzugt jedoch an der oberen Adria. In Venedig macht man daraus Risotto, während sie in der Romagna zu Pastasauce verkocht werden. Das einfachste Rezept ist eines der besten: in Öl mit Semmelbröseln, Chili und Petersilie angebraten und mit Weißwein abgelöscht. Meist werden die Muscheln frittiert im *fritto misto di pesce** serviert oder gekocht in einem Meeresfrüchtesalat.

CANNELLA (Zimt)

Zimt ist ein besonders in Norditalien beliebtes Gewürz. Hauptsächlich wird es zu Süßspeisen verwendet, aber auch zu einigen Fleischgerichten wie Eintöpfen, Wildragouts und Hachse.

CANNELLONI (Nudelgratin)

Es gibt zweierlei Cannelloni-Rezepte. Das eine ist im Piemont beliebt, das andere auf der ganzen Welt. Bei der Piemonteser Version, die auch *cannelloni alla barbaroux* heißt, werden Pfannkuchen mit Sugo gefüllt und überbacken. Für *cannelloni alla napoletana* werden große Pastarollen mit Tomatensauce und Mozzarella gefüllt und mit Tomatensauce und Parmesan gratiniert. Am bekanntesten sind Cannelloni mit Ragoutfüllung und Béchamelsauce überbacken.

CANNOLO (Sizilianisches Fettgebäck)

Cannolo ist neben Cassata* das typischste sizilianische Dessert. Eine mit Kakao aromatisierte Teigrolle wird in Öl knusprig ausgebacken und dann mit Ricottacreme, kandierten Früchten, Pistazien und Schokoladenstückchen gefüllt und mit Orangenwasser parfümiert. Heutzutage wird die Rolle auch mit Konditorcreme und Schokosahne gefüllt.

CANNONCINO (Blätterteigröllchen)

In Konditoreien, den *pasticcerias**, angebotene beliebte Blätterteigröllchen, die mit Vanillecreme, Schlagsahne oder Schokolade gefüllt sind.

CANOCCHIA ODER SPANOCCHIA (Heuschreckenkrebs)

In der oberen Adria auf Sandbänken heimisches Krustentier, das man in Ligurien und der Toskana *cicala* nennt. Heuschreckenkrebse werden drei Minuten in Fischsud pochiert und für Fischsuppen verwendet oder abgekühlt am Tisch gepult. Aus der Schale gebrochen, wird das äußerst schmackhafte Fleisch gerne paniert und in Öl ausgebacken oder in Olivenöl, Knoblauch und etwas Wein gedünstet, der zum Schluss leicht gebunden wird. In Venedig als Zutat im Risotto beliebt.

CAPELLI D'ANGELO siehe PASTA

CAPITONE (Großer Aal)

Der *capitone* ist ein bis zu 1,5 m langer, fetter, weiblicher Aal, der bevorzugt an der Mündung des Po gefangen wird. *Capitone* wird wie anderer Aal zubereitet und in Rom oder Mailand traditionell an Heiligabend gegessen.

CAPOCOLLO (Wurstsorte)

Für die mittel- und süditalienische Salume*-Spezialität *capocollo* wird die ausgelöste Schweineschulter mit dem Hals zu einer Rolle geformt, je nach Herkunftsregion unterschiedlich gewürzt und vier bis sechs Monate gereift. In Apulien wird *capocollo* auch leicht geräuchert.

CAPONE ODER CAPPONE (Knurrhahn)

Ein optisch ansprechender Speisefisch in unterschiedlichen Farben und Formen. Das Fleisch ist fest und weiß und grätenfrei. Knurrhahn wird gerne im Ofen in Weißwein geschmort oder gekocht und mit einer leichten Zitronen-Öl-Sauce serviert.

ZUTATEN VON A BIS Z

CAPPALLACCI siehe PASTA

CAPPASANTA *(Jakobsmuschel)*
Cappasanta ist der venezianische Name für die Jakobsmuschel. In anderen Regionen wird sie auch *ventaglio*, *pettine maggiore* oder *conchiglia di San Giacomo* genannt. Die Muscheln sind an den italienischen Küsten sehr rar und nur an den Fischständen der *pescheria* des Rialtomarkts von Venedig häufig zu finden. Aus Venedig stammen auch die einzigen authentischen Rezepte. Für *cappasante gratinate* werden die Muscheln mit Semmelbröseln bestreut, in Butter, Weißwein und Estragon gebraten, dann in der Schale gratiniert.

CAPELLETTI siehe PASTA

CAPPELLO DEL PRETE *(Schweinskochwurst)*
Diese Spezialität aus Parma hat die Form eines Priesterhuts. Die Fleischfülle entspricht der *zampone** und wird nach langer Kochzeit wie *zampone* mit Kartoffelpüree, Linsengemüse und Spinat serviert.

ABOVE:

CAPPERI *(Kapern)*
Italienische Kapern sind angeblich die besten der Welt und wachsen entlang der Felswände und Klippen der Küsten Süditaliens und der Inseln. Die Kapern von Pantelleria sind dank des vulkanischen Bodens und des heißen, trockenen Klimas besonders gut. Die kleinen Kapern sind die besten.

Man isst nur die Kapernblüten. Diese werden in Meersalz, in Weißwein oder in Salzlake eingelegt; am besten sind die in Meersalz konservierten. Kapern sind typisch für mediterrane Gerichte und werden erst kurz vor dem Servieren zu einer Pastasauce, einem Pizzabelag oder einem Fischgericht gegeben, da sie nicht kochen sollten.

CAPPON MAGRO *(Fastensalat aus Genua)*
Dieser traditionelle Fastensalat aus Fisch und Gemüse ist sehr aufwendig in der Herstellung. Verschiedene Fischsorten werden gekocht und abwechselnd mit blanchierten Gemüsen und Zwieback zu einer Pyramide aufgeschichtet. Als Dressing wird eine grüne Sauce verwendet, die neben Kräutern auch Semmelbrösel, hart gekochte Eier, Pinienkerne und Kapern enthält.

CAPPONE *(Kapaun)*
Ein kastrierter Masthahn, mit feinerem Geschmack und merklich größer als ein Brathähnchen. Heutzutage stammen die Kapaune vorwiegend aus kommerzieller Zucht, gelegentlich wird auch ein Bauernkapaun angeboten. Normalerweise wird der Kapaun gekocht.

In der Renaissance wurden Ravioli und Maccheroni in Kapaunbrühe gegart, während das Fleisch für die Füllung verwendet wurde. Heute nimmt man dazu Pasta in Form von *cappelletti** oder *anolini**. Kapaun wird auch gebraten, manchmal mit Trüffelscheiben, die unter die Haut geschoben werden. Neben Truthahn ist Kapaun der beliebteste Weihnachtsbraten Italiens.

CAPRESE *(Mozzarella-Salat)*

Eine Kombination aus Mozzarella, Tomaten und Basilikum, mit Olivenöl, Salz und Pfeffer gewürzt. Die *caprese* genannte Sauce wird zu Ravioli und Gnocchi verwendet. Dafür werden dieselben Zutaten nur kurz angedünstet, um ihre Frische zu erhalten.

CAPRETTO *(Ziegenkitz)*

Ziegenkitz ist immer noch ein beliebtes Gericht in Mittel- und Süditalien. Es ähnelt Lammfleisch, besitzt aber ein würzigeres Aroma. Trotzdem – oder gerade deshalb wird es von Kennern besonders geschätzt. Alle Rezepte für Lamm können auch mit Ziegenkitz zubereitet werden. Gefülltes Kitz ist ein traditionelles Bauernessen aus Kalabrien. Das Kitz wird ausgebeint und dann mit Vermicelli* gefüllt und in einer Tomatensauce mit Hühnerklein und den Innereien des Kitzes im Ofen gebraten. Es wird im Ganzen mit Kartoffeln und kleinen Zwiebeln serviert.

CAPRINO *(Frischkäse)*

Da *capra* „Ziege" bedeutet, sollte der *caprino* eigentlich aus Ziegenmilch hergestellt werden. Tatsächlich werden nur noch einige ländliche Produkte ganz aus Ziegenmilch gekäst. Die meisten *caprini* werden industriell aus einer Mischung aus Ziegen- und Kuhmilch oder nur aus Kuhmilch gemacht. Die lombardischen aus Milch mit einem besonders hohen Fettanteil sind die besten. Sie werden in Öl eingelegt und mit gutem Olivenöl, Salz und Pfeffer serviert.

CAPRIOLO *(Rehbock)*

Rehböcke stammen derzeit aus Zuchtbeständen, da die Wildtiere unter Naturschutz stehen. Ein junger Rehbock am Spieß gebraten ist exzellent, das beste Stück ist der Sattel (Rücken). Ältere Tiere werden in Wein mit Zwiebeln, Sellerie, Karotten, Petersilie, Wacholderbeeren, Pfeffer und Salz gebeizt, bevor sie gegrillt oder im Ofen gebraten werden. Dabei wird das Fleisch immer wieder mit Wein bestrichen, um es saftig zu halten. Reh kann auch für Ragouts verwendet werden.

CARBONARA *(Sahnige Pastasauce)*

Diese Sauce für *bucatini** oder Spaghetti kommt ursprünglich aus Latium und den Abruzzen. Der Name stammt von den *carbonari* ab, den Holzkohlemeilern, die in früherer Zeit ein vertrauter Anblick in den Wäldern dieser Regionen waren, aus denen die Zutaten für diese schlichte Sauce stammen. *Pasta alla carbonara* wurde international berühmt, als die alliierten Soldaten das Rezept nach Kriegsende aus Rom in ihre Heimatländer mitnahmen, denn hier waren vertraute Zutaten wie Eier und Speck mit den neuen, so beliebten Spaghetti kombiniert.

Für die Sauce werden frische, gerade *al dente* gekochte Nudeln mit gewürfelter, in Olivenöl gedünsteter Schweinebacke bestreut und mit einer Mischung aus Ei und Parmesan übergossen. Die Eier sollten nur leicht gerinnen. Manche Köche fügen noch etwas Zwiebel hinzu oder Knoblauch und Kräuter, andere reduzieren den Fettgehalt durch Zugabe von etwas Weißwein. Gepökelte Schweinebacke wird gerne durch gekochten Speck ersetzt.

CARCIOFO *(Artischocke)*

Artischocken wachsen auf *carciofaie* genannten Feldern in ganz Mittel- und Süditalien. Es gibt eine Vielzahl an Sorten, einige davon mit Dornen. Winzige Artischocken werden normalerweise in Olivenöl eingelegt und als Teil eines gemischten Antipasto* serviert. Junge Dornartischocken werden roh in Olivenöl gestippt. Bei großen oder reifen Artischocken werden die harten Außenblätter und die Haare entfernt, bevor sie, in Scheiben geschnitten, auf unterschiedlichste Weise gekocht werden.

In Ligurien ist die örtliche, dornige Sorte *spinoso di Liguria* Hauptzutat der *torta pasqualina**, der Gemüsetorte. Die wohl besten Rezepte stammen aus Rom. Hier wird eine dornlose Sorte angebaut, die man Romanesco nennt. *Carciofi alla guidea* ist ein Rezept aus jüdischer Tradition, bei dem die Artischocken, zur Rose entfaltet, im Ganzen sanft in Olivenöl garen. Für *carciofi alla romana°* wird das Gemüse mit Petersilie, Minze, Semmelbröseln und Knoblauch gefüllt und in einer Wasser-Öl-Emulsion im Ofen gegart. In Venedig baut man die erstklassigen, gelben *canarinos* und die jungen *castraure* an, die man im Rohr mit Öl, Petersilie, Knoblauch und etwas Wasser schmort.

Artischockenböden, die man *fondi di carciofi* nennt, werden in Dosen in Salzlake konserviert, es gibt sie aber auch im Frühling frisch im Gemüseladen. Artischocken-

böden werden in Olivenöl mit etwas fein gehacktem Knoblauch und Kräutern geschmort und gehören zu den klassischen Antipasti. Man kann sie auch roh essen, in feine Scheiben geschnitten oder blanchiert und mit Huhn, Thunfisch oder Schinken gefüllt.

CARDO (Karde)

In Mittelitalien nennt man Karden auch *gobbo* (bucklig), nach der Art, wie sich die Pflanze beim Blanchieren wölbt. Das Gemüse, von dem hauptsächlich die blättrigen Stängel und nicht die Blüte gegessen werden, gehört wie die Artischocke zu den mediterranen Disteln. Nach Anbauart und Zubereitung ist es dem Sellerie näher verwandt als der Artischocke, während das Aroma an diese erinnert, obwohl Karden etwas süßlicher sind.

Junge Karden isst man roh, etwa beim Dippen in die traditionelle *bagna caôda**° des Piemont, bei der Karden das wichtigste Gemüse sind. Man kann sie auch in wenig Wasser mit etwas Öl, Knoblauch und Petersilie kochen und mit einer leichten Sauce aus Eigelb und Zitrone servieren.

CARNE (Fleisch)

Schweinefleisch wird in ganz Italien gerne gegessen, während Rind und Kalbfleisch im Norden, Lamm und zu einem geringeren Grad auch Ziegenkitz in Mittel- und Süditalien bevorzugt werden. Huhn isst man überall, besonders viele Rezepte sind in der Toskana bekannt, deren frei laufende Hühner aus dem Valadarno besonders gerühmt werden. Die Toskana produziert aus der Chinaina-Rasse auch das beste Rindfleisch Italiens. Auch Wildhasen, Kaninchen, Pferdefleisch, Esel, Wild und Wildgeflügel, Frösche und Schnecken werden gegessen.

Hachsen werden im Ofen gebraten, am Spieß gegrillt oder – am häufigsten – im Bräter zubereitet. Weniger zartes Fleisch wird lange geschmort oder in Wein und/oder Brühe gegart, dies besonders in Norditalien. Steaks werden in der Pfanne gebraten oder gegrillt, paniert gebacken oder in Butter oder Öl frittiert und zum Schluss mit Zitronensaft, Wein oder Ähnlichem abgeschmeckt, wie etwa *scaloppine alla marsala*.

CAROTA (Karotte)

Karotten wachsen in ganz Italien und werden besonders im Norden und in den Marken angebaut. Es gibt eine Vielzahl an Sorten und Farben, von weißen bis purpurroten, aber am häufigsten sind die bekannten orangefarbenen, die das ganze Jahr hindurch geerntet werden. Karotten aromatisieren Suppen, Brühen, Marinaden und *soffritto*°. Junge Karotten isst man in Salaten, die nur mit Olivenöl und Zitrone gewürzt werden. Ältere Exemplare werden als Streifen oder Kugeln in Brühe gegart oder langsam in Butter oder Öl gebraten. Oft aromatisiert man sie mit Parmesan, mit Oregano und Petersilie, und in einem der typisch süditalienischen Rezepte rundet man das Gericht mit einigen Löffeln Marsala ab. Gekochte Karotten sind klassische Zutat im *bollito misto**. Man kann sie auch mehlieren und in Olivenöl ausbraten. Geriebene Karotten sind gut für eine Sauce zu Braten oder Kochfleisch: Man sautiert sie mit Zwiebeln in Olivenöl und Butter und kocht sie dann in Brühe und Essig mit etwas Tomatenmark und Zucker.

CARPA (Karpfen)

Männliche Karpfen sind besser als die Weibchen. Am meisten geschätzt wird der goldgrüne Spiegelkarpfen mit großen Schuppen. Leider stammen Karpfen heutzutage meist von Fischfarmen und schmecken leicht brackig – einer der Gründe, warum man Karpfen in Italien nicht mehr so sehr schätzt wie in der Vergangenheit. Der beste Wildwasserkarpfen stammt aus dem Trasimeno-See in Umbrien. Traditionell bäckt man Karpfen mit Pancetta und Tomaten.

CARPACCIO *(Kalt marinierte Fleischscheibchen)*
Dieses relativ junge Gericht wurde in nur wenigen Jahren auf der ganzen Welt berühmt.

1961 erfand Giuseppe Cipriani das Carpaccio in Harry's Bar in Venedig für eine adelige Dame, die strikte Diät halten wollte. Er benannte die hauchdünn geschnittenen Scheiben Rinderfilet nach dem gerade durch eine Ausstellung geehrten Maler Vittore Carpaccio (1450–1522), da ihn „die Farbe des Gerichts an die Rottöne der Gemälde Carpaccios erinnerte".

Carpaccio oder Rindercarpaccio besteht aus rohen, in leicht gefrorenem Zustand hauchdünn geschnittenen Scheiben Rinderfilet, mit einer Mayonnaise serviert, die mit etwas Senf, Cognac, Tabasco und Sahne abgerundet wurde. Manchmal wird auch noch etwas Tomatensauce hinzugefügt.

Viele Köche bezeichnen das ähnliche Gericht *carne all'albese** fälschlicherweise als Carpaccio; ebenso wird anderes roh mariniertes Fleisch oder Fisch als Carpaccio bezeichnet, obwohl dafür andere Zutaten und ein anderes Dressing verwendet werden. Leider gibt es keinen Patentschutz für Rezepte.

CARPIONE *(Gardaseeforelle)*
Die im Gardasee heimische und hoch geschätzte Forellenart entstammt der Salmoniden-Familie, ähnelt aber mehr der Regenbogenforelle als dem Lachs. *Carpione* wird normalerweise nur gedünstet und mit Öl, Zitronensaft oder ein bisschen Kräutersauce serviert – ohne Knoblauch.

In carpione bezeichnet eine Zubereitungsart für süß-sauren Süßwasserfisch, der erst gebraten und dann in eine Essigmarinade eingelegt wird. Eine beliebte Vorspeise in Norditalien.

CARTA DA MUSICA *siehe* PANE

CASONSEI *siehe* PASTA

CASSATA *(Süditalienisches Dessert)*
Die älteste Version der Cassata ist die *cassata siciliana*, eine Zubereitung aus einem Biskuitboden, der mit süßer Ri-

cotta-Creme mit Vanille-, Schokolade- oder Zimtgeschmack und manchmal kandierten Früchten oder Schokoladenstückchen gefüllt wurde. Der Kuchen wird mit grünem Marzipan oder Zuckerguss überzogen und mit kandierten oder Marzipanfrüchten dekoriert.

Aus Sulmona in den Abruzzen stammt eine zweite Cassata-Art, deren Rezept auf Seite 224 steht. Die *cassata gelata*, eine Eistorte, ist besonders beliebt.

CASTAGNA *(Esskastanie)*
Jahrhundertelang war diese schöne, schimmernde Nuss eines der Grundnahrungsmittel in den Bergregionen Italiens, besonders im Apennin. Esskastanien gibt es in großer Vielfalt, die besten sind die Maronen, die aus einer großen Nuss in jeder Stachelschale bestehen. Maronen sind zartbraun, manchmal weiß gestreift, die dünne, innere Haut lässt sich leicht entfernen. Andere Kastaniensorten haben zwei oder gar drei Nüsse in jeder Schale.

In Norditalien sind viele süße und pikante Kastanienspeisen bekannt. Aus den Marken stammt dagegen das Rezept für ein traditionell am Allerseelentag serviertes Gericht, für das die Maronen gekocht, geschält, mit Zucker bestreut, mit Grappa begossen und dann flambiert werden.

Kastanien werden geröstet, in Milch oder Brühe gekocht und dann gleich gegessen oder für andere Speisen verwendet. Abgesehen von der mittlerweile weltweit beliebten Truthahnfüllung, werden Kastanien in der Lombardei auch für gefüllte Kaninchen verwendet. Ein Rezept aus dem Piemont schlägt geröstete Kastanien und gebackene Zwiebeln als Beilage zum Rinderbraten vor. Sie werden zum Schluss in der Sauce mitgeschmort. In der Lombardei ist ein aus der Antike stammendes Gericht bekannt, das *busecchina* heißt und mit gekochten und geschälten Kastanien zubereitet wird, die in Milch und Weißwein gegart wurden. Wenn der Großteil der Flüssigkeit verdampft ist, werden die Kastanien mit Sahne geschmort.

Das vielleicht beste Kastanienrezept ist *monte bianco**, eine Nachspeise aus dem Aostatal. Besonders beliebt aber ist gesüßtes Maronenpüree für Eis und Cremes, das im Piemont und der Lombardei in großem Umfang industriell und von Hand gefertigt wird und sich durchaus mit dem bekannteren französischen Erzeugnis messen kann.

Kastanien werden in Italien auch getrocknet als *castagne secche* angeboten und das ganze Jahr über verzehrt. Vor dem Genuss muss man sie einige Stunden einwei-

ZUTATEN VON A BIS Z

chen und dann in Milch mit einem Lorbeerblatt kochen, danach können die Maronen für herzhafte oder süße Rezepte verwendet werden. Allerdings verlieren Kastanien beim Trocknen viel von ihrer Aromafülle und können sich nicht mit frischen Früchten messen. Aus getrockneten, gemahlenen Kastanien wird auch Mehl, das *farina di castagne*, hergestellt. Man bereitet daraus *castagnaccio** und Schmalzgebäck. Aus einer Mischung von Kastanien- mit Weißmehl werden Tagliatelle gemacht, die hervorragend zu Wildragout passen.

CASTAGNACCIO *(Kastanienfladen)*
Ursprünglich stammte dieses Brot aus der Toskana, ist heute aber in ganz Italien beliebt. Die Grundzutaten sind Kastanienmehl und Öl, zu denen Sultaninen, Pinienkerne, Walnüsse und Fenchelsamen kommen. Der daraus mit Wasser geknetete Teig wird in großen, flachen Kupferpfannen zu Fladen gebacken.

CASTRATO *(Hammel)*
Man isst immer noch Hammelfleisch in Mittelitalien, allerdings weit weniger, seit immer mehr Genießer den zarteren Geschmack von Lamm dem intensiven Hammelaroma vorziehen. Hammelfleisch ist ein rotes Fleisch und schmeckt besonders gut gegrillt oder geschmort, wenn das Fleisch von einem Jungtier stammt. Man isst Hammel wie Rindersteak nicht völlig durchgebraten. Aus dem Fleisch älterer Tiere kocht man *ragù** oder Eintopfgerichte.

CAVALLO *(Pferd)*
Pferdefleisch wird in Italien heute seltener angeboten, als es vor dem Krieg üblich war. Die Konsistenz ist fester als beim Rindfleisch, das Fleisch ist herzhaft und gut verdaulich, besitzt aber einen süßlichen Geschmack, der nicht jedermanns Sache ist. Bis zum letzten Krieg war Pferdefleisch ein billiger Genuss, preiswerter als Rind oder andere Fleischsorten, heutzutage kostet dieses Fleisch ebenso viel und wird von Leuten gekauft, denen es schmeckt. Pferdemetzgereien stellen daraus und aus Esel- und Maultierfleisch vielfältige und hochwertige Salami und Wurstwaren her.

CAVOLFIORE *(Blumenkohl)*
Blumenkohl ist besonders im Norden ein sehr beliebtes Gemüse. Im Süden ist der Brokkoli unter demselben Namen bekannt, was zu Verwirrungen führen kann.

Gekochter Blumenkohl wird oft mit Essig und Olivenöl mariniert, auch gesalzene Sardellen kommen gerne dazu. Ebenfalls beliebt ist das Dünsten der blanchierten Röschen in brauner Butter und das Bestreuen mit Parmesan. *Sformato* di cavolfiore* ist ein elegantes Gericht, das gerne als Vorspeise gegessen wird. Wie anderes Gemüse wird auch der Blumenkohl paniert und ausgebacken und als Beilage zu Fleisch oder *fritto misto* geschätzt. Im neapolitanischen Gericht *insalata di rinforzo* spielt Blumenkohl die Hauptrolle. Dafür werden die gekochten Röschen mit Sardellenfilets, grünen und schwarzen Oliven, Olivenöl, Essig, Kapern, Knoblauch und Salz kombiniert.

CAVOLINI DI BRUXELLES *(Rosenkohl)*
Obwohl Rosenkohl in Norditalien viel angebaut wird und sich zunehmender Beliebtheit erfreut, kennt man keine traditionellen Rezepte dafür. Rosenkohl wird meist blanchiert und dann in Butter gedünstet, mit einer Parmesan-Béchamel übergossen und gratiniert oder aber mit Speck gebraten.

CAVOLO *(Kohl)*
Drei Hauptsorten Kohl sind in Italien bekannt: der glattblättrige *cavolo cappuccio* als Weiß- und Rotkohl, *cavolo verza*, der Wirsing, und *cavolo nero*, toskanischer Schwarzkohl.

Heutzutage ist Kohl weniger beliebt als früher, aber manche Rezepte sind immer noch Dauerbrenner wie die Mailänder *cassoeula°* oder *involtini di verza* – Kohlrouladen. Wirsing wird gerne für Suppen verwendet, besonders für die Minestrone*. Für das aus Venetien stammende *verze soffegae* wird Wirsing lange mit Weißwein und Essig geschmort. Schwarzkohl, der für die

ZUTATEN VON A BIS Z

Toskana typisch ist, formt keine geschlossenen Köpfe. Die eher grünen als schwarzen Blätter schmecken kohliger und etwas bitterer als andere Sorten. Schwarzkohl gehört in viele toskanische Suppenrezepte, von denen die *ribollita** die bekannteste ist. In Lucca wird der Schwarzkohl für ein traditionelles Tortenrezept auf Vanillecreme gebettet.

CECI (Kichererbsen)

Kichererbsen haben einen exzellenten Eigengeschmack, lassen sich aber auch gut mit anderen Aromen kombinieren. Man liebt sie in ganz Italien, besonders jedoch im Süden, wo man sie auch großflächig anbaut. Hier werden die Kichererbsen gerne mit Pasta gekocht. Zu den vielen Rezepten dafür gehört auch das apulische *tria* (siehe *pasta e ceci*, Seite 66). Eines der ältesten Rezepte stammt aus dem Norden. *Ceci coin la tempia* ist ein reichhaltiger Eintopf aus Kichererbsen, Schweinerücken und Schweinekopf, der traditionell in Mailand an Allerheiligen gegessen wird.

Kichererbsen werden nie frisch verwendet, sondern nur getrocknet angeboten, daher muss man sie vor dem Kochen mindestens zwölf Stunden einweichen. Aus Kichererbsenmehl werden zwei der ältesten ligurischen Gerichte gekocht, *farinata** und *panissa**.

CEDRO (Zitronat- oder Zedratzitrone)

In Kalabrien und Sizilien wächst diese Zitrusfrucht in großen Mengen. Sie ähnelt farblich einer Limette, ist aber quittenförmig mit dicker Haut, die zu Zitronat verarbeitet wird.

CEFALO (Meeräsche)

In Italien auch *muggine** genannte Fischfamilie mit vielen Untergruppen, am bekanntesten ist die goldene Meeräsche. Stammt der Fisch aus klarem Meerwasser, dann ist er ein hervorragender Speisefisch mit leicht fetthaltigem, weißem Fleisch und wenig Gräten. Kommt der Fisch jedoch aus Brackwasser oder aus Gebieten mit Industrieabwässern, verschlechtert sich der Geschmack sehr.

Meeräschen müssen sehr schnell verbraucht und gründlich gereinigt werden. Sie werden gegrillt, pochiert, gekocht, in der Folie mit Kräutern und Olivenöl geschmort oder im Ofen gebraten (Rezept Seite 118). Aus dem getrockneten Rogen der Meeräsche wird die Delikatesse *bottarga** hergestellt.

CENCI (Schmalzgebäck)

Wörtlich bedeutet der Name „Lumpen" – tatsächlich handelt es sich beim toskanischen Karnevalsgebäck *cenci* um Fettgebackenes aus einem Teig aus Mehl, Butter, Zucker und Eiern, der dünn ausgerollt und dann frittiert wird.

CERNIA (Zackenbarsch)

Mittelmeerfisch mit zahlreichen Sorten, der bis zu 1 m lang werden kann. Die hässliche Erscheinung sollte nicht vom hervorragenden Geschmack ablenken, zudem ist der Zackenbarsch grätenarm und lässt sich vielseitig zubereiten. Der ganze Fisch schmeckt mit Kräutern gebraten oder gedünstet in Kräutersauce. Barschsteaks können gegrillt, pochiert oder in Tomatensauce geschmort werden. Ein hervorragendes Rezept kombiniert Zackenbarsch mit einer Füllung aus Shrimps, getrockneten Steinpilzen und Parmesan, in Butter gebraten und mit Weißweinsauce serviert.

CERVELLO (Hirn)

Dank der cremigen Konsistenz und des zarten Geschmacks ist Hirn eines der beliebtesten Gerichte in Italien. Kalbshirn wird in der Lombardei und der Toskana geschätzt, während die Römer und Neapolitaner Lammhirn bevorzugen. *Cervello alla napoletana* besteht aus

ZUTATEN VON A BIS Z

gebackenem Lammhirn mit schwarzen Oliven, Kapern, Semmelbröseln und Olivenöl. Ein anderes traditionelles Rezept ist *cervello fritto alla milanese*.

CERVO *(Damwild)*

Hirschrücken wird gerne gebraten, während die Keule im Bräter wie Wildschwein geschmort wird, also mit Wein gebeizt und darin gegart. Die meisten Rezepte für Reh lassen sich auch für Hirsch verwenden. Heutzutage kommt das Damwild nicht mehr aus freier Wildbahn, sondern aus großen Gehegen, die es vor allem in Sardinien gibt. Das Fleisch hat durch diese Aufzuchtsart ein wenig seinen Wildcharakter verloren.

CETRIOLO *(Gurke)*

Italienische *cetrioli* sind kleiner und kürzer als unsere Schlangengurken, werden aber auch vorwiegend roh gegessen. Geschält und in dünne Scheiben geschnitten, werden sie gesalzen und eine halbe Stunde zum Wasserziehen stehen gelassen. Dadurch sind sie weniger bitter und besser verdaulich. Neue Züchtungen haben allerdings viel von diesem einst typischen Aroma verloren. Die Gurkenscheiben werden abgetrocknet, mit Olivenöl, Essig, Salz und Pfeffer angemacht und oft mit Tomaten und Gemüsepaprika kombiniert. Bei Schlangengurken werden die Kerne entfernt.

Eine kleinere Sorte heißt *cetriolini* und entspricht unseren Cornichons, man legt sie in Essig ein. *Cetriolini* passen zu kalten Gerichten wie *vitello tonnato** und werden auch für essighaltige Saucen wie die *salsa verde**° verwendet, wenn die Kräutersauce zu Fleisch und nicht zu Fisch passen soll.

CHIACCHIERE *(Schmalzgebäck)*

Kein anderes Gebäck gehört so sehr zum Karneval von Mailand wie dieses Fettgebäck mit Marsala-Aroma. Große Bleche stehen in jeder Bäckerei und Konditorei. Um *chiacchiere* herzustellen, wird der Teig sehr dünn ausgerollt und in Rechtecke geteilt. Zwei Querschnitte lassen das Gebäck beim Ausbacken aufgehen. Manchmal wird es mit Puderzucker bestreut.

CHIODI DI GAROFANO *(Nelken)*

Nelken sind ein unverzichtbares Gewürz für die italienische Küche. Für Brühen wird eine Zwiebel mit einer oder zwei Nelken gespickt, sie kommen auch in Marinaden und an Braten. Allerdings muss man bei der

Dosierung zurückhaltend sein. Nelken gehören neben Zimt, Muskat und weißem Pfeffer zu den vier „süßen" oder „lombardischen" Gewürzen.

CHIZZE *(Pikante Brottaschen)*

Die wie kleine Kissen aussehenden *chizze* werden vor allem mit Schinken, Mangold und jungem Parmesan gefüllt und dann in Schweineschmalz ausgebacken. Sie sind eine Spezialität der Emilia-Romagna und werden auf allen Dorffesten, aber auch zum Aperitif angeboten.

CIABATTA *siehe* PANE

CIAMBELLA *(Kranzkuchen)*

Ein Kranzkuchen, der ursprünglich aus den Marken und der Emilia-Romagna stammt. Jede Hausfrau hat ihr eigenes Rezept und ist stolz darauf, *ciambella* selbst zu backen. Der Teig besteht aus Mehl, Butter, Eiern und Zucker sowie unterschiedlichen Aromaten. *Ciambella* mit Vanillecreme ist ein beliebtes Dessert. Zum Frühstück isst man den Hefekranz in den *caffè latte* gedippt, später am Tag dann mit einem Glas Dessertwein.

Kranzkuchen sind in ganz Italien beliebt und unter einer Vielzahl von regionalen Namen bekannt. Gelegentlich finden sich auch pikante *ciambelle* in allen Größen, die mit Käse und/oder Salami gefüllt sind.

CIAUSCOLO *(Schweinemettwurst aus den Marken)*

Ciauscolo wird aus Schweinmett hergestellt, das mit Knoblauch gewürzt und dann geräuchert wird, und ist die einzige Salamisorte, die man auf das Brot streichen kann.

CICCIOLI *(Schmalzgrieben)*

Bei der Schmalzherstellung entstehende, knusprige Stückchen. *Ciccioli* schmecken am besten, wenn sie ganz frisch und noch heiß sind. In der Emilia-Romagna kommen Grieben an das typische Fladenbrot oder werden über Brotscheiben gestreut, während man sie in Latium als Antipasto* isst. Heutzutage wird Fladenbrot mit Grieben industriell hergestellt.

CICORIA UND RADICCHIO
(Chicorée und Radicchio)

Zur Familie der Zichoriengewächse gehört eine Vielzahl an Wild- und Zuchtpflanzen, etwa der beliebte rote Radicchio*, die lange, buschige Endivie und *puntarelle**, die römische Endivie. Alle Zichorien schmecken am besten während der Saisonzeit im Herbst und Winter. Das Gemüse hat einen angenehm bitteren Geschmack und kann roh oder gekocht verzehrt werden. Roher Chicorée wird als Salat in feine Streifen geschnitten und mit Olivenöl und Essig angemacht. In den Essigprovinzen von Modena und Reggio Emilia nimmt man dazu Balsamessig, dessen Süße die Bitterkeit hervorragend ausgleicht. In der Emilia kombiniert man das Gemüse gerne auch mit Pancetta* und dünstet es mit Knoblauch in Öl, zu dem am Schluss etwas Essig kommt. Junger Chicorée schmeckt ausgezeichnet gegrillt, generell kann er gekocht und auf unterschiedliche Arten gewürzt werden.

Die wilde Zichorie wird üblicherweise als Cicorino bezeichnet und enthält mehr Bitterstoffe als die Kulturpflanzen. Sie muss daher als Jungpflanze geerntet werden, wenn man sie roh essen will. In Apulien wird das Gemüse zur *incapriata** verwendet.

CILIEGA *(Kirschen)*

Diese süße Frucht, bei der eine Vielzahl an Rottönen den weißen Schaum der Blüte ersetzt, reift im Frühsommer. Die Kirsche gehört botanisch zur Prunus-Familie, den Pflaumengewächsen, und entstand als Kreuzung aus Schattenmorellen und Süßkirschen. Zwei nach der Konsistenz des Fruchtfleisches unterschiedene Hauptgruppen werden heute angebaut, die weichen *tenerine* (von *tenero* – weich, mürbe) und die größeren, härteren *duracine* (von *duro* – hart, fest) mit hellerer Farbe. Die besten Kirschen kommen aus Kampanien, Apulien, dem Veneto und natürlich aus der Emilia-Romagna, wo in den Kirschgärten rund um Modena die berühmten Vignola-Kirschen wachsen. Heutzutage werden Kirschen meist frisch gegessen. Manchmal legt man sie aber auch in Sirup ein oder trocknet sie an der Sonne, bevor sie in Alkohol konserviert werden. Man verwendet sie gerne in Kuchen und für Süßigkeiten.

CIME DI RAPA *(Rübensprossen)*

Die dem Brokkoli ähnelnden Rübensprossen sind ein beliebtes Gemüse, vor allem in der Toskana, in Rom und in Süditalien. Man kocht sie und isst sie im Salat oder blanchiert und dünstet sie dann in Öl mit Knoblauch, Chilis und Tomaten. Man kann sie auch in einer Pfanne dämpfen und erhält so den Eigengeschmack der Pflanze. In Apulien werden sie gerne zusammen mit Nudeln gekocht und serviert.

CINGHALE *(Wildschwein)*

Wildschweine leben immer noch in den Bergen Mittel- und Süditaliens, aber meist werden sie halb wild in großen Gehegen aufgezogen. Wildschweinbraten ist vor allem in Latium und der Toskana beliebt, wo man das Fleisch auf Märkten angeboten sieht. Für einen köstlichen Sauerbraten wird das Fleisch in einer Wein-Gewürz-Beize 48 Stunden eingelegt und dann langsam in Öl gegart. Am Ende kommen Zwiebeln, Schokoladenraspel, Pflaumen, Pinienkerne, Rosinen, Zitronat und Orangeat und die Marinade dazu. Als Beilage ist Röstbrot üblich. Frischling schmeckt gut vom Grill oder aus dem Backofen und kann im Ganzen oder als Steak zubereitet werden, das Fleisch sollte noch zart, aber völlig durchgegart sein. Eines meiner Lieblingsrezepte für *cinghale* aus dem Chianti-Gebiet finden Sie auf Seite 145.

Wildschweinfleisch wird auch zur Herstellung von Salami, Schinken und Coppa* verwendet. In der Toskana und in Umbrien findet man diese Wurstwaren in jeder Metzgerei, sie stammen meist von benachbarten Bauernhöfen. Einige Würste duften dabei zart nach Trüffeln, einer Lieblingsspeise wild lebender Wildschweine. Viel Wurst wird allerdings aus *meticcio* hergestellt, einer Kreuzung aus Schwein und Wildschwein, Tiere, die nach Wild schmecken, aber wie Schweine gezüchtet werden können.

ZUTATEN VON A BIS Z

CIOCCOLATA (Heiße Schokolade)

Kakaopulver wird in heißer Milch oder Wasser aufgelöst, dazu ein wenig Zucker – fertig ist die heiße Schokolade. Im 18. Jahrhundert wurde das Getränk in Italien populär, etwas später als im restlichen Europa. Wie Kaffee wurde auch Schokolade zuerst von der Aristokratie genossen. Heute ist die Schokolade nicht mehr so beliebt, aber es gehört zu einem Venedigbesuch, bei Florian auf dem Markusplatz eine Schokolade zu genießen, während man dem Orchester lauscht.

CIOCCOLATO (Kuvertüre)

Die italienische Patisserie verwendet weit weniger Schokoladenkuvertüre als andere europäische Dessertspezialisten, man setzt sie nur als Aromat oder zur Dekoration ein. Allerdings wird Schokolade gelegentlich zum Abschmecken herzhafter Gerichte genutzt, wie im Rezept für Hasenpfeffer auf Seite 144. In einem aus Florenz stammenden Rezept werden Tagliatelle mit Kakaopulver bestäubt und mit süßsaurer Sauce serviert. Die caponata* Siziliens wird oft mit Schokoladenraspeln gewürzt.

CIPOLLA (Zwiebel)

Schon immer gehörten Zwiebeln zu den unverzichtbaren Zutaten aller Landesküchen. Die Pflanze existiert in zahlreichen Sorten, von kleinen Perlzwiebelchen bis zu den großen, oft purpurfarbenen Gemüsezwiebeln. In Italien werden die Zwiebeln aus Brianza seit Jahrhunderten für ihren feinen Geschmack und die Art geschätzt, wie sie beim Kochen ihre Form bewahren. Sie werden deshalb gerne im Ganzen in Butter und Fleischbrühe geschmort. Besonders mild und aromaintensiv sind die Zwiebeln aus dem Piemont. Einige Rezepte verlangen nach bestimmten Zwiebelsorten. Die roten Zwiebeln aus Tropea in Kalabrien werden aufgrund ihrer Süße für einen speziellen Salat verwendet, die dort ebenfalls wachsenden Silberzwiebeln sind besonders gut in süßsauren Saucen (Rezept Seite 182). Zwiebeln werden in Italien oft gefüllt, die bekanntesten Rezepte stammen aus dem Piemont. Dort werden Amarettini*-Kekse und Cremona-Senf für eine Füllung verwendet, in Ligurien hingegen Thunfisch. Fein gehackt sind Zwiebeln unverzichtbarer Bestandteil von soffritto* ☞.

Im Winter sieht man auf allen Märkten Italiens Verkäufer und Kunden, die sich an gusseisernen Öfen wärmen. Im Ofen werden ungeschälte Zwiebeln gegart. Zu Hause genießt man sie mit Salz und Olivenöl.

CJALZÒNS siehe PASTA

COCOMERO (Wassermelone)

Die in Norditalien auch als anguria bekannte Melonensorte ziert im Sommer, zu Pyramiden gestapelt, überall den Straßenrand, wie Kanonenkugeln auf den Bastionen mittelalterlicher Burgen. Melonen sind die Sommerfrucht und im ganzen Land beliebt, obwohl sie hauptsächlich in Latium und Apulien wachsen. Die weiß gestreifte Wassermelone ist wegen ihres intensiven Geschmacks am beliebtesten. In Sizilien schätzt man ein Sorbet namens jelu i muluni, eine aromatische Kombination aus Wassermelonensaft und Zucker, mit kandierten Kürbisstücken und Schokolade bestreut, mit Zimt gewürzt und dekorativ auf einem Bett aus Weinblättern serviert.

CODA DI BUE (Ochsenschwanz)

Vor allem in der Gegend von Rom ein beliebtes Fleischstück, für das es viele gute Rezepte gibt, etwa coda alla vaccinaria (Seite 149). Schweineschwanz, der codino heißt, wird gerne in Eintopfgerichten verwendet.

CODA DI ROSPO (Seeteufel)

Der große Fisch mit seinem grotesk wirkenden Kopf ist ein Grundsteher und in der ganzen Adria zu finden. Er sieht zwar nicht schön aus, doch sein festes und elastisches Fleisch schmeckt vorzüglich und erinnert an Hummer.

Seeteufel wird meistens ohne Kopf angeboten, aber dieser wäre den Kauf wert, denn er ergibt hervorragenden Fischfond. Seeteufel wird besonders in Venedig sehr geschätzt, wo man das Tier halbiert und grillt. Für ein empfehlenswertes Rezept aus der Romagna wird der Fisch im Ganzen frittiert, dann in Steaks zerteilt und mit einer Mischung aus hart gekochtem Eigelb, Semmelbröseln, Petersilie und Knoblauch überbacken, wobei das Bratöl für die gewünschte Feuchtigkeit sorgt. Nach einem anderen Rezept von einer südlicher gelegenen Küstenregion wird der gebratene Fisch mit Tomatensauce serviert, die mit Oregano, Sardellen und Knoblauch aromatisiert wurde.

COLLA DI PESCE (Gelatine aus Fischgräten)

Fischgelatine ist in ganz Italien gebräuchlich, die beste wird aus der getrockneten Blase eines Störs hergestellt. Größtenteils werden allerdings Fischabfälle oder Algen dazu verarbeitet. Fischgelatine löst sich leicht und gleichmäßig auf, schmeckt nach nichts und verleiht den Speisen eine bessere Konsistenz als andere Gelatinesorten.

ZUTATEN VON A BIS Z

COLOMBA *(Ostergebäck)*

Wer während der Karwoche an irgendeiner Bäckerei in der Lombardei vorbeigeht, wird durch einen verführerischen Duft verlockt. Dieser stammt von *colomba pasquale*, einem österlichen Gebäck in Form einer Taube, das aus einem leichten, buttrigen Teig gebacken wird und ähnlich wie der Mailänder Panettone* schmeckt.

CONCENTRATO DI POMODORO *(Tomatenmark)*

Drei Varianten des Tomatenmarks werden in Italien hergestellt, eine normale Sorte, die in ganz Italien gerne ver-

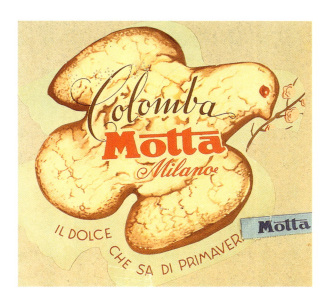

wendet wird, aber hierzulande sehr selten zu finden ist, dazu die üblicheren doppel- und dreifach konzentrierten Arten, bei denen 100 g Konzentrat 500 bzw. 600 g frischen Tomaten entspricht. Allen Sorten gemeinsam ist der hohe Säuregehalt, man sollte sie also nur sparsam verwenden und etwas kochen lassen, um die Säure zu mildern. Die Zugabe von etwas Zucker unterstützt dies.

In Süditalien und Sizilien wird Tomatenmark von Hand gemacht. Dieses *strattù* genannte Püree ist ein Sommererzeugnis, wenn die Sonne intensiv strahlt und die Tomaten besonders schmackhaft sind.

Dazu werden die Tomaten halbiert und mit Meersalz bestreut und dann in großen Körben in der Sonne getrocknet. Nach vier bis fünf Tagen werden die Früchte püriert und dann wieder der Sonne ausgesetzt, bis aller Saft verdunstet ist und das Mark eine rotbraune Farbe angenommen hat. Nun kommt Öl dazu, und die Paste wird in Einmachgläsern verschlossen.

CONCHIGLIA DI SAN GIACOMO *(Jakobsmuschel)* siehe CAPPASANTA

CONCHIGLIE / CONCHIGLIETTE siehe PASTA

CONFETTI *(Mandeldragees)*

Man kennt zwei Sorten Confetti, weiche Zuckermandeln und harte Dragees. Die weiche Sorte wird von Hand aus Mandelpaste geformt und mit Zucker überzogen. Gebrannte Mandeln werden aus ganzen Mandeln hergestellt, die mit Zucker kandiert oder überzogen werden. Weiße Mandeldragees sind Gaben junger Brautleute an Eltern und Freunde und finden sich auch auf den Festtafeln bei der Erstkommunion, während man bei Taufen den Überzug für Jungen blau und für Mädchen rosa einfärbt.

CONFETTURA *(Konfitüre)*

Nachdem es über Jahre in Italien strittig war, was *confettura* und *marmellata* nun genau ist, musste ein offizielles Dekret die Sache entscheiden: Seither ist *confettura* stückige Konfitüre und *marmellata* glatte Marmelade.

ZUTATEN VON A BIS Z

CONIGLIO (Kaninchen)

Kaninchengerichte entstammten niemals der vornehmen Küche, aber das Fleisch ist schmackhaft und gesund, besitzt viel Eiweiß und wenig Cholesterin und Fett.

Wildkaninchen sind nur selten zu finden, werden dann aber wie Hase zubereitet, Zuchtkaninchen sind dagegen beliebt, besonders in Ligurien und Venetien, wo es regelrechte Kaninchenfarmen gibt. Die Qualität hängt dabei von der Rasse, dem Alter und dem Futter ab. Kaninchen lässt sich vielfältig zubereiten, die meisten Rezepte schmecken auch mit Hühnerfleisch. Besonders beliebt ist *coniglio alla cacciatora** – nach Jägerart. Eine Spezialität der Marken ist das hervorragende *coniglio in porchetta* – Kaninchen nach Spanferkelart. Das Rezept auf Seite 143 kombiniert Kaninchen mit Gemüsepaprika, ein traditionelles Rezept aus der Toskana, wo man Kaninchen auch wie Hase *in salmì* zubereitet.

CONSERVA (Konserve)

Die bekanntesten Konserven Italiens enthalten natürlich Tomaten, sodass man eingemachte Tomaten in Süditalien schlicht *conserva* nennt. Am einfachsten ist die Herstellung, wenn man das frische Tomatenpüree in eine Flasche füllt und einkocht. Eine speziell für die Tomatenverarbeitung konstruierte Maschine wird im August von Dorf zu Dorf gebracht, um für jeden Haushalt das Püree vorzubereiten. Heutzutage wird Tomatenmark allerdings industriell eingemacht und in Dosen und Tuben abgefüllt. Die erste derartige Konserve wurde 1875 von Franchesco Cirio in Parma erzeugt. Andere Gemüse werden in Öl, Weinessig oder *al naturale*, also blanchiert in Wasser, eingelegt. Obst wird auch mit Alkohol konserviert, etwa Aprikosen, Kirschen, Trauben und Pfirsiche.

Traditionell wurde auch Fleisch und Fisch konserviert, aber diese Gewohnheit stirbt aus, seit es Tiefkühlkost gibt. In Kalabrien legte man Fleisch für mehrere Monate mit Chilis und Fenchelsamen ein. Vor dem Kochen musste es dann lange eingeweicht werden, bevor es mit Bohnen gegart oder mit Tomaten zur Pastasauce kombiniert wurde. Auf manchen Höfen des Nordens werden noch Gänse wie einst in Salz und Würzöl eingelegt und dann während der langen Wintermonate genossen.

CONTORNO (Beilage)

Zu den Beilagen gehören Gemüse und andere Gerichte, die zum Hauptgang gereicht werden. Die Beilagen können auf demselben Teller oder separat angerichtet werden, gehören aber niemals als Bestandteil zum eigentlichen Hauptgericht. So wird ein Braten oft mit kleinen Brat- oder Röstkartoffeln serviert und Mailänder Schnitzel oder *fricandò** mit grünen Bohnen. Nur zum großen Braten wird gemischter Blattsalat gereicht.

Gemüsebeilagen enthalten nur selten mehr als eine Gemüsesorte. Pasta oder Risotto sind keine Beilagen, und man isst dazu auch kein Gemüse oder Salat. Zum *ossobuco** und zum *costoletta** allerdings gehören traditionell Risotti.

COPPA (Durchwachsener Rauchschinken oder Presskopf)

In Norditalien versteht man unter Coppa ausgebeinte Schweineschulter, die zur Rolle geformt mit Salpeter, Salz, Pfeffer und Muskat gebeizt wird. Im Schweinenetz wird das Fleisch drei Monate gereift. Die ideale Coppa besteht dabei je zur Hälfte aus magerem und fettem Fleisch und schmeckt ähnlich wie Schinken, allerdings etwas kräftiger und intensiver im Aroma. Coppa wird in dünne, aber nicht durchscheinende Scheiben geschnitten.

In Mittelitalien nennt man das zu Presskopf verarbeitete Muskelfleisch des Schweinskopfes Coppa, manchmal auch *coppa di testa* (Coppa vom Kopf) oder *coppa d'inverno* (Winter-Coppa), weil die Schweine im Winter geschlachtet werden und der Presssack nur kurze Zeit haltbar ist.

CORATELLA (Innereien)

Coratella ist eine Mischung aus dem Herz, der Leber und der Lunge eines Milchlamms oder eines Ziegenkitzes. Diese Innereien werden in Mittelitalien, besonders in Rom, aber auch in Kalabrien und Sizilien als Delikatesse geschätzt. In Rom kocht man sie mit viel Zwiebel oder mit Artischocken, in Sardinien hingegen mit Erbsen und reichlich Basilikum.

CORZETTI siehe PASTA

COSTATA (Rippenstück)

Entrecote oder T-Bone-Steak. Das Rückenstück ist üblicherweise 4–6 cm dick und wiegt etwa 450 g. In manchen Regionen bezeichnet *costata* ein ausgebeintes Steak, immer jedoch Rindfleisch. Die beste Zubereitungsart ist das Grillen oder Kurzbraten in der Pfanne, so wie man es beim *bistecca alla fiorentina** macht. Meistens werden Bratkartoffeln oder Pommes frites dazu serviert, aber auch ein Frühlingssalat oder ein Salat aus Prinzessböhnchen passt sehr gut. *Costata alla pizzaiola** ist ein Rezept aus Neapel, nach dem das Fleisch gebraten und dann mit einer Tomatensauce übergossen wird, die mit Sardellen und Kapern gewürzt ist und an Pizzabelag erinnert.

COSTA siehe BIETA

COSTOLETTA (Kotelett)
Koteletts können aus Kalbfleisch, Lamm- oder Schweinefleisch geschnitten werden, stammen aber nie vom Rind. Am bekanntesten ist *costoletta alla milanese*, dicke Kalbskoteletts am Knochen. Manche Köche marinieren das Fleisch in Milch, um einen noch zarteren Geschmack und eine hellere Farbe zu erzielen.

Das *costoletta alla valdostana* wird mit Fontina-Käse gefüllt und dann wie das „Milanese" paniert und ausgebacken. In der Saison kann man etwas weißen Trüffel zum Käse geben. Lammkoteletts sind besonders in Mittel- und Süditalien beliebt, wo man sie sautiert und mit Tomaten-Paprika-Sauce serviert. In der Toskana werden Lammkoteletts wie das Mailänder Kotelett gebacken. Ein römisches Rezept für gebratene Lammkoteletts findet sich auf Seite 165. Das wohl üppigste Rezept für Kalbs- oder Lammkotelett schrieb Artusi, der vorschlägt, man möge ein gebackenes Kotelett mit weißen Trüffeln und Parmesan oder Gruyère belegen, aber beides „müsse so dünn wie möglich geschnitten sein", und dann im Ofen mit etwas Brühe oder Fleischsaft sowie Zitrone befeuchtet gratinieren.

COTECHINO (Schweinswurst)
Die große Wurst aus Schweinefleisch wird in ganz Italien angeboten, ist im Süden aber weniger beliebt. Man macht sie aus Schweineschwarte und magerem Schweinefleisch sowie Rückenspeck, durch die grobe Scheibe des Fleischwolfs gedreht, mit Salz, Pfeffer, Nelken und Zimt gewürzt und im Wurstdarm gegart.

Zwei Wochen nach der Herstellung kann *cotechino* gegessen werden und sollte dann innerhalb von drei Monaten verbraucht werden. Heutzutage werden *cotechini* in großen Mengen kommerziell hergestellt, aber man findet die Wurstspezialität gelegentlich noch hausgemacht in Metzgereien. Dann sollten die Würste drei Stunden in kaltem Wasser eingeweicht, mit einer dicken Nadel eingestochen und dann in ein Tuch gehüllt gar gekocht werden. Die außerhalb Italiens verkauften *cotechini* sind allerdings vorgekocht. Die Zubereitung ist damit erleichtert, doch leidet der Geschmack ein wenig.

Besonders in Norditalien liebt man *cotechino* und bringt die Wurst mit Linsen, Polenta*, Wirsinggemüse oder als Teil eines *bollito misto** auf den Tisch. In einem Rezept aus Modena wird *cotechino* vorgekocht, gehäutet und mit Schinken und einer Scheibe Rindfleisch umwickelt. Man kocht die Wurst auch mit Zwiebeln in Lambrusco. In Cremona werden getrocknete Steinpilze statt Schinken benutzt, der *cotechino* wird mit einer Zwiebel angedünstet und dann in Brühe gekocht. In Bergamo werden vorgekochte Cotechino-Scheiben nochmals in Tomatensauce gekocht, um den Geschmack zu intensivieren, danach wird das Gericht im Ofen schichtweise mit Polenta und geriebenem Parmesan überbacken.

ZUTATEN VON A BIS Z

COTENNA DI MAIALE (Schweineschwarte)

Schweineschwarte verwendet man zur Herstellung von Salami*, cotechino* und anderen Schweinswürsten. Blanchierte Schwarte gibt Suppen mehr Geschmack, etwa der Bohnensuppe aus den Abruzzen, bei der auch Schweinefuß mitgekocht wird. Schinkenschwarte wird in Suppen oder Pastasaucen mitgekocht.

COTOGNA (Quitte)

Dies ist der goldene Apfel des antiken Griechenlands, den Paris Aphrodite schenkte. Ursprünglich stammen die Quitten aus Persien, waren aber schon zu römischer Zeit beliebt, und im berühmten Kochbuch des Apicius findet sich ein Einmachrezept. „Perfekte Quitten mit Stiel und Blättern aussuchen. In einem Gefäß mit Honig und neuem Wein übergießen und sie werden lange Zeit haltbar bleiben." Im heutigen Italien macht man aus Quitten Marmelade, Gelee und cotognata*.

COTOGNATA (Quittenkonfekt)

Schnittfestes Quittengelee ist eine beliebte Süßigkeit in ganz Italien. Das Rezept stammt aus Sizilien, wo man das Konfekt immer noch von Hand nach Familientradition herstellt. Das Rezept und die hübschen Tonformen, in denen die cotognata trocknet, werden von Generation zu Generation weitergegeben. Die fertige, haltbare cotognata wird mit Zucker bestäubt und in Würfel geschnitten. Eine Zubereitung aus Quitten, Most und Walnüssen wird in der Emilia-Romagna und im Piemont hergestellt und mit weicher Polenta serviert.

COZZE ODER MITILI (Muscheln)

Obwohl dies die korrekten Bezeichnungen für Muscheln sind, nennt man sie auch peoci* in Venedig, muscioli in den Marken und muscoli in einigen anderen Regionen, eine Namensvielfalt, die nahe legt, wie beliebt Muscheln sind. Heutzutage werden Muscheln meist gekocht, sie kommen in die Fischsuppe und in Pastasauce, oft zusammen mit Tomaten. Muscheln werden auch mit Semmelbröseln und Petersilie, Knoblauch, Tomaten, geriebenem Pecorino* und Eiern gefüllt. Mit dem besten Olivenöl bestrichen, werden sie etwa 15 Minuten überbacken. In Tarent in Apulien, wo die Muscheln im Mare Piccolo, einer Salzwasserlagune am Ionischen Meer, schwer und groß werden, ist ein Gericht namens teglia di cozze populär – eine delikate Zusammenstellung aus Kartoffeln, Zucchini, Tomaten und Muscheln.

CREMA (Creme)

Crema kann vieles sein, Buttercreme, aber auch Vanillesauce. Gelegentlich werden sogar sämige Suppen als Creme bezeichnet. Alle Cremes stammen ursprünglich aus der klassischen französischen Küche.

CREMA FRITTA (Gebackene Vanillecreme)

Crema fritta besteht aus fester, kalter Vanillecreme, die in dicke Stücke geschnitten, paniert und ausgebacken wird und in ganz Norditalien beliebt ist. In Venetien und Ligurien isst man sie als Dessert, während crema fritta in der Emilia-Romagna ein Teil des großen fritto misto* ist.

CREMA INGLESE (Vanillesauce)

Die italienische Version der klassischen crème anglaise basiert auf einer dicken Vanillesauce und ist sehr beliebt zu Fruchtkompott oder trockenem Hefekuchen. Crema inglese wird auch als Basis für Eiscreme verwendet, da das Eis dadurch leichter und cremiger als mit Sahne wird.

CREMA PASTICCERA (Konditorcreme)

Die klassische Konditorcreme wird in Italien sehr vielseitig verwendet. Sie wird aus Eiern und Milch gekocht und mit etwas Mehl stabilisiert. Konditorcreme ist die Basis der zuppa inglese*, wird als Füllung für Gebäck verwendet oder als Dessert mit Marsala, Schokolade und anderem aromatisiert.

CRESCENTINA (Brotsorte)

Crescentina ist eine Mischung aus Mehl, Wasser, Hefe, Salz und Butter oder Schmalz, zu der fetter Speck oder Grieben kommen. Der Teig kann zu Laiben geformt und gebacken oder als Bällchen gebraten werden. In Bologna formt man daraus Taler, unter die noch Schinkenwürfel geknetet werden. Nur ein paar Kilometer weiter, in der Romagna, nennt man das Gleiche piadina*.

CRESCENZA (Lombardischer Frischkäse)

Ein traditioneller Kuhmilchkäse aus der Lombardei, wo man ihn auch stracchino* nennt. Heutzutage wird er auch in kommerziellen Käsereien erzeugt und ist in ganz Norditalien beliebt. Der Käse wird aus pasteurisierter Milch gemacht, die vom abendlichen Melken frei laufender Weidekühe kommt und besonders aromatisch ist. Der Käse muss innerhalb einer Woche gegessen werden, sonst schmeckt er säuerlich. Crescenza ist appetitlich weiß und hat einen duftigen, intensiven Geschmack.

CRESPELLE (Crêpes)

Die italienische Pfannkuchenversion ist besonders in der Toskana beliebt, wo man *crespelle alla fiorentina* mit Spinat-Ricotta-Füllung schätzt. In historischen Kochbüchern findet sich nur noch ein weiteres Rezept: *Scripelle 'mbusse* ist eine Suppe aus den Abruzzen, für die feine Pfannkuchen in geriebenem Pecorino und gehackter Petersilie gerollt und dann mit Hühnerbrühe übergossen serviert werden. *Crespelle* werden auch zu Taschen gefaltet, die mit Fleischfarce gefüllt sind und *fazzoletti*, Taschentücher, heißen.

CROCCANTE (Nusskrokant)

Krokant wird aus Mandeln oder Haselnüssen hergestellt, die mit Zucker karamellisiert und verschiedenartig gewürzt sind. Im Piemont und in Venetien bereitet man es aus gerösteten Haselnüssen. In Süditalien wird die Nusszubereitung mit Orangenzesten, in Latium mit Vanille und in Ligurien üblicherweise mit Zitrone aromatisiert.

CROCCHETTE (Kroketten)

Kroketten werden aus Kartoffelpüree, Hackfleisch, Geflügel oder Risotto hergestellt und mit Béchamel und/oder Ei gebunden. Sie werden immer paniert und in Öl oder Butterschmalz ausgebacken. Ein typisches Resteessen, das gerne mit Parmesan verfeinert wird.

CROSTACEI (Krustentiere)

Obwohl es schwierig ist, die Vielfalt der Krustentiere auf einen Nenner zu bringen, haben diese Meeresbewohner doch eine Gemeinsamkeit: Sie besitzen alle einen festen Hornpanzer. Die in Italien beliebtesten Krustentiere sind Gamberi* (Krebse), Scampi* (Kaisergranaten), *granchi* (Krabben), *mazzancolle* (Furchengarnelen) und *canocchie* (Heuschreckenkrebse). Krustentiere müssen lebend gekauft werden, um optimale Frische zu garantieren. Man gibt sie mit dem Kopf voraus in sprudelnd kochendes Wasser, um sie möglichst rasch zu töten, und gart sie kurz darin. Dann besitzt das Fleisch einen angenehm süßlichen Geruch.

CROSTATA (Torte)

Crostate sind immer süße Torten und werden aus Zuckerteig gemacht. Nur drei traditionelle Rezepte sind bekannt, für Ricotta-Torte aus Rom, Marmeladentorte aus der Emilia-Romagna und Marzipantorte aus Sizilien, aber ein Blick in das Fenster jeder beliebigen italienischen Konditorei beweist, dass man *crostate* heutzutage mit allen nur erdenklichen Füllungen bäckt.

CROSTINI (Röstbrothäppchen)

Crostini können klein wie Croûtons oder groß wie eine Scheibe Landbrot sein, immer aber werden sie mit Öl oder Butter bestrichen, gelegentlich auch mit etwas Dessertwein beträufelt und dann geröstet. *Crostini alla napoletana* ähneln einer kleinen Pizza, bei der das Brot mit einer Scheibe Mozzarella, einem Sardellenfilet und etwas Tomate belegt und dann überbacken wird. *Crostini di mare* bestehen aus dicken, ausgehöhlten Brotscheiben, die im Ofen geröstet und dann mit Meeresfrüchten, Semmelbröseln, Petersilie, Knoblauch und Öl gefüllt werden. Die bekanntesten Crostini stammen aus der Toskana und werden mit Hühner- oder Wildleber bestrichen.

CULATELLO (Kernschinken)

Einer der besten Schinken Italiens, hergestellt aus dem Kernstück des Schweineschlegels und etwa zwölf Monate in der Region zwischen Parma und dem Po-Ufer gereift. *Culatello* sieht aus wie ein übergroßes Ei, wiegt etwa 3 kg und besitzt eine zarte, fast schmelzende Konsistenz und einen ähnlichen Geschmack wie Prosciutto*, aber merklich feiner. *Culatello* wird kalt als Antipasto* gegessen.

CULURZONES (CULURGIONES) *siehe* PASTA

CUORE (Herz)

Am beliebtesten ist Kalbsherz, das oft in Olivenöl mit Chili, Knoblauch und Zitrone mariniert und dann gegrillt, gebraten oder ausgebacken wird. Herz wird auch im Schweinenetz gebacken, mit *pancetta*, Semmelbröseln und Aromazutaten gefüllt. Lammherz ist neben anderen Innereien Bestandteil der *coratella*. Geflügelherz wird zusammen mit Leber zu hervorragenden Pastasaucen oder zu Risotto verarbeitet und auch als Beilage zu *sformati* serviert.

CUSCUSU (Couscous)

Zwei italienische Gerichte teilen sich diesen Namen. Eines stammt aus Trapani im westlichen Sizilien und besteht aus Couscous, der mit Fisch, Tintenfisch und anderen Meeresfrüchten gemischt wird. Der andere Cuscusu wird in Livorno gekocht und mit gedämpftem Kohl und kleinen Fleischbällchen in Tomatensauce bereitet. Beide Hafenstädte handeln erfolgreich mit Nordafrika, so wurde hier Couscous zur lokalen Spezialität.

D

DADO *(Fleischbrühwürfel)*

Selbst die besten Köche kommen nicht ohne *dado*, den Fleischbrühwürfel, aus. Vielleicht liegt das daran, dass Brühwürfel in Italien einen authentischen Geschmack besitzen, sie sind sehr reich, aber zurückhaltend im Aroma. Man benutzt sie für Suppen und herzhafte Gerichte, auch für manche Risotti. In feinwürzigen Risotti wie dem *risotto alla milanese* oder dem venezianischen *risi e bisi* würde man keine Brühwürfel verwenden. Einige Würfel sind mit Steinpilzaroma versehen und ergeben zusammen mit frischen Pilzen einen guten Risotto.

DAINO *(Damhirsch)*

Ein Alpenbewohner, dessen Fleisch in den Bergen mehr geschätzt wird als das des Rehbocks. Hirsch wird erst gebeizt und dann *alla piemontese** zu einem Ragout mit sehr viel Zwiebel gekocht. Hirschkeule wird mit Speck gespickt und dann im Ofen gebraten.

DATTERO DI MARE *(Meerdattel)*

Die Meerdattel ist eine dattelförmige Muschel, die Löcher und Spalten in Unterwasserfelsen bohrt und diese als Unterschlupf benutzt. Ihr wissenschaftlicher Name lautet Lithophaga, Steinesser. Die Muschel schafft dies durch die Absonderung einer Säure, die den Stein durchlöchert. Meerdatteln leben im Golf von La Spezia und in Apulien, sind aber in letzter Zeit nur noch selten zu finden. Man kann sie nur schwer fangen, Fischer benötigen dazu Spezialboote.

Meerdatteln sind kostspielige Meeresfrüchte, die normalerweise in der Schale gekocht werden. Dank ihres feinen Geschmacks benötigen sie nur wenig Würze und werden deshalb meist in einem *soffritto** aus Öl, Knoblauch und Petersilie bis zum Öffnen der Schale gekocht. Man isst sie auch roh, allerdings sollten sie dann aus Regionen mit sauberem Meerwasser stammen.

DENTICE *(Zahnbrasse)*

Eine der besten Arten aus der großen Familie der Meerbrassen, der Sparidae. Zahnbrassen können bis zu 1 m lang werden, im Durchschnitt werden aber nur 30–40 cm erreicht. Zahnbrassen fängt man an allen italienischen Küsten.

Normalerweise wird der Fisch gebraten oder gegrillt und oft mit einer Sauce serviert, die aus Olivenöl, Zitronensaft und zerdrückten Anchovis besteht. Die größeren Exemplare werden zu Steaks geschnitten und dann gegrillt oder in Olivenöl ausgebacken.

Zahnbrassen werden wie Seebarsch auch in der Salzkruste gebacken, was das Aroma perfekt bewahren hilft.

DIAVOLICCHIO *(Chili)*

Diese Koseform von *diavolo* – Teufel – ist der Name, unter dem Chili in Apulien und der Basilicata bekannt ist. Chili ist das beliebteste Gewürz dieser Regionen und wird großzügig eingesetzt. Man nimmt es für die Salami und für andere Würste, zu Pastasaucen, Gemüsepaprika und zu Fischsuppen wie *brodetto**.

Diavolicchio wird frisch oder getrocknet verwendet. Man trocknet die frischen Schoten in der Sonne – im Sommer hängen auf dem Lande alle Türrahmen und Balkons voll mit langen Ketten von scharlachroten Chilischoten.

DOLCI *(Süßspeisen)*

Eine ganze Reihe von Süßspeisen wird durch den Begriff *dolci* abgedeckt, obwohl der Ausdruck im engeren Sinne nur die Nachspeise als Abschluss eines Menüs beschreibt. Wenn das *dolce* als Dessert gedacht ist, wird es immer nach dem Käse und vor dem Obstkorb serviert.

Ein *dolce* gehört nicht zum Alltagsessen, man hebt sich die Süßspeise für eine besondere Gelegenheit oder für Festtage auf, zu denen immer ganz spezielle Süßigkeiten gehören. Da viele Rezepte mit lokalen Festen verbunden sind, gibt es für die *dolci* eine besonders große Anzahl an örtlichen Traditionsrezepten. Oft gehören auch zum Festtag der Ortsheiligen ganz bestimmte Süßspeisen.

Im Norden handelt es sich meistens um Hefegebäck. Das beste Beispiel dafür ist der Mailänder Panettone. Die *dolci* in Mittelitalien sind opulenter, mit viel Gewürz, Nüssen, Orangeat und Zitronat sowie Honig, wie im *panforte** aus Siena oder im *certosino** aus Bologna. Aus diesem Landesteil stammen auch die *dolci al cucchiaio*, süße, weiche Cremes wie die *zuppa inglese*, die mit dem *cucchiaio*, dem Löffel, gegessen werden. In Süditalien sind Mandeln und kandierte Früchte die wichtigste Zutat der süßen Köstlichkeiten, ein Überbleibsel aus der arabischen Küchentradition. Allerdings haben diese Regeln ihre Ausnahmen: So stammt das *dolce al cucchiaio* par excellence – die Weinschaumcreme Zabaione* – aus dem Piemont, während *ciambella**, ein Hefekranz, eine Spezialität Apuliens ist.

Die Herstellung vieler traditioneller *dolci* war das Privileg von Nonnen. Der Autor Alberto Denti di Pirajno nennt in seinem Buch „I Siciliani a Tavola" (Die Sizilianer bei Tisch) als Grund dafür, dass vielleicht bei der normannischen Eroberung Siziliens viele Haremsdamen, große Spezialistinnen in der Zubereitung und im Genuss von Süßspeisen und Gebäck, in Nonnenklöstern Zuflucht fanden. Dort beschäftigten sie sich mit der Zuckerbäckerei und lehrten die Nonnen ihre Kunst, die diese weiter perfektionierten.

DRAGONCELLO *(Estragon)*

Im Mittelalter glaubte man, dass Estragon vor Drachen und Schlangenbissen schützte, daher der Name *dragoncello* (Drachenkraut) bzw. *serpentaria* (Schlangenkraut). Das Küchenkraut verfügt über einen signifikanten Geruch, intensiv, gleichzeitig aber sehr subtil. In Italien wird es fast nur in der Gegend um Siena geschätzt, weshalb man es auch *erba di Siena*, Siener Kraut, nennt. Dort wird eine Estragonsauce wie *salsa verde**° zu Kochfleisch serviert.

ERBE AROMATICHE *(Kräuter)*

In letzter Zeit ist die Beliebtheit der Kräuterküche wieder sehr angestiegen, obwohl man nur noch wenige Kräuterarten verwendet. Petersilie ist das beliebteste Küchenkraut Italiens, gefolgt von Rosmarin, Lorbeer, Majoran, Salbei, Thymian, Oregano und Basilikum, während Minze, Estragon, Borretsch, Dill und Fenchelkraut seltener sind.

Es gibt immer ein oder zwei Kräuter, die die grundsätzlichen Eigenschaften einer bestimmten Zubereitung oder eines Lebensmittels unterstreichen, während sie gleichzeitig ihr eigenes Aroma hinzufügen. Beispielsweise sollte Kaninchen immer mit Thymian gekocht werden, zu Kalbsmedaillon passt Salbei oder Petersilie, während eine Hachse oder gebratenes Geflügel niemals ohne eine oder zwei Zweige Rosmarin zubereitet wird. Ein Salbeiblatt ist auch fester Bestandteil von *saltimbocca alla romana**. Für diese leckeren Kalbfleischhäppchen wird ein hauchdünnes Schnitzel mit Prosciutto und dem Salbeiblatt belegt und aufgerollt. Fenchelkraut gehört zum Spanferkel Mittelitaliens, in toskanischen Schweinebraten und in die berühmte sizilianische Pasta mit frischen Sardinen. Die *fagioli all'uccelletto*° der Toskana beziehen ihren besonderen Geschmack aus den sanft in Öl gedünsteten Salbeiblättern.

Kräuter werden vielseitig haltbar gemacht. Einige kann man gut in Bündeln in einem trockenen und gut belüfteten Raum trocknen oder auch in einem Ofen bei sehr niedriger Temperatur. Salz ist ebenfalls ein guter Konservierungsstoff: Saubere Kräuter werden ganz oder fein gehackt mit Meersalz in Gläser geschichtet. Thymian, Lorbeer, Basilikum, Fenchelkraut und Rosmarin können auch in Öl eingelegt werden. Die modernste und einfachste Methode der Konservierung ist das Einfrieren. Einige Kräuter, wie Salbei, sollten blattweise eingefroren werden, während andere wie Petersilie erst gehackt werden. Es ist natürlich klar, dass frische Kräuter süßer und aromatischer schmecken und deshalb haltbar gemachten Kräutern stets vorgezogen werden sollten.

ERBE SELVATICHE (Wildkräuter)

Dieser Begriff beinhaltet alle essbaren Wildkräuter und -pflanzen. Küchenprofis und Hobbyköche erkennen inzwischen den kulinarischen Wert dieser schlichten, anspruchslosen Gewächse. In den Hügeln oberhalb der berühmten italienischen Riviera finden sich im Morgengrauen Köche und Gärtner ein, um Wildkräuter für die Füllung ihrer *pansotti**, der bekannten Ravioli-Spezialität aus Genua, zu sammeln.

In der Emilia werden diese Kräuter mit Speckstückchen in Öl gebraten und dann heiß auf einen Salat gegeben, der mit einigen Spritzern Balsamessig abgerundet wird.

ESTRATTO (Konzentrierter Würzextrakt)

Die bekanntesten *estratti* sind Fleischextrakt und konzentriertes Tomatenmark. Fleischextrakt wird in ganz Italien gebraucht und in Gläsern und Tuben angeboten.

Estratto di pomodoro wird in Sizilien und Süditalien selbst eingemacht. In Sizilien *strattù* genannt, hat es sich in anderen Regionen als *concentrato di pomodoro* – Tomatenmark – eingebürgert.

FAGIANO (Fasan)

Das Fleisch des Fasans ist exzellent, wobei das des weiblichen Vogels durch größere Zartheit und Aromaintensität überlegen ist. Man erkennt weibliche Fasane an dem kleineren Körper und dem kürzeren Schwanz.

Die italienischen Zubereitungsarten für Fasan ähneln den französischen, sind aber meist einfacher umzusetzen. Ein Fasanhahn wird gewöhnlich mit Speck bardiert und gebraten. Ältere Tiere werden in Wein geschmort, junge Fasanhennen im Ofen gebraten. Ein altes Rezept aus Venedig empfiehlt eine reichhaltige Füllung aus Hartkäse, Eigelb, Knoblauch, Fenchel, Sultaninen, Gewürzen, Kräutern, Zucker und Schattenmorellen. Der gefüllte Fasan wird im Ofen gebraten. Den französischen Einfluss auf die Mailänder Küche belegt das Rezept auf Seite 140.

FAGIOLINO ODER CORNETTO (Grüne Bohne)

Grüne Bohnen sind eine Bohnensorte, deren Kerne man mit den Schoten essen kann. Bohnen kennt man in einer Vielzahl an Sorten: die runde *bobis* (Bobby-Bohne), die flache, gelbe *meraviglia di Venezia*, die purpurfarbene *trionfo violetto* (blaue Bohne) und die hübsche, grün marmorierte *anellino di Trento*. Sehr wohlschmeckend sind auch die *fagiolini di Sant' Anna*, die hauptsächlich in der Toskana wachsen.

Grüne Bohnen werden in reichlich Salzwasser gegart. Man kocht sie schnell, im offenen Topf. Nach dem Kochen werden sie gründlich abgetropft und manchmal, wie einige Rezepte vorschreiben, mit kaltem Wasser abgeschreckt, um den intensiv grünen Farbton zu erhalten. Oft werden sie kalt als Salat serviert oder weiterverarbeitet: für Gerichte *alla genovese* in Butter oder Öl angeschwitzt und mit Knoblauch und Sardellen serviert, *alla milanese* schreibt die Verwendung von Sahne und Parmesan vor, *alla fiorentina* eine Tomatensauce mit Fenchelsaaten. Junge, frische Bohnen der besten Qualität können auch ohne Vorkochen in Tomatensauce gegart werden.

FAGIOLO *(Bohne)*

Saubohnen oder Dicke Bohnen (Favabohnen) werden seit Jahrhunderten als das „Fleisch der Armen" diffamiert. Das lag am hohen Nährwert in Verbindung mit dem niedrigen Preis. Getrocknete Bohnen enthalten fast so viel Eiweiß wie eine vergleichbare Menge Fleisch und zudem viele Vitamine.

Zum Trocknen vorgesehene Bohnen werden im Spätsommer geerntet, während man das bei frischen Bohnen schon im Frühsommer tut. Man isst sie in Suppen und Salaten, zerdrückt oder püriert, mit Pasta und Fleisch, mit Salbei, Rosmarin, Knoblauch oder Zwiebeln gewürzt.

In Venetien wächst die beste Bohnenqualität – *fagioli di Lamon*. Die Bohnen sind groß mit dünner Haut, einer samtigen Textur und aromatischem Geschmack und werden für die berühmte Spezialität *pasta e fagioli* verwendet, für die Bohnen mit Schweineschwarte, Schweinefüßen, *cotechino** und Rosmarin kombiniert werden.

Die bekannteste Bohnensorte ist Borlotti, von zartrosa Farbe mit roten Sprenkeln. Dank ihrer Konsistenz ist sie perfekt für Suppen und Eintopfgerichte geeignet. Die besten Borlotti-Bohnen stammen aus der Region um Vigevano, der Stadt im Süden von Mailand, die nicht nur für ihre Bohnen, sondern auch für ihr Renaissance-Stadtbild bekannt ist. Borlottini sind kleinere Bohnen – man verwendet sie wie die großen. Die toskanischen Sorten sind Cannellini und Toscanelli, beides weiße Bohnen, die man dünstet oder im Salat isst. Man nennt die Toskaner nicht umsonst *mangia-fagioli*, Bohnenfresser, denn sie haben einen riesigen Bestand an Bohnenrezepten. Ein gutes Beispiel sind *fagioli all'uccelletto*° (Rezept siehe Seite 202). In Umbrien wird das gleiche Gericht ohne Tomaten zubereitet. Das toskanische *tonno e fagioli* (Thunfisch und Bohnen) wird mit süßen roten Zwiebeln bestreut und ist ein beliebtes Antipasto. Im Gegensatz zur venezianischen *pasta e fagioli* wird die toskanische *zuppa di fagioli* mit Bohnen und toskanischem Schwarzkohl gekocht, am Ende wird die Suppe über Brotscheiben gegossen. Jede Region besitzt im Grunde eigene Bohnenrezepte, und alle sind gut und nahrhaft.

In der Saison werden Bohnen frisch verwendet und nicht erst getrocknet. Getrocknete Bohnen muss man vor dem Zubereiten einweichen und/oder vorkochen. Bohnen werden gekocht, bis sie weich sind, was für italienische Geschmacksvorstellung etwa zwei Stunden dauert, hier isst man Nudeln „al dente", nicht aber Bohnen. Viele der Bohnenkonserven, die bequem für die Zubereitung und heutzutage in jedem Supermarkt zu finden sind, sind von hervorragender Qualität.

FAGOTTINI *(Gefüllte Teigsäckchen)*

Wörtlich bedeutet *fagottini* „Bündel", kulinarisch bestehen sie aus einer Teigschicht, die mit verschiedenartigsten Füllungen versehen wird. Der Teig besteht dabei aus ausgerolltem Pizzateig oder Mürbeteig, der mit Olivenöl und/oder Schweineschmalz gemacht wurde.

Fagottini wurden früher immer ausgebacken, aber in letzter Zeit werden die Köche immer gesundheitsbewusster und bevorzugen deshalb das fettärmere Backen. Eine andere beliebte Fagottini-Art sind *fagottini di verza*° (Wirsingrouladen) aus Mailand, die man auch *involtini di verza* nennt und bei denen eine Fleischfüllung in Wirsingblätter gehüllt wird.

FARAONA *(Perlhuhn)*

In der Toskana wird Perlhuhn normalerweise gebraten, wenn es als Teil eines *arrosto misto* (Grillplatte) serviert wird. In Venetien wird das Geflügel mit Zwiebeln und

ZUTATEN VON A BIS Z

Nelken gefüllt und als *faraona in tecia* in einem Tontopf geschmort. Das wahrscheinlich saftigste Ergebnis erzielt man aber mit einem historischen Rezept aus der Lombardei (siehe Seite 143). Perlhühner stammen meist aus Zuchtbetrieben und sollten deshalb nur bei einem guten Lieferanten gekauft werden, da die Zuchtperlhühner leider oft den typischen Wildgeschmack verloren haben, der mehr an Fasan als an Huhn erinnern sollte.

FARFALLE, FARFALLINE *siehe* PASTA

FARINA *(Mehl)*

Wenn nur das Wort Mehl benutzt wird, dann stammt das Mehl aus Weizen, und es wird Brot und Kuchen daraus gebacken. In Italien kennt man Mehl in fünf Ausmahlgraden, die sich im Anteil von Spelzen unterscheiden. Die Einteilung reicht von 00, dem hellsten und seidigsten Mehl, bis hin zu Integrale – Vollkornmehl. Die meisten Bäcker benutzen 00-Mehl für Kuchen, verschiedene Sorten Eiernudeln und besonders feines Brot. Zu Hause verwendet man dieses Mehl für edlere Gerichte, Saucen und Eiernudeln. Zur Herstellung von hausge-

machten Nudeln empfehle ich echtes italienisches 00-Mehl, das man in Spezialitätenläden kaufen kann.

FARINATA *(Fladen aus Kichererbsenmehl)*

Dieser dicke, herzhafte Fladen aus Kichererbsenmehl ist eine Spezialität Liguriens und ähnelt der aus Nizza bekannten *socca*. Um *farinata* zuzubereiten, wird das Kichererbsenmehl mit Wasser zu einer dünnen Paste gemischt, viel Olivenöl kommt hinzu, dann wird die Mischung in eine große, runde, flache Kupferpfanne gegossen. *Farinata* wird im Holzofen gebacken und ist gar, wenn sich eine leichte Kruste an der Oberseite gebildet hat. *Farinata* bäckt man nicht zu Hause, es wird auf Märkten oder an Straßenständen verkauft oder in einer Bar mit einem Glas Wein genossen. Man kann diese Spezialität nicht verpflanzen, sie schmeckt nur vor Ort in Ligurien.

FARRO *(Dinkel)*

Dinkel war der Vorgänger des Hartweizens, das italienische Wort für Mehl – *farina* – ist von *farro* abgeleitet. Zu allen Zeiten war Dinkel das Grundnahrungsmittel der Armen. Heutzutage baut man die Getreidesorte hauptsächlich in der Toskana an, ebenso in Umbrien und Latium. Dinkel wird meistens schon geschält angeboten und muss deshalb nicht eingeweicht werden.

Dinkel wird gerne zusammen mit Bohnen gekocht, wie etwa in der traditionellen *zuppa di farro e fagioli*. Durch das gewachsene Interesse an regionalen Küchentraditionen und den Wunsch nach einer gesünderen Küche wird Dinkel heute selbst von den besten Restaurants verwendet.

FARSUMAGRO ODER FARSUMAURU *(Sizilianische Roulade)*

Ein beliebtes Gericht aus Sizilien, das heute im ganzen Land gerne gegessen wird. Farsumagro besteht aus einem Stück mageren Rind- oder Kalbfleisch, das mit einer reichhaltigen Füllung geschmort wird.

FAVA *(Dicke Bohne, Saubohne)*

Diese beliebte Gemüsesorte ist anspruchslos und wächst überall in Italien. Als nahrhaftes Grundnahrungsmittel wird sie vor allem von weniger begüterten Schichten in Mittel- und Süditalien geschätzt. In der Toskana werden ganz junge Fava-Bohnen roh am Ende eines Mahls gegessen – zusammen mit einem Stück Pecorino*.

Die süditalienische Küche ist reich an Rezepten für Dicke Bohnen, die im Frühling frisch und das ganze Jahr über getrocknet verwendet werden. Das älteste dieser Rezepte für ein Bohnenpüree stammt aus dem alten Ägypten und nennt sich in Apulien *ncapriata*, in Sizilien *maccù**. Es besteht aus eingeweichten, geschälten und weich gekochten Bohnen, die püriert und mit Olivenöl gewürzt werden. In Sizilien hebt man Fenchelkraut darunter, in Apulien gedünsteten Chicorée oder Rüben. Nur sehr junge Saubohnen brauchen nicht geschält zu werden, eine langwierige Angelegenheit, die aber notwendig ist. Getrocknete Saubohnen sind oft schon geschält und werden in Reformhäusern angeboten – ein großer Genuss. Man muss sie vor der Verwendung wenigstens acht Stunden einweichen.

FAVE DEI MORTI *(Traditionelles Krokantgebäck)*
Wörtlich bedeutet *fave dei morti* „Totenbohnen". Die bohnenförmigen Kekse aus karamellisierten Mandeln und Pinienkernen werden traditionell am Allerseelentag in der Lombardei und in Latium gebacken.

FECOLA DI PATATE *(Kartoffelstärke)*
Kartoffelstärkemehl ist glutenfrei, ein wichtiger Aspekt. Sie besitzt einen feinen, aber sehr typischen Geschmack und wird meistens als Ersatz für einen Teil des Mehls in bestimmten Kuchenrezepten verwendet. In etwas kaltem Wasser aufgelöst, dient Kartoffelstärke auch zum Binden von Saucen.

FEGATELLI DI MAIALE *(Gericht aus Schweineleber)*
Für *fegatelli* wird die Schweineleber in Schweinenetz gehüllt und gegrillt oder gebraten. Das Gericht ist eine der großen Spezialitäten der Toskana und Latiums. *Fegatelli alla fiorentina* werden mit einer Mischung aus Semmelbröseln, Fenchelkraut, Knoblauch und anderen Gewürzen paniert, in ein Schweinenetz gewickelt und auf Spieße gesteckt. Man grillt sie über Holzkohle oder brät sie im Ofen. Für ein Rezept aus Arezzo werden die *fegatelli* mit Fenchelkraut, Salz und Pfeffer gewürzt, abwechselnd mit Lammstücken auf Spieße gesteckt und dann gegrillt.

FEGATINI *(Hühnerleber)*
Hühnerleber wird frisch beim Geflügelhändler angeboten. Die Toskana ist die beste Region dafür, dort wachsen die Hühner besonders schnell, sodass man die Leber noch sehr junger Tiere verwenden kann, die noch nicht den etwas unangenehmen Lebergeschmack besitzt.

Die Toskaner bereiten das wohl beste Gericht aus Hühnerleber zu, ihre *crostini alla toscana* oder *alla chiantigiana°*.

Fegatini kommen auch in einen Risotto aus Padua, der nach dem Dialektwort für Hühnerleber *risotto con i rovinassi* heißt. Für das venezianische Spaghettigericht *bigoli coi rovinassi* werden die Lebern in Butter und Öl gebraten, mit Salbei aromatisiert und dann mit trockenem Weißwein abgelöscht. Eine andere Verwendungsmöglichkeit sind Saucen, die zu *sformati** und Risotto gereicht werden, oft in Kombination mit Bries, Hirn oder Schinken.

FEGATO *(Leber)*
In ganz Italien liebt man Leber. Das bekannteste Rezept ist das für *fegato alla veneziana°* (Seite 177). Lecker ist auch die panierte Leber *alla milanese*. Fast alle Rezepte für Kalbsleber stammen aus Norditalien, während man in der Mitte des Landes und im Süden Schweineleber bevorzugt. Trotzdem kennt man im Norden ein gutes Rezept für Schweineleber, *fegato alla lodigiana*, für das die Leber geschnetzelt, reichlich mit Fenchelsamen gewürzt und in Schinken eingewickelt wird. In ein Schweinenetz verpackt wird sie dann in Butter gebraten, wie fast immer in der Lombardei. Hauptverwendung findet Schweineleber bei der Wurstherstellung, für geräucherte Würste und Salami, wie etwa die rohe *mortadella di fegato* vom Ortasee im Piemont. Lammleber wird meist zusammen mit anderen Lamminnereien gegessen, so im römischen Gericht *coratella* di abbacchio*.

Leber muss frisch gekauft und gleich verzehrt werden.

FESA *(Keule)*
Das Schlegelstück vom Kalb oder Rind. Aus der Keule schneidet man Kalbsschnitzel und Steaks, nutzt dieses Stück aber auch für Carpaccio*. Kalbskeule ist das beste Stück für ein *arrosto morto** oder ein *vitello tonnato**.

FETTINE *(Dünne Fleischscheiben)*
Fettine sind dünne Schnitzelchen aus dem Fleisch von Rind, Kalb oder Schwein. Man kauft sie bereits geschnitten und bereitet sie abwechslungsreich zu. Oft werden sie nur in Butter und Olivenöl gebraten, aber man kann daraus auch aufwendigere Gerichte kochen. Kalbsfettine werden für eine *frittura piccata**, für *saltimbocca** oder *messicani**, *pizzaiola**, *uccellini scapati* oder *involtini** verwendet. Kurz gebraten, sind *fettine* bei viel beschäftigten (oder faulen) Köchen beliebt, manche bringen sie jeden Tag auf den Tisch. So sind sie die italienische Antwort auf das französische Steak oder den amerikanischen Hamburger.

FETTUCCINE *siehe* PASTA

ZUTATEN VON A BIS Z

FICO *(Feige)*

Wenn sie reif sind, verderben Feigen sehr schnell, deshalb sind die reif vom Baum gepflückten Feigen denen im Laden gekauften weit überlegen. Da Handelsware normalerweise vor der Reife gepflückt wird, hat sie meist nur wenig Geschmack.

Die Feige ist die einzige Frucht, die nicht aus Blüten, sondern zusammen mit den Blüten in einer Schale wächst. Es gibt zwei Hauptsorten. Eine davon trägt zweimal im Jahr Früchte, einmal im Juli, dann nochmals im Spätsommer. Die frühen Feigen nennt man *fiorone*; sie sind groß, aber wenig aromatisch. Die zweite Ernte (bei der anderen Hauptsorte entspricht sie der ersten Ernte) ergibt die saftigen Früchte, die so hoch geschätzt sind. Beide Sorten haben Früchte mit schwarzer oder grüner Haut.

Feigen werden als Obst oder mit Schinken und Salami gegessen. Man füllt damit Torten oder kocht Kompott mit Honig- und Gewürzwein, das mit Vanillesauce serviert wird. Feigenkonfitüre ist einer der besten und beliebtesten Brotaufstriche in Italien.

Getrocknete Feigen nennt man *fichi secchi*. Sie sind in ganz Italien populär, besonders in Kalabrien, wo man sie in der Sonne auf Bambusmatten trocknet. Danach werden sie fein gehackt und als Kuchenfüllung verwendet oder mit einer Mischung aus Walnüssen, Mandeln, Orangenschale und etwas Honig gefüllt und als Dessert serviert.

FICO D'INDIA *(Kaktusfeige)*

Der italienische Name bedeutet indische Feige, aber die Kaktusfeige ist keine Feige, sondern die Frucht der Opunta-Kaktee. Kaktusfeigen wachsen wild in Sizilien und Süditalien. Die beste Sorte heißt *bastardona* und wird durch einen Trick erzielt. Sobald sich die ersten Früchte zu runden beginnen, entfernt sie der Bauer und erntet dann die fest und aromaintensiv nachwachsenden Feigen der zweiten Generation. Kaktusfeigen schmecken am besten roh mit einem Tropfen Zitronensaft.

FILONE siehe PANE

FINANZIERA *(Fleischgericht mit Innereien)*

Eine aufwendige Kreation der Piemonteser Küche aus unterschiedlichem weißem Fleisch und Innereien, in Butter gebraten und mit getrockneten Steinpilzen oder Marsala aromatisiert. *Finanziera* kann als eigenständiges Gericht oder mit einem einfachen Risotto serviert werden, aber auch als reichhaltiges Ragout zum *sformato**°.

FINOCCHIETTO ODER FINOCCHIELLO SELVATICO *(Fenchelkraut)*

Eine immergrüne Pflanze mit fedrigem Blattwerk, die in heißen Klimazonen wild wächst. Die Fenchelblätter ergeben fein gehackt eine leckere Fischfüllung, wenn man

sie mit Semmelbröseln und Kräutern kombiniert. Fenchelkraut ist ein wichtiger Bestandteil in der klassischen sizilianischen Pasta mit Sardinen und wird auch gern mit Schweinefleisch kombiniert. Häufig werden Schweinerücken nach toskanischer Art und *porchetta* – Spanferkel – mit Fenchelkraut aromatisiert.

FINOCCHIO *(Fenchel)*

Die aromatischen Knollen sind eines der beliebtesten Gemüse Italiens. Roh, in feinen Scheiben, mit Zitronensaft und Olivenöl gewürzt, ist Fenchel sehr erfrischend. Mit einigen Stücken Grana* oder etwas Ricotta und viel Pfeffer wird daraus ein Antipasto. Ein sizilianischer Salat verbindet Fenchel mit Orangen, Chicorée und schwarzen Oliven. Ein traditioneller Genuss ist *pinzimonio**.

Vor der Zubereitung müssen die Stielansätze sowie die dicke, äußere Haut und braune Stellen entfernt werden.

Eine Auswahl aus den zahlreichen Fenchelrezepten: *finocchi fritti:* Fenchelknolle längs in Scheiben schneiden und fünf Minuten blanchieren, dann panieren und ausbacken.

Finocchi al burro e formaggio: Fenchel langsam in Butter und etwas Wasser eine halbe Stunde dünsten, dann mit Parmesan bestreuen. *Finocchi in tegame:* Fenchel in mit Knoblauch aromatisiertem Öl zehn Minuten braten, dann in etwas Wasser gar dünsten. *Finocchi gratinati:* Fenchelknollen in Scheiben schneiden, *al dente* kochen und dann sanft in Butter noch einige Minuten dünsten. Mit einer mit Muskat abgeschmeckten Béchamel für 20 Minuten im Ofen überbacken. *Finocchi* werden auch gerne in Suppen oder als Zutat für *sformati**° (siehe Seite 180) verwendet.

Semi di finocchi sind die Samen bevorzugt wild wachsender Fenchelarten, die besser sind als die Samen von Zuchtfenchel. Man würzt damit *fegatelli**, *arista*, die wunderbare toskanische Salami *finocchiona** und eine Vielzahl anderer Gerichte.

FINOCCHIONA *(Toskanische Salamispezialität)*
Die wohl typischste Schweinswurstsorte der Toskana, eine grobe Salami, die mit Pfeffer, Knoblauch und wildem Fenchelsamen gewürzt wird. Sie reift sieben bis zwölf Monate lang.

FIOR DI LATTE *(Mozzarella aus Kuhmilch)*
Fior di latte wird in der gleichen Weise hergestellt wie der echte Büffelmozzarella, allerdings aus Kuhmilch. Viele Käsereien sind dazu übergegangen, auch *fior di latte* als Mozzarella zu vermarkten. Man benutzt den Käse als Pizzabelag und für viele Gerichte.

FIORE DI ZUCCA *(Zucchiniblüte)*
Die gelben Blüten der Zucchini und des Kürbisses sind eine Delikatesse. Sie blühen im Juni und Juli an einem langen, dünnen, kaum entwickelten Stängel, dem männlichen Sprössling der Pflanze. Vor dem Zubereiten müssen die Samen und der Stiel entfernt werden. Die klassische Zubereitungsmethode ist das Frittieren in einem dünnen Ausbackteig. In Latium werden die Blüten mit geriebenem Parmesan oder Mozzarella*, Semmelbröseln, etwas Sardellenfilet und Petersilie gefüllt.

In den Abruzzen ist eine Pastasauce mit Kürbis- oder Zucchiniblüten und Safran beliebt. Es gibt auch ein Risotto-Rezept mit Zucchiniblüten – man dünstet sie mit ein wenig Petersilie und Basilikum in Öl an und gibt sie zum Schluss unter den fertigen Risotto.

FOCACCIA *(Brotspezialität)*
Focaccia kann herzhaft oder süß sein und mit verschiedensten Zutaten aromatisiert werden. Das Brot sieht wie eine besonders dicke Pizza aus, aber mit einer brotartigen Struktur. Das Basisrezept für *focaccia* besteht nur aus Mehl, Salz und Hefe, die mit Wasser verknetet werden. Nach dem Aufgehen wird *focaccia* im Ofen gebacken.

In Italien existiert eine Vielzahl an Focaccia-Rezepten. Ligurien und die Provinzen im Süden bieten die größte Auswahl. *Focaccia alla genovese* wird aus dem Basisteig unter Zugabe von ligurischem Olivenöl gemacht. *Focaccia con le cipolle* oder *sardenaria*, mit Zwiebeln, ist eine weitere lokale Spezialität: Die in dünne Scheiben geschnittenen Zwiebeln werden auf dem Teig verteilt und mit reichlich Öl beträufelt. Recco, ein Dorf zwischen Genua und Santa Margherita, besitzt eine eigene *focaccia*, bei der eine dicke Teigschicht mit dem örtlichen Kuhmilchkäse *formaggetta* belegt und dann mit einer weiteren, hauchdünnen Teigschicht abgedeckt wird. Beim Backen verbindet sich der schmelzende Käse mit der *focaccia*.

Die *focacce* Apuliens und Kalabriens sind wie dicke Pizzas, die mit den unterschiedlichsten Zutaten gefüllt werden, etwa mit Batavia, gesalzenem Kabeljau, Tomaten und Mozzarella*. In Neapel ist die ringförmige *focaccia tortano** besonders beliebt. Eine andere üppige *focaccia* Neapels ist *casatiello* – rohe, ungeschälte Eier werden in den ringförmigen Teig gedrückt und mitgebacken. Für eine moderne Variante schlägt man die Eier auf und lässt sie in eine Vertiefung des Teiges gleiten, bedeckt sie mit einem Teigdeckel und bäckt die *focaccia*.

Einige süße *focacce* sind beliebt, etwa die schon in der Antike bekannte *fugassa** Venedigs. Die *focaccia vicentina* aus Vicenza wird aus einem ganz ähnlichen Teig gebacken und oftmals wie Tauben geformt, in die ein hart gekochtes Ei eingebunden ist. Die *focaccia di Castelnuovo*, aus der Stadt in der Nähe von La Spezia, wird an Ostern aus Polentamehl, Pinienkernen und Olivenöl gebacken.

FONTAL *(Weichkäse)*
Diese neue Käsesorte wurde nach dem Zweiten Weltkrieg im Trentino erfunden. Der Käse aus pasteurisierter Kuhmilch reift drei Monate. Der Geschmack ist angenehm mild, die Konsistenz cremig. Fontal ist ein guter Konsumkäse, aber man kann ihn auch in der Küche für getoastete Sandwiches oder herzhafte Aufläufe verwenden. Da er dem Fontina* ähnelt, wird Fontal gerne für die *fonduta*, das italienische Käsefondue, verwendet.

ZUTATEN VON A BIS Z

FONTINA *(Käsespezialität)*

Fontina schmilzt beim Genuss förmlich im Munde, so zart ist er. Der Weichkäse aus dem Aostatal wird aus Kuhmilch in großen, runden Stücken, die etwa 5–10 kg wiegen, hergestellt. Nach vier bis fünf Monaten Reife kann Fontina gegessen werden. Der Käse ist von eher dunkler Farbe, mit kleinen Löchern und einer dünnen Kruste. Fontina ist wie Parmesan ein sehr gut zum Kochen geeigneter Käse, sein typisches Aroma verbessert viele Gerichte. Das bekannteste ist wohl die *fonduta*, die italienische Version des Käsefondues, die aber auch als Suppe oder Sauce verwendet werden kann. *Gnocchi alla bava* (wörtlich: Schaum-Gnocchi) sind ebenfalls ein exzellentes Gericht mit Fontina. Dafür werden die gekochten Kartoffel-Gnocchi mit Fontina belegt und dann kurz überbacken, bis der Käse geschmolzen ist.

Es ist schwer, Fontina außerhalb Italiens zu kaufen, und selbst dort bekommt man ihn nur in gut sortierten Käseläden. Meiner Erfahrung nach ist Export-Fontina ohnehin nicht für Fonduta geeignet.

FORMAGGIO *(Käse)*

Angeblich gibt es bis zu 450 verschiedene Käsesorten in Italien, die meisten davon stammen aus Norditalien. Bis jetzt hat niemand eine genaue Klassifizierung vorgenommen, aber man unterscheidet sie nach der Milchsorte, aus der sie gemacht wurden: Kuhmilch, Büffelmilch, Ziegenmilch, Schafsmilch oder eine Mischung dieser Sorten. Frischkäse müssen so schnell wie möglich nach der Herstellung gegessen werden, Mozzarella und Mascarpone* sind Beispiele. Weichkäse wie Bel Paese* und Gorgonzola* sollten innerhalb von zwei Monaten verbraucht werden, Schnittkäse halten sechs Monate, während Hartkäse, wie etwa Parmesan, mindestens sechs Monate reifen müssen.

Die meisten der in Süditalien hergestellten Käse sind *a pasta filata*, in heißem Wasser gebrühte Käse mit gekneteten Teig, für den die gesäuerte Käsemasse mit kochendem Wasser überbrüht und dann mit einem Holzstock gerührt wird, bis sich ein Käsestrang bildet. Der Käse wird dann von Hand in seine spätere Form geknetet. Die bekanntesten *a pasta filata*-Käse sind Mozzarella*, Provolone* und Caciocavallo*.

Käse können in Konsum-, Reibe- und Kochkäse eingeteilt werden. Einige Käsesorten können gerieben zum Überbacken und generell in der Küche eingesetzt werden, auch einige Konsumkäse können zum Kochen, für Käsesaucen oder zum Gratinieren verwendet werden. Gorgonzola ist zum Beispiel ein typischer Konsumkäse, man verwendet ihn aber auch in Saucen für Pasta, Gnocchi und Polenta oder zum Risotto. Fontina* ist ein hauptsächlich in der Küche verwendeter Käse, aber man isst ihn auch gerne pur, ebenso wie Büffelmozzarella. Parmesan ist der Reibekäse par excellence, aber auch er mundet als Käse auf einer wohl gedeckten Tafel. Käse wird stets vor dem Obst gegessen, auch vor dem Dessert, die richtige Reihenfolge lautet Käse, Dessert, Obst. Einige Leute benutzen nur ein Käsemesser zum Essen, andere nehmen auch noch eine Gabel dazu. Käse isst man nur mit Brot, niemals mit Butter. Auf dem Land werden Parmesan und Pecorino* gerne zusammen mit Birnen und im Frühling mit jungen Brechbohnen gegessen.

FRAGOLA *(Erdbeere)*

Erdbeeren wachsen vor allem in Norditalien, wo die richtige Mischung aus Sonne und Regen das Klima bestimmt. Die beliebteste der vielen Erdbeersorten ist die Gorella-Erdbeere mit kräftig rotem, festem Fruchtfleisch. Den intensivsten Duft hat die Walderdbeere. Sie wurde aus wilden Erdbeeren, *fragaria vesca*, gezüchtet und

ZUTATEN VON A BIS Z

ist eine kleine Frucht mit lebhafter, roter Farbe, die man gerne für *sottobosco** verwendet – einer Art roter Grütze. Beliebt sind auch die *fragola ananassa* mit blasserer Farbe und mittlerer Größe sowie die besonders großen *fragoloni*.

Italiener sind wohl auch aufgrund der großen Auswahl an Obst keine besonderen Erdbeerliebhaber. So isst man die Früchte meist schlicht mit Zucker bestreut und mit Zitronen- oder Orangensaft, Weiß- oder Rotwein mariniert. Die großen Früchte werden halbiert oder geviertelt, damit das Fruchtfleisch die Flüssigkeit aufnehmen kann. Eine Gewohnheit der Emilia-Romagna besteht darin, Erdbeeren mit Aceto Balsamico zu marinieren. Erdbeeren werden auch als Tortenbelag oder für Sorbets verwendet.

FRAGOLINO (Brassenart)

Diese Brassenart ähnelt stark der Rotbrasse des nördlichen Atlantik. Der Name leitet sich von *fragola** – Erdbeere – ab, da der Fisch über ein erdbeerfarbenes Schuppenkleid verfügt. *Fragolino* ist ein eher seltener Fisch mit schmackhaftem Fleisch, der normalerweise gebraten oder gegrillt wird.

FRANCESINA *siehe* PANE

FRATTAGLIE (Innereien)

Frattaglie sind die Innereien vierbeinigen Schlachtviehs, das Wort wird auch für die Gliedmaßen verwendet. Geflügelklein wird dagegen als *rigaglie** bezeichnet. *Frattaglie* werden in Italien gerne gegessen.

FRICANDO (Gespickte Kalbskeule)

Der Begriff *fricandò* stammt vom französischen *fricandeau* ab und bedeutet eine dicke Fleischscheibe aus der Kalbskeule, die oft mit Schinken gespickt, in Butter und Marsala langsam geschmort wird.

FRICASSEA (Frikassee)

Frikassee wird üblicherweise aus Lamm, Huhn oder Kaninchen gekocht. Das in kleine Stücke geschnittene Fleisch wird in Butter mit Zwiebeln und Kräutern angebraten und dann in Brühe gegart, in der Toskana kommen Pilze dazu, in Ligurien Pinienkerne. Am Ende der Kochzeit wird das Frikassee mit Eigelb gebunden, das mit Zitronensaft verrührt wurde. In Ligurien lässt man das Eigelb im Frikassee stocken, während man in der Toskana bei reduzierter Hitze nur die Sauce andicken lässt.

FRICO (Käsegebäck)

Dieses waffeldünne Käsegebäck stammt aus dem Friaul, wo man meint, „dass alle Aromen des Landes sich in diesem Gebäck wieder finden". *Frico* ist die wohl traditionsreichste Spezialität einer Region, die für die Bewahrung ihrer kulinarischen Kultur berühmt ist.

Frico macht man aus dem heimischen Montasio-Käse, der etwa sechs Monate reift. Sehr dünn geschnitten, wird der Montasio in einer beschichteten Pfanne in flüssiger Butter oder Schmalz wie ein Pfannkuchen ausgebacken. Man fügt auf dem Lande gelegentlich Kartoffeln hinzu oder, wie in einem Rezept aus österreichisch-ungarischer Tradition, Zwiebeln und Renette-Äpfel.

FRITOLE (Schmalzgebäck)

Eine venezianische Spezialität aus Mehl, Sultaninen und kandierten Früchten. *Fritole* stammen aus der Karnevalstradition, der Begriff *fare le fritole* bedeutet auch „es sich gut gehen lassen". Ein venezianisches Sprichwort lautet: „*Le fritole xe come le done, se no le xo tonde e und poco grassote, no le xe bone*" – Fritole sind wie Frauen: Wenn sie nicht rund und ein wenig fett sind, sind sie nicht schön.

FRITTATA (Omelett)

Die *frittata* ist die italienische Variante des Omeletts, ähnelt aber mehr der spanischen Tortilla oder der *eggah* des Nahen Ostens als einem französischen Omelett. Aus dem Eierteig werden flache, runde Pfannkuchen gebacken, bei denen die Eier gestockt, aber noch nicht fest sein sollen. Zu den Eiern kommen weitere Zutaten: geriebener Käse für eine *frittata al formaggio*, angedünstete Zwiebeln für die *frittata con le cipolle*, klein geschnittener Schinken für die *frittata al prosciutto*, aber auch jegliches klein geschnittene Gemüse oder die Reste vom Vortag. Spaghettireste ergeben ebenso wie die Gemüsepfanne *peperonata** eine wunderbare *frittata*. In Sizilien macht man aus *ricotta salata** eine leckere *frittata*, während man in Ligurien *frittata* mit Zucchini, mit Artischocken oder *bianchetti** – winzigen Fischen – liebt. Ligurische *frittate* werden immer mit Kräutern aromatisiert.

FRITTATINE (Kleine Omeletts)

Frittatine werden wie kleine Pfannkuchen oder Crêpes gebacken, bestehen aber nur aus Eiern. *Frittatine* können wie Pfannkuchen gefüllt werden, man kann sie schichtweise mit Tomatensauce und Mozzarella oder mit Béchamel, Schinken und Pilzsauce, auch mit Spinat und

Ricotta* füllen. Diese eindrucksvolle Kreation, für die jeder Kochbuchautor einen eigenen Namen kennt, wird dann im Ofen überbacken.

FRITTEDDA (Sizilianischer Gemüseeintopf)
Ein traditioneller Eintopf aus Sizilien mit Erbsen, Artischocken und grünen Bohnen.

FRITTELLE (Schmalzgebäck)
Ein sehr gängiger Begriff für herzhafte oder süße Produkte, die durch Ausbackteig gezogen und frittiert werden. Manche frittelle sind in ganz Italien beliebt. Dazu gehören Apfelküchlein, gebackene Sardellen und Reisbällchen. Andere frittelle sind auf bestimmte Regionen beschränkt.

In Südtirol macht man frittelle aus Buchweizenmehl und Milch und bäckt sie in Schweineschmalz aus. Die sizilianischen frittelle bestehen aus Fruchtstückchen, die mit einem mit Marsala aromatisierten Ausbackteig überzogen und dann mit Zucker bestreut werden. In Sardinien wird wild wachsender, aromaintensiver Fenchel gekocht, in Stücke geschnitten und mit Eiüberzug in heißem Öl ausgebacken.

Es ist nicht nur die Füllung, sondern auch der Ausbackteig, der je nach Herkunftsregion oder Hauptzutat variiert. Man kann den Teig mit Eiern, Wasser und Mehl machen, mit Eiern, Milch und Mehl, aber auch aus Eiweiß und Mehl. Er kann Hefe enthalten, Marsala oder andere Weine. Manche frittelle werden ohne Teigüberzug ausgebacken, wie die Kartoffelfrittelle aus Apulien.

Süßes Schmalzgebäck wie die venezianischen fritole* sind eine Leckerei zum Karneval. Ein anderer traditioneller Termin ist der 19. März, der Festtag des heiligen Josef. An diesem Fest werden in der Toskana und der südlichen Lombardei frittelle gebacken, die dem venezianischen Karnevalsgebäck sehr ähnlich sind.

FRITTO (Ausgebackenes Essen)
Dieser Begriff wird in Italien als Substantiv benutzt, das durch ein Attribut wie in fritto di pesce oder ein Adjektiv in fritto misto genauer beschrieben wird (vgl. frittura*).

FRITTO MISTO (Ausgebackene Leckerbissen)
Jeder Italienurlauber kennt die als fritto misto bekannte Zusammenstellung aus ausgebackenen Leckerbissen, die in Form, Inhalt, Farbe und Geschmack nicht unterschiedlicher sein könnten. Es gibt unzählige Varianten davon, aber am bekanntesten ist das fritto misto aus dem Piemont, aus Bologna und aus Neapel.

Das fritto misto piemontese besteht aus kleinen Kalbsmedaillons, dünnen Scheiben Kalbsleber, Bries, Hirn und Hühnerkroketten. Dazu kommen blanchierte Gemüse der Saison wie Zucchini- und Auberginenscheiben, Blumenkohlröschen, Artischockenböden, Selleriestückchen und Pilzköpfe. Gekrönt wird das Ganze durch gebackene Mandelkekse, Apfelringe und süße Grießklößchen, die in Olivenöl oder Butter ausgebacken wurden.

Das fritto misto bolognese ist das aufwendigste und reichhaltigste und ersetzt ein komplettes Menü. Die auch im Piemont beliebten Zutaten werden durch Fleischspieße nach Bologneser Art, Mortadella*, Parmesan* und Brot ergänzt, dazu bäckt man Vanilleflan und Apfelringe aus. Jede Zutat wird durch Ausbackteig gezogen oder paniert und dann in Butter oder Schmalz frittiert. Man nennt es auch das grande fritto misto.

Die neapolitanische Variante wird frienno magnanno – „ausbacken und sofort aufessen" – genannt. Das beschreibt die Art, wie das fritto misto serviert werden sollte. Die Köchin bäckt aus, während die Familie schon isst, so behalten die Stückchen ihre Krossheit und Frische. Neben der üblichen Leber und dem Bries werden auch panzerotti*, Reis und Kartoffelkroketten, Mozzarella-Scheiben und mit Béchamel überzogene hart gekochte Eier ausgebacken. Dazu kommen saisonale Gemüse und Scheiben reifer Tomaten mit ihrem herrlichen Aroma. Man bäckt alles in Olivenöl aus und bewahrt so den natürlichen Geschmack und die Struktur der Produkte in einer leichten, knusprigen Kruste.

Ein außergewöhnliches fritto misto ist das fritto misto di pesce aus gemischten Fischen, mit dem besonders die Neapolitaner brillieren. Ligurien kennt ebenfalls hervorragende Rezepte für fritto misto di mare. Man bäckt kleine Seezungen aus, Sardellen, kleine Tintenfische und Kalmare, die in Ringe geschnitten wurden, dazu Rotbrasse … eigentlich kann man jeden kleinen Fisch oder Krustentiere verwenden, nur frisch müssen sie sein.

FRITTURA (Ausgebackenes)
Am gebräuchlichsten ist der Begriff frittura di pesce, der das Gleiche wie fritto misto * di mare bedeutet: verschiedene Sorten ausgebackener Fisch. Ein klassisches Mailänder Gericht ist fritura piccata. Dünne Scheibchen Kalbfleisch werden kurz in Butter sautiert, mit etwas Zitronensaft beträufelt und mit viel frischer, fein gehackter Petersilie bestreut. Am Ende der Kochzeit wird etwas frische Butter in den Bratensatz gerührt, um die Sauce zu binden.

FRUMENTO (Weizen)

Bei Weizen unterscheidet man Weichweizen, aus dem Brotteig hergestellt wird, und Hartweizen, der für industriell erzeugte Pasta vorgeschrieben ist. Beide Weizensorten werden in Italien angebaut, Hartweizen im Süden, weil er höhere Temperaturen zur Reife benötigt, Weichweizen dagegen im Norden. Aus diesem Grunde stammt Hartweizenpasta aus dem Süden. Im Norden dagegen werden Tagliatelle und Lasagneblätter aus Weichweizen und Ei hergestellt.

FRUTTA (Obst)

In Italien wird das Mahl nur selten ohne ein Stück Obst beendet. Jede Region hat dabei ihre Vorlieben. Man kennt die Birnen und die Renette-Äpfel des Aostatales, das *sottobosco**, eine Art roter Grütze von dort, die Kirschen der Romagna, die Pfirsiche und Pflaumen aus den Marken, die Feigen Liguriens und der Toskana, die Himbeeren der Lombardei und die Orangen und Zitronen Siziliens und Kalabriens. Die Walnüsse aus Sorrent, die Haselnüsse aus Avellino oder dem Piemont, die toskanischen Kastanien und die sizilianischen Mandeln sind sehr begehrt.

Aus Obst werden auch Nachspeisen bereitet, die beliebteste ist wohl *macedonia di frutta** – Obstsalat. Äpfel und Birnen werden in Rot- oder Weißwein gedünstet, Erdbeeren mit Pfirsichen oder Orangen kombiniert und aus jeder Obstsorte wird Eis, Sorbet oder Granita* gemacht.

FRUTTA CANDITA (Kandierte Früchte)

Am häufigsten werden Mandarinen, Feigen, Pflaumen, Birnen und Aprikosen kandiert. Kandierte Früchte, besonders die Schalen von Zitrusfrüchten wie Bergamotte, Orange und Zitrone, verleihen Süßspeisen besonderen Geschmack und Reiz, etwa dem Panettone* oder der *cassata siciliana**. Man benutzt die Früchte auch für Dekorationen. Gerne werden auch Blüten kandiert, am bekanntesten sind wohl die Veilchen aus Parma. Die Sizilianer behaupten, die besten kandierten Früchte zu machen und dabei das Aroma des frischen Obstes zu bewahren. Andernorts ist die Firma Romanengo aus Genua berühmt, die seit 1780 kandierte Früchte herstellt und die meisten der europäischen Königshöfe zu ihren Kunden zählen kann.

FRUTTA DI MARTURANA (Marzipanfrüchte)

Diese Marzipanfrüchte werden möglichst naturgetreu aus Mandelmasse geformt. Ursprünglich wurden sie von den Nonnen des Klosters Marturana bei Palermo gemacht, und es war Brauch, am Sonntag nach der Messe zum Kloster zu gehen und dort Marzipanobst zu kaufen. Heutzutage werden sie industriell hergestellt, und jede Konditorei auf der Insel und auf dem Festland verkauft die Marzipanspezialität.

FRUTTA SECCA (Trockenobst)

Alle natürlich oder künstlich getrockneten Früchte und alle Nusssorten werden als *frutta secca* bezeichnet. Aus Trockenfeigen entstehen regionale Spezialitäten, wie *fico secco**. In der Lombardei werden entkernte Pflaumen, Datteln und Aprikosen getrocknet und dann mit gesüßtem Mascarpone gefüllt.

FRUTTI DI MARE (Meeresfrüchte)

Alle Meeresbewohner, die nicht zu den Fischen oder den Kephalopoden, den als Kopffüßler erkennbaren Krustentieren, gehören, werden als *frutti di mare*, Meeresfrüchte, verkauft. Beim Bummel über den Fischmarkt in jeder Küstenstadt Italiens ist ein vielfältiges Angebot dieser Lebewesen zu bestaunen, das je nach Saison und den Besonderheiten des Meeres vor Ort immer wieder

ZUTATEN VON A BIS Z

anders aussieht. Jeder Fischmarkt ist ein wahres Paradies für den Fischliebhaber, die Luft duftet nach salzigem Tang, man kann sich mit dem Verkäufer über die besten Zubereitungsarten für diesen Fisch oder jene Muschelsorte austauschen, bis die Nachbarin sich einmischt und ihr bestes Rezept dafür verrät.

In den letzten Jahren wurden zahlreiche auf Meeresfrüchte spezialisierte Fischfarmen entlang der Küsten eingerichtet. Die größten und besten liegen im Golf von Triest an der oberen Adria und dann die Küste entlang bis Grado im Osten von Venedig. Am erfolgreichsten ist die Zucht von Muscheln, die zu einem großen Teil exportiert werden, und die Austernzucht. In den Farmen werden die Larven der Weichtiere an den Knoten von Nylonnetzen befestigt, die um Bojen gespannt sind. Sind die Mollusken ausgewachsen, werden sie in großen Tanks mit gefiltertem Meerwasser gehalten, bis sie durch und durch sauber geworden sind.

FUGAZZA (Hefegebäck)

Fugazza, ein Osterfladen, ist die süße, venezianische Variante der *focaccia**. An Ostern scheint ganz Venedig vom Duft der frisch gebackenen *fugazze* erfüllt zu sein und die charakteristische Kuppelform ist in den Fenstern jeder Bäckerei und Konditorei zu bewundern.

FUNGHI (Pilze)

Wenn im August oder September die Pilzsaison beginnt, sind die Italiener nicht mehr zu bremsen. Im Morgengrauen brechen sie in die Wälder auf, mit Körben, niemals Plastiktüten, und kleinen Messern bewaffnet. Der Korb erlaubt es den Sporen der frisch geernteten Pilze, zu Boden zu fallen und so für eine erneute Ernte im nächsten Jahr zu sorgen.

Wildpilze gibt es in den Dolomiten, dem ligurischen Apennin und dem Sila-Gebirge in Kalabrien in Hülle und Fülle. Auf den dortigen Märkten wird eine große Auswahl an Pilzen angeboten. Verkauft werden dürfen meist nur die bekanntesten Sorten, etwa Steinpilze (Boletus edulis) und deren Verwandte aus der Boletus-Familie, wie der Maronenröhrling (Boletus badius), auch Pfifferlinge, einige Reizkerarten (Lactaris) und Täublinge (Russula) sowie Parasole.

Auf dem Markt von Trento, dem größten für Pilze, wurden in einem Herbst 250 verschiedene Pilzarten gezählt. Es gibt allerdings nur noch wenige Regionen, in denen das Pilzsammeln nicht mengenmäßig limitiert ist, üblicherweise dürfen höchstens 2 kg pro Korb und Sammler mitgenommen werden.

Pilzgerichte sind derzeit sehr in Mode. Am beliebtesten sind wohl *funghi trifolati*°⚘, Steinpilze oder Maronenröhrlinge, in Olivenöl gebraten, mit Knoblauch und Petersilie, manchmal mit etwas Zitronensaft beträufelt. Im Friaul nimmt man dazu auch den dortigen Tocai-Wein. In der Toskana gibt es ein köstliches Gericht, für das man Wildpilze mit Hühnerleber und Salbei sautiert. Die Hüte der besonders großen Exemplare sind *a cotoletta* – wie Koteletts paniert und ausgebacken – sehr lecker. Auch die Rezepte für gefüllte Pilze sind sehr reizvoll. Dazu werden große Köpfe mit unterschiedlichsten Füllungen versehen, für die auch die fein gehackten Pilzstängel verwendet werden. Die gefüllten Köpfe werden dann gratiniert. Das beliebteste Rezept dazu stammt aus Ligurien und wird mit gesalzenen Sardellen, Majoran und Semmelbröseln zubereitet. Ein Risotto mit Wildpilzen kann es im Geschmack mit allen anderen Risotti aufnehmen, auch breite oder feine Bandnudeln mit Pilzsauce sind köstlich. Manche Pilze, wie etwa Kaiserling (Amanita caesaria), Steinpilz (Boletus edulis) und Schopftintling (Coprinus comatus) sind auch roh sehr lecker, wenn man sie mit Zitronensaft und Olivenöl würzt.

Pilze werden in großem Maßstab kommerziell gezüchtet. Zwei oder drei Sorten findet man immer in den Läden, wobei die Champignon-Sorten Schafegerling (Agrarius arvensis) und Pferdeegerling (Agrarius hortensis) aromatischer sind als Zuchtchampignons, da sie auf natürlichem Schafs- bzw. Pferdekompost wachsen.

Wildpilze lassen sich vielseitig haltbar machen, dazu müssen sie allerdings jung und sehr frisch sein. Am besten trocknet man sie (siehe *funghi secchi**). Einsalzen ist eine andere Möglichkeit, die für alle Pilze geeignet ist, die nicht zu duftig und zartgliedrig sind. Viele Arten, etwa Pfifferlinge, Steinpilze, Täublinge und Wiesenchampignons, kann man in Olivenöl einlegen, solange sie sehr jung sind. Dafür werden die Pilze in Öl gebraten, teilweise mit Gewürzen und Kräutern oder mit Weinessig abgelöscht und dann in Einmachgläsern sterilisiert und verschlossen. Einige rohe Wildpilze kann man auch einfrieren.

Die vier wichtigsten Pilzarten in Italien sind:

Cantarello: Pfifferling. Im Französischen nennt man diesen Pilz Chanterelle, und er gehört zu den köstlichsten Sorten der Welt. Er wächst vom Frühjahr bis zum Herbst in Laubwäldern. Ein Pfifferling sieht wie eine

ZUTATEN VON A BIS Z

kleine apricotfarbene Trompete aus und duftet auch ein wenig nach Aprikosen.

Chiodino: der italienische Name des Hallimasch oder Honigpilzes, der auf Bäumen oder an den Wurzeln wächst. *Chiodino* ist kein Edelpilz, aber in Italien sehr beliebt. Da er roh leicht giftig ist, muss er vor der Zubereitung immer abgekocht werden.

Porcino: Steinpilz (Boletus edulis). Der König der Wildpilze. In Italien wachsen die ersten Steinpilze schon im Frühling, manchmal schon Ende März, und man findet sie bis in den Hochsommer hinein. Im Herbst kommt dann eine neue, größere Ernte, die von September bis November dauert. Ein professioneller *cercatore*, ein Pilzsammler, kann bis zu 30, 40 kg am Tag sammeln, teilweise für den Markt bestimmt, die anderen werden getrocknet.

Prataiolo: Egerling oder Champignon. Der Name bezieht sich sowohl auf den wilden wie auf den Zuchtpilz. Zuchtchampignons werden nicht besonders geschätzt, da ihr Geschmack nur wenig ausgeprägt ist.

FUNGHI SECCHI *(Getrocknete Wildpilze)*
Dies ist die zufriedenstellendste Methode, Wildpilze zu konservieren, da sich das Aroma durch den Trocknungsvorgang konzentrieren lässt. Steinpilze sind die besten unter den Trockenpilzen. Man bekommt sie auch in Deutschland in vielen Delikatessenläden in Packungen mit etwa 10 bis 20 g Pilzen. Das erscheint angesichts des doch hohen Preises eher wenig, aber schon diese kleine Menge reicht, um einem Risotto oder einer Sauce den typischen Pilzgeschmack zu verleihen. Einige Trockenpilze verstärken auch den Pilzgeschmack von Zuchtchampignons.

GALANI *(Venezianischer Karnevalskrapfen)*
Galani ist das venezianische Dialektwort für einen Bogen, und so sind auch die typischen Karnevalskrapfen geformt. Ihr Teig wird mit Grappa, Süßwein aus Zypern oder Marsala aromatisiert.

GALANTINA *(Galantine)*
Galantinen entstehen aus ausgebeintem Geflügel oder Kalbfleisch, das in kleine Stücke geschnitten, mit Schinken, Zunge, Pistazien und Trüffel gemischt wird. Manchmal wird das Fleisch in Marsala mariniert. Die Füllung wird in Truthahnhaut oder in ein festes Tuch gefüllt und in Brühe etwa zwei Stunden pochiert. Nach dem Abkühlen wird die Galantine in dünne Scheiben geschnitten und mit gewürfeltem Fleischgelee umgeben, das aus der Kochbrühe hergestellt wurde.

GALLETTE *(Zwieback)*
Gallette waren für eine kurze Zeit in den 60er-Jahren des vorigen Jahrhunderts in Mode, aber wie so oft sind die Italiener danach wieder reumütig zu ihrem geliebten Brot zurückgekehrt. Verschiedene Sorten Paté werden heute noch gelegentlich auf *gallette* gestrichen, aber in der traditionellen Küche werden sie nur als Zutat im *cappon magro** aus Genua gebraucht. Süße *gallette* werden aus einem gesüßten Mürbteig gebacken.

GALLETTO *(Stubenküken)*
Ein Stubenküken wiegt nie mehr als 500 g und stammt nie aus einer Legebatterie. In toskanischen Landgasthöfen werden Stubenküken immer noch gerne am Spieß gegrillt.

GALLINA *(Suppenhuhn)*
Eine zweijährige Legehenne, deren Eierproduktion mit zunehmendem Alter etwas nachgelassen hat. Das Fleisch ist aromatischer als das jüngerer Hühner, aber auch etwas fester. Dieses Huhn braucht länger zum Garwerden (bis zu vier Stunden) und wird nicht sehr zart, aber die entstandene Brühe ist sehr fein und aromatisch und ergibt schmackhafte Suppen und Saucen.

ZUTATEN VON A BIS Z

Das für *bollito misto** verwendete Huhn sollte immer ein Suppenhuhn sein. In einem Rezept aus der Lombardei wird die Henne mit einer Mischung aus Semmelbröseln, Safran, Parmesan, Eiern, gehacktem Wirsing, Knoblauch und Salbei gefüllt. Das wohl interessanteste Rezept stammt aus Sardinien. Das Suppenhuhn wird mit Sultaninen, Walnüssen, Safran, Zucker, Zimt, Eiern und Semmelbröseln gefüllt und mit Gemüse gekocht. Nachdem das Huhn gar ist, wird es in Myrtenblätter gehüllt und zwei bis drei Tage zwischen zwei Platten gepresst, bis das Aroma der Blätter sich dem Fleisch mitgeteilt hat. Danach wird das Huhn zerteilt und mit der Füllung serviert.

GAMBERETTI *(Garnelen)*

Gamberetti sind kleine Garnelen, die nicht länger als 10 cm und rosa oder grau sind. Die graue Sorte nennt man auch Sandgarnele, weil sie sich im nassen Sand am Strand vergräbt. Diese Garnelenart ist besonders in Venedig beliebt, wo man sie in Salzwasser kocht, das mit einer Zitronenschale gewürzt wurde. Eine venezianische Spezialität ist es, die gekochten Garnelen in viel Olivenöl, Petersilie und Knoblauch zu braten. Dazu serviert man die weiße Polenta Venetiens. Sowohl graue als auch rosa Garnelen werden als Teil eines *fritto misto di pesce** ausgebacken, gehören aber auch in einen klassischen venezianischen Risotto.

GAMBERO *(Krebs)*

Zur Familie der Krebse gehören viele Arten. Sie sind große Tiere, bis zu 20 cm lang und variieren in ihrer Farbe von Rosa bis zu einem tiefen Rot. Die besten werden in der Tiefsee gefangen, aber man züchtet sie auch in Fischfarmen. Die *mazzancolla* oder *gambero imperiale* genannte Furchengarnele kann bis zu 23 cm lang werden.

Die meisten werden im Tyrrhenischen Meer für römische Feinschmecker gefangen, die sich gerne an die Küste aufmachen, um die *gamberi* frisch vor Ort zu genießen. Die Venezianer, Erfinder der besten Meeresfrüchte-Risotti, kennen einen wunderbaren *risotto coi gamberi*, mit Krebsfleisch, für den die Krebsschalen kurz angeröstet und in Fischfond ausgekocht werden, in dem dann der Risotto gekocht wird. Der Reis erhält so eine zartrosa Farbe und den leicht süßlichen Krebsgeschmack. Wenn Krebs nicht nur gegrillt oder gekocht und mit Olivenöl und Zitronensaft gegessen wird, dann wird er gerne *in umido*♀ zubereitet. Geschält und kurz in Olivenöl mit Petersilie und Knoblauch angebraten, werden die Krebse mit Zitronensaft beträufelt und mit Kapern bestreut.

GARGANELLI *siehe* PASTA

GELATINA *(Aspik)*

Das beste Aspik wird ohne Gelatine fest, nur durch die Bindekraft von Kalbs- oder Schweinefüßen oder Schweineschwarte. Aspik wird für zahlreiche kalte Gerichte aus Fleisch und Geflügel verwendet, die ursprünglich aus Frankreich stammen, etwa für Galantinen.

In Süditalien bereitet man exzellente Fruchtgelees zu. In Sizilien ist das Orangengelee eine besondere Spezialität und wird aus den besten Orangen, Orangenblütenwasser, Blattgelatine, Zucker und weißem Rum gekocht. Ein anderes Fruchtgelee wird aus Früchten, Fruchtsaft und Zucker hergestellt, ebenso wie kleine Fruchtbonbons, die Senioren ebenso gut schmecken wie den Kindern.

GELATO *(Eiscreme)*

Das italienische Wort *gelato* bedeutet „Gefrorenes" und wird sowohl für Eiscreme als auch für Sorbets verwendet. Im engeren Sinne bezeichnet es allerdings ein Cremeeis aus gefrorener, aromatisierter Eiercreme, während das richtige Wort für Sorbet *sorbetto* lautet.

Die Herstellung von Speiseeis wird sehr genau überwacht, und es sind nicht mehr als 2% Zusatzstoffe erlaubt. Auch die Süße muss vorwiegend aus natürlichem Fruchtzucker stammen, nicht aus zugesetztem Industriezucker. Viele Eisdielen in Italien weisen auf die Herstellung von Hand hin. Dort bekommt man Fruchteis und Eiscreme, die Auswahl ist überwältigend groß und reicht von dicken, sahnigen Liköreissorten wie Tiramisu oder Malagaeis bis hin zu Fruchteis aus frisch gepressten Säften.

Eine Besonderheit der besten Eiscremes, wie sie etwa in Neapel oder Palermo hergestellt werden, ist die Zugabe eines natürlichen Geschmacksstoffes, der das Aroma der eigentlichen Eissorte unterstreicht. Das können einige Tropfen Orangensaft im Erdbeereis sein, ein Hauch Pistazie in der *zuppa inglese* oder eine Spur Zimt im Schokoladeneis.

GHIOTTA *(Pfanne, zugleich Wildragout aus Umbrien)*

Die *ghiotta* ist eigentlich die Saftpfanne, in der beim Braten der Fleischsaft aufgefangen wird. Heutzutage ist das Wort auch für ein Wildragout aus Umbrien gebräuchlich, das mit einer Sauce aus heimischem Rotwein, gehacktem Schinken, Salbei, Rosmarin, Knoblauch, Wacholderbeeren, Zitronensaft, Essig und Olivenöl gekocht wird. Wenn die Sauce ausreichend eingekocht ist, wird die gehackte Leber des Wildtieres hinzugefügt. Ein anderes traditionelles Gericht ist die *ghiotta di pescespada*, eine Schwertfischpfanne aus dem östlichen Sizilien. Die Fischsteaks werden dazu in Öl gebraten und dann mit Tomaten, Pinienkernen, Sultaninen, Oliven, Zwiebeln, Sellerie und Kapern geschmort. Ebenfalls aus dem Süden stammt *ghiotta della vigilia*, Heiligabendpfanne. Für dieses Weihnachtsgericht wird Stockfisch und Blumenkohl in einer Schmorpfanne aus Tomaten, Zwiebeln, grünen Oliven und Birnen gegart. Die traditionelle *ghiotta* der Abruzzen besteht aus einer Vielzahl an Gemüsen, zu denen auch Kartoffelscheiben, Tomaten, Gemüsepaprika und Zucchini gehören, die mit Olivenöl, Salz und Pfeffer in einer feuerfesten Tonform im Ofen gebacken werden.

GHIOZZO (*Grundel*)

Ein besonders in Venedig geschätzter Fisch aus der Karpfenfamilie, den man in Venedig *gô* nennt.

Da die Grundel sehr grätenreich ist, wird sie bevorzugt für Fischsuppen benutzt und manchmal mit Aal kombiniert, manchmal auch nur mit Polenta als Beilage serviert. Man kennt auch Risotto mit Grundel und ein Reisgericht aus Grundel und Borlottibohnen, eine Spezialität der Laguneninsel Murano.

GIANDUIA (*Piemonteser Schokoladenkuchen*)

Dieser aufwendige Kuchen aus Turin leitet seinen Namen von *gianduiotti** ab, Nussnougat-Pralinen, die ähnlich schmecken. *Gianduia* wird aus einem fettfreien Biskuit aus 10 Eiern und nur 200 g Mehl gemacht, der mit Weinbrand und Maraschino-Kirschlikör getränkt, mit einer schweren Schokoladen-Haselnusscreme gefüllt und mit Kuvertüre überzogen wird. Man bekommt den Kuchen in jeder guten Konditorei, aber kaum jemand macht sich die Mühe, ihn zu Hause zu backen.

GIANDUIOTTI (*Piemonteser Nussnougat-Pralinen*)

Diese Piemonteser Spezialität wurde 1865 von den Turiner Confisiers Caffarel und Prochet entwickelt und wegen ihrer Form nach dem Hut des Gianduia benannt, einer Rolle in der traditionellen Turiner Commedia dell'Arte. Die Pralinen bestehen aus der besten Schokolade, gerösteten Haselnüssen aus der Langhe, Bourbon-Vanille und Zucker und werden in Goldfolie verpackt. Heutzutage stellt man sie meist industriell her, aber es gibt noch einige traditionelle Pralinenmacher, deren *gianduiotti* zu den besten Pralinen der Welt gehören.

GIARDINIERA („*nach Gärtnerinnen-Art*")

Für die Garnitur nach Gärtnerinnen-Art werden in Essig eingelegte Gemüse wie Champignons, Sellerie, Zwiebel, Cornichons, Peperoni, Blumenkohlröschen und Karotten gebraucht. Die Mixed Pickles werden selbst gemacht, indem man sie 5 Minuten in Essigwasser blanchiert und dann in Einmachgläsern mit einer Mischung aus Weinessig, Olivenöl, etwas Salz und Zucker einlegt. Die meisten Italiener kaufen *giardiniera* – Mixed Pickles – fertig und servieren sie zu *nervetti** oder zu kaltem Braten.

GINEPRO (*Wacholder*)

Eine buschige Pflanze mit dornigen Blättern, von der man nur die Beeren in der Küche benutzt. Diese sind klein, ihr Duft erinnert an Kiefern. Hauptsächlich wird Wacholder für die Herstellung von Gin und Genever gebraucht, während die weniger guten Beeren gepresst werden, um daraus Parfümöl zu erzeugen. Die dicksten und besonders guten blauen Beeren werden zum Kochen verwendet. Sie würzen Wildgerichte, Eintopfgerichte, Schweinebraten und Pasteten. Leicht zerdrückt aromatisieren sie Weinessig für süßsaure Gerichte.

ZUTATEN VON A BIS Z

GIRASOLE (Sonnenblumen)

Sonnenblumen werden im ganzen Land zur Erzeugung von Öl angebaut, das man manchmal zum Braten, aber nicht zum Frittieren nimmt. Die Kerne werden geröstet und gesalzen. Sie sind ein Lieblingssnack in Sizilien.

GNOCCHI (Kleine Knödel)

Gnocchi kann man aus Kartoffeln, Grieß, Maismehl, Ricotta* und Mehl, aus Brot und anderen Zutaten zubereiten. Sie sind schlicht und nahrhaft, aber schwieriger zuzubereiten als so manche vornehmeren Gerichte. Die Schwierigkeit liegt darin, einen leichten und lockeren Teig zu machen, der in kochendem Wasser dennoch seine Stabilität behält.

Alle Regionen des Nordens haben ihre eigenen Gnocchi-Spezialitäten. Viele von ihnen werden aus Kartoffelpüree gemacht, mit oder ohne Ei und mit Fontina* und Butter oder mit Salbeibutter serviert. *Gnocchi alla cadornia* aus Venetien werden aus Kartoffeln gemacht und mit reichlich Butter und geräuchertem Ricotta oder mit brauner Butter und Zimtpulver gegessen. *Gnocchi all'ossolana* stammen aus der nördlichen Lombardei und werden aus Mehl, Eiern, Parmesan und Muskat gemacht und mit viel frischer Butter und frischem Salbei serviert. *Gnocchi di zucca°* (Kürbis-Gnocchi, Rezept Seite 110), stammen aus den Regionen um Brescia und Mantua.

Polenta-Gnocchi werden nicht gerollt, sondern in verschiedene Formen geschnitten. Sie sind weniger bekannt als Kartoffel-Gnocchi, aber sie schmecken sehr gut, wenn sie mit viel Käse und Butter oder einer dünnen Béchamelsauce serviert werden. So kann man sehr gut Polentareste verbrauchen. Ebenfalls als Resteverwertung entstanden sind die *gnocchi di riso* der Emilia-Romagna. Der Risottorest wird mit Eiern und Semmelbröseln zu einem walnussgroßen Ball geformt, in heißer Brühe gegart und mit Butter und Parmesan serviert.

Für *gnocchi alla parigina* (nach Pariser Art) wird Brandteig mit halb Milch, halb Wasser portionsweise durch einen Spritzbeutel in kochendes Wasser oder Brühe gedrückt. Nach dem Kochen werden die Gnocchi mit viel Butter und Parmesan bestreut oder mit Käsesauce übergossen und im Ofen goldgelb überbacken.

In Friaul-Julisch-Venetien kennt man eines von insgesamt nur zwei Rezepten für süße Gnocchi. Dafür werden Kartoffel-Gnocchi mit einer Pflaume oder einer Aprikose gefüllt und mit Butter, Gewürzen und Zucker serviert. Trotz seiner Süße wird dieses Gericht als erster Gang eines Menüs gereicht. Die anderen süßen Gnocchi stammen aus den Marken und werden aus der seltsamen Kombination von Pecorino und Ei gemacht. Dazu wird Eigelb mit Milch und Kartoffelmehl verrührt. Die Mischung wird aufgekocht und dann auf eine Marmorplatte gegossen. Nach dem Abkühlen wird der Teig in Rechtecke geschnitten und lagenweise mit Zucker, Zimt, Butter und dem örtlichen Pecorino in eine Form geschichtet. Im Ofen überbacken, sind diese Gnocchi eine Spezialität. In Rom werden Grieß-Gnocchi° zubereitet (Rezept Seite 108), und schließlich gehören auch *malfatti°* aus Spinat und Ricotta (siehe Seite 112) zu den Gnocchi.

GNOCCHI FRITTI (Brotkrapfen)

Diese Krapfen stammen aus der Emilia-Romagna. Sie werden aus einem Brotteig geformt, der viel Schweineschmalz enthält. Der Teig wird in Rauten geschnitten und in Öl oder Schmalz ausgebacken und heiß mit Salami, Wurst oder mit Frischkäse gegessen – eine der besten Spezialitäten der ohnehin reichen Küche der Emilia-Romagna. In Modena und der Reggio Emilia nennt man diese Brotkrapfen *gnocchi fritti*, in Bologna sind sie als *crescentine*, in der Romagna als *piadine** bekannt.

GORGONZOLA (Blauschimmelkäse)

Dieser von blauem Edelschimmel durchzogene Käse ist nach seinem Herkunftsort benannt, einer Gegend, die heute zum Großraum von Mailand gehört. Gorgonzola wird aus pasteurisierter Milch gemacht, enthält mindestens 48 % Fett (i. Tr.) und wird in 10-kg-Blocks mit einem Ausmaß von 24–30 cm geformt. Die blauen Schichten entstehen durch das Anstechen des Käses mit langen Nadeln. Dadurch wird der Käse an diesen Stellen der Luft ausgesetzt und entwickelt Edelschimmel. Hausgemachter Gorgonzola wird heute noch, wie seit Jahrhunderten üblich, in natürlichen Höhlen der Alpentäler Val Sassina und Val Brembana ausgereift. Industrieller Gorgonzola wird in Steinkammern gereift, in denen die klimatischen Bedingungen der Höhlen nachgeahmt wurden. Nach der Reife wird der Käse mit einem Gütesiegel für geographische Herkunft versehen und abgepackt. Unter den vielen Sorten haben sich zwei Grundtypen herausgebildet: der milde *gorgonzola dolce* und der würzige *gorgonzola piccante*.

GRANA (Hartkäse)

Sammelbegriff für harte, krümelige Käse, der bekannteste ist der Parmigiano Reggiano*. Auch der Grana Padano ist beliebt, ein DOC-Käse mit kontrollierter Herkunftsbezeichnung, der in 27 Provinzen in der Poebene hergestellt wird. Der angenehme Geschmack kann mild bis pikant sein, je nach Alter. Grana Padano wird aus teilentrahmter Milch in großen Blöcken erzeugt, die etwa 30 kg wiegen. Käse, die die Kontrolle des Qualitätskonsortiums bestanden haben, erhalten das Gütesiegel in einer großen Raute auf den Käselaib geprägt. Obwohl besonders der junge Grana Padano auch ein angenehmer Konsumkäse ist, wird er hauptsächlich in der Küche eingesetzt, wo er den bekannteren, unbestreitbar besseren, aber wesentlich teureren Parmesan, den Parmigiano Reggiano, ersetzt.

Grana Lodigiano und Grana Piacentio sind zwar mengenmäßig nahezu bedeutungslos, man findet sie aber in ihrer Herkunftsregion bei handwerklich arbeitenden Käsereien.

GRANCEVOLA, AUCH GRANCEOLA ODER GRANSEOLA *(Seespinne)*

Die auch unter dem Namen Teufelskrabbe bekannte Krustentierart ist an der oberen Adria sehr beliebt. Die Seespinne ist eine große Krabbe mit haarigen Beinen und einer unebenen Schale. Das Aroma des Fleisches ist süß und schmackhaft, dabei weit weniger derb als das der atlantischen Seespinne. Die weibliche *grancevola* ist ergiebiger, da sie mehr Fleisch hat, besonders während der Wintermonate, wenn die Tiere noch Rogen enthalten. Allerdings ist das Fleisch der männlichen Exemplare, die in Venedig *granzon* genannt werden, aromaintensiver.

Seespinnen werden zunächst abgekocht, dann wird die Schale geknackt und Fleisch und Rogen herausgenommen. Das Fleisch wird in Stücke geschnitten und, mit Olivenöl und Zitronensaft beträufelt, wieder in der Schale angerichtet. In Venedig liebt man *risotto di granseola*, das mit Butterflöckchen, Parmesan, Weinbrand und Petersilie abgeschmeckt wird.

GRANCHIO COMUNE *(Strandkrabbe)*

Diese kleinen, etwa 7 cm langen Krabben finden sich an vielen sandigen Stränden in Italien, besonders um Venedig und an der oberen Adria. Weibliche Krabben sind am besten zum Verzehr geeignet. Für ein Risotto-Rezept werden das abgekochte Fleisch und die inneren, weichen Schalen im Mörser zerstampft und unter den Reis gerührt. Man kann die Venezianer am Lido beobachten, wie sie Strandkrabben fangen, aber die Ausbeute an Krabbenfleisch ist nur sehr gering, es lohnt sich fast nicht.

GRANCIPORRO *(Taschenkrebs)*

Diese bis zu 30 cm lang werdende Krabbe findet sich, wenn auch nur selten, an den Ufern der venezianischen Lagune. Man kocht die Krebse in Fischfond und serviert sie mit brauner Butter, Petersilie und Knoblauch, dazu Knoblauchbrot, oder auch schlicht mit mildem Olio Extra Vergine und Zitronensaft oder Essig beträufelt.

GRANELLI *(Hoden)*

Leider ist diese Innereiensorte aus Gründen der Empfindlichkeit oder gar Prüderie nur noch selten zu finden. Dabei sind Hoden sehr lecker, mit einem Geschmack, der etwas an Hirn und Bries erinnert. Hoden werden wie Bries zubereitet. Ein Rezept aus der Toskana kommt zur Anwendung, wenn die männlichen Tiere einer Rinder-, Lamm- oder Pferdeherde kastriert werden. Die blanchierten und abgezogenen Hoden werden mehliert und in Ei gewendet und dann in Olivenöl ausgebacken.

GRANITA *(Eisdrink)*

Dieses erfrischende Getränk sollte nur aus Fruchtsaft oder Kaffee und Zucker bestehen, die tiefgekühlt und dann im Mixer zu feinen Eisstückchen zerhackt werden. Granitas aus einem guten Saft oder bestem Kaffee sind gerade dabei, wieder so populär wie zu früheren Zeiten zu werden. Am beliebtesten ist *granita al caffè**, die oft mit einem Klecks Schlagsahne gekrönt wird, und Zitronen-Granita, das wohl erfrischendste aller Getränke.

GRANO SARACENO *(Buchweizen)*

Buchweizen gedeiht nur in Höhenlagen, so stammen die daraus bereiteten Gerichte aus den Alpenregionen. In der Lombardei macht man daraus eine Art Nudeln, die *pizzoccheri** heißen, aber auch eine dunkle Polenta-Variante, die *polenta taragna*. Im Friaul wird Buchweizenmehl zu einer Suppe gekocht, die mit Milch und geschmolzener Butter abgeschmeckt wird, während man in Südtirol neben anderen Mehlspeisen aus Buchweizen einen Kuchen bäckt, der mit Johannisbeergelee gefüllt wird.

GRANOTURCO *(Mais)*

Mais kam im 17. Jahrhundert aus der Neuen Welt nach Italien. Man nannte das gelbe Korn *granoturco*, Türkenkorn, weil zu dieser Zeit viele Neuheiten aus dem von den Türken beherrschten Orient nach Italien kamen, sodass *turco* zum Synonym für exotische Produkte geworden war.

Mais ließ sich in Norditalien sehr gut anbauen. Er wurde zu *farina gialla* (gelbem Mehl) gemahlen, und man machte daraus Polenta, die bald zum Grundnahrungsmittel der nördlichen Regionen wurde. Vom Nährwert her ist Mais allerdings nicht so wertvoll wie Weizen, Gerste oder Hafer. Durch überwiegende Ernährung mit Mais kann es sogar zu Pellagra, einer Mangelerkrankung, kommen, an der im 19. Jahrhundert eine erschreckende Anzahl an Lombarden und Venetern starb. Maismehl, *farina di granoturco* oder *farina gialla*, wird in verschiedenen Feinheitsstufen ausgemahlen und je nach Ausmahlgrad zu unterschiedlichen Gerichten verwendet, wobei auch regionale Vorlieben zum Tragen kommen. Besonders in Norditalien werden aus dem Mehl auch Kuchen und Kekse gebacken.

GRAPPA *(Tresterbrand)*
Grappa ist ein Destillat aus den vergorenen Schalen der Weintrauben, die nach dem Abpressen des Weines als Trester zurückbleiben.

GRASSO *(Fett)*
Im kulinarischen Zusammenhang bedeutet Fett alles von Pflanzenöl bis hin zu tierischen Fetten. Heutzutage wird aus gesundheitlichen Erwägungen heraus hauptsächlich Olivenöl in der Küche verwendet, nicht unbedingt nur das beste Olio Extra Vergine aus der ersten Kaltpressung. In der Vergangenheit wurden die Besonderheiten einer regionalen Küchentradition auch durch die Art des verwendeten Fettes bestimmt. So bevorzugte man in Norditalien Butter und Schmalz und Olivenöl nur gelegentlich für Salatsaucen. In anderen Regionen von Ligurien und der Toskana an südwärts war und ist die Küche auf die Verwendung von Olivenöl ausgerichtet, dazu kommt Speck und anderes Schweinefett. Die moderne, gesundheitsorientierte Tendenz, tierische Fette durch pflanzliche zu ersetzen, verändert teilweise den Geschmack eines Gerichts, leider ohne ihn wirklich zu verbessern.

GRIGLIATA MISTA *(Gemischte Grillplatte)*
Ein Tellergericht mit unterschiedlichen Fleischsorten oder Fisch, die gegrillt oder in der Pfanne gebraten wurden. Grilladen isst man hauptsächlich in Restaurants, weil man dafür besondere Zutaten braucht. Eine Fisch-Grigliata in Venedig wird etwa aus einer oder zwei kleinen Seezungen bestehen, einigen kleinen Tintenfischen, einem oder zwei Kaisergranaten und vielleicht etwas Seeteufel – dem beliebtesten Fisch der Venezianer.

Eine *grigliata di carne* (Fleisch-Grillplatte) besteht aus einem kurz gebratenen Steak, einem Stück Kalbsniere, einer oder zwei Scheiben durchwachsenem Bauchspeck, einer Bratwurst, etwas Leber oder einer anderen Kombination dieser Elemente. Es gibt einige Restaurants, die sich auf Grilladen spezialisiert haben, ein Zeichen dafür, wie beliebt Gegrilltes mittlerweile ist. Dies hängt natürlich auch damit zusammen, dass Grillgerichte nahezu fettfrei oder doch fettarm und schnell und einfach zuzubereiten sind. Dennoch können sie sehr enttäuschen, wenn die unterschiedlichen Garzeiten der einzelnen Grilladen nicht entsprechend berücksichtig wurden.

GREMOLATA *(Würzmischung)*
Die duftende Mischung aus fein gehacktem Knoblauch, Petersilie, abgeriebener Zitronen-, manchmal auch Orangenschale, dient zum Würzen von geschmortem Fleisch, wie *ossobuco**° (Rezept Seite 159).

GRISSINI *(Gebäckstangen)*
Diese kleinen Gebäckstangen finden sich, gewöhnlich in Cellophan verpackt, auf den Tischen italienischer Restaurants im In- und Ausland. Viele Bäckereien in Italien, vor allem in der Gegend von Turin, machen echte Grissini° noch frisch von Hand, und das Ergebnis ist natürlich etwas völlig anderes. Grissini sind leckere Knabbereien und ein gutes Mittel, den ersten Heißhunger vor dem Essen zu stillen. Sie sind nicht leicht nachzubacken, aber mir gelang es mit dem Rezept auf Seite 239.

Seit kurzem gibt es eine neue Art kleiner Grissini aus Venetien. Der Teig enthält immer Öl und geht 20 Stunden, sodass die Grissini ein hefeduftiges Aroma und eine schöne, leicht bröckelige Konsistenz erhalten. Man verkauft sie unter verschiedensten Namen, etwa *bibanesi*, wenn sie aus der Stadt Bibano stammen, als *pan del conte* oder *prosecchini*, wenn dem Teig ein wenig Prosecco-Most zugesetzt wurde. Alle Sorten sind exzellent, und man sollte unbedingt nach ihnen Ausschau halten.

GRONGO *(Meeraal)*
Meeraal, der bis zu 2 m lang werden kann, wird das ganze Jahr über gefangen, oft nahe der Mündung eines Flusses, den er aber anders als sein Verwandter, der Süßwasseraal, nie hochschwimmt. Das feste, fette Fleisch besitzt einen kraftvollen, typischen Geschmack, den manche Genießer sehr schätzen. Meeraal muss lange gegart werden, meist in Tomatensauce und/oder Wein. Aal ist

einer der aromaintensivsten Fische für Fischsuppen und gehört immer in die toskanische *cacciucco**.

GUANCIALE *(Geräucherte Schweinebacke)*
Als kulinarischer Begriff bezeichnet *guanciale* – wörtlich: „Kissen" – die Schweinbacke. Diese wird gesalzen und gepökelt wie *pancetta**. *Guanciale* ist eine Spezialität aus Mittelitalien und dort Hauptbestandteil der *spaghetti amatriciana*. Bauchspeck oder *pancetta* können als Ersatz dienen.

GUBANA *(Strudel)*
Traditioneller Osterstrudel aus dem Friaul. *Gubana* wird entweder aus süßem Hefeteig oder Blätterteig gemacht, der mit Rosinen, Zitronat und Orangeat, Sultaninen, Schokolade, getrockneten Feigen und Pflaumen gefüllt wird. Der Strudel wird zu einer Spirale aufgerollt und gebacken.

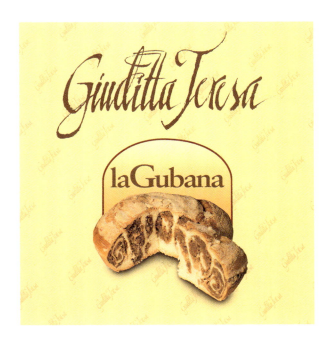

GULASCH *(Gulasch)*
Aus Ungarn verbreitete sich das Rezept für Gulasch in allen Teilen der österreichisch-ungarischen Doppelmonarchie und wurde so auch in den einst österreichischen Provinzen Norditaliens bekannt. In Julisch-Venetien wurde es besonders in Brauereigasthöfen beliebt und hat sich von dort in ganz Italien ausgebreitet. Dieses Gulasch ist weniger scharf gewürzt als das Original und wird manchmal durch Zugabe von Tomaten noch italienischer. Gulasch wird mit Polenta, Kartoffeln und auch mit Tagliatelle* serviert, wie in Österreich, wo breite Nudeln die klassische Beilage zu Gulasch bilden.

I

IMPANADA *(Gemüseauflauf)*
Eine sardische Spezialität, bei der ein Nudel- oder Brotteig mit Artischocken, Erbsen oder Tomaten und Lamm- oder Schweinehack gefüllt wird. Der fertige Auflauf kann warm oder kalt gegessen werden.

INCAPRIATA *(Gemüsepürees)*
Dieses apulische Gemüsegericht besteht aus pürierten Bohnen und Chicoréegemüse, die nebeneinander auf Tellern angeordnet und von jedem Gast selbst mit Olivenöl beträufelt werden. Man nimmt etwas Püree auf die Gabel und bedeckt es mit einem Chicoréeblatt, bevor man sich den Bissen schmecken lässt.

INDIVIA *(Endivie)*
Es gibt zwei Sorten Endivien: *riccia* (krause Endivie) und *scarola* (Bataviasalat). Beide werden roh und gekocht verzehrt. Eine Rezept aus Sizilien kombiniert Endivie mit Orangen und Fenchel. Für ein interessantes Rezept aus der kulinarischen Tradition des römischen Ghettos werden die blanchierten Blätter angedünstet und dann mit frischen Sardellen und einer Mischung aus Knoblauch, Petersilie und Semmelbröseln überbacken. In einem anderen Rezept aus Rom wird Bataviasalat 15 Minuten in einer öligen Tomatensauce gegart, zu der gesalzene Sardellen und Knoblauch kommen. Der belgische Chicorée ist mit der Endivie nahe verwandt, aber in Italien weit weniger beliebt und wird in der traditionellen Landesküche auch nicht verwendet.

INSALATE *(Salate)*
Das übliche Salatdressing besteht aus Olivenöl, Weinessig oder Zitronensaft und Salz. Das Verhältnis von Essig zu Öl hängt von der Fruchtigkeit des Öls und dem Säuregehalt des Essigs ab. Als Faustregel sollte das Dressing für vier Personen vier Esslöffel Öl und ein bis zwei Teelöffel Essig enthalten. Das Olivenöl muss kaltgepresst sein und der Essig aus Wein stammen, wenn möglich aus Rotwein. Knoblauch wird gelegentlich hinzugefügt, allerdings nur an bestimmte Salate. Artischocken, Fenchel und

Cocktailtomaten werden am besten nur mit Olivenöl und Salz gewürzt. Eine Prise Basilikum, etwas Petersilie, einige Zwiebelringe aus roten Zwiebeln oder eine Prise Oregano sind mögliche Ergänzungen des Grundrezepts. In Italien wird Salat kaum je mit Mayonnaise angemacht, aber man isst ihn auch nie ohne Dressing.

INTEGRALE (Vollkorn)
Der Begriff bezieht sich auf Vollkornmehl und auf die Produkte, die daraus gebacken werden. Beispielsweise *grissini* integrali, *pane* integrale oder *pasta* integrale, das sind meistens Spaghetti.

INTINGOLO (Ragout)
Ein reichhaltiges Fleischragout, in Süditalien kann es auch ein Fischragout sein. Das Fleisch, meist Lamm, Ziegenkitz oder Wild wie in Rom, Schwertfisch in Kalabrien und Thunfisch in Sizilien, wird in kleine Stücke geschnitten. Diese kocht man langsam in Wein und Brühe und gibt dazu Prosciutto*, Zwiebeln, Sellerie und andere Aromazutaten. Das Gericht wird mit gebratenem oder geröstetem Brot serviert, mit dem man das Ragout auftunkt.

INVOLTINI (Fleischröllchen, wörtlich: „Päckchen")
Involtini sind kleine Röllchen aus Fleisch, Schinken oder Gemüse mit verschiedenen Füllungen. Meist wird Kalbfleisch dazu verwendet. Die Füllung besteht oft aus gekochtem Schinken und/oder Huhn und wird mit Béchamel und/oder Ei, Parmesan oder anderem gebunden. Die Röllchen werden in Butter angebraten und mit Weißwein oder Marsala abgelöscht. Eine Füllung aus Neapel wird aus Tomaten und Mozzarella gemacht, während *involtini alla modenese* Schinken, *luganega** und Salbei enthalten. Die *involtini di prosciutto* enthalten gewöhnlich eine Füllung aus Ricotta* und Béchamel.

Moderne Rezepte werden aus dünnen Scheiben rosa gebratenen Roastbeefs gemacht, die mit blanchierten Gemüsen gefüllt und mit Mayonnaise oder Sauce tartare serviert werden. Als Alternative könnten sie auch ein Püree aus hart gekochten Eiern und/oder Thunfisch mit Olivenöl enthalten, dazu eine leichte Vinaigrette.

ITALICO (Halbfester Schnittkäse)
Der Italico ist ein milder, sanfter Käse aus der Lombardei mit einer weichen, cremigen Konsistenz, der gut schmilzt. Italico ähnelt dem bekannteren Bel Paese.

KNOEDEL (Knödel)
Den *canederli** des Trentino vergleichbar, werden diese Knödel in Südtirol aus Knödelbrot gemacht. Eine Variante sind die Schwarzplentenknödel, die in Südtirol aus Roggen- und Buchweizenbrot geformt werden, an den Knödelteig kommt geräucherter Bauchspeck. Knoedel werden gekocht und mit Sauerkraut und Tomatensauce serviert.

KRAPFEN ODER CRAFEN (Krapfen)
Eine Spezialität aus Südtirol und den angrenzenden Alpenregionen Trentino, Venetien, Julisch-Venetien und dem Friaul, die bis 1918 zur österreichisch-ungarischen Monarchie gehörten. Heutzutage sind Krapfen in ganz Italien beliebt.

ZUTATEN VON A BIS Z

LAGANE, LAGANELLE siehe PANE

LAMPASCIONI *(Knollen der Traubenhyazinthe)*
Die Knollen der Traubenhyazinthe wachsen in ganz Süditalien wild und werden nun in Apulien gezüchtet. *Lampascioni* erinnern an kleine Zwiebeln, denen sie auch geschmacklich ähneln. Die bittere Note kann durch Blanchieren entfernt werden. Üblicherweise werden *lampascioni* gebacken oder gekocht und in einem Salat gegessen. Man kann sie auch mit Wein und Tomaten schmoren. Ein Püree daraus wird auf dicke Scheiben Landbrot gestrichen. Man kann die Knollen geröstet und in Olivenöl eingelegt kaufen.

LAMPONE *(Himbeeren)*
Keine typische Frucht für Italien. Himbeeren wachsen hauptsächlich im Piemont und der Lombardei und in den Wäldern der Alpen. Waldhimbeeren gehören ins modische *sottobosco** – eine Art roter Grütze.

LAMPREDA *(Neunauge)*
Dieser auch Bricke genannte, aalartige Fisch hat eine leicht gelbliche Haut. Die Neunaugen haben keine zahnbesetzten Kiefer, sondern einen runden Mund mit einer rauen Zunge, mit der sie das Blut ihrer Opfer ablecken. Trotz dieser unangenehmen Ernährungsgewohnheiten ist das Fleisch des Neunauges außerordentlich delikat, aber fetthaltig und deshalb schwer verdaulich. Bei der Zubereitung sollte man das Fischblut auffangen, um es später der Sauce hinzuzufügen. Der Fisch ist heutzutage nur schwer zu bekommen.

LARDELLI *(Speckstreifen)*
Lardelli sind lange Speck- oder Schinkenstreifen, mit denen man Fleisch oder Geflügel bardiert.

LARDO *(Schweinespeck)*
Lardo bezeichnet den Strang fetten Specks an der Außenseite des Schweinerückens. Man konserviert ihn durch Einsalzen oder, seltener, durch Räuchern. In der guten alten Zeit war *lardo* eines der wichtigsten Kochfette, vor allem in Gegenden, in denen keine Oliven wuchsen. Heutzutage wird Speck nur noch selten verwendet. Allerdings bildet *battuto di lardo*, eine Mischung aus klein gehacktem Speck mit Gemüsen und Kräutern, heute noch die Basis einer Vielzahl traditioneller Gerichte.

LASAGNE siehe PASTA

LATTE *(Milch)*
Italiener sind keine großen Milchtrinker, es gibt auch nur wenige Rezepte mit Milch. Am bekanntesten ist eine Suppe, ein bäuerliches Gericht aus der Lombardei und dem Piemont. Das ungewöhnlichste Gericht ist *maiale al latte°*, Schweinefleisch in Milch geschmort (siehe Seite 167). Man kocht auch Milchreis, der zum Schluss mit Zimt und Muskat abgeschmeckt wird.

LATTEMIELE *(Schlagsahne)*
Wörtlich bedeutet das „Milch und Honig", aber es handelt sich um süße Schlagsahne, die nach sehr alter Art hergestellt wird. Die Milch in der südlichen Lombardei war einst so dick, dass sie nur durch kurzes Aufschütteln zu Sahne wurde. Früher fügte man Honig und Zimt hinzu, heute statt des Honigs aber Zucker.

LATTUGA *(Salat)*
Drei Hauptsorten an grünem Salat werden heutzutage in Italien angebaut: Romana, der besonders knackig ist, *lattuga a cappuccio*, unser Kopfsalat, und *ricciolina* oder Lollo rosso und bianco, dessen Blätter so sehr an die reichen Kurven des Filmstars Gina Lollobrigida erinnern, dass man ihn nach der Diva benannte. Man benutzt Salat auch zum Kochen, zum Beispiel für Suppen. *Lattuga ripiena*, gefüllter Salat, ist ein traditionelles Gericht aus Ligurien. Ein Rezept aus Rom kombiniert Salatblätter mit Bohnen.

LAURO ODER ALLORO *(Lorbeer)*
Die Blätter des Lorbeerbusches, einer im Mittelmeerraum heimischen Pflanze, werden zum Aromatisieren von Fleischgerichten, Suppen, Fischbrühen, Eintopfgerichten und vielen anderen Speisen verwendet. In Sizilien brät man milde Würstchen auf einem Bett aus Lorbeerblättern und bedeckt sie mit Orangenscheiben. In Umbrien enthält eine traditionelle Tomatensauce zur Pasta ein Dutzend Lorbeerblätter und eine große Prise Zimt.

LAVARELLO ODER COREGONE (Renke)

Die Renke, ein Süßwasserfisch, lebt in den Tiefen einiger Seen. Im Comer See und im Bolsena-See kommen Renken von Natur aus vor, werden heute allerdings auch gezüchtet. Renken haben ein sehr delikates Fleisch, das dem der Bachforelle ähnelt, und werden in Mittelitalien meist im Ofen mit Knoblauch, Fenchelkraut, Rosmarin, Chili und Semmelbröseln geschmort. In der Lombardei serviert man sie gerne mit geschmolzener Butter und Salbei.

LEGUMI (Hülsenfrüchte)

Die gebräuchlichsten Hülsenfrüchte sind Erbsen, Bohnen, Linsen, Kichererbsen und Platterbsen. Die Verbindung aus Hülsenfrüchten und Pasta, die in Norditalien sehr beliebt ist, wird meistens auf Suppen beschränkt, während man im Süden derartige Nudelgerichte schätzt. In einem Gericht aus Venetien werden Borlotti-Bohnen mit Polenta kombiniert, der einige Anchovis die richtige Schärfe verleihen. Alle Hülsenfrüchte sollten innerhalb eines Jahres nach der Ernte verzehrt werden.

LENTICCHIA (Linsen)

Diese weit verbreiteten Hülsenfrüchte liebt jeder Italiener. Die übliche Sorte, die nach dem Kochen ihre Form behält, wird im ganzen Land angebaut, die besten Linsen kommen allerdings aus den Abruzzen und aus Umbrien. Die Linsen aus Castelluccio, einer kleinen Stadt in den Hügeln östlich von Spoleto, sind dabei die begehrtesten. Diese winzigen, beige-grünen Linsen haben einen milderen und dabei volleren Geschmack als andere Sorten. Man muss sie auch nicht einweichen wie andere Hülsenfrüchte, es sei denn, sie wären schon länger gelagert.

Man kann Linsen sehr vielseitig zubereiten, etwa als Suppe oder als Gemüsebeilage. Eine der beliebtesten Zubereitungsarten ist das Schmoren *in umido*°, wie im Rezept für Linsengemüse° auf Seite 202.

LEPRE (Wildhase)

Wildhase ist in Nord- und Mittelitalien sehr beliebt. Im Norden schmort man ihn, wie es Tradition ist, langsam in Wein und im Blut des Tieres zu einem Gericht namens *lepre in salmi*° (Seite 144). In Mittelitalien wird ein junger Hase auf dem Spieß im Ofen gebraten. Die Toskaner kennen eines der besten Rezepte, *lepre in dolce-forte* (wörtlich: „Hase süß und kräftig"), für das das ausgebeinte Tier in Wein mit Zwiebeln, Sellerie, Karotten, Kräutern, Knoblauch und Tomaten schmort. Eine Sauce aus reduziertem Essig und Wasser mit Sultaninen, Orangen- und Zitronenschale, Pinienkernen und geriebener Schokolade wird am Schluss über das Fleisch gegossen. Rezepte für gebratenen Hasen, *in salmi* oder *in civet* – Wildpfeffer –, erfordern am Schluss die Zugabe des Tierblutes, um die Sauce zu binden.

LIEVITO NATURALE ODER CASALINGO (Sauerteig)

Dies ist der Rest Brotteig, der mit Wasser feucht gehalten oder eingefroren wird, um das Aufgehen des nächsten Teiges beginnen zu lassen. Heutzutage wird der Sauerteig oft durch Hefe ersetzt, aber man verwendet ihn immer noch, weil er manchem traditionellen Brot erst den richtigen Geschmack verleiht.

LIMONE (Zitrone)

Zitronen spielen eine wichtige Rolle in vielen süßen und herzhaften Gerichten. Zu diesen gehören *pollo al limone* (mit einer Zitrone gefülltes Huhn), *vitello tonnato**, *ossobuco**° und *frittura piccata**. Fischgerichte verlangen geradezu nach Zitronensaft, auch *fritto misto di pesce** schmeckt mit Zitrone besser. *Risotto al limone* ist immer wieder ein erfolgreiches

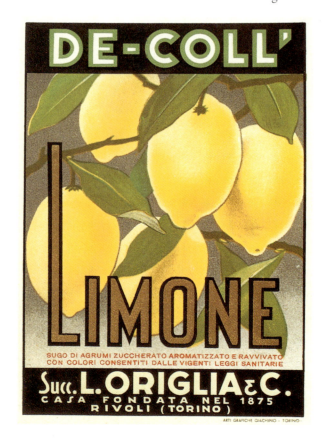

ZUTATEN VON A BIS Z

Rezept. Der Reis wird in Brühe mit dem üblichen *soffritto** gekocht und mit Salbei und Rosmarin gewürzt. Am Ende wird ein Hauch Zitronenschale, ein Eigelb und der Saft einer halben Zitrone hinzugefügt. Der Risotto wird mit Parmesan und Butter abgerundet. Eines meiner Lieblingsrezepte ist *tagliatelle al limone*, ein altes Rezept aus dem Piemont, für das die Pasta mit geschmolzener Zitronenbutter, Sahne und Parmesan überzogen wird.

Süßigkeiten, Kuchen und Gebäck profitieren alle von etwas geriebener Zitronenschale. An einem heißen Sommertag ist ein Zitroneneis die beste Erfrischung neben *spremuta*° *al limone* – kaltem Zitronensaft. Eine *granita di limone* – zerstoßenes Eis mit Zitronensaft – ist eine belebende Mischung aus Eis und *spremuta*.

LINGUA *(Zunge)*
Zunge, ob frisch oder gepökelt, wird in Norditalien oft gegessen. Frische Zunge stammt meistens vom Schwein oder noch öfter vom Kalb, während *lingua salmistrata*, Pökelzunge, immer vom Jungbullen, dem *vitellone**, stammt. Pökelzunge wird mit Salz und Gewürzen gepökelt und danach gekocht, diese Sorte Zunge kann man in Feinkostgeschäften abgepackt kaufen. Die beste Sorte wird nicht gepresst, sondern nur pariert, aber in der natürlichen Form belassen.

Pökelzunge kann roh gekauft und zu Hause gekocht werden, viele Leute tun das heute noch. Die Zungenwurzel wird entfernt und vom sparsamen Koch für Füllungen oder Fleischklößchen verwendet. Zunge wird warm mit *salsa verde**° oder anderen Saucen serviert oder abgekühlt mit Salat gereicht. Sie behält dabei immer ihre ursprüngliche Form und wird niemals gerollt. In manchen Orten im Piemont wird immer noch Schafszunge gegessen, in Scheiben geschnitten, paniert und ausgebacken.

Am häufigsten wird Kalbszunge zu Hause zubereitet. Besonders beliebt ist sie als Bestandteil eines *bollito misto**°. Hierzu reicht allerdings eine halbe Zunge. In der Toskana, der Emilia und in Umbrien sieht man manchmal auf dem Markt geräucherte Wildschweinzunge – eine Delikatesse, an der man nicht vorbeigehen sollte, ohne sie zu kaufen.

LINGUINE (BAVETTE) *siehe* PASTA

LOMBATA *(Roastbeefstück)*
Das Roastbeefstück stammt vom Rücken eines Kalbs oder eines Rinds und reicht von den Schultern bis zur Hüfte. Das Fleischstück kann unterschiedlich geschnitten werden. Es liefert Filets, Rinder- oder Kalbskoteletts sowie verschiedene Steaks. Die Rezepte beziehen sich dabei auf die unterschiedlichen Stücke. Dank der großen regionalen Vielfalt der italienischen Küche findet man oft die Bezeichnung *lombata* als Oberbegriff für regionale Spezialitäten aus dem Roastbeefstück.

LOMBATINE *(Schweine- oder Kalbsrückensteaks)*
Steaks aus dem Schweine- oder Kalbsrücken werden vielfältig zubereitet, Kalb etwa in einer Buttersauce oder Schweinesteak in Tomatensauce. In Neapel werden Schweinerückensteaks mit gehäuteten Paprikaschoten gekocht.

LONZA (1) *(Salamisorte)*
Der regionale Name für eine gesalzene, luftgetrocknete Salami aus den Hachsen eines Schweines. Sie wird nur in den Marken und in Umbrien in Handarbeit hergestellt.

LONZA (2) *(Schweinerücken)*
Der Schweinerücken oder -sattel wird auch als *lombo*, *lombata* und in Norditalien auch als *carré* bezeichnet. Das bekannteste Gericht aus dem Schweinerücken ist die toskanische oder florentinische *arista*° (Seite 168). Auch *maiale al latte*° wird aus Schweinerücken bereitet. Das Rezept (Seite 167) stammt ursprünglich aus Pesaro, ist mittlerweile aber in ganz Norditalien beliebt.

LUCCIO *(Hecht)*
Hecht ist ein Süßwasserfisch, wird aber auch im Meer an Flussmündungen gefangen. Der Raubfisch jagt alle anderen Fische in seiner Umgebung und erlegt als Oberflächenschwimmer sogar Enten, deren Überreste im Hechtmagen gefunden wurden. Die besten Hechte stammen aus den Flüssen und Seen Umbriens, Latiums und der Lombardei. Die Rezepte aus der Lombardei sind schlicht und weniger originell als jene aus Mittelitalien, wo man den Hecht mit einer pikanten, recht scharfen Sauce auf Kapern- und Sardellenbasis serviert.

LUGANEGA *(Mettwurst)*
Diese milde Schweinswurst besitzt ein delikates Aroma. Man verkauft die Mettwurst frisch, in manchen Landmetzgereien auch in einen meterlangen Wurstdarm gefüllt, sodass man sie auch *salsiccia a metro*, Meterwurst, nennt. *Luganega* wird in Supermärkten im Vakuumpack angeboten. Mailand wie der Rest der Lombardei sind

ZUTATEN VON A BIS Z

für die *luganega* berühmt und wetteifern mit Venetien um die größte Produktions- und Verzehrmenge. Die *luganega* aus der Lombardei ist angeblich die beste, der Spitzenplatz sollte dabei an Monza gehen, den Vorort von Mailand, der eigentlich mehr für sein Formel-1-Rennen als für seine Wurstproduktion berühmt ist. In und um Monza wird die *luganega* noch nach Kundenwunsch gemacht, mal wird geriebener Parmesan unter das Mett geknetet, auch Weißwein statt Wasser ist üblich.

LUMACA *(Schnecke)*

In Rom isst man kleine Schnecken am Festtag des heiligen Johannes, dem 24. Juni, in einem Gericht, das als *lumache di San Giovanni*, Johannesschnecken, bekannt ist. Die Schnecken werden in Öl mit Knoblauch, Zwiebeln, Chili, Minze und Tomaten gekocht. Diese *grigette di vigna*, kleine graue Weinbergschnecken, sind besonders klein, und es ist recht mühsam, sie zu essen. Das gilt auch für die venezianischen *bovoletti*, die im Juni auf dem Fischmarkt angeboten werden. Die Venezianer lieben sie und würzen sie nach dem Blanchieren mit Knoblauch und Olivenöl. Kleine Schnecken sind auch Favoriten der Einwohner von Palermo, die sie im Juli, am Tag der Schutzpatronin ihrer Stadt, der heiligen Rosalia, essen, wenn sie an Straßenständen aus dampfenden Pfannen verkauft werden. Die Schnecken werden in Öl mit gehacktem Knoblauch und frischer Petersilie gebraten und dann aus der Schale gesaugt. In Pavia sind Schnecken Hauptbestandteil eines Gourmetgerichts: Man kocht sie in Öl mit Knoblauch und Petersilie, fügt ausgebeinte Froschschenkel und trockenen Weißwein hinzu und garniert das Gericht mit Scheiben von weißer Trüffel.

LUPPOLO (AUCH BRUSCANDOLO IN VENETIEN UND LOVERTIS IN DER LOMBARDEI) *(Hopfen)*

Der Teil des Hopfens, der gerne gegessen wird, sind die Sprossen vor der Blütezeit. Hopfensprossen schmecken ähnlich wie wilder Spargel und werden genauso zubereitet – gekocht und mit Olivenöl und Zitronensaft abgeschmeckt. Hopfensprossen sind in Mittelitalien sehr beliebt, in Rom kocht man daraus eine exzellente Suppe, die *zuppa di lupari*, indem man die Sprossen mit Knoblauch in Olivenöl dämpft. In Streifen geschnittener Schinken kommt hinzu, dann wird die Suppe mit Eigelb gebunden und über Crostini* gegossen.

MACCO *(Bohnensuppe)*

Diese traditionelle Suppe aus Sardinien, Kalabrien und Sizilien wird am 19. März, dem Tag des heiligen Joseph gegessen, wenn die letzten getrockneten Bohnen der alten Ernte verbraucht werden müssen, um Platz für die neuen Hülsenfrüchte zu machen. Je nach Region ist die Suppe unterschiedlich, besteht aber immer aus einer dicken Bohnensuppe, die mit Wildpflanzen (Wildfenchel in Sizilien) oder Tomaten kombiniert wird. Andere Hülsenfrüchte oder Nudeln können dazukommen. *Macco* wird mit heimischem Olivenöl, schwarzem Pfeffer und Pecorino* gewürzt.

MACCHERONI, MACCHERONCINI siehe PASTA

MACEDONIA DI FRUTTA *(Obstsalat)*

Der Name *macedonia* entstand in Anlehnung an das gleichnamige Land Makedonien, das ein wahrer Schmelztiegel aus Einwohnern unterschiedlicher Abstammung ist. Obstsalat ist ein beliebtes Sommerdessert im Restaurant und zu Hause. Normalerweise enthält der Salat Bananen, Äpfel und Birnen, dazu kommen saisonale Früchte und in neuerer Zeit auch etwas tropisches Obst. Die Früchte werden in kleine Würfel geschnitten und mit Zucker bestreut, dann mit Orangen- und Zitronensaft angemacht. Mindestens zwei Stunden muss der Salat durchziehen und wird dann gekühlt, ohne Schlagsahne, serviert. Es gibt auch eine winterliche Variante mit Trockenfrüchten. Diese werden zunächst in weißem Dessertwein eingeweicht und dann in der Flüssigkeit pochiert, nachdem der Wein mit Zucker und Gewürzen aromatisiert wurde.

MAGGIORANA *(Majoran)*

Ein immergrünes Gewürzkraut, das an der ganzen Mittelmeerküste heimisch ist. Majoran hat einen milden Geschmack und wird gerne in der Regionalküche verwendet, vor allem in Ligurien, einer Region, die für ihre Kräuterküche berühmt ist. Man würzt damit Gemüsetartes, gefülltes Gemüse und die Füllung von *pansoti*.

MAIALE *(Schweinefleisch)*

Schwein ist das beliebteste Fleisch in ganz Italien. Als ich ein Kind war, erlebte ich auf einem Bauernhof in der Emilia die Hausschlachtungen. Der *norcino*, ein eigens gekommener Metzger, zerlegte das Schwein in die unterschiedlichsten Fleischstücke, salzte die einen ein oder räucherte sie für Prosciutto*, trieb andere durch den Wolf und würzte sie, um daraus Salami*, *cotechino** und *salsiccie** zu machen. Das übrig gebliebene Fleisch wurde in Stücke geschnitten und in einen großen Tontopf geschichtet, um daraus *ragù* zu kochen.

Große Kupferpfannen voll Fettstückchen wurden stundenlang erhitzt, bis das Fett zu *strutto** (Schmalz) ausgelassen war. Die krachenden *ciccioli** (Grieben) wurden herausgefischt und mit *focaccia** gegessen. Am folgenden Tag wurde alles übrige Fleisch mit Wein und Tomaten geschmort und zusammen mit einer goldenen Kuppel aus kochend heißer Polenta* serviert.

Auf dem Land halten heute noch viele Familien ein Schwein oder zumindest einen Anteil daran und die *maialatura*, das Schlachtfest, ist so etwas wie ein Festtag. In manchen abgelegenen Dörfern in Süditalien haben sich seit vielen Jahrhunderten Rituale für das Schlachtfest erhalten.

Heutzutage ist Schweinezucht und -verarbeitung ein wichtiger Industriezweig, der die boomende Salamiindustrie mit Rohfleisch versorgt. Viele Zuchtbetriebe gehören zu Bauernhöfen, die auf Milchwirtschaft ausgelegt sind und die Schweine mit Molke, einem Abfallprodukt der Käseherstellung, füttern. Diese Schweine liefern die mildesten und fettesten Schinken, werden von Puristen aber als zu fett und zu groß gescholten. Diese Feinschmecker bevorzugen das magere Fleisch der Bergschweine aus Umbrien und den Abruzzen, das nach den Beeren und Kräutern schmeckt, die diese Tiere fressen.

Rezepte für Schweinefleisch sind im ganzen Lande vergleichbar. Das wichtigste, das die Marken und die Emilia für sich reklamieren, ist *maiale al latte*° (Rezept Seite 167). Beliebt ist auch *arista alla fiorentina*° (Seite 168) und, ebenfalls aus der Toskana, *scottiglia**. Mailand kennt den berühmten Eintopf *cassoeula*° (Seite 174), der wohl bodenständigste und nahrhafteste von allen Fleischtöpfen. Ebenfalls aus Mailand stammt ein schlichtes Gericht aus Schweinekoteletts, die mit Tomaten und Salbei in Butter geschmort und mit einem kleinen Stück der Schweinswurst *luganega** garniert werden.

MALFATTI *(Spinat-Ricotta-Gnocchi)*

Man nennt diese in der Lombardei aus Spinat und Ricotta* erzeugten grünen Knödel auch *gnocchi** verde (Rezept siehe Seite 112).

MALLOREDDUS *(Sardische Knödelspezialität)*

Diese Spezialität aus Sardinien erinnert an sehr kleine Gnocchi, die aus Hartweizengrieß und Wasser geformt und mit Safran aromatisiert werden. Man serviert sie üblicherweise zu aromaintensivem *ragù* aus örtlicher Schweinswurst und frischen Tomaten. Mittlerweile kann man eine kommerzielle Version der *malloreddus* als haltbares Produkt kaufen, das *gnocchetti sardi* genannt wird.

MALTAGLIATI *siehe* PASTA

MANDARINO *(Mandarine)*

Diese Zitrusfrucht ist eines der wesentlichen Symbole Italiens, obwohl die Mandarinen heute vielerorts durch Tangerinen, Clementinen und Satsumas verdrängt wurden, Hybridzüchtungen der Mandarine, die teils besser, teils aber auch schlechter schmecken. Mandarinen aromatisieren einige Cremes und Sorbets und dekorieren Obstkuchen.

ZUTATEN VON A BIS Z

MANDORLA (Mandel)
Zwei unterschiedliche Mandelbäume wachsen in Italien, die ähnlich aussehen, aber unterschiedliche Mandelsorten, süße und bittere, tragen. Mit Mandeln wird *pasta reale** für Marzipanfrüchte ebenso wie weicher Marzipan für Füllungen hergestellt. Und in ganz Italien sind Mandeln wesentlicher Bestandteil in Süßigkeiten, Kuchen und Desserts. Zu den beliebtesten Zubereitungen zählen Amaretti* (kleine Mandelkekse), *ricciarelli* di Siena* (Mürbteiggebäck) und *torrone** – weißer Nougat. Mandeln isst man auch gerne gesalzen und geröstet, mit Zucker dragiert als *confetti** oder karamellisiert als *mandorle pralinate.* Mandeln werden auch für manche süditalienischen Pastasaucen verwendet, in die auch Sultaninen, Basilikum oder andere Kräuter und/oder Tomaten kommen.

Bittermandeln sind giftig. Aber da die darin enthaltene Blausäure flüchtig ist, verdampft sie beim Erhitzen. So kann man drei oder vier Bittermandeln mit 200 g Mandeln mischen, um *amaretti di Saronno* zu backen, sie erst geben dem Gebäck den typischen, zartbitteren Geschmack. Einige wenige Bittermandeln werden auch in anderen Rezepten gerne mit süßen Mandeln gemischt, um den Mandelgeschmack zu vertiefen, das gelingt viel besser als durch die Zugabe von Mandelextrakt.

MANDORLATO (Honignougat)
Diese Art Nougat macht man gerne in Venetien aus Honig, der langsam erhitzt wird. Eischnee wird vorsichtig untergehoben, dann Mandeln und eine gehörige Prise Zimt. Die Mischung kühlt zwischen Lagen aus essbarem Reispapier aus. Heutzutage wird *mandorlato* auch industriell hergestellt, dann kommt zusätzlich Zitronat hinein.

MANIANA siehe PANE

MANZO (Jungbulle/Jungbullenfleisch)
Manzo wird hauptsächlich in Norditalien gegessen, da die fruchtbaren Wiesen des Po-Tales und des Alpenrandes hervorragende Weidegründe zur Viehzucht bieten. Auch aus dem Val di Chiana der Toskana kommen erstklassige Rinder, die schnell wachsen, sodass das Fleisch Geschmack annimmt, solange es noch mager ist.

Manzo wird oft in Scheiben geschnitten gekauft, dann nennt man es *fettine**, oder durchgedreht für *polpette** (Fleischklößchen), aber auch am Stück für Braten. Die Hachse wird normalerweise für Eintopfgerichte verwendet, das Filet für Steaks oder um im Ganzen gebraten zu werden. Die Innereien werden vielseitig zubereitet, obwohl sie nicht ganz so beliebt sind wie Kalbsinnereien.

MARICONDA (Lombardische Rindssuppe)
Wichtigster Bestandteil der Suppe sind kleine, haselnussgroße Klößchen aus gemahlenen Mandeln, Semmelbröseln, Parmesan, Butter und Ei, die in einer kräftigen Brühe gar ziehen. Manchmal fügt man noch durchgedrehtes Hühnerfleisch hinzu. *Mariconda* ist ein Beispiel für die exzellenten Suppen der Lombardei.

MARITOZZI (Hefegebäck)
Diese Brötchen aus Hefeteig mit Pinienkernen, Sultaninen, Orangen- und Zitronenschale, die dick mit Zuckerguss überzogen werden, sind eine Spezialität aus Rom. Manchmal werden sie mit Schlagsahne gefüllt.

MARMELLATA (Marmelade)
Italienische Marmelade schmeckt dank der aromareichen Früchte besonders gut. Sie wird aus regional unterschiedlichen frischen Früchten gekocht.

MARRONE siehe CASTAGNA

ZUTATEN VON A BIS Z

MARUBINI *siehe* PASTA

MARZAPANE *(Marzipan)*

Marzipan wird aus einer Mischung aus Zucker, gemahlenen Mandeln und Eiern hergestellt. Man macht daraus Mandelkekse und Gebäck wie etwa Petit Fours.

MARZOLINO *(Toskanische Käsesorte)*

Eine Art toskanischer Pecorino*, der aus Ziegenmilch hergestellt wird und eine zylindrische Form hat. Er stammt aus den Provinzen Siena und Arezzo. Der Name leitet sich von *marzo* – März – ab, dem Monat der Herstellung. Man isst den Käse entweder frisch oder nach einiger Zeit der Reife, in der er hart und pikant wird.

MASCARPONE *(Doppelrahm-Frischkäse)*

Dieser cremige Käse aus frischem Rahm stammt ursprünglich aus der Lombardei, wird mittlerweile aber in ganz Italien erzeugt. Wichtig ist, dass die Kühe nur Frischfutter, keine Silonahrung, erhielten, so bekommt der Mascarpone ein zartes Aroma nach Blüten und Kräutern.

Mascarpone wird mittlerweile in Schalen exportiert, die ein Mindesthaltbarkeitsdatum tragen. Dieser Mascarpone ist sicherlich nicht so gut wie der auf dem Bauernhof erzeugte, der in Gazetücher gewickelt in spezialisierten Käseläden in Norditalien angeboten wird, aber man kann ihn gut zur Zubereitung spezieller Desserts verwenden. Eines davon ist das erst in jüngster Zeit so beliebte Tiramisu*° (Seite 208), das eigentlich aus Treviso stammt, aber nun in der ganzen Welt zubereitet wird. Eine traditionelle Nachspeise ist die Crema Mascarpone, für die der Sahnequark mit Zucker, Eigelb und Rum verrührt wird.

Aus Mascarpone können auch herzhafte Cremes durch Hinzugabe von Kaviar, Trüffeln, Räucherforelle und anderes hergestellt werden. Mit Eigelb wird eine der leckersten Pastasaucen daraus und mit Gorgonzola ein pikanter Schichtkäse.

MAZZAFEGATI *(Schweineleberwurst)*

Diese Leberwürste stellt man in Umbrien und den Marken her. Die umbrische Variante ist eher süßlich, da sie aus Schweineleber mit Zucker, Sultaninen und Pinienkernen gemacht wird. Die *mazzafegati* aus den Marken werden aus der Leber und anderen Innereien bereitet, die gewürzt und in Schweinedarm gefüllt werden.

MAZZETTO ODOROSO ODER AROMATICO *(Bouquet garni)*

Das Kräutersträußchen der Italiener besteht aus Petersilie, Rosmarin, Salbei, Thymian, Lorbeerblatt und manchmal Majoran und wird im Gemüseladen verkauft.

MEASCIA *(Brotpudding)*

Dieser süße Auflauf aus altbackenem Brot ist besonders in der Lombardei beliebt. Das gewürfelte Brot wird in Milch eingeweicht und dann unter Eier, Zitronenzesten, Apfel- und Birnenscheiben, Sultaninen, Zucker, Weißmehl und Polentamehl geknetet. Nach dem Backen wird der Pudding reich mit frisch gehacktem Rosmarin bestreut, das ihm seinen charakteristischen Geschmack verleiht.

MELA *(Apfel)*

Weniger populär als im restlichen Europa, gibt es in Italien kaum einheimische Apfelsorten. Eine Ausnahme bilden Mantovana aus Mantua und der Limoncella-Apfel. Die einzige typisch italienische Zubereitungsart für Äpfel ist, sie in Scheiben geschnitten durch Ausbackteig zu ziehen, zu frittieren und als Teil eines *fritto misto** zu servieren. Äpfel gehören zu einigen ländlichen Kuchen und Desserts, von denen eine Apfel-Charlotte aus der Lombardei und ein Apfelauflauf aus dem Trentino am beliebtesten sind. Ein Rezept für Apfelkuchen mit Ölteig° findet sich auf Seite 210.

MELAGRANA *(Granatapfel)*

Granatäpfel wachsen an leuchtend grünen Bäumen mit einer Unmenge an Blüten, die man zahlreich in den Gärten Mittel- und Süditaliens bewundern kann. Granatäpfel werden, wenn auch nur selten, im Obstsalat gegessen, meist wird ein angenehmes Getränk namens *granatina* daraus gemacht. In Venedig kennt man ein Rezept für gebratenen Truthahn, bei dem Granatapfelsaft und die gebratene Leber des Vogels der Sauce Charakter verleihen. Vor dem Servieren wird der Truthahn mit Granatapfelkernen bestreut.

MELANZANA *(Aubergine)*

Auberginen sind vor allem in Süditalien sehr beliebt. Man baut die verschiedensten Sorten an, die sich in Farbe, Größe und Form voneinander unterscheiden, aber solange sie hart sind und die Haut über einen schön leuchtenden Schimmer verfügt, schmecken sie alle gleich gut. Die beiden bekanntesten Rezepte sind *caponata*° –

ein Auberigeneneintopf aus Sizilien (Seite 196 – und *parmigiana di melanzane**° – mit Parmesan überbackenes Auberginengratin (Seite 195) aus Neapel. Auberginen passen gut zur Pasta, wie in *pasta alla Norma**, oder in der aufwendigen *pasta 'ncasciata*°, einem sizilianischen Nudelauflauf (Seite 84). Andererseits gibt es kaum ein einfacheres und dabei köstlicheres Gericht als gegrillte oder gebratene Auberginen.

Auberginen eignen sich hervorragend zum Füllen und lassen sich auch sehr gut einmachen. Dazu werden Auberginenwürfel zunächst in Essig blanchiert, dann in Einmachgläser geschichtet und mit Olivenöl bedeckt, das mit Oregano und Knoblauch gewürzt ist. Die gut verschlossenen Gläser werden dann in kochendem Wasser etwa 30 bis 40 Minuten sterilisiert.

MELONE (*Melonen*)

Melonen werden in Süditalien auch als *popone* bezeichnet und meist mit Prosciutto* kombiniert – sie sind so ziemlich die einzige Frucht, die als Vorspeise serviert wird. Von den vielen Melonensorten sind zwei in Italien besonders geschätzt: die „Napoletano" mit ovaler Form, mit leuchtend orangefarbenem Fleisch und grüner oder gelber Schale und die „Cantalupo", die zuerst in den päpstlichen Gärten von Cantalupo in der Nähe von Rom angebaut wurde. Diese Melone wurde so sehr geschätzt, dass die Päpste sie gerne als Geschenk überreichten.

MENTA (*Minze*)

Drei Sorten Minze werden in der italienischen Küche eingesetzt: *Mentuccia* nennt man auch *nepitella* oder korsische Minze, sie ist süßer und aromatischer als die anderen Arten. Man benutzt diese Sorte für einige Gericht aus Mittel- und Süditalien, auch für Desserts und Eiscreme.

Menta romana (grüne Minze) darf bei römischen Kuttelgerichten nicht fehlen, da die ausgeprägt pikante Schärfe die Süße der Kutteln besonders gut unterstreicht.

Menta piperita (Pfefferminze) verwendet man bevorzugt zur Herstellung von Likören und Süßigkeiten.

MERINGA (*Meringen*)

Meringen werden nach Schweizer oder nach italienischer Art hergestellt. Für beide Versionen wird Eischnee mit Zucker aufgeschlagen, aber die Methode ist unterschiedlich. Schweizer Meringen werden kalt aufgeschlagen, während für die italienischen ein heißer Zuckersirup in den Eischnee eingerührt wird. Die italienische

Meringe ist deshalb nicht so leicht wie die Schweizer Variante und eignet sich dank ihrer festeren Struktur besser für Kleingebäck. Beide Baisersorten werden nur selten zu Hause gemacht.

MERLUZZA (*Kabeljau oder Dorsch*)

Merluzza ist kein Mittelmeerfisch und wird deshalb nur getrocknet (als *stoccafisso**), eingesalzen (*baccalà**) oder gefroren in Supermärkten angeboten. Der *nasello** (Seehecht) aus dem Mittelmeer ist dem *merluzza* am ähnlichsten.

MESCIUA (*Bohnensuppe*)

Im Dialekt von La Spezia bedeutet *mesciua* eine bunte Mischung. Die so benannte Suppe war einst Hauptspeise der Armen, heute findet man sie in allen angesagten Restaurants der Provinz von La Spezia. Die Suppe besteht aus einer Mischung aus Cannellini-Bohnen, Kichererbsen und Weizenkörnern, die weich gekocht und mit ligurischem Olivenöl und Pfeffer gewürzt werden.

MESSICANI (*Kalbsrouladen*)

Seltsamerweise werden die lose gerollten Kalbsrouladen mit einer Füllung aus Wurst, Parmesan, Eiern und Muskat als „Mexikaner" bezeichnet. Sie werden paarweise auf Spieße gesteckt und in Salbeibutter angebraten. Ein Schuss Marsala rundet zuletzt dieses elegante und aromatische Gericht aus Mailand ab, das wie *ossobuco**° (Seite 159) mit *risotto alla milanese**° (Seite 99) serviert wird.

MICHETTA *siehe* PANE

MIDOLLO (*Rindermark*)

Jeder Markknochen enthält genug Mark für ein *risotto alla milanese**° (Seite 99) oder für eine Sauce. Mark wird auch für *passatelli** verwendet und für verschiedene Füllungen, etwa für eine süße Ravioli-Sorte, bei der man das Mark mit kandierten Früchten und Pinienkernen mischt. In *ossobuco**° sorgt das Mark für den kraftvollen Geschmack. Seit allerdings Rindermark in Verdacht steht, aus BSE resultierende Krankheiten zu übertragen, wird es auch in Italien nur noch selten in der Küche verwendet.

MIELE (*Honig*)

Honig wird in allen Regionen Italiens hergestellt. Unter denen, die besonders erwähnt werden sollten, befindet sich auch der Honig Vesuvius, der nach Bergblüten

schmeckt, und der Honig aus Kalabrien und Sizilien, der aus der Orangenblüte stammt. Aber wie so oft kommen die wertvollsten Sorten aus Sizilien: Der Honig aus *zagara*, der Blüte des Zitronenbaums, und der von Thymian sowie Thymian und Minze aus Trapani werden als die besten angesehen. Toskanischer und sardischer Honig aus der Erdbeerblüte haben einen bitteren Nachgeschmack und eine zartgoldene Farbe mit grünen Lichtern, während der Honig aus ligurischem Lavendel nach den aromatischen Blüten duftet. Einige sizilianischen Süßigkeiten werden mit Honig statt mit Zucker hergestellt.

MILLECOSEDDE *(Kalabrische Bohnensuppe)*

Eine Suppe aus Kalabrien, deren Name „tausend Kleinigkeiten" bedeutet. Man macht sie mit allen Sorten an getrockneten Bohnen, die gerade zur Hand sind, dazu kommen Kohl, Zwiebeln, Sellerie und Wildpilze, die zusammen mehrere Stunden in einem Tontopf garen. Einige kurze Röhrennudeln werden separat gekocht und zum Schluss hinzugefügt, die Suppe wird dann mit Olivenöl und geriebenem Pecorino* abgeschmeckt.

MILZA *(Milz)*

Die Milz vom Rind, Kalb und Schwein wird für einige traditionelle Rezepte gebraucht. Sie schmeckt wie Leber und besitzt eine ähnliche Konsistenz. In der Toskana wird Kalbsmilz mit Hühnerleber zum beliebtesten Crostini*-Belag verarbeitet, während man in Rom Rindermilz blanchiert und in dünne Scheiben schneidet. Diese werden in Olivenöl mit etwas Speck, Knoblauch und Salbei einige Minuten gedünstet und dann mit zerdrückten Salz-Anchovis abgeschmeckt.

MINESTRA *(Suppe)*

In der *minestra* bleibt ganz bewusst die Form der verschiedenen Zutaten, ob Gemüsewürfel, Reiskörner oder Nudeln, erhalten, sie werden nicht verkocht oder püriert. Dies ist der wesentliche Unterschied zur *zuppa**, einer eher sämigen Suppe.

Manche *minestre* sind leicht und delikat, wie die *stracciatella**, die *minestra di passatelli**, eine Rindsuppe mit Marknudeln, oder die *minestra paradiso** (Eierflöckchensuppe). Man bereitet sie aus der besten, hausgemachten Brühe, in der die anderen Zutaten, wie Käse, Geflügel- oder Kalbshack und Semmelbrösel, gegart werden, bevor die Suppe mit Ei gebunden wird. In ländlichen Regionen bereitet man auch dickere *minestre*. Diese werden aus klein geschnittenem Gemüse gekocht, das in Wasser oder Brühe gart, bevor Reis oder Nudeln hinzugefügt werden. Diese Kategorie ist vielfältig, dazu zählen solche Klassiker wie *minestra di pasta e fagioli* (Nudelsuppe mit Bohnen), *minestre* aus Hülsenfrüchten, Wirsing und Reis oder Milch und Reis.

Norditalien besitzt ein großes Repertoire an diesen dicken Suppen, da das Klima dort solche Rezepte erfordert, während man in Mittel- und Süditalien leichter kocht. Das wird deutlich, wenn man die Bohnensuppen verschiedener Regionen vergleicht. Aus Venetien stammt die klassische Rezeptur des *soffritto** – angeschmortes Würzgemüse als Basis eines Schmortopfs –, zu dem auch Schinkenspeck und ein Schinkenknochen hinzukommen. Die neapolitanische Version wird dagegen aus Wasser, Tomaten und Kräutern gekocht, die mit Olivenöl abgeschmeckt werden. Das Rezept auf Seite 64 zeigt eine besonders schlichte und leichte Tomatensuppe aus Kalabrien, die *minestra coi pomodori*° (siehe Seite 64).

Minestra wird oft noch beim Abendessen als erster Gang serviert. Allerdings werden auch hier Risotti und Pastagerichte immer beliebter.

MINESTRA MARICONDA (Lombardische Brotsuppe)
Die *minestra mariconda* besteht aus weichen Brotkrumen, die in Milch eingeweicht, mit Ei gebunden und mit Parmesan und Muskat gewürzt werden. Die Mischung wird dann teelöffelweise in kochende Brühe gegeben.

MINESTRA MARITATA (Gemüseauflauf)
In Süditalien kennt man drei unterschiedliche Varianten der *maritate*, je nachdem, ob das Rezept aus Neapel, Kalabrien oder Apulien stammt. Der Unterschied liegt in der Zusammenstellung der Gemüse, die abwechslungsreich kombiniert werden. In Kalabrien und Apulien verbindet man Chicorée mit Fenchelkraut, Fenchelknollen, Sellerie und Batavia. Die Gemüse werden blanchiert und dann abwechselnd mit Pecorino* und Olivenöl in eine Auflaufform geschichtet, mit Semmelbröseln bestreut und überbacken. Das so entstandene Gericht erinnert trotz seines Namens mehr an einen Gemüseauflauf als an eine Suppe. In der neapolitanischen Version kommen noch Schweinschwarte und Würstchen dazu.

MINESTRA PARADISO (Eierflöckchen-Käse-Suppe)
Diese Spezialität der Emilia ist leicht und delikat und wird deshalb als Abendmahlzeit nach dem dort üblichen herzhaften, schweren Mittagessen geschätzt. Eier werden mit Parmesan und Semmelbröseln vermischt und dann mit dem Schneebesen in kochende Brühe gerührt.

MINESTRINA (Leichte Suppe)
Die *minestrina* ist eine leichte Suppe, die aus bestem Hühnerfond oder einer leichten Rinderbrühe bereitet wird, in der kleine Suppennudeln, Gerste oder Grieß gekocht werden. *Minestrina* gilt mittlerweile als altmodisch und wird als Krankenkost abgetan.

MINESTRONE (Gemüsesuppe)
Minestrone ist eine dicke Gemüsesuppe in vielerlei Versionen, die alle eines gemeinsam haben. Die klein geschnittenen Gemüse simmern sehr lange in Wasser oder Brühe. Sie behalten dabei ihre Form und verkochen nicht zu Brei, während die Suppe aber alle Aromastoffe annimmt. *Minestroni* sind die Suppen Norditaliens und können nach der Kochmethode grob in zwei Kategorien eingeteilt werden: *minestroni col soffritto* und *minestrone a crudo*.

Für eine *minestrone col soffritto* werden die klein geschnittenen Gemüse in Butter, Schweineschmalz, Öl oder mit Speck angebraten, auch in einer Mischung dieser Fett-

sorten, wobei Bauchspeck und Schweineschwarte hinzugefügt werden. Die Gemüse werden dann je nach Garzeit nacheinander in eine Kasserolle gefüllt, wo sie in Wasser oder Brühe lange garen. Am Ende kommen Reis und manchmal kleine Suppennudeln wie *ditalini* dazu.

In der *minestrone a crudo* werden klein geschnittene Gemüse in Wasser oder Brühe aufgesetzt, also nicht vorher angedünstet. Am Ende des langen Kochvorgangs wird bestes Olivenöl hinzugefügt. Manchmal wird das Olivenöl mit Knoblauch und fein gehackten Kräutern erhitzt und am Schluss an die Suppe gegeben. Diese Minestrone wird meist mit Nudeln serviert, nur selten mit Reis. Die toskanische Minestrone ist das klassische Beispiel dafür.

Jedes Gemüse eignet sich für eine Minestrone, manche Gemüse sind allerdings unverzichtbar. Dazu gehören Zwiebeln, Sellerie, Karotten, Kartoffeln, Bohnen und Tomaten. Oft werden auch Zucchini, Kohl, Erbsen, Brechbohnen und Lauch verwendet. Im Winter nimmt man Dosentomaten und getrocknete Bohnen, die nur im Frühling für eine kurze Zeit frisch am Markt zu finden sind.

Minestrone schmeckt besser, wenn man sie am Vortag kocht. Man kann sie im Sommer auch kalt servieren, sie sollte aber niemals aus dem Kühlschrank kommen.

MISTICANZA (Wildsalat)
Eine Salatzusammenstellung aus den wilden Salatpflanzen, die auf den Feldern und an den Rändern der Bewässerungsgräben der Castelli Romani in Latium zu pflücken sind. Für römische Gastronomen gehören 21 verschiedenen Wildpflanzen in den Misticanza-Salat. Selbst wenn das ein wenig übertrieben erscheint, so sollten im *misticanza* immer Rucola, Chicorée, Fenchelkraut, Sauerampfer, Minze, Gänseblümchen und Feldsalat enthalten sein.

ZUTATEN VON A BIS Z

MOCETTA (Gams- oder Ziegenschinken)

Die ausgebeinte und eingesalzene Keule einer Gämse oder Ziege ist eine Spezialität des Aostatals. Die Keule wird mit Knoblauch, Kräutern, Wacholderbeeren und Pfeffer gewürzt und wie Schinken gepökelt, bevor sie in einem trockenen Keller für drei oder vier Monate reift. Man isst *mocetta* traditionell mit Landbrot und Butter.

MOLECA (Butterkrebs)

Diese Krebsart ist eine Spezialität der venezianischen Lagune, wo man sie seit mehr als zwei Jahrhunderten züchtet. In ihrer natürlichen Umgebung verlieren männliche Krebse ihren Panzer im Frühling und Herbst, wenn sie zur Paarung bereit sind. Dieser Vorgang kann in speziellen Körben, die man *vieri* nennt, künstlich hervorgerufen werden. Die Venezianer lieben diese Krebse. Um kulinarische Perfektion zu erzielen, werden die lebenden Krebse in ein Gefäß voll aufgeschlagener Eier gelegt, wo die Tiere erst sehr viel Ei verzehren und dann darin ertrinken. Danach werden die panzerlosen Krebse mit Mehl bestäubt und in Olivenöl ausgebacken. Dies nennt man *moleche con pien* (gefüllte Butterkrebse), wobei die Füllung aus dem Ei besteht, das die Krebse vor ihrem Tod verzehrt haben.

MOLLICA (Semmelbrösel, Brotkrumen)

Die in Italien sehr häufig gebrauchten Brotkrumen oder Semmelbrösel stammen aus dem Inneren eines Brötchens oder eines Weißbrots, nur selten von der Kruste. Man bindet damit *polpette** (Fleischklößchen) und *polpettoni** (Hackbraten), die Füllungen für Ravioli und andere Nudelsorten sowie für Gemüse oder Fisch. In Kalabrien werden getrocknete Semmelbrösel für viele Pastasaucen gebraucht, ein klassisches Beispiel – *pasta con la mollica°* – findet sich auf Seite 80.

MONTEBIANCO (Kastaniendessert)

Montebianco ist eine süße Kreation aus pürierten Kastanien, die zuvor in Milch mit Vanille, Rum und Kakao oder geriebener Schokolade gar gekocht und mit geschlagener Sahne überzogen wurden, sodass sie dem schneebedeckten Gipfel des Montblanc ähneln – daher der Name.

MONDEGHILI (Fleischklößchen)

Ein Armeleuteessen aus den Resten, die von einem Braten oder einem Stück Kochfleisch übrig geblieben sind. Das Fleisch wird durch den Wolf gedreht und mit Eiern, in Milch eingeweichten Brötchen, etwas Morta-della oder Salami, Petersilie, Zitronenschale und Muskat verknetet. Die Fleischfarce wird dann zu kleinen Klößen geformt, paniert und in Butter ausgebacken.

MONTASIO (Schnittkäse)

Ursprünglich stammt der Montasio aus dem gleichnamigen Alpental im Friaul, er wird heutzutage aber innerhalb festgelegter Produktionszonen in den Voralpenprovinzen Belluno, Treviso und Udine hergestellt.

Montasio ist ein halbfester oder fester Schnittkäse von kraftvoll gelber Farbe und kompakter Konsistenz mit kleinen Löchern. Man fertigt ihn aus Rohmilch. Nach zwei Monaten wird er als Konsumkäse geschätzt, wenn das Aroma noch mild und cremig ist. Nach einem oder zwei weiteren Monaten der Reife wird der Käse angenehm kräftig und kann nun auch zum Kochen verwendet werden. Nach mehr als einem Jahr der Reife wird der Montasio immer herzhafter und ähnelt dem Pecorino* und wird nun auch als Reibekäse verwendet.

MONTONE (Hammel)

Das Wort bezieht sich, wie oft in der italienischen Küche, sowohl auf das Schlachttier als auch auf das Fleisch des Tieres. Heutzutage kommt Hammelfleisch meist von kastrierten Tieren und wird *castrato** genannt.

MORA DI GELSO (Maulbeere)

Die Maulbeerbäume, *gelsi*, die man am häufigsten in Italien sehen kann, haben weiße Beeren. Weit weniger häufig findet man schwarze Maulbeeren, obwohl diese im Geschmack überlegen sind.

MORA DI ROVO ODER SELVATICA (Blaubeere)

Diese Beeren wachsen wild in weiten Teilen Norditaliens und auf den Bergen in ganz Italien. Aus Blaubeeren wird Konfitüre und Gelee gekocht, man isst sie aber auch frisch, mit etwas Zitrussaft mariniert oder als Teil eines Obstsalats oder einer roten Grütze – *sottobosco**.

MORMORA (Marmorbrasse)

Die Marmorbrasse ist einer der feinsten Mittelmeerfische und wird etwa 12 cm lang. Der Körper ist schlank mit silbriger Farbe und charakteristischen grauen Querstreifen. Man fängt den Fisch vorwiegend in der Adria und kann ihn braten, grillen oder nach den Rezepten für die nahe verwandte *orata**, die Goldbrasse, zubereiten.

ZUTATEN VON A BIS Z

MORSEDDU (Schweineragout)

Dies ist ein Frühstücksgericht aus Kalabrien, dem einzigen Landesteil Italiens, wo man das Frühstück ernst nimmt. *Morseddu* wird aus Innereien und anderem Fleisch vom Schwein bereitet, das in Rotwein mit Tomaten, Chili und Kräutern geschmort wird. Man isst das Gericht in Trattorien in einer Pitta*, die dem gleichnamigen griechischen Brot ähnelt.

MORTADELLA (Wurstsorte)

Mortadella wird aus Schweinefleisch oder einer Mischung aus Schweinefleisch und Rind gemacht, zu dem Eiweiß und Gewürze hinzugefügt werden. Die Mortadella kann zusätzlich Pistazien, Wein und Zucker enthalten. Vom Fleisch sollte 70 % mager sein und aus der Schulter, der Keule und der Hüfte stammen, der Rest ist fett aus der Schweinebacke. Die beste Mortadella ist leuchtend rosa und sehr groß – sie kann bis zu 50 kg wiegen. Mortadella ist sehr lange haltbar, sollte aber aufgeschnitten schnell verbraucht werden.

Mortadella wird hauptsächlich in den Provinzen Bologna, Reggio Emilia und Modena hergestellt, kleinere Mengen kommen auch aus der Lombardei, aus Venetien und den Marken. Die Reputation der Mortadella aus Bologna ist so groß, dass man automatisch an diese Stadt denkt, wenn es um Mortadella geht – in Mailand nennt man die Wurstsorte sogar Bologna, in den USA auch Boloney, eine Verballhornung von Bologna.

Mortadella ist ein wesentlicher Teil der Aufschnittplatte *affettato**, wird aber auch für Pastafüllungen, Fleischklößchen und Hackbraten verwendet. Man serviert sie auch gewürfelt zum Aperitif.

MORTADELLA DI FEGATO (Leber-Mortadella)

Diese Mortadella-Sorte enthält zusätzlich Schweineleber, Schweineschwarte und Speck, wird mit Rotwein angefeuchtet und bildet ein beliebtes Antipasto*.

MOSCARDINO ODER MUGHETTO, IN VENEDIG AUCH POLPETTO (Moschuskrake)

Die kleinen Tintenfische mit den lockigen Tentakeln sind umso teurer, je kleiner sie sind. Dem *moscardino* ähnelt der *moscardino bianco*, er besitzt allerdings festeres Fleisch ohne den begehrten Moschusgeschmack und ist daher weniger beliebt. Moschuskraken werden normalerweise frittiert und als Teil des *fritto misto di pesce** genossen.

MOSCIAME (Ligurische Würstchen aus Delphinfleisch)

Mosciame, eine alte Spezialität Liguriens, dürfen heutzutage nicht mehr hergestellt werden, da sie aus Delphinfleisch gemacht wurden und für diese Tiere ein absolutes Fangverbot besteht. Man findet noch gelegentlich Mosciame-Würstchen, die allerdings aus sonnengetrocknetem Thunfisch oder Schwertfisch hergestellt wurden. Die Würstchen werden dünn aufgeschnitten und als Antipasto mit Olivenöl und Zitronensaft mariniert serviert.

MOSTACCIOLI (Honiggebäck)

Diese kleinen Honigkuchen werden in den Abruzzen, in Kalabrien und anderen Regionen Italiens gebacken. Die *mostaccioli abruzzesi* und *calabresi* werden aus vergleichbaren Zutaten gemacht und auch ganz ähnlich zubereitet. Der Teig wird aus einer Mischung aus Honig, gehackten Mandeln, Mehl, Orangenschale, Zucker und Gewürzen geknetet und in den Abruzzen mit Sirup angefeuchtet, während man in Kalabrien Weißwein verwendet. *Mostaccioli* sind auch in der Lombardei beliebt. Man assoziiert sie aber auch mit

Assisi, da der heilige Franziskus angeblich auf seinem Totenbett eine Witwe bat, ihm aus Honig und Mandeln zum letzten Mal sein Lieblingsgebäck zu backen – *mostaccioli*.

MOSTARDA (Senffrüchte)

Man kennt in Italien drei Sorten von Senffrüchten:

Am bekanntesten ist *mostarda di Cremona*, die auch *mostarda di frutta* genannt und in der Lombardei zu jedem Kochfleisch gereicht wird. Dafür werden kandierte Früchte mit Honig und Weißweinsirup übergossen, der mit Gewürzen und Senf aromatisiert wurde. Der Geschmack ist sowohl süß als auch scharf, aber nicht süßsauer.

Mostarda di Venezia wird aus fein gehackter Quitte, Senfpulver und Zucker hergestellt.

Mostarda tout-court ist eine sizilianische Süßigkeit aus Traubensirup, Sultaninen, Mandeln und Pinienkernen. Die Mischung wird in kleine Formen gefüllt und in der Sonne getrocknet.

MOSTO *(Traubenmost)*
Mosto ist sterilisierter, konzentrierter Traubensaft. In Apulien wird der Traubensaft weniger konzentriert als Getränk geschätzt, überall sonst in Süditalien ist er sirupartig und wird zur Erzeugung von Süßigkeiten verwendet.

MOZZARELLA *(Büffelmilchkäse)*
In der Theorie bedeutet Mozzarella immer einen Käse, der aus Büffelmilch hergestellt wird – der richtige Name für Kuhmilch-Mozzarella lautet *fior di latte**. Büffelmozzarella sollte innerhalb eines Tages nach der Herstellung verzehrt werden, wenn er noch tropfend vor Buttermilch ist. Der Käse ist schneeweiß mit einem wunderbaren Aroma – delikat, frisch und duftig –, die Konsistenz ist so elastisch, dass er beim Anschneiden quietscht. Büffelmozzarella ist viel aromatischer und vollmundiger als Mozzarella aus Kuhmilch.

Mozzarella wird meist in Salzlake angeboten. Am besten isst man ihn pur oder mit Tomaten und Oliven als *insalata caprese**. Mozzarella wird viel zum Kochen verwendet. Dazu sollte man einen Tag alten Käse rechtzeitig in Scheiben schneiden und einige Stunden abtrocknen lassen. Wenn man ihn so verwendet, kann Kuhmilch-Mozzarella eine akzeptable Alternative zum echten Mozzarella sein.

Mozzarella wird in vielseitigen Pizzabelägen verwendet, zu einigen Nudelgerichten in Kombination mit Tomaten und zu Fleischspeisen. Ein bekanntes Gericht mit Mozzarella ist *mozzarella in carozza* – in Öl frittierter Mozzarella. Mozzarella wird auch über Stroh und Holzstückchen geräuchert.

MUGGINE *(Meeräsche)*
Ein anderer Name für *cefalo**, der hauptsächlich an den Küsten des Tyrrhenischen Meeres verwendet wird.

MUSCOLI *(Miesmuscheln)* siehe COZZE

MUSETTO *(Schweinekochwurst)*
Diese würzige Schweinswurst ist eine Spezialität aus Friaul-Julisch-Venetien. Sie wird mit Pfeffer, Nelken, Muskat, Zimt, Chili und frischem Korianderkraut gewürzt, das in Italien nur selten verwendet wird. Lokaler Weißwein wird hinzugefügt und die Fleischfarce in einen Rinderdarm gefüllt. Man kocht die Wurst wie *cotechino** und serviert sie nach traditioneller Weise mit eingelegten Rüben, die dank ihres süßsauren Geschmacks den hohen Fettgehalt dieser würzigen Wurst gut ausgleichen.

NASELLO *(Seehecht)*
Seehecht kommt reichlich im Mittelmeer vor und schmeckt sehr delikat. Von den vielen Rezepten ist besonders *nasello alla marchigiana* und *nasello alla palermitana* (Rezept Seite 117) beliebt. Für *nasello alla marchigiana* wird der Fisch in Olivenöl mariniert, das mit Zwiebeln, Knoblauch, Salz und Pfeffer gewürzt wurde, danach paniert, gebraten und mit Sardellensauce serviert.

Nasello schmeckt auch lecker in Weißwein geschmort und mit dem Schmorfond serviert, der mit Zitronensaft und Zitronenzesten abgeschmeckt wurde. Ein großer Fisch kann auch *in umido** gekocht werden, was besonders im Süden beliebt ist.

NECCI *(Crêpes aus Kastanienmehl)*
Necci sind eine Spezialität der bergigen Gebiete bei Lucca und Pistoia. Man macht die dünnen Pfannkuchen aus Kastanienmehl, Olivenöl, Wasser und Salz. Der Teig wird dann über heißer Glut in einem traditionellen Gerät namens *testi* gebacken, einer sehr langen Zange mit eisernen Scheiben am Ende. *Necci* isst man warm, gefüllt mit Ricotta* oder frischem Pecorino*, sie sind so beliebt, dass sogar ein alljährliches Neccifest vom 15. bis 16. August in der hübschen Stadt Bagni di Lucca veranstaltet wird.

NERO DI SEPPIE *(Fischtinte)*
Die schwarze Tinte der Kephalopoden wird zum Färben von Risotto oder Spaghetti benutzt. Im Risotto wird dabei meist die Tinte von Tintenfischen verwendet, die einen intensiveren Geschmack verleiht als die für Spaghetti verwendete Oktopustinte. Man kann in Italien bei jedem guten Fischhändler kleine Beutel mit Tinte kaufen.

NERVETTI *(Kalbshachsensehnen)*
Nervetti ähneln in ihrer Konsistenz einem Presssack oder einer Schweinskopfsülze. *Nervetti* werden jedoch aus den Sehnen und Knorpeln des Schienbeins und der Hachse eines Kalbs hergestellt. Anders als Presssack enthalten *nervetti* auch kein Fett. Die beliebte Vorspeise der Lombardei ist der Stolz der besten Salumerien von Mailand.

ZUTATEN VON A BIS Z

NESPOLA (Mispel)

Zwei Mispelsorten sind in Italien als *nespola* bekannt: die herkömmliche Mispel und die *nespola del Giappone*, die japanische Wollmispel oder Loquat.

Die Loquat ist als Zierbaum in zahlreichen Gärten zu sehen, die Frucht besitzt einen angenehm scharfen Geschmack, aber der Verzehr ist etwas mühsam, da sie mindestens drei große Steine besitzt, die wenig Raum für das aromatische Fruchtfleisch lassen.

Die Frucht der herkömmlichen Mispel wird erst nach der Fermentation genießbar, also nach einer Zeit des Vergammelns. Deshalb werden Mispeln nicht sonderlich geschätzt, wohl aber der aus der vergorenen Frucht destillierte Obstbrand.

NOCCIOLA (Haselnuss)

Haselnussbäume wachsen überall in Italien, doch die besten Nüsse stammen aus dem Piemont. Die Nüsse werden pur verzehrt, aber auch zu vielen Konfektarten gebraucht, von denen die Pralinen, *gianduiotti**, und die *torta gianduia** aus Turin, aber auch *Torrone**, eine Art türkischer Honig oder weißer Nougat, am bekanntesten sind.

NOCE (Walnuss)

Das Hauptanbaugebiet von Wahlnussbäumen liegt in Kampanien. Am besten schmecken die Nüsse von November bis in den Frühling. Walnüsse werden am Ende einer Mahlzeit gerne zusammen mit Obst gegessen. Man nimmt sie auch zum Kochen, mit anderen Zutaten gemischt für Süßigkeiten, Saucen und Füllungen. Die

bekannteste Sauce ist die *salsa di noci*° (Rezept Seite 231) aus Ligurien, die man mit *pansoti**, den dortigen Ravioli, serviert, aber auch mit Bandnudeln. Eine interessante Füllung für Fasan aus dem Piemont enthält Walnüsse, lokalen Weichkäse, Zitronen- und Traubensaft, ein Glas Portwein, Butter und Gewürze. Eine andere Füllung wurde von der Metzgerei Peck in Mailand entwickelt und besteht aus Walnüssen, Sahne, Kalbshackfleisch, Parmesan, Eiern und Muskat und wird zum Füllen von Hühnerschlegeln verwendet, die dann in Folie im Ofen gebraten werden. Walnüsse werden auch für Kuchen und Süßigkeiten verwendet.

NOCE MOSCATA (Muskat)

Muskat ist besonders in Norditalien ein beliebtes Gewürz; eine Prise Muskat erscheint in der Zutatenliste vieler Rezepte. Es betont den Geschmack von Spinat, von Béchamel und Gemüse-Sformato*, aber auch von Pilzen und ist unverzichtbar bei der Füllung von Ravioli*. Muskat verträgt sich gut mit *ragù**, Eintopfgerichten und Fischsuppen, aber auch mit Früchten, die in Wein pochiert wurden, oder mit traditionellem Früchtekuchen.

NODINI (Kalbsnüsschen)

Nodini° (Rezept Seite 156) stammen immer vom Kalb, sind aber nur in der Lombardei von alters her bekannt. Man schneidet die Nüsschen aus dem Kalbsrücken, sie behalten dabei den Knochen und sind sehr fettarm.

OCA (Gans)

Laut übereinstimmender Meinung in ganz Italien sollte die Gans mit einer Füllung aus gerösteten Maroni, Äpfeln, *luganega** und einigen zerbröselten Amaretti* gefüllt und dann gebraten werden. Man macht Gans in Venetien auch ein, als *oca in pignato*.

OLI VARI (Verschiedene Ölsorten)

Der Verbrauch an Öl, das nicht aus Oliven stammt, ist in Italien nur gering, nimmt aber zu. Das liegt zum einen daran, dass Olivenöl immer teurer wird, aber auch daran, dass man immer leichter kocht. Häufiger frittiert man nun mit Erdnuss- und Sonnenblumenöl, gelegentlich verwendet man diese Öle auch zum Kochen, etwa zusammen mit Olivenöl oder Butter für leichtes *soffritto**.

OLIO D'OLIVA (Olivenöl)

Obwohl Olivenöl heutzutage das wichtigste Kochfett der italienischen Küche ist, wird es in Norditalien erst seit dem Ende des Zweiten Weltkriegs zum Kochen verwendet, zuvor nahm man es nur für Salate.

Die Oliven zur Ölherstellung werden im November, Dezember und Januar geerntet, bevor sie reif sind. Sie werden von Hand gepflückt, entweder in speziellen Pflückkörben vom Baum geholt oder in ein großes Netz geschüttelt, das am Fuße des Baumes befestigt wurde.

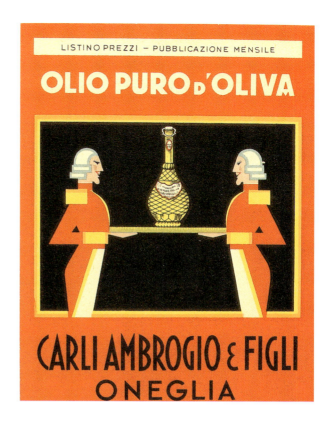

Gleich nach der Ernte werden die Oliven zur *frantoio*, der Ölmühle, gebracht, wo das Öl innerhalb einer Woche nach der Ernte herausgepresst werden muss – das beste Öl stammt aus Oliven, die innerhalb von ein bis zwei Tagen nach der Ernte verarbeitet wurden. Die Oliven werden verlesen, in kaltem Wasser gewaschen und dann gepresst. Die Pulpe wird geknetet und schichtweise auf Fasermatten gestrichen, die dann zwischen großen Mühlsteinen oder Metallplatten gepresst werden. Der gesamte Vorgang findet ohne Zusatz von Chemikalien oder Hitze statt.

Das Öl, das aus der ersten Kaltpressung stammt und einen maximalen Gehalt an freien Fettsäuren bis zu 1 g pro 100 ml besitzt, wird als Natives Olivenöl Extra, *olio extra vergine d'oliva*, bezeichnet. Die nächste Qualitätsstufe entstammt meist schon der zweiten oder dritten Pressung und wird als *olio sopraffino vergine d'oliva* bezeichnet, wenn der Gehalt an Fettsäuren 1,5 g pro 100 ml nicht übersteigt, *olio fino vergine*, wenn höchstens 3,3 g pro 100 ml an Fettsäuren enthalten sind. Sind die geschmacklichen Eigenschaften nicht überzeugend, ist der Fettsäuregehalt zu hoch oder die Farbe zu dunkel, dann wird das Öl nach der vierten Pressung raffiniert und als raffiniertes Olivenöl (*olio d'oliva*) verkauft. Aus einer Mischung von raffiniertem Olivenöl mit *olio fino vergine* entsteht das milde und leichte *olio d'oliva riviera*, das meist zum Frittieren verwendet wird.

Aus welcher Region das Öl stammen soll, ist Geschmackssache. Ligurisches Öl ist in der Regel blaßgold, mit einem milden, duftigen Geschmack und passt zu fast allen Gerichten. Das Öl aus dem Chianti-Gebiet ist fruchtig und pfeffrig, mit grünen Lichtern im goldenen Gelb. Aus dem Süden, der 80 % des Olivenölangebots deckt, kommt das Öl aus Apulien mit seinem merklichen Mandelton, ein Aroma, das man auch in den Ölen aus Kalabrien entdecken kann. Beim Kauf von Öl spielen auch finanzielle Erwägungen eine Rolle. Extra-Vergine-Öl wird für Salate benutzt und für alle Gerichte, bei denen das Öl nicht erhitzt werden muss; die anderen Öle werden zum Kochen benutzt, wobei als Faustregel gilt: Je einfacher das Rezept, desto besser muss das Öl sein.

Olivenöl sollte innerhalb eines Jahres nach der Pressung verbraucht werden, selbst unter besten Bedingungen hält es sich nicht länger als 18 Monate. Am besten schmeckt es, wenn es sechs Monate reifen konnte. Die Lagerung sollte in einem lichtgeschützten Behälter stattfinden, wobei ein Tongefäß ideal ist, die Zimmertemperatur sollte eher niedrig, aber niemals unter 10–12 °C und nicht schwankend sein, hohe Luftfeuchtigkeit ist zu vermeiden.

OLIVA (Oliven)

Die Oliven zur Ölproduktion werden im Winter geerntet, während man Konsumoliven je nach gewünschtem Reifegrad pflückt. Grüne Oliven haben Ende des Sommers Erntezeit, schwarze Oliven im Winter, wenn sie vollreif sind. Nach der Ernte werden die Oliven je nach Sorte und Bestimmungszweck verarbeitet. Die besten grünen Oliven sind die kleinen aus Kalabrien und die großen aus Ascoli Piceno, während der Kenner unter den schwarzen Oliven besonders jene aus Gaeta schätzt.

In Sizilien kennt man ein traditionelles Rezept für gefüllte Oliven, bei dem die Füllung aus Sardellen und Kapern besteht. Für *olive all'Ascolana*, ein Rezept aus Ascoli Piceno in den Marken, werden große, entsteinte Oliven mit Schweinehack, Schinken, Parmesan und anderem gefüllt, dann paniert und ausgebacken. Pastasaucen wie der Sauce *puttanesca°* (Rezept Seite 79), aber auch Fischgerichten werden meist schwarze Oliven beigefügt, grüne werden zum Kochen selten verwendet.

OMBRINA (Bartumber, Schattenfisch)

Bartumber kommt im Mittelmeer vor allem an felsigen Küsten vor. Das Fleisch ist weiß und lecker und kann wie Seebarsch zubereitet werden, dem der Fisch auch ähnelt. *Ombrina* schmeckt vorzüglich gerillt oder gebraten.

ORATA (Brasse, Dorade)

Orata heißt in der internationalen Küchenfachsprache Dorade und ist ein ansehnlicher Fisch mit exzellentem Geschmack. Gedämpft, gegrillt oder gebraten und nur leicht gewürzt schmeckt sie am besten.

ORECCHIETTE siehe PASTA

ORIGANO (Oregano)

Oregano ist das Gewürzkraut, das wild in allen trockenen, sonnigen Gebieten Italiens wächst, besonders also in Mittel- und Süditalien. Normalerweise kauft man Oregano getrocknet, da es das einzige Kraut ist, das getrocknet besser schmeckt als frisch. Von allen Kräutern ist Oregano neben Basilikum dasjenige, das am engsten mit der italienischen Küche verbunden wird, man denkt bei seinem Duft sofort an Pizza, Tomaten und Auberginengerichte.

ORTICA (Brennnessel)

Nur die Spitzen junger Brennnesseln werden als Gemüse oder in Suppen genossen. Die brennenden Haare an den Blättern werden durch Kochen unschädlich gemacht. Nesseln sind seit Jahrhunderten in der ländlichen Küche beliebt. Sie besitzen ein süßes Aroma, das sich besonders gut in Reissuppen entfaltet. Unter den vielen Rezepten schätze ich am meisten einen Risotto, für den die Brennnesseln wie Spinat verwendet werden.

ORZO *(Gerste)*
Gerste wird in Italien sehr häufig angebaut. Die geschälten und polierten Körner werden als Perlgraupen angeboten. Im Aostatal, in Südtirol und in Friaul ist Graupensuppe sehr beliebt. Ein neues Gericht namens *orzotto* ist ein Risotto mit Gerste statt Reis. Es ist praktischer als Reis-Risotto, da man Gerstengerichte nie verkochen, aber vorkochen und dann einfrieren kann.

OSSOBUCO *(Kalbshachsenscheiben)*
Ossobuco bedeutet wörtlich „ein Knochen mit einem Loch darin" und bezieht sich auf Scheiben aus der Kalbshachse, bei denen der Röhrenknochen im Fleisch bleibt, dessen Mark dem Gericht erst die richtige Würze gibt.

Ossobuchi werden zu runden Stücken gebunden und dann nach traditioneller Art *alla milanese* ° (Rezept auf Seite 159) gekocht. Meiner Meinung nach gehören an *ossobuco alla milanese* keine Tomaten, allerdings ist Ossobuco mit Tomaten ein traditionelles Gericht der Emilia-Romagna.

OSTRICA *(Auster)*
Die Austern aus Venedig stammen von Austernfarmen entlang der Küste zwischen Venedig und Triest. Auch im Golf von Tarent im Süden züchtet man Austern. Dazu werden die Larven zu Bündeln zusammengeschnürt und im Mar Grande, einem Lagunensee am Golf von Tarent, ins Wasser gesenkt. Nach zwei Monaten fischt man die Bündel wieder heraus und versetzt sie zu weiterem Wachstum ins Mar Piccolo, den benachbarten, kleineren Lagunensee. Dort gedeihen die Austern dank einiger Süßwasserquellen in der Tiefe prächtig. Für die Austernzucht sollte das Wasser nicht übermäßig salzhaltig sein, daher sind Austern aus dem Atlantik meist besser als die aus dem salzhaltigeren Mittelmeer.

Austern isst man normalerweise roh mit nur einem Spritzer Zitronensaft und vielleicht etwas Cayennepfeffer. In Apulien werden die Austern aus Tarent allerdings gerne für einige Minuten in Olivenöl mit frisch gemahlenem schwarzem Pfeffer, etwas Semmelbröseln und frisch gehackter Petersilie gebraten.

P

PAGELLO *(Meerbrasse)*
Diese aromaintensive Brassenart besitzt festes, weißes Fleisch. Meerbrasse eignet sich mit Olivenöl bestrichen zum Grillen, Braten und Backen im Ofen, aber auch zum Kochen *in padella* ✎, mit oder ohne Tomaten.

PAGLIE E FIENO *siehe* PASTA

PAGNOTTA *siehe* PANE

PAGRO *(Sackbrasse)*
Der ansehnliche Fisch aus der Brassenfamilie ähnelt der Zahnbrasse, ist aber weniger delikat. Am besten schmeckt er gebacken, mit Kräutern und Semmelbröseln gefüllt, obwohl man ihn auch nach den Rezepten für Zahnbrasse, *orata**, zubereiten kann.

PALOMBACCIO ODER COLOMBACCIO *(Ringeltaube)*
Ursprünglich einmal Wildtiere, werden Tauben heutzutage in Italien gezüchtet. Sie sind vor allem in Umbrien beliebt, wo man die besten Rezepte dafür kennt, aber auch in der Toskana und in Latium.

Das bekannteste Gericht ist *palombaccio alla ghiotta*. Der Wildvogel wird nach überlieferter Weise nicht ausgenommen, sondern gut eingeölt, auf einem Spieß mit Schinken umwickelt und gebraten. Die *leccarda* ✎, die Saftpfanne, wird mit *ghiotta**, so heißt diese Sauce aus Wein und Kräutern, gefüllt. Der rotierende Vogel wird immer wieder mit der Sauce bestrichen. Nach der Hälfte der Garzeit werden die Innereien entfernt, klein gehackt und unter die Sauce gerührt. Wenn die Taube gar ist, wird sie ausgelöst und mit einem oder zwei Sardellenfilets in der *leccarda* angerichtet. Ältere Tauben werden *in salmi* ✎ gekocht oder zu Pasteten und Terrinen verarbeitet.

PALOMBO *(Grauer Glatthai)*
Eines der weniger gefährlichen Mitglieder der Haifamilie. Der *palombo* kann bis zu 1,5 m lang werden. Man sieht den Fisch oft in Stücke zerteilt auf den Ständen

313

ZUTATEN VON A BIS Z

des Fischmarkts von Venedig, wo man ihn euphemistisch *vitella del mare*, Meerkalb, nennt. Er ist dennoch kein besonders guter Speisefisch.

PAMPEPATO (*Pfefferkuchen*)

Pampepato ist ein besonders altes Rezept für einen süßen Gewürzkuchen. Man kennt zwei Sorten davon, eine stammt aus Ferrara, die andere aus Umbrien und den Marken. *Pampepato* aus Ferrara ist ringförmig, enthält Mandeln und Pinienkerne und wird oft mit Schokolade überzogen. In Ferrara isst man den Gewürzkuchen vor allem an Weihnachten. Der *pampepato* aus Mittelitalien ist brötchenförmig und enthält Mandeln, Walnüsse, Schokoladenstückchen, Sultaninen und kandierte Früchte.

PAN *siehe auch* PANE

PANATA ODER PANADA (*Brotsuppe*)

Eine Brotsuppe aus Venetien und der Emilia. Um *Panata* zuzubereiten, kocht man altbackenes Brot in Brühe auf und schmeckt es mit Olivenöl, Parmesan und Muskat ab.

PANCETTA (*Bauchspeck*)

Pancetta wird aus den fetthaltigen Schichten des Schweinebauchs gemacht. In Italien kennt man zwei Sorten: *Pancetta tesa* wird nur gesalzen, *pancetta arrotolata* zusätzlich mit Nelken und Pfeffer gewürzt und aufgerollt. *Pancetta tesa* wird 20 Tage gepökelt, kann aber auch geräuchert werden und ist eine Spezialität aus Südtirol, Friaul und dem Aostatal. Bauchspeck ist einer der wesentlichen Bestandteile in einem *soffritto* ☞, das als Grundlage vieler Gerichte geschätzt wird, etwa der Pastasauce Carbonara*. *Pancetta arrotolata* wird wie Salami als Aufschnitt serviert.

PANCOTTO (*Brotsuppe*)

Der Name dieser Suppe bedeutet wörtlich: „gekochtes Brot". Sie ist die am weitesten verbreitete Suppe der bäuerlichen Küche und wird aus gutem Landbrot gemacht, das durch regional unterschiedliche Produkte ergänzt wird. Für ein typisches *pancotto* Norditaliens brät man Zwiebeln in Butter an, kocht die Suppe mit Fleischbrühe und bestreut sie mit Parmesan. In Ligurien wird der Geschmack durch Kräuter und Pecorino* bestimmt, während im Süden Tomaten die Basis bilden. Die *pappa col pomodoro** der Toskana ist ebenfalls ein *pancotto*. In einer Version aus Apulien wird die Suppe mit Rucola und

Kartoffeln gekocht, das Brot wird erst am Schluss hinzugefügt. Mein Lieblingsrezept finden Sie auf Seite 63.

PAN DI SPAGNA (*Biskuitkuchen*)

Der Name bedeutet wörtlich „spanisches Brot", es handelt sich dabei jedoch um einen leichten, lockeren Biskuitkuchen, der mit Creme gefüllt oder mit Schokolade überzogen sein kann. *Pan di Spagna* wird auch für die *zuppa inglese** verwendet.

PANDOLCE (*Weihnachtskuchen aus Genua*)

Der an Weihnachten beliebte *pandolce* besitzt die Form einer flachen Kuppel. Der Teig ist eher schwer und mit *zibibbo* (Rosinen), Pinienkernen, kandiertem Kürbis und Zitronat angereichert und mit Orangenblütenwasser, Fenchelsamen und verschiedenen Gewürzen aromatisiert. Wenn der Kuchen zu Tisch gebracht wird, wird er mit einem Lorbeerzweig verziert und nach alter Sitte vom jüngsten Mitglied der Tafelrunde aufgeschnitten.

PANDORO (*Weihnachtskuchen aus Verona*)

Pandoro ist der traditionelle Weihnachtskuchen aus Verona. Seiner leuchtenden Farbe verdankt er den Namen „goldenes Brot". Der Kuchen besteht aus Mehl, Eiern, Butter und Hefe, wird in einer sternförmigen Form gebacken und reichlich mit Zuckerguss garniert. Die Konsistenz ist leicht, der Geschmack buttrig. *Pandoro* wird kaum je zu Hause gebacken. Heutzutage kann man den Weihnachtskuchen auch außerhalb Italiens kaufen.

PANE (*Brot*)

Brot ist in Italien das wichtigste Grundnahrungsmittel. In einer ganzen Reihe von Sinnsprüchen wird das Brot mit Nahrung und Stärkung gleichgesetzt. Die Beschreibung, jemand sei *buono come i' pane* für einen herzlichen, hilfsbereiten und freigiebigen Menschen macht das besonders deutlich. Viele Brotlaibe sind vor dem Backen mit einem Kreuz geprägt worden, auf dem Lande schlagen ältere Menschen immer noch das Kreuz vor dem Anschneiden eines frischen Brotlaibes. In manchen Regionen, besonders im Süden, wo sich alte Traditionen erhalten haben, werden speziell geformte Brote zu besonderen Gelegenheiten gebacken, etwa für Taufen oder Hochzeiten.

Die Bäckereien sind heutzutage so qualitätsbewusst, dass es eigentlich keinen Grund gibt, Brot zu Hause zu backen. Mehr als 90 % der Brote werden dort gebacken, wo man sie verkauft, und die Italiener wissen das von

Experten in einem richtigen Brotofen gebackene Brot zu schätzen. Nur in einigen abgelegenen Teilen Süditaliens oder in den Schickeriaküchen der toskanischen Designer-Landhäuser stehen noch private Bäckeröfen.

Man kennt mehr als 1000 verschiedene Brotformen, manche nur auf lokaler Ebene, andere werden im ganzen Land gebacken. In der Hauptsache sind dies kleine Weißbrote mit etwa 250 g Gewicht, von denen das *michetta** und das *biovetta**, die traditionellen Brotlaibe des Nordens, am verbreitetsten sind. In Mittelitalien hingegen sind die Brotlaibe größer und halten länger, wie zum Beispiel die ungesalzenen Brote aus der Toskana und den Abruzzen, die etwa 500 g wiegen. In Süditalien kann man die ländlichen Brote dank ihrer Größe bis zu einer Woche aufbewahren, das *schiacciato* aus Apulien ist mit 2 kg Gewicht ein gutes Beispiel dafür, wobei dieses Brot immer noch leichter ist als das *civraxiu* aus Sardinien, das im Osten der Insel aus einem Kartoffelteig gebacken wird. In Sardinien bäckt man auch das dünnste Brot Italiens, das *carta da musica**, Notenblatt, heißt. Es besteht aus einer papierdünnen Scheibe, die aus einer Mischung aus Weichweizen- und Hartweizenmehl gebacken wird. Andere Spezialbrote werden aus Roggen oder Buchweizen gebacken und enthalten Milch, Öl, Nüsse und anderes. Zu guter Letzt seien noch die unzähligen Brote erwähnt, die nach alter Sitte an den Festtagen der örtlichen Heiligen in überlieferten Formen gebacken werden.

In Italien ist ein Essen ohne Brot undenkbar, so wird Brot stets automatisch auf den Tisch gestellt, im Restaurant aber immer zusammen mit dem Gedeck berechnet. Es wundert also nicht, wenn der italienische Pro-Kopf-Verbrauch mit 150 g pro Tag der höchste innerhalb der EU ist.

BIOVA *und* BIOVETTA: Große Brotleibe und kleine Brötchen aus dem Piemont, die innen leicht und weich sind und außen eine knusprige, goldene Kruste besitzen.

CARTA DA MUSICA, *auch* PANE CARASAU *genannt:* Für dieses sardische Fladenbrot wird der Teig so dünn ausgerollt, dass die Oberfläche von Rissen durchzogen ist. *Pane carasau* wird heutzutage auch industriell hergestellt und in ganz Italien, aber auch im Ausland verkauft. Mit diesem Brot wird ein Gericht zubereitet, das *pane fratau* heißt. Dazu werden die Fladen vor dem Backen mit Tomatenscheiben, geriebenem Pecorino* und einem pochierten Ei belegt.

CIABATTA: Eine relativ neues Brot in Italien, das ursprünglich vom Comer See stammt, nun aber in ganz Norditalien und auch im Ausland beliebt ist. Ciabatta bedeutet wörtlich „Pantoffel", auch das Brot ist eher flach mit sohlenartiger Form. Dabei wird aber der liebevolle Spitzname der zarten Krume und dem leckeren Geschmack nicht gerecht.

FILONE: Ein Brot, das dem französischen Baguette ähnelt, aber größer ist. Man bäckt auch eine kleinere Form, das *filoncino*.

FRANCESINA: Eine Variante des französischen Baguettes aus der Lombardei mit harter Kruste und kompakter Struktur.

MANINA: Eine Brötchensorte aus Ferrara, einer Stadt, die für ihr gutes Brot berühmt ist. Man bäckt es aus einem kompakten, aber zartkrumigen Teig.

MICHETTA: Das klassische Brötchen der Mailänder. Eine *michetta* ist eine knusprige, runde Semmel in der Form einer fünfblättrigen Rose – daher nennt man sie auch *rosetta*. Im Innern ist das Brötchen fast hohl, so hoch ging der Teig beim Backen auf. Eine gelungene *michetta* frisch aus dem Ofen ist eines der aromatischsten Brötchen, das man in Italien bekommen kann.

PAGNOTTA: Ein großer, runder Brotlaib, wobei die Version aus Apulien die typischste ist. Die *pagnotta* besitzt die älteste bekannte Brotform und wird nach alter Sitte vom Hausherrn geschnitten, der das Brot im Ellenbogen festklemmt und mit dem Messer vor seiner Brust dicke Scheiben herunterschneidet.

PAN CON L'UVA (*Rosinenbrot*): Das *pan con l'uva* stammt aus der Lombardei und wird aus einem Teig gebacken, der viel Butter und Rosinen enthält.

PANE DI ALTAMURA: Die Stadt Altamura in Apulien gab einer ganzen Brotgattung ihren Namen: eher große Laibe aus Hartweizen, die langsam in einem Steinofen gebacken werden. Die Kruste ist dick und nachgiebig, die Krume goldfarben mit appetitanregendem Duft nach Weizen.

PAN DI MIGLIO: Dieses althergebrachte Brot aus Hirse wird heutzutage oftmals aus Maismehl gebacken und wird traditionell am Festtag des heiligen Georg gegessen, in Mailand wird dicke Sahne dazu serviert.

PAN DI RAMERINO: Eine süße Brotspezialität aus der Toskana, die mit Rosmarin (*ramerino*) und Sultaninen gewürzt wird.

PANE INTEGRALE (*Vollkornbrot*): Vollkornbrot ist in Italien üblicherweise wie ein Toastbrot geformt oder zu Brötchen gebacken, aber nicht sehr beliebt, da der intensive Eigengeschmack die Aromen des Belags übertönt.

ZUTATEN VON A BIS Z

PANE PUGLIESE°: Eine großer, runder Brotlaib, der aus Apulien stammt, mit einer knusprigen Kruste und einer kompakten Krume (Rezept Seite 238).

PANE TOSCANO *oder* PANE SCIOCCO: Das einzige italienische Brot, bei dem der Teig kein Salz enthält. Es schmeckt besonders gut zu toskanischem Schinken oder Salami.

PANETTONE *(Weihnachtskuchen)*

Dieser kuppelförmige Weihnachtskuchen aus Mailand hat dank seines buttrigen Geschmacks, der leichten Konsistenz und seinem Gehalt an Sultaninen, Zitronat und Orangeat die ganze Welt erobert und gilt als *der* Weihnachtskuchen. Viele Jahre lang wurde Panettone mit der hohen, zylindrischen Form assoziiert, die die Firma Motta erstmals 1920 auf den Markt brachte. In letzter Zeit besinnt man sich auf die originale Form einer niedrigen Kuppel, was alle traditionsbewussten Mailänder erfreut. Panettone wird kaum je zu Hause gebacken, da die Zubereitung des Hefekuchens sehr aufwendig und schwierig ist.

Heutzutage gibt es viele unterschiedliche Sorten zu kaufen, mit Schokoladenfüllung oder -überzug, mit Zabaione*- oder Mascarpone-Füllung und einer Vielzahl

weiterer modischer Abwandlungen. Ich selbst kaufe immer einen klassisch schlichten Panettone und verwende ihn zum Teil dazu, einen Panettone-Pudding°, wie auf Seite 215 beschrieben, als weihnachtliches Dessert zu backen.

PANFORTE *(Weihnachtskuchen aus Siena)*

Der *panforte* ist ein harter, flacher Gewürzkuchen, den man heutzutage von Oktober bis März aus industrieller Produktion kaufen kann und der in ganz Europa und den USA beliebt ist, ebenso wie *panforte nero*, der Schokolade enthält.

PANGRATTATO *(Semmelbrösel, Brotkrumen)*

Italienische Semmelbrösel werden aus krustenlosem Weißbrot gemacht und im Ofen getrocknet. Bisweilen werden auch frische Brotkrumen verwendet, die gröber sind als unsere Semmelbrösel. Für viele Füllungen ist *pangrattato* unverzichtbar. Es dient auch zum Andicken von Saucen, zum Panieren, zum Bestreuen von Gratins und zum Ausstreuen von gebutterten Backformen, in denen der Teig beim Backen nicht ansetzen soll. In der Armeleuteküche Süditaliens werden Semmelbrösel in Pastasaucen als Ersatz für den teureren Reibekäse verwendet.

PANINO *(Belegtes Brötchen)*

Panino ist die Kurzform von *panino imbottito* – belegtes Brötchen.

Natürlich kann man alle Arten von Brötchen füllen, aber meistens wird für Imbisse ein weiches, aber kompaktes Panino bevorzugt. Man isst die Brötchen nicht nur als Snack zwischendurch, mittlerweile werden sie auch als schnelles Mittagessen in den Städten beliebt, wo die Arbeitnehmer in der Mittagspause nicht mehr nach Hause fahren oder sich den Restaurantbesuch nicht leisten können.

PANISSA *(Ligurische Polenta)*

Diese Polenta-Variante aus Ligurien wird mit Kichererbsenmehl und Wasser zubereitet.

PANNA *(Sahne)*

Obwohl Sahne nur selten für althergebrachte Rezepte verwendet wird, dient sie mittlerweile häufig dazu, Pastasaucen geschmeidig und kompakt zu machen. Die bekannteste Sahnesauce wird mit *fettucine** kombiniert.

Mit Sahne, ob geschlagen oder flüssig, auch als fettreduzierte Sorte, werden einige Süßspeisen bereitet. Meist bevorzugt man in Italien jedoch Eiercreme, die auch die Grundlage für Eiscreme bildet. Zwei traditionelle Desserts werden völlig aus Schlagsahne gemacht: *lattemiele** aus der südlichen Lombardei und *panna cotta**, Sahnecreme.

PANNA COTTA (Wörtlich: „gekochte Sahne", eine Sahnecreme)

Eine Mischung aus Sahne, Milch, Zucker und Gelatine, die bis zum Siedepunkt erhitzt wird und dann in Förmchen auskühlt. Die traditionelle *panna cotta* aus dem Piemont und dem Aostatal wird mit Pfirsichschnaps aromatisiert. Man serviert *panna cotta* gekühlt und gestürzt und ohne weitere Zugaben, obwohl es mittlerweile modisch ist, sie mit Fruchtpüree und/oder frischem Obst zu garnieren.

PANSOTI siehe PASTA

PANZANELLA (Brotsalat)

Ein schlichter, sehr rustikaler Salat, der in ganz Mittelitalien beliebt ist, den man aber zunehmend auch in anderen Regionen schätzt. *Panzanella*° (Rezept Seite 92) besteht aus Brot, das mit anderen Zutaten angereichert wird. Als Brot nimmt man am besten das ungesalzene aus der Toskana, das leicht altbacken sein sollte. Das Brot wird in kaltem Wasser eingeweicht, ausgedrückt und in einer Schale angerichtet. Dazu kommt frisches Gemüse: reife Tomaten, süße rote Zwiebeln und einige Basilikum- oder Majoranblättchen und/oder Salbei. Dies sind unverzichtbare Bestandteile, wahlweise können auch noch Chicorée, Gurke, Sellerie, Petersilie und Sardellenfilets hinzugefügt werden. Der Salat wird mit dem besten Olivenöl, Weinessig, Pfeffer und Salz angemacht.

PANZEROTTI ODER PANZAROTTI (Gefüllte Teigtaschen)

Panzerotti sind kleine, rechteckige oder halbmondförmige Teigtaschen aus Brotteig, die süß oder pikant gefüllt werden können: Oft nimmt man eine Mischung aus Tomaten, Mozzarella*, Ricotta*, Eiern und Sardellen, die mit Basilikum oder Oregano gewürzt werden. Diese Zutaten sind typisch für Mittel- und Süditalien, wo *panzerotti* häufig angeboten werden. Die Teigtaschen werden in Schweineschmalz oder Olivenöl ausgebacken. In der Basilicata findet man süße *panzerotti* mit einer Füllung aus gezuckertem Kichererbsenpüree, das mit Schokolade und Zimt aromatisiert wurde.

PAPPA COL POMODORO (Tomaten-Brot-Suppe)

Diese klassische Suppe der Toskana kombiniert zwei der beliebtesten toskanischen Zutaten: Brot und Tomaten. *Pappa col pomodoro* schmeckt heiß, warm und kalt.

PAPPARDELLE siehe PASTA

PARMIGIANA DI MELANZANE (Mit Käse gratinierte Auberginen)

Einer der bekanntesten Klassiker aus Italien, der wahrscheinlich ursprünglich aus Neapel stammt. Das Gratin besteht aus ausgebackenen oder in Olivenöl gebratenen Auberginenscheiben, die mit Mozzarella*, Tomatensauce, Parmesan und Basilikum bedeckt überbacken werden (Rezept Seite 195).

PARMIGIANO REGGIANO (Parmesan)

Parmigiano Reggiano, der originale Parmesan, stammt aus den Provinzen von Parma und Reggio Emilia, darf heutzutage allerdings auch in den Regionen von Modena, Bologna und Mantua hergestellt werden. Der Käse wird in kleinen Käsereien erzeugt, wo man nur vier bis fünf Käse pro Tag fertigt. Noch immer wird Parmesan wie in der guten alten Zeit gemacht, da es offensichtlich unmöglich ist, das gleiche Ergebnis industriell zu erreichen.

Die Milch stammt von Weidekühen der Region, der beste Käse entsteht zwischen April und November. Die Kühe werden morgens und abends gemolken, und die Milch wird teilweise entrahmt, aber nicht pasteurisiert. Die Milch wird mit Kalbslab zum Stocken gebracht und in Formen gefüllt. 20 bis 25 Tage lang werden die Käse immer wieder mit Salz bestrichen.

Die Käse sind groß und wiegen zwischen 30 und 35 kg. Für 1 kg braucht man 16 l Milch. Die Käse werden in riesigen Lagerhallen unterschiedlich lange ausgereift und je nach Lagerzeit anders benannt. *Parmigiano nuovo* ist jünger als ein Jahr, *parmigiano vecchio* zwischen einem und zwei Jahren alt, *parmigiano stravecchio* reifte zwei Jahre oder länger. Kein anderer Käse der Welt wird so lange gereift. Das Siegel des Consorzio auf der Außenhaut garantiert die Qualität des Käses und die Einhaltung der sehr strikten Qualitätsvorschriften.

Guter Parmesan ist strohgelb, von krümeliger Konsistenz und mildem, reichem und leicht salzigem Geschmack. Man benutzt den Käse sehr häufig in der italienischen Küche, vor allem zu Pastagerichten, weit seltener zu Fisch. Auch zu Gemüsesaucen wird Parmesan gereicht. In Füllungen dient er zum Binden, im Risotto lässt er den Reis cremiger und dicker werden.

Alter wie junger Parmesan schmeckt auch gut pur. In kleine Stücke zerbrochen, passt er besonders gut zu einem Glas Spumante oder Prosecco.

PASSATELLI IN BRODO *(Suppe mit Marknudeln)*

Für *passatelli* wird ein Teig aus Semmelbröseln, Rindermark, Parmesan, Muskat und Eiern durch ein Sieb oder mit einer Presse – ähnlich wie bei Spätzle – in eine kräftige Brühe gedrückt, in der die *passatelli* kurz gar ziehen. In der Romagna sind die Nudeln dick, etwa wie Spätzle, die Variante der Marken ist dünner, und die Suppe enthält zusätzlich fein gehacktes Rinderfilet oder frische Steinpilze.

PASTA *(Nudeln)*

Pasta ist an sich der Oberbegriff für jede Form von Teig, vom Nudelteig bis hin zum Brot- und Blätterteig. Ist allerdings ein anderer als Nudelteig gemeint, so wird das Wort *pasta* genauer bezeichnet, etwa als *pasta frolla** (Mürbteig) oder *pasta da pane* (Brotteig).

Ursprünglich kam Pasta nur in Süditalien täglich auf den Tisch, meist als erster Gang beim Mittagessen. In der zweiten Hälfte des 20. Jahrhunderts wurde Pasta auch in Norditalien beliebt und verdrängte teilweise den dort heimischen Risotto. Heutzutage wird Pasta gerne als kleines Essen serviert, es gibt aber niemals Salat dazu. Dieses typische Gericht aus Süditalien entspricht den modernen Ernährungsvorstellungen: reichlich Kohlehydrate und dazu eine Sauce, die nur wenig Fleisch, aber Gemüse, Hülsenfrüchte, Käse oder Eier enthält.

In Italien bevorzugt man getrocknete Nudeln. Frische Pasta wird seltener gegessen und gilt nicht unbedingt für besser, sondern nur für eine Abwandlung.

Frische Nudeln: In der Emilia-Romagna macht man frische Nudeln nur aus Eiern und Mehl des Ausmahlgrades 00 (siehe *farina**). Das klassische Rezept dafür findet sich auf Seite 88. In anderen Regionen werden bisweilen ein oder zwei Eier durch Wasser ersetzt, dann entsteht aber eine weniger schmackhafte Pasta. Im Süden nimmt man Hartweizengrieß, Mehl und Wasser, hat aber Mühe, den Pastateig durch Kneten in Form zu bringen.

Jede Art von Nudelteig wird im Italienischen als *sfoglia** bezeichnet. Den Teig von Hand zu Nudeln auszurollen ist aufwendig und dauert sehr lange. Eine große Auswahl an Nudelmaschinen erleichtert die Arbeit erheblich. Die Maschine rollt den Teig erst zur gewünsch-

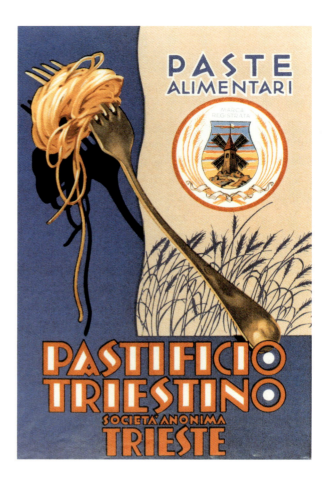

ten Dicke aus und schneidet dann die Nudeln zu. Man kann Eiernudeln frisch oder auch getrocknet kaufen.

Trockennudeln: Diese werden in der Nudelfabrik hergestellt, die Produktion wird dabei streng überwacht. In Trockenpasta darf nur Hartweizengrieß und Wasser. Genauso wichtig ist der Trocknungsprozess, der langsam und in Abschnitten durchgeführt wird. Die beste Pasta trocknet bis zu 80 Stunden, Durchschnittsware nur etwa 32 Stunden. Die Formen, durch die der Nudelteig gepresst wird, haben ebenfalls Auswirkungen auf die Qualität: Am besten sind Formen aus Bronze, die die Nudel anrauen und so für eine bessere Haftung der Pastasauce sorgen.

Trockenpasta wird in unterschiedlichen Formen und Größen angeboten, die meisten Formen sind speziell für bestimmte Pastasaucen entwickelt worden. Im Allgemeinen passt lange Pasta wie etwa Spaghetti am besten zu einer Sauce auf Basis von Olivenöl, da dadurch die einzelnen Nudelstränge voneinander separiert werden und glitschig bleiben. Dickere, längere Formen eignen sich für Saucen und zur Kombination mit Gemüse und Hülsenfrüchten, während Rigatoni* und Penne* sich am besten überbacken lassen.

Pasta kochen: Pasta gehört zu den alltäglichen Lebensmitteln, aber man sollte sie mit Sorgfalt kochen. Die Nudeln müssen in einer großen Kasserolle in viel Salzwasser gegart werden: pro 100 g Nudeln braucht man 1 l Wasser, dem beim Kochen 10 g Salz zugefügt wurde, bevor die Nudeln dazukommen. Sobald das Wasser aufwallt, wird die Pasta hineingegeben und gleich umgerührt. Je nach Form und Qualität der Nudeln ist die Kochdauer unterschiedlich, frische Nudeln brauchen weniger Zeit als getrocknete Pasta.

Wenn die Pasta *al dente* gekocht ist, wird sie in einem Durchschlag abgegossen oder, was sich bei langen Nudeln empfiehlt, mit einer langen Holzgabel oder einem Spaghettiheber herausgefischt. Manchmal hebt man ein wenig Kochwasser auf, um dem fertigen Gericht noch etwas Feuchtigkeit hinzuzufügen. Bei frischer Pasta sollte man das immer tun, da die fertigen Nudeln sehr viel Feuchtigkeit aufsaugen.

Die abgetropften Nudeln werden in eine vorgewärmte Schüssel gefüllt und sofort mit der Sauce vermischt: Italienische Nudeln dürfen anders als asiatische Nudeln nie ohne Sauce antrocknen. Die Sauce darf dabei nicht wässrig sein, auch ein Zuviel an Sauce ist zu vermeiden.

Pasta colorata oder aromatizzata (bunte und aromatisierte Nudeln): Nudeln können gefärbt werden. Heutzutage sind gelbe (durch Safran), braune (durch Pilze), rote (durch Tomaten) und schwarze (durch Fischtinte) ebenso weit verbreitet wie die traditionellen grünen Spinatnudeln aus der Emilia.

Pasta ripiena (gefüllte Nudeln): Dazu gehören vor allem die verschiedensten Ravioli-Sorten. Die Hülle besteht aus Eiernudelteig, je nach Sorte variiert die Füllung.

Pastina (Suppennudeln): In Italien gibt es unterschiedlichste Suppennudeln: *stelline* (kleine Sterne), *ave Marie* (Hagelkörner), *risi* (reisförmige Nudeln), *farfalline* (kleine Schmetterlingsnudeln), *alfabeti* (Buchstaben), *anellini* (kleine Ringe) und viele andere winzige Nudelformen.

Pastasciutta: Der Begriff bezeichnet abgetropfte Nudeln, die mit Sauce vermischt serviert werden.

Pasta in brodo: Das Gegenstück zu Pastasciutta, also Nudeln, die mit ihrer Kochbrühe serviert werden.

Pasta alla Norma: Ein Gericht aus Catania, wobei die Pasta, meist Spaghetti, mit einer fruchtigen Tomatensauce serviert wird, zu der Auberginenscheiben und geriebener Ricotta* kommen. Das Gericht wurde nach der Oper Norma des in Catania geborenen Komponisten Bellini benannt – eine verdiente Ehre.

PASTA *(Nudelsorten)*

AGNOLOTTI: Runde oder rechteckige Pastaform mit Füllung, die traditionell in drei Regionen hergestellt wird: im Piemont mit angedünstetem Fleisch, Fleischjus, Butter oder Parmesan, in der Toskana mit Kalbfleisch, Semmelbröseln und viel Parmesan und in Sardinien mit Aubergine, Walnüssen, Ricotta und vielen Kräutern gefüllt. Der Teig der sardischen *agnolotti* enthält Safran.

ANOLINI: Kleine, gefüllte Pasta, halbmondförmig mit gewelltem Rand, die aus der Emilia-Romagna stammen, wo man sie in Fleischbrühe gart und als Suppeneinlage serviert. Die Füllung ist abwechslungsreich, enthält aber immer Fleisch oder Fleischjus. Beim Rezept *timballo di anolini* werden die gekochten *anolini* mit Fleischjus, etwas Butter und Parmesan vermischt und dann unter einem Teigdeckel aus gezuckertem Teig überbacken.

BIGOLI: Der venezianische Name für dicke Spaghetti, die entstehen, wenn man den Pastateig durch eine *bigolaro* genannte Presse drückt – gelegentlich werden *bigoli* zu Hause gemacht. Der Teig nach Originalrezept wird aus Mehl, Butter und Eiern geknetet, wobei die Eier auch von

Enten stammen können. Ursprünglich wurden *bigoli* aus Weichweizenmehl hergestellt, heute kennt man eine ganze Reihe von örtlichen Abwandlungen, etwa die *bigoli* aus Vollkornmehl, wie man sie in Venedig schätzt. *Bigoli* kauft man meist als Trockennudeln aus der Nudelfabrik, wo sie mit Vollkorn- oder Hartweizenmehl gefertigt wurden. Sie werden häufig mit einer Sardellensauce oder einer Sauce aus Zwiebeln und pürierten Enteninnereien serviert.

BUCATINI: Dicke, hohle Spaghetti, deren Form oft dazu führt, dass sie anstelle von Spaghetti mit den unterschiedlichsten Saucen gegessen werden. *Bucatini* sind besonders in Mittelitalien beliebt, wo sie gerne mit den Saucen *amatriciana** und *carbonara** auf den Tisch kommen, aber auch mit anderen Saucen mit intensivem Eigengeschmack.

CAPPELLACCI: Die zu den leckersten Sorten der gefüllten Pasta gehörenden *cappellacci* aus Ferrara sind wie eine große Version der *cappelletti** oder wie runde Ravioli* geformt. Man füllt sie mit einer Mischung aus Kürbispüree, Parmesan, Semmelbröseln, Muskat und Eiern. Am besten übergießt man sie nach dem Kochen mit geschmolzener Butter und streut dann reichlich geriebenen Parmesan darüber.

CAPPELLETTI: Eine gefüllte Pastasorte in Form einer kleinen, mittelalterlichen Kopfbedeckung (das ist gleichzeitig die Bedeutung des Wortes *cappelletto*). Nach altem Brauch werden *cappelletti* in Brühe serviert, die aus der Karkasse eines Kapauns gekocht wurde – wahrscheinlich die feinste aller Hühnerbrühen. Werden die *cappelletti* ohne Brühe serviert, dann übergießt man sie mit flüssiger Butter und reibt Parmesan darüber.

Cappelletti gibt es in den unterschiedlichsten Formen und mit verschiedensten Füllungen, je nach lokaler Tradition. Die Teigtaschen aus Gubbio sind wohl die reichhaltigsten von allen, hier füllt man den Teig mit einer Mischung aus Kapaunfleisch, Taube, Schweinefleisch, Hirn und Wurstbrät, gebunden mit Eiern und Parmesan, und serviert die *cappelletti* in Kapaunbrühe. Obwohl es das traditionelle Weihnachtsessen dieser Region ist, machen die Köchinnen genug Teigtaschen, dass man sie auch noch an Neujahr und am Dreikönigstag genießen kann.

Die *cappelletti* aus Reggio in der Emilia sind sehr klein und besitzen eine saftige Füllung aus verschiedenen Fleischsorten, Prosciutto* und geriebenem Parmesan. Aus der Romagna kommen *cappelletti di grasso* („fette" *cappelletti*), die mit Kapaunbrust, Ricotta* und Parmesan gefüllt sind, aber auch *cappelletti di magro* – „dürftige" Teigtaschen, die, wie der Name schon sagt, kein Fleisch, sondern nur Ricotta und Eier enthalten.

CAPELLI D'ANGELO (*Engelshaarnudeln*): Haarfeine Nudelstränge, die normalerweise in einer leichten Brühe als Einlage gekocht werden.

CASONSEI: Diese gefüllte Pastasorte ist eine alte Spezialität der Orte Brecia und Bergamo. Die Nudeln sind ungewöhnlich geformt, etwa wie ein kurzer Puffärmel, und mit Sultaninen, *luganega**, Mangold, Eiern, Parmesan und manchmal auch Amaretti* gefüllt. Nach dem Kochen werden die *casonsei* abgetropft und mit Safranbutter und Parmesan serviert.

CJALZÒNS: Diese Ravioli* stammen aus Carnia, einer Provinz im Osten von Friaul, die an Kärnten und Slowenien grenzt. Dort besitzt jede Stadt ihr eigenes Rezept dafür. Die Füllung und die Form ändert sich dabei, aber normalerweise werden sowohl süße als auch pikante Zutaten verwendet, was auf den Einfluss der benachbarten Balkanküche zurückzuführen ist. Manchmal wird geräucherter Ricotta* verwendet, aber auch Kartoffeln, Sultaninen und Gewürze, besonders Zimt.

CONCHIGLIE (*wörtlich: „Muscheln"*): Eine mittelgroße, muschelförmige Pastaart, die sich gut zu Fleischragout eignet, aber auch zu Gemüsesaucen aus Brokkoli oder Zucchini oder Käse- bzw. Ricotta-Sauce.

CORZETTI: Diese achteckige Pasta findet sich nur in Ligurien. Das traditionelle Rezept dafür heißt *alla Polcevera*, stammt aus dem gleichnamigen Ort und verlangt, dass die Nudeln mit einem Fleischjus oder mit einer Pilzsauce serviert werden.

CULURZONES *oder* CULURGIONES: Dies sind die großen sardischen Ravioli*, die mit frischem Pecorino*, Spinat, Eiern und Safran gefüllt und mit Tomatensauce und geriebenem, reifem Pecorino serviert werden.

DITALI *oder* DITALINI: Röhrenförmige Trockenpasta, die *rigati* (gerillt) oder *lisci* (glatt) sein können. Man verwendet sie üblicherweise als Suppennudeln, die größeren für Bohnensuppe mit Nudeln oder Minestrone*, die kleineren für Erbsen- oder Linsensuppe.

FARFALLE UND FARFALLINE (*Schmetterlingsnudeln*): Farfalle passen sehr gut zu cremigen Saucen. Farfalline, die kleine Version, werden gerne als Einlage für klare Brühen genommen. Farfalle können auch zu Hause aus selbst gemachtem Nudelteig geschnitten werden, dazu den ausgerollten Teig in 5 cm große Quadrate schneiden und diese in der Mitte zusammendrücken.

FETTUCCINE: Dies ist die römische Variante der Tagliatelle*, die traditionell ein wenig schmäler, dafür aber dicker sind.

GARGANELLI: Von Hand gemachte Pasta aus der Romagna, die wie zerfurchte, an Zimtstangen erinnernde Maccheroni aussehen. Sie schmecken sehr gut zu *ragù** aus Fleisch, das die Furchen überzieht und daran haften bleibt. Auch die Nudelfabrikanten bieten *garganelli* an.

LAGANE *oder* LAGANELLE: Breite Bandnudeln aus Süditalien, die aus Hartweizengrieß und Wasser gefertigt werden. Am beliebtesten sind *lagane e ciceri* (mit Kichererbsen). Die Kichererbsen und die Nudeln werden separat gekocht, beide Zutaten dann gemischt und mit Olivenöl übergossen, das mit reichlich Knoblauch und Chili gewürzt wurde.

LASAGNE: Ursprünglich stammt dieser Nudelauflauf aus der Emilia-Romagna, wo man die Teigblätter nur aus Eiern und Mehl macht, ohne Zugabe von Wasser oder Salz. Eine Hand voll gekochter, fein gehackter Spinat wird oft hinzugefügt, um die Lasagneblätter grün zu färben. Lasagneblätter können aber auch frisch oder getrocknet im Laden gekauft werden. Trockenlasagne von guter Markenqualität ist dabei oft sogar besser als frische Lasagneblätter aus dem Feinkostladen.

Lasagne gehört zur regionalen Küchentradition in vielen Gegenden Italiens, aber überall wird sie anders zubereitet, der Teig ist anders, die Saucen unterscheiden sich, mal werden die Blätter vorgekocht und nach dem Füllen gleich serviert, dann wieder überbacken.

In Genua heißt die lokale Lasagne-Variante *piccagge**, wobei die Nudeln streifenförmig geschnitten werden und eher an Bandnudeln erinnern. Dazu liebt man Pesto* und andere Saucen. In Triest füllt man die Lasagne mit Butter, Zucker und Mohn, der zuvor in Butter angedünstet wurde. Trotz seiner Süße wird das Gericht als Pastagang serviert. Die *lasagne al forno°*, die im Ofen überbackene Lasagne, stammt ursprünglich aus der Emilia-Romagna und wird aus grünen Lasagneblättern, einer kräftigen Fleischsauce und einer samtigen, gut abgeschmeckten Béchamel° hergestellt. Die traditionelle Lasagne der Marken ist besonders reichhaltig und heißt *vincisgrassi**° (Seite 93). Dazu wird der Nudelteig mit Vin Santo angereichert. In Neapel isst man die *lasagne di carnevale* am Fasching. Dieser rechteckige Nudelauflauf wird üppig mit lokaler Schweinswurst, kleinen, ausgebackenen Fleischbällchen, Mozzarella*, Ricotta* und hart gekochten Eiern belegt und dann reichlich mit einem klassischen neapolitanischen *ragù* bedeckt.

In der modernen Küche bereitet man Lasagne auch mit Fisch zu oder mit rotem Radicchio, Béchamel und Parmesan oder als *lasagne alla boscaiola* mit Eiern, Pilzen, Fontina*-Käse und Parmesan. Auch vegetarische Lasagne ist beliebt und schmeckt ausgezeichnet, wenn man sich bei der Zubereitung Mühe gibt.

LINGUINE (*wörtlich: „kleine Zungen"*) *oder* BAVETTE: Diese Nudelsorte ist lang und flach. Nach alter Sitte werden Linguine mit Knoblauch, Olivenöl und Chili als *aglio, olio e peperoncino°* (Seite 83) serviert. Ein anderer kulinarischer Genuss sind Linguine mit Muschelsauce.

MACCHERONI: Im italienischen Alltag ist Maccheroni eine Bezeichnung für eine Gruppe von industriell gefertigten Röhrennudeln, zu denen auch die *penne**, *sedani*, *mezzani*, *ziti** und andere Formen gehören. In Süditalien versteht man darunter allerdings jegliche Pastasorte, die zu Hause aus einem schwierig herzustellenden Teig aus Hartweizengrieß, Mehl und Wasser geformt wird.

Die bekannteste Pasta dieser Art sind *maccheroni alla chitarra**° (Seite 95), die wie rechteckige Spaghetti aussehen. Die sizilianischen Maccheroni sind lang und dick, wie die *ziti**, oder spiralförmig, wie die *fusilli**.

MACCHERONCINI, *auch* MACCHERONCELLI, MEZZI ZITI *oder* SEDANI *genannt*: Eine Trockenpasta in

ZUTATEN VON A BIS Z

der Basilicata. Obwohl sie heute auch kommerziell hergestellt werden, macht man diese Nudeln gerne noch von Hand. Nach altem Rezept werden *orecchiette* mit Rübenscheiben gekocht, dann abgeseiht und mit den Rüben und einer Sauce aus gesalzenen Anchovis serviert, die mit Knoblauch und Chili in Olivenöl zerdrückt wurden. Ein anderes Rezept kennt man für *orecchiette* mit Kartoffeln und Rucola, für das die Nudeln und der Rucola zu den halb garen Kartoffeln gerührt werden. Dieses Gericht wird meist als dicker Eintopf serviert, abgeschmeckt mit Knoblauch und Chili, die in Olivenöl angedünstet wurden.

PAGLIE E FIENO: Wörtlich bedeutet das „Heu und Stroh", es handelt sich um appetitliche Eiernudeln, von denen eine Hälfte eierfarben bleibt, die andere Hälfte wird mit Spinat grün gefärbt.

PANSOTI: Ligurische Ravioli* in der Form großer Dreiecke. Die Füllung besteht aus gehacktem *preboggion**, der örtlichen Kräutermischung, heimischem Käse, Parmesan, Eiern und etwas Knoblauch. *Pansoti* werden mit Walnusssauce (*salsa di noci°*, Seite 231) serviert.

PAPPARDELLE: Lange Bandnudeln, die ursprünglich nur selbst gemacht wurden, mittlerweile aber auch zu kaufen sind. Pappardelle gehören zu den wenigen traditionellen Pastasorten der Toskana, wo man sie immer zu einem üppigen Wildragout als *pappardelle con la lepre* serviert.

PENNE: Wörtlich bedeutet *penne* „Federn", in kulinarischem Kontext Trockennudeln in Röhrenform, die wie ein Federkiel schräg abgeschnitten sind. Penne passen besonders gut zu deftigen Fleischsaucen. Man kann sie als *penne rigate* (gerillt) oder *penne lisce* (mit glatter Oberfläche) kaufen. Penne eignen sich gut zum Überbacken.

PERCIATELLI: Diese Bezeichnung wird in Süditalien für *bucatini* verwendet, eine Spaghettisorte, die innen hohl ist.

PICCAGGE: Lange Bandnudeln aus Ligurien, die aus einem Teig gefertigt werden, der nach örtlicher Tradition neben Ei auch Wasser enthält. Als Ergebnis ist die Pasta weicher, weniger elastisch und zudem geschmacksärmer. *Piccagge* werden meist mit Pesto*, mit Bratensaft oder Pilzsauce serviert.

PICI *oder* PINCI: Dicke Spaghettisorte aus Siena.

RAVIOLI: Dies ist der Oberbegriff für alle gefüllten Pastasorten, angefangen bei den kleinen Raviolini bis zu den großen Raviolone, die gerne in Restaurants angeboten werden. Man kennt darüber hinaus in Ligurien einige althergebrachte Ravioli-Rezepte, die sich in dem im 19. Jahrhundert erschienenen Buch *La Vera Cuciniera Ge-*

Röhrenform, die industriell hergestellt wird. In den südlichen Marken sehen *maccheroncini* allerdings wie *tagliolini** aus und heißen *macheroncini di Campofilone*, nach der Küstenstadt südlich von Ancona, aus der sie stammen. Man stellt diese Nudelsorte auch kommerziell her, aus einem sehr guten Eierteig. Diese Nudeln sind in ganz Italien beliebt.

MALTAGLIATI: Wörtlich bedeutet das „schlampig geschnitten". *Maltagliati* sind Nudeln, die man zu Hause selbst herstellt. In Mantua wird der ausgerollte Teig in lange, schmale Dreiecke geschnitten, während man in Venetien und der Emilia eine kleine Rautenform bevorzugt. *Maltagliati* werden hauptsächlich als Suppeneinlage verwendet.

MARUBINI: Eine hübsche Ravioli-Variante aus der Provinz von Cremona. Traditionell werden diese Nudeln in Brühe serviert, aber heutzutage gerne auch abgetropft mit Sauce. Man kann sie mit Rinderhack füllen, auch Schweine- oder Kalbfleisch ist beliebt, dazu kommt Parmesan. Eine andere Variante für die Füllung sind Semmelbrösel, Rindermark, Parmesan und Gewürze.

ORECCHIETTE: Wörtlich bedeutet das „kleine Ohren", *orecchiette* sind die traditionelle Pasta Apuliens und *novese* finden. Diese Ravioli werden mit Lottefilet, Batavia, Borretsch, Ricotta* und Parmesan gefüllt und mit Fischfond und frischen Tomaten überzogen.

RIGATONI: Dieser Name umfasst einige Arten röhrenförmiger, mittelgroßer Pasta, die immer gerillt sind. Besonders gut sind *rigatoni* zu *ragù** und anderen Fleischsaucen sowie zum Gratinieren geeignet.

SPAGHETTI: Spaghetti bedeutet „kleine Schnüre", und daran erinnern gekochte Spaghetti tatsächlich. Experten legen Wert darauf, dass Spaghetti nicht in einem Durchschlag abtropfen, sondern nur mit einem Spaghettiheber oder einer Holzgabel aus dem Kochwasser genommen werden. Der Grund dafür liegt darin, dass die Feuchtigkeit der Nudeln besser bewahrt wird: Sie sollten sehr feucht sein, bevor die Sauce dazukommt.

Von allen Pastasorten sind Spaghetti die vielseitigsten. Die besten Saucen dazu werden auf Ölbasis gekocht, da so die Nudeln nicht zusammenkleben.

Spaghetti alla boscaiola: Spaghettigericht, bei dem die Nudeln mit Wildpilzen gemischt werden, die mit Knoblauch in Öl angedünstet wurden. Pasta und Pilze sollten in gleicher Menge vorhanden sein.

Spaghetti cacio e pepe: Traditionelles Gericht aus Rom, bei dem die Nudeln mit einer angemessenen Portion an geriebenem Pecorino* und einer gleichfalls großzügigen Menge an frisch gemahlenem Pfeffer bestreut werden.

Spaghetti alla carrettiera: Die römische Spezialität basiert auf einer öligen Sauce, die gesalzenen Speck oder *pancetta**, Knoblauch und Steinpilze enthält, zu denen Fleischjus und zuletzt noch ein wenig gehacktes Thunfischfilet kommen.

Spaghetti alla Siracusana: In Siracusa werden sehr dünne, gekochte Spaghetti in einer Gusseisenpfanne in einem *soffritto*° aus Öl, gesalzenen Anchovis, schwarzen Oliven, Chili, Knoblauch und Petersilie gebraten.

SPAGHETTINI: Dünne Spaghetti, die besonders gut zu Meeresfrüchten oder Tomatensaucen passen. In Süditalien nennt man Spaghettini auch *vermicelli**.

STELLINE: Kleine Suppennudeln in Sternchenform, die gerne in Brühen serviert werden.

STRASCINATI: Eine Pastasorte aus der Basilicata, die aus Grieß, Wasser und Schweineschmalz gemacht wird. Der Teig wird zu kleinen Würstchen gerollt und mit Tomatensauce serviert, die stark mit Chili aromatisiert wurde. In Umbrien versteht man unter *strascinati* ein Nudelgericht mit regionaler Wurst, Ei und Pecorino*.

TAGLIATELLE: Tagliatelle sind Bandnudeln, die aus dem traditionellen Eierteig der Emilia-Romagna gemacht werden, der so dünn ausgerollt wird, dass man eine darunter liegende Zeitung lesen könnte. Der Teig wird dann in 5 mm breite Streifen geschnitten. *Tagliare* bedeutet „schneiden".

Heutzutage machen die meisten Köche ihre Tagliatelle mit der Nudelmaschine, noch weit häufiger werden die Nudeln in spezialisierten Feinkostgeschäften gekauft. Eier-Tagliatelle kann man auch als Trockenpasta kaufen, die, wenn sie von einem renommierten Hersteller stammt, oft besser ist als die frischen Nudeln im Laden.

Die klassische Sauce der Emilia ist die Sauce Bolognese*° (Rezept Seite 227). Aber Bandnudeln passen auch zu allen Fleisch- und Sahnesaucen.

TAGLIOLINI: Lange, hausgemachte Pasta, die dünner ist als Tagliatelle*. Man nimmt sie gerne für Suppen oder für Pasta-Soufflé. Ein Rezept dafür ist das für *tajarin all'Albese* auf Seite 82.

TONNARELLI: Hausgemachte Pastasorte aus Mittelitalien, die rechteckigen Spaghetti ähnelt. Wenn die *tonnarelli* aus den Abruzzen stammen, nennt man sie *maccheroni alla chitarra**°. *Tonnarelli* werden aus Hartweizengrieß und Wasser gemacht und schmecken mit den meisten Saucen für Spaghetti.

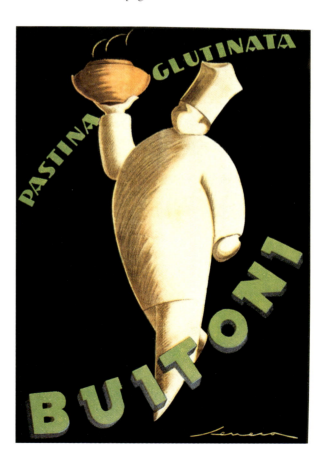

ZUTATEN VON A BIS Z

TORTELLI: Mit Gemüse gefüllte Ravioli*, die man zu besonderen Anlässen zubereitet. Sie sind quadratisch und stammen wie die meisten gefüllten Pastaspezialitäten aus der Poebene.

Zahlreiche Füllungen sind gebräuchlich, am beliebtesten sind wohl Tortelli mit Spinat und Ricotta-Füllung. Die Tortelli aus Mantua werden mit dem dort vielfach angebauten Kürbis gefüllt, dazu kommen Amaretti* und *mostarda* di frutta, Senffrüchte, während die Tortelli aus Reggio Emilia und Ferrara (die man dort *cappelletti* nennt,) ohne diese Zutaten, dafür aber mit mehr Parmesan bereitet werden. Alle diese Tortelli-Varianten werden nur mit Butter und Parmesan serviert.

Die traditionellen Tortelli aus Bologna enthalten eine Mischung aus Ricotta*, Parmesan, Petersilie und Eiern, man übergießt sie mit einer buttrigen Tomatensauce, die etwas Zwiebel enthält.

In der Lombardei und in der Emilia-Romagna sind andere Tortelli beliebt, aus süßem Teig, die ausgebacken werden und an Profiteroles ohne Füllung erinnern. Großzügig mit Puderzucker bestäubt, isst man sie heiß zum Karneval und am Festtag des heiligen Joseph, dem 19. März, manchmal auch am Halbzeittag der Fastenzeit, wenn das strenge Fastengebot für 24 Stunden außer Kraft gesetzt ist.

TORTELLINI: Kleine Formen, die mit Hühner- oder Schweinehack, Prosciutto* Mortadella*, Parmesan und anderen Zutaten gefüllt werden. Man kocht sie in der Brühe und serviert sie als Suppeneinlage. Hausgemachte Tortellini gibt es nur zu Festtagen, da sie viele Stunden intensiver Arbeit erfordern.

TORTELLONI: Die große Version der Tortelli. Wie bei den Tortelli besteht die beliebteste Füllung aus Ricotta* und Spinat oder auch aus Ricotta, Petersilie und Parmesan, obwohl der Koch heutzutage die Tortelloni nach Lust und Laune füllen kann.

TORTIGLIONI: Lange, röhrenförmige Pasta mit spiralförmigen Rillen, die gut zu dickem Gemüse- oder Fleischragout passen und sich zum Gratinieren eignen.

TRENETTE: Eine Pastasorte aus Ligurien, die den Linguine* ähnelt. Die klassische Sauce dafür ist Pesto*° (Rezept Seite 233), obwohl selbst ausgewiesene Puristen wohl nichts gegen eine Pilzsauce dazu einzuwenden hätten.

TROFIE: Eine Art hausgemachter Pasta, die besonders an der italienischen Riviera beliebt ist. Teigstücke werden dabei über die bemehlte Arbeitsfläche geschleudert, bis sie einer Spirale ähneln. Man kann *trofie* auch als Trockenpasta kaufen. In der Regel werden sie zusammen mit Kartoffeln und Brechbohnen gekocht und mit Pesto*° (Rezept Seite 233) serviert.

VERMICELLI: Wörtlich bedeutet *vermicelli* „kleine Würmer", die Bezeichnung ist in Süditalien für Spaghettini* gebräuchlich.

ZITI *oder* ZITE: Dicke, lange, hohle Pastasorte, die in Sizilien und Süditalien zur Tradition gehört, wo man sie mit *ragù**, mit einer Sultaninen-Semmelbrösel-Sauce oder mit Thunfischsauce (Rezept Seite 75) serviert. Oft werden *ziti* vor dem Kochen in Stücke gebrochen.

PASTA DI MANDORLE (Marzipan)

Seit vielen Jahrhunderten ist die Kunstfertigkeit sizilianischer Konditoren und Hausfrauen unübertroffen, mit der sie aus gefärbtem Marzipan naturgetreue Nachbildungen von Früchten, Salami, Käse und anderen Lebensmitteln anfertigen *(siehe auch frutta di martorana*)*.

PASTA FROLLA (Mürbteig)

Mürbteig wird meist für Obstkuchen oder Marmeladentörtchen verwendet und gerne mit Zitronenzesten aromatisiert. Man nimmt den Teig auch als Grundlage für Pasteten wie *timballi** und *pasticci** (Teigrezept von Artusi siehe Seite 203).

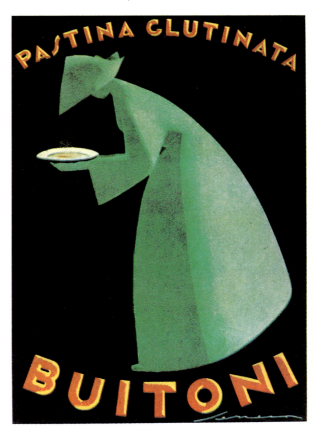

PASTA IN BRODO (Nudelsuppe)

Pasta in brodo werden Nudeln genannt, die in einer Brühe gekocht und serviert werden. Die verwendeten Suppennudeln sind meist *pastina**, *vermicelli** *und capelli d'angelo* (Engelshaarnudeln).

PASTA MARGHERITA (Kuchenteig)

Pasta-Margherita-Kuchen ähnelt einem Biskuit, allerdings wird der Teig je zur Hälfte aus Mehl und Speisestärke zubereitet.

PASTA SFOGLIA ODER SFOGLIATA (Blätterteig)

Italienischer Blätterteig ist eng verwandt mit dem Filoteig aus Griechenland und den Teigblättern aus dem Nahen Osten, ein ähnlicher Teig war auch schon den Römern und Etruskern bekannt.

PASTE (Kleingebäck)

Dieser Oberbegriff bezeichnet all die hübschen Kleinkuchen, die man in jeder *pasticceria* ☞ (Konditorei) kaufen kann. Überall werden *bigné* (Windbeutel), *cannoncini* (Schillerlocken), *cannoli siciliani* (Krapfen), *africani* (Cremekrapfen mit Schokoladenüberzug) sowie mit Obst oder Mandelpaste gefüllte Torteletts angeboten.

PASTELLA (Ausbackteig)

Die Zutaten für einen Ausbackteig hängen nicht nur von der Region und dem Koch, sondern vor allem von den Lebensmitteln ab, die frittiert werden sollen. Möglich ist eine Mischung aus Ei, Wasser und Mehl, nur Wasser und Mehl oder Ei, Milch und Mehl. Eischnee wird gerne hinzugefügt, ebenso wie Hefe, Marsala oder Vin Santo.

PASTICCIO (Gratin)

Dieses Gratin aus Nudeln mit Gemüse und/oder Fleisch, eventuell auch Fisch, wird mit Béchamel und/oder Eiern überbacken. Manchmal wird *pasticcio* in Teig gehüllt.

Überlieferte Rezepte für *pasticcio* werden heute noch gerne zubereitet, etwa *pasticcio di tortellini* aus Bologna, für die ein Mürbteig mit Tortellini in Fleischsauce gefüllt wird. *Pasticcio* oder *timballo alla napolitana* wird aus kleinen Maccheroni* gemacht, die mit einem *ragù** aus Pilzen, Bries, Hühnerleber, Hahnenkämmen und anderem in einer Mürbteighülle gebacken wird.

PASTIERA (Mürbteigkuchen)

Pastiera ist eine arbeitsaufwendige Torte, die in Amalfi erfunden wurde, obwohl man sie heute mit Neapel assoziiert. Auf einem Mürbteigboden wird eine Mischung aus Ricotta*, gehackten, kandierten Früchten, Zucker, Eiern und Milch-Weizen-Grütze verteilt, die mit Zitronenzesten, Orangenwasser und Gewürzen aromatisiert ist. Mürbteigstreifen werden in einem schönen Muster über die Füllung gelegt, dann wird die Torte gebacken.

PATATA (Kartoffel)

Die Kartoffeln sind in Italien nie so heimisch geworden wie im übrigen Europa. Vielleicht ist das der Grund, warum man sie nicht als Beilage zu Fisch oder Fleisch schätzt, sondern nur als eigenständiges Gericht zubereitet. *Tortini*, Kartoffelauflauf, wird mit verschiedenen Gemüsen gebacken, mit Zwiebeln in der Lombardei, mit grünen Bohnen in Ligurien (siehe das Rezept für *polpettone di fagiolini*° auf Seite 201) oder mit anderen Zutaten wie im neapolitanischen *gattò*° (Rezept Seite 186). Kartoffeln und Fisch werden in Apulien zur *tiella**. Kartoffeln verwendet man auch zur Herstellung von Gnocchi*°, sie werden geröstet, geschmort (oft in Kombination mit Tomate) und püriert, aber nur selten gekocht ohne Sauce serviert. Die besten italienischen Kartoffeln wachsen in Kampanien.

PECORA (Mutterschaf)

Schaf- und auch Hammelfleisch wird in den Abruzzen, der Basilicata und in Sardinien geschätzt, sonst aber in Italien nur selten gegessen.

PECORINO (Schafsmilchkäse)

Dieser Käse wird in allen Regionen Mittel- und Süditaliens aus Schafsmilch hergestellt. Das Lab wird aus dem Magen eines Milchlamms gewonnen. Am bekanntesten sind die folgenden Pecorino-Sorten: Romano, Sardo, Siciliano und Toscano, die sich zwar ähneln, aber doch unterschiedliche Merkmale aufweisen.

Pecorino romano eignet sich am besten zum Reiben, da er einen kräftigen, würzigen Geschmack hat. Obwohl der Käse ursprünglich aus Latium stammt, wird er heute meistens in Sardinien hergestellt.

Pecorino sardo kann schon zwei Wochen nach der Fertigung gegessen werden und sollte als Tafelkäse nicht älter als drei Monate sein. Der Käse ist aromaintensiv, leicht salzig und würzig, wobei die Würze mit der Reife zunimmt. Einige der sardischen Pecorini werden geräuchert.

ZUTATEN VON A BIS Z

Pecorino siziliano ist der einzige Pecorino, der auch als Frischkäse gegessen werden kann, wenn das Aroma noch cremig und mild ist, in diesem Stadium nennt man ihn *toma*. Nach einem Monat Reife entwickelt der immer noch cremige Geschmack mehr Ausdruck und bleibt so für die nächsten drei Monate. Nach dem vierten Reifemonat kann man den Käse als Reibekäse verwenden.

Pecorino toscano ist nach zwei Wochen Lagerung reif, wenn das Innere des Käses noch weich ist, er ist dann der feinste Pecorino-Typ. Mit dem Alter wird der Käse fester und würziger, aber selbst dann isst man ihn lieber pur und verwendet ihn nicht als Reibekäse. Der *pecorino delle Crete Senesi* aus einer Gegend südlich von Siena ist bei den wahren Kennern sehr beliebt. Der *marzolino** ist einer der besten Pecorini aus der Toskana.

In Großkäsereien wird Pecorino meist aus einer Mischung aus Kuh- und Schafsmilch hergestellt.

PENNE siehe PASTA

PEOCI *(Muscheln)*
Der venezianische Name für *cozze** (Miesmuscheln), die die feinste aller Fischsuppen ergeben.

PEPE *(Pfeffer)*
Dieses aromaintensive Gewürz wird in Italien weit weniger verwendet als in Nordeuropa.

PEPERONATA *(Gemüseschmorpfanne)*
Die italienische Version der französischen Ratatouille wird nur aus Gemüsepaprika und Tomaten zubereitet, gleicht der Ratatouille ansonsten aber sehr. Die Emilia, aber auch Neapel beanspruchen das Originalrezept für sich, heutzutage wird *peperonata°* aber in ganz Italien gekocht. Nahezu jeder Koch besitzt sein eigenes Rezept. Auf Seite 196 findet sich das Rezept meiner Familie.

PEPERONCINO *(Chili)*
Chili werden meist getrocknet als Gewürz in Eintopfgerichten, Saucen, zu Fisch, Meeresfrüchten und anderem verwendet, auch für Salami und Schweinswürstchen.

Die Basilicata ist die eigentliche Heimat der Chilischoten, die man hier auch *diavolicchio** nennt und praktisch überall verwendet. Auch in den Abruzzen liebt man die Schärfe des Chili, viele Gerichte wie etwa die Pastasaucen *amatriciana°* oder *arrabiata°* werden damit gewürzt. In Siena kennt man einige Rezepte mit Chili,

der dort aber, wie auch in der übrigen Toskana, *zenzero** heißt, was eigentlich das italienische Wort für Ingwer ist – für Fremde oft Basis von Missverständnissen.

In Essig eingelegte kleine Paprika, vor allem die grünen und roten Peperoni, werden auch als Peperoncini bezeichnet.

PEPERONE *(Paprika)*
Bei Paprika in Verbindung mit Italien denkt man zunächst an Gemüsepaprika, die überall im Lande wachsen. Die besten kommen aus der Gegend von Cuneo und Asti im Piemont, wo man sie als Zutat der *bagna caôda*°* schätzt, aber auch aus Nocera in Umbrien. Die besten Peperoni wachsen in der Lombardei. Während man vielerorts Paprika roh im Salat genießt, haben die Sizilianer und die Kalabrier es schon immer vorgezogen, sie vielseitig als warme Speisen zuzubereiten. Das einfachste Rezept ist das für *peperoni arrostiti°* (Seite 198).

Auch gedämpfte Paprika, Eierspeisen oder Bratkartoffeln mit Paprika, gefüllte Paprika und natürlich *peperonata** sind sehr beliebt. Man schätzt Paprika in ganz Italien, und viele der heutigen Spitzenköche haben daraus neue Meisterwerke geschaffen, vor allem aus der Kombination von Paprika mit Pasta. Diese wunderbare Zusammenstellung ist in Süditalien seit Jahrhunderten beliebt.

PEPOLINO *(Wilder Thymian)*
Die wild wachsende Form des beliebten Gewürzkrauts heißt in der Toskana *pepolino* oder *serpillo*.

PERA *(Birne)*
Die beliebtesten Birnensorten in Italien sind Abate, Coscia, Decana und Passacrassana. Einige Sorten sind in Mittelitalien schon im Juli und August reif, während andere, vor allem in Norditalien, eher Herbstfrüchte sind.

Für das beste Birnenrezept werden die Birnen ungeschält mit Zucker, Zimt und Nelken in Barolo gedünstet. Man schätzt auch eine aromatisierte Grappa mit einer Birne in der Flasche, vor allem aber die köstlichen Williamsbirnenbrände aus Südtirol.

PERNICE *(Rebhuhn)*
Drei Arten von Rebhühnern werden in Italien gejagt und gezüchtet: das echte, rote Rebhuhn *pernice rossa*, das graue Rebhuhn *pernice grigia* oder *starna* sowie das sardische Rebhuhn, das vom roten Rebhuhn abstammt, aber nur auf Sardinien zu finden ist und sehr aromatisches Fleisch besitzt. *Pernice starna* wird am wenigsten geschätzt und stammt meist aus Zuchtbetrieben, ist aber eher auf dem Markt zu finden. Rebhuhn schmeckt gut mit Muskateller-Trauben und Mascarpone* gefüllt und in einem Schmortopf gebraten. Der Schmorfond wird dann mit Rotwein und Weinbrand verlängert und mit etwas Mascarpone gebunden.

PESCA *(Pfirsich)*
Jeder zweite Pfirsich aus der Europäischen Union stammt aus Italien, die besten kommen dabei aus der Romagna, den Marken und Kampanien. Pfirsiche sind weiß oder gelb, wobei die gelben Sorten von der Obstindustrie höher geschätzt werden, da sie fester und dadurch länger haltbar und leichter zu verarbeiten sind.

Pesche al vino ist eine schöne Art, Pfirsiche zu servieren. Sie werden geschält und in Scheiben geschnitten, kurz vor dem Servieren werden sie mit rotem oder weißem Wein übergossen. Etwas Zucker kann darüber gestreut werden. Nach traditioneller Art werden die Pfirsiche auch als *pesche ripiene*°, gefüllte Pfirsiche, zubereitet; das Originalrezept aus dem Piemont findet sich auf Seite 204. Pfirsiche sind auch sehr lecker mit Erdbeeren kombiniert und mit Orangen- und Zitronensaft gewürzt. Man macht daraus Eis, Marmelade und Gelee. Man kann sie in Sirup oder Alkohol einlegen oder trocknen. Aus weißen Pfirsichen wird *persicata* hergestellt, eine feste Paste aus Pfirsichfleisch und Zucker. Eine Abart des Pfirsichs ist die *pesca noce* oder *nettarina*, die Nektarine, die wegen ihrer guten Transporteigenschaften geschätzt wird.

PESCE *(Fisch)*
16 der 20 Regierungsbezirke Italiens besitzen eine Küstenlinie, in den anderen vier Bezirken gibt es Flüsse und Seen – Salz- und Süßwasserfische sind also in ganz Italien frisch verfügbar. Zudem lieben die Italiener Fisch so sehr, dass sie zu den wichtigsten Importeuren von Klipp- und Stockfisch gehören.

In Italien werden kleine und mittlere Fische meist im Ganzen gekocht und mitsamt dem Kopf auf den Tisch gebracht. Dies nicht nur, weil der Kopf beim Kochen der Sauce Aroma verleiht, sondern auch, weil man tranchierten Fisch als wenig schön empfindet. In guten Restaurants wird der Fisch vom Kellner am Tisch filetiert.

ZUTATEN VON A BIS Z

PESCE PERSICO (Egli oder Flussbarsch)

Flussbarsch ist einer der feinsten Süßwasserfische. Man fängt ihn vorwiegend im Comer See, aber auch im Lago Maggiore und im Gardasee. Egli besitzt weißes Fleisch mit weniger fischigem Charakter, das gerne wie Kalbfleisch zubereitet wird. In Mailand wird er filetiert, paniert und in Butter ausgebacken – man nennt diese Zubereitung a cotoletta☞. Nach dem traditionellen Rezept brät man die Fischfilets nur kurz und serviert sie auf einem mit Fischfond gekochten Risotto.

PESCE SAN PIETRO (Petersfisch)

Ein Speisefisch mit etwas zäher Haut, aber exzellentem, weißem Fleisch. Die beste Zubereitungsart ist einfach: entweder grillen oder braten und dann mit Olivenöl und Zitronensaft würzen.

PESCE SPADA (Schwertfisch)

Ein sehr großer Fisch, der bis zu 4 m lang werden kann und delikates Fleisch besitzt, das sogar roh als Schwertfisch-Carpaccio genossen werden kann. Schwertfischsteaks sind exzellent, wenn man sie für etwa eine Stunde in Olivenöl, Zitronensaft, Salz und Pfeffer mariniert und dann grillt oder brät. In Kalabrien werden Schwertfischsteaks mit Olivenöl, Zitrone, Kapern und Salz gedämpft, am Schluss kommen etwas Oregano und Petersilie hinzu. Ein gutes Rezept aus Sizilien ist das für Schwertfischrouladen, für die das dünn geschnittene Fischfleisch mit Prosciutto*, Mozzarella*, Parmesan und Kräutern belegt, aufgerollt und dann gegrillt wird.

Man kann Schwertfisch auch mit Lorbeerblättern auf Spieße stecken und dann grillen. Oder man kocht ihn alla trapanese wie im Rezept auf Seite 123.

PESTO (Ligurische Basilikumsauce)

Ein Saucenklassiker aus Basilikum, Olivenöl, Pecorino* und Parmesan. Dies sind die Basiskomponenten, zu denen Walnüsse oder Pinienkerne hinzukommen können, je nach örtlicher Tradition. Pesto wird besonders mit Ligurien assoziiert, da das ligurische Basilikum dank seiner aromatischen Süße besonders gut ins Pesto passt.

Mit Pesto werden trenette und piccagge* überzogen. Die Nudeln werden dazu nach alter Sitte mit Kartoffeln, manchmal auch mit grünen Bohnen, zusammen gekocht und dann mit Pesto gegessen. Auch zu Spinat-Gnocchi liebt man Pesto, ebenso wie zur Minestrone, die mit einem Teelöffel voll Pesto typisch ligurisch wird.

PETTO (Brust)

In Italien liebt man petti von Rind, Schwein, Lamm, Truthahn, Huhn oder Ente. Besonders beliebt ist Kalbsbrust, die entweder ausgebeint und als Rollbraten zubereitet oder am Knochen gebraten wird. Hühner- oder Putenbrust wird ausgebeint und für involtini* (Rouladen) verwendet oder anstelle des teureren Kalbfleischs in leckeren Saucen serviert. Ein Beispiel dafür ist das sehr beliebte Gericht petti di pollo alla valdostana*, für das die panierten Hühnerbrüstchen nach dem Braten mit gekochtem Schinken und Fontina* überbacken werden. Ein Rezept für Hühnerbrust mit Steinpilzen findet sich auf Seite 137.

PEVERADA ODER PEARA (Pfeffersauce)

Peverada ist eine Sauce, die ursprünglich aus Treviso stammt, mittlerweile aber in ganz Norditalien beliebt ist. Die Rezepturen dafür variieren, immer wird dazu aber Pfeffer in angemessener Menge benötigt. Peverada ist ein Saucenklassiker zu Braten oder Kochfleisch. Mein Lieblingsrezept findet sich auf Seite 229.

PIADINA ODER PIADA (Belegter Brotfladen)

Der Teig für piadina wird aus Mehl, Schweineschmalz und Backpulver oder Hefe geknetet und nach dem Aufgehen zu kleinen Fladen ausgerollt. Jeder Fladen wird kurz gebacken, bis er an den Ecken leicht angebräunt ist. Auf den heißen Fladen kommt Schinken, Salami, Wurst oder Käse, dann wird das Brot zusammengefaltet. Piadina kann auch ausgebacken werden. Das Endergebnis ist einer der köstlichsten und herzhaftesten Snacks, den man sich nur vorstellen kann.

PICCATA (Kalbschnitzelchen)

Piccata ist eine Mailänder Spezialität, für die dünne Kalbsschnitzel mehliert und in Butter gebraten werden, zum Schluss werden die Schnitzel abwechslungsreich gewürzt. Beliebt sind piccata mit Zitronensauce, mit Marsala oder mit einer Auswahl an Wildpilzen, die separat gebraten und dann über dem Fleisch verteilt werden.

PICCIONE (Taube)

Piccione bezeichnet die Zuchttaube, während man den Wildvogel als palombaccio* kennt. Zwei traditionelle Zubereitungsweisen für Tauben sind beliebt: piccione coi piselli (Taubeneintopf mit Erbsen) und piccione alla leccarda☞ (siehe auch palombaccio*).

PIEDINO *(Schweine- oder Kalbsfuß)*
Gekocht, dann ausgelöst, in Scheiben geschnitten und mit etwas Zitronen-Olivenöl-Sauce beträufelt, sind Schweine- oder Kalbsfüße als Antipasto* beliebt, vor allem in der Lombardei, wo man Kalbshachsensehnen im Feinkostgeschäft als *nervetti** anbietet. Man benötigt sie auch zum Gelieren von Fleischbrühe. Schweinefüße gehören ebenfalls in den Mailänder Eintopfklassiker *cassoeula*° (Rezept Seite 174) aus Schweinefleisch und Kohl.

PIGNOLATA *(Sizilianische Süßspeise)*
Pignolata ist eine der traditionellsten Süßspeisen Siziliens. Der Name leitet sich von der Form ab, die an einen Pinienkolben erinnert und aus vielen kleinen Bällchen aus süßem Hefeteig zusammengesetzt wird. Nach dem Backen oder Frittieren wird die *pignolata* mit Puderzucker bestäubt oder mit Schokolade überzogen.

PINOCCATA *(Umbrische Süßspeise)*
Diese althergebrachte Leckerei aus Umbrien wird aus Pinienkernen und Zucker zubereitet und wurde früher an Weihnachten verkauft. Heute sind industriell hergestellte *pinoccate* das ganze Jahr über zu kaufen.

PINCI *(Pinienkerne)*
Die Samen der Steinpinie, *pinus pinea*, die wie ein schöner Sonnenschirm an so vielen italienischen Stränden und Küstenlinien wächst, werden in vielen Gerichten verwendet, vor allem aber in Pesto* und den süß-scharfen Speisen aus arabischer Tradition. Man bäckt daraus auch Kekse und Kuchen und bereitet Süßspeisen damit zu. Um das Aroma zu intensivieren, sollten die Kerne zuerst im Ofen bei niedriger Temperatur oder auf dem Herd in einer gusseisernen Pfanne in wenigen Minuten trocken geröstet werden.

PINZA *(Pizzaart)*
In Venetien, Julisch-Venetien und dem Trentino ist Pinza eine süße, in der Emilia eine herzhafte Pizzaart, die Salami, Schinken und Bauchspeck enthalten kann. Die Pinza Venetiens wird aus Weizen und Maismehl, Zucker, Fenchelsamen, Trockenfrüchten, Grappa und Butter gemacht. Im Trentino verwendet man altbackenes Brot, das in Milch eingeweicht und dann mit Zucker, Trockenfeigen und genügend Mehl verknetet wird.

PINZIMONIO *(Olivenöldip)*
Dieser einfache Dip für rohes Gemüse besteht aus Olivenöl, Salz und Pfeffer, die verrührt und in einem kleinen Schälchen für jeden Gast bereitgestellt werden. Im Sommer serviert man Gemüse mit *pinzimonio* gerne als Antipasto*.

PISAREI E FASO *(Knödel und Bohnen)*
Dies ist ein traditionelles ländliches Gericht aus Piacenza. Die *pisarei* sind kleine Knödel aus Semmelbröseln und Mehl, die mit warmem Wasser verknetet und dann gekocht werden. Die Bällchen werden mit Borlotti-Bohnen (*fasò*) serviert, die mit Tomaten in einem *soffritto*° aus Speck und den üblichen Zutaten geschmort wurden.

PISELLI *(Erbsen)*
In Italien werden Erbsen sanft in Brühe gegart, oft zusammen mit Zwiebeln und Prosciutto* wie bei *piselli a prosciutto*. Man bereitet daraus auch Erbsenmousse und Pastasaucen. In Verona ist *tagliatelle e bisi* (Bandnudeln mit Erbsen) ein traditionelles Ostergericht, für das die Erbsen mit Frühlingszwiebeln, Schinken oder Bauchspeck und Petersilie gekocht werden. In Venedig ist Reis der Begleiter der Erbsen beim Klassiker *risi e bisi* (Reis und Erbsen).

ZUTATEN VON A BIS Z

PISSALADEIRA ODER SARDINAIRA
(Pizzaspezialität)

Eine Pizzaspezialität der östlichen Riviera, die weicher und dicker ist als die übliche neapolitanische Pizza. Tatsächlich ähnelt diese Variante mehr der provenzalischen *pissaladière* und ist ein beliebtes Antipasto* oder ein schneller Imbiss in Genua und an der Riviera.

PISTACCHIO *(Pistazie)*

Die Pistazie verbindet die Küche Italiens mit der des Nahen Ostens. Frische Pistazien werden für zahlreiche sizilianische Süßigkeiten gebraucht, aber auch für Terrinen, Pasteten und Galantinen. Vermutlich werden die meisten Pistazien aber zur Herstellung von Pistazieneis verwendet. Gesalzen und ungeschält sind sie ein beliebter Snack.

PITTA *(Fladenbrot)*

Pitta ist die kalabrische Variante der neapolitanischen Pizza. Man bereitet den Fladen aus Brotteig, dem gelegentlich ein Teelöffel Schweineschmalz hinzugefügt wird. Die Vielzahl an Belagsmöglichkeiten unterscheidet sich von denen der neapolitanischen Pizza. Zwei ungewöhnliche Pitta-Varianten sollten erwähnt werden: Eine wird mit Wurstscheiben und Scheiben von weißen Rüben belegt, die in Kalabrien sehr beliebt sind, die andere besteht aus Teig, unter den Holunderblüten gekneted wurden. Aus Kartoffelteig wird ein gerollter Fladen geformt, der mit *caciocavallo** und *pancetta** gefüllt wird.

PIZZA *(Pizza)*

In Italien kennt man unzählige Varianten der Pizza, die meist herzhaft wie die *pizza rustica*° sind. Die berühmteste Pizza ist allerdings die Napoletana, die angeblich die Pizzawelt revolutionierte, weil erfinderische Neapolitaner die altbekannten Teigfladen mit Tomaten garnierten.

Eine gute Pizza ist kein Fastfood, und auch ihre Zubereitung ist nicht einfach. Man braucht die kenntnisreichen Hände eines neapolitanischen Pizzabäckers, der schon früh das Geheimnis gelernt hat, wie man den Teig perfekt dehnt und zur Pizza formt, dazu die Hitze eines holzgefeuerten Ofens. Aus diesem Grund wird Pizza in Italien nur selten zu Hause gebacken, man isst sie bevorzugt in einer spezialisierten Pizzeria.

Auch die *pizza dolce* ist seit langem bekannt, ein süßer Fladen, der zu Dorffesten gebacken wird. In Rom wird an Ostern Ricotta* unter den mit Zitronenzesten und Zimt gewürzten Teig geknetet.

PIZZAIOLA *(Würzsauce)*

Die Sauce *pizzaiola* wird gerne zu kurz gebratenem Fleisch serviert und verdankt ihren Namen der Tatsache, dass sie die gleichen Zutaten wie Pizzabelag enthält: Tomaten, Knoblauch und Oregano. Eigentlich eine Spezialität aus Neapel, wird *pizzaiola* überall geschätzt. Traditionell wird das Fleisch in der Sauce weich geschmort, aber ich bevorzuge es, das Fleisch erst zu braten, wie im Rezept auf Seite 171.

PIZZELLA *(Pizzaart)*

Diese klassische Zubereitung aus Neapel wird aus dem gleichen Teig wie die Pizza Napoletana hergestellt. Der Teig wird zu kleinen Scheiben ausgerollt, die in Olivenöl ausgebacken und dann mit den üblichen Belagsvarianten auf Tomatenbasis garniert werden. Danach werden die *pizzelle* in etwa vier bis fünf Minuten im Ofen fertig gebacken. Man gibt gelegentlich auch Salamistücke, Käse oder Gemüse in den frischen Teig.

PIZZOCCHERI *(Buchweizennudeln)*

Pizzoccheri sind dicke, lange Bandnudeln aus Buchweizenteig – die traditionelle Pasta des Valtellina-Tals in den lombardischen Alpen. Aus *pizzoccheri*° wird auch das gleichnamige Gericht zubereitet (Rezept Seite 96).

POLENTA (Maismehlbrei)

Genau genommen versteht man unter Polenta jede Mischung aus Getreide- oder Hülsenfruchtmehl und Wasser. Im alltäglichen Sprachgebrauch wird Polenta allerdings für Maismehlbrei benutzt. Der Mais kann dabei grob gemahlen sein, wie für die *bramata* genannte Polenta der Alpentäler, oder fein wie in der Polenta Mittelitaliens, und der Brei kann locker oder fest sein. In Venetien und Friaul kocht man eine leckere *polenta bianca* aus weißem Maismehl, während in den lombardischen Alpentälern aus einer Mischung von Mais und Buchweizen eine Delikatesse für den wahren Polenta-Kenner entsteht. Polenta sollte in einem *paiolo*☞, einer Kupferpfanne, zubereitet werden. Mit einer Hand lässt man einen dünnen Strahl an Maismehl in kochendes Salzwasser rieseln, während man das Mehl mit der anderen Hand schnell mit einem Holzstab oder -löffel in das Wasser rührt, sodass sich keine Klumpen bilden. Der Brei muss für wenigstens 45 Minuten am Stück gerührt werden. Es gibt aber eine schnellere Methode (siehe Rezept Seite 103).

Im Supermarkt findet sich ein Instantprodukt namens *polenta istantanea*. Es besteht aus einer vorgekochten Polenta, die nur noch in fünf Minuten fertig garen muss und ein akzeptables Ergebnis bringt.

Polenta ist vielseitig abwandelbar, sei es pur oder als Beilage. Polenta-Liebhaber würzen die Polenta nur mit Butter und Gorgonzola*, Crescenza* und anderen gereiften Käsen nach Stracchino*-Art. Wer den Geschmack der Polenta nicht pur schätzt, serviert sie als Beilage zu Eintopfgerichten oder Fleisch- und Fischragouts. Polenta schmeckt vorzüglich zu gedünstetem Tintenfisch, Hasenpfeffer oder Wildragout. Man kann die Polenta vorbereiten und nach dem Auskühlen scheibenweise mit Fleischsauce, Käse, Béchamel° und anderem aufschichten und zu einem Gericht namens *polenta pasticciata* überbacken. Polentascheiben werden auch gegrillt oder gebraten und als Beilage zu Fleisch und Wild serviert oder als Basis für *bruschetta**, Appetithäppchen, genommen.

POLLO ODER POLLASTRO (Huhn)

Italienische Hühner aus Freilandhaltung werden mit Mais oder Getreide gefüttert, sie sind schlank, eher klein und haben gelbes Fleisch. Die besten Hühner werden in der Toskana gezüchtet. Da das Fleisch so viel Eigengeschmack besitzt, sind die traditionellen Rezepte der Toskana eher schlicht. Beispielsweise für *pollo alla fiorentina* (ausgebeintes Backhuhn) und *pollo alla Toscana* (zerlegtes Huhn, in Wein-Tomaten-Sauce mit Wildpilzen geschmort). Andere toskanische Zubereitungsarten wie etwa *fricassea** oder *pollo alla cacciatora** entsprechen Rezepten, wie man sie in ganz Italien schätzt. In Norditalien wird Huhn gerne als Teil des *bollito misto**° gekocht (siehe auch *gallina** – Suppenhuhn). *Pollo in potaccio* aus den Marken ist die regionale Abwandlung von *alla cacciatora*☞, die in Kalabrien und Sizilien *pollo con le melanzane* heißt, wenn einige gegrillte oder gebratene Auberginenscheiben hinzugefügt werden. Für die meisten dieser Rezepte wird das Huhn zerlegt, um die Zubereitung zu erleichtern. Im Ganzen wird ein Huhn mit Kräutern und Knoblauch am Spieß gebraten und heißt dann *pollo allo spiedo*, oft wird eine gespickte Zitrone in das Huhn gesteckt.

POLLO ALLA CACCIATORA
(Huhn nach Jägerart)

Dieses Gericht aus Mittelitalien wird überall ein wenig anders zubereitet. Das Huhn wird zerlegt, die Stücke werden in Öl und/oder Schmalz angebraten. Danach wird es mit Pilzen und/oder Tomaten geschmort. Das Rezept für Huhn nach Jägerart aus den Marken auf Seite 137 unterscheidet sich vom Standardrezept.

POLLO ALLA DIAVOLA (Huhn nach Teufelsart)

Auch dieses Rezept ist ein Klassiker der toskanischen Küche. Ein junges Huhn wird an der Brustseite aufgeschnitten, wie ein Buch aufgeklappt und sanft mit einem Fleischklopfer plattiert. Mit dem besten Olivenöl, Salz, Pfeffer und Chili bestrichen, wird es über einem Holzfeuer gegrillt.

POLLO ALLA MARENGO (Huhn „Marengo")

Dieses bekannte Gericht ist eines der wenigen, dem man ein genaues Entstehungsdatum zuordnen kann. Es wurde am 14. Juni 1800 von Napoleons Küchenchef erfunden und soll dem Kaiser nach der blutigen Schlacht gegen die österreichische Armee bei Marengo, einem Dorf im südlichen Piemont, als Siegesschmaus köstlich ge-

ZUTATEN VON A BIS Z

mundet haben. Das klassische Rezept besteht aus zerlegtem Huhn, das in Butter angebraten, mit Weißwein abgelöscht und mit Gewürzen geschmort wird. Zum Servieren wird es mit Petersilie bestreut und mit Croûtons und in Weißwein gedünsteten Krebsen garniert.

POLLO RIPIENO ALLA LUNIGIANESE
(Gefülltes Huhn nach Art von Lunigiana)
Lunigiana ist das Tal des Flusses Magro in der Toskana. Dort wird Huhn mit Mangold und Wildkräutern gefüllt, dazu kommen Ricotta*, Grana* und Ei. Das Huhn wird gekocht und mit der toskanischen *salsa d'agresto* serviert, die aus unreifen Trauben, Walnüssen, Brotkrumen, etwas Zwiebel, Petersilie, Zucker und Knoblauch besteht, die im Mörser zu einer Paste zerstoßen wurden.

POLPETTE *(Fleischklöße)*
Polpette bestehen meistens aus Fleisch, obwohl auch Fisch- oder Gemüsefrikadellen so bezeichnet werden. Das Fleisch kann vor der Verarbeitung roh oder gekocht sein, in der Regel werden aber Bratenreste oder Kochfleisch zu *polpette* verarbeitet. Dazu kommen andere Zutaten wie Ei, Béchamel° oder in Milch eingeweichtes Weißbrot, um den Teig zu binden, sowie Gewürze, Reibekäse, Pinienkerne, Knoblauch, Zwiebeln und Kräuter. Die *polpette* werden mehliert oder paniert und dann nach norditalienischer Art in Butter und/oder Öl, nach mittelitalienischer Art in Öl oder Schmalz ausgebacken. Wenn die *polpette* rundum gebräunt sind, werden sie mit einem Schuss Zitronensaft abgelöscht oder mit etwas Tomaten- oder Pilzsauce gar geschmort. Der mit Zitronensaft gelöste Bratenfond passt besonders gut zu *polpette* aus Rindertartar, das mit Knoblauch und Petersilie gewürzt wurde (siehe Rezept Seite 155). *Polpette* sind eine besondere Spezialität in Mailand, wo man sie *mondeghili** nennt.

POLPETTONE *(Hackbraten)*
Polpettone ist ein Hackbraten aus rohem oder gekochtem Fleisch, Salami oder Mortadella, die durch den Wolf gedreht, mit Ei gebunden und mit Parmesan und Kräutern aromatisiert werden. Der einfachste *polpettone* wird ganz bescheiden aus Kochfleischresten gemacht, die mit Ei, Parmesan und eingeweichtem Brot verknetet werden. *Polpettone* ist wie ein längliches Oval geformt, wird mehliert und in Butter ausgebacken. Man kann ihn auch schmoren, dann wird der Bratensaft mit Eiern und Zitrone gebunden und als Sauce zu dem aufgeschnittenen

Hackbraten serviert. Ein Rezept für kalten Hackbraten findet sich auf Seite 156. In Ligurien bezeichnet *polpettone* meist eine Gemüsetorte. Am beliebtesten ist dort ein *polpettone* aus grünen Bohnen, für den Bohnenpüree mit Kartoffelbrei, Ei und Ricotta* verrührt, mit Kräutern und Knoblauch gewürzt und im Ofen gebacken wird.

POLPO *(Oktopus)*
Äußerlich wenig ansehnlich, kann ein lecker zubereiteter Oktopus ein großer Genuss sein. Das bekannteste Rezept ist *polpo alla Luciana*°. Man kann den *polpo* auch, bevorzugt in Meerwasser, kochen, dann in kleine Stücke schneiden und mit einer leichten Sauce aus Olivenöl, Petersilie und einem Hauch Knoblauch und Chili servieren.

POMODORO *(Tomate)*
Tomaten werden in Italien häufiger als alle anderen Gemüse- und Salatsorten gegessen. Man bereitet sie in unendlich vielen Varianten zu: roh als Salat, mit verschiedenen Füllungen überbacken, in Saucen, mit Fleisch, Fisch, Eiern, mit anderen Gemüsen ...

Der Anbau, die Verarbeitung und das Eindosen von Tomaten ist einer der wichtigsten landwirtschaftlichen Industriezweige und findet vorwiegend in Kampanien statt. Die besten Tomaten zum Einmachen sind die Flaschentomaten San Marzano, die sich leicht schälen lassen. In Italien benutzt man diese Tomaten den ganzen Winter hindurch für Saucen. In Süditalien und Ligurien trocknet man Tomaten gerne. Für den Hausgebrauch werden sie einfach halbiert und in die Sonne gelegt. Kommerziell getrocknete sind mittlerweile die Basis für einen erfolgreichen Industriezweig. Man exportiert sie überallhin, da viele Köche davon begeistert sind.

Um im Winter immer auf frische Tomatensauce zurückgreifen zu können, wird in den Dörfern und Städten Süditaliens an einem heißen Tag im August alljährlich nach dem gleichen Ritual *la salsa* hergestellt. Dann wird eine große, blaue Maschine aus ihrem Depot gerollt und angeworfen. Oben wird Korb um Korb der selbst gezogenen Tomaten der Dorfbewohner eingefüllt, unten kommt eine dicke rote Flüssigkeit heraus, aus der Schalen und Kerne herausgefiltert wurden. Dieser Tomatenbrei wird dann mit etwas Salz in großen Kesseln eingekocht. Am nächsten Tag wird die Salsa in Flaschen gefüllt und sterilisiert. Für den nächsten Winter haben die Dörfler vorgesorgt. Zwei Rezepte für eine gute, aber einfache Tomatensauce finden sich auf Seite 229.

PORCELLO DI LATTE (Milchferkel)
Porcello ist ein Milch-Spanferkel, das im Ofen am Spieß gebraten wird. Nach dem Rezept für sardisches porceddu wird das Spanferkel an einem Spieß über offenem Feuer aus Oliven, Myrrhe oder Wacholderholz gebraten. Man kann porceddu auch kalt genießen, nachdem es 24 Stunden mit Myrrhezweigen mariniert worden ist.

PORCHETTA (Spanferkel)
Ein küchenfertiges Spanferkel wiegt etwa 50 kg und wird in einem holzbefeuerten Brotofen gebraten. Zerlegt und teilweise ausgebeint, wird es mit den Innereien gefüllt und intensiv mit Knoblauch, Pfeffer, Fenchelkraut oder Rosmarin, manchmal auch mit süßlichen Gewürzen aromatisiert. Es ist eines der Lieblingsgerichte Mittelitaliens und wird zu wichtigen Anlässen zubereitet. Normalerweise isst man porchetta kalt und gerne auch als schnellen Imbiss zwischen zwei Scheiben Landbrot.

PORCINO siehe FUNGHI

PORRATA (Lauchtorte)
Der Teig für diese traditionelle Torte aus Florenz wird mit Eiern und frischer Hefe bereitet und dann mit pancetta* und in Olivenöl angedünsteten Lauchstücken belegt; darüber kommen verquirlte Eier.

PORRO (Lauch)
Lauch wird bevorzugt in Norditalien gegessen, gehört aber auch dort nicht zu den bevorzugten Gemüsen. Oft werden die Lauchstangen mit Béchamel* überbacken, oder sie verleihen ihr Aroma Eintopfgerichten, Kurzgebratenem sowie Fleisch- und Fischbrühen.

PREBOGGION (Ligurische Kräutermischung)
Preboggion wird aus Mangold, Borretsch, Löwenzahn und Minze zusammengestellt und für Füllungen verwendet. Wie viele ligurische Zubereitungen, ist auch *preboggion* im restlichen Italien ungebräuchlich. Man füllt damit ligurische Ravioli, die hier *pansoti** heißen, und verwendet die Kräuter für Omeletts und Suppen.

PRESCINSENA (Dickmilch)
Eine ligurische Dickmilchzubereitung. Oft macht man sie selbst aus sauer gewordener Milch. In Ligurien gehört *prescinsena* in den Teig für *foccaccia**°, in die Füllung von Ravioli und *torta pasqualina**, ins Pesto* und in die Walnusssauce.

PRESNITZ (Blätterteigschnecke)
Dieses traditionelle Gebäck wird in Julisch-Venetien an Ostern und Weihnachten gebacken. Ein sehr dünner Blätterteig wird dazu mit getrocknetem Obst, Nüssen, Honig, Keksbröseln und geriebener Schokolade gefüllt, mit Rum aromatisiert und schneckenförmig aufgerollt.

PREZZEMOLO (Petersilie)
Die Petersilie, die in jedem Haushalt täglich verwendet wird, ist die glattblättrige Sorte. Krause Petersilie nimmt man gelegentlich als Dekoration, weil sie hübscher aussieht, aber ihr fehlt das typische Aroma. Fein gehackt, meist mit einem *mezzaluna*°, einem Wiegemesser, wird Petersilie für viele Rezepte gebraucht, aber nur selten über ein fertiges Essen gestreut. Öl, Knoblauch und Petersilie ist eine der vollendetsten Aromakompositionen überhaupt.

PROSCIUTTO CRUDO (Roher Schinken)
Außerhalb Italiens wird dieser Schinken meist schlicht Prosciutto genannt und ist vielleicht das Symbol für italienische Tafelkultur. Proscuitto wird aus dem Hinterschinken eines etwa elf Monate alten Schweins hergestellt. Alle Prosciutto-Sorten werden ähnlich gepökelt, allerdings schwankt die Zeit der Reife zwischen 9 und 18 Monaten, im Durchschnitt beträgt sie 14 Monate.

Roher Schinken wird immer noch nach traditioneller Art und oft noch zu Hause gereift.

Nach dem Schlachten wird das Schinkenstück in einem kühlen Raum abgehangen, um das Fleisch zu festigen. Danach wird es gesäubert, das überschüssige Fett wird abgeschnitten, schließlich wird das Schinkenstück gepresst, um die charakteristische Form zu erhalten. Als Nächstes wird der Schinken gesalzen. Das ist der schwierigste Vorgang, da ein Qualitätsmerkmal des Schinkens seine Milde ist, er andererseits stärker gesalzen länger haltbar bleibt. Zu Beginn wird der Schinken regelmäßig mit Salzlauge abgebürstet, dann wird er abgewaschen und muss ruhen, bis er so weit fertig ist, dass man ihn reifen lassen kann. Nach abgeschlossener Reife wird der Proscuitto mit dem Siegel des Erzeugerkonsortiums gestempelt, das Qualität und Herkunft bestätigt.

Der Parmaschinken stellt die Hälfte aller italienischen Schinken. Auch der San-Daniele-Schinken wird von Kennern hoch geschätzt, manche bevorzugen ihn sogar, da er eine ausgeprägte Milde besitzt. Das rote Fleisch spielt zart ins Orange, die Form erinnert an eine Gitarre. Andere Spitzen-Prosciutti sind nur regional verbreitet, etwa *prosciutto di Norcia* aus Umbrien oder *di Carpegna* aus den Marken. Der *prosciutto toscano* ist sehr schmackhaft, wenn auch leicht salzig, der *prosciutto di Coli di Mantova* und der *prosciutto di Sauris* aus dem Friaul sind ebenfalls sehr beliebt. In Mittelitalien hält man auf dem Lande selbst Schweine und pökelt Schinken aus den zur Arbeitserleichterung zuvor entbeinten Schinkenstücken.

Proscuitto wird heute immer noch gerne mit Melone oder Feigen als Antipasto gegessen oder mit anderen Wurstwaren kombiniert. Man stellt daraus auch leckere Füllungen für Nudeln her, bedeckt Kalbsschnitzelchen damit, um das Aroma mitzuteilen, kocht Saucen mit fein gehacktem Prosciutto, aber auch elegante Gerichte wie Mousses und Schaumcremes.

PROSCIUTTO COTTO *(Gekochter Schinken)*

Für gekochten Schinken wird das ausgebeinte Schinkenstück vom Schwein mit Nitratpökelsalz, Zucker, Wacholderbeeren, Pfeffer und anderen Gewürzen gepökelt, dann über Dampf gegart und zum Auskühlen in eine Form gepresst. Nach ein paar Tagen des Durchziehens ist der Schinken verzehrfertig. Gekochter Schinken ist nicht mehr so beliebt wie früher, man bevorzugt den modischeren rohen Schinken. Gekochter Schinken wird nur in Metzgereien oder Fleischfabriken hergestellt, nie

selbst gemacht. Er stammt vor allem aus der Lombardei und der Emilia-Romagna, wird aber in ganz Nord- und Mittelitalien verkauft. In Süditalien ist gekochter Schinken so gut wie unbekannt.

PROVOLONE *(Käseart)*

Ein Knetkäse aus nicht entrahmter Kuhmilch, der nach dem Kneten unterschiedlich geformt wird: zu kleinen oder großen, runden, ovalen, birnen- oder röhrenförmigen Käsen. Die kleinen Typen nennt man *provolette*, die mittleren *provole*, die großen Arten *provoloni*. *Provolone* besitzt eine weiche, schimmernde Kruste, die leicht abzulösen ist. Der Käse selbst ist dunkel cremefarben und hart, aber nachgiebig.

Zwei Hauptarten des *provolone* sind beliebt: *provolone dolce*, der mit Kalbslab gefertigt wird und nur einen Monat reift, ein milder und eher weicher Käse, sowie *provolone piccante* mit einer Mischung aus Kalbs- und Lammlab hergestellt, der bis zu einem Jahr reift und mit zunehmender Reife immer pikanter wird. Man findet auch geräucherten *provolone*.

PRUGNA ODER SUSINA *(Pflaume)*

Pflaumen werden als frisches Obst gegessen oder in einem mit Zimt aromatisierten Weinsirup pochiert. Man kocht daraus auch Marmelade, die gerne für Kuchen genommen wird. Eingelegte Pflaumen – *prugne giubellate* oder *sciroppate* – halten sich in verschlossenen Gläsern bis zu einem Jahr. Trockenpflaumen werden normalerweise in Rotwein pochiert.

PUGLIESE *siehe* PANE PUGLIESE

PUNTA DI PETTO *(Gefüllte Brust)*

Brustfleisch vom Kalb oder Rind wird gerne mit Hackfleisch, Schinken, Parmesan, Semmelbröseln, Gewürzen, Kräutern und Aromaten gefüllt. Für Kalbsbrust *alla parmigiana*° wird das Fleisch erst mit Petersilie, Rosmarin, Salbei, Zimt und Zwiebeln angebraten und dann 2 Stunden im Ofen geschmort, dabei immer wieder mit Weißwein begossen. Das bekannteste Rezept für gefüllte Brust ist *cima alla genovese*°.

PUNTARELLA *(Chicoréesorte)*

Diese Chicoréesorte stammt ursprünglich aus Latium und wird als Salat gegessen. Die Kolben werden längs bis kurz vor den Wurzelansatz eingeschnitten und in kaltes Wasser gelegt, bis sich die Blätter kräuseln.

Q

QUAGLIA (Wachtel)

Zuchtwachteln sind heute überall erhältlich, aber Wildvögel sind etwas größer und viel aromatischer. Man isst sie am besten ganz frisch, denn Abhängen bekommt ihnen nicht.

In einem Rezept aus Venetien werden angebratene Wachteln im Ofen fertig gegart. Am Ende wird der Bratensaft mit Grappa aromatisiert. In den Marken werden die Vögel in Butter mit Prosciutto* angebraten und dann in Wein geschmort. Manchmal serviert man diese Wachteln auf Reis, der mit viel Butter und Parmesan abgeschmeckt wurde. Diese Zubereitungsart schätzt man auch in der Lombardei, wo die Wachteln mit *risotto alla parmigiana* gegessen werden. Ein Rezept für Wachteln mit Balsamessig findet sich auf Seite 140.

QUARTIROLO (Weichkäse)

Ein Weichkäse aus der Lombardei mit cremigem Geschmack und einer weichen, elastischen Struktur, der im Munde zergeht. *Quartirolo* gehört zur Stracchino*-Familie und ähnelt dem bekannteren Taleggio. Der Käse wird im September und Oktober hergestellt, wenn die Kühe aus der letzten, der vierten Heuernte des Sommers gefüttert werden.

R

RADICCHIO (Rote Chicoréeart)

Radicchio ist der Name für die roten Arten des Chicorées, die nach speziellen Anbaumethoden gezogen und vor Licht geschützt werden. Zu den bekanntesten gehören der Radicchio Rosso di Treviso, di Verona, di Castelfranco und seit kurzem auch der Radicchio aus Chioggia. Diese letzte Art wird gerne in Gewächshäusern angebaut und ist so das ganze Jahr über erhältlich, hat knackige Blätter, doch leider fehlt das intensive Aroma seiner Verwandten. Radicchiostauden aus Treviso mit schmalen, langen Blättern ebenso wie die runden Köpfe aus Castelfranco mit unterschiedlichen Pinkschattierungen werden gerne gekocht, während die Sorten aus Verona und Chioggia vornehmlich zu Salaten verwendet werden. Auf Seite 190 findet sich das klassische Rezept für *radicchio ai ferri* (gegrillter bzw. gebratener Radicchio), der hervorragend zu Grillgerichten passt.

RAGU (Fleischsauce zu Nudeln)

Ragù ist der Sammelbegriff für reichhaltige Fleischsaucen, die zu Nudeln serviert werden. Zwei Grundrezepte werden immer wieder abgewandelt: das *für ragù alla bolognese*, beliebt in ganz Norditalien, und *ragù alla napoletana*, der Favorit der Süditaliener.

Ragù alla bolognese° wird langsam geschmort, wenigstens für eineinhalb Stunden, am besten in einem Tontopf. Man schätzt die Sauce zu Tagliatelle* und Tortellini*, das Rezept auf Seite 227 ist eine Abwandlung des Klassikers.

Ragù alla napoletana° unterscheidet sich sehr stark davon, obwohl auch dieses Ragout zu Nudeln serviert wird und sehr lange, länger noch als *ragù alla bolognese*, im Tontopf schmort. Die Fleischsauce, die im neapolitanischen Dialekt *rau* heißt, stand lange im Mittelpunkt der kulinarischen Kultur, ja des Familienlebens. Mit ihr wird der Pastagang aufgetragen, das in der Sauce gegarte Fleisch bildet dann den Hauptgang, der manchmal mit Gemüsebeilage gegessen wird. Das Rezept auf Seite 228 stammt aus dem Buch *Cucina Regionale Italiana* von Ada Boni.

Ragù kann auch ein Fischragout bezeichnen, das mehr als eine Sorte Fisch enthält.

ZUTATEN VON A BIS Z

RANA (Frosch)

Frösche sind eine kulinarische Spezialität von Pavia und schmecken gut, wenn man sie in einem Ausbackteig frittiert und mit gebratenen Shrimps serviert. Ein traditionelles Gericht ist *rane in guazzetto*°, für das die Frösche in Öl und Butter angebraten und dann in einer Tomatensauce mit Wein und Kräutern geschmort werden, und *frittata* di rane*. Sehr schmackhaft ist auch *risotto con le rane*, für das der Reis mit den Froschschenkeln in einer Brühe gegart wird, die aus den restlichen Froschteilen gekocht wurde.

RANA PESCATRICE *siehe* CODA DI ROSPO

RAPA (Rübe)

Rüben sind in Norditalien sehr populär. Viele Rezepte sind nahezu unverändert aus dem 15. und 16. Jahrhundert überliefert. Heutzutage lässt die Beliebtheit allerdings etwas nach, aber Rüben werden immer noch gerne für Suppen wie etwa *riso e rapa*, eine lombardische Spezialität, verwendet. In Friaul-Julisch-Venetien ist ein Gericht aus fermentierten Rüben sehr beliebt, das mit gekochtem Schweinefleisch serviert oder zur Bohnensuppe *jota*° (Rezept Seite 71) hinzugefügt wird.

RASCHERA (Käsesorte)

Das Piemont ist für seine Käse berühmt, der *raschera* gehört zu den fünf besten. Dieser Käse mit kontrollierter Herkunftsbezeichnung wird in der Provinz von Cuneo im südwestlichen Piemont aus Kuhmilch gefertigt und mindestens einen Monat gelagert. *Raschera* hat einen zarten, aber dennoch ausgeprägten Geschmack.

RAVIOLI *siehe* PASTA

RAZZA ODER ARZILLA (Rochen)

Ein exzellenter Fisch, den man in Italien erstaunlicherweise kaum kennt. Rochen wird gewöhnlich in Tomatensauce mit heißer Sardellenbutter serviert.

RETE (Netzgewebe)

Rete ist die fettige Membran, die den Magen eines Schweins umhüllt. Als Schweinenetz kann man *rete* beim Metzger gesäubert und getrocknet kaufen. Vor dem Gebrauch muss das Netzgewebe in warmem Wasser eingeweicht werden. In das Netz wird empfindliches oder inkonsistentes Gargut vor dem Braten gewickelt, das so schützendes Fett und Zusammenhalt erhält. Häufig

wird es für Schweineleber *(fegatelli di maiale)* verwendet, eine der beliebtesten Spezialitäten der Toskana.

RIBOLLITA (Suppenspezialität)

Diese sämige Suppe stammt aus der Toskana. Üblicherweise wird sie in großen Mengen am Fastentag Freitag gekocht und am Samstag aufgewärmt genossen, was den Namen erklärt, der wörtlich „aufgekocht" bedeutet. *Ribollita* besteht aus Gemüsen der Saison und Bohnen sowie *cavolo nero**, der toskanischen Kohlspezialität. Mein Rezept auf Seite 69 enthält, wie die *ribollita* in Siena, zusätzlich Wirsing.

RICCIARELLI (Mandelkekse)

Weiche Mandelkekse aus Siena, für die gemahlene Mandeln und Zucker mit Eiweiß befeuchtet, zu Rauten geformt und auf Oblaten im Ofen mehr getrocknet als gebacken werden.

RICCIO DI MARE (Seeigel)

Seeigel sind in den Gewässern um Italien sehr verbreitet und sollten nicht gekocht, sondern nur geöffnet und dann roh mit Zitrone gegessen werden. Die beste Zeit dafür ist der Frühling, kurz vor dem Laichen, wenn der Rogen groß und saftig ist.

RICOTTA (Frischkäsesorte)

Ricotta wird aus der Molke gewonnen, die sich nach dem Erhitzen vom Frischkäse absetzt. Die Molke wird durchgesiebt und nochmals erhitzt, was den Namen erklärt: *ricotta* bedeutet „nochmals gekocht". Die beiden traditionellen Ricottasorten sind der Piemontese und der Romana. Die Piemonteser Art heißt auch *seiras*, ist cremig und erinnert ein wenig an Mascarpone, obwohl der Ricotta nicht so gehaltvoll ist. Man kann ihn nur in Italien kaufen, er wird nicht exportiert. Ricotta Romana wird überallhin verkauft, allerdings nicht das Original aus Schafsmilch, sondern eine kommerzielle Variante aus Kuhmilch. Der Geschmack des Schafsmilch-Ricotta ist intensiver, der Käse selbst zarter.

Guter Ricotta kann mit Honig und gemahlenem Kaffee gegessen werden oder mit Minze, wie im Rezept auf Seite 207. Man verwendet den Käse auch für Kuchen und Desserts wie die *cassata siciliana*, *pastiera napoletana* und *cannoli*. Außerhalb Italiens bekommt man meistens nur Ricotta aus ultrahoch erhitzter Milch, der nur zum Kochen mit anderen Zutaten verwendet werden sollte.

Ricotta wird auch gerne für herzhafte Speisen genommen, etwa für vegetarische Aufläufe oder Gemüsetorten. Mit Spinat oder Mangold kombiniert, ist der Käse unverzichtbar für *malfatti**°, die grünen Gnocchi aus der Emilia-Romagna, aber auch für *tortelli di magro**. In Mittelitalien wird zerkrümelter Schafsmilch-Ricotta auf Gemüsesuppen wie Fenchel- oder Spinatsuppe gestreut.

In Sizilien und Sardinien wird ein ganzer Ricotta in den Ofen gestellt und mit etwas Salz geräuchert. Der Käse entwickelt eine dunkle Kruste, bleibt aber innen weich und cremig. Eine andere Ricotta-Sorte ist *ricotta salata*. Dieser Ricotta wird abgetropft, bis er ganz trocken ist, und kann dann über Nudeln mit oder ohne Tomatensauce gerieben werden.

RIGATONI *siehe* PASTA

RISO *(Reis)*
Italien ist das wichtigste europäische Erzeugerland für Reis. In der lombardischen Poebene werden vier verschiedene Typen angebaut: *Ordinario* ist der kurze Rundkornreis, aus dem man Milchreis kocht. *Semifino* ist mittellanger Reis, der sich für Suppen und Salate eignet, *fino*, ein länglicher Reis, kann für alle Risotti* genommen werden und *superfino*, ein langer Reis, ist der ideale Risotto-Reis. Die besten Sorten sind Arborio, Roma und Carnaroli. Je besser der Reis, desto länger dauert es, ihn zu kochen. *Superfino* dauert etwa 18 Minuten, während *ordinario* bereits nach zwölf Minuten weich ist. Man bevorzugt *fino* und *superfino* für Risotto, da diese Typen besonders viel Flüssigkeit aufnehmen und aufgehen, ohne zu brechen. Keine andere Reissorte besitzt diese Eigenschaften, deshalb sollte Risotto immer nur mit dem passenden italienischen Reis gekocht werden.

Der Reis hat den Süden sicherlich nicht in dem Maß erobert, wie die Nudeln – vom Süden her kommend – den Norden. In Norditalien gehört Reis als Hauptbestandteil in eine Vielzahl von Gerichten, hauptsächlich in Risotti, aber auch in Suppen, und wird üblicherweise durch eine saisonale Gemüseart begleitet. Es können wie bei der Minestrone aber auch mehrere Gemüse sein. Reis mit Kastanien, aber auch mit Rüben, Kartoffeln, Wirsing oder Petersilie ist ein Klassiker Norditaliens. Eine der besten Suppen wird mit Reis gekocht, der in hausgemachter Rinderbrühe gart, mit Petersilie bestreut und mit viel Parmigiano Reggiano* serviert wird. Reis kann aber auch nur gekocht und mit Butter und Parme-

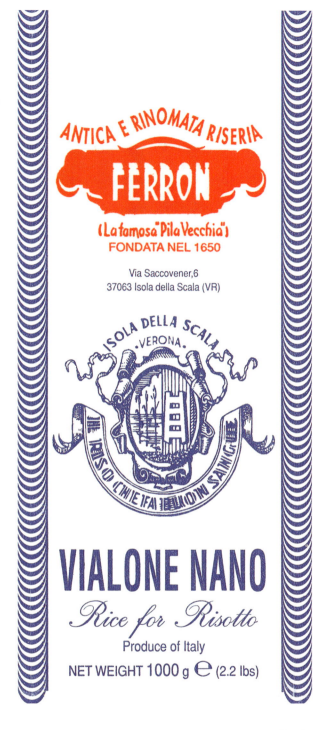

san gegessen werden, ein Rezept, das man *riso all'inglese* (Reis nach englischer Art) nennt.

Zwei neue Reissorten werden mittlerweile auch in Italien angebaut, schwarzer Reis, eine Kreuzung aus der Japonica und der Indica, und roter Reis, der eigentlich ein Gras ist und zuerst in der Camargue gezogen wurde. Beide Reissorten schmecken am besten vorgekocht und dann mit Huhn oder Shrimps gedünstet oder in einem Salat.

ZUTATEN VON A BIS Z

RISO IN CAGNONE *(Traditionelles Reisgericht)*

Ein traditionelles Gericht, das man in Mailand, im Piemont und in Ligurien schätzt. Nach Mailänder Art wird der gekochte Reis mit geschmolzener Butter, Salbeiblättern, einer Knoblauchzehe und Parmesan gewürzt. Auch im Piemont kommt geschmolzene Butter dazu, allerdings statt Parmesan Fontina*, während man den Reis in Ligurien mit einer reichhaltigen Tomatensauce abschmeckt, in der ein oder zwei Schweinswürstchen gekocht wurden.

RISOTTO *(Aromatisches Reisgericht)*

Risotto muss, wie beim Stichwort *riso** erklärt, immer mit italienischem Reis gekocht werden, der die Flüssigkeit beim Kochen aufsaugen kann, ohne aufzubrechen oder matschig zu werden. Für einen gelungenen Risotto ist die verwendete Pfanne oder Kasserolle ausschlaggebend. Am besten nimmt man eine schwere und weite, aber tiefe Kasserolle mit abgerundetem Boden, sodass kein Reiskorn in den Ecken und Kanten festhängen kann. Risotto braucht ständige Aufmerksamkeit und muss häufig umgerührt werden. Das Grundrezept für Risotto heißt *risotto in bianco°* (siehe Seite 98). Guten Risotto kann man aus einer Vielzahl an Produkten kochen. Die Veneter kochen besonders gute Fisch- und Gemüse-Risotti, für die sie die Reissorte Vialone Nano oder eine andere Semifino-Sorte benutzen, während die traditionellen Risotti in der Lombardei und dem Piemont eher in Richtung Fleisch tendieren, als Reis wird eine Superfino-Sorte wie der Arborio bevorzugt.

RISOTTO ALLA MILANESE
(Traditioneller Risotto nach Mailänder Art)

Dieser Risotto wird in Mailand auch *risotto giallo* (gelber Risotto) genannt, er ist einer der Pfeiler der Mailänder Küchenkultur. Der dazu verwendete Safran ist normalerweise zu Pulver vermahlen und stammt von Krokusblüten, die in den Abruzzen wachsen – der besten Region dafür in Italien. *Risotto alla milanese°* (Rezept Seite 99) ist neben *risotto in bianco* der einzige Risotto, der auch als Beilage serviert wird. Nach alter Tradition wird er zu *ossobuco* messicano* und zu *costolette alla milanese* gegessen, aber dieser Brauch stirbt langsam aus.

RISOTTO AL SALTO *(Reisgericht)*

Dieses Rezept basiert auf Resten des *risotto alla milanese*. Der Risotto wird in eine gebutterte Pfanne gedrückt und gebraten, bis er eine Kruste gebildet hat, dann umgedreht oder an der Oberseite gegrillt, bis auch dort eine Kruste entstanden ist.

RISOTTO NERO *(Schwarzer Reis)*

Aus Venedig kommen die besten Risotto-Rezepte, vor allem die, in denen der Reis mit Fisch kombiniert wird. *Risotto nero*, auch *risotto di seppie* (Tintenfisch-Risotto) genannt, wird mit Tintenfischtinte schwarz gefärbt.

ROBIOLA *(Frischkäsesorte)*

Robiola kommt hauptsächlich aus dem Piemont und der Lombardei. Er kann zylindrisch oder rechteckig sein und etwa 300 bis 500 g wiegen. Industriell stellt man ihn aus Kuhmilch her, auf dem Bauernhof wird auch Ziegen- oder Schafsmilch oder eine Mischung aus beiden Milchsorten verwendet. Nach acht bis zehn Tagen Reife ist der *robiola* weich, aber streichfest und besitzt einen delikaten, buttrigen Geschmack. Mit zunehmendem Alter wird der Käse trockener und entwickelt nach etwa sechs Wochen ein erfreuliches pikantes Aroma. Beide Robiola-Sorten sind exzellente Konsumkäse.

ZUTATEN VON A BIS Z

ROGNONE *(Nieren)*

Die Nieren von Milchkälbern sind mild und zart und werden bevorzugt, allerdings genießt man auch Lamm-, Ziegenkitz- und Schweinenieren. In Latium kennt man mehr Rezepte für Innereien als anderswo. Für *rognoni al marsala* werden Kalbsnieren geputzt und in Scheiben geschnitten, dann schnell in Öl und Butter angebraten und mit Marsala abgelöscht. Lammnieren können für *rognoncini coi funghi* mit in Scheiben geschnittenen Pilzen in Butter und Zitronensaft angebraten werden. In der Emilia werden Kalbsnieren mit Balsamessig abgelöscht und Lammnieren mit Zitrone und Sardellenfilets gewürzt.

ROMBO *(Butt)*

Die besten Fische aus der Familie der Plattfische sind der *rombo liscio* (Glattbutt) und der *rombo chidato* (Steinbutt). Beide Fische werden in der Regel mariniert und in Salbeibutter gebraten, danach übergrillt und mit Zitronensaft beträufelt.

ROSMARINO *(Rosmarin)*

Rosmarin ist ein immergrüner Busch, der wild wächst, vor allem an Küsten, wie der Name sagt: *Ros marinus* bedeutet im Lateinischen „Meertau". Rosmarin ist eines der beliebtesten Kräuter der italienischen Küche.

Hauptsächlich wird er zu gebratenem Fleisch hinzugefügt, aber auch zu gebratenen Fischen oder Bohnensuppen. Ich brate Rosmarin gerne mit viel Knoblauch in nativem Olivenöl an, bevor ich ihn an ein Gericht gebe. Rosmarin und Knoblauch sind eine besonders gelungene Aromakombination.

RUCHETTA *(Wilder Rucola)*

Rucola ist in Mittelitalien häufig als Wildpflanze zu finden, man verwendet ihn für den Salat *misticanza**. Der zartbittere Geschmack ähnelt dem Zuchtrucola, ist aber viel stärker ausgeprägt.

RUCOLA *(Zuchtrucola)*

Zuchtrucola besitzt einen angenehm zartbitteren Geschmack, der jedem Salat wohl bekommt. In der althergebrachten Küche kennt man nur ein Rezept für Rucola – eine Pastasauce aus Apulien. Dazu wird blanchierter Rucola in Olivenöl mit Knoblauch und Sardellenfilets angeschwitzt. Die Nudeln werden im Kochwasser des Rucola gekocht, mit dem gedünsteten Rucola bedeckt und mit Olivenöl abgeschmeckt.

SALAMA DA SUGO *(Schweinswurstspezialität)*

Salama wird aus fettem und magerem Schweinehack, Schweineleber und -zunge hergestellt, die in kleine Stücke geschnitten und mit Gewürzen und Rotwein aromatisiert wurden. Das Wurstbrät wird in Schweinedarm gefüllt und wie eine kleine Melone geformt. Dann wird es getrocknet und sechs bis sieben Monate gepökelt. *Salama* wird von Hand und nur in kleinen Mengen hergestellt, nur selten kommerziell. Die Wurst wird ungekocht verkauft und muss für wenigstens vier Stunden sanft gegart werden.

SALAME *(Salami)*

Salami besteht aus durchgedrehtem oder fein gehacktem Schweine- oder Rinderhackfleisch, das mit Gewürzen und Kräutern aromatisiert wurde und in einen Natur- oder Kunstdarm gefüllt wird, bevor die Wurst reift.

Salami wird in ganz Italien in unterschiedlichen Formen und Größen hergestellt. Knoblauch, Wein, Pfefferkörner, Fenchelsamen und Chili werden verwendet, jedes Gewürz verändert den Charakter der Wurst. Auch aus Wildschwein oder einer Kreuzung aus Haus- und Wildschwein werden in der Toskana und Umbrien hervorragende Salamis hergestellt. Folgende Typen unterscheidet man:

Salame Felino: Diese beste aller Salamis wird in der Nähe von Parma hergestellt, aus dem Fleisch der Schweine, die auch für den Parmaschinken ausgesucht wurden. Diese Salami enthält nur 20 % Fett und wird nur mit etwas Knoblauch und Weißwein aromatisiert.

Salame Milano: Eine wohlschmeckende Salami, die aus fein gehacktem, magerem Schweinefleisch mit kleinen Speckstückchen und einer Würzmischung aus Knoblauch und Weißwein gefertigt wird. Eine andere bekannte Salamisorte aus der Lombardei kommt aus Varzi und ähnelt der Mailänder Salami, wird aber mit Rotwein bereitet. Dieses leckere, hochwertige Produkt wird nur in kleinen Mengen hergestellt.

Salame Toscano: Eine ländliche Salami, die man auch *finocchiona* nennt und die mit Fenchelsamen und viel Knoblauch gewürzt wird.

Salame di Fabriano: Diese wohl beste Salami Mittelitaliens stammt aus den Marken. Mageres Fleisch wird grob durchgedreht und mit Würfeln aus schierem Fett vom Schweinerücken, Pfefferkörnern und Knoblauch verknetet.

Salame di Napoli: Die einzige weit verbreitete Salamisorte aus Süditalien. Das grob gehackte Fleisch wird mit Chili gewürzt – eine Besonderheit der Salamis aus dem Süden.

Salami d'oca: Salami aus Gänsefleisch wird in einigen Teilen Piemonts und Friauls erzeugt. Man stellt sie aus gehacktem Gänsefleisch her, zu dem die üblichen Gewürze und in machen Fällen auch Marsala gemischt werden, bevor das Brät in den Gänsehals gefüllt wird. Gänsesalami und -schinken sind traditionelle Spezialitäten der italienischen Juden.

Dies ist nur ein kurzer Überblick über die beliebtesten Salamisorten. In jeder Stadt, selbst in jedem Dorf finden sich lokale Salamispezialitäten (*salame nostrano*), die die Küchentradition vor Ort repräsentieren.

SALATINI *(Salzige Kekse)*
Salatini ist die Sammelbezeichnung für alle salzigen Kekse, die man zum Aperitif knabbert. Die Kekse oder Cracker sind vielfältig aromatisiert, etwa mit Käse, Kreuzkümmel, Fenchelsamen oder Kräutern, und werden meist in Bäckereien oder Konditoreien gekauft.

SALE *(Salz)*
95 % des italienischen Salzes stammt aus dem Meer. Salz wird in zwei Feinheitsgraden verkauft: als *sale grosso* (grobes Salz) und *sale fino* (feines Salz). Grobes Salz nimmt man für alle Gerichte, die längere Zeit kochen oder schmoren müssen. Mit grobem Meersalz kann auch ein ähnlicher Effekt wie beim Garen im Tontopf erzielt werden: Dazu wird das Gargut (meist Fisch oder Geflügel) in einen Teig aus Salz und Eiweiß gehüllt und im Ofen bei großer Hitze gebacken. Das Salz bildet so eine feste Kruste, und der Inhalt bleibt saftig. *Sale fino* löst sich schneller auf und wird zum Nachsalzen bei Tisch ebenso wie in der Küche für kurz gekochte Gerichte verwendet.

Salz dient wie in der Vergangenheit auch heute noch als Konservierungsstoff, etwa für Sardellen, die für die Spezialitäten *bottarga** und *mosciame** mit Salz in Holzfässer geschichtet werden, aber auch für viele Gemüsesorten. Kapern schmecken in Salz konserviert viel besser als in Essig eingelegt, auch Basilikum und andere Kräuter können unter einer Salzschicht aufbewahrt werden.

SALMORIGLIO *(Würzsauce aus Süditalien)*
Diese würzige Sauce wird in Kalabrien und Sizilien für gegrillten oder gebratenen Schwertfisch, Thunfisch, gelegentlich auch für Lamm oder Ziegenkitz zubereitet. Sie besteht aus Olivenöl, Zitronensaft, Oregano, Petersilie, Salz und Knoblauch.

SALSA *(Sauce)*
Eine *salsa* entsteht entweder aus dem beim Kochen ausgetretenen Saft oder sie wird separat zubereitet und zu einem Gericht gereicht, um das Aroma zu unterstreichen

ZUTATEN VON A BIS Z

oder zu ergänzen. Eine *pizzaiola** etwa gehört zur ersten Sorte, denn sie entsteht aus dem Bratensaft beim Schmoren. Die Pfeffersauce *peverada** dagegen ist eine pikante Beilage, die zu gebratenem Fleisch separat gereicht wird.

Italiener mögen keine Gerichte, die in Sauce schwimmen. Ein Braten wird nur mit dem entfetteten Fleischsaft serviert, man kocht aus dem Jus keine Bratensauce in größeren Mengen, da man den reinen, unverfälschten Fleischgeschmack des Bratensafts schätzt. In der traditionellen Küche Italiens verwendet man Saucen zum Mischen mit Nudeln für Pastagerichte. Saucen, die separat serviert werden, wurden dagegen aus der französischen Küche übernommen.

Die wichtigsten Saucen der italienischen Küche sind in diesem Verzeichnis unter ihrem Namen zu finden.

SALSA VERDE (*„Grüne" Kräutersauce*)

Salsa verde° (Rezept Seite 233) stammt ursprünglich aus der Lombardei, wo besonders milde und aromatische Petersilie wächst. Sie war und ist die unverzichtbare Beigabe zu *bollito misto**° oder anderem Kochfleisch oder -fisch. *Salsa verde* ist leicht herzustellen und lässt sich gut dem eigenen Geschmack anpassen, solange man als Basis ein mildes Olivenöl Extra Vergine, einen hochwertigen Weinessig und glattblättrige Petersilie verwendet.

SALSICCIA (*Schweinswürstchen*)

Eines der ältesten Grundnahrungsmittel der italienischen Küche. Man macht in ganz Italien unterschiedlichste *salsiccie*, von der milden *corda di Monscia* (wörtlich: „Seil aus Monza") in der Lombardei bis zu der hoch geschätzten *salsiccia calabrese*, die mit Chili pikant gewürzt wird. Die klassische *salsiccia*, beispielsweise die *luganega**, wird aus grob durchgedrehtem Schweinehack hergestellt, zu zwei Dritteln aus magerem Fleisch, ein Drittel ist Speck. Das Fleisch stammt dabei von den weniger geschätzten Fleischstücken wie Bauch oder Hals. Die Herstellung ist einfach: Das Fleisch wird grob oder fein gehackt, mit Salz und Pfeffer gewürzt und in Wurstdarm gefüllt. Das Brät kann zusätzlich gewürzt werden, etwa mit Weißwein oder Hartkäse wie in der südlichen Lombardei, mit Parmesan in der Emilia oder mit Knoblauch, Fenchelsamen und Chili wie im Süden. *Salsiccia* wird normalerweise frisch gegessen und deshalb nicht gepökelt, obwohl es gepökelte, geräucherte und gereifte *salsiccie* natürlich gibt.

Die Standardwurst wird aus Schweinefleisch hergestellt. In der Toskana und in Umbrien verarbeitet man auch Wildschwein und ebenso Hühnerleber, aus der kräftig gewürzten *salsiccie di fegato* werden.

Die Würstchen werden in der Regel vor dem Verzehr gekocht, nur die geräucherten oder eingesalzenen Würstchen kann man ungekocht essen. Es sind nur wenige Zubereitungsarten für *salsiccie* üblich. Ein Klassiker ist *salsiccia coi broccoli* aus Latium. Dafür wird die Wurst in Knoblauchöl gebraten und mit Brokkoli in Weißwein fertig geschmort. In Kalabrien wird ein ähnliches Gericht mit Rüben und Chili zubereitet. In Venetien werden die Würste mit Knoblauch angebraten und dann mit Rotweinessig zu *salsiccie all'aceto* abgelöscht. Diese Würste werden traditionell mit Polenta serviert.

SALTIMBOCCA (*Kalbsschnitzelgericht*)

Saltimbocca sind dünne Kalbsschnitzel, die so verführerisch duften, dass sie dem Genießer förmlich „in den Mund springen" – so die wörtliche Übersetzung des Namens. Dünne Kalbfleischscheiben werden dazu mit einem etwas kleineren Stück Prosciutto* und Salbeiblättchen belegt und gebraten. Oft werden die Schnitzel aufgerollt und mit einem Zahnstocher zusammengesteckt. *Saltimbocca* ist ein beliebtes Gericht der römischen Küche, wird aber auch in ganz Italien und im Ausland geschätzt.

SALUMI (*Pökelspezialitäten*)

Salumi ist der Sammelbegriff für alle eingesalzenen und gepökelten Fleischspezialitäten wie etwa Salami, Schinken, *coppa** oder *cotechino**. Zwei Grundtypen an *salumi* werden hergestellt: die einen aus eingesalzenen Fleischstücken wie etwa dem Schinkenstück, die anderen aus in Schweinedarm gefülltem Hackfleisch wie etwa Salami. Man bevorzugt dabei Schweinefleisch, aber auch Rind (etwa für *bresaola**), Wild, Wildschwein oder Ziegenfleisch. Andere Salumi-Arten werden aus einer Mischung aus Schweinehack mit Rinder- oder Wildschweinhack gefertigt.

SALVIA (*Salbei*)

Salbei ist ein Kraut, das in Italien hervorragende Wachstumsbedingungen findet. Man verwendet Salbei gerne in der Küche, vor allem im Norden und in der Toskana. Es passt zu weißem Fleisch oder in Buttersaucen, die etwa zu Ravioli oder anderen hausgemachten Nudelspezialitäten serviert werden. Salbei ist unverzichtbar für *fagioli all uccelletto** aus der Toskana und *saltimbocca**. Die toskanische Spezialität *salviata*° (Rezept Seite 60) bringt Salbei aber wohl am besten zur Geltung.

ZUTATEN VON A BIS Z

SANATO (Kalbfleischsorte)

Sanato ist das hoch geschätzte Kalbfleisch aus dem Piemont, für das die Kälber bis zum Alter von zehn Monaten nur mit Milch gefüttert werden. Das Fleisch ist deshalb sehr hell, völlig mager und sehr zart. Ein traditionelles Rezept dafür stammt aus Alba. *Roston all'albese* aus dem Filetstück wird mit Steinpilzen in Weißwein geschmort und mit Trüffeln verfeinert.

SANGUINACCIO (Blutwurst oder ein Dessert)

In Norditalien versteht man unter *sanguinaccio* Blutwurst, im Süden bezeichnet das Wort dagegen ein Dessert. Beide Gerichte basieren auf Schweineblut frisch aus der Schlachtung, das möglichst noch warm sein sollte. Mit Milch, vielen Gewürzen und Zwiebeln wird es aufgekocht und in eine Auflaufform gefüllt. Der süße *sanguinaccio* ist reichhaltig, cremig und dunkel und enthält Nüsse und Schokolade, wie etwa der aus Neapel, der zu gleichen Teilen aus Blut und Konditorcreme gerührt wird.

SARAGO (Brasse)

Sarago ist der Oberbegriff für einige Brassenarten, von denen die besten die *sarago maggiore* (Weißbrasse) und *sarago fasciato* (Bänderbrasse) sind. Beide sind exzellente Speisefische mit festem und wohlschmeckendem weißem Fleisch, die sich gut zum Grillen und Braten eignen. Man verwendet diese Brassen auch gerne für Fischsuppen wie die toskanische *cacciucco**. Die interessanteste Zubereitungsart ist aber wohl das Braten am Spieß, wie man es an der toskanischen Küste tut. Kleine Brassen werden dazu entgrätet, mit Schinken gefüllt und mit Brotstückchen und Salbeiblättern auf einen Spieß gesteckt.

SARDA ODER SARDINA (Sardine)

Sarda ist die frische Sardine, während der eingelegte Fisch *sardina* heißt. In Venedig werden die Fische gerne *in saor* eingelegt (siehe auch *scapece** und *sfogi in saor**) oder mit Baby-Artischocken oder Fenchelscheiben gebraten, während man in Kalabrien gebratene Sardinen mit einer Vinaigrette serviert, die Minze und Zitronenschale enthält.

In Apulien besteht eine der besten regionalen Spezialitäten aus entgräteten Sardinen, die man anwechselnd mit in Olivenöl angebratenen Semmelbröseln, geriebenem Pecorino*, Knoblauch und Petersilie schichtet und mit Eiern übergießt, bevor sie überbacken werden. Auch in Ligurien bäckt man Sardinen als *tortino* di sarde* (Sardinenauflauf). Aus der sizilianischen Küche stammen hervorragende Rezepte, etwa für *sarde a beccaficu** und die leckere *pasta con le sarde°* (Rezept Seite 76).

Größere Sardinen werden vielseitig gefüllt. Nach einem Rezept aus Ligurien legt man Salatblätter und Käse in die Fische. Im Süden werden Sardinen nach überlieferter Weise mit frischen Semmelbröseln, Ei, Pecorino, Kapern und Petersilie gefüllt.

Die Mehrheit der Sardinen wird allerdings in Öl eingelegt, das gelegentlich mit Tomatensauce oder Zitronensaft gewürzt wird. Die Herstellung von Dosensardinen findet immer noch in den Fischfabriken von Sizilien statt, obwohl Spanien Italien den Rang bei der industriellen Erzeugung längst abgelaufen hat.

SARDE A BECCAFICU (Sardinenauflauf)

Dieses bekannte sizilianische Gericht besteht aus entgräteten Sardinen, die aufgeklappt, dann aufgerollt und in einer Auflaufform mit den Schwanzenden nach oben so angeordnet werden, dass sie wie *beccafichi*, Singvögel, aussehen, die aus der Form hervorlugen.

SARTU (Herzhafter Reisauflauf)

Eines der reichhaltigsten Gerichte der neapolitanischen Küche. *Sartù* besteht aus Reis, der mit Butter, Parmesan und Fleischsaft gewürzt, in eine Charlotte-Form gefüllt und mit winzigen Fleischbällchen, Hühnerleber, Erbsen, getrockneten Steinpilzen und Mozzarella-Würfeln gefüllt wird. Der Auflauf wird dann eine halbe Stunde im Ofen gebacken. *Sartù* wird traditionell ohne Tomaten als *sartù in bianco* zubereitet, eine moderne Version wird mit Tomatensauce gekocht und gerne an Weihnachten gegessen.

SAVOIARDI (Löffelbiskuits)
Dieses Gebäck wird gerne zu Eis, Sorbets, Obstsalat und cremigen Desserts serviert oder bildet eine feste Schicht in cremigen, geschichteten Desserts, etwa bei Tiramisu*°.

SAVORE ODER SAPORE (Pikante Sauce)
Diese traditionelle, dickflüssige Sauce aus der Emilia wird mit Traubenmost zubereitet, in dem verschiedene Früchte gekocht werden. Man serviert sie zu *bollito misto**° oder benutzt sie als Füllung für Ravioli oder Tortelli*, etwa für die Kürbis-Tortelli aus Mantua. In der Toskana wird eine hervorragende *savore* aus Walnüssen und Traubensaft, Petersilie und Öl gerührt, die zu Kochfleisch und Braten passt.

SCALOGNO (Schalotte)
Schalotten werden gerne statt Zwiebeln bei der Zubereitung eines *soffritto*° verwendet, da sie schneller garen als Zwiebeln und ein besonders feines Aroma entfalten.

SCALOPPINA ODER SCALOPPA (Schnitzel)
Italienische Schnitzel werden sehr dünn aus der Keule oder Nuss von Kalb, Schwein oder Pute geschnitten. Das Fleisch wird mit einem Fleischklopfer zusätzlich plattiert, bis es nur noch etwa 5 mm dick ist. Für *scaloppine* gibt es zahlreiche Rezepte, etwa *scaloppina al limone* oder *al Marsala*.

SCAMORZA (Gekneteter Weichkäse)
Dieser Weichkäse ähnelt dem Mozzarella und wird aus Kuhmilch gefertigt. Er erhält die typische attraktive Birnenform und ein Band aus Bast um die Mitte. Jeder Käse wiegt etwa 200 g. Scamorza ist weiß und cremig, eher trocken, aber weich mit einem delikaten Milchgeschmack. Man isst den Käse bald nach der Herstellung. Häufig wird Scamorza auch geräuchert, diese Spezialität unterscheidet sich vom frischen Scamorza durch die braune Rinde.

SCAMPO (Kaisergranat)
Der Krebs, der im Italienischen als „Scampo" bezeichnet wird, entspricht nicht den deutschen „Scampi", sondern heißt korrekt Kaisergranat und besitzt wie ein Miniaturhummer Scheren. Die kleinen Langusten ähnelnden „Scampi" werden dagegen im Italienischen *gamberi** genannt. Scampi werden gebraten, frittiert oder mit Ei und Mehl paniert und ausgebacken. Neuere Rezepte wie das für *spaghetti agli scampi* wetteifern mit dem traditionellen und unverwechselbaren *risotto di scampi*, den man in Perfektion an der Küste zwischen Venedig und Triest zubereitet.

SCAPECE (Süßsauer eingelegtes Gemüse oder Fisch)
A oder *alla scapece* weist auf eine Zubereitungsart für Fisch oder Gemüse aus Süditalien und Sizilien hin, für die das Ausgangsprodukt gebraten und dann in einer essighaltigen Sauce für einige Zeit eingelegt wird. Dadurch bleibt das Produkt länger haltbar. Die gleiche Methode wird auch andernorts angewandt und heißt in Venedig *saor**, in der Lombardei *carpione**. Die Marinade wird dabei von Region zu Region anders abgeschmeckt, auch bevorzugt man unterschiedliche Fische dafür.

SCAROLA (Batavia-Endivie)
Scarola wird roh in Salaten gegessen und vielseitig zum Kochen verwendet. Die Pflanze wird hauptsächlich in Süditalien angebaut. Dank des leicht bitteren Geschmacks, der sich beim Kochen entwickelt, wird Batavia auch gerne für Gemüseaufläufe genommen. In Süditalien füllt man sie auch mit einer Mischung aus Semmelbröseln, Sardellenfilets, Sultaninen, Pinienkernen und Kapern.

SCARPAZZONE (Gemüseauflauf)
Dieser Gemüseauflauf wird gerne in der Emilia, aber auch in der Lombardei gegessen, wo man ihn allerdings *scarpazza* nennt. Auf einen mit Schweineschmalz hergestellten Teigboden wird Mangold oder Spinat geschichtet, der zuvor in Olivenöl gedünstet und mit Knoblauch, Muskat und Parmesan gewürzt wurde. Manchmal wird noch *pancetta** und Petersilie hinzugefügt.

SCHIACCIATA (Brotfladen)
Dieser Fladen ähnelt der *focaccia**°. Nach alter Art wird der Fladen aus Brotteig gebacken, zu dem Schweineschmalz oder, moderner, Olivenöl hinzugefügt wurde. *Schiacciata* lässt sich auf ganz unterschiedliche Arten zubereiten, manche sind auch süß wie der Fladen aus Florenz.

ZUTATEN VON A BIS Z

SCORFANO (Drachenkopf)
Der auch Rascasse genannte Fisch ist an den italienischen Küsten in zwei Sorten heimisch: der schwarze Drachenkopf lebt in flachen Küstengewässern, während der rote Drachenkopf ein Tiefseefisch ist. Heutzutage wird Rascasse fast nur noch zu Fischsuppen verwendet, da das Fleisch die Suppe andickt und ihr einen delikaten Geschmack verleiht.

SCORZONE siehe TARTUFO

SCORZONERA (Schwarzwurzel)
Schwarzwurzeln sind nur an der Außenseite dunkel und erdig, die geschälte Wurzel ist cremefarben. Man schätzt sie überall in Italien, doch besonders beliebt ist das Wurzelgemüse im Piemont, in der Lombardei und in Ligurien. Es wird wie Karotten zubereitet.

SCOTTIGLIA (Eintopf)
Scottiglia ist ein mächtiger Eintopf aus der südlichen Toskana, der eine Vielzahl an Fleisch- und Wildsorten enthält und auch *cacciucco di carne* genannt wird. Die ursprünglich mittelalterlichen Rezepte dafür wurden für heutige Feinschmecker wieder entdeckt und modernisiert. Wildschwein, Lamm, Rotwild, Wildhasen, Kaninchen, Fasane, Täubchen, Drosseln und Feldlerchen werden einzeln vorbereitet und in einer große Reine mit Tomaten, Wein und Gewürzen gekocht. Wenn das Fleisch gar ist, wird die üppige Sauce mit Brot aufgetunkt – typisch für die Toskana.

SCRIPPELLE ODER CRISPELLE 'NBUSSE (Pfannkuchenrollen)
Diese in Brühe servierten Pfannkuchen sind eine Spezialität aus den Abruzzen. Unter den Teig wird gehackte Petersilie gerührt. Die fertigen Pfannkuchen werden aufgerollt und in Suppenteller gelegt, mit viel geriebenem Pecorino* oder Parmesan bestreut und mit kochender Kapaun- oder Hühnerbrühe übergossen.

SEDANO (Staudensellerie)
Dieses aromatische Gemüse wird normalerweise mit Brühe gedünstet und dann mit Parmesan bestreut oder mit Béchamel° und Parmesan überzogen. Blanchierter Sellerie wird auch paniert und ausgebacken oder roh als Salat serviert, der nur mit Olivenöl und möglicherweise Zitronensaft angemacht wird. Sellerie gehört auch zur *bagna caôda**°. Am wichtigsten ist Sellerie allerdings zusammen mit Zwiebeln und Karotten für das *soffritto*°. Bei ungebleichtem Stangensellerie wird die gesamte Pflanze mit Blättern und Stielen verwendet.

SEDANO RAPA ODER SEDANO DI VERONA (Knollensellerie)
Traditionelle Gerichte für Selleriewurzeln finden sich im Piemont und in Venetien. Besonders lecker schmeckt eine Suppe, für die der Sellerie mit Wurststückchen und Borlotti-Bohnen als *soffritto*° gebraten und mit Fleischbrühe aufgegossen wird.

SEMIFREDDO (Cremeeis)
Semifreddo ist das typischste Eis Italiens und wird aus Eiercreme, Aromazutaten, italienischem Schaumgebäck und geschlagener Sahne hergestellt. Es ist durch den hohen Zuckergehalt im Schaumgebäck weicher als Eiscreme, besonders beliebt sind die Sorten Zabaione* und Kaffee.

SEMOLINO ODER SEMOLA (Grieß)
Semola bezeichnet gemahlenen Hartweizen, aus dem Trockennudeln hergestellt werden, während *semolino* die feinere Variante darstellt, aus der selbst gemachte

Nudeln, verschiedene Suppen, darunter *semolina*, eine Schonkost, oder andere Gerichte entstehen.

Ein wohlschmeckendes Dessert wird aus Grieß mit Eiern, Zucker, Butter, Sultaninen, Orangeat und manchmal auch Schokoladenstücken bereitet. Traditionell werden aus Grieß *gnocchi alla romana** geformt.

SEPPIA *(Tintenfisch)*

Tintenfisch ist sehr vielseitig und beliebt. In Ligurien kocht man ihn *in zimino°* (Rezept Seite 132). In den Abruzzen wird er in Öl, Chili und Knoblauch mariniert und dann in Wein weich geschmort und zum Schluss mit Zitronensaft und Petersilie abgeschmeckt. In Venedig wird Tintenfisch in Weißwein geschmort, zu dem etwas Tomatensauce und die Fischtinte kommen. Er wird aber auch frittiert. Besonders gut sind die kleinen Seppioline, die im Ganzen ausgebacken werden.

Die sackförmigen Tintenfischkörper lassen sich gut füllen. Eine der besten Methoden ist es, *seppie* mit den eigenen Tentakeln, Muscheln, einem Oktopus, geriebenem Pecorino* und Semmelbröseln, mit Ei gebunden, zu füllen und dann in Olivenöl in einem Tontopf zu braten. In Julisch-Venetien schätzt man ein überliefertes Rezept, für das der Tintenfisch mit dem Fleisch einer Seespinne gefüllt wird, das zuvor mit den klein geschnittenen Tentakeln, Ei, Butter und etwas Parmesan vermischt wurde.

Am bekanntesten ist das Rezept für *risotto nero**, der durch Fischtinte gefärbt wird. Aus Tintenfisch entsteht auch eine hervorragende Spaghettisauce. Dazu wird der Tintenfisch aufgeschnitten und in Weißwein geschmort, bis zum Schluss die Tinte untergerührt wird.

SFINCIONI *(Focaccia-Art aus Palermo)*

Zwei Arten von *sfincioni* werden in Palermo gebacken, eine wie Pizza, die andere wie Teigtaschen. Flache *sfincioni* bestehen aus einem dicken Teigboden, der mit *caciocavallo**, Tomaten, Zwiebeln, Sardellen und Semmelbröseln belegt und mit Öl beträufelt wird. Die Teigtaschen nennt man *sfincioni di San Vito*, sie werden mit Schweinehack, gehackter Schweinswurst, Ricotta* und Semmelbröseln gefüllt.

SFOGI IN SAOR *(Süßsauer marinierte Seezunge)*

Dies ist eines der bekanntesten Rezepte aus Venedig. *Sfogi* sind Seezungen, *saor* das Dialektwort für *sapore*, Sauce. Das Gericht wird traditionell am Tag der venezianischen *Festa del Redentore* gegessen.

SFOGLIA *(Nudelteig)*

Selbst gemachter Pastateig aus Ei und Mehl, je nach regionaler Vorliebe mit Wasser oder Öl verknetet. Die bekannteste Version ist die *sfoglia°* aus der Emilia-Romagna, die aus Weichweizen und Eiern hergestellt wird (siehe Timballo-Rezept auf Seite 87).

SFOGLIATELLE *(Torteletts)*

Blätter- oder Mürbteig-Torteletts aus Neapel, gefüllt mit Grießcreme, Ricotta* und kandierten Früchten.

SFORMATO *(Gemüseauflauf)*

Sformato ist ein Gemüseauflauf aus grobem Gemüsebrei, gelegentlich auch aus Huhn, Fisch oder süßen Zutaten, der mit Ei und Béchamel° gebunden und im Ofen im Wasserbad gegart wird. Traditionell wird *sformato* in einer Ringform gegart, sodass man die Mitte mit einer Sauce füllen kann, bevor die Speise aufgetragen wird. Dies kann eine *finanziera** sein oder eine Tomatensauce, aber auch eine andere Sauce, je nach Hauptbestanteil des Auflaufs. Beispiele für einen Fenchelauflauf und einen Spinatauflauf (als *timballini*) finden sich auf Seite 180 und 189.

SGOMBRO *(Makrele)*

Ein äußerlich sehr attraktiver Fisch mit dunkelblauen Streifen auf einem schlanken, schimmernden Körper. Die besten Makrelen stammen aus dem Tyrrhenischen Meer.

Ein überliefertes Rezept für Makrele kommt aus Ligurien und kombiniert den Fisch mit Erbsen. Dazu wird der Fisch in Olivenöl mit Knoblauch, Zwiebeln und Petersilie angebraten und dann mit den Erbsen in einer Tomatensauce geschmort. Der Fisch schmeckt auch vorzüglich gegrillt oder gebraten, mit einigen Tropfen Balsamessig abgeschmeckt.

SMACAFAM *(Buchweizenfladen)*

Eines der einfachsten Gerichte der ländlichen Küche des Trentino. Der Name verrät den Zweck der Speise: *smaca la fame* bedeutet „den Hunger besiegen". Es besteht aus einer dicken Buchweizen-Polenta, die mit Wurst und Zwiebeln verrührt wurde. Man schätzt auch eine süße Abwandlung, die zum Karneval zubereitet wird, wobei Sultaninen die Wurst ersetzen.

SOGLIOLA *(Seezunge)*

Für Seezunge gibt es viele regionale Bezeichnungen, etwa *sfogi** in Venedig und *sfoglie* entlang der Adria.

In der Emilia-Romagna wird Seezunge *alla parmigiana* zubereitet, also nach dem Braten in Butter mit Parmesan bestreut. In einem anderen Rezept aus dieser Region wird die Seezunge mehliert und mit Salbei, Zwiebeln, Weißwein, einigen Teelöffeln konzentriertem Fleischsaft, Zitronensaft und Petersilie in einer Auflaufform im Ofen gebacken und mit kleinen, glasierten Zwiebeln garniert. Weiter im Süden, in den Abruzzen, wird die Seezunge mit Olivenöl, Knoblauch, Zitronensaft und Petersilie gebraten. Kurz vor dem Servieren werden Zitronenscheiben und schwarze Oliven hinzugefügt. Das interessanteste Rezept für Seezunge, *sogliola al basilico e ai pinoli°*, stammt aus Caorle, einer Stadt an einer Lagune zwischen Venedig und Triest.

SOPA COADA *(Taubensuppe)*
Dies ist die venezianische Dialektbezeichnung für *zuppa covada*, wörtlich: „brütende Suppe". Trotz des dafür nötigen Aufwands stammt die Suppe vom Lande, genauer gesagt: aus dem Umland von Treviso nördlich von Venedig. Die Suppe diente zur Verwertung der Reste eines Taubenbratens. Dazu werden die Taubenstücke mit viel Parmesan zwischen zwei Scheiben Röstbrot gelegt. Brühe wird darüber gegossen, dann muss die Suppe wenigstens vier Stunden in einem Ofen bei niedriger Temperatur „brüten", wobei immer wieder ein wenig Brühe nachgegossen wird.

SOPPRESSA *(Salamisorte)*
Diese beliebte Salamisorte wird heutzutage in Venetien in großen Mengen kommerziell hergestellt. Sie ist lang und wird aus grobem Schweinehack gefertigt, das aus magerem Fleisch und fettem Speck gemischt wurde, wobei ein Drittel aus Fett besteht. *Soppresse* werden in dunklen, kühlen Räumen ein Jahr lang gepökelt. Man isst die Wurst als Antipasto* oder als Beilage zu angebratener Polenta*.

SOPPRESSATA *(Salamisorte)*
Soppressata stammt aus Mittelitalien. Die bekannteste Sorte ist die *soppressata di Fabriano* aus den Marken, die heute noch nach einem überlieferten Rezept hergestellt wird. Sie wird aus magerer Schweineschulter und gehacktem Bauchspeck gefertigt, in Naturdarm gefüllt und dann mit Weißwein abgewaschen. *Soppressata* hat eine eher weiche Konsistenz und einen delikaten Rauchgeschmack. Auch in Siena wird *soppressata* hergestellt, eine wundervolle, lange Schweinskopfwurst, die mit den gleichen Gewürzen aromatisiert wird, mit denen man auch den *panforte** würzt.

SORBETTO *(Sorbet)*
Das traditionelle, lange in Vergessenheit geratene Sorbet erlebt ein Comeback. Heutzutage werden Sorbets nicht mehr nur nach klassischem Vorbild mit Früchten aromatisiert, sondern auch mit Kräutern und Blüten. Eine wieder belebte Tradition, die aus dem steigenden Bedürfnis nach leichteren, frischeren und gesünderen Lebensmitteln basiert, aber auch auf der Tatsache, dass immer mehr Haushalte über eine Eismaschine verfügen, mit der sich Sorbets leicht herstellen lassen.

SOTTACETI *(Sauergemüse)*
Sottaceti ähneln den Mixed Pickles und bestehen aus ver-

schiedenen in Essig konservierten Gemüsen, die zum Antipasto* oder zu kaltem Braten gereicht werden.

SOTTOBOSCO *(Rote Grütze)*
Sottobosco bedeutet übersetzt „aus den Wäldern" und bezieht sich auf die für die Grütze verwendeten Walderdbeeren, wild wachsenden Himbeeren, Blaubeeren und Hei-

delbeeren, zu denen meist noch rote Johannisbeeren kommen. Als Dessert wird *sottobosco* mit Zitronensaft und/oder Zucker gewürzt oder aber pur gegessen. Weniger puristisch eingestellte Genießer essen Schlagsahne dazu.

SPAGHETTI *siehe* PASTA

SPECK *(Gepökelter Bauchspeck)*
Eine aus Österreich stammende Schinkenspeck-Art, die traditionell in Südtirol hergestellt wird. Seit einiger Zeit wird Speck in ganz Italien immer beliebter. Speck wird gerne als Teil der Antipasti* gegessen, aber auch für Pastasaucen verwendet, man knetet ihn unter den Teig der Speckknödel, *canederli**, und serviert ihn zu Sauerkraut mit Schweinefleisch.

SPEZIE *(Gewürze)*
Die Gewürze, die am intensivsten mit italienischer Küche assoziiert werden, sind Muskat, Nelken, Pfeffer und Zimt. Sie werden in der Regel sehr sparsam benutzt. Chili wird in der letzten Zeit bei einigen Gerichten sehr geschätzt, während die anderen Gewürze zugunsten frischer Kräuter an Beliebtheit einbüßten.

SPEZZATINO *(Eintopf)*
Das Wort stammt von *spezzare* („zerbrechen"), da Fleisch für Eintopfgerichte, meist preiswerte Fleischstücke, in Würfel geschnitten wird. *Spezzatino* ist ein Alltagsessen, für das das Fleisch manchmal mit Kartoffeln, Erbsen oder Gemüsepaprika, meist aber mit Tomaten ergänzt und in einem Römertopf gegart wird. Manchmal wird das Fleisch mit Mehl bestäubt, bevor es zu einem *soffritto*° angebraten wird, danach wird es mit Wein geschmort. In Süditalien kocht man *spezzatino*° auch aus Lamm- oder Ziegeninnereien und im Chianti aus Wildschwein (Rezept Seite 145).

SPIEDINI *(Fleischspieße vom Grill)*
Spiedini nennt man die kleinen Grillspieße und auch das ganze Gericht. Fleisch, Innereien, Fisch, Meeresfrüchte und Gemüse werden mit *pancetta** und Kräutern auf die Spieße gesteckt und gegrillt.

SPIGOLA *(Wolfsbarsch)*
Eine andere Bezeichnung für *branzino**, die vor allem in Süditalien gebräuchlich ist. Der Fisch wird dort gewöhnlich gegrillt oder gebraten serviert.

SPINACIO *(Spinat)*
Gekochter Spinat wird mit Olivenöl, Zitronensaft und vielleicht einem Hauch Knoblauch gewürzt und gerne zu anderen Gerichten weiterverarbeitet. Das bekannteste Rezept ist *spinaci alla fiorentina*, für das der Spinat in Butter und Knoblauch angedünstet und vor dem Gratinieren mit einer Béchamel° verrührt wird, die viel Parmesan enthält.

Spinat ist eine der beliebtesten Zutaten für Füllungen, etwa für Ravioli*, *agnolotti* piemontesi**, *rotolo* di vitello** und *pollo** ripieno. Spinat wird auch für Gemüseaufläufe und -kuchen verwendet, der *scarpazzone** ist der bekannteste. Natürlich gibt es auch Spinat-Kartoffel-Gnocchi, Gnocchi mit Spinat und Ricotta* (Rezept Seite 112). Spinat wird auch als Pastasauce oder zu *risotto verde* verarbeitet. Gehackten Spinat knetet man unter Nudelteig, um die einzige althergebrachte farbige Pastaart zu erhalten (siehe auch Pasta*).

Heutzutage kann man Spinat das ganze Jahr über kaufen, dank einer Reihe von Neuzüchtungen. Der beste Spinat wächst aber immer noch im Winter, besonders gut ist der große, fleischige *gigante d'inverno*.

347

ZUTATEN VON A BIS Z

SPONGATA ODER SPONGARDA (Biskuitkuchen)
Die *spongata* besteht aus zwei dünnen Lagen Biskuit, die mit einer reichhaltigen, mit Honig verrührten Füllung aus geröstetem Brot, Rosinen, Orangeat und Zitronat, Walnüssen, Sultaninen, *mostarda* di frutta*, Zimt, Muskat, Koriander und Macis (Muskatblüte) gefüllt werden. Vor dem Auftragen wird der Kuchen reich mit Puderzucker bestreut.

SPUMONE (Halbgefrorenes in Eiscremehülle)
Dieses sehr weiche Halbgefrorene stammt ursprünglich aus Neapel und Sizilien. Die Hülle besteht aus einer Schicht Vanilleeis, im Inneren befindet sich ein andersartig aromatisiertes Parfait. Die modernere Version von Spumone besteht nur aus Parfait wie im Rezept auf Seite 226. Ein althergebrachtes Dessert aus dem Piemont mit Mascarpone* und Eiern wird ebenfalls als Spumone bezeichnet.

STECCHI (Ausgebackene Fleischspießchen)
Diese kleinen Fleischspießchen stammen vor allem aus Genua und Bologna. Auf die kurzen Spießchen (*stecchi*), meist sind sie aus Olivenholz, wird eine Auswahl an gebratenen Appetithäppchen gesteckt. Dazu gehört: Kalbfleisch, Bries, Hirn, gepökelte Zunge, Artischockenstücke, Steinpilze und sogar Trüffelscheiben. Die *stecchi* werden dann paniert und in Olivenöl ausgebacken. In Bologna bestreicht man sie zuerst mit Béchamel.

STINCO (Hachse)
Stinco ist eine andere Bezeichnung für *ossobuco*°* (Rezept Seite 159) – beides bedeutet Hachse, allerdings wird *stinco* anders als Ossobuco im Ganzen zubereitet und erst zum Servieren zerteilt. *Stinco* kann die Hachse von Kalb, Lamm oder Schwein sein. Kalbshachse, mit Rosmarin, Zitronensaft und Butter oder Olivenöl langsam im Ofen gebraten, ist eine Spezialität in Triest. Auch Schweinshachse wird so gebraten oder in Weißwein geschmort. In Südtirol wird *stinco* gepökelt und/oder geräuchert und auf Sauerkraut serviert.

STOCCAFISSO (Stockfisch)
Stockfisch ist luftgetrockneter Magerfisch, vornehmlich Kabeljau, aber auch Heilbutt oder Leng, und stammt meist aus Norwegen. Der Kopf wird entfernt, dann wird der Fisch an der Luft getrocknet, bis er steinhart ist. Der beste Stockfisch ist in Italien als *ragno* bekannt. Er besitzt weißes Fleisch und ist sehr mager. Vor der Zubereitung wird Stockfisch aufgeschlagen, um die Gräten zu lösen, dann wird er in immer wieder gewechseltem Wasser für mindestens 48 Stunden eingeweicht. In Italien wird Stockfisch auch küchenfertig angeboten. Man schätzt ihn im ganzen Land, besonders aber in Ligurien und Venetien, Regionen, aus denen viele althergebrachte Rezepte stammen. Im Süden ist *baccalà** beliebter, Stockfisch, der vor dem Trocknen eingesalzen wurde. Vielerorts besteht Uneinigkeit darüber, was nun *baccalà* und was *stoccafisso* genau ist – in Venetien wird beispielsweise Stockfisch als *baccalà* bezeichnet, sodass nicht immer klar ist, welcher getrocknete Fisch in den traditionellen Rezepten wirklich gemeint ist.

Die beiden beliebtesten Rezepte aus Venetien sind *baccalà mantecato* und *baccalà alla vicentina°* (Seite 129). In Ligurien wird pürierter Stockfisch mit Kartoffelpüree verrührt. Für ein anderes Gericht wird der Stockfisch mit Kartoffelwürfeln in mit Sardellen aromatisiertem Öl gegart. In den meisten Regionen schätzt man Stockfisch *in umido* °.

STRACCHINO (Käsespezialitäten)
Dieser Sammelbegriff beschreibt besondere Käsesorten, die in Norditalien hergestellt werden. Quartirolo*, Robiola*, Taleggio* und Gorgonzola* sind alles gereifte *stracchini*, frischer *stracchino* ähnelt dagegen dem *crescenza**. Nahezu alle *stracchini* werden aus vollfetter Kuhmilch gefertigt.

STRACCIATELLA (Römische Suppenspezialität)
Eine leckere Suppe, die nur aus der besten selbst gekochten Fleischbrühe, bestem Parmigiano Reggiano und guten, frischen Eiern zubereitet wird. Käse und Eier werden miteinander verrührt und oft mit etwas Muskat abgeschmeckt. In Latium und den Marken, wo *stracciatella* von alters her geschätzt wird, ersetzt man den Muskat gerne auch durch etwas Zitronenzeste.

STRANGOLAPRETI ODER STROZZAPRETI (Gnocchi-Spezialität)
Wörtlich bedeutet der Name „Priesterwürger" und spielt auf die in ganz Süditalien beliebte Anekdote an, nach der der Ortspfarrer so gerne kleine Gnocchi isst, dass ihn sein Priesterkragen nach jeder Gnocchi-Orgie förmlich erwürgt. In Neapel sind Strangolapreti Kartoffel-Gnocchi, die mit der klassischen neapolitanischen Tomatensauce oder mit *ragù*°* (Seite 228) serviert werden, während man in der Basilicata Gnocchi aus Pizzateig so bezeichnet, die zu einem pikanten *ragù* gehören.

In Norditalien wird der Name *strangolapreti* im Trentino verwendet, auch dort sind kleine Gnocchi gemeint, die aber in diesem Fall aus Roter Bete und in Milch oder

Brühe eingeweichtem Brot geknetet werden. Man serviert diese Klößchen mit Butter und Käse.

STRUCOLO (Strudel)
Friaul-Julisch-Venetien ist die Heimat dieses Strudels. Man kennt dort zwei Arten: einen süßen Strudel wie in Österreich, gefüllt mit Ricotta*, Semmelbröseln und Sultaninen, sowie einen herzhaften Strudel, der häufig Ricotta und Spinat enthält.

STRUFFOLI (Neapolitanisches Weihnachtsgebäck)
Struffoli sind kleine Bällchen aus Mehl, Ei und Butter, aromatisiert mit Orange und Zitrone. Man bäckt sie in Öl aus und überzieht sie mit einem Sirup aus Honig, Gewürzen, Orangeat und Zucker. Die fertigen Bällchen werden in Form eines Pinienzapfens aufgetürmt oder zu einem Ring gelegt und dekoriert. *Struffoli* sind an Weihnachten, aber auch in der letzten Karnevalwoche beliebt.

STRUTTO (Schweineschmalz)
Um Schweineschmalz herzustellen, wird Fettgewebe vom frisch geschlachteten Schwein, italienisch *sugna**, in kleine Stücke geschnitten und in einem Tongefäß langsam ausgelassen, bis es flüssig ist. Danach wird das Schmalz in ein vorgewärmtes Glas abgeseiht. Seit Jahrhunderten ist Schweineschmalz das wichtigste Küchenfett in Süd- und Mittelitalien. Heutzutage ist es aus gesundheitlichen Gründen nicht mehr so populär, hat aber nicht seine Eigenschaft verloren, den damit gekochten Gerichten einen ganz eigenen, intensiven Geschmack zu verleihen.

SUGNA (Schweinefett)
Sugna ist das Fettgewebe frisch geschlachteter Schweine, das hauptsächlich vom Rücken stammt. Man verwendet es entweder frisch oder ausgelassen zu Schweineschmalz.

SUGO (Saft)
Die Flüssigkeit, die durch Kochen aus Früchten, Gemüse oder Fleisch entsteht, wird *sugo* genannt. Dabei überlagert sich die Bedeutung von *sugo* und *salsa*, oft wird Tomaten-Sugo auch *salsa di pomodoro* genannt. Gleiches gilt für *carne* (Fleisch). *Sugo di carne* ist der Fleischsaft, der beim Kochen oder Braten eines Bratens, Steaks oder Schnitzels austritt. Ein neapolitanisches *ragù*° wird auch als *sugo* bezeichnet, weil die Basis der Sauce aus dem Fleischsaft entsteht und nicht aus den hinzugefügten Gemüsen und Gewürzen, die für das Aroma sorgen. *Sugo*

di carne wird gerne als Sauce zu Pasta oder Reis serviert, aber auch mit dem Fleischstück auf den Tisch gebracht.

SUINO ODER MAIALE (Schwein)
Das Wort *suino* wird hauptsächlich als Adjektiv gebraucht und bedeutet dann „vom Schwein", etwa *carni suino*: Fleischstücke vom Schwein.

SULTANINA (Sultanine)
Diese goldfarbene Rosine ist auch als *uva passita*, *uva passa* oder *uvetta* bekannt. Sultaninen werden für Kuchen, Kekse und Desserts verwendet. Man setzt sie auch als Aromaten bei herzhaften Gerichten ein, etwa für *saor* (siehe das Rezept für *sogliole in saor*° – süßsauer eingelegte Seezunge – auf Seite 119), für *caponata**° (Seite 196), *pasta con le sarde*° (Seite 76) und andere süditalienische Pastasaucen.

SUPPLI (Reiskroketten)
Diese in Olivenöl ausgebackenen Reiskroketten sind eine Spezialität aus Rom und Mittelitalien. Man liebt sie in zwei Sorten. *Suppli al telefono* besteht aus Schinken-Risotto, unter den vor dem Ausbacken Mozzarella-Würfel gerührt wurden. Beim Hineinbeißen zieht der geschmolzene Käse lange Strippen, die an Telefonkabel erinnern – daher der Name. Die andere Version wird aus Risotto mit einem reichhaltigen Ragout zubereitet. *Suppli* sind als Barsnack beliebt und überall zu bekommen.

SUSPIRUS (Mandelkekse)
Suspirus ist das sardische Dialektwort für *sospiri* („Seufzer"). Die Kekse werden aus gemahlenen Mandeln, Zucker und Eiweiß zu kleinen Bällen geformt und – anders als andere Mandelkekse – nach dem Backen mit Zitronenüberzug versehen.

T

TACCHINO *(Truthahn oder Pute)*
Dieser Vogel ist vor allem in Norditalien beliebt, wo er traditionell an Weihnachten serviert wird. In der Lombardei wird eine junge Pute mit viel Gemüse gekocht und mit *mostarda di frutta** (Senffrüchte) serviert. Im Piemont wird das Tier mit gekochtem Reis, gegrillten Gemüsepaprika, Kalbsleber und den Puteninnereien gefüllt, mit Wein begossen und im Ofen gebraten. Ein Rezept für gefüllten Truthahnbraten findet sich auf Seite 138.

Die besten Rezepte für Truthahn stammen aus Venedig: *Paeta*, so das venezianische Dialektwort für Pute, wird *al malgaragno*, mit Granatapfelsaft, bestrichen, die Sauce wird mit Granatapfelkernen aromatisiert. Für *paeta alla schivona* wird der Truthahn mit Sellerie, Kastanien und Pflaumen gefüllt und am Spieß gebraten. Auch *paeta col pien* ist eine gefüllte Pute, diesmal allerdings mit einer typisch italienischen Füllung: Prosciutto*, venezianische Salami, Knoblauch, Petersilie, Parmesan werden mit etwas Zitronat und zerkrümelten Favarini-Keksen leicht süßlich abgeschmeckt, so wie es der venezianischen Vorliebe entspricht. Putenbrust und Schlegel sind ebenfalls sehr beliebt und werden wie Kalbsschnitzel oder Kalbshachse zubereitet.

TACCOLA *(Zuckerschote)*
In einem empfehlenswerten Rezept aus dem Piemont werden blanchierte Zuckerschoten mit etwas Butter übergossen und dann im Ofen mit einem Klecks geriebenem Fontina* und einigen Raspeln weißer Trüffel überbacken.

TAGLIATELLE *siehe* PASTA

TALEGGIO *(Halbfester Schnittkäse)*
Taleggio ist neben Gorgonzola der bekannteste Käse aus der Lombardei. Man stellt ihn aus Kuhmilch her, er besitzt einen hohen Fettgehalt. Nach zwei bis drei Monaten ist der Käse reif, er ist dann weich und buttrig mit reichem Aroma unter einer rötlichen Rinde. Ein guter Taleggio wird als Tafelkäse hoch geschätzt, aber man verwendet ihn auch zum Kochen, als Pizzabelag, für Ravioli-Füllungen und für Käseomeletts.

TARALLO ODER TARALLUCCIO *(Salzgebäck)*
In jeder Stadt in Apulien kann der Reisende leckere *taralli* finden, die wie Brezeln, Ringe oder Knoten geformt sind. Allen *taralli* ist gemeinsam, dass sie nicht süß sind und entweder zweimal gebacken oder zunächst gekocht und dann gebacken wurden. Der Hefeteig wird mit Eiern oder Süßwein angereichert, als Gewürze finden Fenchelsamen, Kreuzkümmel oder Chilis Verwendung. *Taralli* sind ideale Snacks und werden auch in Kampanien von alters her gebacken, wo sie allerdings zusätzlich gemahlene Mandeln enthalten.

TARANTELLO *(Thunfischsalami)*
Diese Thunfischsalami wird in Tarent hergestellt, dem italienischen Taranto, auf das sich der Name bezieht. Der eingesalzene Bauch des Thuns wird fein gehackt und gewürzt und dann in Naturdarm gefüllt.

TARTUFO *(Trüffel)*
In Italien findet man sowohl weiße als auch schwarze Trüffeln, wobei die weiße Sorte zum Symbol der italienischen Küche avancierte. Man nennt sie auch *tartufo bianco* oder *tartufo d'Alba*, weil die besten Trüffeln entweder bei Alba im Piemont gefunden oder aber dort vermarktet werden, wenn sie aus Umbrien, der Toskana, der Emilia und Venetien stammen.

Die weiße Trüffel besitzt ein intensives Aroma, das einmal als die perfekte Verbindung zwischen einer Knoblauchzehe und dem besten Parmesan beschrieben wurde. Der Pilz erreicht Größen zwischen 2 und 15 cm. Man findet ihn in Wäldern, wo er zwischen Oktober und Dezember in Symbiose mit Pappeln, Weiden, Eichen und Limonenbäumen lebt. Die weiße Trüffel wird immer roh verzehrt.

Die schwarze Trüffel wird als *tartufo nero* oder *tartufo di Norcia* bezeichnet. Sie ähnelt der französischen Péri-

gord-Trüffel und wird mit Haselnussbäumen und Eichen assoziiert, an deren Wurzeln man sie zwischen Oktober und März finden kann. Der Geschmack ist milder als der der weißen Trüffel und wird durch das Kochen intensiviert. Norcia liegt in Umbrien, aber man kann diese Trüffel auch in den Marken, Venetien und der Lombardei finden. Äußerlich ähnelt die schwarze Trüffel der Sommertrüffel scorzone, die viel für Saucen und Trüffelöl verwendet wird, deren Aroma aber viel weniger intensiv ist. Trüffeln werden durch speziell abgerichtete Hunde gesucht, in Umbrien werden nach alter Art gelegentlich noch Schweine zur Trüffelsuche eingesetzt.

Die Trüffel ist vielleicht das anpassungsfähigste Gewächs, dennoch setzt sich ihr intensives Aroma in allen Kombination mit anderen Produkten durch. Weiße Trüffel passt perfekt zu feinen Risotti* oder zu Tagliatelle, aber sie kann auch die merkliche Schärfe der bagna caôda*° und die samtige Fülle einer fonduta (Fondue) hervorragend unterstützen. Einige Trüffelraspel machen aus einem Carpaccio ein besonderes Geschmackserlebnis und verbessern jede Füllung. Die mildere schwarze Trüffel ergibt sehr wohlschmeckende Pastasaucen (siehe Rezept Seite 82). Trüffeln verwandeln simple Fleischklößchen und erheben ein Käseomelett, einen Polenta-Auflauf und selbst einfache Rühreier zu einem kulinarischen Genuss.

TARTUFO AL MARE *(Venusmuschel)*

Venusmuscheln schmecken am besten roh mit einem Spritzer Zitronensaft. Dies setzt allerdings voraus, dass man die Herkunft und die Frische der Muscheln beurteilen kann. Man kann sie auch anstelle von *vongole veraci* (Kreuzmuster-Teppichmuscheln) für Nudelsaucen verwenden.

TELLINE *(Dreiecksmuscheln)*

Diese attraktiven Mollusken sehen wie kleine Venusmuscheln aus und werden vorwiegend an den Sandstränden entlang des Tyrrhenischen Meeres gesammelt. Man muss sie vor der Verwendung sehr gründlich waschen, um den Sand zu entfernen.

TESTINA *(Tierkopf)*

Der Kopf eines Kalbs, einer Ziege oder eines Lamms wurde schon immer an höfischen Tafeln wie in Bauernküchen als besondere Delikatesse betrachtet. Für ein beliebtes Gericht aus Mittelitalien werden die Köpfe von Milchlämmern gegrillt und mit Knoblauch und Kräutern gewürzt. Den Kopf eines Ochsen oder eines Schweins nennt man *testa*, er wird hauptsächlich für Fleischkonserven und für Mortadella* verwendet. In Mittelitalien wird eine spezielle Wurst namens *coppa di testa* aus dem Schweinskopf zubereitet, das Rezept steht auf Seite 175. In der Toskana wird diese Wurst gerne gewürfelt und mit Kichererbsen vermischt.

TIELLA *(Schmorpfanne)*

Ein süditalienisches Wort für eine flache Auflaufform und die darin gebackenen Gerichte aus mehreren Schichten. Eine *tiella* wird immer Kartoffeln, Zwiebeln, Knoblauch und Olivenöl enthalten, dazu können Muscheln, Fisch, Schweinefleisch, Tomaten, Zucchini, Reis, Wildpilze oder Sellerie kommen. Die *tiella* wird im Ofen gegart und ist fertig, wenn die ausgetretenen Fleisch- und Gemüsesäfte ganz vom Auflauf absorbiert sind. Die bekannteste *tiella* stammt aus Bari und besteht aus Schichten von Reis, Kartoffeln, Muscheln, Tomaten, Zwiebel und Knoblauch, die reichlich mit Olivenöl übergossen wurden.

TIMBALLO *(Timbale)*

Die Timbale ist ein Auflauf, der in der speziellen kuppelförmigen Timbale-Form gebacken wird. Das Gericht ist reichhaltig und wird manchmal mit Pastetenteig umhüllt. Eine Timbale kann aus Tagliolini, Tagliatelle, Macche-

ZUTATEN VON A BIS Z

roni, Ravioli (siehe Pasta*), Gnocchi* oder Reis geformt und mit einer Béchamelsauce serviert werden. Ein fürstlicher *timballo*° wird von Giuseppe Tommasi di Lampedusa in seinem Buch *Der Leopard* beschrieben, das Rezept auf Seite 87 zeigt meine nachkochbare Umsetzung.

TIMO *(Thymian)*
Thymian ist in Italien nicht sehr gebräuchlich. Traditionell wird er zur Zubereitung von Kaninchen verwendet.

TIMPANO *(Timbale)*
Das neapolitanische Wort für *timballo**. Es bezieht sich auf die besondere Form einer Timbale, die in der Vergangenheit wie eine zylindrische Pastete aussah und an das Schlaginstrument Tympanon erinnerte.

TINCA *(Schleie)*
Die Schleie ist ein Süßwasserfisch aus der Karpfenfamilie und lebt wie dieser am schlammigen Grund. Manchmal schmeckt das Fleisch deshalb brackig, so werden meist Zuchtschleien aus klarem Wasser bevorzugt. Schleie wird gerne im Ofen gebraten, mit Parmesan, Semmelbröseln, Knoblauch, Kräutern und Gewürzen gefüllt.

TIRAMISÙ *(Cremedessert)*
Tiramisù muss man eigentlich nicht vorstellen. Seltsamerweise ist ausgerechnet dieses Gericht aus dem Land der jahrhundertealten Küchentraditionen ein relativer Neuling. Es wurde angeblich vor etwa 30 Jahren vom Inhaber des Restaurants El Toulà in Treviso erfunden. *Tiramisù* bedeutet „Zieh mich hoch", und das gelingt der Cremespeise auch dank ihres reichen Gehalts an Kaffee und Alkohol. *Tiramisù* gibt es in zahlreichen Abwandlungen, auf Seite 208 steht mein Rezept.

TOCCO *(Sauce aus Genua)*
Tocco ist die ligurische Bezeichnung für Pastasaucen. *Tocco di carne* wird aus einem Stück Rind oder Kalbfleisch gemacht, das langsam in Butter und Rindermarkfett mit Zwiebeln, Karotten und Sellerie angebraten wird. Mit etwas Weißwein abgelöscht, schmort es mit wenig Tomatenpüree, einer Kräuterzusammenstellung, einigen getrockneten Steinpilzen und einer Prise Muskatnuss weiter, bis Wasser hinzugegossen wird und das Fleisch langsam auf niedriger Temperatur Aroma und Geschmack an den *tocco* abgibt. Die Sauce wird mit Nudeln als Pastagang serviert, das Fleisch bildet den Hauptgang.

Auch der *tocco di funghi* aus Steinpilzscheiben ist beliebt. Die Pilze werden dafür in Olivenöl mit Zwiebeln, Knoblauch und Tomaten gebraten.

TOMA *(Käsesorte)*
Dieser Käse aus dem Piemont und dem Aostatal entsteht aus Kuhmilch und Sahne. Man stellt *toma* nach handwerklichen Methoden her und presst ihn in eine zylindrische Form. Die Qualität wird von den Behörden überprüft. Junger *toma* hat ein milchiges, leicht salziges Aroma, mehrere Monate gereifter Käse schmeckt eher streng. Junger *toma* wird manchmal über Polenta gerieben.

TOMINO *(Weichkäse)*
Tomino ist ein runder Käse, ähnlich dem jungem *toma*. Einige *tomini* werden mit Pfeffer gewürzt und mit einem leichten Dressing aus Olivenöl und gehackten Kräutern als eines unter unendlich vielen Piemonteser Antipasti* serviert.

TONNARELLE *siehe* PASTA

TONNETTO *(Thunfischart)*
Der gestreifte Thun oder Bonito wird an allen italienischen Küsten gefangen, bevorzugt aber in der Adria. Der Fisch besitzt die gleiche elegante Form wie der Thun, wird aber nur 60–70 cm lang.

TONNO *(Thunfisch)*
Ein großer Fisch, der bis zu 3 m lang werden kann. Thunfische sind schnelle, ausdauernde Schwimmer und sehen dank ihrer tiefblauen Farbe wie durch das Wasser rasende Torpedos aus. Thunfische sind Tiefseefische, laichen aber im Frühsommer in Küstennähe. Zu dieser Zeit findet die traditionelle, aber dem Fischbestand schadende *mattanza del tonno* in Sizilien statt, bei der die Fische in ein großes Netz getrieben und dann mit Harpunen abgeschlachtet werden.

Thun wird gerne mit Schwein verglichen, da beide Tiere helles Fleisch liefern, von dem beinahe alles verwendet werden kann. In Mittel- und Süditalien liebt man Thunfisch. Die wahren Spezialitäten kommen allerdings aus Sizilien, wo man eine Fülle an Rezepten kennt, die teilweise noch aus der Römerzeit stammen. Für *a denti di pirajno* wird der Fisch in einer mit Essig aromatisierten Courtbouillon gekocht, zu der eine dickflüssige Sardellenpaste gerührt wird, ein Anklang an die antike römi-

ZUTATEN VON A BIS Z

sche Fischsauce Garum aus fermentiertem Fisch, wie sie heute noch in der asiatischen Küche verwendet wird.

Ein anderes Rezept aus dem Süden ist *tonno alla marinara*. Thunfischsteaks werden im Ofen in Olivenöl mit schwarzen Oliven, Tomaten, Kapern, Semmelbröseln und Basilikum gebraten. Die Kalabrier fügen noch frischen Chili hinzu, ihr Lieblingsgewürz.

Zwei Rezepte aus Livorno sollten nicht vergessen werden. *Tonno ubriaco* („betrunkener Thunfisch") wird durch Anbraten der Fischfilets in Öl mit Knoblauch und Petersilie und anschließendes Schmoren in Chianti zubereitet. Auch Thunfisch mit Erbsen ist dort beliebt. Dazu wird der Fisch in Olivenöl mit viel Knoblauch angebraten und dann mit Erbsen in Tomatensauce gegart. In Venetien wird ein ähnliches Gericht zubereitet, allerdings wird die Tomatensauce durch Rotwein ersetzt.

In der guten alten Zeit wurden Thunfischsteaks in Fässern als *tonno sott'olio* eingelegt, wobei der *ventresca**, der Bauchlappen, besonders begehrt war. In guten Delikatessengeschäften wird eingelegter Thunfisch immer noch nach Gewicht verkauft und ist wesentlich besser als Thunfisch aus der Dose. *Tonno sott'olio* ist eine Zutat im toskanischen Gericht *tonno e fagioli*, das weltbekannt wurde. Man kann auch das Eigelb hart gekochter Eier und Mayonnaise damit mischen und die Eier dann füllen oder die Füllung für reife Tomaten verwenden.

Während Thunfisch im Norden hauptsächlich für Reissalat verwendet wird, finden sich im Süden zahllose Pastasaucen mit Thunfisch in Öl. Beispiele sind die Rezepte auf den Seiten 75 und 79. Etwas Besonderes ist *polpettone di tonno°*, eine Thunfischrolle (Rezept Seite 128). Dazu wird der Thunfisch mit Eiern, geriebenem Parmesan und Gewürzen zu einer Wurst gerollt und gekocht. Nach dem Erkalten kann das Gericht mit einer leichten Mayonnaise oder mit einem noch leichteren Dressing aus Olivenöl und Zitronensaft genossen werden. Aus dem gesalzenen und gepressten Rogen des Thunfischs wird *bottarga** hergestellt.

TOPINAMBUR *(Topinambur)*

Für *topinambur trifolati°*, ein Gericht aus dem 19. Jahrhundert, werden blanchierte Erdartischocken mit Petersilie, Schalotten, Knoblauch und Sardellenfilets in Olivenöl und Butter angeschwitzt, eine noch immer beliebte Zubereitungsart. *Topinambur alla parmigiana°* wird zubereitet, indem die Wurzelknolle blanchiert, dann in Butter ansautiert und mit viel Parmesan bestreut wird. Topinambur schmeckt auch vorzüglich kalt, roh mit *bagna caôda*°* oder zuvor gekocht mit *salsa verde*°*.

TORDO *(Drossel)*

Leider werden diese schönen Singvögel in Italien noch immer als Delikatesse geschätzt, obwohl es verboten ist, sie zu fangen. Sie besitzen dunkles Fleisch mit einem kräftigen Aroma, das von den Wildbeeren stammt, die ihre bevorzugte Nahrung sind.

Drosseln wurden früher meist am Spieß gebraten, mit Speck und Salbeiblättern zwischen den Vögeln und gut mit Olivenöl eingeölt. In Venetien wurden geschmorte Drosseln mit Wacholder gewürzt, entbeint und in Stücke zerteilt und mit dem Bratensaft zu einem Risotto hinzugefügt. Im Chianti-Gebiet kochte man erlegte Vögel in Öl mit Knoblauch, Salbei, schwarzen Oliven und Trauben.

ZUTATEN VON A BIS Z

TORRONE *(Weißer Nougat)*

Dies ist die italienische Abwandlung des türkischen Honigs, ein harter, süßer Konfektriegel aus Eiweiß, Honig und gerösteten Mandeln, der mit verschiedenen Essenzen, Gewürzen und Likören aromatisiert wurde. Er ähnelt auch dem französischen Nougat aus Montélimar und dem spanischen *turron*. Der bekannteste *torrone* stammt aus Cremona, wo die besten Erzeuger ihren Firmensitz haben. Eine weichere Variante mit Schokolade kommt aus den Abruzzen. In Sizilien kennt man zwei Torrone-Sorten – eine enthält kandierte Früchte, die andere Sesam, während der *torrone* aus Kalabrien mit den hervorragenden, dort heimischen Haselnüssen, Honig und oft auch Feigen hergestellt wird. Ein Rezept für selbst gemachten Schokoladen-Torrone findet sich auf Seite 221.

TORTA *(Kuchen oder Torte)*

Die italienische Küche kennt nur wenige überlieferte Rezepte für Kuchen und Torten. Italiener essen eher wenig Kuchen, obwohl sie gelegentlich ein Stückchen zum Frühstück oder am Nachmittag schätzen.

Die traditionelle Küche kennt dagegen eine Reihe an Gemüsetorten, die man *torta* oder *tortino** nennt, wobei Letztere meist ohne Teighülle auskommt.

TORTA DI PANE *(Brotpudding)*

Der süße Brotpudding° (Rezept Seite 213) aus Brotresten ist im Land der Brotliebhaber ein gern gegessenes Gericht. Jeder Haushalt besitzt dabei sein eigenes Rezept. Manche enthalten Äpfel oder Birnen, andere sind nach mittelalterlichem Vorbild stark gewürzt. Der Auflauf wird mit Bitterschokoladenstückchen bestreut und/oder mit kandierten Früchten und Nüssen angereichert. Die einzigen Zutaten, die unabdingbar sind, sind Eier, Milch, Zucker und natürlich Brot, das immer Weißbrot ist. Eine besonderer Brotpudding aus Venetien enthält altbackenes Brot, das in Wein statt in Milch und Zucker eingeweicht wurde, man nennt ihn *torta di pane ubriaca* – „betrunkener Brotpudding".

TORTA DI RISO *(Reisauflauf)*

Dieser Reisauflauf oder -kuchen° wird nach dem Backen gestürzt und kalt gegessen. Man bäckt ihn mit oder ohne Teighülle. Auf Seite 209 steht mein Rezept für einen Reiskuchen ohne Teigboden.

TORTA DI TAGLIOLINI *(Süßer Nudelauflauf)*

In Verona und in Modena schätzt man ein süßes Dessert aus überbackenen Nudeln, für das sehr dünne, hausgemachte Tagliolini (siehe Pasta*) ungekocht in eine Auflaufform mit gehackten Mandeln, Zucker, viel Butter, Zitronen- und Orangensaft und etwas Likör geschichtet werden.

TORTA PARADISO *(Paradiestorte)*

Diese leichte Biskuittorte wurde in der zweiten Hälfte des 19. Jahrhunderts in der Konditorei Vigoni in Pavia erfunden. Das Rezept wird geheim gehalten, und obwohl es zahlreiche Kopien der Torte gibt, ist das Original immer noch unerreicht.

TORTA PASQUALINA *(Gemüsetorte)*

Diese „Ostertorte" genannte Gemüsequiche ist wohl der bekannteste Gemüseauflauf Italiens und wurde ursprünglich an Ostern gebacken. Die Spezialität aus Ligurien erfordert – wie viele der Gerichte aus diesem Landstrich – Können, Hingabe und Zeit. Der Teig wird aus Mehl und Wasser geknetet, zu denen etwas Olivenöl hinzugefügt wird. Der Teig wird wie Strudel- oder Filoteig ausgezogen.

Die traditionelle Füllung besteht aus dünn geschnittenen Artischocken oder Mangold, die in Butter angedünstet werden, dazu Zwiebeln und Majoran als Gewürzkraut. Die Füllung wird zusammen mit *prescinsena**, einem vor Ort hergestellten Käse, sowie Butter, Eiern und Parmesan in vielen Schichten übereinander zwischen die Teigblätter gelegt, dann wird die Torte gebacken.

TORTA SBRISOLONA *(Mandelkuchen aus Mantua)*

Dieser traditionelle Kuchen aus Mantua heißt so, weil er beim Zerschneiden zerbröckelt (*sbricolare* = zerbröckeln). In Mantua schätzt man ihn mit Süßwein. Ein Rezept mit Polenta steht auf Seite 212.

TORTELLI, TORTELLINI, TORTELLONI
siehe PASTA

TORTINO *(Gemüseauflauf)*

Ein ländlicher Gemüseauflauf, der normalerweise ohne Teigboden gebacken wird. Das Heimatland des *tortino* ist Ligurien, wo man ihn auch oft als *polpettone** bezeichnet, ein Wort, das sonst in Italien Hackbraten bedeutet. Der ligurische *tortino* wird aus verschiedensten Gemüsen zubereitet: Artischocken, Brechbohnen, Spinat, Auberginen, Karden oder Zucchini. Für *tortino di carciofi* (Artischockenauflauf), eine Spezialität der nördlichen Toskana, werden die in feine Scheiben geschnittenen Artischocken in Öl und Wasser gedünstet.

Eine ganze Reihe abwechslungsreicher Gemüseaufläufe wird auch in anderen Regionen zubereitet. In Mittelitalien kann man beispielsweise einem *tortino di patate* (Kartoffelauflauf) begegnen, der aus Kartoffelpüree mit Eiern und Pecorino entsteht. Eine andere Variante ist *tortino di zucchini*, in den auch die sonst eher unüblichen Tomaten kommen. In der Lombardei kennt man einen schlichten und einfachen Kartoffel-Zwiebel-Auflauf, für den Kartoffelscheiben mit Zwiebeln in Öl und Butter angebraten werden, bis sich eine Kruste gebildet hat. Dann wird der *tortino* gewendet oder unter dem Grill weitergegart, bis sich auch auf der anderen Seite eine Kruste gebildet hat. Dieser Rösti-Verwandte wird auch mit Kartoffeln und Karotten zubereitet.

TOTANO *(Kephalopode, Tintenfischart)*

Der *totano* ähnelt einem Kalmar, besitzt aber einen längeren und sich verjüngenden Körper, mit dem er kurzzeitig aus dem Wasser auftauchen und ein Stück durch die Luft gleiten kann. Man findet diese Tintenfischart entlang der Küsten von Sardinien, Ligurien und der Toskana, wo man ihn auch oft fälschlicherweise als *calamaro** bezeichnet. Das Fleisch ist zäher und weniger aromatisch als das des Kalmars, kann aber ähnlich zubereitet werden. Kleine *totani*, die *totanetti*, sind bisweilen im *fritto misto** enthalten.

TRAMEZZINO *(Italienisches Sandwich)*

Das vielseitig belegte Sandwich aus weißem oder braunem Sandwichbrot ist ein beliebter Snack in Bars.

TRANCIA *(Fischsteak)*

Eine Scheibe oder ein Steak, meist von einem großen Fisch, etwa Thun, Schwertfisch oder Heilbutt. Die Steaks werden häufig gegrillt oder gebraten und mit einer Zitronensauce wie der *salmoriglio** serviert. Man gart sie auch im Ofen oder schmort sie in einer großen Pfanne in Olivenöl und Weißwein mit Gewürzen, Gemüse oder Kräutern. Im westlichen Sizilien werden Fischtranchen mit Tomatensauce, schwarzen Oliven, Kapern und Cornichons geschmort. *Tranci di tonne*, Thunfischsteaks, schmecken hervorragend, wenn man sie scharf anbrät und dann in einer süßsauren Sauce gar ziehen lässt. Steaks von Weißfischen werden in der *tiella*, der apulischen Gratinform, zwischen zwei Schichten Kartoffeln überbacken.

TRIGLIA *(Meerbarbe)*

Zwei Arten der Meerbarbe sind in Italien verbreitet, die *triglia di fango* (Rotbarbe) und die *triglia di scolio* (Streifenbarbe). Letztere wird an felsigen Küsten gefangen, sie ist intensiv rot mit goldenen Streifen und wird als feinste Barbe hoch geschätzt. Rotbarbe wird dank ihres intensiven Geschmacks und der schönen Farbe, die sich beim Kochen nicht verändert, gerne in Fischsuppen verwendet. Sie schmeckt auch hervorragend gegrillt oder in Folie mit Kräutern und Fenchelkraut gegart, wie man sie etwa in Sizilien liebt. In den Abruzzen wird Rotbarbe in einem Tongeschirr mit Schinken und Lorbeerblättern belegt und mit Weißwein und Olivenöl gekocht. In Apulien werden winzige Meerbarben mehliert und in Öl frittiert. Das bekannteste Rezept für Meerbarben ist allerdings *triglie alla livornese°* (Rezept Seite 118).

TRIPPA *(Kutteln)*

Trippa sind die gereinigten, vorgekochten und in Streifen geschnittenen Vormägen von Wiederkäuern. In Italien wie auch in Frankreich und Süddeutschland werden Kutteln von Feinschmeckern geschätzt. Sie haben nicht nur einen feinen Geschmack, sondern auch die Fähigkeit,

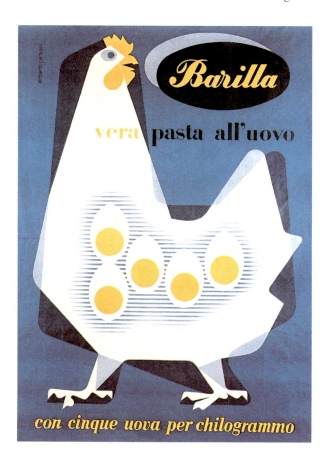

ZUTATEN VON A BIS Z

Saucen zu binden und die Fleischsäfte beim Kochen geschmacklich zu intensivieren.

Man kennt in Italien eine Vielzahl hervorragender Rezepte für Kutteln, die besten stammen wohl aus Norditalien, aber auch aus Mittelitalien sind ein oder zwei empfehlenswert. Dabei sind die Grundlagen sehr ähnlich: Kuttelstreifen werden mit Wurzelwerk, Wein, Brühe und manchmal auch Tomaten gar geschmort. In einem Rezept aus Mailand werden gekochte Bohnen 20 Minuten vor Ende der Garzeit hinzugefügt. *Trippa alla romana* wird mit der dort wachsenden wilden Minze und viel Pecorino* aromatisiert, während man in Siena und Arezzo eine gehörige Portion Chili hinzufügt. *Trippa alla bolognese* wird mit geschlagenen Eiern und Parmesan gebunden. Eines meiner Lieblingsrezepte für Kutteln stammt aus Savona, einer Stadt an der westlichen Riviera. Die Kutteln werden in Streifen geschnitten und in Rinderbrühe mit Karden, Tomaten und Kräutern gekocht. Nudeln, meist Maccheroni, werden am Ende hinzugefügt. Die Suppe wird mit einem großzügigen Schuss des hervorragenden Olivenöls aus den umliegenden Tälern abgerundet.

TROTA *(Forelle)*

Wenn die Forelle frisch in einem Wildbach gefangen wurde, gibt es keine bessere Zubereitungsart dafür als die Mailänder *trotella al burro*. Die kleine Forelle wird in gewürztem Mehl gewendet, ein Zweig frischer Salbei kommt in die Bauchhöhle, dann wird der Fisch in reichlich gebräunter Butter gebraten, bis er eine goldene Bratkruste bekommt, aber innen noch zart und aromatisch ist. Ein anderes schlichtes Rezept stammt aus dem Piemont. Dazu wird der Fisch gebacken und mit einer Sauce aus Rotwein und Sardellenfilets serviert. In den Abruzzen werden die besten Forellen angeblich im Fluss Sangro gefangen und in einem Tongeschirr in einer Sauce aus Tomaten, Olivenöl und Knoblauch geschmort. Dies ist eines der wenigen Rezepte, das Tomaten und Öl mit Forelle kombiniert.

TUORLO D'UOVO *(Eigelb)*

Eigelb wird in der italienischen Küche sehr oft verwendet und ist unabdingbar zum Binden von Füllungen. Für Nudelteig nimmt man lieber nur Eigelb als ganze Eier. Manche Köche dicken auch ihre *salsa verde**° mit einem oder zwei hart gekochten Eidottern. Hart gekochte Eier, die mit Butter und Sahne aufgeschlagen wurden, bilden das Zentrum des hervorragenden Desserts *bavarese lombarda*. Sie werden von mit Likör getränkten Löffelbiskuits umhüllt.

UCCELLINI SCAPPATI *(Fleischspießchen)*

Der Name dieser lombardischen Spezialität bedeutet „Zugvögel, die sich auf die Reise machten". Fleischstücke werden dafür wie einstmals kleine Vögel aufgespießt. Vielleicht sind die Spießchen deshalb in Italien so beliebt, weil sie ein leckerer Ersatz für die Singvögel sind, die aus Tier- und Umweltschutzgründen nicht mehr gefangen und gegessen werden dürfen. Kleine Stückchen Kalbfleisch und Kalbs- oder Schweineleber werden in Speckstreifen gerollt und dann mit Salbeiblättern auf Spieße gesteckt. Die *uccellini* werden in heißer Butter angebraten und dann in Weißwein geschmort.

UOVO *(Ei)*

Obwohl Eier in vielen Rezepten eine wichtige Rolle spielen, ist die einzige wirklich italienische Eierspeise die *frittata**, das italienische Omelett.

In Kalabrien werden Spiegeleier in einem Gemüsebett gegart. Das gleiche Prinzip wird auch bei *uova in purgatorio* („Eier im Fegefeuer") angewandt: Die Eier werden so in Tomatensauce aufgeschlagen, dass der Dotter intakt bleibt und in der Sauce pochiert. *Uova al tegamino* oder *al burro* („Spiegeleier") werden zu einem Gourmetgericht, wenn man einige Stückchen weiße Trüffeln darüber raspelt – so schätzt man die Eier besonders im Piemont während der Trüffelsaison.

UVA *(Trauben)*

Trauben werden in Italien nicht als Zutat zu traditionellen Gerichten verwendet. Die Italiener schätzen sie mehr als Ausgangsprodukt für Wein und als Obstsorte.

V/W

VALERIANELLA ODER SONCINO *(Feldsalat)*
Ein Frühlingssalat, den man gerne nach dem Lamm zum Ostermahl isst.

VANIGLIA *(Vanille)*
Vanillestangen sind die Früchte, nicht die Schoten einer Kletterorchidee. Vanille wird in Italien für viele Süßspeisen, jedoch nicht so häufig wie Zimt verwendet.

VENEZIANA *(Kleingebäck)*
Ursprünglich wurden die runden Hefebrötchen in Venedig an Silvester gebacken. Heutzutage sind sie das ganze Jahr über in ganz Italien, besonders aber im Norden beliebt. Der Teig ähnelt dem des Panettone*, enthält aber keine Sultaninen oder getrockneten Früchte, stattdessen wird er mit Zitronen- und Orangenzesten aromatisiert. *Veneziane* werden mit Hagelzucker bestreut.

VENTRESCA *(Bauchlappen des Thunfischs)*
Der Bauchlappen des Thuns wird vornehmlich in Öl konserviert. In Apulien bereitet man aus *ventresca* einen der vorzüglichen, *tielle* genannten Aufläufe. Der Thunfisch wird dafür mit Kartoffelscheiben, gehackter Petersilie, Knoblauchstückchen und geriebenem Pecorino* in eine Form geschichtet. In Mittelitalien bedeutet das Wort *ventresca* auch „Schweinebauch".

VENTRIGLIO *(Hühnermagen)*
Gesäuberte und blanchierte Hühnermägen werden gerne mit einem Ragout oder einer Sauce aus Hühnerlebern geschmort.

VERDURE *(Gemüse)*
In Italien betrachtet man Gemüse nicht nur als Beilage zum Fleisch, sie werden auch gerne zum Hauptgericht verarbeitet. Als Beilage dünstet man eine oder auch zwei Gemüsesorten in Butter oder Olivenöl an und würzt sie nur leicht, damit sie den Hauptgang nicht übertönen. Als eigenständiger Gang eines Menüs kommt das Aroma des Gemüses dagegen zu seinem Recht. Gemüse wird als *sformati* (Auflauf), *torta* oder *tortini* (Quiche) gebacken, in einem Ausbackteig frittiert, mit Tomatensauce oder Bratenfond gedünstet, gefüllt, gebraten oder zur Roulade gerollt. Auch als Püree, herzhafter Gemüseeintopf, in Kombination mit Reis oder Hülsenfrüchten oder als Sauce zu Pasta sind Gemüse unverzichtbar.

VERMICELLI *siehe* PASTA

VEZZENA *(Käsesorte)*
Dieser Käse wird am Monte Vezzena an der Grenze von Venetien und dem Trentino hergestellt, wo die Kühe auf Almen weiden und die Wiesen aus vielen Wildkräutern bestehen. Vezzena ähnelt dem bekannteren Asiago* und ist wie dieser als Jungkäse (zwischen sechs und acht Monate alt) ein geschätzter Tafelkäse, während er nach 18 bis 24 Monaten als Reibekäse in der Küche verwendet wird.

VIGNAROLA *(Frühlingsgemüse)*
Eine römische Spezialität – die ersten Frühlingsgemüse wie grüne Bohnen, Erbsen und Artischockenstücke werden sanft mit Zwiebeln geschmort. Zum Schluss kommen Salatblätter und manchmal etwas Wein dazu.

VINCOTTO *(Traubensirup)*
Dieser dickflüssige Sirup wird in allen Regionen Süditaliens und der Emilia-Romagna gekocht. Dazu erhitzt man Traubenmost längere Zeit, bis er Honig ähnelt. *Vincotto* wird zur Zubereitung von Süßspeisen verwendet, aber auch als Sauce dazu serviert.

VIRTU *(Herzhafte Gemüsesuppe)*
Le virtù – die Tugend, so der vollständige Name dieser Suppe – wird in den Abruzzen im Mai gekocht. Die Suppe enthält sieben Sorten der im vorherigen Jahr geernteten Hülsenfrüchte, die an die legendären sieben Tugenden erinnern sollen. Dazu kommt Frühlingsgemüse, deshalb wird die Suppe immer im Mai zubereitet. Schweinsfüße, ein Stück Schweineschnauze und -schwarte werden mitgekocht. Sind Fleisch und Hülsenfrüchte gar, wird ein *soffritto* aus Zwiebeln, Knoblauch, Tomatenmark und Petersilie geschmort und untergerührt, bevor die jungen Gemüse wie Endivie, Spinat, Mangold und andere frischen Geschmack verleihen. Vor dem Servieren wird die Suppe mit einer Hand voll Nudeln angereichert, die traditionell sieben verschiedene Formen aufweisen.

VITELLO (Kalbfleisch)

Das beste Kalbfleisch stammt von Tieren, die noch als Milchkalb geschlachtet werden, aber schon ausreichend Gewicht zugelegt haben. Das Fleisch ist dann zartrosa, mit nur wenig, eher hartem Fett. Kalbfleisch ist in Norditalien beliebt, besonders in der Lombardei und im Piemont. Aus der Lombardei stammen auch die bekanntesten Rezepte, etwa für *ossobuco**°, *vitello tonnato**, *fricandò** und viele andere. Die elegante Küche dieser Region, die auf Butter basiert, scheint wie geschaffen dafür, die Delikatesse eines Stücks Kalbfleischs hervorzuheben. Im Piemont werden dagegen die besten Kälber gezüchtet, die Sanato*-Rinder. Ein vor Ort besonders beliebtes Gericht besteht aus einem Stück in der Pfanne gebratener Kalbsbrust, einem besonders saftigen Fleischstück, das mit Schinken, Pilzen, weißen Trüffeln und Pökelzunge gefüllt wird.

In Ligurien werden die beiden traditionellen Kalbsgerichte in Olivenöl gebraten, dem dort üblichen Küchenfett. *Tomaxelle*° (Rezept Seite 160) und *vitello all'uccelletto* sind Kalbsrouladen, die mit Salbei aromatisiert und in Weißwein geschmort werden. Die Emilia-Romagna teilt zahlreiche Küchentraditionen mit der Lombardei, verleiht dabei den Kalbfleischrezepten aber den deftig-rustikalen Charakter ihrer Küche. Zwei gute Beispiele dafür sind *ossobuchi* und *cotolette*, die anders als in der Lombardei mit Tomaten zubereitet werden. *Vitello al latte* wird wie *maiale al latte*° (Rezept Seite 167) in Milch geschmort und ist eine weitere Spezialität der Emilia-Romagna. Weiter im Süden ist Kalbfleisch nur selten anzutreffen, von der beliebten römischen *saltimbocca** einmal abgesehen.

VITELLO TONNATO
(Kalbfleisch mit Thunfischsauce)

Von diesem beliebten Gericht existieren zwei Varianten: ein traditionelles Rezept aus Mailand und eine neuere Version aus dem Piemont. In Mailand wird das gekochte Kalbfleisch aus der Kalbsnuss mit einer Sauce bestrichen, die aus püriertem Dosenthunfisch, Sardellen und Kapern besteht, die mit der Kochflüssigkeit des Fleischs, mit Zitronensaft und Sahne auf die richtige Konsistenz gebracht wurden. Dieses *vitello tonnato* wird warm als Hauptgang gereicht. Nach Piemonteser Art wird die Sauce mit Mayonnaise gerührt und das *vitello tonnato* kalt serviert.

VITELLONE (Mastkalb)

Mastkälber sollten beim Schlachten nicht älter als drei Jahre sein und aus Freilandhaltung stammen. In Norditalien schätzt man dieses Fleisch sehr und ersetzt damit gerne Rindfleisch in so klassischen Rezepten wie *arrosto morto* oder *spezzatino* (Ragout), verwendet es aber auch für *vitello tonnato**.

VONGOLA (Venusmuschel)

Die am meisten verbreitete Venusmuschel ist die *vongola gialla*, die man auch schlicht als *vongola* bezeichnet, während die teuerste Sorte die *vongola verace* ist, die Kreuzmuster-Teppichmuschel. Die beiden Sorten sind äußerlich und im Geschmack unterschiedlich. Erstere ist klein und besitzt eine gelbe Schale, die andere Art ist sehr viel größer mit grauer Schale und dunklem Kreuzmuster.

Alle Venusmuscheln werden gleichartig zubereitet. Rund um Neapel bekommt man die beste *zuppa di vongole**, eine Muschelsuppe, die über geröstetes Brot gelöffelt wird, aber auch die besten *spaghetti alle vongole*. Beide Gerichte gibt es sowohl mit als auch ohne Tomaten. *Vongole* zu Nudeln werden oft vorgekocht und aus der Schale gelöst. Man kann *vongole* auch mit Miesmuscheln kombinieren und zu Spaghetti auftischen. Venusmuscheln sind ebenfalls lecker in einem Salat mit Sellerie, der mit einer Vinaigrette angemacht wird.

In Venedig nimmt man Venusmuscheln für einen hervorragenden Risotto*, den *risotto di caparozzoli* (venezianisch für Venusmuscheln). Er wird mit Fischfond und dem durchgesiebten Kochwasser der Muscheln aufgegossen und mit Butter und gehackter Petersilie verfeinert.

WURSTEL (Würstchen)

Die italienische Version der Rostbratwürstchen oder Wiener, die in Südtirol, dem Trentino, in der Lombardei und der Emilia-Romagna produziert werden. Man verwendet dazu sehr feines Rinderhack, das mit gesalzenem Schweinespeck gemischt und mit Gewürzen herzhaft abgeschmeckt wird. Würstchen werden langsam in der Wurstbrühe gegart und können danach gegessen oder aufgebraten werden.

Z

ZABAIONE ODER ZABAGLIONE
(Weinschaumcreme)

Die meisten Weinschaumcremes werden mit Marsala zubereitet, wie es die moderne Kochbuchautorin Ada Boni in ihrem auf Seite 208 abgedruckten Rezept beschreibt. In Asti nimmt man allerdings den Moscato d'Asti, den süßlichen Dessertwein, dazu, der Autor Artusi empfiehlt dagegen Süßwein aus Zypern oder Madeira. In der Toskana und den Marken ist Vin Santo der Wein der Wahl. Zabaione ist eines der beliebtesten Desserts in Italien.

ZAFFERANO (Safran)

Während des Mittelalters und der Renaissance war Safran ebenso teuer wie Salz oder Pfeffer, wer es sich leisten konnte, wendete Safran wann immer möglich an. Heutzutage ist man wesentlich zurückhaltender mit dem immer noch wertvollen Gewürz. Die Verbindung mit Reis im *risotto alla milanese*° (Seite 99) ist althergebracht und hält sich bis heute, ebenso wie die Verwendung von Safran in Fischsuppen, wie dem adriatischen *brodetto**, oder in Fischragouts. Eine Abwandlung des sizilianischen Klassikers Pasta mit Sardinen verlangt gleichfalls nach Safran als Gewürz. Ein neueres, beliebtes Rezept ist das für *pasta alla zafferano*, Safrannudeln. Der Safran wird unter den Nudelteig geknetet oder in das Kochwasser gegeben. Die Nudeln werden mit einer Buttersauce serviert, der ebenfalls ein wenig Safran als Würze und Farbgeber dient.

Safran wird in großem Maßstab in den Abruzzen angebaut, aber die gesteigerte Nachfrage erfordert darüber hinaus Importe aus Spanien. Das Gewürz wird als Safranfäden oder -pulver verkauft.

ZALETI (Kleingebäck)

Zaleti sind venezianische Kekse, die ein wenig wie Brötchen aussehen. Der Name bedeutet im örtlichen Dialekt „die kleinen Gelben", da die *zaleti* aus Maismehl gebacken werden. Man kann sie in jeder Bäckerei oder Konditorei in Venedig, Treviso und den anderen Orten Venetiens kaufen. Meist genießt man sie mit einem Glas Wein, in das die Kekse gerne getaucht werden.

ZAMPETTI (Schweinefüße)

Zampa bedeutet Tatze, daher ist ein *zampone** eine große Pranke, während ein *zampetto* eine kleine Pfote bedeutet, aber auch für Schweins-, Lamm- oder Kalbsfüße verwendet wird. In einem Rezept aus dem Piemont für Schweinsfüße namens *batsoa* werden die Füße gekocht, das Fleisch von den Knochen gelöst, mit Essig gewürzt und dann gepresst, bis es wie Presskopf aussieht. Nach dem Auskühlen wird es in Scheiben geschnitten, paniert und in Butter ausgebacken. Siehe auch *piedini**.

ZAMPONE (Schweinswurst)

Zur Herstellung von *zampone* wird die Schwarte und der Schweinespeck mit magerem Schweinefleisch gemischt, durchgedreht und mit Muskat, Zimt, Nelken, Salz und Pfeffer gewürzt. Das Brät wird in ausgebeinte Schweinsfüße gefüllt und dann langsam gedämpft. Danach kann die Wurst verkauft werden, muss zur Zubereitung allerdings noch langwierig gekocht werden. Meist kauft man sie schon vorgekocht und muss sie dann nur noch für etwa eine Stunde simmern lassen.

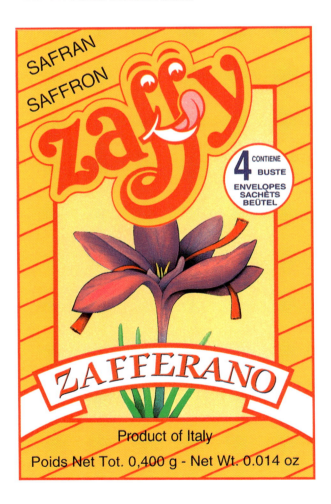

ZUTATEN VON A BIS Z

ZENZERO (Ingwer)

Ingwer war eines der ersten Gewürze, das aus Indien nach Europa importiert wurde. In der Vergangenheit war es in Italien viel beliebter als heute. Das italienische Wort zenzero sorgt gerne für Missverständnisse, weil man in der Toskana damit Chili und nicht Ingwer meint.

ZEPPOLE (Schmalzgebäck)

Dieses süße Schmalzgebäck aus Neapel wird aus Brandteig in Ring- oder Bällchenform ausgebacken. Die Bällchen werden oft mit Konditorcreme gefüllt.

ZITI ODER ZITE siehe PASTA

ZUCCA (Kürbis)

Die zwei beliebtesten Kürbisarten in Italien sind der große, runde Kürbis aus Norditalien mit hellgelbem Fruchtfleisch und grüner, narbiger Haut und der lange, zartgrüne Kürbis aus Süditalien, der zum Marmeladekochen und zusammen mit Tomaten zur Zubereitung einer feinen, leicht süßlichen Pastasauce verwendet wird.

In Mantua werden Kürbis-Tortelli* unter Verwendung von Amaretti* und Senffrüchten gemacht. In der Reggio Emilia ersetzt man diese Zutaten durch viel Parmesan und erhält so eine Füllung, die der für cappellacci* aus Ferrara ähnelt. In der Lombardei ist Kürbis-Risotto sehr beliebt, wobei man Kürbiswürfel an den Zwiebel-Soffrito gibt, bevor der Reis eingerührt wird. Mein Lieblingsgericht sind jedoch Kürbis-Gnocchi° (Rezept Seite 110), die im Sommer jede Woche bei uns in Mailand auf den Tisch kamen.

ZUCCHINE (Zucchini)

Zucchini sind eine sehr beliebte Gemüsesorte und werden überall angebaut. In Norditalien werden blanchierte Zucchini mit einer cremigen Béchamel° und reichlich Parmesan im Ofen überbacken. Man dünstet sie auch schlicht in Butter und Öl weich, wobei die Zucchini zuvor zu Stäbchen geschnitten werden – zum Schluss kommt Oregano dazu, als Würzkraut, das besonders gut zu Zucchini passt. In Ligurien werden Zucchini in Scheiben in Öl mit Knoblauch ansautiert und dann mit Tomaten und Basilikum gar geschmort.

Zucchini sind besonders gut zum Füllen geeignet. In Mantua wird das Fruchtfleisch blanchierter Zucchini mit Zwiebeln in Butter angedünstet und dann mit Ricotta*, Parmesan, Eiern und einigen zerbröselten Amaretti* vermischt. Diese Mischung wird in die Zucchinihälften gefüllt und überbacken. Andere beliebte Füllungen sind Béchamel, Pilze und Schinken oder ein leichtes Fleischragout.

Zucchinistreifen werden durch Ausbackteig gezogen und frittiert und zum fritto misto* serviert. Auch hervorragende Aufläufe werden daraus, die mit viel Parmesan und etwas Muskat abgerundet sind. Ein Zucchini-Omelett wird ebenfalls geschätzt, und seit einiger Zeit werden auch delikate Pastasaucen aus Zucchini gekocht. Wirklich frische, kleine Zucchini schmecken sehr gut, wenn man sie nur dämpft und mit Olivenöl, Zitronensaft, etwas Knoblauch und Oregano würzt.

In einem Rezept aus Sizilien für zucchine all'agrodolce werden Zucchini in süßsaurer Sauce mariniert. In Neapel wird ein ähnliches Gericht gekocht, zucchine a scapece*, aber während man in Sizilien Sultaninen und Pinienkerne zugibt, wird die essighaltige Sauce aus Neapel mit Minze und Knoblauch aromatisiert.

ZUCCOTTO (Dessert aus Florenz)

Zuccotto ist eine Biskuitschnitte mit Schokoladenstückchen, Haselnüssen, Mandeln oder kandierten Früchten im Teig, die mit Vanillecreme und Sahne gefüllt wird. Man serviert das Dessert immer gut gekühlt oder halb gefroren. Die Schnitte wird abwechselnd mit Kakao- und Zuckerguss schwarzweiß dekoriert, in einem Muster, das dem Verputz an der Kuppel der Kathedrale von Florenz nachgebildet wurde.

ZUPPA (Sämige Suppe)

Das Word zuppa wird nicht für alle Suppenarten verwendet, eine zuppa ist eine sämige Suppe, die meist über Röstbrot geschöpft wird. Zuppa ist niemals eine Cremesuppe und wird auch ohne Einlage serviert. Zuppe sind meist selbst gekochte Suppen aus Hülsenfrüchten und Gemüse, oft auch nur aus Gemüse. Die nachfolgenden zuppe sind gute Beispiele dafür:

Zuppa di verdura: Die dafür verwendeten Gemüse sind je nach Saison und Verfügbarkeit unterschiedlich. Allen gemeinsam ist aber, dass die Gemüse in Streifen oder Würfel geschnitten werden, langsam in leichter Brühe garen und bei Tisch über geröstetes Brot geschöpft werden. Zuppa di verdura wird normalerweise a crudo gekocht. Dazu werden die rohen Gemüse in Brühe oder Wasser aufgesetzt, ohne zuvor angedünstet worden zu sein. Am besten eignen sich frische, im eigenen Garten gewachse-

ne Gemüse dafür. Wenn die Gemüse gerade geerntet wurden, nimmt man zum Kochen Wasser statt Brühe und würzt die Suppe nur mit etwas Parmesan.

Zuppa alla pavese: Für diese Suppe wird kochende Brühe über Eier gegossen. Das Eiweiß stockt, aber der Eidotter bleibt flüssig. *Zuppa alla pavese* ist ein klassisches Rezept aus der Lombardei.

Zuppa di pesce: Die als *zuppa di pesce* bezeichneten Fischsuppen stammen meistens aus lokaler Küchentradition. Die Namen dafür sind ebenso unterschiedlich wie die Zutaten und Rezepturen.

An der Adria, von Triest im Osten bis hinunter nach Molise, wird die *zuppa di pesce brodetto** genannt und ist wahrscheinlich die älteste aller Fischsuppen, das Rezept stammt noch aus griechischer Zeit. Obwohl der Name immer gleich ist, wird die *zuppa* selbst unterschiedlich zubereitet. Im althergebrachten Rezept aus Bari werden verschiedene Muscheln und Meeresfrüchte auf einem *soffritto** aus Zwiebeln, Knoblauch, Sellerie, Karotten und Petersilie gegart, in den zuvor reichlich gesalzene Sardellenfilets gerührt wurden.

In Tarent wird die Vielfalt eines erfolgreichen Fischzugs in der *zuppa tarantina* kombiniert. Der Fisch wird in einem *soffritto** aus Olivenöl, Knoblauch und Petersilie angebraten, dann kommen Tomaten hinzu. Die fertige Suppe wird über geröstetes *pane pugliese** gegossen.

Man kann die Fischsuppen Siziliens nicht zählen, die auch am Tyrrhenischen Meer zubereitet werden, mit Ausnahme der *zuppa di neonata* aus Messina. Diese ist mit ihrer *bianchetti** genannten Kombination aus kleinen Sardinen und Sardellen, die in Wasser mit Olivenöl und Knoblauch gekocht werden, einzigartig.

Die Spezialität Neapels und der benachbarten Küstenlinie sind Muschelsuppen. In der nördlichen Toskana, an felsigen Küsten, wird eine der bekanntesten italienischen Fischsuppen gekocht, *cacciucco** aus Livorno, die wie der *brodetto** aus den Abruzzen Chili enthält.

In Ligurien kennt man zahlreiche wohlschmeckende Fischsuppen, wie *bagnun*, die von der östlichen Riviera zwischen Genua und Sestri Levante stammt. Die Suppe ist einfach und bescheiden und wird nur aus entgräteten, frischen Sardellen mit Weißwein, Olivenöl, Tomaten, Knoblauch, Petersilie und sehr viel schwarzem Pfeffer gekocht. Sie unterscheidet sich von ähnlichen Suppen dadurch, dass sie über braunes und nicht, wie sonst üblich, weißes Brot geschöpft wird.

Eine andere Suppe der Riviera ist die *buridda**, von der eine moderne Version mit einer Vielzahl an Fischen gekocht wird, während das Original nur aus Stockfisch besteht. Beide Suppen werden mit Steinpilzen und Pinienkernen gekocht, wie es der lokalen Tradition entspricht. Auch die ligurische *ciuppin** sollte nicht vergessen werden, die häufig durchpassiert wird, die aber auch mit Fischstücken serviert wird, wie es im Westen, an der Grenze zu Frankreich üblich ist – man fühlt sich stark an die Bouillabaisse erinnert.

In Sardinien kennt man ähnliche Fischsuppen wie weiter südlich am Tyrrhenischen Meer, dazu aber noch die Königin aller *zuppe*, die *zuppa di aragosta*, die Langustensuppe. Die Languste wird dazu in Stücke zerteilt und in einer auf Ölbasis gekochten Tomatensauce geschmort, die mit Knoblauch und Petersilie aromatisiert wurde.

ZUPPA INGLESE *(Dessert)*

Dieses wörtlich „englische Suppe" genannte Dessert wird in vielseitigen Variationen in vielen Teilen Mittel- und Süditaliens zubereitet. Im Süden erhält der überbackene Biskuitauflauf oft eine Haube aus Baisermasse, während man in der Emilia-Romagna den Biskuit mit zweierlei Cremes auf Vanille- und Schokoladenbasis füllt. In der Toskana ist das Dessert wesentlich saftiger, was der Erklärung des Namens Glaubwürdigkeit verleiht: Angeblich wurde das englische Trifle-Rezept im 19. Jahrhundert von den zahlreichen Reisenden aus England auch nach Florenz gebracht. Den Florentinern gefiel das Rezept in einer italienischen Abwandlung so sehr, dass sie es *zuppa inglese* nannten.

ZUTATEN VON A BIS Z

KOCHBEGRIFFE UND KÜCHENTECHNIKEN

A

ABBRUSTOLIRE (Grillen oder Backen)
Über Holzkohle oder über Feuer grillen oder im Ofen backen. Wird in Verbindung mit Brot gebraucht, das zuerst mit Knoblauch eingerieben und anschließend mit Olivenöl beträufelt wird, wie bei der römischen *bruschetta**. Auch *polenta abbrustolita* ist recht beliebt. Auberginen und Paprika röstet man, weil sie sich dann leichter enthäuten lassen und einen delikaten, leicht rauchigen Geschmack bekommen. Dabei wird das Gemüse direkt über die Flamme gehalten, bis die Haut schwarz und leicht verkohlt ist.

ABRUZZESE, ALL' (Nach Art der Abruzzen)
Bei dieser Zubereitungsart wird viel Chili – das beliebteste Gewürz in den Abruzzen – zusammen mit Tomaten verwendet. Die Küche in den Abruzzen ist aber dennoch sehr vielfältig.

AFFETTATARTUFI (Trüffelhobel)
Ein kleines Schneidegerät zum Hobeln von Trüffeln. Wichtigstes Merkmal dieses Hobels: Man kann die Klinge unterschiedlich dick bzw. dünn einstellen. Dadurch lässt sich die Trüffel in hauchdünne Scheiben schneiden: ein großer Vorteil, wenn man bedenkt, dass Trüffeln sehr teuer sind. Den Trüffelhobel nimmt man auch zum Hobeln von rohen Pilzen oder Parmesan.

AFFETTATRICE (Schneidemaschine)
Eine Wurstschneidemaschine, meist elektrisch. Ähnlich wie die großen Maschinen in italienischen Feinkostgeschäften gibt es auch eine kleinere Version für den Hausgebrauch.

AFFOGATO (Pochiert)
Eine Garmethode, die man meist nur für Eier anwendet. Es gibt viele Rezepte mit pochierten Eiern, die mit verschiedenen Saucen oder anderen Zutaten serviert werden. Zu den bekanntesten Rezepten gehören *uova affogate con pomodori e mozzarella* (pochierte Eier mit Tomaten und Mozzarella), *uova affogate alla parmigiana* (pochierte Eier mit zerlassener Butter und geriebenem Parmesan) und *uova affogate all'acciuga* (mit einer Scheibe Butter, Anchovispaste und sehr fein gehackter Petersilie serviert).

Zu den weiteren Speisen, die man als *affogato* bezeichnet, gehört Eiscreme. Ein oder zwei Kugeln Vanilleeis werden mit heißer Schokoladensauce nappiert, oder man übergießt das Eis mit heißem Kaffee, *affogato al caffè* genannt – eine moderne und wirklich köstliche Eiskreation.

AFFUMICATO (Geräuchert)
Geräucherte Nahrungsmittel spielen keine besonders wichtige Rolle in der traditionellen Küche. Einige Wurstwaren aus Schweinefleisch, *wie pancetta** *affumicata* oder Speck*, werden durch Räuchern haltbar gemacht. Der überwiegende Teil an Räucherfisch wird importiert, obgleich das Räuchern von Forellen an den norditalienischen Seen Tradition hat.

LINKE SEITE: *Pastaherstellung im großen Stil. Durch Spinat erhalten die Tagliatelle ihre grüne Farbe.*

Ein Holzschnitt aus dem Jahr 1555, der Klippfisch.

AGRO, ALL' (Sauer)

Zitronensaft wird über gekochtes und manchmal auch über sanft in Olivenöl gebratenes Gemüse geträufelt. Meist serviert man Spinat, Mangold oder Brokkoli all'agro.

ARRABBIATA, ALL' (Äußerst scharf)

In der italienischen Gastronomie bezeichnet all'arrabbiata eine scharfe Tomatensauce, die zu Pasta gereicht und mit Chili, Knoblauch und Basilikum gewürzt wird. Die Sauce kommt ursprünglich aus Mittelitalien – wahrscheinlich aus den Abruzzen und Molise – und ist inzwischen über die Grenzen Italiens hinaus sehr beliebt.

ARROSTIRE (Braten oder Rösten)

Der Begriff umfasst drei Grundzubereitungen. Arrosto alla griglia (am Spieß), arrosto al forno (im Ofen) und arrosto in tegame oder in casseruola (Schmorbraten). Fleisch kann man auf eine dieser drei Methoden braten oder rösten, Fisch meistens nur auf eine der beiden letzten Methoden. Große und sehr fettreiche Fische brät man häufig am Spieß. Gemüse röstet man im Ofen oder im Topf.

Arrosto alla griglia ist die älteste und auch die beste Garmethode für ein großes Stück Fleisch (porchetta* oder abbacchio*), auch für Haar- und Federwild. Das Fleisch wird regelmäßig mit seinem eigenen Saft übergossen, der in einer Reine (leccarda♥) unter dem Fleisch aufgefangen wird. Häufig legt man einen frischen Zweig Rosmarin auf das Fleisch und gibt weitere Gewürze in die leccarda.

Ein Stück Rindfleisch, Schwein oder Lamm brät man meist im Ofen, seltener jedoch Kalbfleisch, Geflügel oder Wild, das für diese Garmethode häufig zu mager ist. Ein Braten wird mit Kräutern, Zwiebeln, Sellerie und weiteren Zutaten zubereitet und während des Bratens mit Wein begossen. Braten im Ofen war auch die bevorzugte Garmethode des großen Artusi (siehe Seite 23). In seinem Buch „La Scienza in Cucina e l'Arte di Mangiar Bene" schrieb er: „Wenn ich wüsste, wer den Ofen erfunden hat, würde ich ihm ein Denkmal errichten."

Die häufigste Garmethode für Braten jedoch ist in Italien die Herdplatte: Für arrosto morto* wird das Fleisch in einem Topf bei starker Hitze von allen Seiten angebraten und anschließend bei niedrigerer Temperatur unter Zugabe von ein wenig Wein, Brühe oder Balsamico und Wasser gegart. Nach einem anderen Rezept kocht das Fleisch in Flüssigkeit und wird kurz vor Ende der Garzeit gebraten, wobei alle Flüssigkeit abgegossen und nur nach und nach in kleinen Mengen wieder angegossen wird, damit das Fleisch bräunen kann. So werden auch arrosto di vitello und arrosto maiale al latte° zubereitet.

Einen feinen Fisch, wie einen großen Wolfsbarsch (Loup de mer) oder eine Dorade, brät man am besten im Ofen (pesce al forno). Kleinere Exemplare eignen sich besser zum Braten in der Pfanne. Meist mariniert man den Fisch mit Olivenöl, Zitrone, Kräutern und anderen Gewürzen.

Gemüse schneidet man in Stücke und röstet sie im Ofen. Dabei stellt man drei bis vier unterschiedliche Gemüse zusammen, wie zum Beispiel in einem Gericht aus Umbrien, das bandiera heißt.

ASCIUTTO (Abgegossen)

In kulinarischer Hinsicht verwendet man dieses Wort im Zusammenhang mit Pasta*, Ravioli*, Gnocchi* und Riso*. Es bezeichnet eine dieser Zutaten, die mit dem Wasser oder der Brühe, in der sie gekocht wurde, abgegossen wird. Das, was man im Allgemeinen unter Pasta versteht, ist – im engeren Sinne – pasta asciutta♥ und unterscheidet sich von pasta in brodo (in der Brühe).

AVANZI (Reste)

Italiener sind Meister in der Verwertung von übrigen Speisen. Den Rest eines Bratens würde man niemals auf die gleiche Art wie am Vortag auftragen. Stattdessen werden die Reste neu gewürzt und zum Beispiel polpette* (Fleischbällchen) daraus zubereitet oder ein saftiges ragù*° für Pasta. Oder man füllt Ravioli* damit. Ein Beispiel für die meisterhafte Verwertung von Resten ist bollito* rifatto alla genovese. Das übrige Fleisch wird in Stücke geschnitten und auf zerbröckelte, mit Weißwein beträufelte salzige Kekse gelegt. Dazu reicht man eine Vinaigrette aus gehackten Kapern und Knoblauch.

Zahlreiche Gemüse werden mit Fleisch vom Vortag gefüllt, das zuvor gehackt und mit Béchamelsauce und weiteren Zutaten vermischt wird. Besonders Zucchini und Zwiebeln eignen sich für diese Art von Füllungen.

Frittate* und tortini* werden mit übriger Pasta, Reis oder Gemüse zubereitet, wobei man einfach Eier und meistens Parmesan dazugibt. Sogar übriger Fisch wird neu zubereitet. Gebratener Fisch zum Beispiel wird für „in carpione"* verwendet, eine süßsaure Sauce. Wurde der Fisch in Tomatensauce zubereitet, kann man ihn als Pastasauce verwenden, und pochierter oder gegrillter Fisch lässt sich wunderbar mit einer dünnen salsa verde*° kombinieren.

KOCHBEGRIFFE UND KÜCHENTECHNIKEN

B

BAGNO MARIA (Wasserbad)

Das Wort bezeichnet sowohl eine Garmethode als auch ein Kochgeschirr. Als Kochgeschirr besteht das Wasserbad aus einem großen Behältnis, das die zu garende Speise enthält, und einem noch größeren Behältnis mit heißem Wasser, auf das das Erste gesetzt wird. Das Wasser in dem größeren Behältnis wird erhitzt und gart so die Speise auf denkbar sanfte Art. Das Wasser bleibt dabei stets unter dem Siedepunkt. Besonders Vanillesaucen, Eiercremes, Flans, *sformati** mit Gemüse oder Fisch werden gerne im Wasserbad gegart. Das *bagno Maria* verwendet man aber auch zum Warmstellen von Speisen, zum Aufschlagen eines Zabaione oder zum Schmelzen von Schokolade.

BATTERIA DI CUCINA (Küchenausstattung)

In einer alten Landküche kann man am besten sehen, welche Geräte und Utensilien eine gute Küchenausstattung ausmachen. Jedoch ist das, was man dort entdecken kann, nichts im Vergleich zu dem, was in Zeiten der Renaissance in einem Herrschaftshaus für notwendig erachtet wurde. Bartolomeo Scappi (siehe Seite 17) führte in seiner Liste der für eine gut ausgerüstete Küche notwendigen Geräte und Utensilien 120 Gegenstände auf.

Die heutige Küchenausstattung ist dagegen vergleichsweise bescheiden und besteht meist aus folgenden Geräten und Werkzeugen: zwei oder drei Keramiktöpfe in verschiedenen Größen für Suppen, Eintöpfe und *ragù**°, ein Set aus drei schweren Bratpfannen, Sauteusen mit Deckel, ein oder zwei ovale Schmortöpfe, einige kleinere Töpfe in unterschiedlichen Größen für Saucen und Backformen für Lasagne. Ein großer Kochtopf zum Garen von Pasta* ist unabdingbar genauso wie ein großer, hoher Topf mit abgerundetem Boden für das Garen von Risotti*.

In Italien werden Küchen gerne mit glanzpoliertem Kupfergeschirr geschmückt, wie Töpfe, Formen, Ringe, und einem großen *paiolo*° für die Herstellung von Polenta*. Ein schweres Messer mit flacher Klinge zum Schneiden von Tagliatelle* und eine *mezzaluna*°, ein Wiegemesser zum Hacken von Gemüse und Fleisch, gehören ebenfalls dazu wie ein langer *matterello*° zum Ausrollen von Nudelteig. Darüber hinaus findet man nicht selten einen großen Holztisch in der Küche, auf dem die Pasta hergestellt wird. Häufig gibt es auch eine Gemüsepresse, einen tiefen Schaumlöffel zum Herausnehmen von Gnocchi* und Ravioli*, eine große Reibe für Parmesan und eine kleinere zum Reiben von Zitrusschalen und Muskatnüssen sowie einen großen Durchschlag mit zwei Griffen und Füßen, den man in eine Spüle stellen kann, um darin die Pasta abzugießen. Ein weiteres Gerät ist die *batticarne*°, ein Plattiereisen zum Klopfen von Fleisch. Auch ein *mortaio*°, ein Mörser mit Stößel, darf in einer gut ausgestatteten italienischen Küche eigentlich nicht fehlen. Eine moderne Küchenmaschine als Alternative zu diesem traditionellen Gerät betrachten viele Italiener als ungeeignet.

Ofengeschirr besitzt in Italien einen nicht ganz so hohen Stellenwert, denn nur relativ wenige Gerichte werden im Ofen zubereitet. Zu einer *batteria di cucina* gehören natürlich auch Geschirr, Gläser, Schüsseln etc., die man zum Auftragen der Speisen benötigt.

BATTICARNE (Plattiereisen)

Dieses Werkzeug zum Klopfen der Kalbsschnitzel für *scaloppine** findet man in den meisten italienischen Küchen. Ein *batticarne* besteht aus einer dicken, schweren Metallplatte und einem Griff, der in der Mitte befestigt ist.

BATTUTO (Geschlagen)

Ein *battuto* zuzubereiten ist der erste Arbeitschritt bei einer großen Anzahl von italienischen Gerichten. *Battuto* ist die Grundlage für Suppen, Eintöpfe etc. und besteht

In einer Restaurantküche werden aus frischem, dünn ausgerolltem Pastateig appetitliche Spinatravioli zubereitet.

KOCHBEGRIFFE UND KÜCHENTECHNIKEN

aus einer Mischung aus *pancetta** oder Speck mit Zwiebeln und/oder Knoblauch. Je nach Gericht fügt man auch Sellerie, Petersilie oder andere Kräuter hinzu. Die Zutaten werden sehr fein gehackt und bei niedriger Hitze in etwas Olivenöl angebraten. Bei diesem Schritt der Zubereitung wird aus dem *battuto* ein *soffritto*°. *Battuto* wird manchmal auch *a crudo* verwendet, was bedeutet, dass es roh in ein Gericht gegeben wird.

BIANCO, IN („In Weiß" – Zubereitungsart)
In bianco beschreibt eine Zubereitungsart, bei der Zutaten, die zuvor lediglich gekocht worden sind, mit Butter oder Öl angemacht werden. Der Ausdruck bezieht sich auch auf Gerichte, die in der Regel „farbig" serviert werden, das heißt meist mit Tomatensauce. Zum Beispiel nennt man *spaghetti alle vongole**, wenn sie ohne Tomatensauce serviert werden, *spaghetti alle vongole in bianco*. *Riso in bianco* ist ein weiteres, ähnliches Gericht, bei dem man den Reis, der einfach gekocht wird und daher weiß ist, mit Butter und Parmesan verfeinert. *In bianco* zubereitete Lebensmittel sind besonders bekömmlich und gut verdaulich und werden meist von Menschen gegessen, die sich von einer Krankheit erholen oder eine Diät machen.

BOLLIRE (Kochen)
Bollire bedeutet, Lebensmittel in (stark) siedender Flüssigkeit genießbar oder schmackhafter zu machen. Für das Kochen von Fleisch, Fisch oder Gemüse verwendet man in Italien das Wort *lessare*. Während man Pasta und Reis nach der „bollire"-Methode gart, wird *bollito misto** nach der „lessare"-Methode gekocht, bei der das Wasser nur sehr schwach sieden darf.

BOLOGNESE, ALLA (Nach Bologneser Art)
Es gibt viele Gerichte, die aus der reichhaltigen und vielseitigen Küche dieser Stadt stammen. Am bekanntesten ist *ragù** zu Pasta *alla bolognese*. Genauso bekannt ist auch *fritto misto** und *cotoletta**. Typisches Merkmal von *alla bolognese* ist, dass die Zutaten lange in Butter und/oder *lardo** (Speck) gegart werden, häufig mit Tomatenpüree, Prosciutto*, Zwiebeln und weiteren Zutaten.

BOMBA (Eine bombenförmige Küchenform)
Einige Zubereitungen haben ihren Namen von einer solchen Form erhalten. *Bomba di risa*, eine Spezialität aus Piacenza in der Emilia-Romagna, wird mit halb gegartem Risotto gefüllt, der mit dem Bratensaft von geschmorten Tauben verfeinert wird. Die Seiten der Form werden mit dem Risotto ausgekleidet, und in die Mitte füllt man das Taubenfleisch, das dann mit Risotto bedeckt wird. Anschließend wird die *bomba* gebacken. Es kommen auch noch andere Zutaten hinzu: weiße Trüffeln, Bries, *porcini**, Erbsen, Prosciutto* etc. In Neapel kennt man ein ähnliches Gericht, das *sartù** heißt.

Süße Versionen sind *bomba gelata* und *bomba di mascarpone*. Erstere besteht aus drei Sorten Speiseeis, mit denen die Form konzentrisch ausgefüllt wird. Die *bomba di mascarpone* ist eine äußerst delikate Süßspeise, die aussieht wie ein kuppelförmiger Kuchen. Der Kuchen, dessen äußere Schicht aus einem süßen Hefeteig besteht, ist mit Mascarpone gefüllt, der mit gerösteten Haselnüssen, Schokolade und kandierten Früchten verfeinert wird.

BOSCAIOLA, ALLA (Zubereitungsart mit Pilzen)
Alla boscaiola beschreibt eine nicht klar definierte Zubereitung aus Wild-, Zucht- oder getrockneten Pilzen und Tomatensauce. *Alla boscaiola* findet man auf der Menükarte vieler Restaurants.

BRASATO (Eine Garmethode)
Ein Gericht und eine Zubereitungsart für ein Stück Fleisch, meist Rind. Das Fleisch wird mit vielerlei Gewürzen und Rotwein mariniert und anschließend bei niedriger Hitze so lange geschmort, bis es weich ist (siehe *brasato alla lombarda*°, Seite 150).

BRODETTARE (In der Brühe kochen)
Eine Garmethode, die hauptsächlich für Milchlamm, Zicklein oder Kaninchen verwendet wird. Dabei wird das Fleisch in Brühe und Weißwein gekocht. Nach dem Kochen wird die Garflüssigkeit mit Eigelb gebunden und mit Zitronensaft und manchmal auch mit geriebenem Pecorino* gewürzt. Eine Zubereitungsart, die nur in Mittelitalien verbreitet ist.

Wurstherstellung im Jahre 1518. Holzschnitt von Jean Staeffler.

KOCHBEGRIFFE UND KÜCHENTECHNIKEN

C

CACCIATORA, ALLA *(Auf Jägerart)*
Eine Zubereitungsart, die für Fleisch, Geflügel und Kaninchen verwendet wird. In Norditalien bedeutet *alla cacciatora* das Garen in etwas Wein mit Tomaten, Zwiebeln, Möhren, Sellerie und Pilzen. In Mittel- und Süditalien fügt man noch Knoblauch, Essig und Rosmarin hinzu, manchmal auch Oliven, Anchovis und Chili. (Siehe *abbacchio alla cacciatora°* und *pollo alla cacciatora°* auf Seite 166 und 134.) Der Kochbuchautor Artusi aus dem 19. Jahrhundert gibt ein Rezept mit Namen *riso alla cacciatora* zum Besten, in dem ein bardiertes Huhn in *pancetta** und Petersilie gebraten wird. Sobald das Huhn zart und goldbraun ist, wird Wasser im doppelten Verhältnis zum Reis dazugegossen, und sobald das Wasser zu kochen beginnt, kommt der Reis hinzu. Somit ist *alla cacciatora* ein sehr weit gefasster Begriff.

CAMICA, IN *(Wörtlich: „In einem Hemd")*
Diese Bezeichnung wird nur für pochierte Eier angewendet, da das Eigelb nach dem Garen in einer weichen, aber festen Hülle aus Eiweiß sitzt.

CARPIONE *(Eine Konservierungsmethode für Fisch)*
Ein in Norditalien üblicher Begriff für eine Konservierungsmethode, bei der gebratener Fisch in Essigsauce eingelegt wird. Eine ähnliche Art der Konservierung von Fisch nennt man in Süditalien und Sizilien *scapece** und in Venedig *saor*. Traditionelle *carpione* macht man in der Lombardei mit Süßwasserfisch.

CARTOCCIO *(In Papier oder Folie gebacken)*
Eine alte Zubereitungsart, bei der Lebensmittel im Ofen gebacken werden und das Gargut in Backpapier (heute auch in Alufolie) eingeschlagen wird. Sie eignet sich besonders für große Fische, die im Ganzen gegart werden sollen. Eine sehr feine Variante von *al cartoccio* ist, einen Wolfsbarsch oder eine Dorade mit verschiedenen deliziösen Zutaten, wie Austern, Garnelen, Venus- und Jakobsmuscheln, in Backpapier oder Alufolie einzuschlagen. Auch für *spaghetti al cartoccio*, gekochte Spaghetti mit Meeresfrüchten, verwendet man diese Methode.

CASALINGA ODER CASARECCIA *(Wie bei Muttern)*
Beide Begriffe stammen von *casa* (Haus oder Heim) ab, wobei auch hier die Bedeutung „Familie" mitschwingt. Sie werden der Alltagsküche in einem normalen Haushalt zugeschrieben. Die beste italienische Küche ist *casalinga*, also die Küche, die man weniger in Restaurants findet. Es ist jene Art von Küche, die von der Mutter an die Tochter weitergegeben wird. *Cucina casalinga* oder *casareccia* beschreibt heute fälschlicherweise häufig nur die ländliche Küche, doch sie umfasst generell einfache Speisen, die mit großer Sorgfalt und Liebe zubereitet werden.

CENA *(Abendessen)*
In Norditalien nimmt man das Abendessen zwischen 19.30 und 20.30 Uhr ein. In Süditalien isst man später zu Abend, besonders in Rom, wo es schon mal 22 Uhr werden kann. Auf dem Land und in den Regionen ist *cena* die leichtere von zwei Hauptmahlzeiten am Tag. In den Großstädten jedoch ist das Abendessen heute die wichtigste Mahlzeit des Tages, da die meisten Leute häufig ein leichtes Mittagessen in der Nähe ihrer Arbeit zu sich nehmen. *Cena* bedeutet auch spätes Abendmahl, zum Beispiel nach einem Theaterbesuch, und *cenone* meint ein ausgiebiges Abendbuffet.

Tafelfreuden im 17. Jahrhundert: Feuchtfröhlich endet dieses üppige Gelage, bei dem auch an Wein nicht gespart wurde.

KOCHBEGRIFFE UND KÜCHENTECHNIKEN

CHITARRA („Gitarre" – Gerät zur Pastaherstellung)

In kulinarischer Hinsicht bezeichnet der Name ein Gerät aus den Abruzzen, mit dem eine bestimmte Art Pasta hergestellt wird, die so genannten *maccheroni alla chitarra°* (Rezept Seite 95). Es besteht aus einem hölzernen Rahmen, in dem längs straff gespannte Stahldrähte sitzen. Ein ausgerolltes Band Nudelteig wird mithilfe einer Teigrolle durch die Stahldrähte gedrückt. Die entstandene Pasta sieht dann aus wie eckige Spaghetti.

COLAPASTA *(Durchschlag)*

Dieses Utensil fehlt in keiner italienischen Küche und wird, wie aus der italienischen Bezeichnung hervorgeht, zum Abgießen von Pasta verwendet. Eine *colapasta* hat stets Füße oder einen Ring, damit man sie fest in die Spüle stellen kann. Auch zum Abgießen von gekochten Gemüsen ist eine *colapasta* sehr nützlich.

COLAZIONE *(Kleines Frühstück)*

Kein richtiges Frühstück, eher eine Tasse Kaffee, meistens mit Milch, oder eine Tasse Tee, zu der man ein oder zwei Kekse oder ein Stück Kuchen serviert. Dieses schnelle Frühstück nimmt man meist in einer Bar auf dem Weg in die Arbeit zu sich. In einem Hotel bedeutet *colazione* meist Mittagessen, vor allem in Norditalien. Bis vor einigen Jahren hieß Frühstück *prima colazione*.

COSTOLETTA *(Panierte Fleisch- oder Gemüseschnitte)*

Eine Zutat, die mit Ei und Semmelbröseln paniert und anschließend gebraten wird. Dafür eignen sich Schnitzel, Hähnchenbrust, ein Fischfilet oder eine Gemüseschnitte, wie Auberginen oder Steinpilzkappen. *Costoletta alla bolognese* wird mit einer Scheibe Prosciutto*, Parmesanraspeln und einem Löffel Tomatensauce garniert, *Costoletta alla milanese* wird gewöhnlich nur paniert – ähnlich wie das bekanntere Wiener Schnitzel, jedoch ohne Mehl – und in Butter gebraten.

CRETA, ALLA *(Garmethode in Ton)*

Bei dieser alten Garmethode wird ein gewürzter ganzer Vogel vollständig in Tonerde gehüllt. Nach dem Backen wird der Ton mit einem Hammer abgeschlagen. In einigen Restaurants in Norditalien werden vor allem Perlhühner auf diese Art zubereitet. Heute bedeutet *alla creta* auch das Garen von Geflügel in einem entsprechend geformten Topf aus Ton.

CROSTA *(Kruste)*

„In crosta" ist eine Zubereitungsart, die mit der französischen *en croûte* vergleichbar ist und bei der die Zutat in einen Teigmantel gehüllt wird. Der Teig kann dabei ganz einfach nur aus Wasser und Mehl bestehen. Diese Art der Zubereitung eignet sich besonders gut für Fisch, da alle Aromen vollständig erhalten bleiben und das Gericht gleichzeitig sehr fein, aber doch gehaltvoll wird.

Früher war diese Zubereitungsart sehr beliebt: Zu jeder Mahlzeit wurde irgendetwas – von Austern bis Birnen – in crosta, auch *pastello* genannt, serviert. Der Kochbuchautor Messisbugo aus dem 16. Jahrhundert gab stets Safran in den Teig, und zwar wegen der Farbe und als Ausdruck seines Wohlstands.

CRUDO *(Roh)*

A crudo ist eine Zubereitungsart, bei der die Hauptzutaten für ein Gericht roh zusammen mit Fett und weiteren Aromazutaten (Zwiebeln, Knoblauch, Kräuter etc.) in einen Topf oder eine Pfanne gegeben werden, zuvor aber nicht angebraten wurden. Eine sehr bekömmliche Garmethode.

CUCCHIAIO *(Wörtlich: „Esslöffel" – Weiche Süßigkeiten)*

„Al cucchiaio" ist ein Ausdruck, der sich auf Desserts bezieht, die man mit dem Löffel essen kann. Typische *dolci al cucchiaio* sind Mousses, Tiramisu, Bayerische Creme und andere Cremespeisen.

CUCINA *(Die Küche)*

Das Wort meint sowohl die Küche als auch die Früchte des Schaffens in ihr. Die Küche als Raum unterlag im Laufe der Jahrhunderte vielen drastischen Veränderungen. In der Vergangenheit war die Küche ein zentraler Raum sowohl für Bauernfamilien als auch in wohlhabenderen Haushalten. Eine Beschreibung darüber, wie eine Küche in einem großen Haushalt des 16. Jahrhunderts ausgestattet und geführt werden sollte, kann man in dem Werk „Opera" von Bartolomeo Scappi (siehe Seite 17) nachlesen. Es gab dort zwei Wasserbehälter, eine Mühle, einen Gärschrank, sechs Hackstöcke und weitere Tische, eingebaute Wandschränke, einen offenen Kamin, einen großen Ofen und eine kleine Vorrichtung aus Ziegeln, mit der man direkt über dem Feuer kochen konnte.

In der Mitte der Küche stand ein großer Tisch, auf dem die Pasta hergestellt wurde. Die Küche, schrieb er, sollte sich zu einem kleinen Hof hin öffnen, in dem Geflügel gerupft und Tiere getötet, enthäutet und schließ-

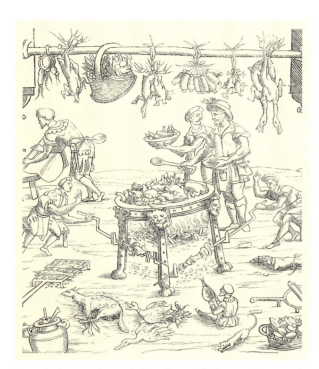

Ein Holzschnitt aus dem Buch des großen Kochbuchautors Christoforo di Messisbugo aus dem 16. Jahrhundert. Man sieht, wie Geflügel und Wild in einer Küche der Familie Este gegrillt werden.

lich gesäubert werden, nachdem sie – dem Wind ausgesetzt – in dem nach Norden ausgerichteten Hof abgehangen worden waren. In der Mitte dieses kleinen Hofes sollten sich ein großes Bassin und zahlreiche große Eimer befinden, in denen Fische und Fleisch gewaschen werden. Neben der Küche sollte ein weiterer Raum – deutlich größer als der Hof – für die Aufbewahrung und Lagerung der Speisen und Zutaten vorgesehen sein.

Eine moderne Küche ist etwas ganz anderes. In einer Stadtwohnung ist sie häufig zu klein und unzureichend, während Küchen auf dem Lande oft noch den wichtigsten Raum im Haus darstellen. Es ist der Ort, an dem traditionell die Familie zusammenkommt. Zwar sind Küchen heute gänzlich anders eingerichtet, aber die *batteria** (Ausrüstung) ist doch sehr ähnlich geblieben. Es werden weiterhin meist die gleichen Geräte, Töpfe, Pfannen und Utensilien wie früher verwendet. Der Herd ist in der Regel größer, mit deutlich mehr Platz zwischen den Herdplatten. So kann man auch große Töpfe bequem nebeneinander aufstellen. Traditionelle Gerichte werden überwiegend auf dem Herd zubereitet. Den Ofen verwendet man fast ausschließlich zum Backen.

Cucina ist auch der Begriff für Küche im Sinne von Zubereitungen.

DENTE, AL *(Wörtlich: „Mit Biss")*

Dieser Ausdruck wird nur in Verbindung mit Pasta* und Reis verwendet. *Al dente* bedeutet, dass die Pasta oder der Reis – obgleich gar gekocht – zwar außen weich, aber innen noch fest ist. Den perfekten Garpunkt für *al dente* festzulegen ist eigentlich nicht möglich, da die Beschaffenheit und die Art von Pasta oder Reis sehr unterschiedlich sind. In gewissem Maße ist dies einfach eine Frage des persönlichen Geschmacks. Ein Gericht mit Spaghetti zum Beispiel, das man außerhalb Italiens als *al dente* bezeichnen würde, könnte unter Umständen in der Lombardei als *stracotto* (verkocht) bezeichnet werden und in Neapel als ungenießbar.

Außerhalb Italiens wird der Ausdruck *al dente* auch für Gemüse verwendet.

DORARE *(Goldbraun backen oder braten)*

In kulinarischer Hinsicht bedeutet *dorare*, Lebensmitteln durch Frittieren oder Braten bei niedriger bis mittlerer Hitze oder durch Backen eine goldbraune Farbe zu verleihen, wobei man Gebäck mit Eigelb einstreicht. Eine *costoletta alla milanese** oder ein gutes *fritto** muss richtig *dorato* sein, also eine goldbraune Kruste haben. Dabei sollte die Speise innen noch schön feucht und nicht zu lange gegart sein. Speisen, die *dorato* zubereitet werden, waren im 15. und 16. Jahrhundert groß in Mode, da die Ärzte in dieser Zeit glaubten, dass Gold *(oro)* gut für das Herz sei. Die Köche der Reichen wurden angewiesen, Speisen mit Blattgold zu garnieren, während die weniger Reichen ihre Speisen goldbraun brieten oder Safran verwendeten.

DOSE *(Menge)*

Bei der genauen Angabe von Mengen drückten sich Verfasser von Rezepten der italienischen Küche in der Vergangenheit – und auch heute noch – für gewöhnlich ziemlich vage aus. Sie gehen davon aus, dass ihre Leser Zutaten wie Butter, Öl, Zwiebeln, Mehl etc. im richtigen Verhältnis einsetzen können. So werden ge-

KOCHBEGRIFFE UND KÜCHENTECHNIKEN

naue Angaben über bestimmte Mengen einer Zutat häufig nicht gemacht. Fragt man eine italienische Köchin oder einen Koch, wie viel Brühe sie oder er genau für jene köstliche Sauce verwendet habe, so lautet die Antwort häufig: „Zwei Fingerbreit", oder: „Ein halbes Glas", oder: „*Un bicchierino*" (ein kleines Glas). Die Größe des Glases oder welche Menge exakt mit zwei Fingern gemeint ist, bleibt jedoch unklar. „Etwas gehackte Zwiebeln" können so viel wie ein halber Esslöffel voll sein, aber auch zwei gehäufte Esslöffel ausmachen. Somit ist alles eine Frage der Erfahrung: Man geht einfach davon aus, dass jeder über eine solche verfügt.

Zubereitung des Abendessens in der Küche eines italienischen Wirtshauses.

DROGHERIA *(Lebensmittelgeschäft)*

Das Wort stammt von *droghe* (Drogen und Gewürze) ab. In meiner Vorstellung lässt es exotische Düfte in meine Nase steigen, die sich mit dem billigen Parfüm von Seifen und Toilettenartikeln mischen. Auch muss ich dabei an große, mit Süßigkeiten, Nüssen, Gewürzen, Lakritzstangen und kandierten Früchten gefüllte Gläser denken. Es ist die Art von Lebensmittelläden, wie ich sie noch aus meiner Kindheit kenne. Heutzutage sind solche Tante-Emma-Läden weitgehend durch Supermärkte ersetzt worden. Ein paar von ihnen gibt es noch, meist in kleinen Provinzstädten, wobei der überwiegende Teil der Waren bereits verpackt angeboten wird und die Läden dadurch ihren Charme leider weitgehend eingebüßt haben.

FERRI, AI *(Gegrillt)*

Über glühenden Holzkohlen gegrillt oder in einer Pfanne aus Gusseisen gebraten. *Ai ferri* ist wahrscheinlich die älteste Garmethode. Unsere frühesten Vorfahren banden die rohen Zutaten auf Holzstäbe, die später durch Eisenstangen *(ferri)* ersetzt wurden, und hielten sie über glühende Kohlen.

FONDO *(Grundzutaten oder Kochflüssigkeit)*

Das Wort hat zwei kulinarische Bedeutungen. Zum einen meint es die Grundzutaten, die den Geschmack eines Gerichts verstärken. Zum anderen bezieht sich *fondo* auf die Kochflüssigkeit, die am Ende der Garzeit im Topf ist, die aromatischen Zutaten, die einem Gericht seinen besonderen Geschmack verleihen.

FORCHETTA *(Gabel)*

Während Messer und Löffel so alt wie das Altertum sind, ist die Gabel ein relativ modernes Instrument, das erstmals Anfang des 11. Jahrhunderts in Venedig auftauchte. Obwohl die Gabel seit dem 16. Jahrhundert sowohl vom Adel und der Oberschicht als auch vom gemeinen Volk verwendet wird, war dem andernorts nicht so. Im Jahre 1611 schrieb ein englischer Reisender: „Ich beobachtete, dass es einen Brauch gibt, der in keinem anderen Land üblich ist, in das ich auf meinen Reisen kam, … die Italiener verwenden bei ihren Mahlzeiten stets eine kleine Gabel. Der Grund für diese Besonderheit liegt darin, dass die Italiener es nicht ausstehen können, wenn jemand ihr Essen mit den Fingern berührt. Dies ist umso verständlicher, wenn man bedenkt, dass die Hände der Leute nicht unbedingt immer sehr sauber sind."

FORNO *(Ofen)*

Im weiteren Sinne bezeichnet der Begriff auch den Laden, der zu dem Ofen gehört, also die Bäckerei. In dieser Bedeutung wird *forno* vor allem in kleinen Provinzstädten und Dörfern verwendet. In größeren Städten nennt man die Bäckerei *panetteria**, in der viele verschiedene Brotsorten in unterschiedlichen Formen und Größen angeboten

„Il fornaio", der Bäcker vor seinem Ofen.

werden. In den Bäckereien auf dem Land ist die Auswahl eher begrenzt. Neben den heimischen Sorten, die von Region zu Region unterschiedlich sind, gibt es meist noch zwei oder drei weitere bekannte Sorten und an bestimmten Tagen auch Pizza und/oder *focaccia**°. Früher bezeichnete *forno* den Dorfofen: Die Frauen des Dorfes, von denen nur wenige einen eigenen Ofen besaßen, brachten ihre Kuchen, Pasteten, Marmeladen etc. zum Backen zum Dorfofen. Der *forno* war also auch Treffpunkt und bot eine willkommene Gelegenheit für ein kleines Schwätzchen. Zwar haben heute so gut wie alle Haushalte einen eigenen Ofen, dennoch wird diese Tradition fortgesetzt, teils aus Kostengründen – der Ofen des Bäckers ist schließlich immer heiß und sehr groß –, teils auch, weil ein Ofen, der mit Holz befeuert wird, besser bäckt als ein Elektro- oder Gasherd zu Hause.

Als Garmethode ist das Backen in Italien weitaus weniger üblich als in Nordeuropa und wird nur für einige wenige, traditionelle Rezepte (neben Brot, Kuchen und Keksen) verwendet. Ein Bratenstück zum Beispiel wird in der Regel auf dem Herd zubereitet (siehe *arrosto morto**).

FRANTOIO *(Olivenpresse)*

Frantoio ist die Anlage, in der die Oliven gepresst und zu Olivenöl verarbeitet werden. Weiter abgelegen, auf dem Land, steht der *frantoio* meist nur in einem kleinen Raum. In Gegenden mit intensivem Olivenanbau sind *frantoi* größere Anlagen mit beträchtlichen Produktionsmengen, von denen ein nicht allzu kleiner Anteil in den Export geht. *Frantoi* sind interessante Orte, und Besucher sind in der Regel willkommen. Es gibt sie in ganz Italien, besonders in der Toskana, in Umbrien und in Apulien.

FRIGGERE *(Frittieren)*

Eine sehr weit verbreitete Garmethode in Italien. Frittieren heißt schnelles Garen in heißem Öl oder Fett. Je nach Zubereitungsart nimmt man unterschiedlich viel Frittierfett: Manche Zutaten werden in der Pfanne in einer nur 1 cm hohen Fettschicht gegart, andere wiederum bäckt man wie *fritti** in sehr viel Öl in einer Fritteuse.

Als Frittierpfanne nimmt man eine gusseiserne Pfanne mit langem Stiel, die *padella dei fritti* heißt. Je nach Region und Zutat verwendet man unterschiedliche Fette zum Frittieren. In der Lombardei und dem Piemont nimmt man Öl oder Butter und Öl, in Rom und der Emilia-Romagna meist *strutto** (Schmalz). In Ligurien verwendet man Öl, ebenso in Neapel, wo man auch *sugna** nimmt, geschmolzenes Schweineschmalz, das traditionell in Schweineblasen konserviert wird. Aus gesundheitlichen Gründen werden *strutto* und *sugna* jedoch meist durch einfaches Olivenöl ersetzt.

FRIGGITORIA *(Frittierstube)*

Die italienische Entsprechung einer Imbissbude. Nur dass in einer *friggitoria* neben Pommes frites und Fisch auch andere Speisen frittiert werden, wie etwa *tortelli**, Gemüse und Fleischbällchen. Im Piemont frittiert man in Milch gekochte Grießschnitten und bestreut sie mit Zucker. Eine der Spezialitäten der römischen Küche ist frittierter, gesalzener Kabeljau (Klippfisch). In einer *friggitoria* in Genua bestellt man am besten frittierte Gemüse, wie Zucchini, Blumenkohl, Artischocken oder Tomaten. In Neapel und Sizilien gibt es mehr *friggitorie* als irgendwo sonst in Italien, was auch an der heimischen Tradition liegt, Speisen auf der Straße zu sich zu nehmen.

Früher wurden die Speisen in Kesseln an geschäftigen Straßenecken auf Märkten frittiert. Der Amerikaner William Wetmore Story schreibt im 19. Jahrhundert in seinem Buch „Roba di Roma" von riesigen Kesseln an der Piazza Navona: „... in die mit zischend heißem Fett gefüllten Kessel werden gehackte Gemüse und Beignets getaucht, die, wenn sie goldbraun gebacken sind, herausgenommen, mit frittierten Kürbisblüten garniert und auf glänzenden Tellern serviert werden."

KOCHBEGRIFFE UND KÜCHENTECHNIKEN

FRULLATO *(Mit dem Schneebesen geschlagen)*

Das Wort, das eigentlich „mit dem Schneebesen geschlagen" heißt, wird als Substantiv für die Getränkezubereitungen *frullato di frutta* oder *frullato di caffè* verwendet. Dabei wird eiskalte Milch mit Zucker und Fruchtsaft oder Kaffee geschlagen, bis sie sehr schaumig ist, vergleichbar etwa mit einem Milkshake. *Frullato di fragola* (Erdbeere) zählt zu den beliebtesten Frullato-Zubereitungen.

FRULLINO *(Holzschneebesen)*

Ein spezieller Schneebesen aus Holz für Zabaione und heiße Schokolade. Er besteht aus einem Griff mit ein oder zwei Rädern am Ende. Der *frullino* wird zwischen den Handflächen gehalten und rückwärts und vorwärts gewirbelt, um so Luft unter die Masse zu heben. Heute schlägt man Zabaione jedoch meist mit einem Elektromixer. Traditionell mit einem *frullino* geschlagener Zabaione ist zwar nicht ganz so schaumig, dafür aber genauso leicht.

FRUTTIVENDOLO *(Obst- und Gemüsehändler)*

Der *fruttivendolo* zählt zu den wichtigsten Ladenbesitzern oder Standinhabern. Man nennt ihn auch *erbivendolo* oder *ortolano*. Ein guter Gemüsehändler hat stets eine große Auswahl an frischem Obst und Gemüse. Je nach Saison bietet er zwei bis drei Sorten Zwiebeln, Kohl, Brokkoli, Artischocken, gelbe, rote und grüne Paprika, feste kleine Tomaten, Fleisch- oder Eiertomaten, verschiedene Auberginenarten und noch vieles mehr.

Auch seine Auswahl an Obst ist üppig und richtet sich meist nach der Saison. Seit einigen Jahren überschwemmen exotische Früchte und Gemüse das Angebot, um eine noch größere Auswahl zu bescheren. Die Italiener sind jedoch, was Lebensmittel angeht, eher konservativ. Auch kaufen sie lieber frisch geerntetes Obst und Gemüse, das aus Italien stammt und im richtigen Reifegrad angeboten wird.

Italiener ziehen einen Obst- und Gemüsehändler mit guter Ware dem Supermarkt stets vor. Er berät seine Kunden, kennt ihre Wünsche, empfiehlt besonders schmackhafte Ware, reicht jedem ein Stück Obst zum Probieren.

FUNGHETTO, AL *(Zubereitungsart für Pilze und Gemüse)*

Eine Zubereitungsart für Pilze, Zucchini und Auberginen, die mit *trifolare* identisch ist. Der Ausdruck *al funghetto* wird vor allem in Ligurien verwendet.

GENOVESE, ALLA *(Auf Genueser Art)*

Eine Zubereitungsart, bei der Zutaten in Olivenöl gegart und mit Pinienkernen, Kräutern und Knoblauch garniert werden. *Salsa alla genovese*, die man für gekochten Fisch nimmt, wird ähnlich wie *salsa verde**° zubereitet, enthält aber noch Pinienkerne und grüne Oliven. Dann gibt es noch den bekannten Genueser Biskuit, der aber nichts mit Genua zu tun hat, sondern im 19. Jahrhundert von einem französischen Konditor kreiert wurde.

GIRARROSTO *(Drehvorrichtung zum Braten)*

Eine Vorrichtung, die an einem sich über offenem Feuer drehenden Spieß angebracht wird, um Geflügel oder ein größeres Tier zu braten. In früheren Tagen wurde der Spieß von einem Uhrwerk oder einem Tier angetrieben, dem Scheuklappen aufgesetzt wurden und das so den Spieß Runde für Runde zum Drehen brachte. Einige *girarrosti* in alten Landküchen wurden so über eine große Feuerstelle gestellt, dass sich der Spieß durch die aufsteigende Hitze zu drehen begann. Moderne *girarrosti* stellt man in den Ofen. Sie funktionieren elektrisch.

GOCCIA *(Ein Tropfen)*

Wird häufig als Maßeinheit verwendet. In Italien werden Rezeptmengen gerne in Glas, Handvoll, Fingerbreit und Tropfen angegeben. *Una o due goccie* (ein oder zwei Tropfen) bedeutet sehr wenig, gerade so viel, um einer Speise einen Anflug eines weiteren, fast nicht auszumachenden Aromas zu verleihen. Es bedeutet jedoch nicht, dass man die Flüssigkeit mit einem Tropfengeber messen muss. Bei Essenzen und Extrakten heißt *una goccia* jedoch genau ein Tropfen.

KOCHBEGRIFFE UND KÜCHENTECHNIKEN

GRATICOLA (Grill oder Grillpfanne)

Das Wort hat zwei Bedeutungen. Zum einen ist es ein anderer Begriff für *griglia** (Grill), zum anderen ist eine *graticola* eine Grillpfanne aus Gusseisen mit gerilltem Boden. Letztere wird auch *griglia* genannt. Zwei Bedeutungen, die man leicht miteinander verwechselt.

GRATTUGIA (Reibe)

In der Regel eine Käsereibe. Eines der unverzichtbaren Utensilien in jeder italienischen Küche. Man benötigt sie fast täglich. Parmesankäse wird meist über Suppen, Pastagerichte und Risotti* gestreut. Da man Parmesan niemals gerieben kauft, sollte man stets eine Käsereibe griffbereit haben. Reiben gibt es in vielen verschiedenen Formen und Größen, wobei die mit nur einer Lochgröße, die man ausschließlich zum Reiben von Käse nimmt, die am häufigsten verwendete ist. Zudem gibt es heute auch elektrische Käsereiben und Reiben mit sehr schönem Design, die man bei Tisch neben ein großes Stück Parmesan stellt. Meist gibt es in einer italienischen Küche auch eine kleine *grattugia* zum Reiben von Muskatnuss, Zitronen und Orangenschale.

Reiben sind ein altes Werkzeug. Im etruskischen Museum von Chiusi sind auf einer Grababbildung ein Sieb, ein Schöpflöffel und eine Reibe zu sehen. Leider ist bisher unerforscht geblieben, welche Lebensmittel die Etrusker damit rieben.

GRIGLIA (Grill)

Alla griglia ist eine Zubereitungsart, bei der die Zutaten der Glut, den Flammen oder einer anderen Hitzequelle direkt ausgesetzt werden. Sie zählt zu den ältesten Zubereitungsarten überhaupt, wurde jedoch immer als eine sehr primitive Garmethode betrachtet, die dem Gargut angeblich auch keinen besonderen Geschmack verleiht. Während der gesamten Renaissance, als die hohe Kunst des Kochens große Bedeutung hatte, und bis ins 20. Jahrhundert hinein galt Grillen als die Garmethode der Armen. Inzwischen hat sich das Blatt jedoch gewendet und auch die feinsten Restaurants schreiben Speisen *alla griglia* auf die Karte. Wichtig für diese Restaurants ist dabei, dass die Zutaten von bester Qualität und absolut frisch sind, damit sie mit den hohen Standards der restlichen Speisekarte mithalten können. Auch zu Hause wird heute häufig und gern gegrillt, und dies, obwohl Fastfood auch in Italien schon längst Einzug gehalten hat.

Zwar bereitet man überwiegend Fleisch oder Fisch *alla griglia* zu, doch auch Gemüse wird häufig gegrillt. Tomaten, Radicchio, Auberginen und Paprika schmecken gegrillt ausgezeichnet. Besonders Paprika eignen sich zum Grillen, da der Grillgeschmack sehr gut mit ihrem aromatischen Fruchtfleisch harmoniert.

Die bekanntesten gegrillten Gerichte stammen aus der Toskana, wo zwar die Zutaten überdurchschnittlich gut, die Kochmethoden jedoch weniger verfeinert sind. Bekannte gegrillte Speisen aus dieser Region sind *bistecca alla fiorentina*°, ein Steak von Rindern einer ganz besonderen Rasse, oder *pollo alla diavola** aus der Region Valdarno, wo die besten Hühner Italiens gezüchtet werden.

GUAZZETTO (Eine Kochmethode)

In guazzetto bedeutet in einer leichten Sauce aus zwei Hauptzutaten gegart: Weißwein und etwas Tomate. Froschschenkel, Meeresfrüchte, Fisch oder *baccalà** werden häufig *in guazzetto* zubereitet. Das Originalrezept mit Froschschenkeln kommt aus Bassa Lombardia, einer Gegend um Pavia, wo es viele Frösche gibt. Die Froschschenkel werden in einem *soffritto*° aus Olivenöl, Zwiebeln, Sellerie und Knoblauch zubereitet. Die Sauce wird mit Weißwein abgelöscht und mit etwas Mehl gebunden. Am Schluss fügt man viel frische Petersilie hinzu.

KOCHBEGRIFFE UND KÜCHENTECHNIKEN

I

IMBOTTIRE (Füllen)
Dieses Wort wird hauptsächlich im Zusammenhang mit Paprikaschoten, Brötchen und *focacce** verwendet. Die Rezepte für Paprika stammen fast alle aus Rom oder Neapel, wo die Schoten besonders fleischig sind. Die Paprikaschoten werden zuerst über einer Flamme geröstet und anschließend enthäutet. Da es sich um ein Bauernrezept handelt, gibt es keine genauen Angaben zur Füllung. Meistens nimmt man jedoch frische Brotkrumen oder Semmelbrösel, Oliven, Kapern, Sultaninen, Anchovisfilets und Petersilie. Eine weitere Füllung besteht aus gebratenen Auberginenwürfeln und Tomaten. Die Paprikaschoten, die man manchmal auch mit einer Tomatensauce garniert, werden anschließend gebacken.

Ein *panino imbottito* ist eine größere Zwischenmahlzeit, die man in einer Bar zu sich nimmt. Das Brot ist weiß und weich und entweder rund oder oval. Die Füllung, die meist aus mehreren Zutaten besteht, ergibt sich aus der Kreativität des Koches. *Focaccia* wird in der Regel mit trockenen Zutaten, wie Prosciutto*, gefüllt.

IMPANARE (Mit Semmelbröseln panieren)
Das Wort kommt von *pane* (Brot). Es ist eine der Zubereitungsarten für *cotoletta**, das Fleisch, Gemüse oder Fisch sein kann. Das Gargut wird zuerst durch verquirltes Ei gezogen und dann paniert *(impanato)*. Dann wird das Schnitzel in Öl gebraten oder – eher selten – gegrillt oder im Ofen gebacken. Die Semmelbrösel oder frischen Brotkrumen schützen die Zutat während des Garprozesses vor dem Austrocknen, wodurch sie saftig bleibt und sich eine knusprige Kruste bildet. Die *impanatura* enthält nicht selten etwas geriebenen Parmesankäse im Verhältnis ein Teil Parmesan zu vier Teilen Semmelbrösel.

IMPASTARE (Kneten)
Ein Wort, das den Wortstamm „Pasta" enthält, was auf seine Bedeutung schließen lässt. Das Wort „Pasta", das inzwischen auch im Deutschen verwendet wird, bezeichnet in Italien jede Art von Teig, von Brotteig bis Blätterteig.

INGLESE, ALL' (Auf englische Art)
Zutaten und Speisen, die mit Butter zubereitet oder verfeinert werden. Meist bereitet man gekochten Reis, Pasta und einige Gemüse *all' inglese* zu. Letztlich ist es nur die italienische Interpretation eines ausländischen Rezepts, denn man fügt noch eine üppige Menge Parmesan hinzu.

INSACCATO (Wursthaut)
Ein Überbegriff für alle Arten von Würsten. Das Wort kommt von *sacco* (Tasche, Sack) und bedeutet wörtlich „eingesackt". Der Sack ist in diesem Fall die Haut für das Fleisch und die Gewürze, die natürlich oder synthetisch sein kann.

INSAPORIRE (Würziger machen)
Damit ist gemeint, den Geschmack einer Speise während der Zubereitung zu verstärken. Diese Technik ist für eine typisch italienische Zubereitung sehr wichtig. Das Wort *insaporire* wird verwendet, wenn die Hauptzutat eines Gerichts kurz in einem aromatischen *soffritto** gegart wird – ein Arbeitsschritt, den man unter keinen Umständen auslassen sollte, da dies die einzige Möglichkeit ist, der fertigen Speise den richtigen Geschmack zu verleihen.

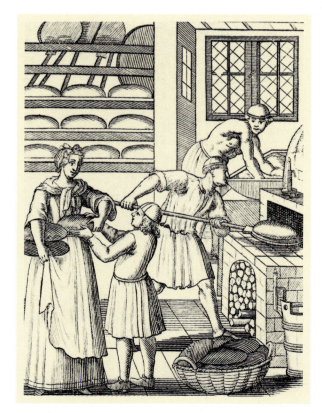

Ein Holzschnitt aus dem 15. Jahrhundert, der eine Bäckerei darstellt.

KOCHBEGRIFFE UND KÜCHENTECHNIKEN

L

LARDELLARE *(Spicken)*
Fleischstücke werden in der italienischen Küche häufig gespickt: Streifen von fettreichem Fleisch oder grünem Speck werden mithilfe einer Spicknadel an mehreren Stellen durch das Fleischstück gezogen, damit es während des Garens schön saftig bleibt. Man macht dies besonders bei sehr mageren Fleischstücken mit einer sehr dünnen oder gar keiner Fettschicht und auch, weil Braten meist auf dem Herd und nicht im Ofen zubereitet werden, wodurch sie innen leichter austrocknen. Einige Fleischstücke werden auch mit einer Mischung aus gehacktem *pancetta**, Kräutern, Salz und Pfeffer gespickt, andere mit langen Möhren-, Sellerie- und Prosciuttostücken*. Durch das Spicken wird das Fleisch nicht nur saftig, es sieht auch sehr appetitlich aus.

LECCARDA *(Eine Art Reine)*
Eine *leccarda*, auch *ghiotta* genannt, ist eine rechteckige oder ovale Reine mit einem langen Griff. Man stellt sie unter den Spieß oder Grillrost, um den Bratensaft aufzufangen, mit dem das Fleisch während des Bratens oder Grillens begossen wird.

LESSARE siehe BOLLIRE

LESSO *(Gekocht)*
Als Adjektiv beschreibt es, dass eine Zutat gegart wurde. *Pesce lesso* ist gekochter Fisch, *verdure lesse* sind gekochte Gemüse, *patate lesse* gekochte Kartoffeln etc. Als Substantiv hat es eine ähnliche Bedeutung wie *bollito*, bezieht sich aber in der Regel auf ein Gericht, das nur mit einem Stück Fleisch zubereitet wird, wie zum Beispiel das lombardische *lesso*, das zu den bekanntesten Zubereitungen dieser Art zählt. Es ist ein Stück Rindfleisch, meist ohne Knochen, das in leicht kochendem Wasser mit einer mit Nelken gespickten Zwiebel, einem Selleriestück, einer Möhre und einigen Petersilienstängeln gegart wird. Das tranchierte Fleisch wird in der eigenen Brühe serviert, begleitet von Salzkartoffeln und Möhren. Oft reicht man *salsa verde**° oder *mostarda** *di frutta* dazu.

LISTA *(Menükarte)*
Die vollständige Bezeichnung lautet *lista delle vivande* im Unterschied zu *lista dei vini*, Weinkarte. In Italien besitzt die Menükarte nicht die gleiche Bedeutung wie in vielen anderen Ländern. In einem kleinen Restaurant oder einer Trattoria erhält man häufig überhaupt keine Menükarte, was ganz und gar nicht bedeutet, dass man dort etwa nicht gut speisen kann. Stattdessen zählt der Ober, häufig mit monotoner Stimme, die Gerichte

Ein Kupferstich aus dem 16. Jahrhundert, der zeigt, wie Wasser über einem lodernden Küchenfeuer erhitzt wird.

und Speisen auf, die es an diesem Tag gibt. Und wenn es eine Menükarte gibt, dann ist sie stets ausschließlich in italienischer Sprache formuliert. Dies gilt auch für sehr feine Speiselokale. In Italien hat man die internationale Vorherrschaft der französischen Küche nie akzeptiert.

KOCHBEGRIFFE UND KÜCHENTECHNIKEN

M

MACELLERIA (Metzgerei)
Die Metzgerei ist meist der sauberste Ort, den es gibt. In Städten wird das hellrosa bis dunkelrote Fleisch ansehnlich in Schaufenstern dargeboten. Eine Metzgerei auf dem Lande hingegen besitzt in der Regel kein Schaufenster. Man geht hinein, und hinter einer großen Theke, etwas erhöht, steht der Metzger und schneidet sicher und geschickt das Fleisch. Er predigt, erzählt und berät die Schar von Frauen der Gegend, die darauf warten, bedient zu werden. Fleisch in einem italienischen Dorf zu kaufen ist faszinierend und sehr lehrreich, aber eben nur, wenn man nicht in Eile ist. Das Stück wird je nach Wunsch und Instruktion des Kunden geschnitten, gehackt oder geschnetzelt. Beim Einkauf von Fleisch haben italienische Hausfrauen stets Fragen und sind sehr wählerisch. Denn Fleisch ist teuer und sie möchten genau wissen, wie lange etwas garen muss und was sie während des Garens beachten müssen.

MACINARE (Hacken, mahlen oder zerstoßen)
In seiner häufigsten Verwendung bezieht sich das Wort *macinare* auf Fleisch. *Carne macinata* ist Hackfleisch, wie es aus dem Fleischwolf kommt. Fleisch, Geflügel, Schinken und andere Lebensmittel werden gehackt, um *polpette** und *polpetioni**, *ripieno** und *ragù**° zuzubereiten. Reste vom Vortag und andere Speisen werden häufig gehackt, um daraus ein völlig neues Gericht zu machen, denn fast nie trägt man die gleiche Speise noch einmal auf.

Einen mechanischen Fleischwolf, den keine Küchenmaschine ersetzen kann, findet man auch heute noch in den meisten Küchen. Ein weiteres Gerät, das viele Haushalte besitzen, ist ein *macinino del caffè* (Kaffeemühle). Alte Kaffeemühlen sind aus Holz und haben eine Schublade und einen Griff aus Eisen. Heute verwendet man meist laute elektrische Kaffeemühlen, die das Mahlen in einem Viertel der Zeit beinahe mühelos erledigen.

MAGRO (Mager)
In kulinarischer Hinsicht verwendet man dieses Wort im Zusammenhang mit allen Arten von Fleisch oder Lebensmitteln, die aus Fleisch hergestellt werden. Es be-

deutet auch fleischlos, wenn es sich auf ein Gericht bezieht, das an Fastentagen gereicht wird, oder es bezeichnet den Tag selbst, wie Aschermittwoch oder Karfreitag. *Ravioli** di magro* zum Beispiel sind Ravioli, die anstelle von Fleisch mit Spinat und Ricotta* gefüllt werden, oder *brodo di magro** ist Brühe, die nur mit Gemüsen hergestellt wird. Zwar gibt es eine große Palette von Rezepten „di magro" in alten Kochbüchern, doch wird dieser Ausdruck heute eher selten verwendet, da die Bedeutung religiöser Traditionen mehr und mehr abnimmt.

MANTECARE (Zu einer Paste zerdrücken)
Mantecare stammt von dem spanischen Wort *manteca* (Butter) ab. Es bedeutet: zu einer Paste zerdrücken, meist mit Butter bei der Herstellung von Buttercreme oder Speiseeis. Das Wort wird auch in Verbindung mit vielen Risotti* gebraucht, wenn am Ende der Garzeit Butter und Parmesan untergerührt werden, damit der Risotto schön sämig wird. Ein weiteres Gericht, bei dem diese Zubereitungstechnik zum Einsatz kommt, ist *baccalà** (Klippfisch), eine Spezialität aus Venedig (siehe auch *stoccafisso**).

MARINARA, ALLA (Nach Art der Matrosen)
Tatsächlich bezieht sich diese Zubereitungsart auf keine bestimmten, vorgegebenen Zutaten oder eine bestimmte Garmethode. Es gibt aber Spaghetti* oder *vermicelli** *alla marinara*, ein Pastagericht, das mit Öl, Knoblauch, manchmal auch mit Chili oder Tomatensauce zubereitet wird. Das einzige wirklich existierende Rezept „*alla marinara*" ist ein Pizzabelag aus Tomaten, Knoblauch, schwarzen Oliven und Oregano.

MARINADA (Marinade)
Eine meist flüssige Mischung von Zutaten, in der man Fleisch oder Fisch für längere Zeit einlegt. Man tut dies, um die eingelegten Lebensmittel entweder zart zu machen oder mit den Zutaten der Marinade zu aromatisieren.

Ein Bratenstück vom Rind wird mariniert, damit das Fleisch zart wird, aber auch, damit es die Aromen der Marinade aufnimmt. Die Marinade, in der das Bratenstück anschließend auch geschmort oder gekocht wird, besteht meist aus Rotwein, Zwiebeln, Sellerie, Kräutern und anderen Gewürzen. Wildschwein, Hirsch und Hase werden stets in Wein und etwas Olivenöl mariniert. Mit Zicklein und Hammelfleisch verfährt man auf die gleiche Art. Ein Bratenstück vom Schwein legt man in eine Marinade aus Weißwein oder Essig, die mit Kräutern

KOCHBEGRIFFE UND KÜCHENTECHNIKEN

und Gewürzen aromatisiert wird, wodurch das Fleisch zarter wird, wie zum Beispiel bei *maiale al latte°* (Rezept Seite 167). In einigen Mailänder Restaurants legt man Kalbskoteletts für *costolette* alla milanese* in Milch, damit das Fleisch heller und schmackhafter wird.

In einem toskanischen Rezept wird ein Perlhuhn zuerst in Öl angebraten und anschließend einige Stunden in eine Marinade aus Weißwein, Kräutern und Zitronensaft gelegt. Dann wird das Huhn langsam in der Marinade gekocht. So bleibt es zart und saftig. Frische Anchovisfilets mariniert man mindestens 24 Stunden in Zitronensaft oder Weinessig und verzehrt sie dann roh.

MATTARELLO ODER MATTERELLO
(Nudelholz)

Es gibt zwei Arten von Teigrollen in Italien: Die eine ist ein Nudelholz, so wie man es auch bei uns kennt. Man verwendet es für Gebäck und Backwaren. Die andere ist ein typisch italienisches Küchenwerkzeug: ein Rundholz aus glattem, fein geschmirgeltem Holz, das etwa 80 cm lang und 4 cm dick ist. Es besitzt keine Griffe, dafür aber manchmal einen Knauf an einem Ende, um so eingerollten Teig dorthin bringen zu können, wo er ausgerollt trocknen oder weiterverarbeitet werden soll.

Letztere Version der Teigrolle war wohl schon an Kochstellen vor der Zeit der Römer in Gebrauch, wie dies aus einem Basrelief hervorgeht, das in einer etruskischen Nekropolis (Totenstadt) nördlich von Rom gefunden wurde, in der man auch weitere Küchenwerkzeuge zur Herstellung von Pasta fand. Jahrhunderte später erscheint das Rundholz in einer Illustration aus dem 16. Jahrhundert von Bartolomeo Scappi, die zwei Männer beim Ausrollen von Nudelteig zeigt.

MENU *(Menükarte)*

Eine andere Bezeichnung für *lista* delle vivande*. Sollten Sie zufällig einmal eine alte Menükarte in die Hände bekommen, wird Sie die Gefräßigkeit und Gier unserer Vorfahren überraschen. In dem Buch „Il Cuoco Piemontese Perfezionato a Parigi", geschrieben von einem unbekannten Küchenchef aus dem 18. Jahrhundert, ist von einem Menü die Rede, bei dem gleichzeitig fünf verschiedene Gänge aufgetragen werden – der russische „Service" mit nur einem Gang gleichzeitig war da noch nicht üblich –, wobei jeder Gang mindestens fünf verschiedene Speisen enthielt. Und dies alles für nur 15 Gäste! Im 19. Jahrhundert bestand ein Diner à la Russe, das vom italienischen Königshaus gegeben wurde, aus mindestens acht Gängen, die alle meist sehr aufwendig waren. Es bestand aus zwei Suppen, zwei Zwischengängen, drei Entrées, zwei Gemüsen, einer Platte in der Mitte mit einigen Vorspeisen mit Prosciutto* und Salame*, des Weiteren aus gebratenem Fasan und Schnepfen mit Trüffeln und als Dessert Bayerische Creme mit Pfirsichen und Pistazien, Alchermes-Likör-Gelee, Vanilleeis und Aprikosennougat. Noch bis zum Ersten Weltkrieg wurden solche Festessen im großen Stil veranstaltet. Denti di Pirajno schrieb eine Menükarte für ein Festessen, das 1912 in Venedig veranstaltet wurde und das aus zwölf vollständigen Gängen bestand. Auch heute noch gibt es in Italien große Essen, bei denen Massen von Speisen vertilgt werden. Ich weiß aus zuverlässiger Quelle, dass es 1977 Mitgliedern der Accademia Italiana della Cucina in Apulien gelang, sich durch 54 Gänge zu essen.

Heutzutage stellen Restaurants einige ihrer Speisen nach Preiskategorien als Menüs zusammen. Am günstigsten ist das *menù turistico* (speziell für Touristen), wohingegen das teuerste – und hoffentlich auch beste – das *menù gastronomico* ist. In sehr modernen Restaurants, in denen der Küchenchef bereit ist, seine Kunst darzustellen und für sie zu werben, gibt es einen neuen Typ von Menü, das *menù degustazione*.

MERENDA *(Imbiss)*

Pane mit Anchovisbutter, Räucherlachs, Kaviar, Gänseleberpastete, Prosciutto*, Königinpastetchen, gefüllt mit gehacktem Hähnchenfleisch und Béchamel°. Auf dem Servierwagen Krüge, Töpfe, Gläser und Becher. Und in den Porzellan- und Zinnkannen war Tee, Milch und Kaffee, in den Karaffen Limonade und Fruchtsaft. Dieser üppige Schmaus war der Imbiss, den die privilegierten Finzi-Contini-Kinder vor dem Kriege an einem schönen Sommernachmittag zu sich nahmen, so wie es in „Die Gärten der Finzi Contini" von Giorgio Bassano beschrieben ist.

Merenda ist bei allen Kindern und auch Erwachsenen sehr beliebt. Trotzdem würde ein solcher Schmaus, wie er vorstehend beschrieben ist, heute nur auf einer Festveranstaltung dargeboten werden. Der heutige Imbiss für Kinder besteht meist aus *foccacia*°* und kleinen Leckereien.

Landarbeiter bezeichnen jede Art von Zwischenmahlzeit als *merenda*, ganz gleich zu welcher Tageszeit sie eingenommen wird. Meist besteht dieser Imbiss aus Brot mit verschiedenen *salume** oder Käse und wird im Laufe des Vormittags eingenommen und nicht selten mit Rotwein heruntergespült.

KOCHBEGRIFFE UND KÜCHENTECHNIKEN

MEZZALUNA (Wiegemesser)
Ein Messer mit einer sichelförmigen Klinge und einem Griff an jedem Ende, das man zum Hacken verwendet. Durch die abgerundete Klinge lässt sich die *mezzaluna* von einem Ende zum anderen „wiegen", ohne dass man das Messer dabei von der Arbeitsfläche abheben muss. Dadurch lassen sich vor allem Kräuter, aber auch Gemüse etc. sehr gleichmäßig fein hacken.

MILANESE, ALLA (Auf Mailänder Art)
Dieser Ausdruck steht nicht für eine bestimmte Garmethode, doch es gibt einen gemeinsamen Nenner bei allen Zubereitungen *alla milanese*: die Verwendung von Butter. Ein *risotto alla milanese°* (Seite 99), wird mit Safran zubereitet, *minestrone* alla milanese* mit Reis und Schweineschwarte oder *pancetta**. Bei *costoletta alla milanese* wird das Kotelett durch Ei gezogen, in Paniermehl gewendet und anschließend in Butter gebraten. Spargel oder Lauch *alla milanese* werden mit Butter und Spiegeleiern serviert.

MORTAIO E PESTELLO (Mörser und Stößel)
In jeder gut ausgestatteten italienischen Küche sollte sich ein Mörser mit einem Stößel befinden. Man benutzt ihn zum Zerstoßen von Kräutern, Anchovis, Walnüssen, Pinienkernen, Pfefferkörnern, Wacholderbeeren etc., also für eine kleinere Menge an Zutaten, die für eine Küchenmaschine zu wenig ist. In einem Mörser werden Zutaten eher zerdrückt als gehackt, wodurch die Aromen sich stärker entfalten.

NAPOLETANA, ALLA (Auf neapolitanische Art)
Ein Ausdruck, der für würzige Tomatensaucen, Mozzarella, Knoblauch und Öl steht. In Wirklichkeit jedoch ist *alla napoletana* keine Zubereitungsart, die sich auf verschiedene Gerichte anwenden lässt, sondern beschreibt vielmehr, wie ein bestimmtes Gericht in Neapel zubereitet wird. *Lasagne alla napoletana* ist eine sehr reichhaltige Lasagne, die in Neapel zur Karnevalszeit gekocht wird. Die Lasagne wird mit Mozzarella, *Ricotta**, leicht gebratenen Fleischbällchen und regionalen Würsten belegt. Ein weiteres Beispiel ist *minestrone alla napoletana*. Sie ist ähnlich wie andere *Minestroni**, wird aber mit einem heimischen Kürbis zubereitet. Das berühmteste Gericht *alla napoletana* ist die *Pizza**, deren Belag stets aus Tomaten und anderen Zutaten besteht.

NORCINERIA (Schweinemetzgerei)
Ein Begriff, der in Mittelitalien verwendet wird. Ein *norcino* ist ein Metzger, der ausschließlich Schwein schlachtet und verschiedene Wurstwaren aus dem Fleisch herstellt. Der Ursprung des Wortes *norcineria* rührt daher, dass die besten Schweinemetzger in der Regel aus der umbrischen Stadt Norcia kamen. Die *norcini* setzten ihr Wanderdasein bis zum Zweiten Weltkrieg fort. Heutzutage üben die *norcini* ihren Beruf in der Region aus und fahren in die Dörfer und zu den Höfen hinaus und helfen beim Schlachten der Schweine. Die Schweinezucht hat sich nämlich mit der Zeit zu einem bedeutsamen Geschäftszweig gemausert. Die meisten *norcini* arbeiten heute für große landwirtschaftliche Betriebe und stellen *Salame**, *Prosciutti**, *coppe** und *capocolli** her, die anschließend an die *norcinerie* ausgeliefert und dort verkauft werden.

KOCHBEGRIFFE UND KÜCHENTECHNIKEN

Brot wird gebacken. Ein Kupferstich aus dem 17. Jahrhundert.

O

ONDA, ALL' *(Wörtlich: „Wellig")*
All'onda ist ein Ausdruck, der in Norditalien verwendet wird und die ideale Konsistenz eines Risotto* beschreibt, die sämig und weder zu flüssig noch zu trocken ist.

OSTERIA *(Wirtshaus)*
Eine Osteria ist ein Ort, an dem die Männer zusammenkommen, wo aber Frauen unerwünscht sind. Ich kann mich nicht erinnern, jemals eine Frau in einer traditionellen, altmodischen Osteria gesehen zu haben. Heutzutage findet man Osterie nur noch in Kleinstädten und Dörfern. Tagsüber sind die Gäste hauptsächlich alte Männer, die dort herumsitzen und ins Leere starren oder *scopa* (ein Kartenspiel) spielen. Abends kommen jüngere Männer in die Osteria und die Atmosphäre wird lebendiger und lauter. Man trinkt traditionell Wein. Dazu gibt es einfache regionale Gerichte, mit Salami belegte Brötchen und andere einfache Speisen. Leider stirbt die echte Osteria mehr und mehr aus und wird durch Bars mit ihren Pizzen und Panini* ersetzt.

OVINI *(Sammelbegriff für Schaf, Kitz und Ziege)*
Ein umfassender Begriff für Milchlamm, Lamm, Hammel, kastrierten jungen Hammel, Ziege und Kitz.

P

PADELLA *(Bratpfanne)*
Ein wichtiger Bestandteil der Ausstattung einer italienischen Küche. *In padella* oder *spadellato* ist eine Garmethode, bei der die Zutat zuerst angebraten und anschließend bei niedrigerer Temperatur unter möglicher Zugabe von etwas Flüssigkeit fertig gegart wird. Bei vielen Pastarezepten wird die Pasta erst nach dem Abtropfen in die Pfanne mit der Sauce gegeben, eine traditionelle Zubereitungsmethode für die meisten süditalienischen Pastagerichte, die inzwischen in ganz Italien praktiziert wird.

PAESANA, ALLA *(Nach Bauernart)*
Dieser Ausdruck hat keine besondere Bedeutung, vermittelt jedoch stets Ländlichkeit und Tradition. Die Zutaten für eine Zubereitung *alla paesana* sollten aus der jeweiligen Region stammen. Ein bekanntes Gericht, das diesen Beinamen trägt, ist *risotto alla paesana°* (ein Risotto mit Gemüsen).

PAIOLO *(Ein Topf zum Kochen von Polenta)*
Paiolo ist der unlegierte Kupfertopf, in dem man Polenta* zubereitet. Er besitzt die Form eines großen Eimers mit abgerundetem Boden und hat auch einen Griff wie dieser. Ein *paiolo* zählt auch heute noch zum Inventar der meisten italienischen Küchen. Man findet ihn praktisch in jeder Landküche Norditaliens, wo er im Winter über dem Feuer hängt und fast täglich für die Zubereitung von Polenta verwendet wird.

Ein *paiolo* ist ein schönes Objekt, so schön, dass eine Gruppe von Künstlern es als ihr Emblem verwendete, als sie im späten 15. Jahrhundert „La Compagnia del Paiolo" gründeten. Die Mitglieder der Compagnia, zu der auch der Maler Andrea del Sarro gehörte, trafen sich regelmäßig, um ihren gemeinsamen Interessen nachzugehen, von denen das größte offensichtlich die Tafelfreuden waren.

Neuerdings gibt es einen elektrischen *paiolo*, der sich großer Beliebtheit erfreut, da der sich ständig drehende Spatel den Koch von der Arbeit des Rührens befreit.

KOCHBEGRIFFE UND KÜCHENTECHNIKEN

PANETTERIA *(Bäckerei)*

Panetterie haben sich in den letzten Jahren sehr verändert. Während eine *panetteria* früher eine normale Bäckerei war, die Brot, *focaccia**° und ein wenig Pasta verkaufte, ist das neue Image einer *panetteria* in den meisten Städten das eines durchgestylten Bäckereigeschäfts, in dem Regal über Regal äußerst appetitliche und verlockende Brote sowie *focaccia*, Pizza, Brioches, Tartes, Ravioli, Tagliatelle etc. ausgestellt werden. Allein die große Auswahl der Brote ist verwirrend: Es gibt Spezialbrote aus fast allen Regionen, Brot in jeder nur denkbaren Form, Farbe und Größe, Brot, das mit Kümmel oder Kardamomsamen bestreut oder mit Sultaninen oder Oliven verziert wird – Brote, die alle frisch gebacken und daher fast unwiderstehlich sind.

PARMIGIANA, ALLA *(Nach Art der Stadt Parma bzw. mit Parmesan zubereitet)*

Alla parmigiana kann sich sowohl auf die Stadt Parma als auch auf Parmigiano beziehen. In jedem Fall bezeichnet es ein Gericht, das mit Parmesan und möglicherweise Prosciutto* zubereitet wird. *Costolette** *alla parmigiana* zum Beispiel sind panierte Kalbskoteletts, die in Butter gebraten und anschließend mit viel gehobeltem Parmesan in etwas Brühe geschmort werden. Bei einigen Rezepten legt man Prosciuttoscheiben zwischen das Fleisch.

PASSATO *(Cremig oder durch ein Sieb passiert)*

Das Wort bezieht sich meist auf zerkleinerte Gemüse, deren Konsistenz zwischen einem Püree und einer Cremesuppe einzustufen ist. Das bekannteste *passato* ist aus Tomaten und wird einfach „passata" genannt. Ein *passato* entsteht in der Regel, wenn man Zutaten durch ein feines Sieb drückt oder (nicht zu homogen) in einer Küchenmaschine püriert.

PASTA ASCIUTTA (PASTASCIUTTA) *(Abgetropfte Pasta)*

Ein etwas altmodisches Wort, das das bezeichnet, was man heute einfach „Pasta" nennt. Man verwendet den Begriff *pastasciutta*, um reine Pasta, die mit einer Sauce serviert wird, von *pasta in brodo** (Brühe) unterscheiden zu können. Diese Unterscheidung war notwendig, als man noch fast täglich *pasta in brodo* aß. Dies ist heute nicht mehr der Fall.

PASTICCERIA *(Kuchen, Gebäck und Konditorei)*

Das gemeinsame Wort für Kuchen und Gebäck und auch die Bezeichnung für das Geschäft, wo sie verkauft

werden. *Pasticcerie* sind auch sonntags geöffnet, denn am Sonntag nach der Messe kauft eine italienische Familie traditionell Kuchen oder Gebäck.

PASTICCIATA *(Ein Polentagericht)*

Eine Umschreibung für Polenta*. *Polenta pasticciata* ist ein gebackenes Gericht, das in der Regel mit in Scheiben geschnittener Polenta zubereitet wird, zwischen die man ein Fleischragout (*ragù*°) oder Béchamelsauce*° und Käse oder Pilze und Schinken schichtet. Ein weit verbreitetes Gericht in Norditalien.

PASTO *(Mahlzeit)*

Heute gibt es nur mehr zwei Mahlzeiten in Italien, bei denen die Familie zusammenkommt: das Mittag- und das Abendessen. Das Frühstück wird eigentlich nicht als eigenständige Mahlzeit betrachtet. Meist besteht es aus einer Tasse Kaffee und etwas Gebäck, das man entweder allein in Ruhe oder in einer Bar auf dem Weg in die Arbeit zu sich nimmt. Berufstätige (außer in Großstädten) und Schulkinder gehen zum Mittagessen nach Hause, um ein Pastagericht zu sich zu nehmen, die am meisten verbreitete Form des Mittagsmahls. Zum Abendessen, das häufig die leichtere Mahlzeit von beiden ist, kommt die Familie erneut zusammen. Meist sind auch die Jugendlichen dabei, die nicht selten gleich nach dem Essen wieder forteilen, um

Freunde zu treffen, und ins Kino gehen und danach einen *burghi* (Hamburger) oder eine Pizza essen gehen.

Der richtige Zeitpunkt für diese beiden Mahlzeiten ist unterschiedlich. In Norditalien nimmt man das Mittagessen zwischen 12 und 13 Uhr ein, in Süditalien dagegen, besonders in Rom, setzt sich niemand vor 14 Uhr an den Mittagstisch und kaum vor 21 bis 21.30 Uhr zum Abendessen.

PENTOLA *(Topf)*

Ein zylindrischer Topf, der hauptsächlich zum Kochen, für bestimmte Arten von Eintopfgerichten und für Suppen, verwendet wird, also zum Kochen von Lebensmitteln in etwas Flüssigkeit. Mit Töpfen und Pfannen nehmen es die Italiener sehr genau. Sie wissen, wie wichtig es ist, den richtigen Topf in der richtigen Größe und aus dem richtigen Material zu nehmen, damit ein Gericht gelingt. Beispielsweise muss der Topf für ein Risotto breit und hoch sein und einen abgerundeten Boden haben, damit man beim Rühren mit dem Kochlöffel überall hinkommt. Die besten Materialien sind Kupfer, rostfreier Stahl mit einem Boden aus Kupfer oder schweres Aluminium.

Der Durchmesser einer *pentola* entspricht genau ihrer Höhe. Eine *pentola* für Pasta ist jedoch höher und muss auch nicht schwer sein. Eine größere Familie hat mindestens zwei davon, eine zum Kochen von Pasta für bis zu vier Personen und eine weitere große, in der man gut 1 kg Pasta kochen kann.

Alle *pentole* haben zwei Griffe oder, seltener, einen Griff ähnlich einem Eimer, siehe auch *paiolo**. Dies ist ein Überbleibsel aus früheren Zeiten, als man Töpfe an einem Haken übers Feuer hängte.

PESCATORE, ALLA *(Nach Fischerart)*

Bezeichnet gewöhnlich eine Sauce, die man zu Reis oder Pasta reicht und die mit frischem Fisch und Tomaten zubereitet wird.

PIATTO *(Teller, Gericht oder Gang)*

Zwar sagt man auch *primo*☙ und *secondo*☙ für erster und zweiter Gang, doch die vollständige Form, *primo piatto* und *secondo piatto*, wird häufiger verwendet. Reicht man Gemüse separat zum Fleisch, spricht man von einem weiteren *piatto*, da es sich um eine andere Speise handelt.

Normalerweise werden zwei Gänge serviert. Danach folgt das Dessert oder Käse und Obst. Heutzutage jedoch besteht ein Essen meist aus einem *piatto unico* (eingängige

Mahlzeit), dem Käse und Obst folgt. Zu Hause wird jeder Gang in einer großen Schüssel oder auf einer großen Platte serviert, die auf den Tisch gestellt wird, sodass sich jeder selbst nehmen kann. Nur in Restaurants werden die Speisen einzeln auf Tellern angerichtet serviert.

PIETANZA *(Zweiter Gang)*

Bedeutet in der Regel zweiter Gang, das heißt der Gang, der nach einer Suppe, einem Pastagericht oder einem Risotto serviert wird.

PIZZICHERIA *(Feinkostgeschäft)*

Ein Geschäft, in dem es alle Arten von *salume**, Käse, Konserven etc. gibt, so wie eine Reihe verlockender frischer Speisen. Man nennt es auch *salumeria*.

POLPA *(Ein Stück Fleisch)*

Allgemeiner Begriff für ein Stück Rind- oder Kalbfleisch ohne Knochen, kein bestimmtes Stück, jedoch eines, das sich dünn aufschneiden lässt und sich gut zum Schmoren oder für Eintöpfe eignet. Das Wort *polpa* bezeichnet jedoch nicht die besten Stücke, wie Filet oder Lende.

Polpa bedeutet auch Fruchtfleisch, sei es von Tomaten, Auberginen oder Pfirsichen, wie auch das Fleisch von Fisch, Meeresfrüchten oder Krustentieren.

POTACCHIO *(Eine Sauce aus den Marken)*

In potacchio bedeutet in einer Sauce aus den Marken. Ein mit Kochschnur gebundenes Hähnchen, ein Kaninchen oder ein Stück Lamm wird mit Zwiebeln und Knoblauch in Olivenöl angebraten und anschließend in dicker Tomatensauce und Wein fertig gegart. Etwa 30 Minuten vor Ende der Garzeit gibt man eine Hand voll gehackten frischen Rosmarin dazu.

PRANZO *(Mittagessen)*

Mittagessen, obwohl einige Norditaliener mit *pranzo* das Abendessen meinen, was bis in die 1960er-Jahre so bezeichnet wurde. Eher verwirrend! *Pranzo* wird zu Hause in den Familien gegessen, wenn die Kinder mittags von der Schule nach Hause kommen. Das *pranzo* nimmt jeder zu sich, der auf dem Land oder in einer Kleinstadt lebt. In Großstädten nehmen die Menschen ihr Mittagessen in einem Restaurant oder in einer firmeneigenen Kantine ein.

Während in alten Tagen das Mittagessen die wichtigste Mahlzeit des Tages war, nehmen sich heute mehr und mehr Italiener erst abends Zeit für ein ausgedehn-

KOCHBEGRIFFE UND KÜCHENTECHNIKEN

Die „primizie" auf dem Markt: Äpfel, Birnen und Quitten.

teres Essen. Sonntags geht man besonders auf dem Lande und in den Provinzen zum Mittagessen mit der ganzen Familie, vom Großvater bis zum Baby, in ein Restaurant.

PRIMIZIA *(Frühe Ernte)*

Primizia haben Früchte und Gemüse, wenn sie zu Beginn ihrer jeweiligen Saison als Erste angeboten werden. *Primizie* hatten in der Vergangenheit eine größere Bedeutung als heute und waren ein geschätzter Genuss, als die landwirtschaftlichen Erzeugnisse noch alle aus regionaler Produktion stammten und nur in der jeweiligen Saison zu bekommen waren.

PRIMO *(Der erste Gang eines Menüs)*

Kurzform von *primo piatto*. *Primi* sind die große Stärke der italienischen Küche. Traditionell gehören dazu verschiedene Arten von Suppen, Pasta*, Risotti* und Gnocchi*. Heute, da ein Menü nur selten aus mehr als drei Gängen besteht, werden einige Speisen, die früher Teil des Antipasto* waren, gelegentlich als *primi* serviert.

PUREA *(Püree)*

Die italienische Fassung des französischen Wortes *purée*, manchmal auch im Italienischen *puré* geschrieben. Es bezeichnet das Fruchtfleisch von Gemüsen oder Früchten, das zu einer glatten Masse zerkleinert wird. Das Wort wird in erster Linie für Kartoffelbrei verwendet.

RIGAGLIE *(Geflügelklein)*

Die Leber, das Herz, der Magen, ungelegte Eier und der Hahnenkamm von Geflügel werden als *rigaglie* bezeichnet. Ein leichtes *ragù**° kann man mit *rigaglie* zubereiten oder schmackhafte Saucen, wie die Piemonteser *finanziera** für *sformati** oder Risotti*.

RIPASSARE *(Gekochtes Gemüse kurz braten)*

Ein Begriff für das Kurzbraten von zuvor gekochten oder blanchierten Gemüsen. Eine sehr verbreitete Zubereitungsart, die besonders für Mangold, Spinat oder andere grüne Gemüse verwendet wird (siehe auch *strascinare*).

RIPIENO *(Füllung)*

Bezeichnet auch die gefüllten Lebensmittel selbst. Die Italiener sind Meister im Füllen, man denke dabei nur an die unzähligen Varianten von gefüllter Pasta* – alles traditionelle Rezepte mit klassischen Füllungen. Jede Form der *cucina povera* (Küche der Armen) übertrifft sich bei dieser Art von Gerichten, da auf diese Weise Reste vom Vortag weiterverwendet werden.

Häufig füllt man Auberginen, Zucchini, Paprika, Tomaten und Zwiebeln wie auch Zucchiniblüten, Pilzkappen, Lauch und Kohl. Jedes dieser Gemüse wird mit passenden Zutaten gefüllt und dann gebacken, geschmort und gelegentlich auch – wie im Falle von Zucchiniblüten – gebraten oder frittiert.

Auch Fisch wird gerne gefüllt. *Branzino** (Wolfsbarsch) wird mit einer Füllung aus Meeresfrüchten zubereitet. Bei einem einfacheren Rezept werden frische Sardinen mit Semmelbröseln, Petersilie und Knoblauch gefüllt.

Darüber hinaus gibt es auch gefüllte Süßigkeiten, wie *pesche ripiene alla piemontese*° (Rezept Seite 204), und die großen getrockneten Feigen aus Kalabrien, die mit Haselnüssen, kandierter Orange und Honig gefüllt und anschließend gebacken werden. Eine großartige Delikatesse.

Bei gefüllten Speisen kann der Koch seiner Kreativität freien Lauf lassen. Er kann dabei verschiedenste Geschmacksnuancen und Zutaten von unterschiedlicher Konsistenz miteinander kombinieren.

KOCHBEGRIFFE UND KÜCHENTECHNIKEN

ROSOLARE *(Kurz braten)*

Eine in Italien häufig verwendete Zubereitungsmethode. Wenn das *battuto** (gehackte Mischung) mit etwas Butter und/oder Öl erhitzt wird, wird es kurz gebraten (*rosolato*), um ein *soffritto*° daraus zu machen, eine Grundzubereitung für viele Gerichte der italienischen Küche.

ROTOLO *(Rolle)*

Dieses Wort bezeichnet in der Regel ein Pastagericht. Ein Stück Nudelteig wird dünn ausgerollt, mit Mangold, Ricotta, Parmesan und anderen Zutaten gefüllt, in ein Tuch eingerollt und 30 Minuten in kochendem Wasser gegart. Der Teig kann auch aus Kartoffeln sein, so wie der Teig für Kartoffel-Gnocchi°. *Rotolo* bezeichnet auch eine Fleischroulade: Eine dünne Scheibe Fleisch (meist Kalb) wird mit weiteren Zutaten wie Prosciutto*, dünner *frittata** oder Käse gefüllt, eingerollt und an den Enden gebunden. Anschließend brät man sie in Butter an und schmort sie in Wein.

Ravioli werden mit einem Teigrädchen aus langen Bahnen Pastateig ausgeschnitten und dann gefüllt.

SALMI *(Eine Zubereitungsart)*

Eine Zubereitungsart für Haar- und Federwild, ähnlich dem französischen Civet und dem deutschen Wildpfeffer. Salmì kennt zahlreiche Gewürze und wird manchmal mit geraspelter Schokolade zubereitet, damit die Sauce noch intensiver schmeckt und dunkler wird. Zu Wildgerichten reicht man in Italien stets Polenta.

SCOTTARE ODER SBOLLENTARE *(Blanchieren)*

In gesalzenem und/oder gesäuertem Wasser (Wasser mit Zitronensaft) blanchieren. *Scottare* bedeutet in seltenen Fällen auch, eine Zutat so lange in heißem Fett backen oder braten, bis sich eine dünne Kruste gebildet hat.

SECONDO *(Der zweite Gang eines Menüs)*

Dieser Gang besteht in der Regel aus Fisch oder Fleisch. Bei einem leichteren Menü kann ein *secondo* auch Gemüse oder eine *frittata** bezeichnen.

SOBBOLLIRE *(Leicht köcheln lassen)*

Eine Zutat oder Zutaten bei niedriger Hitze leicht köcheln lassen, wobei nur ab und zu Blasen an die Oberfläche geworfen werden. Diese Art des sehr langsamen Garens wird bei der Zubereitung vieler traditioneller Gerichte angewandt, unter anderem auch für Brühe, Bohnen und weitere Suppen, alle Eintopfgerichte und *ragù**°.

SOFFRITTO *(Eine Grundzubereitung)*

Dieses Wort taucht in italienischen Rezepten häufiger auf als irgendein anderer kulinarischer Begriff, und zwar deshalb, weil ein *soffritto* die Basis für unzählige Gerichte ist. In der Regel besteht das *soffritto* aus Zwiebeln, Sellerie und manchmal Möhren und Knoblauch, einer Hand voll Kräutern (Petersilie, Salbei, Rosmarin oder anderen) und manchmal auch einem kleinen Stück *pancetta**, die alle fein gehackt und leicht in Olivenöl und/oder Butter angebraten werden, bis sie anfangen, Farbe zu nehmen. Sobald das *soffritto* fertig ist, fügt man Fleisch, Fisch oder Gemüse hinzu.

Das Wort *soffritto* kommt von *sotto friggere* (schwach braten), das heißt bei niedriger Hitze schonend braten.

KOCHBEGRIFFE UND KÜCHENTECHNIKEN

SORBETTIERA (Eismaschine)

Man nennt dieses elektrische Gerät auch *gelateria**. Früher hatten die Italiener weitaus häufiger eine Eismaschine zu Hause. Heute kauft man sich seine Eiscreme oder ein Sorbet in Eisdielen, die auf ihre „*produzione propria*" hinweisen, was so viel bedeutet wie, dass das Eis an Ort und Stelle hergestellt wird.

SOTT'OLIO (Eine Konservierungsmethode mit Öl)

Bei dieser Konservierungsmethode werden hauptsächlich Gemüse, Pecorino* und bestimmte Frischkäsesorten in Öl eingelegt.

SPREMUTA (Reiner Fruchtsaft)

Die zwei klassischen Fruchtsäfte, oder *spremute*, sind Orangen- und Zitronensaft. Während ein *sugo di frutta* verlängert werden darf, besteht eine *spremuta* stets aus purem Fruchtsaft. *Spremuta* ist ein Getränk, während der Saft von einer Zitrone oder Orange, den man beim Kochen verwendet, als *sugo** bezeichnet wird.

SPUNTINO (Ein kleiner Imbiss)

Ein relativ neues Wort, das einen kleinen Happen bezeichnet, den man zu jeder Tageszeit zu sich nehmen kann. Das kann ein Stück *focaccia*°*, eine Minipizza, ein Sandwich oder ein Stück Kuchen oder auch etwas Obst sein.

STRACOTTO (Wörtlich: „Sehr lange gekocht")

Dieser Begriff bezeichnet sowohl das Gericht an sich als auch die Garmethode. *Stracotto* ist ein beliebtes Schmorgericht mit Rindfleisch aus Nord- und Mittelitalien, das sich von anderen, ähnlichen Gerichten, wie *stufato** und *brasato**, insofern unterscheidet, als das Fleisch nicht in Wein mariniert, sondern der Wein während des Schmorens hinzugefügt wird. Leider ist dies – wie so vieles in der italienischen Gastronomie – nicht klar definiert. Autoren von Kochbüchern verwenden diese drei Begriffe deshalb auch sehr frei.

Bei einem traditionellen *stracotto* aus der Emilia-Romagna wird das gespickte Stück Rindfleisch mit Nelken und Muskatnuss gewürzt. In der Toskana ersetzt man diese Gewürze durch Rosmarin und andere frische Kräuter. Das *stracotto* wird dort auch in Öl gekocht, was mehr der regionalen Küche entspricht. Der für ein *stracotto* verwendete toskanische Rotwein ist zudem leichter als die körperreichen Rotweine aus dem Piemont. An-

stelle von Tomatenmark, das man bevorzugt in Norditalien verwendet, nimmt man hier frische Tomaten und fügt auch mehr Knoblauch hinzu.

STRASCINARE (Blanchiertes Gemüse braten)

Eine Garmethode, die besonders in Mittel- und Süditalien beliebt ist und bei grünen Gemüsen, wie Spinat, weißen Rüben, Chicorée, Steckrüben und Brokkoli, angewandt wird. Die blanchierten Gemüse werden kurz in Öl gebraten, das mit Knoblauch und manchmal Chili aromatisiert wird, wobei sie über den Boden der Pfanne gezogen (*strascinati*) werden (siehe auch *ripassare*).

STUFATO (Eine Methode für langsames Garen)

Stufato ist sowohl ein Gericht als auch eine Garmethode für Fleisch. Das Fleisch kann dabei ein Bratenstück sein oder aus vielen kleinen Stücken bestehen. Zuerst wird es mit verschiedenen Gewürzen in Rotwein mariniert und anschließend mehrere Stunden in der Marinade zugedeckt geschmort. Meist wird es auf dem Herd gekocht und nicht im Ofen, sodass man je nach Bedarf nach und nach mehr Wein dazugießen kann. Ein *stufato* ist gelungen, wenn das Fleisch vom Geschmack und den Aromen der Sauce durchdrungen und so zart und saftig ist, dass sich die Mailänder Redensart „*El stua besogna mangiall con el cugiaa*" („Dieses Schmorgericht sollte man mit einem Löffel essen") darauf anwenden lässt.

In Norditalien reicht man ein Rinder-Stufato aus einem Stück häufig als Sonntagsbraten im Winter und in einer bestimmten Gegend nördlich von Mailand ist *stufato* herausragender Bestandteil eines Hochzeitsessens. Ein guter *stufato* prophezeit Gutes für die Ehe.

Stufato kann auch ein Gemüsegericht sein, bei dem die Gemüse in Brühe, Milch oder Tomatensauce geschmort werden. In der Toskana gibt es ein *stufato di fave* (Dicke Bohnen), bei dem die Bohnen langsam in einem irdenen Topf auf einem Bett aus gehacktem *pancetta**, Öl, Knoblauch und Zwiebeln geschmort werden, das mit Fleischbrühe begossen wird. Die ursprüngliche Zubereitung von einem *stufato* aus Gemüsen stammt aus der Basilicata und ist eine Mischung aus dicker, sämiger Suppe und einem Gemüsegericht. Zwiebeln, Artischockenstücke, Kartoffeln, Dicke Bohnen und gewürfelter *pancetta* werden für mehrere Stunden in Brühe in einem irdenen Topf geschmort. Kurz vor Ende der Garzeit wird das *stufato* bei großer Hitze ohne Deckel kurz eingekocht, damit alle überschüssige Flüssigkeit verdampft.

T

TAVOLA CALDA *(Wörtlich: „Heißer Tisch")*
Eine Art Selbstbedienungsrestaurant neueren Ursprungs, in dem warme (und auch kalte) Küche serviert wird. *Tavole calde* sind allerorts sehr beliebt, denn man bekommt dort ein schnelles und preiswertes Essen ohne allzu großen gastronomischen Anspruch.

TEGAME *(Flacher Topf)*
Ein flacher Topf mit geraden Seiten und zwei ohrenartigen Griffen. Ein *tegame* gehört zum festen Inventar einer italienischen Küche, da er sehr vielseitig einsetzbar ist. Man nimmt ihn zum Frittieren, Braten, zum Schmoren von Gemüse und für die Zubereitung von *frittata**.

Einen kleinen *tegame* nennt man *tegamino*. In ihm werden Speisen nicht nur zubereitet, sondern auch serviert. Ein *tegamino* wird traditionell für die Zubereitung von Spiegeleiern verwendet.

TEGLIA *(Ein rechteckiges Ofengeschirr)*
Im apulischen Dialekt nennt man diese Form *tiella**. *Tiella* bezeichnet sowohl das Geschirr als auch die geschichteten Speisen, die in ihm gebacken werden.

TERRAGLIA *(Ein irdener Topf)*
Töpfe dieser Art verwendet man für Suppen, Eintopfgerichte und alle anderen, die ein sehr langes und sehr schonendes Garen benötigen. In der Regel werden solche Gerichte in feuerfesten irdenen Töpfen zubereitet. Dadurch kann man den Topf zuerst auf dem Herd erhitzen und ihn anschließend, falls nötig, in den heißen Ofen und schließlich zum Servieren auf den Tisch stellen.

TIMBALLO *(Eine Art Form)*
Eine Form, die ebenso hoch wie breit ist. Das Wort bezieht sich auch auf das Gericht, das in einer solchen Form zubereitet und meist gebacken wird. Manchmal wird ein *timballo* auch in einer Kastenform gebacken. Einen *timballo* kann man mit Pasta oder Reis zubereiten, die dann mit Fleischsaucen angemacht oder mit Gemüsen übereinander geschichtet werden. Der eleganteste

Die Hauptküche eines großen Haushalts, dargestellt als Holzschnitt aus dem Jahre 1622 von Bartolomeo Scappi.

timballo di riso besteht aus einem Reisring, in dessen Mitte man ein *ragù*°* aus Geflügellebern, Pilzen etc. füllt.

TRIFOLARE *(Eine Zubereitungsart)*
Eine Zubereitungsart für Gemüse, wie Pilze, Zucchini, Auberginen und Topinambur. Die geschnittenen Gemüse werden in Olivenöl, Knoblauch und Petersilie angebraten. Zu diesen Grundzutaten können dann noch Anchovis, Kapern und Wein dazukommen. In Ligurien nennt man diese Zubereitungsart *funghetto*. Merkwürdigerweise gibt es nur ein Fleischgericht, das diesen Namen und diese Art der Zubereitung teilt: *rognoncini* (Nierchen) *trifolati**.

TRITO *(Eine Mischung aus gehackten Gemüsen)*
Eine Mischung aus klein geschnittenen Kräutern, Knoblauch, Zwiebeln, Sellerie und Möhren oder einer Zusammenstellung aus diesen Zutaten. Ein *battuto** ist ähnlich, nur dass es *pancetta** oder Schweineschwarte enthält, was im *trito* nicht enthalten sein sollte. Ein *trito* oder *battuto* ist die Basis für ein *soffritto°*. Man kann es aber auch *a crudo°* (roh) zu Gerichten, in Suppen oder Saucen geben.

KOCHBEGRIFFE UND KÜCHENTECHNIKEN

U

UMIDO, IN *(Langsam schmoren)*

In umido zu kochen bedeutet, eine oder mehrere Zutaten sehr langsam in nur wenig Flüssigkeit schmoren. In der Regel ist die Flüssigkeit Tomatensauce, zu der man häufig Wein, Demiglace oder eine andere konzentrierte Fleischsauce gibt. Meist ist es Fleisch, das *in umido* zubereitet wird. Es bedeutet, dass das Fleisch unter Zugabe von nur sehr wenig Flüssigkeit, wenn überhaupt nötig, „im eigenen Saft schmort". Am Ende der langen Garzeit sollte der Bratensaft oder die Sauce dunkel und dick sein. Artusi schrieb: „*Umidi* sind die Gerichte, die im Allgemeinen besonders appetitlich sind. Daher ist es auch wichtig, diesen besondere Aufmerksamkeit zu schenken, damit sie noch delikater werden und noch leichter zu verdauen sind."

Spezzatini*, *brasati*♀ und *stufati*♀ gehören alle zur Familie der *umidi*. Jede dieser Zubereitungen erfolgt ein wenig anders. Was sie jedoch alle gemeinsam haben, ist das langsame, schonende Garen in nur wenig Flüssigkeit.

Bei Fischgerichten bereitet man meist Stockfisch und gesalzenen Kabeljau *in umido* zu, also Fisch, der lange gegart werden muss. Steaks von großen Fischen, wie Zackenbarsch und Schwertfisch, sowie Sepia, Tintenfisch und Oktopus kann man ebenfalls mit Weißwein oder Tomaten *in umido* schmoren. Auch Gemüse, die lange in Tomatensauce gegart werden, wie *patate in umido*, bereitet man auf diese Weise zu.

V

VENEZIANA, ALLA *(Auf venezianische Art)*

Es mag eigenartig klingen, aber auch *alla veneziana* lässt sich eigentlich nicht mit einer bestimmten Zubereitungsart in Verbindung bringen. Die bekanntesten Gerichte *alla veneziana* sind *fegato** (Leber) und *baccalà** (siehe *stocafisso**). Letzteres ähnelt der provenzalischen *brandade de morue*.

Geschäftiges Treiben in einer Küche im 16. Jahrhundert.

KOCHBEGRIFFE UND KÜCHENTECHNIKEN

WEINLAND ITALIEN

Wein – gestern und heute

Wann das erste Mal Wein in Italien gelesen, gekeltert und genossen wurde, liegt im Dunkel der Geschichte verborgen. Archäologische Funde lassen darauf schließen, dass die Etrusker in Nord- und Mittelitalien die Kunst der Weinerzeugung bereits beherrschten, als sie den Ureinwohnern im Süden des Landes von griechischen Einwanderern vermittelt wurde.

Eine Parallelentwicklung, die kaum verwundert, denn in der Antike wurde in nahezu allen Kulturen Wein als Geschenk der Götter betrachtet und in religiöse Rituale einbezogen. Die Griechen dankten ihrem Gott Dionysos dafür, die Inder Soma, die Ägypter Osiris. In der jüdischen Religion gab es keine Trankopfer. Wein spielte aber für die Juden eine Rolle bei gesellschaftlichen Ritualen, er durfte beim Abendmahl nicht fehlen und auch bei keinem Fest, wie wir von der Hochzeit von Kana wissen.

Die aktivsten Weinhändler der Antike waren die Phönizier, die Wein zu den Häfen des Schwarzmeeres und des Mittelmeeres verschifften. Doch erst die Griechen erkannten nach der Besiedlung des von ihnen Magna Graecia genannten Süditalien, welche Vorzüge die fruchtbaren Böden und das günstige Mikroklima dieser Region für den Anbau von Reben hatten. Schon bald wurde italienischer Wein nach Griechenland exportiert. Einer dieser Weine, der Cirò, soll traditionsgemäß jedem Sieger der Olympischen Spiele kredenzt worden sein.

Die Etrusker nutzten die Landesteile nördlich von Neapel für intensiven Weinbau. Bereits im 3. Jahrhundert v. Chr. war annähernd die gesamte italienische Halbinsel mit Weinbergen erschlossen und wurde als Enotria Tellus, Land der Rebstöcke, gepriesen. Neue Weinbautechniken verbreiteten sich von Rom aus nicht nur in ganz Italien, sondern auch in den entfernten Provinzen des Römischen Reichs. Wo immer römische Legionen auch hinmarschierten, die Weinrebe befand sich quasi im Marschgepäck. Die Römer brachten den Rebstock zu den Galliern nach Frankreich, über die Alpen nach Germanien und sogar bis ins entlegene und klimatisch weniger begünstigte Britannien. Ob allerdings der von den Römern hergestellte Wein unserem heutigen Weingeschmack entsprochen hätte, ist sehr fraglich, da er meist mit diversen Zutaten wie Salz, Asche, Marmorstaub, Farb- und Aromastoffen angereichert wurde.

Nach dem Ende des römischen Imperiums ging es über Jahrhunderte mit dem Weinbau bergab. Die bis ins Mittelalter anhaltenden Zeiten politischer Unruhe ließen die Winzerarbeit erlahmen. Immer wieder wurden die mühsam zu pflegenden Weinberge durch Kriegshandlungen zerstört, wurden Weinbauern vertrieben oder enteignet. Selbst die Klöster, im übrigen Europa Begründer und Bewahrer der Weinkultur, konnten im unruhigen Italien nichts bewirken. Es gab zwar kurze, einigermaßen friedvolle Intermezzi, wie etwa unter der Herrschaft des Gotenkönigs Theoderich des Großen (493–526), der all jene bestrafen ließ, die die wenigen noch unzerstörten Weinberge vernichteten. Auch Karl der Große (768–814) tat sein Bestes, die Rebgärten Italiens durch Gesetze zu schützen. Tatsächlich dauerte es aber bis ins Hochmittelalter, bis die Winzerkunst wieder gepflegt wurde. Ab dem 13. Jahrhundert wurde Weinbau erneut ein wichtiger Wirtschaftsfaktor, der wegen der schwierigen Transportsituation im Landesinneren allerdings vorwiegend lokale Bedeutung besaß. Lediglich der Wein aus den küstennahen Anbaugebieten wie Ligurien, Piemont und Toskana wurde auf dem Seeweg nach ganz Europa exportiert und begründete so den Ruf der italienischen Weine.

Die Verlagerung der europäischen Handelszentren vom Mittelmeer an den Atlantik begünstigte vom 17. bis ins 19. Jahrhundert andere Herkunftsländer. Zwangsläufig richtete sich das Interesse der italienischen Winzer verstärkt auf den Heimatmarkt und auf Möglichkeiten, die Qualität der Weine und damit ihre Konkurrenzfähigkeit zu verbessern. Schon um 1730 wurden die ersten Landwirtschaftsschulen in den norditalienischen Städten Brescia, Conegliano und Treviso gegründet. Auf dem Lehrplan stand auch Rebenkunde und Önologie. Dem Weinbau wurde bereits damals wirtschaftliche Bedeutung zuerkannt. Es entstanden neue Rebflächen und unter der Aufsicht erfahrener Önologen wurden hochwertige Weine erzeugt, die bis in ferne Länder exportiert wurden.

Ende des 19. Jahrhunderts entgingen auch Italiens Rebstöcke nicht der Vernichtung durch die Reblaus Phylloxera. Der Weinanbau kam zum Erliegen, bis man in Amerika reblausresistente Weinstöcke fand, die mit den italienischen Böden und den klimatischen Bedingungen harmonierten. Schon bald lief die Produktion wieder auf vollen Touren. Um 1890 lag die jährliche Weinerzeugung Italiens bei 30 Millionen Hektolitern. Zehn Jahre später war der Ertrag auf 45 Millionen Hektoliter gestiegen, um 1910 gar auf 60 Millionen, eine Menge, die dem heutigen Durchschnittsertrag des Landes entspricht.

Zwei Faktoren ließen den italienischen Wein nach dem Zweiten Weltkrieg an die europäische Spitze rücken: In Italien und anderswo wuchs das Interesse an hochwertigen Weinen. Eine neu entdeckte Ars Vivendi war zum „kulinarischen Konzept" erhoben worden, das den kennerhaften Genuss des passenden Weins zu jedem Gericht und jeder Gelegenheit mit einschloss. Darüber hinaus entwickelte sich die italienische Produktionsphilosophie hin zum konsequenten Qualitätsweinbau, unterstützt durch immer strengere Weingesetzgebung. Ende des 19. Jahrhunderts hatten bereits königliche Dekrete die Bildung von Erzeugerkonsortien genehmigt. In den 30er-Jahren des 20. Jahrhunderts begann das Ministerium für Landwirtschaft und Forsten mit der Festlegung und Anerkennung bestimmter Produktionszonen. Der eigentliche Durchbruch kam 1963 mit dem Regierungserlass 930, der die Rahmenbedingungen für die Kontrolle der Weinproduktion regelte und die kontrollierten Herkunftsbezeichnungen Denominazione di Origine Controllata (DOC) sowie die für Spitzenregionen vorbehaltene Denominazione di Origine Controllata e Garantita (DOCG) einführte. Im Dezember 1992 wurde das Weingesetz durch den Regierungserlass 164 nochmals grundlegend überarbeitet und ergänzt. Seither bestimmt das Prinzip der territorialen Unterteilung die Weinbaulandschaft Italiens noch deutlicher. Die Qualitätsdiskussion erhielt eine überschaubare geographische Basis, die es seither erlaubt, hochwertige Weine mit eindeutiger Herkunft zu produzieren.

Eine „goldene Ära" wie zu Zeiten des römischen Imperiums ist damit noch nicht wieder eingeläutet. Für die Freunde des italienischen Weins gab es aber wohl noch nie eine so große Vielfalt an hervorragenden Sorten und Lagen, eine solche Fülle an Entdeckungsmöglichkeiten.

Land und Weine

Durch die Lage am Mittelmeer, die geographische Beschaffenheit im Landesinneren und das milde Klima ist Italien für den Weinbau prädestiniert. Von den Alpen im Norden bis nach Kalabrien im tiefen Süden, von den westlichen Mittelmeerinseln bis zum Stiefelsporn des Gargano in Apulien – überall finden sich in Ebenen, auf Hügeln und in Berglagen bis in Höhen von etwa 1000 Metern Weingärten und Rebanlagen. Weinland Italien.

Die unterschiedlichen Klimazonen und Bodenverhältnisse erlauben den Anbau der verschiedenartigsten Rebsorten. Tafeltrauben und Wein zeugen von dieser großen natürlichen Vielfalt. Weine finden sich für jeden Geschmack: wuchtige, samtige oder fruchtige Rotweine, leichte Rosés von lachsfarben bis pink, jugendlich-frische Weißweine oder dunkelgoldene Dessertropfen. Ob trocken, lieblich oder edelsüß – italienische Qualitätsweine sind in der Regel harmonische, reintönige Weine mit angenehmem Geschmacksprofil.

Die Qualität italienischer Weine hat sich in den vergangenen 20 bis 30 Jahren verbessert. Die starke internationale Konkurrenz hat diese Entwicklung genauso vorangetrieben wie die verschärften Gesetze und die Einsicht vieler Winzer, dass nur mit Qualitätsstreben und modernen Herstellungsmethoden langfristig auf Erfolg gehofft werden kann. Eine Tendenz, die die italienische Weinkultur ebenso wie die Weinlandschaft verändert hat. Viele der einst so malerischen Winzergütchen sind verlassen, die Weinberge an große Güter verkauft, an Genossenschaften übergeben oder nur noch Brachland. Die handwerkliche Komponente des Weinmachens wird heute durch blitzende Maschinen in klinisch sauberen Kelter- und Kellereigebäuden ersetzt, anstelle des Winzers scheint hier der Weinbauingenieur und der Techniker zu regieren. Auf den ersten Blick nüchtern, zeigen die modernen Weinmacher Italiens aber spätestens bei der Weinprobe, was in ihnen und ihren Weinen steckt. Facettenreich, vielfältig und von höchster Qualität, sind dies Weine für moderne Genießer, für die Italien nicht nur pittoreskes Reiseland ist, sondern auch Quelle einer einzigartigen kulinarischen Kultur.

Wer das Land bereist, wird von den vor Ort erzeugten und ausgeschenkten Weinen kaum je enttäuscht. Der einfache Landwein in der Osteria am Wegesrand, als Alltagstrunk gedacht, wird auf Nachfrage schnell durch den „Geheimtipp" der Region ersetzt, der noch kaum bekannt, aber gewöhnlich von höchster Qualität sein wird: So lässt sich auch heute noch manche Entdeckung machen.

Die starke Betonung der Herkunftsregion und ihrer typischen Erzeugnisse gilt nicht nur für den italienischen Wein. Auch die italienische Küche basiert auf traditionellen Zubereitungen aus frischen regionalen Produkten. Weinbautraditionen befruchteten die Entwicklung kulinarischer Spezialitäten, umgekehrt führten Essgewohnheiten zur Kelterung bestimmter, ganz auf die Erfordernis der vorhandenen Lebensmittel und des Klimas abgestimmter Weine, die so in keiner anderen Gegend Italiens entstanden wären. Zwar hat sich in den letzten Jahrzehnten auch dabei vieles geändert. Die einst so strikten Regeln für die Harmonie von Speisen und Getränken wurden gelockert. Heutzutage wird auch im nobelsten Ristorante einmal ein leicht gekühlter, fruchtiger Rotwein zum Fisch oder ein extraktreicher, im Fass ausgereifter Weißwein zum Fleisch oder Käse gereicht. An der Freude am Wein aber wurde nicht gerüttelt: Wein gehört für die Italiener unabdingbar zu ihrer Tischkultur, begleitet Alltagsleben und hohe Feste gleichermaßen.

WEINBAUREGIONEN UND DOC-ANBAUGEBIETE

Italien ist in 20 Verwaltungsregionen gegliedert. Diese wiederum sind in Provinzen aufgeteilt. In jeder Region und beinahe in jeder Provinz wird auch Wein erzeugt – Wein für jeden Geschmack und jede Gelegenheit.

Hier wird nun nach einer einführenden Beschreibung der Regionen und ihrer typischen Weine jedes DOC/DOCG-Anbaugebiet vorgestellt, aus dem es 2000/2001 ein Wein geschafft hat, die höchste Auszeichnung des renommierten Weinführers Gambero Rosso, die Tre Bicchieri (drei Gläser), zu erreichen. Zu den zahlreichen Kriterien dieses Awards gehört auch, dass die Weine „für ihre Ursprungsgegend besonders repräsentativ" sind und der „allgemeinen Qualitätsentwicklung des italienischen Weins" entsprechen. Neben diesen ausgezeichneten DOC-Gebieten sind auch die im repräsentativen Weinführer von Luigi Veronelli ausgewiesenen Aufsteigerzonen des vergangenen Jahrzehnts berücksichtigt.

NORDITALIEN:

Piemont und Aostatal, Ligurien, die Lombardei, Venetien, Trentino-Südtirol, Friaul-Julisch-Venetien und die Emilia-Romagna

Der Norden Italiens wird durch hohe Berge und das weite Tal des von Westen nach Osten fließenden Flusses Po bestimmt. In der nordwestlichsten Ecke, im Dreiländereck zwischen Frankreich, der Schweiz und Italien, liegt das Aostatal, das nach seiner Weinbaupolitik zu Italien gehört, dessen kräutertönige Weine innerhalb der geschützten Herkunftsbezeichnung Valle d'Aosta DOC – oder alternativ: Vallée d'Aoste DOC – aber traditionell nach französischer Art bezeichnet werden.

Südlich schließt sich das Piemont an, eine der besten Weinbauregionen Italiens. Die Etymologie des Namens Piemont weist schon auf die Lage *Ai Piedi del Monte*, zu Füßen des Berges. Wie ein nach Osten zur Poebene hin offener Ring umschließen und schützen die ligurischen Seealpen, die Cottischen und die Grajischen Alpen sowie die nördlichen Ausläufer des Apennin die Rebhänge des Piemont. Fast jeder der von Weinreben überzogenen Voralpenhügel hat eine ganz eigene Bodenbeschaffenheit und ein spezielles Mikroklima, sodass sich die Weine in ihren Hauptcharakteristika stark voneinander unterscheiden, obwohl die Anbauflächen dicht beieinander liegen.

Dennoch lassen sich vier Hauptzonen erkennen: Im alpin geprägten Nordteil Piemonts liegt der Weinort Ivrea. Aus den Weinbergen im Umkreis stammt der relativ leichte Rotwein Carema DOC aus Nebbiolo-Trauben, der weiße, trockene Erbaluce di Caluso DOC und der weiße Dessertwein Caluso Passito DOC, der gelegentlich nach Marsalaart mit Alkohol verstärkt und dann Liquoroso genannt wird.

Von Turin zieht sich das Hügelland des Monferrato in südöstlicher Richtung bis nach Alessandria, durchteilt von dem Flüsschen Tanaro. Im Zentrum liegt Asti, Heimat des sanft moussierenden Moscato D'Asti DOC und des Schaumweines Asti Spumante, aber auch der roten Barberas d'Asti DOC und del Monferrato DOC, des rubinroten Grignolino del Monferrato DOC und des weißen, erfrischend-fruchtigen Gavi di Gavi DOC aus der Rebsorte Cortese.

Vom Monferrato im Osten bis Cuneo im Westen dehnt sich die Langhe aus, Anbaugebiet der berühmtesten Rotweine des Piemont – Barolo DOCG und Barbaresco DOCG. Auch die tiefroten Nebbiolo d'Alba DOC, der Barbera d'Alba und die Dolcetto-Weine der DOCs von Alba, Diano d'Alba Dogliani und der Langhe Monregalesi stammen von hier.

Im Nordosten dann die Anbaugebiete der Bezirke Novarra und Vercelli an der Grenze zur Lombardei, in denen so bedeutende Weine entstehen wie die aus einer Mischung der Nebbiolo-Trauben mit regionalen Sorten gekelterten DOC-Weine aus Gattinara DOC, Boca DOC, Fara DOC, Ghemme DOC, Sizzano DOC und der seltene Lessona DOC.

Die Weine des Piemont können vor Ort in der Enoteca, der Weinbibliothek im Schloss von Grinzane in der Nähe von Alba verkostet werden.

Das südlich angrenzende Ligurien besteht im Wesentlichen aus 325 Kilometern Küste und einem schmalen Streifen Hinterland. Hier wird nur vereinzelt Wein angebaut, der bekannteste ist der Cinqueterre DOC aus den terrassenförmigen Weingärten der hoch über dem Meer liegenden Dörfer der Cinqueterre.

Im Osten grenzt die alte Kulturlandschaft Lombardei an das Piemont. Historisch ein bedeutender Schmelztiegel einer Vielzahl an Völkern, ist die Lombardei als Weinbauregion weniger bedeutend. Nur 13 Weine haben das Recht auf die Bezeichnung DOC erworben und selbst diese im Oltrèpo Pavese und um Mantua, Bergamo und Brescia an den Ufern der oberitalienischen Seen und Flüsse wachsenden Rebensäfte gelten als gefällige und leicht zu trinkende Tropfen. Einzig die Schaumweine des Franciacorta DOC, der Lugana DOC vom Westufer des Gardasees und die Rotweine des alpinen Valtellinatals sind auch international konkurrenzfähig. Die besten der tiefroten, charaktervollen Weine aus der Nebbiolo-Rebe, die im Veltlin auch Chiavennasca genannt wird, wachsen als Valtellina Superiore DOC in den Orten Sassella, Grumello, Infernoi und Valgella und sind durchaus mit den benachbarten Piemonteser Weinen zu vergleichen. Der weiße, grünlich schillernde Lugana DOC vom Gardasee war schon zu Römerzeiten ein berühmter Wein und ist auch heute zu Recht noch bekannt und beliebt. Nachweislich seit der Bronzezeit wird rund um den See Wein angebaut, Ärchäologen fanden bei Ausgrabungen am Südufer in vorzeitlichen Siedlungen Reste von Weinschläuchen und Krügen.

Die Weinhänge des östlichen Gardasees gehören zur Weinbauregion Venetien, italienisch auch Veneto genannt. Im unweit gelegenen Verona findet alljährlich die bedeutende Weinmesse VinItaly statt, die regelmäßig mehr als 3000 Aussteller und über 100 000 Besucher aus aller Welt anzieht. Von hier erstrecken sich die Weinberge des Veneto bis an das Ostufer der venezianischen Lagune, nach Norden bis in die Ausläufer der Dolomiten und der venezianischen Seealpen. Aus diesem zisalpinen Hügelland stammen die bekannten Weine Bardolino, Valpolicella und Soave sowie der schäumende Prosecco, dessen beste DOC-Anbauzonen in Conegliano und Valdobbiadene nördlich von Venedig liegen.

Politisch bilden die Weinbauregionen Trentino und Südtirol eine unwillige Einheit, beim Weinbau hat man sich die ersehnte Eigenständigkeit erhalten. Die geschützten Hanglagen der DOC Alto Adige (Südtirol) und der bekannten Weinorte wie Bozen, Kaltern, Terlan oder St. Maddalena verleihen den dort wachsenden Weißweinen aus Riesling, Silvaner und Gewürztraminer eine Harmonie von Reife und Frische, wie man sie sonst nur in Deutschland oder Österreich findet. Im Trentino werden neben den heimischen Marzemino- und Teroldego-Trauben, die helle, trocken-fruchtige Rotweine liefern, schon seit über 100 Jahren Cabernet-Sauvignon- und Merlot-Reben für vollmundige, kräftige Weine angebaut.

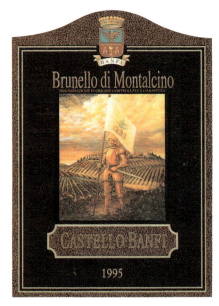

Das östlichste Weinbaugebiet Italiens grenzt an Österreich, Slowenien und Kroatien – trotz der Randlage ist Friaul-Julisch-Venetien mit den DOC-Zonen Collio Goriziano und Colli Orientali eines der wichtigsten Gebiete zur Erzeugung von Qualitätsweinen in Italien. Geschützte Rebhänge, fruchtbare, mineralreiche Böden, angenehmes Klima: ein typisches Weißweinland. Neben den international gefragten Newcomern Chardonnay und Sauvignon Blanc haben sich hier besonders viele traditionelle Sorten erhalten und sorgen für eine vielfältige Landschaft aus erstklassigen Weinen.

Die Emilia-Romagna verfügt über weitläufige Weinbauflächen, auf denen vorwiegend leichte und frische Weine geerntet werden, die gut zur deftigen Landesküche passen. Aus der Emilia stammt die rote Lambrusco-Traube, die weit mehr zu bieten hat als nur die gemeinhin bekannte süße Frizzante-Version. In den Hügeln der Romagna werden aus der auch in der angrenzenden Toskana beliebten Sangiovese-Traube volle, körperreiche Weine gekeltert, deren Entdeckung sich lohnt.

WEINBAUREGIONEN UND DOC-ANBAUGEBIETE

Die wichtigsten DOC-Weine Norditaliens

ALBANA DI ROMAGNA DOCG (*Emilia-Romagna*)
Der erste Weißwein Italiens mit DOCG-Status. Ein milder, oft flacher Wein, der nur in der edelsüßen Passito-Qualität zu den Spitzenweinen gehört. Die besten Albana-Weine wachsen auf den roten Lehmböden bei Bertinoro und genossen schon zu Römerzeiten einen guten Ruf.

ALTO ADIGE DOC (*Südtirol*)
Allgemeine DOC für die entlang von Etsch (Adige) und Eisack (Isarco) wachsenden Weine. Zugelassen sind 19 Rebsorten, neben den internationalen Sorten wie Cabernet, Gewürztraminer, Pinot und Riesling auch die lokalen Spezialitäten Lagrein und Schiava. Die hier erzeugten Weine dürfen zweisprachig in Deutsch oder Italienisch deklariert werden. Im Bereich der DOC Alto Adige liegen zahlreiche kleine DOC-Zonen wie Lago de Caldaro (Kalterersee), Colli di Bolzano (Bozener Leiten), Meranese di Collina (Meraner Hügelland), Santa Maddalena (St. Magdalener), Terlano (Terlan), Valle Isarco (Eisacktal) und Valadige (Etschtal).

AMARONE siehe VALPOLICELLA

AQUILEIA DOC (*Friaul-Julisch-Venetien*)
Zusammen mit Latisana und Isonzo die drei DOC-Regionen Friauls, die sich direkt an der Adriaküste entlangziehen. Hier wird vorwiegend Rotwein angebaut, der sich als milder, aber robuster Wein präsentiert.

ASTI SPUMANTE siehe MOSCATO D'ASTI

BARBARESCO DOCG (*Piemont*)
In Barbaresco, Neive, Treiso und Alba wachsen die würzigen Nebbiolo-Trauben für diesen wuchtigen, aber feinaromatischen Rotwein. Der Barbaresco wirkt oft jugendlich-eleganter und wird etwas früher trinkreif als der benachbarte Barolo. Seine Mindestreifezeit beträgt zwei Jahre. Granatrot als Jungwein, entwickelt er mit zunehmendem Alter orangefarbene Lichter, während das Bukett seine tiefe Frucht bewahrt. Barbaresco ist ein trockener Wein, vollmundig, robust, verschlossen, dabei aber samtig und weich. Nach vier Jahren Lagerung darf er als Riserva bezeichnet werden.

BARBERA-WEINE (*Piemont*)
Die Rebsorte Barbera findet man in ganz Italien, die besten Bedingungen bietet ihr allerdings das Piemont und dort die Provinzen Alessandria, Asti und Cuneo. Regionale DOCs sind Barbera d'Alba, d'Asti, dei Colli Tortonesi, della Val Tiglione, delle Colli Piemontesi und del Monferrato. Allen Barbera-Weinen gemeinsam ist die tiefrote Farbe, ein voller Körper mit sanften Tanninen und kraftvoller Säure sowie Frucht bis in den weichen, intensiven Abgang.

BARDOLINO DOC (*Veneto*)
Vom Ostufer des Gardasees stammender Wein mit leichter, hell rubinfarbener und zartduftiger Charakteristik, im Geschmack etwas durch Bittermandeln betont. Ist der Wein teilweise ohne Schalen vergoren, darf er Chiaretto genannt werden, was „von hellerer Farbe" bedeutet.

BAROLO DOCG (*Piemont*)
Barolo ist einer der besten Rotweine Italiens. Wie der Barbaresco wird auch der Barolo aus Spielarten der Nebbiolo-Rebe erzeugt. Der Name stammt von der Stadt Barolo in der Langhe nahe Cuneo. Die besten Barolos sind reich, kraftvoll (der Mindestalkoholgehalt liegt bei 13 Vol.-%), gerbstoffreich, dabei aber trocken mit einem tief samtigweichen und wundervoll duftigen Aroma. Barolo muss mindestens drei Jahre lagern. Nach fünf Jahren darf er als Riserva bezeichnet werden.

BIANCO DI CUSTOZA DOC (*Venetien*)
Frischer, leichter Weißwein vom Südostufer des Gardasees mit zartem Aroma und einem Hauch von Bittermandel.

BOCA DOC (*Piemont*)
Die in den benachbarten DOC-Gebieten Boca, Bramaterra, Fara, Ghemme und Sizzano im Norden des Piemont gekelterten Rotweine sind elegant mit mildem, zartfruchtigem Geschmack und lange lagerfähig.

BRAMATERRA DOC siehe BOCA DOC

CAREMA DOC *(Piemont)*
Ein seltener, eher leichter Rotwein aus dem nördlichen Piemont, der vor allem für seine Eleganz und Finesse bekannt ist. Granatrot, mit mandeltönigem Bukett und weichem, geschmeidigem Körper, passt er gut zu Fleisch- und Wildgerichten.

CINQUETERRE DOC *(Ligurien)*
Ein Weißwein von legendärem Ruf aus den hoch über der Küste gelegenen Dörfern Monterosso, Vernazza, Corniglia, Manarola und Riomaggiore. Intensiv strohblond, aromatisch duftend und angenehm trocken, ist der Wein ein perfekter Begleiter zu Fischgerichten. Aus den gleichen Trauben, die einige Wochen getrocknet wurden, entsteht Sciacchetrà, ein amberfarbener Dessertwein mit ausgeprägtem Fruchtbukett.

COLLI EUGANEI DOC *(Venetien)*
Die südwestlich von Padua gelegene Anbauzone der „euganeischen Hügel" gehört noch nicht lange zu den Herkunftsregionen von Spitzenweinen. Seit einigen Jahren erkennen aber immer mehr Winzer die Vorteile der geographischen Lage mit ihren vulkanischen Böden in unterschiedlichen Höhenlagen, die durch das konstante Klima die Erzeugung von komplexen Rotweinen und stoffigen, charaktervollen Weißweinen erlaubt.

COLLI ORIENTALI DEL FRIULI DOC
(Friaul-Julisch-Venetien)
20 verschiedene Weine von den Hügeln östlich von Udine, die fast alle nach den Traubensorten benannt sind, umfasst diese Anbauzone. Zu den besten roten Sorten gehört der Refosco dal Peduncolo Rosso, mit tief granatroter Farbe und trockenem, warmem und zartbitterem Geschmack. Bei den Weißweinen verdienen Verduzzo Friulano und Ribolla Gialla Erwähnung, Ersterer ist goldgelb, ausgesprochen fruchtig und sowohl trocken als auch süß erhältlich.
  Der Ribolla Gialla ist aromatisch, trocken, frisch und harmonisch.

COLLIO GORIZIANO ODER COLLIO DOC
(Friaul-Julisch-Venetien)
Collio ist eine kleine Anbauzone westlich von Gorizia, einer Grenzstadt zu Slowenien. 19 verschiedene Weine werden hier produziert, darunter auch der bekannte und recht teure Picolit, ein edelsüßer Wein, der oft mit dem französischen Chateau d'Yquem verglichen wird. Die Farbe ist intensiv strohblond, das Aroma durch Akazienduft bestimmt, der Geschmack ist warm, dabei süß oder lieblich-zart. Der hier erzeugte Pinot Grigio ist ebenfalls empfehlenswert, vollfruchtig und harmonisch am Gaumen. Unter den Rotweinen sind besonders die Cabernet-Spielarten Franc und Sauvignon sowie der Merlot empfehlenswert.

CORTESE-WEINE *(Piemont)*
Angenehm trockene, harmonische und erfrischende Weine, die im Piemont aus der Rebsorte Cortese erzeugt werden. Die wichtigsten DOC-Anbauzonen sind Gavi DOC, Colli Tortonesi und dell'Alto Monferrato. Die Farbe ist strahlend strohblond, das Aroma feingliedrig mit einer eleganten Cremigkeit, die hervorragend zu allen Gerichten mit Fisch oder weißem Fleisch passt. Aus Cortese-Trauben wird auch DOC-Spumante erzeugt.

DOLCETTO-WEINE *(Piemont)*
Früh reifende Rotweinsorte, aus der im Piemont jugendlich-frische Weine für jede Gelegenheit gekeltert werden. Die wichtigsten DOC-Zonen sind Acqui, Alba, Asti, Colline Piemontesi, Diano d'Alba, Dogliani, Langhe Monregalesi und Ovada.

ERBALUCE DI CALUSO DOC *(Piemont)*
Delikater, strohgelber Wein mit blumigem, weinigem Aroma und angenehm herbem Abgang, der jung getrunken werden sollte. Aus edelfaulen, luftgetrockneten Erbaluce-Trauben entsteht der Caluso Passito, ein samtiger, extraktreicher Süßwein.

FARA DOC siehe BOCA DOC

FRANCIACORTA DOC *(Lombardei)*
Die Franciacorta-Weine aus dem Hügelland im Süden des Iseosees in der Provinz Brescia sind weit weniger bekannt als der dort erzeugte Spitzen-Spumante, der nach Qualität, aber leider auch nach Preis dem Champagner kaum nachsteht. Franciacorta Bianco ist erfrischend

feinfruchtig, Franciacorta Rosso besitzt einen trockenen, harmonischen Charakter und sollte jung getrunken werden.

GATTINARA DOC *(Piemont)*
Vollmundiger Rotwein aus den Nebbiolo-Trauben, der in nur geringen Mengen in Gattinara erzeugt wird. Ziegelrot in der Farbe, anregend reif nach Veilchen duftend, ist der Gattinara meist trocken mit zartbitterem Abgang und daher ein perfekter Begleiter zu Rindfleisch und Wild.

GAVI siehe CORTESE-WEINE

GHEMME DOC siehe BOCA DOC

ISONZO DOC siehe AQUILEIA DOC

LAMBRUSCO-WEINE *(Emilia-Romagna)*
Der anspruchslose Verkaufsschlager der Emilia, der in verschiedenen regionalen Versionen von trocken bis süß produziert wird. Bessere Sorten kommen aus Sorbara, Castelvetro (etwa der kräftige, dunkelrote Grasparossa) und Santa Croce bei Modena und ergeben dort saftige, rassige Weine mit kräftiger Blume und angenehmer Säure, die gut als Durstlöscher zu deftigen Herbst- und Wintergerichten passen.

LATISANA DOC siehe AQUILEIA DOC

LISON-PRAMAGGIORE DOC *(Venetien)*
Am Ostufer der venezianischen Lagune liegen die nur sanft gewellten Rebgärten dieser relativ neuen DOC. Die Weine sind fruchtbetont und werden in Venedig gerne als „Ombra" zwischendurch getrunken.

LUGANA DOC *(Lombardei)*
In diesem Gebiet im Süden des Gardasees wird seit Jahrhunderten Wein angebaut. Heute verleiht es seinen Namen einem fülligen, aromatischen Weißwein aus Trebbiano di Lugana. Zunächst strohblond mit grünen Lichtern, vertieft sich die goldene Farbe mit zunehmender Reife. Das Aroma ist duftig-fruchtig mit frischen, weichen, fast buttrig-cremigen Zügen und passt daher ideal zu Fisch.

MOSCATO D'ASTI DOC *(Piemont)*
Süß, schäumend und mit niedrigem Alkoholgehalt, werden diese Piemonteser Weißweine ausschließlich aus Trauben des weißen Muskatellers aus den Provinzen Alessandria, Asti und Cuneo gekeltert und verfügen alle über ein deutlich „traubiges" Aroma. Moscato d'Asti, der leicht schäumende Dessertwein, ist von klarer, strohblonder Farbe, reich und fruchtig in der Nase und besitzt einen süßen, aromatischen Geschmack. Man stellt daraus durch eine zweite natürliche Hefegärung in der Flasche oder aber in verschlossenen Stahltanks den leider zur Massenware verdorbenen Schaumwein Asti Spumante her.

NEBBIOLO-WEINE *(Piemont)*
Die rote Rebsorte Nebbiolo wird gerne poetisch als „Perle des Piemont" bezeichnet und liefert die Trauben für zahlreiche große Weine, die nach ihrer Herkunftsregion benannt sind. Alle Nebbiolo-Weine, die nicht entsprechend der DOC-Vorschriften in einer der DOC- bzw. DOCG-Zonen erzeugt werden, dürfen als Nebbiolo-del-Piemonte-Weine bezeichnet werden. In Alba und der Langhe bestehen für Nebbiolo eigene DOC-Bereiche. Diese Weine zeichnen sich durch ihren weichen, samtigen Geschmack und einen feinen Veilchenton aus.

OLTREPO PAVESE DOC (Lombardei)

Unter diese DOC fallen zahlreiche Weine, die in der als Oltrèpo Pavese bekannten Region in der Provinz Padua angebaut werden und nach Markenbegriffen (Barbacarlo, Buttafuoco) oder Rebsorten (Bonarda, Barbera, Riesling) genauer bezeichnet werden. Hervorzuheben sind der Pinot nero sowie der Spumante Metodo classico.

PROSECCO DI CONEGLIANO UND PROSECCO DI VALDOBBIADENE DOC (Veneto)

Der sanft schäumende Prosecco entsteht aus der gleichnamigen Rebsorte, die im Hügelland der norditalienischen Marca Trevigiana zwischen Conegliano und Valdobbiadene nahe Treviso wächst. Bis zu 15 % anderer Rebsorten wie Chardonnay, Pinot Bianco, Pinot Grigio oder Verdiso dürfen dem Wein als Charaktergeber hinzugefügt werden. Typischerweise leicht und fruchtig im Duft, entwickelt der trockene Prosecco (Secco) einen leicht bitteren Nachgeschmack, während die liebliche Amabile- und die süße Dolce-Version auch im Geschmack sehr fruchtig sind. Prosecco aus der Einzellage Cartizze oberhalb von Valdobbiadene darf als Superiore di Cartizze bezeichnet werden.

RIVIERA LIGURE DI PONENTE DOC (Ligurien)

Die zwischen Savona und Imperia ansässigen Winzer haben ihre relativ neue DOC-Zone zu einem Zentrum des ligurischen Qualitätsweinbaues gemacht. Vor allem die hier traditionell heimische weiße Rebsorte Pigato erbringt Spitzenweine mit würzigem Duft und kraftvollem Körper. Die anderen spritzig-leichten Weißweine sind jung am attraktivsten, die Rotweine vertragen längere Lagerzeiten und entwickeln sich dann zu samtiger Milde.

ROERO DOC (Piemont)

Ein aufstrebendes Weinbaugebiet am linken Tanaro-Ufer nordwestlich von Alba. Der rote Roero wird vorwiegend aus Nebbiolo- oder Barbera-Trauben gekeltert, die hier leichtere, floral-fruchtige, in letzter Zeit auch einige anspruchsvolle, allgemein gelobte Weine ergeben. Der weiße Roero wird sortenrein aus Arneis-Trauben erzeugt und ist strohblond mit bernsteinfarbenem Funkeln. In der Nase feingliedrig mit grasigen Noten, entwickelt sich im Munde ein trockener, zartbitterer Geschmack, der hervorragend mit Fisch harmoniert.

SANGIOVESE DI ROMAGNA DOC (Emilia-Romagna)

Eine beliebter, einfach zu trinkender Rotwein, der in den Provinzen Bologna, Forli und Ravenna aus Sangiovese mit bis zu 15 % anderen Rebsorten entsteht. Der Name Sangiovese stammt wohl vom lateinischen Sanguis Jovis ab, Jupiters Blut. Der Sangiovese di Romagna duftet oft zart nach Veilchen und ist trocken, harmonisch, gelegentlich gerbstoffbetont, mit angenehm bitterem Nachgeschmack. Mit 12 Vol.-% oder mehr Alkohol darf er als Superiore, nach zwei Jahren der Reifung als Riserva bezeichnet werden.

SIZZANO DOC siehe BOCA DOC

SOAVE DOC (Veneto)

Feingliedriger Weißwein aus den Rebsorten Trebbiano Toscano und Trebbiano di Soave. Strohblond, gelegentlich mit grünen Lichtern, sind die besten Soave trocken, harmonisch, sauber, weich, mitunter mit einem leichten Bitterton im Nachgeschmack. Mit mindestens 11,5 Vol.-% Alkoholgehalt darf der Soave nach fünf Monaten Lagerung als Superiore bezeichnet werden.

WEINBAUREGIONEN UND DOC-ANBAUGEBIETE

Soave Classico wird aus Trauben einer begrenzten Anbauzone erzeugt und ist meist qualitativ besser.

TEROLDEGO ROTALIANO DOC *(Trentino)*

Die zarte Bitterkeit dieses trockenen Rotweines machen ihn zu einem guten Essensbegleiter, besonders zu Fleischgerichten. Der Wein wird aus Teroldego-Trauben im Norden der Provinz Trento in der Schwemmlandebene des Campo Rotaliano erzeugt. Rubinrot mit violetten Lichtern, verfügt dieser Wein über ein tiefes Fruchtaroma und einen trockenen, leicht bitteren, tannintönigen Nachklang.

TRENTINO DOC *(Trentino)*

Haupt-DOC des Weinbaugebiets Trentino, unter der Weiß- und Rotweine aus verschiedenen Rebsorten zugelassen sind. Traditionelle Spezialität ist die weiße

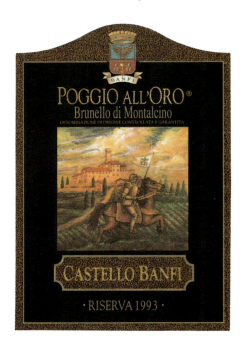

Sorte Nosiola, die getrocknet fruchtig-würzige Weine und auch Vin Santo ergibt. Neben fruchtigen Rotweinen aus der heimischen Marzemino-Traube werden auch gute Cabernet-Sauvignon-Weine erzeugt. Aus gelbem und Rosenmuskateller werden leicht moussierende Dessertweine gekeltert.

VALPOLICELLA & RECIOTO DELLA VALPOLICELLA DOC *(Veneto)*

Sowohl der Valpolicalla als auch der Recioto della Valpolicella stammen vermutlich vom antiken Wein Retico ab, den schon die römischen Kaiser schätzten und Virgil, Plinius und Martial erwähnten. Heute dürfen zahlreiche Weine aus dem festgelegten Anbaugebiet nördlich von Verona unter diesem Namen verkauft werden, die besseren werden als Classico bezeichnet. Auch sie sind nicht lange lagerfähig, verfügen aber über einen lebhaften und geschmeidigen Charakter und einen an frische Kirschen erinnernden Duft. Aus ausgesuchten, teilweise luftgetrockneten Trauben des Recie (Dialekt für „Ohren") genannten, oberen Teils der Traube wird der Recioto gekeltert, ein starker, manchmal perlender, lang haltbarer halbtrockener Wein, dessen voll vergorene Amarone-Version ein hochkonzentriertes, samtiges Bukett besitzt und zu den internationalen Spitzenweinen zählt.

VALTELLINA DOC *(Lombardei)*

Durchs Valtellinatal fließt der Fluss Adda zum Comer See. An den Hängen am rechten Ufer wachsen Trauben, die einen der besten Rotweine der Region ergeben. Wichtigste Rebsorte ist Nebbiolo, die hier als Chiavennasca bezeichnet wird. Mit einem kleinen Anteil an anderen roten Sorten wird daraus ein lebhafter Wein mit trockenem, leicht gerbsäurebetontem Geschmack. Aus teilweise getrockneten Trauben wird der gehaltvolle, samtige Sfursat oder Sforzato gekeltert. Valtellina-Wein darf als Superiore bezeichnet werden, wenn der Gehalt an Chiavennasca mindestens 95 %, der Alkohol mehr als 12 % beträgt und der Wein wenigstens zwei Jahre lagerte. Nach vier Jahren wird er als Riserva etikettiert.

MITTELITALIEN:

Toskana, Umbrien, Marken, Abruzzen und Latium

Die historische Landschaft der Toskana scheint für viele Italienreisende ihr Idealbild von Italien zu verkörpern: Villen und Zypressen, Wälder und fruchtbare Täler, Olivenbäume und vor allem Weinreben. Das Klima ist mild, mediterran, mit langen, trockenen Sommern. Dank der für den Weinanbau bestens geeigneten Bodenverhältnisse ergeben sich hervorragende Bedingungen, um Weine besonderer Qualität zu erzeugen. Chianti Classico, Brunello di Montalcino, Vino Nobile di Montepulciano und Carmignano sind die bekanntesten Rotweine, Vernaccia di San Gimignano und der im Advent aus luftgetrockneten Trauben gekelterte Vin Santo sind traditionelle Weißweine. Daneben haben innovative Winzer in den letzten Jahrzehnten die so genannten „Super-Toskaner" vorgestellt, Spitzenweine, die zwar nicht unter die DOC-Regelungen fallen und deshalb nur als Tafelweine verkauft werden dürfen, die aber das Renommee des italienischen Weines international gehoben haben. Die weltweite Anerkennung für diese hervorragenden Weine hat zu einem Umdenken geführt: Für die hoch gelobten „Super-Toskaner" Sassicaia und Ornellaia wurden neue Unterbereiche der DOC-Zone Bolgheri eingerichtet, benachbarte Weinberge in der an der Küste gelegenen Maremma (bei Livorno) werden folgen.

An die Toskana grenzt Umbrien, eine kleine Region im Landesinneren, die oft wegen ihrer reichen Vegetation als das „grüne Herz" Italiens bezeichnet wird. Landschaft und Klima erinnern an die Toskana, allerdings fehlt der maritime Einfluss, die hier wachsenden Weine besitzen einen erdigeren Charakter. Bekanntester Wein ist der um die gleichnamige Provinzhauptstadt Orvieto wachsende Weißwein. Dank der unermüdlichen Arbeit des umbrischen Weinbaupioniers Giorgio Lungarotti haben es die roten und weißen Weine aus seinem Heimatort Torgiano zu nationaler und internationaler Anerkennung und zur Anerkennung als DOC-Weine gebracht.

Weiter im Osten, zwischen dem Apennin und der Adria, liegen die Marken wie ein sanft zum Meer hin abfallender, sehr fruchtbarer Garten. Wie in vielen von der Sonne begünstigten Regionen ist auch hier der Wein meist üppig und rund, ohne den eigenständigen Charakter, den Weinkenner suchen. Die entlang des Oberlaufs der Flüsse Conca, Matauro, Tronto und am Monte Conero wachsenden Rotweine wurden allerdings jahrelang unterschätzt, sie gehören zu den hochwertigen Weinen Italiens. Eine Ausnahme auch der trockene, weiße Verdicchio aus Castelli di Jesi, Matelica und Cupramontana in der Nähe der Hauptstadt Ancona, der durch seine Rasse und Frische zu den beliebtesten Begleitern leichter Fischgerichte gehört.

Weiter im Süden bilden die Abruzzen einen schroffen und abweisenden Felsriegel gen Rom. In den Tälern und den unteren Höhenlagen wachsen allerdings freundliche und süffige Weine, wie Montepulciano und der Trebbiano d'Abruzzo, die auch hierzulande als einfache Tafelweine geschätzt werden.

Auf der anderen Seite des Apennin liegt Latium, wo in den Hügeln nahe Rom auf Vulkanböden einige gute Weißweine gekeltert werden, etwa die Vini dei Castelli Romani (Weine der römischen Hügel) wie Frascati DOC und Marino DOC. Eher bekannt für seinen ungewöhnlichen Namen und die Geschichte um dessen Entstehung als für seine Qualität ist der Est!Est!!Est!!! DOC aus Montefiascone. Er erhielt zwar diesen Namen – ein dreifaches „Der ist's!" – vor 800 Jahren als besonderes Gütesiegel, kann heute aber nur noch als überteuerter Durchschnittswein gelten.

Die wichtigsten DOC-Weine Mittelitaliens

BOLGHERI DOC *(Toskana)*
Eine neue und vielseitige DOC-Region, aus der einige der besten Weine Italiens stammen, etwa der weltbekannte Sassicaia und sein Nachbar, der Ornellaia. Weil beide Cuvées auch die hier an sich nicht heimischen Rebsorten Cabernet Sauvignon und Cabernet Franc enthalten, durften diese Weine lange nicht als DOC-Wein verkauft werden, sie waren die wohl teuersten Tafelweine der Welt. Heutzutage werden immer mehr Spitzenweine aus internationalen Rebsorten in diesem aufstrebenden Gebiet angebaut, zahlreiche Weinberge wurden neu angelegt.

BRUNELLO DI MONTALCINO DOCG *(Toskana)*
Seit mehr als einem Jahrhundert wird der Brunello in der Gegend von Montalcino, etwa 25 Kilometer südlich von Siena, angebaut und gehört zu Italiens absoluten Spitzenweinen. Auch sein Preis ist absolute Spitze. Die Rebsorte ist Brunello, eine Variante der wichtigsten toskanischen Sorte Sangiovese, die an diesem Standort tiefdunkle, hochkonzentrierte Weine ergibt. Der Bru-

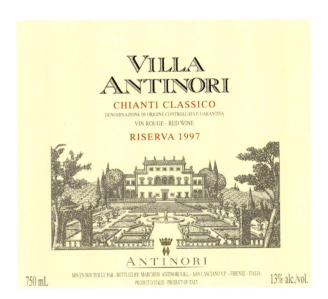

nello muss lange reifen, bevor sich die verschlossenen Tannine in den Wein integriert haben, wird dann aber zu einer einzigartigen Geschmackskombination von Bitterschokolade, Kirsche, Trockenfrüchten und Erdnoten. Es lohnt sich, auf reife Weine zu warten: Mindestlagerzeit ist vier Jahre, nach fünf Jahren darf der Wein als Riserva bezeichnet werden.

CARMIGNANO DOCG *(Toskana)*

Ein Rotwein aus einer kleinen Anbauzone bei Carmignano und Poggio a Caiano in der Nähe von Florenz. Der auf Sangiovese basierende Verschnitt darf bis zu 10 % Cabernet-Trauben (Sauvignon oder Franc) enthalten, die hier schon seit über 100 Jahren angebaut werden, und wird dank seiner hohen Qualität trotzdem als DOC, 1988 gar als DOCG anerkannt. Die hervorragenden Eigenschaften der Carmignano-Weine mit ihrem trockenen, aber vollmundigen und weichen Charakter mit intensivem Veilchenaroma haben dem Chianti den Weg gewiesen – seit 1984 ist in der Chianti-Cuvée ebenfalls bis zu 10 % Cabernet Sauvignon erlaubt.

CHIANTI DOCG *(Toskana)*

Der Chianti als einer der bekanntesten Weine Italiens wird in den toskanischen Provinzen von Arezzo, Florenz, Pisa, Pistoia und Siena aus den Rebsorten Sangiovese (als Basis), Canaiolo und geringen Anteilen der weißen Sorten Trebbiano und Malvasier gekeltert. Im Zuge der zunehmenden Beliebtheit eher fruchtiger Weine wird heutzutage der Weißweinanteil gern durch maximal 10 % Cabernet Sauvignon, Merlot oder Syrah ersetzt. Im Stil kann Chianti von jugendlich-leicht bis zu intensiv-kraftvoll und lagerfähig variieren. Hochwertiger Chianti kommt aus dem Classico-Bereich, dem Herz der Anbauzone, und ist ein lebhafter Wein mit leicht bitteren Kirschtönen, oft wunderbar nach Veilchen duftend. Mit dem Alter verfeinert sich der trockene, harmonische, vollmundige, leicht gerbstofftönige, aber samtige Geschmack. Der „gallo nero", der schwarze Hahn auf dem Etikett, ist das Zeichen für Mitglieder des Consortio, dem jedoch nicht alle Spitzenerzeuger angehören. Chianti Rufina und Chianti Montalbano aus Unterzonen der Haupt-DOCG sind oft von mindestens ebenso guter Qualität. Nach drei Jahren Reife darf Chianti als Riserva bezeichnet werden – ein wunderbarer Wein zu allen Bratengerichten.

COLLI ALBANI DOC *(Latium)*

In den Albaner Bergen unweit Roms wachsender Weißwein, der in den Geschmacksrichtungen „trocken" und „lieblich" erzeugt wird.

COLLI AMERINI DOC *(Umbrien)*

Seit einem Jahrzehnt befindet sich das in der Provinz Termin liegende Weinbaugebiet im Aufschwung und belegt vor allem durch seine Rotweine, wie schnell sich bei den richtigen Voraussetzungen Erfolg einstellen kann, wenn die modernen Erkenntnisse im Weinbau konsequent umgesetzt werden. Die Weine sind elegant und feingliedrig, von kräftiger Farbe und gewinnen mit zunehmendem Alter an feuriger Sanftmut.

FRASCATI DOC *(Latium)*

Seit mehreren Jahrhunderten ist der Frascati, den Goethe einst als himmlischen Tropfen bezeichnet hat, der bekannteste der Vini dei Castelli Romani. Er wird südöstlich von Rom in Frascati, Colonna, Grottaferrata, Montecomparti und Monteporzio Catone in den drei Varianten Secco (trocken), Amabile (lieblich) und Canellino (süß) erzeugt. Frascati sollte weich, sauber und fruchtig sein, schmeckt aber heute meist nur enttäuschend neutral. Am besten, man trinkt ihn in einer Trattoria im römischen Stadtteil Trastevere frisch aus einem Krug.

MARINO DOC *(Latium)*
Ein sommerlich-frischer Weißwein, der im Stadtgebiet von Rom wächst und in Tavernen als Gegenstück zum Wiener Heurigenwein ausgeschenkt wird.

MONTEFALCO DOC *(Umbrien)*
Zwei Weintypen aus weißen bzw. roten Trauben beziehen ihre DOC-Bezeichnung von der Stadt Montefalco in der Provinz von Perugia. Der Rotwein besitzt eine rubin- bis granatrote Farbe und einen intensiv kirschtönigen Geschmack, der weiße Montefalco ist strohblond, leicht fruchtig und trocken.

MONTEPULCIANO D'ABRUZZO DOC *(Abruzzen)*
Dieser aromatische, süffige Rotwein wird aus der Montepulciano-Rebe erzeugt, die seit dem Beginn des 19. Jahrhunderts entlang der Adriaküste in der Nähe von Pescara und an den unteren Hängen der Abruzzen wächst. Er ist von tiefem Rubinrot, trocken und weich, mit etwas Tannin, in seiner (seltenen) Spitzenform gehört er zu den besten Roten Italiens.

MORELLINO DI SCANSANO DOC *(Toskana)*
Immer beliebter wird der aus dem südlichsten Teil der Toskana bei Grosseto stammende Rotwein, der hauptsächlich aus der Sangiovese-Rebe gekeltert wird und rubinrote, im Alter ziegelfarbig aufhellende Weine mit duftig-floralem Bukett, kraftvollem Körper und warmen, tannintönigem Abgang ergibt.

ORVIETO DOC *(Umbrien)*
Seit Jahrhunderten wird der strohblonde Orvieto dank seiner geschmeidigen und leicht zugänglichen Art geschätzt. Standard-Orvieto darf auch in Teilen Latiums angebaut werden, nur der Orvieto Classico stammt direkt von dort. Neben dem gängigen trockenen, etwas flachen Orvieto wird eine halbtrockene Version nach traditioneller Art mit langer Fassgärung erzeugt, die allerdings nur vor Ort probiert werden kann.

ROSSO CONERO DOC *(Marken)*
Einige der besten sortenreinen Montepulciano-Weine stammen aus diesem Gebiet, das nach dem Monte Conero im Süden von Ancona benannt wurde. Rosso Conero ist rubinfarben und schmeckt trocken, vollmundig und körperreich.

ROSSO PICENO DOC *(Marken)*
Harmonischer Rotwein aus einer Mischung aus Sangiovese- und Montepulciano-Trauben, der es in den letzten Jahren bis in die italienische Spitze geschafft hat und beweist, dass die Sangiovese-Traube nicht nur in der Toskana und Umbrien hervorragende Weine liefert. Der Rosso Piceno ist leuchtend rubinrot und besitzt ein weinig-duftiges Aroma mit trockenem, vollmundigem Geschmack.

TORGIANO DOC *(Umbrien)*
Umfassende DOC-Zone für die um Torgiano wachsenden Qualitätsweine. Innerhalb der DOC Torgiano werden Bianco, Rosso und Rosato di Torgiano sowie weitere Weine angebaut, die nach ihrer Rebsorte Chardonnay, Pinot Grigio, Riesling Italico (Welschriesling), Cabernet Sauvignon und Pinot Nero (Spätburgunder) benannt werden. Der weinig-feine Torgiano Rosso Riserva muss mindestens drei Jahr lagern und genießt dann den Status einer DOCG.

TREBBIANO D'ABRUZZO DOC *(Abruzzen)*
Dieser etwas ausdrucksarme Weißwein ist strohblond, zartaromatisch, mit einem samtigen, harmonischen Geschmacksprofil.

VERDICCHIO DEI CASTELLI DI JESI DOC *(Marken)*
Eine exzellenter, sauberer und prickelnder Wein aus der Rebsorte Verdicchio, der sich bis in die Zeit der Etrusker zurückverfolgen lässt und vorwiegend in der Provinz von Ancona angebaut wird. Mit heller Strohfarbe, zartgliedrigem Bukett und einem trockenen, ausbalancierten

Geschmack mit angenehm bitterem Nachklang, passt dieser Wein perfekt zu Fischgerichten. Stammen die Trauben aus der ursprünglichen, enger gefassten Produktionszone rund um Castelli di Jesi, darf der Wein als Classico bezeichnet werden.

VERNACCIA DI SAN GIMIGNANO DOC
(Toskana)

Im 12. Jahrhundert wurde die Vernaccia-Rebe aus Griechenland auf den Hügeln um San Gimignano heimisch. Der ausdrucksvolle, gehaltreiche Weißwein mit seiner fruchtigen Säure galt in der Renaissance als Spezialität und war Michelangelos Lieblingswein. Heute ist er zur Touristenattraktion in der durch ihre Geschlechtertürme berühmten Stadt verkommen, wird aber in letzter Zeit durch strikte Regeln stark verbessert. Nach einem Jahr Reife kann der Wein als Riserva bezeichnet werden.

VINO NOBILE DI MONTEPULCIANO DOCG
(Toskana)

Seit Jahrhunderten wird dieser Wein von den Adelsgeschlechtern der Toskana angebaut – daher der noble Name. Vollmundig, mit granatroter Farbe, die im Alter ins Ziegelrote changiert, ist das Aroma durch Veilchen und einen kraftvollen, trockenen, leicht gerbtönigen Geschmack geprägt. Die Vorschriften erfordern 12,5 Vol.-% und mindestens zwei Jahre Lagerung. Nach einem weiteren Jahr darf Riserva auf dem Etikett stehen.

VIN SANTO

Vin Santo, also „heiliger Wein", ist ein intensiver, aromatischer Dessertwein, ein *passito*-Wein, der aus getrockneten Trauben gekeltert wird. Traditionell hängt man die Trauben an Dachsparren auf, in modernen Kellereien werden sie in heißer Luft getrocknet. Vin Santo wird in ganz Italien hergestellt, als besonders fein gilt der aus dem Trentino und vor allem der aus der Toskana, wo man ihn in kleinen, Caratelli genannten Eichenfässern reift und wo zum vollendeten Genuss Cantucci, kleine Mandelkekse, gehören, die in den Wein getunkt werden.

SÜDITALIEN UND DIE INSELN:

Kampanien, Apulien, Kalabrien, Basilikata, Sizilien, Sardinien

Kampanien, die *Campania Felix* der Römer, das wegen seiner Fruchtbarkeit gerühmte „glückliche Land", grenzt im Süden an Latium und erstreckt sich heute als Weinbauregion etwa 80 Kilometer weit ins Landesinnere bis zur Basilikata und den Abruzzenausläufern von Molise. Die wichtigsten Anbauzonen liegen jedoch entlang des Tyrrhenischen Meeres auf schon in der Antike besiedeltem Boden. Bereits im 5. Jahrhundert v. Chr. wurde in Kampanien Weinbau betrieben. Die Römer schätzten den Falerno, einen Wein aus Kampanien, der von Horaz und Martial gepriesen wurde, und sie kannten den Cecubo aus der Gegend um Terracina. Die schwarze Vulkanerde der Campi Laborini, die die Griechen Phlegraei nannten, war merklich fruchtbarer als die Böden um Rom und ermöglichte sogar mehrere Ernten pro Jahr. Das Klima in Kampanien ist mild, besonders entlang der Küste, und daher für die Landwirtschaft günstig. Die Landschaft ist bezaubernd, nicht nur am Golf von Neapel mit den vorge-

lagerten Inseln wie Capri und Ischia, auf denen delikate Weißweine angebaut werden. Tiefdunkle, charaktervolle Rotweine und fruchtige, spritzig-frische Weißweine sind das Ergebnis der erst vor wenigen Jahrzehnten begonnenen Qualitätsoffensive – noch kommt aus Kampanien viel Durchschnittswein, aber der Greco di Tufo DOC, Fiano di Avellina DOC, Taurasi DOC und der Lacryma Christi DOC, dessen Reben am Vesuv wachsen, sind entdeckenswerte Weine von Format.

Auf der anderen Seite Süditaliens, jenseits des Apennin, liegt Apulien. Die schmale Halbinsel zwischen Adria und Ionischem Meer ist eine der größten Anbauregionen

Italiens. Die dort stete Sommerhitze reift die Trauben vollständig aus und sorgt für Weine mit hohem Alkoholgehalt. Im Vergleich mit den anderen Provinzen Italiens gibt es hier nur wenige Berge, aber welliges Land mit Hügeln und Tälern. Weinbau und Kelterung sind die wichtigsten landwirtschaftlichen Produktionszweige und wurden schon von den Phöniziern hier praktiziert, die diese Landschaft 2000 Jahre v. Chr. kolonisierten. Die Weine Apuliens sind vollmundig, körperreich und hochprozentig und wurden aus diesem Grund jahrhundertelang fassweise in andere italienische oder europäische Weinbauregionen versandt, um dort mit leichteren, helleren Weinen verschnitten zu werden und diesen Kraft und Farbe zu verleihen. Seit einigen Jahren sind auch ansprechende Flaschenweine aus Apulien im Handel, die in der Jugend rau und ruppig wirken, mit zunehmender Reife aber samtige, harmonische Züge entwickeln. Die besten davon sind wohl der Copertino DOC, der Primitivo di Manduria DOC und der Salice Salentino DOC.

Kalabrien, die gebirgige Halbinsel an der Stiefelspitze, ist als Weinland eher unbekannt, wenn man vom Cirò DOC aus der nördlichen Region Catanzaro absieht, der in den letzten Jahren wieder zum Aufschwung kommt. Das Fehlen historischer Wurzeln hat dazu geführt, dass schnell, allzu schnell vielleicht, alle modernen Möglichkeiten der Massenweinerzeugung genutzt wurden: Kalabrische Weine verschwinden meist in Verschnitten aus verschiedenen Mitgliedsländern der EU.

Zwischen Apulien und Kalabrien förmlich eingezwängt liegt die Basilikata. Eine Gegend voll faszinierender Naturschönheit, mit wechselhaftem, meist schroffem Landschaftsbild. Der Monte Vulture, ein erloschener Vulkan, liegt im Norden, an seinen Hängen gedeiht dank des vorteilhaften Mikroklimas und der guten Böden die auch im benachbarten Kampanien gerne angebaute Rebsorte Aglianico. Der daraus gekelterte rote Aglianico del Vulture DOC wird wegen seiner kraftvollen, dabei samtigen und duftigen Art zunehmend geschätzt.

Sizilien, die größte Insel des Mittelmeeres, ist zugleich auch größte Weinbauzone Italiens. Seit der Antike konzentriert sich der Weinbau auf die drei Ecken der Insel, die wegen ihrer Form auch Triancria genannt wurde, sowie auf die kleinen liparischen Inseln jenseits der Nordküste. Der Großteil der hier produzierten Rebensäfte wird von den Weingütern und Genossenschaften heute hauptsächlich als Verschnittwein nach Nordeuropa geliefert. Doch auch hier wie in anderen aufstrebenden Weinregionen Italiens finden sich Winzer, die qualitätsorientiert arbeiten und mit gelungenen, oft außergewöhnlich guten Weinen dafür belohnt werden. Ein Klassiker Siziliens ist der Marsala DOC, ein verstärkter Süßwein, der seine Karriere Ende des 18. Jahrhunderts begann. Wie der Portwein nach der portugiesischen Stadt Porto wurde auch er nach der Hafenstadt genannt, von der aus der Export stattfand. Heute liebt vor allem die ältere Generation diesen sherryartigen Aperitif oder Dessertwein, der auch gerne zum Kochen verwendet wird. Auf der Insel Pantelleria zwischen Sizilien und der nahen Küste von Nordafrika – Pantelleria liegt in der Tat näher an Tunis als am italienischen Festland – wird ein exzellenter Dessertwein, der Moscato Passito DOC, gekeltert.

Verschiedene heimische Rebsorten finden sich in Sardinien, der zweitgrößten Insel des Mittelmeeres mit einer schroffen Küstenlinie, einsamen, feinsandigen Stränden und dichtem Unterholz, wo Wildschweine frei leben. Zahllose Volksgruppen wanderten hier über die Jahrhunderte ein und beeinflussten merklich die Art der Weinbereitung durch ihre jeweiligen Methoden der Rebkultivierung, der Lese und Kelterung, der Mostfermentierung und Lagerung des Weines. Nach und nach wurden immer neue Rebsorten aus dem gesamten Mittelmeerraum hier heimisch gemacht, die heutige Vielfalt ist größer als anderswo. Bekannt und beliebt sind der leichte, spritzige Weißwein aus der Rebsorte Nuragus und der körperreiche, oft samtig-schwere Cannonau, es

WEINBAUREGIONEN UND DOC-ANBAUGEBIETE

lohnt sich aber auch, andere typisch sardische Weine wie Monica, Cirò, Bovale Sardo, Vermentino und Vernaccia di Oristano zu probieren.

Die wichtigsten DOC-Weine Süditaliens

AGLIANICO DEL VULTURE DOC *(Basilikata)*
Dieser ungewöhnliche, körperreiche Rotwein wird aus Aglianico-Trauben im Anbaugebiet Vulture in der Provinz Potenza gekeltert. Gelegentlich erinnert der lange lagerbare Wein an Barbera. Rubinrot in der Jugend, verändert der Aglianico del Vulture seine Farbe mit zunehmender Reife zu Granatrot, das ursprünglich duftige Bukett entwickelt tiefere Töne. Der vollmundige, samtige und etwas tannintönige Wein ist in der Regel trocken, obwohl es auch eine etwas lieblichere Sorte gibt. Die Mindestlagerzeit beträgt ein Jahr. Nach drei Jahren darf der Wein als Vecchio bezeichnet werden, nach fünf Jahren als Riserva.

CANNONAU DI SARDEGNA DOC *(Sardinien)*
Die Rebsorte Cannonau wurde vor Jahrhunderten aus Spanien eingeführt und ist mit der Garnacha verwandt. Heute ist ganz Sardinien damit bestockt, mit Ausnahme weniger Lagen, wo die Cannonau-Traube nicht gedei-

hen will. Der Wein kann unterschiedlich ausgebaut werden, von sehr trocken bis lieblich, und unterschiedlich schwer sein. In der Regel ist Cannonau tief rubinrot, vollmundig mit angenehm fruchtigem Aroma und trocken. Nach zwei Jahren Lagerung darf er als Riserva bezeichnet werden. Aus vorgetrockneten Trauben werden granatrote, gut lagerfähige Rosso-Varianten mit hohem Alkoholgehalt gewonnen.

CASTEL DEL MONTE DOC *(Apulien)*
Trockene, harmonische Weine werden in der Anbauzone bei Minervino Murge und neun anderen Regionen um Bari produziert. Der Rotwein stammt aus den Sorten Uva di Troia und Aglianico, ist rubinrot mit ansprechend weinigem Bukett, leicht, rund und zart gerbstoffbetont. Nach zwei Jahren Lagerzeit darf der Wein als Riserva bezeichnet werden und passt dann besonders gut zu Braten. Der helle Weißwein ist frisch und rund, ein guter Wein zu Fisch. Beliebt ist auch der Rosé.

CERASUOLO DI VITTORIA DOC *(Sardinien)*
Nach seiner tiefroten Farbe benannter, besonders starker Wein (Cerasuolo = kirschrot) mit mindestens 13 Vol.-% Alkoholgehalt. Dadurch lange lagerfähig. Der Wein stammt aus den Anbauzonen von Caltanissetta, Catania und Ragusa und besitzt ein delikates Bukett mit trockenem, vollmundigem und harmonischem Charakter.

CIRÒ DOC *(Kalabrien)*
Unter dieser DOC entstehen Rot-, Rosé- und Weißweine, die um Catanzaro wachsen. Der Cirò soll der Sage nach der älteste Markenwein der Welt sein, denn von den Cirò-Weinbergen unterhalb des antiken Cremissa-Tempels stammte angeblich der Wein, der traditionell den Siegern der antiken Olympischen Spiele geschenkt wurde. Im Mittelalter war Cirò dank seiner Schwere und des hohen natürlichen Alkoholgehalts der erste Exportwein Italiens, der Reisen selbst ins Nordmeer vertrug. Heute sind Cirò Rosso und Rosato moderne, trockene Weine mit intensiv weinigem Bukett und aromatischer Fülle, die als „Classico" deklariert werden dürfen, wenn sie aus den ältesten Weingärten von Cirò und Cirò Marina stammen.

CONTESSA ENTELLINA DOC *(Sizilien)*
Ein hervorragender Weißwein aus der Gemeinde von Contessa Entellina in der Nähe von Palermo. Hellfarbig, trocken und spritzig, ist dieser Wein ein idealer Begleiter der heimischen Fischgerichte, wird aber wegen seiner charaktervollen Art auch in anderen Regionen Italiens geschätzt.

COPERTINO DOC *(Apulien)*
Die Weine dieser DOC-Zone aus der Negroamaro-Traube wachsen in Copertino und anderen Gemeinden um Lecce in Südapulien. Der Rotwein verfügt über in-

teressante Beerenaromen und wird nach zwei Jahren Lagerung als Riserva bezeichnet. Der Rosé ist üblicherweise lachsfarben bis kirschrot und trocken, kräutertönig, häufig mit zartbitterem Nachklang.

FALERNO DEL MASSICO DOC *(Kampanien)*
In der Antike war der Falerno hoch begehrt. Der viel gerühmte Jahrgang des Konsuls Opimius (121 v. Chr.) galt als der beste und edelste Tropfen. Doch der Falerner verlor sein Renommee, „weil man mehr auf die Menge als auf die Güte achtet", berichtete Plinius. Dasselbe Schicksal widerfuhr dem Wein ein zweites Mal nach dem Zweiten Weltkrieg. Seit 15 Jahren bemühen sich allerdings enthusiastische Winzer, die Würze und Aromakraft des „antiken" Falerner wieder zu beleben, und erzielen dadurch beachtliche Weißweine. Der rote Falerner hellt mit zunehmendem Alter auf und integriert seine in der Jugend heftigen Tannine zu ausdrucksstarker Weichheit.

FIANO DI AVELLINA DOC *(Kampanien)*
Einer der weißen Spitzenweine Italiens aus der schon in der Antike als besonders süß geschätzten Rebsorte Fiano. Der elegante Wein ist strohgelb und besitzt ein intensives Aroma mit feinen Nuss- und Rösttönen und einen trockenen, harmonischen Geschmack. Selten ist auch eine leichte Honigsüße zu erkennen.

GRECO DI TUFO DOC *(Kampanien)*
Greco di Tufo wird aus der gleichnamigen Rebsorte und aus Coda di Volpe („Fuchsschwanz") in einem Gebiet nördlich von Avellino erzeugt. Dieser vorzügliche Weißwein wird als einer der besten Süditaliens betrachtet und besitzt einen fruchtigen, oft kräutertönigen Geschmack.

LACRYMA (LACRIMA) CHRISTI DEL VESUVIO DOC *(Kampanien)*
Eher sein fantasievoller Name „Träne Christi" als seine Qualität haben diesen Wein bekannt gemacht. Er stammt ursprünglich aus den tropfenförmigen Trauben der in den Weingärten des Jesuitenordens an den Hängen des Vesuv wachsenden Reben. Erst seit Festlegung der DOC-Zone im Jahre 1982 ist sichergestellt, dass der zuvor aus allen Teilen Süditaliens stammende Wein tatsächlich in der warmen Vulkanerde des Vesuv wuchs und die typischen Charakteristika zeigt: trockener Aus-

bau und ein typisches erdig-würziges Aroma, das sowohl den Weiß- als auch den Rotwein auszeichnet.

LOCOROTONDO DOC *(Apulien)*
Dieser angenehm frische Weißwein wurde nach dem zehn Kilometer von Alberobello entfernten Ort Locorotondo benannt, der für seine runden Trulli-Bauten mit ihren konischen Dächern berühmt ist. Der Wein wächst in den Gemeinden von Locorotondo, Cisternino und Fassan und ist grünlich oder strohblond, mit delikatem Aroma, ein leichter, frisch-lebendiger und trockener Wein.

MALVASIA
Weine aus der Rebsorte Malvasia – oft in Kombination mit anderen Rebsorten – sind in den verschiedensten Landesteilen anzutreffen. Besonders gut werden die Malvasier im Piemont und auf Sizilien und den benachbarten Inseln. Der Piemonteser Malvasia di Casorzo d'Asti DOC wird um Asti und Alessandria aus der Malvasia Nera produziert, der Name stammt von der Ortschaft Casorzo. Der Wein changiert von pink bis rubinrot und verfügt als süßer, aromatischer Tropfen über das typische Malvasieraroma. Schon als Wein leicht moussierend, wird daraus auch ein Schaumwein produziert. Von den liparischen Inseln nördlich von Sizilien, die auch Aeolischer Archipel genannt werden, kommt der Malvasia delle Lipari DOC. Direkt nach der Lese gekeltert, wird der Wein goldblond und aromatisch, während aus luftgetrockneten Trauben eine süßere, bernsteinfarbene Variante vinifiziert wird.

WEINBAUREGIONEN UND DOC-ANBAUGEBIETE

MARSALA DOC *(Sizilien)*

Der Marsala-Wein wurde zuerst 1773 von den weinhandelnden Brüdern Woodhouse aus Liverpool als kommerzielle Chance entdeckt und nach der Hafenstadt benannt, in der sie ihre Exportkellerei gründeten. Im Jahre 1786 machte Admiral Nelson den Wein erst bei der Marine und dann in ganz England populär. Ein Erfolg, der sich bis heute fortsetzt. Marsala ist ein süßer, mit hochprozentigem Alkohol verstärkter Wein, der in der Region von Trapano aus der Grillio- und Catarratto-Traube gekeltert und ausgereift wird. Je nach Alter ist Marsala als Fine (einjährig), Superiore (zweijährig), Superiore Riserva (vierjährig), Vergine und/oder Solera (fünfjährig), Solera Stravecchio oder Solera Riserva (wenigstens zehn Jahre alt) etikettiert. Man unterscheidet Marsala auch nach der Farbe als Oro (gold), Ambra (bernsteinfarben), Rubino (rubinrot) und nach dem Zuckergehalt als Secco (trocken), Semi-Secco (halbtrocken) und Dolce (süß). Der Alkoholgehalt variiert, Marsala Fine hat nicht weniger als 17 Vol.-%, Marsala Superiore oder Marsala Vergine bzw. Solera nicht weniger als 18 Vol.-%. Marsala ist je nach Süße ein hervorragender Aperitif oder Dessertwein und wird auch in der Küche gerne verwendet.

MOSCATO DI PANTELLERIA DOC *(Sizilien)*

Die Vulkaninsel Pantelleria, die gerne als „Perle der Straße von Messina" bezeichnet wird, gehört zur Provinz von Trapani, obwohl die Entfernung nach Trapani weiter ist als zur tunesischen Küste. Der von dort stammende füllige, goldene Dessertwein wird aus Muskatellertrauben gekeltert, die hier Zibibbo heißen, und zeigt das typische Traubenaroma des Muskatellers und einen intensiv süßen Geschmack. Aus teilweise getrockneten Trauben wird eine Passito-Variante gekeltert.

PRIMITIVO DI MANDURIA DOC *(Apulien)*

Dieser schwere, würzige Rotwein wird aus Primitivo-Trauben produziert, die in Kalifornien auch Zinfandel heißen. In der Jugend tiefrot, entwickelt der Wein im Alter orangefarbene Lichter. Der Geschmack ist vollmundig, harmonisch und zunehmend samtig. Der Alkoholgehalt ist hoch: 14 Vol.-%.

SALICE SALENTINO DOC *(Apulien)*

Die zunehmend beliebter werdende DOC wird einem Rotwein und einem Rosé zuerkannt, die in verschiedenen Anbaugebieten um Bari und Lecce produziert werden. Der Rotwein aus Negroamaro-Trauben scheint mit seinen fülligen, samtigen und warmen Aromen die Sonne dieses südlichen Landesteiles aufgesaugt zu haben. Der Salice Salentino Rosato (Rosé) changiert von pink zu kirschrot, mit fruchtigem Bukett und einem trockenen, doch samtigen Nachgeschmack. Ein Spumante wird ebenfalls erzeugt.

TAURASI DOCG *(Kampanien)*

Einer der besten Rotweine Süditaliens – langsam erhält der kraftvolle Taurasi die weltweite Anerkennung, die er verdient. Der lange lagerfähige Wein wird hauptsächlich aus Aglianico erzeugt und muss viele, mindestens jedoch drei Jahre reifen, bevor er an Weiche gewinnt und ein intensives Bukett und einen feinen Geschmack nach Kirschen und Röstaromen entfaltet. Der Mindestalkoholgehalt beträgt 12 Vol.-%. Mit 12,5 Vol.-% darf der Wein nach vierjähriger Reifezeit als Riserva bezeichnet werden.

VERMENTINO DI GALLURA DOCG *(Sardinien)*

Der Vermentino stammt aus der Region Gallura im Norden Sardiniens und ist kraftvoll, sanft und strohblond, mit intensiven Aromen und einem trockenen, zartbitteren Nachgeschmack. Der Mindestalkoholgehalt liegt bei 12 Vol.-%, mit über 14 Vol.-% darf der Wein als Superiore etikettiert werden.

VERNACCIA DI ORISTANO DOC *(Sardinien)*
Wahrscheinlich der bekannteste Wein Sardiniens: geschmacklich dem Sherry verwandt und aus der Vernaccia-di-Oristano-Traube gekeltert, die Ende des 14. Jahrhunderts auf der Insel eingeführt wurde. Der amberfarbene Wein duftet zart nach Mandelblüten und hat einen Bittermandelton im Abgang. Der Mindestalkoholgehalt beträgt 15 Vol.-%, mit 15,5 Vol.-% und dreijähriger Lagerdauer darf der Wein als Superiore bezeichnet werden, nach vier Jahren als Riserva. Die Variante Liquoroso Dolce lagert zwei Jahre und hat 16,5 Vol.-% Alkohol, der Secco sogar 18 Vol.-%.

WISSENSWERTES ZUM WEINKAUF

Am besten lassen sich italienische Weine als Begleiter zur regionalen italienischen Küche natürlich vor Ort probieren. Wer die schönsten Rezepte Italiens zu Hause nachkochen und dazu den passenden Wein servieren möchte, findet auch hierzulande eine breite Auswahl an Weinen aller italienischen Anbaugebiete und aller Geschmacksrichtungen. Wer sichergehen möchte, einen hochwertigen Qualitätswein zu erwerben, sollte die folgenden Hinweise beachten.

Das italienische Weinrecht

Bis zum Jahre 1963 besaß Italien kein wirksames Gesetz zum Schutz seiner Ursprungs- und Qualitätsbezeichnungen. Zwar gab es schon zu römischen Zeiten die ersten Versuche, die Ertragsmenge an Weinen zu begrenzen, und auch die Winzergilden des Mittelalters setzten sich dafür ein. Dennoch ging es bis nach dem Zweiten Weltkrieg im italienischen Weinbau oft drunter und drüber. Jeder Winzer konnte seinen Wein nach Belieben benennen und ihm die Herkunftsbezeichnung geben, die am gewinnträchtigsten erschien. Der Regierungserlass 930 aus dem Jahre 1963 und die durch die Vereinheitlichungsvorschriften der Europäischen Union nötig gewordene Überarbeitung des Weinrechts durch den Erlass 164 vom Dezember 1992 änderte dies. Seither werden die italienischen Weine in vier Qualitätsstufen eingeteilt, die sich sehr stark an der geographischen Herkunft orientieren. Je nach den Klima- und Bodenverhältnissen wurden Anbauzonen ausgewiesen, für die genaue Herstellungsvorschriften erlassen wurden. Die Vorschriften beziehen sich auf die erlaubten Rebsorten, Höchsterträge, Ausbauarten und Reifezeiten der Weine. Die Einhaltung und die Richtigkeit der entsprechenden Angaben auf dem Etikett wird durch staatliche Kontrollbehörden und die freiwillige Selbstkontrolle durch Erzeugerkonsortien kontrolliert und damit garantiert.

Das Weinetikett

Es lohnt sich, beim Weinkauf das Etikett genau zu studieren, denn es gibt wichtige Hinweise auf Qualität und Charakter des Weines.

Qualitätsstufen

Vini da tavola, also Tafelweine, bilden die unterste Stufe der Weinerzeugung. Etwa 70 % der italienischen Weine werden als Tafelweine vermarktet, einschließlich der Grundweine zur Sektherstellung und der Weine zur Essigbereitung. Dabei finden sich neben geringwertigen Weinen, die unter blumigen Fantasienamen angeboten werden, und einer Reihe einfacher, sauberer Weine auch einige edle Tropfen, die in DOC-Gebieten erzeugt werden, aber nicht nach DOC-Vorschriften, sondern aus Rebsorten oder mit Methoden, die nach DOC-Gesetz nicht erlaubt sind. Einige innovative Erzeuger wollen sich nicht an das strikte Verbot moderner Rebsorten wie Chardonnay, Cabernet Sauvignon, Merlot oder Pinot Grigio halten und haben daher ihre Spitzenweine aus diesen Rebsorten, die nach französischem Vorbild ausgebaut wurden, als *vini da tavola* – allerdings mit entsprechend hohem Preis – etabliert.

WEINBAUREGIONEN UND DOC-ANBAUGEBIETE

Indicazione Geografica Tipica oder *IGT* wurde 1992 neu als eine Zwischenstufe zwischen den *DOC*-Weinen und den Tafelweinen *Vini da Tavola* eingeführt. Die Bezeichnung wird Weinen erlaubt, die aus festgelegten Großanbaugebieten mit Ertragsbegrenzung stammen und mit Rebsortenbezeichnung etikettiert werden.

Denominazione di Origine Controllata oder *DOC* bezeichnet Qualitätsweine aus gesetzlich definierten und kontrollierten Anbauzonen, bei denen die Rebsorten und deren Mischungsverhältnis, Alkoholgehalt, Gesamtsäuregehalt und Ertragsgrenzen festgelegt sind.

Denominazione di Origine Controllata e Garantita (DOCG) bezeichnet die italienischen Spitzenweine, die zusätzlich zu den DOC-Regularien nur aus den besten Herkunftsregionen stammen dürfen. Für die Produktion gelten strengere Richtlinien, deren Einhaltung sorgfältig kontrolliert und garantiert wird.

Ursprungsbezeichnungen

Je genauer der Ursprungsort auf dem Etikett verzeichnet ist, desto besser wird der Wein in der Regel sein, da zahlreiche Unterzonen der Großlagen-DOCs noch strengeren Produktionsvorschriften genügen müssen.

Zusatzbezeichnungen und Prädikate

Zahlreiche DOC-Vorschriften erlauben Zusatzbezeichnungen zur Sortenangabe. Ein „Classico" wird in der Regel aus dem besten Teil oder zumindest dem historisch gewachsenen Herzstück der Herkunfts-DOC stammen. Die Prädikate „Riserva" oder „Riserva Speciale" setzen gesetzlich festgelegte Mindestlagerzeiten im Weingut voraus. Die Bezeichnung „Superiore" zeigt meist einen höheren Alkohol- und Extraktgehalt, gelegentlich auch eine überdurchschnittliche Lagerdauer an.

Gütesiegel

Bekannte Weingüter bürgen mit ihrem guten Namen für die Qualität der von ihnen vermarkteten Weine. Dies gilt auch für ergänzende Erzeugnisse wie Weinbrand, Grappa, Olivenöl oder Essig. Italienische Konsumenten sind besonders qualitätsbewusst. Sie reagieren sehr feinfühlig auf Qualitätsschwankungen und setzen die hauptsächlich auf dem Inlandsmarkt tätigen Erzeuger damit unter großen Qualitätsdruck.

Doch niemand kann alle Winzer eines Landes beim Namen kennen. Hier helfen die Gütesiegel regionaler Schutzgemeinschaften weiter: Die Konsortien (Consorzii) setzen zur Kontrolle berechtigte Kommissionen ein und überwachen regelmäßig die Produktion ihrer Mitglieder, die dann ihre kontrollierten und für wertig befundenen Erzeugnisse mit dem Gütesiegel auszeichnen dürfen. Ein Beispiel für ein solches Gütesiegel ist der „gallo nero", der schwarze Hahn auf vielen Chianti-Classico-Flaschen.

Angaben zur Abfüllung

Auf dem Etikett sind bestimmte Angaben zur Abfüllung (imbottigliato) zwingend vorgeschrieben. „Imbottigliato dal produttore" (Erzeugerabfüllung) und „Imbottigliato alla fattoria" („al castello") (Weingutsabfüllung bzw. Schlossabzug) weisen darauf hin, dass Erzeuger und Abfüller identisch sind – ein Qualitätshinweis.

Geschmacksbezeichnungen

Angaben auf dem Etikett wie „secco" oder „asciutto" (trocken), „abboccato" (lieblich, ganz leicht süß), „amabile" (lieblich, halbsüß) und „dolce" (süß) sind Angaben zu Weinen, die traditionell in mehreren Geschmacksrichtungen erzeugt werden.

BIBLIOGRAPHIE

Alberini, Massimo: *Cento ricette storiche*. Firenze: Sanzoni 1974.

Alberini, Massimo: *Emiliani e Romagnoli a tavola*. Milano: Longanesi 1969.

Alberini, Massimo: *Storia del pranzo all'italiana*. Milano: Longanesi 1965.

André, Jacques: *Essen und Trinken im alten Rom (L'alimentation et la cuisine à Rome)*. Stuttgart: Reclam 1998.

Apicius Coelius de re coquinaria. Das Apicius-Kochbuch aus der römischen Kaiserzeit. Ins Deutsche übersetzt und bearbeitet von Richard Gollmer. Rostock 1928, Nachdruck 1965.

Apicius, Marcus Gavius. *De re coquinaria. Das römische Kochbuch des Apicius*. Vollständige zweisprachige Ausgabe, herausgegeben, übersetzt und kommentiert von Robert Maier. Stuttgart 1991.

Artusi, Pellegrino: *La scienza in cucina e l'arte di mangiar bene. A cura di Piero Camporesi*. Torino: Einaudi 2001.

Artusi, Pellegrino: *Von der Wissenschaft des Kochens und der Kunst des Genießens*. 2. Auflage, München 2000.

Benporat, Claudio: *Cucina italiana del quattrocento*. Firenze 1996.

Capatti, Alberto: *La cucina italiana*. Roma 1999.

Capnist, Giovanni: *La cucina veronese*. Padova: Franco Muzzio 1987.

Capnist, Giovanni: *I dolci del Veneto*. Padova: Franco Muzzio 1983.

Castelvetro, Giacomo: *The fruit, herbs and vegetables of Italy*. Übersetzt von Gillian Riley. London: Viking 1989.

Corrado, Vincenzo: *Il cuoco galante* [Nachdr. d. Ausg. Napoli 1778. Roma]: Vivarelli & Gulla, 1972.

Del Conte, Anna: *Entertaining all'italiana*. London: Bantam Press 1991.

Del Conte, Anna: *Secrets from an Italian kitchen*. London: Bantam Press 1989.

Del Conte, Anna: *The classic food of northern Italy*. London: Pavilion Books 1995.

Gambero Rosso. *Vini d'Italia 1999. 1536 Produzenten, 10 120 Weine*. Deutsche Ausgabe Bern, Stuttgart: Hallwag, 1999.

Gerlach, Gudrun: *Zu Tisch bei den alten Römern. Eine Kulturgeschichte des Essens und Trinkens*. Stuttgart: Konrad Theiss Verlag 2001.

Horaz: Werke. Aus dem Lateinischen übersetzt von Manfred Simon. 2. Auflage, Berlin, Weimar 1983.

Junkelmann, M.: *Panis Militaris. Die Ernährung der römischen Soldaten oder der Grundstoff der Macht*. Mainz 1997.

Laurioux, Bruno: *Tafelfreuden im Mittelalter*. Stuttgart: Belser 1992.

Peschke, H.-P. von und W. Feldmann: *Kochen wie die alten Römer. Rezepte aus der „Kochkunst" des Apicius*. Eingeleitet, übersetzt und erläutert von Elisabeth Alföldi-Rosenbaum. 7. Auflage, Zürich, München 1984.

Petronius: *Cena Trimalchionis – Gastmahl bei Trimalchio*. München, dtv 1979.

Petronius: *Satiricon*. Aus dem Lateinischen übersetzt von Fritz Tech. Berlin 1984.

Platina, Bartholomaeus: *De honesta voluptate, et valetudine, vel de obsoniis, et arte coquinaria libri decem*. Venetiis 1503.

Scappi, Bartolomeo: *Opera divisa in sei libri*. Venezia: Tramezino 1570.

Veronelli, Luigi: *Weine aus Italien (Catalogo Veronelli dei vini d'Italia)*. München: Heyne 2001.

DANKSAGUNG DER AUTORIN

So viele Menschen haben mir bei diesem Projekt geholfen, dass es unmöglich ist, sie alle hier zu nennen. Mein Dank gilt jedoch ihnen allen. Zu besonderem Dank bin ich vielen Mitgliedern der Accademia Italiana della Cucina in Italien sowie vielen Kollegen in Italien und England verpflichtet.

Mein herzlicher Dank gilt auch Colin Webb, dem Geschäftsführer von Pavilion Books, der meiner Arbeit so viel Vertrauen geschenkt hat, sowie der Verlagsleiterin Vivien James, die mir beratend zur Seite stand. Besonderen Dank schulde ich auch Jeni Wright, die jeden Beitrag und jedes Rezept mit akribischer Genauigkeit gelesen hat, sowie Kate Oldfield für die Redaktion, David Fordham für die Gestaltung und dem gesamten Team von Pavilion sowie allen anderen, die dazu beigetragen haben, dass es ein so wunderschönes Buch wurde. Ich möchte auch meiner Agentin Vivien Green danken, die immer ein offenes Ohr für mich hatte und mich durch ihre Begeisterung, ihren Humor und ihren Glauben in mich und meine Kochkünste unterstützt hat.

Schließlich danke ich meinem Mann, Oliver Waley, ohne den dieses Buch nie erschienen wäre.

BILDNACHWEIS

ZUR ENTSTEHUNG DER ITALIENISCHEN KOCHKUNST
S. 10 AKG; S. 11 AKG; S. 13 Bridgeman*; S. 15 AKG;
S. 16 Bridgeman*; S. 19 Art Archive; S. 21 AKG; S. 23 Mary
Evans

ITALIENS REGIONEN UND IHRE KÜCHE
S. 25 Anthony Blake; S. 26 Anthony Blake; S. 27 Anthony Blake;
S. 28 Anthony Blake; S. 30 Anthony Blake; S. 31 Robert Harding;
S. 32 Anthony Blake; S. 33 Anthony Blake; S. 34 Hutchison
Library; S. 35 Hutchison Library; S. 36 Anthony Blake;
S. 37 Anthony Blake; S. 38 Robert Harding; S. 40 Anthony Blake;
S. 41 Anthony Blake; S. 42 Robert Harding; S. 43 Robert
Harding; S. 44 Hutchison Library; S. 45 Hutchison Library;
S. 46 Hutchison Library; S. 47 Robert Harding; S. 48 Robert
Harding; S. 49 Hutchison Library; S. 50 Robert Harding;
S. 51 Robert Harding

ZUTATEN VON A BIS Z
S. 244 Vinmag; S. 246 Retrograph/Cirio; S. 250 Retrograph/
Cirio; S. 253 Vinmag; S. 254 Vinmag; S. 256 Vinmag;

S. 259 Retrograph; S. 260 Vinmag; S. 262 Retrograph/Cirio;
S. 264 Retrograph/Cirio; S. 267 Retrograph; S. 271 Retro-
graph x 2; S. 276 Vinmag; S. 278 Retrograph/Cirio;
S. 279 Retrograph/Cirio; S. 284 Retrograph/Cirio;
S. 287 Vinmag; S. 298 Retrograph; S. 301 Retrograph;
S. 302 Retrograph; S. 305 Retrograph; S. 311 Retrograph x 2;
S. 312 Retrograph/Cirio; S. 316 Vinmag; S. 318 Vinmag;
S. 319 Vinmag; S. 320 Retrograph; S. 322 Retrograph;
S. 323 Vinmag; S. 324 Vinmag; S. 326 Retrograph/Cirio;
S. 327 Retrograph; S. 329 Retrograph/Cirio; S. 330 Vinmag;
S. 333 Retrograph; S. 338 Vinmag; S. 346 Retrograph/Cirio;
S. 355 Vinmag

KOCHBEGRIFFE UND KUCHENTECHNIKEN
S. 362 Anthony Blake; S. 365 Anthony Blake; S. 366 Mary Evans;
S. 367 Fotomas; S. 369 Anthony Blake; S. 370 Mary Evans;
S. 371 Anthony Blake; S. 373 Anthony Blake; S. 374 Fotomas;
S. 375 Fotomas; S. 378 Anthony Blake; S. 379 Anthony Blake;
S. 380 Anthony Blake; S. 382 Fotomas; S. 383 Anthony Blake;
S. 385 Fotomas; S. 386 Anthony Blake

VERZEICHNIS DER REZEPTE

ANTIPASTI

Anchovis-Dip, heißer, für
   Gemüse 55
Bagna caôda 55
Brot-Gemüse-Salat 62
Cozze ripiene 59
Crostini alla chiantigiana 60
Crostini mit Geflügelleber-
   pastete 60
Fenchel und Riesengarnelen
   in Weinsauce 56
*Finocchi e gamberi in salsa di
   vino* 56
Insalata veronese 62
Miesmuscheln, gefüllte 59
Mozzarella in carrozza 56
Mozzarellabrote, ausge-
   backene 56
Panzanella 62
Salat, veronesischer 62
Salbeiauflauf 60
Salviata 60

SUPPEN

Bohnen-Gersten-Suppe 71
Bohnensuppe, toskanische 69
Brodetto abruzzese 72
Brodino di pesce 67
Brodo di carne 71
Brotsuppe 63
Fischsuppe 67
Fischsuppe aus den
   Abruzzen 72
Fleischbrühe 71
Jota 71
La ribollita 69

*Minestra di pomodori alla
   calabrese* 64
Minestra mariconda 66
Minestra mit Parmesan-
   klößchen 66
Minestrone alla milanese 64
Minestrone nach Mailänder
   Art 64
Pancotto 63
Passato di sedano 70
Pasta e ceci 66
Pasta und Kichererbsen 66
Selleriesuppe 70
Tomatensuppe aus
   Kalabrien 64

PASTA

Anolini alla piacentina 90
Anolini mit geschmortem
   Rindfleisch 90
Buchweizenpasta mit
   Kartoffeln und Kohl 96
Eierpasta, frische 88
Lasagne al forno 92
Lasagne mit Prosciutto,
   Pilzen und Kalbsbries
   93
*Linguine all'aglio,
   olio e peperoncino* 83
Linguine mit Knoblauch,
   Öl und Chili 83
Maccheroni alla chitarra 95
Makkaroni mit Lamm-
   ragout 95
Makkaroni-Auflauf mit
   süßer Kruste 87
Orecchiette con i broccoli 80

Orecchiette mit Brokkoli 80
Pasta 'ncasciata 84
Pasta al tonno 79
Pasta all'uovo 88
Pasta con la mollica 80
Pasta con le sarde 76
Pasta mit frischen Sardinen
   76
Pasta mit Semmelbröseln,
   Tomaten und Anchovis
   80
Pasta mit Thunfisch 79
Pasta-Auflauf mit
   Auberginen 84
*Pasticcio di penne con
   formaggi e funghi* 83
Penne, überbackene, mit
   Käse und Pilzen 83
Pizzoccheri 96
Spaghetti alla nursina 82
Spaghetti alla puttanesca 79
Spaghetti mit Chili-
   Anchovis-Sauce 79
Spaghetti mit schwarzen
   Trüffeln 82
*Tagliatelle al limone e erbe
   odorose* 88
Tagliatelle mit weißen
   Trüffeln 82
Tagliatelle mit Zitronen-
   Kräuter-Sauce 88
Tajarin all'albese 82
*Timballo di maccheroni del
   Gattopardo* 87
Vincisgrassi 93
Ziti alla palermitana 75
Ziti mit Thunfischsauce
   75

REIS, POLENTA &
GNOCCHI

Gnocchi alla romana 108
Gnocchi di patate 109
Gnocchi di zucca 110
Kartoffel-Gnocchi 109
Kartoffel-Spinat-Rolle 106
Kürbis-Gnocchi 110
Malfatti 112
Polenta I 103
Polenta II 103
Polenta aus dem Ofen 103
Polenta pasticciata 105
Polenta, gebackene, mit
   Rindfleisch und getrock-
   neten Porcini 105
Polenta, traditionelle 103
Reis, gebackener, mit
   Schweinefleisch und ge-
   trockneten Porcini 102
Riso arrosto alla genovese 102
Risotto – Grundzuberei-
   tung 98
Risotto al branzino 99
Risotto alla milanese 99
Risotto alla paesana 100
Risotto coi peoci 97
Risotto in bianco 98
Risotto mit Gemüse 100
Risotto mit Muscheln 97
Risotto mit Wolfsbarsch 99
Risotto nach Mailänder Art
   99
Rotolo di patate e spinaci 106
Semolina-Gnocchi 108
Spinat-Ricotta-Gnocchi
   112

FISCH UND MEERES-
FRÜCHTE

*Acciughe alla moda di Reggio
   Calabria* 124
Aragosta al forno 129
Baccalà alla vicentina 129
*Branzino alla rivierasca coi
   carciofi* 114
Calamari ripieni 131
Cefalo con le zucchine 118
Dentice al sale 113
Fischsteaks in Tomaten-
   sauce 120
Goldbrasse, gebackene, mit
   Kartoffeln 117
Kalmar, gefüllter 131
Klippfisch à la Vicentina 129
Languste aus dem Ofen
   129
Makrelenfilets mit
   Zwiebeln 127
Meeräsche mit Zucchini 118
Nasello alla palermitana 117
Oktopus, geschmorter 132
Orata alla pugliese 117
Pesce spada alla trapanese 123
Polpettone di tonno 128
Polpo alla Luciana 132
Rotbarben in Tomaten-
   sauce 118
Sarde a beccaficu 124
Sardellen, gebackene frische
   124
Sardinen, gefüllte 124
Scampi all' abbruzzese 131
Scampi in scharfer
   Tomatensauce 131

Schwertfisch in Tomaten-Oliven-Cornichons-Sauce 123
Seehecht, gebackener, mit Anchovis 117
Seezunge mit Basilikum und Pinienkernen 120
Seezungenfilets, marinierte 119
Sepia mit Mangold 132
Seppie in zimino 132
Sgombri con le cipolle 127
Sogliole al basilico e ai pinoli 120
Sogliole in saor 119
Spigola al forno 114
Thunfischrolle 128
Thunfischsteaks in süß-saurer Sauce 127
Trance di pesce alla casalinga 120
Trance di tonno in salsa rinascimentale 127
Triglie alla livornese 118
Wolfsbarsch mit Artischocken 114
Wolfsbarsch, gebackener 114
Zahnbrasse in Salzkruste 113

GEFLÜGEL UND WILD

Anatra all'Apicio 139
Anitra selvatica al sugo di melograna 133
Brathuhn mit Salbei und Rosmarin 134
Capriolo alla Alto Atesina 146
Coniglio ai peperoni 143
Ente nach Apicius 139
Fagiano alla milanese 140
Faraona al mascarpone 143
Fasan auf Mailänder Art 140
Hähnchenbrüste mit Parmaschinken und Mozzarella 137
Hähnchenbrüste mit Steinpilzragout 137
Hasenpfeffer 144
Hirschragout 146
Kaninchen mit Paprika 143
Kapaunbrüste in süßsaurer Sauce 134
Lepre in salmì 144
Perlhuhn mit Mascarponefüllung 143
Petti di cappone alla Stefani 134
Petti di pollo al prosciutto 137
Petti di pollo al ragù di porcini 137
Pollo arrosto 134
Quaglie all'aceto balsamico 140
Spezzatino di cinghiale 145
Stockente mit Granatapfel-Leber-Sauce 133
Tacchino ripieno alla lombarda 138
Truthahn, gefüllter, auf lombardische Art 138
Wachteln mit Balsamessig 140
Wildschweinragout 145

FLEISCHGERICHTE

Agnello, cacio e uova 165
Agnello alla cacciatora con le patate 166
Animelle al marsala 152
Animelle fritte 174
Arista alla fiorentina 168
Bistecca alla fiorentina 150
Bollito misto 178
Braciole di maiale alla pizzaiola 171
Brasato alla lombarda 150
Cassoeula 174
Coda alla vaccinara 149
Coppa di testa 175
Costolettine a scottadito 165
Fagottini di verza 177
Fegato alla veneziana 177
Filetto di maiale al gorgonzola 152
Filetto di maiale alla cavalcanti 168
Fleischbällchen, hausgemachte 155
Fleischtopf, gemischter 178
Hackbraten, kalter 156
Kalbsbries mit Marsala 152
Kalbsbries, gebratenes 174
Kalbsleber mit Zwiebeln 177
Kalbsmedaillons mit Salbei 156
Kalbsröllchen, gefüllte 160
Kalbsschnitzel mit Prosciutto und Hühnerleber 162
Koteletts, gegrillte, vom Milchlamm 165
Lammfrikadellen mit Pecorino 166
Lammfrikassee 165
Lamm-Kartoffel-Ragout mit Steinpilzen 166
Lammnieren mit Anchovis und Zitrone 178
Lammschulter mit Anchovis, Chili und Zitrone 161
Maiale al latte 167
Manzo alla California 162
Nodini 156
Ochsenschwanz, geschmorter 149
Ossobuco alla milanese 159
Ossobuco nach Mailänder Art 159
Polpette alla casalinga 155
Polpette di agnello e pecorino 166
Polpettone freddo 156
Rinderschmorbraten mit Gemüse-Sahne-Sauce 162
Rindersteak, grilliertes 150
Rindfleisch, geschmortes, auf lombardische Art 150
Rognoncini trifolati all'acciuga e limone 178
Scaloppine alla perugina 162
Schmorbraten in Tomatensauce 153
Schweinebraten, Florentiner 168

Schweinefilet mit Gorgonzola 152
Schweinefilet mit Holunderbeeren, Mandeln und Balsamessig 168
Schweinerücken, in Milch geschmorter 167
Schweinesteaks mit Mozzarella und Oregano 171
Schweinetopf mit Wirsing 174
Schweinshachse, geschmorte, mit Kartoffeln 172
Schweinskopfsülze 175
Spalla di agnello alla marchigiana 161
Stinco in umido con le patate 172
Stufato alla napoletana 153
Tomaxelle 160
Wirsingrouladen, gefüllte 177

GEMÜSEGERICHTE

Artischocken mit Erbsen 185
Artischocken, gefüllte 183
Asparagi alla parmigiana 185
Auberginen in süßsaurer Sauce 196
Auberginen, gebackene 195
Bohnen mit Pancetta 201
Bohnen-Kartoffel-Auflauf 201
Canellini-Bohnen mit Knoblauch und Salbei 202
Caponata 196
Cappelle di porcini alla graticola 192
Carciofi alla romana 183
Carciofi coi piselli 185
Carote alla giudea 198
Chicorée, gebackener, mit Balsamessig 197
Cicoria belga all'aceto balsamico 197
Cipolline in agrodolce 182
Fagioli all'uccelletto 202
Fave con guanciale 201
Fenchel, in Milch geschmorter 179
Fenchelauflauf 180
Finocchi al latte 179
Funghi trifolati 192
Gattò di patate 186
Kartoffelkuchen mit Mozzarella und Parmaschinken 186
Lauch mit Spiegelei, Butter und Parmesan 182
Lenticchie in umido 202
Linsengemüse 202
Möhren, süßsaure 198
Paprikagemüse 196
Paprikagemüse, grilliertes 198
Paprikagemüse, süßsauer mariniertes 197
Parmigiana di melanzane 195
Peperonata 196
Peperoni arrostiti 198
Peperoni in agrodolce 197
Pilze, gebratene, mit Petersilie und Knoblauch 192

Polpettone di fagiolini 201
Porri alla milanese 182
Radicchio rosso alla trevisana 190
Radicchio, grillter 190
Sformato di finocchi 180
Spargel, grüner, mit Parmesankruste 185
Spinaci alla romana 190
Spinat mit Sultaninen und Pinienkernen 190
Spinat-Timbalen 189
Steinpilzkappen, grillte 192
Taccole alla piemontese 186
Timballini di spinaci 189
Zuckerschoten mit Fontina und Sahne 186
Zwiebeln in süßsaurer Sauce 182

DESSERTS, KUCHEN UND GEBÄCK

Apfelkuchen mit Ölteig 210
Arance caramellate 204
Baci di dama 217
Brotkuchen 213
Budino di panettone 215
Budino di ricotta alla romana 207
Cantucci di prato 218
Cassata di Sulmona 224
Cassata mit Krokant und Schokolade 224
Certosino 217
Damenküsse 217
Eiscreme, italienische 222
Früchtebrot mit Gewürzen 214
Gelato di crema 222
Gewürzkuchen mit kandierten Früchten 217
Granita al caffè 226
Mandelkekse 218
Mandelkuchen 212
Mandel-Polenta-Kuchen 212
Mokka-Granita 226
Mokkamousse, geeiste 226
Mürbteig, Artusis Rezept für süßen 203
Nougat, weicher 221
Orangen, karamellisierte 204
Panettonepudding 215
Panforte 214
Pasta frolla dell'Artusi 203
Pesche ripiene alla piemontese 204
Pfirsiche, gefüllte 204
Polentakekse 218
Reiskuchen 209
Ricotta alla mentuccia 207
Ricotta mit Minze 207
Ricottapudding 207
Sorbetto di limone al basilico 222
Spumone al caffè 226
Tiramisu 208
Tiramisù 208
Torrone molle 221
Torta di mandorle 212
Torta di mele all'olio 210

Torta di pane 213
Torta di riso 209
Torta sbrisolona 212
Zabaglione 208
Zabaione 208
Zaleti 218
Zitronensorbet mit Basilikum 222

SAUCEN

Amatriciana 230
Bagnet ross 230
Basilikumsauce 233
Béchamelsauce 232
Besciamella 232
Fleischsauce, Bologneser 227
Fleischsauce, neapolitanische 228
Fondue, Piemonteser 231
Fonduta 231
La peverada 229
Mascarponesauce 232
Pancetta-Tomaten-Sauce 230
Pesto 233
Pfeffersauce 229
Ragù alla bolognese 227
Ragù alla napoletana 228
Salsa allo speck 228
Salsa di fiori di zucchine 234
Salsa di funghi secchi 232
Salsa di mascarpone 232
Salsa di noci 231
Salsa verde 233
Sauce, grüne 233
Specksauce 228
Steinpilzsauce 232
Sugo di pomodoro I 229
Sugo di pomodoro II 229
Tomatensauce I 229
Tomatensauce II 229
Tomatensauce, Piemonteser 230
Walnusssauce 231
Zucchiniblütensauce 234

BROT UND PIZZA

Brot, apulisches 238
Focaccia (Grundrezept) 235
Focaccia alla genovese 235
Focaccia dolce 237
Focaccia, süße 237
Grissini 239
Knabberstangen 239
Pasta per pizza 240
Pissaladeira 243
Pissaladière 243
Pizza aglio, olio e peperoncino 241
Pizza alla marinara 240
Pizza Margherita 240
Pizza mit Knoblauch, Öl und Chilis 241
Pizza mit Wurst, Parmaschinken und Käse 241
Pizza rustica 241
Pizzateig 240
Pugliese 238

REGISTER

A

Aal 33, 249, 264
  Meeraal 294
abbacchio 245
abbrustolire 363
Abendessen 367
Abruzzen
  nach Art der 363
  Weinbau 397
Abruzzo (Abruzzen) 25–26
Accademia Italiana della Cucina 23
aceto 246
aceto balsamico 31, 246
acquacotta 247
affettatartufi 363
affettato 247
affettato siehe auch antipasto
affettatrice 363
affumicato 363
affogato 363
aggulia 247–248
Aglianico del Vulture DOC 402
agliata 247
aglio 247
agnellino da latte 247
agnello 247
agnello cacio e uova 25
agnello e cardoncelli 26
agnolotti 40, 319
agretto siehe barba di frate
agro, all' 364
agrodolce 12, 247
Albana di Romagna DOCG 392
albese, carne all' 248
albicocca 248
alloro 297
alloro siehe auch lauro
Alto Adige DOC 392
Alto Adige, Weinbau 391
amaretti 248
anara col pien 248
anatra all'arancia 248
anatra domestica 248
anatra selvatica 248
Anchovis 245
anguilla 249
anice 249
anicini siehe anice
animelle 249
Anis 249
Anisplätzchen *siehe* Anis
anitra siehe anatra
anoline 319
Antipasti 55–62, 249
antipasto misto 249
Aostatal, Weinbau 390
Apfel 303
Apicius 12, 139
Appetithäppchen 254
Aprikose 248

Apulien, Weinbau 400–401
Aquileia DOC 392
aragosta 249–250
aragosta al forno 250
arancia 250
arancia amara 250
arancia dolce 250
arancini 250
aromi 250
arrabbiata, all' 364
arrostire 364
arrosto 250
arrosto di manzo 250
Artischocke 263
Artusi, Pellegrino 23, 364
arzilla 336
asciutto 364
Asiago 250–251
asiago d'alvello 251
asiago pressato 251
asparagi 251
asparagi alla milanese 251
asparagi di campo 251
Aspik 290
Asti, Weinbau 390
astice 251
attorta 49
Aubergine 303–304
Auberginengratin 317
Aufschnitt 247
Ausbackteig 325
Ausgebackenes 286
Auster 313
avanzi 364

B

baba 251
bacaro 51
baccalà 51, 251
baccalà alla fiorentina 251
baccalà in zimino 251
baccalà mantecato 51
baci 49, 252
baci di dama 40
Bäckerei 380
bagna caôda 39, 252
bagno Maria 365
baicoli 252
Balsamessig 31, 246
Bankett 12, 17, 19
barba di frate 252
barbabietola 252
Barbaresco DOCG 392
Barbera-Weine 392
Bardolino DOC 392
Barolo DOCG 392
Bartumber 312
Basilicata 26–27
Basilicata, Weinbau 401
basilico 252
Basilikum 252
Batavia-Endivie 343

batteria di cucina 365
batticarne 365
battuto 365
bavette 321
beccaccia 253
beccaccino 253
Béchamelsauce 253
Beilage 272
Bekassine 253
Bel Paese 253
benedette 45
Bergamotte 28–29
besciamella 253
Bete, rote *siehe* Rote Bete
bianchetti 253
Bianco di Custoza DOC 392
bianco, in 22, 366
bieta 253
bietola 253
bignè 254
bigoli 32, 51, 319
bigoli co'l'anatra 248
Bilch 12
biova 315
biovetta 315
Birne 327
biscotto 254
bistecca 254
bistecca all'arrabbiata 254
bistecca alla fiorentina 254
bitto 254
Blanchieren 383
Blätterteig 325
Blätterteigröllchen 261
Blätterteigschnecke 333
Blaubeere 307
Blumenkohl 266
Blutwurst 257, 342
Boca DOC 392
Boccaccio 15
bocconcini 254
bocconcini di mozzarella 254
boeri 255
Bohne 279
Bohne, grüne 278
Bohnensuppe 300, 304
Bohnensuppe, kalabrische 305
Bolgheri DOC 397
bollire 366
bollito misto 40, 255
bolognese alla 365
bombolini 255
bônet 254
borragine 255
borrana 255
Borretsch 255
boscaiola, alla 365
bottarga 42, 255
Bouquet garni 303
braciola 255
branzino 255
brasato 365

Brasse 285, 312, 342
Brasse *siehe auch* Marmorbrasse
Braten 250, 364
Brennnessel 312–312
bresaola 35, 256
Bries 249
bris 257
broccoletti 356
brodettare 366
brodetto 25, 31, 256
brodo 257
Brokkoli 256
Brot, allgemein und Brotsorten 26, 235–239, 314–316
  Brotfladen 328, 343
  Brotkrapfen 292
  Brotkrumen 307
  Brotpudding 354
  Brotsalat 317
  Brotsuppen 306, 314
  Brottaschen 268
  bruschetta 257
  castagnaccio 266
  chizze 268
  crescentina 274
  crostini 275
  farinata 280
  Fladenbrot 330
  focaccia 283
  gnocchi fritti 292
  Kichererbsenfladen 280
  piadin 328
  pitta 330
  schiacciata 343
Brötchen 316
Brühe 257
Brunello di Montalcino DOCG 397
bruscandoli 257, 300
bruschetta 257
brusso 257
Brust 328
Brust, gefüllte 334
brutti ma buoni 40, 257
bucatine 319
Buchweizen 47, 293
Buchweizenfladen 345
Buchweizennudeln 330
budino 257
budino alla genovese 258
Büffelmilchkäse 309
buridda 258
burrata 26, 41, 258
burrida 42, 258
burrini 26, 41
burrino 39
burro 258
bussolai 258
Butt 339
Butter 258
Butterkrebs 307

C

cacao 259
cacciatora, alla 367
cacciatore 259
cacciucco 259
cacio 259
caciocavallo 25, 29, 259
caciotta 259
caffè 260
Calabria (Kalabrien) 27
calamari 260
calciuni 39
calzone 260
camoscio 261
Campania (Kampanien) 29
canarino siehe carciofo
canederli 48, 261
Canellini-Bohne 46–47
canestrello 261
cannella 261
cannelloni 261
cannolo 261
Cannonau di Sardegna DOC 402
canocchia 261
cantarello 288–289
capelli d'angelo 320
capieddi e previti 27
capitone 261
capocollo 26–27, 261
caponata 45
cappasanta 262
cappellacci 320
cappelletti 320
cappello del prete 262
capperi 262
cappon magro 262
cappone 261, 262–263
caprese 263
capretto 263
caprino 263
capriolo 263
carbonade 49
carbonara 263
carciofi alla giudea 33
carciofo 263
cardo 264
Carema DOC 393
Carème, Antonin 22
Carmignano DOCG 398
carne 264
carne all'albese 40
carota 264
carpa 264–265
carpaccio 265
carpione 265
carta da musica 42, 315
cartoccio 367
Casa, Giovanni della 20
casalinga 367
casalingo 298
Casanova 20
casatiello siehe focaccia

casciotta 38
casonsei 320
Cassata 224, 265
cassata di sulmona 25
cassata gelata 265
castagna 265
castagnaccio 45, 266
castaure 51
Castel del Monte DOC 402
castelmagno 41
Castelvetro, Giangiacomo 18
castrato 266
castraure siehe carciofo
Caterina de' Medici 9, 248
catturo, a 25
cavallo 266
cavatelli 38
cavolfiore 266
cavolini de Bruxelles 266
cavolo 266
ceci 267
cedro 267
cefalo 267
cena 367
cenci 267
Cerasuolo di Vittoria DOC 402
cervello 267–268
cervo 268
cetriolo 268
Champignon 289
chiacchiere 268
Chianti DOCG 398
chiceti 51
Chicorée 268–269, 334
Chili 276, 326
chiodi di garofano 268
chiodino 289
chizze 268
ciabatta 315
cialzons 32
ciambella 268
ciauscolo 268
ciccioli 268
cicoria 268–269
ciliega 269
cime di rapa 269
cinghiale 269
Cinqueterre 35
    Weinbau 391
Cinqueterre DOC 393
cioccolata 270
cioccolato 270
cipolla 270
Cirò DOC 402
ciuppin 34
civraxiu 42
cjalzons 320
cocomero 270
coda di bue 270
coda di rospo 270
colazione 368
colla di pesce 270
Colli Albani DOC 398
Colli Amerini DOC 398
Colli Euganei DOC 393
Colli Orientali Del Friuli DOC 393

Collio DOC 393
Collio Gorziano 393
colomba 271
colombaccio 313
Como, Maestro Martino da 15
concentrato di pomodoro 271
conchiglie 320
confetti 25, 271
confettura 271
coniglio 272
coniglio in porchetta 37
conserva 272
contadino 38
Contessa Entellina DOC 402
contorno 272
Copertino DOC 402
coppa 272
coratella 272
coregone 298
cornetto 278
Corrado, Vincenzo 21–22
Cortese-Weine 393
corzetti 321
costata 272
costoletta 273, 368
cotechino 273
cotenna di maiale 274
cotogna 274
cotognata 274
Couscous 275
cozze 274
crafen 296
crema 274
crema fritta 274
crema inglese 274
crema pasticcera 274
Creme 274
Crêpes 275
    aus Kastanienmehl 309
crescentina 274
crescenza 274
crespelle 275
crispelle 'nbusse 344
croccante 275
crocchette 275
crostacei 275
crosta 368
crostata 275
crostini 275
crudo 368
cucina 368
cucina povera 45
culatello 275
culurgiones 321
culurzones (culurgiones) 43, 321
cuore 275
cuscusu 275

D

dado 276
daino 276
Damwild 268, 276
dattero di mare 276

Denominazione di Origine Controllata e Garantita *siehe* DOCG
Denominazione di Origine Controllata *siehe* DOC
dente, al 369
dentice 276
Dessert, sizilianisches 265
Desserts 203–226
diavolicchio 276
diavolillo 38
Dicke Bohne 280–281
Dickmilch 333
Dinkel 280
ditali 321
ditalini 321
DOC 388, 406
DOC-Anbaugebiete 390–391
DOCG 388, 406
Dolcetto-Weine 393
dolci 45, 277
dorare 369
Dorade 312
Dorsch 304
Drachenkopf 344
dragoncello 277
Drossel 353

E

Egerling 289
Egli 328
Ei 356
Eier, pochierte 363
Eigelb 356
Eintopfgerichte 344, 347
    bollito misto 255
    brodetto 256
    buridda 258
    burrida 258
    frittedda 286
    Gemüseeintopf, sizilianischer 286
Eiscreme 222–226, 290
Eisgetränk 293
Eistorte 265
Emilia-Romagna 30–31
    Weinbau 391
Endivie 295
Ente 248
Erbaluce di Caluso DOC 393
erbe aromatiche 277
erbe selvatiche 277
erbette siehe bieta
Erbsen 329
Erdbeere 284
Essig 246
Este, Fürstenhaus aus Ferrara 17
Estragon 277
estratto 278

F

fagiano 278
fagiolino 278
fagiolo 279

fagottini 279
Falerno del Massico DOC 403
faraona 279–280
farfalle 321
farfalline 321
farina 9, 280
farinata 280
farro 280
farsumagro 280
farsumauro siehe farsumagro
Fasan 278
Fastenspeisen 17
fave 280–281
fave dei morti 281
fecola di patate 275
fegatelli 47
fegatelli di maiale 281
fegatini 281
fegato 281
Feige 282
Feldsalat 357
Fenchel 282–283
ferri, ai 370
fesa 281
Festa del Redentore 248
Festbankett 12, 19
Fett 294
fettine 281
fettuccine 321
fiandolein 50
Fiano di Avellina DOC 403
fichi alla sibarita 27
fico 282
fico d'india 282
filone 315
finanziera 282
finocchiello slevatico 282
finocchio 282–283
finocchiona 46, 283
fior di latte 283
fiore di zucca 283
fiore sardo 43
Fisch 113–129, 327
    aggulia 247–248
    arzilla 336
    Bartumber 312
    bottarga 255
    branzino 255
    Brasse 312, 342
    burrida 258
    Butt 339
    cappone 261
    carpa 264–265
    carpione 265
    cefalo 267
    cernia 267
    coda di rospo 270
    coregone 298
    dentice 276
    Dorade 312
    Dorsch 304
    Drachenkopf 344
    Egli 328
    Flussbarsch 328
    Forelle 356
    Forelle vom Gardasee 265

fragolino 285
Glatthai, grauer 313–314
Hecht 299
Hornhecht 247–248
Kabeljau 304
Karpfen 264–265
Knurrhahn 261
lampreda 297
luccio 299
Makrele 345
Marmorbrasse 307
Meeräsche 267
Meeräsche, Rogen 255
Meerbarbe 355
Meerbrasse 313
merluzza 304
mormora 307
muggine 309
nasello 309
Neunauge 297
ombrina 312
orata 312
pagello 313
pagro 313
pesce persico 328
pesce San Pietro 328
pesce spada 328
Petersfisch 328
polombo 313–314
Renke 298
Rochen 336
rombo 339
Sackbrasse 313
sarago 342
Schattenfisch 312
Schleie 352
Schwertfisch 328
scorfano 344
Seehecht 309
Seeteufel 270
Seezunge 345–346
Seezunge, mariniert 345
sfogi in saor 345
sgombro 345
sogliola 345–346
spigola 255, 347
tinca 352
triglia 355
trota 356
Wolfsbarsch 255, 347
Zackenbarsch 267
Zahnbrasse 276
Fisch konservieren 367
Fischrogen 255
Fischsauce 11
Fischsteak 355
Fischsuppe 259
Fischtinte 309
Fischtopf 258
Fladenbrot 330
Fleisch 12, 149–178, 264
Fleischbrühwürfel 276
Fleischklößchen 307
Fleischröllchen 296
Fleisch spicken 375

411

REGISTER

Fleischspießchen 347,
349, 356
Flussbarsch 328
focaccia 34, 283
Fond *siehe* Brühe
fondi di carciofi 263
fondo 370
Fontal 283
Fontina 49, 284
Forelle 356
Forelle vom Gardasee 265
formaggio 284
formagio di fossa 37
forno 370
fragola 284
fragolino 285
francesina 315
frantoio 372
Franciacorta DOC
393–394
Frascati DOC 398
frattaglie 285
Friaul-Julisch-Venetien,
Weinbau 391
fricandò 285
fricassea 285
frico 285
*frienno magnanno siehe fritto
misto*
friggere 371
Frikassee 285
Frischkäse 258, 263, 274,
336
fritole 285
frittata 285
frittatine 285
frittedda 286
frittelle 286
Frittieren 371
Frittierstube 371
fritto 286
fritto misto 286
frittura 286
Friuli-Venezia-Giulia
(Friaul-Julisch-
Venetien) 31–32
Frosch 336
Früchte, kandierte 287
Fruchtsalat *siehe* Obstsalat
Frühlingsgemüse 357
Frühstück 368
frullato 372
frullino 372
frumento 287
frustingolo 38
frutta 287
frutta candita 287
frutta di marturana 287
frutta secca 287
frutti di mare 287–288
fugazza 288
funghetto, al 372
funghi 288
funghi secchi 289

G

galani 289
galantina 289
Galantine 289

galletto 289
gallina 289–290
gamberetti 290
gambero 290
Gambero Rosso 390
Gämse 261
Gamsschinken 307
Gans 311
Gardasee, Weinbau 391
garganelli 321
Gargilius Martialis 11
Garmethoden 366, 373,
384
Garnelen 290
garum 11
Gastmahl 13–14
Gattinara DOC 394
gattò di patate 29
Gebäck
amaretti 248
baci 252
baicoli 252
biscotto 254
Blätterteigröllchen
261
Blätterteigschnecke
333
bombolini 255
brutti ma buoni 257
bussolai 258
cannolo 261
cannoncino 261
cenci 267
cernia 267
chiacchiere 268
colomba 271
fave dei morti 281
frico 285
fritole 285
fugazza 288
galani 289
grissini 294
Hefegebäck 288
Käsegebäck 285
Kekse, salzige 340
Kleingebäck 325
Krapfen, veneziani-
sche 289
Löffelbiskuit 343
Mandelkekse 336,
349, 257
Mandelmakronen 248
mostaccioli 308
neapolitanisches 30
pampepato 314
panzerotti 317
paste 325
Pfefferkuchen 314
Presnitz 333
ricciarelli 336
salatini 340
Salzgebäck 350
savoiardi 343
Schmalzgebäck 261,
267, 268, 285, 360
struffoli 349
suspirus 349
tarallo 350
zaleti 359
zeppole 360

Geflügel 12, 133–143
Gelage 14
gelatina 290
Gelatine 270
gelato 290
Gemüse 179–202, 357
Gemüseauflauf 295, 306,
345, 354–355
Gemüseeintopf,
sizilianischer 286
Gemüsepüree 295
Gemüseschmorpfanne
326
Gemüsesuppe 247, 306,
357
Gemüsetorte 354
genovese, alla 372
Genua 34
Genueser Art 372
germano siehe anatra selvatica
Gerste 313
Gewürze 11, 347
ghiotta 290
ghiozzo 291
gianchetti 253
gianduia 40, 291
gianduiotti 291
giardiniera 291
ginepro 291
girarrosto 372
girasole 292
Glatthai, grauer 313
glis 12
gnocchetti sardi 43
Gnocchi 107–112, 292,
349
gnocchi di semolina 33
gnocchi fritti 292
gobbo siehe cardo
goccia 372
Gorgonzola 292
Grana 292
Granatapfel 303
grancevola 293
grancho commune 293
granciporro 293
granelli 293
Granita 226
granita 293
grano saraceno 293
granoturco 293–294
granseola 293
grappa 294
grasso 294
Gratin 325
Greco di Tufo DOC
403
gremolata 294
Grieß 344
griglia 373
grigliata mista 294
Grillen 362, 373
Grillplatte, gemischte
294
Grinzane, Weinbibliothek
390
grissini 294
grongo 294
grüne Bohne *siehe* Bohne,
grüne

guanciale 295
gubana 295
Gulasch 295
Gurke 268

H

Hachse 349
Hackbraten 332
Halbgefrorenes 349
Hallimasch 289
Hammel 266, 307
Hartkäse 292
Hase 298
Hecht 299
Hefegebäck 288, 302
Hefekranz 251
Herz 275
Heuschreckenkrebs 261
Himbeeren 297
Hirn 267–268
Hochzeitsdiner 22
Hoden 293
Honig 304–305
Honiggebäck 308
Hopfen 300
Horaz 13
Hornhecht 247–248
Huhn 331
Huhn Marengo 331
Huhn nach Jägerart 331
Huhn nach Teufelsart 331
Huhn *siehe auch* Suppen-
huhn
Huhn, gefülltes 332
Hühnerleber 281
Hühnermagen 357
Hülsenfrüchte 298
Hummer 251

I

imbottire 374
IGT siehe *Indicazione
Geografica Tipica*
Imbiss 377
imbottigliato alla fattoria 406
impanada 295
impanare 374
impastare 374
incapriata 41, 295
*Indicazione Geografica Tipica
(IGT)* 406
indivia 295
Ingwer 360
Innereien 272, 285
insalate 295–296
insaporire 374
integrale 296
intingolo 296
involtini 296
involtini di verza siehe fagottini
italico 296

J

Jägerart, auf 367
Jakobsmuschel 262
Jungbulle 302

K

Kabeljau 304
Kaffee 20, 260
Kaisergranat 343
Kakao 259
Kaktusfeige 282
Kalabrien, Weinbau 401
Kalbfleisch 358
costoletta 273
fettine 281
involtini 296
Kalbsfuß 329
Kalbshachsenscheibe
313
Kalbshachsensehnen
309
Kalbskeule 285
Kalbsnüsschen 310
Kalbsroulade 304
Kalbsschnitzel 341
lombatine 299
messicani 304
nodini 310
ossobuco 36, 313
piccata 328
saltimbocca 341
sanato 342
Kalmar 260
Kammmuschel 261
Kampanien, Weinbau
400
Kaninchen 272
Kapaun 262–263
Kapern 262
Karamellcreme 255
Karde 264
Karotte 264
Karpfen 264–265
Kartoffel 20, 325
Kartoffelstärke 275
Käse 13, 259
Asiago 250–251
Bel Paese 253
Bitto 254
Bris 257
Bros 257
Brusso 257
Büffelmilchkäse 309
Burrata 258
Caciocavallo 259
Caciotta 259
Caprino 263
Crescenza 274
Fontal 283
Fontina 284
Frischkäse 263, 336
Frischkäse,
lombardischer 274
Gorgonzola 292
Grana 292–293
Hartkäse 292–293
Italico 296
Marzolino 303
Mascarpone 303
Montasio 307
Mozzarella 309
Parmigiano Reggiano
317–318
Pecorino 325

Provolone 334
Quartirolo 335
Raschera 336
Ricotta 336
Robiola 338
Scamorza 25, 343
Stracchino 349
Taleggio 350
Toma 352
Tomino 352
Vezzena 357
Käsegebäck 285
Käsereibe 373
Käsesuppe 306
Kastanie 265
Kastaniendessert 307
Kekse 217–218, 252,
254
amaretti 248
brutti ma buoni 257
Mandelkekse,
Piemonteser 257
salzige 340
Kekse *siehe auch* Gebäck
Kephalopode 355
Keule 281
Kichererbsen 267
Kichererbsenfladen 280
Kirschen 269
Kirschpralinen 255
Kleingebäck 325, 359
Kleingebäck *siehe auch*
Gebäck
Klippfisch 251
Knoblauch 247
Knoblauchsauce 247
Knödel 261, 296
Knödel und Bohnen
329
Knödel, sardische 301
Knollensellerie 344
Knurrhahn 261
koch 32
Kochmethoden 366, 373
Kohl 266
Konditorcreme 274
Konditorei 380
Konfitüre 271
Konserve 272
Kotelett 273
Krabbe *siehe* Strandkrabbe
Krake *siehe* Oktopus
Kranzkuchen 268
Krapfen 255, 292, 296
Krapfen, venezianische
289
Kräuter 11, 250, 277
Kräuter *siehe auch* Bouquet
garni, Wildkräuter
Kräutermischung,
ligurische 333
Kräutersauce 341
Krebs 261, 290
Krebs *siehe auch* Butterkrebs,
Taschenkrebs
Krokant 275
Kroketten 250, 275
Krustentiere 275
Küche, Pythagoräische
22

Kuchen 209–214, 217,
354
baba 251
Biskuitkuchen 314,
349
ciambella 268
Kranzkuchen 268
Mandelkuchen 354
Mürbteigkuchen 325
pan di spagna 314
pandolce 314
pandoro 314
pastiera 325
spongata 348
torta paradiso 354
torta sbrisolana 354
Küchenausstattung 365,
368–369
Küchengeräte 365,
368–369
Kuchenteig 325
Kürbis 360
Kutteln 355–356
Kuvertüre 270

L

Lacryma (Lacrima) Christi
Del Vesuvio DOC
403
lagane 321
lagane con lenticchie 26
lagane e ceci 27
laganelle 321
Lambrusco-Weine 394
Lamm 245, 247
lampascioni 297
lampone 297
lampreda 297
Langhe, Weinbau 390
Languste 249–250
lardellare 375
lardelli 297
lardo 297
Lasagne 321
Latini, Antonio 20
Latium, Weinbau 397
latte 297
lattemiele 297
latterini 253
lattuga 297
Lauch 333
Lauchtorte 333
lauro 297
lavarello 298
Lazio (Latium) 32–33
Leber 281
leccarda 375
legumi 298
Lende 255
lenticchia 298
Leonardi, Francesco 22
lepre 298
lesso 375
lievito naturale 298
Liguria (Ligurien) 34–35
Ligurien, Weinbau 390
limone 298–299
lingua 299
linguine 321

Linsen 298
liquamen 11–12
Lison-Pramaggiore DOC
394
lista 375
Locorotondo DOC 403
Löffelbiskuit 343
Lombardei, Weinbau 391
Lombardia (Lombardei)
35–37
lombata 299
lombatine 299
lonza 299
Lorbeer 297
lovertis 300
luccio 299
Lugana DOC 394
luganega 26, 299
lumaca 300
luppolo 300

M

maccheroncelli 321
maccheroncini 321
Maccheroni 321
maccheroni alla chitarra 25
maccheroni di Campofilone
37
maccheroni siciliani 16
macco 300
macedonia di frutta 300
macelleria 376
macinare 376
maggiorana 300
magro 376
Mahlzeit 380
maiale 301
Mailänder Art 378
Mais 20, 293–294
Maismehlbrei 331
Majoran 300
Makkaroni 16
Makrele 345
malfatti 301
malloreddus 43, 301
maltagliati 322
Malvasia 403
Mandarine 301
mandarino 301
Mandel 302
Mandeldragees 271
Mandelkekse 257, 336,
349
Mandelkuchen 354
Mandelmakronen 248
mandorla 302
mandorlato 302
Mangold 253
manina 315
mantecare 376
manzo 302
Marche (die Marken)
37–38
mariconda 302
Marinade 376
marinara, alla 376
Marino DOC 399
maritozzi 302

Marken, Weinbau 397
Marmelade 302
marmellata 271, 302
Marmorbrasse 307
Marrone 265
Marsala DOC 404
marubini 322
marzapane 303
Marzipan 303, 324
marzolino 303
marzolino del Chianti 47
Mascarpone 303
Mastkalb 358
mattarello 377
Maulbeere 307
mazzafegati 303
mazzetto aromatico 303
mazzetto odoroso 303
meascia 303
Meeräsche 267, 309
Rogen 255
Meerbarbe 355
Meerbrasse 313
Meerdattel 276
Meeresfrüchte 129–132
Mehl 280
mela 303
melagrana 303
melanzana 303–304
melone 304
Melone *siehe auch* Wassermelone
Melonen 304
menta 304
menù 377
merenda 377
meringa 304
Meringe 304
merluzza 304
mesciua 304
messicani 304
Messisbugo, Christoforo
di 17
mestolone siehe anatra selvatica
Mettwurst 299
Metzgerei 376
mezzi ziti 321
mezzaluna 378
michetta 315
midollo 304
miele 304–305
milanese, alla 378
Milch 297
Milchferkel 333
Milchlamm 245
millecosedde 305
Milz 305
milza 305
minestra 305
minestra mariconda 306
minestra maritata 306
minestra paradiso 306
minestrina 306
Minestrone 25, 35, 306
Minze 304
Mispel 310
misticanza 33, 306
mitili 274
Mittagessen 381

Mittelitalien, Wein-
regionen 396
mocetta 49, 307
moleca 307
Molise 38–39
mollica 307
Mon Chérie 255
mondeghili 307
Montasio 307
montebianco 50, 307
Montefalco DOC 399
Montepulciano
D'Abruzzo DOC
399
montone 307
mora di gelso 307
mora di rovo 307
Morellino di Scansano
DOC 399
moretum 13
mormora 307
morseddu 308
Mörser 378
Mortadella 308
mortadella di fegato 308
mortaio 378
moscardino 308
Moscato D'Asti DOC
394
Moscato di Pantelleria
DOC 404
Moschuskrake 308
mosciame 308
mostaccioli 308
mostarda 308
mosto 309
Mozzarella 283, 309
Mozzarella-Salat 263
mozzarella in carozza 29
muggine 309
mughetto 308
Mürbteig 324
Mürbteigkuchen 325
Muscheln 274, 326, 351
Auster 313
canestrello 261
cappasanta 262
dattero di mare 276
Jakobsmuschel 262
Meerdattel 276
ostrica 313
tartufo al mare 351
telline 351
Venusmuschel 358
vongola 358
musetto 309
Muskatnuss 310
mustica 28

N

Nachspeisen 277
napoletana, alla 378
nasello 309
Nasidienus Maecen 13
'ndocca 'ndocca 25
'ndugghia 27
Neapel 29
Neapolitanische Art 378
Nebbia, Antonio 21

413

REGISTER

Nebbiolo-Weine 394
necci 309
Nelken 268
neonati 253
nero di seppie 309
nervetti 309
nespola 310
Neunauge 297
Nieren 339
nocciola 310
noce 310
noce moscato 310
noci attorrati 25
nodini 310
norcineria 378
norcino 49
Norditalien, Weinregionen 390
Nougat 302
Nougat, weißer 354
'ntruppic 27
Nudelauflauf, süßer 354
Nudelgratin 261
Nudelholz 377
Nudeln, allgemein und Nudelsorten 318–324
Nudelsuppe 325
Nudelteig 345

O

Obst 287
Obstsalat 300
occa 311
Ochsenschwanz 270
Oktopus 332
Oktopus *siehe auch* Moschuskrake
oli vari 311
olio d'oliva 311–312
oliva 312
Olive 312
olive all'Ascolana 38
Olivenöl 41, 45, 311–312
Olivenpresse 371
Oltrepo Pavese DOC 395
ombra 51
ombrina 312
onda, all' 379
Omelett 285
Orange 250
orata 312
orecchiette 322
Oregano 312
origano 312
ortica 312–313
Orvieto DOC 399
orzo 313
ossobuco 36, 313
ostrica 313
ova mellita 12
ovini 379
ovotarica 28

P

padella 379
paesana, alla 379
pagello 313

pagliata 33
paglie e fieno 322
pagnotta 315
pagro 313
paiolo 379
Palermo 44
palombaccio 313
pampepato 314
pan biscotto siehe biscotto
pan con l'uva 315
pan di miglio 315
pan di ramerino 315
pan di spagna 314
pan sciocco 46
panada 314
panata 314
pancetta 314
pancotto 314
pandolce 314
pandoro 314
pane 314–316
pane carasau 42, 315
pane di Altamura 42, 315
pane integrale 315
pane pugliese 316
pane toscano 316
panella 26
panetteria 380
panettone 316
panforte 316
pangrattato 316
Panieren 374
panino 316
panissa 316
panna 316
panna cotta 40, 317
pansoti con prebbogion 34
pansoti 322
panzanella 317
panzarotti siehe panzerotti
panzerotti 27, 317
paparo all'arancia 248
paparot 32
pappardelle 322
Paprika 326
Parmesan 317–318
parmigiana, alla 380
parmigiana di melanzane 317
Parmigiano Reggiano 317–318
passatelli in brodo 318
passato 380
Pasta 26, 75–96
pasta asciutta 380
pasta alla Norma 44
pasta di mandorle 324
pasta e fagioli 50
pasta frolla 324
pasta in brodo 325
pasta Margherita 325
pasta sfoglia 325
Pasta, allgemein und Pastasorten 318–324
Pastasauce, sahnige 263
paste 325
pastella 325
pasticceria 380
pasticciata 380
pasticcio 325
pasticcio di maccheroni 33

pastiera 325
pastina 319
pasto 380
pastu mistu 42
patata 325
peara 328
pecora 325
Pecorino 33, 325
pecorino sardo 43
penne 322
pentola 381
peoci 326
pepe 326
peperonata 326
peperoncino 326
peperone 326
pepolino 327
pera 327
perciatelli 322
Perlhuhn 279–280
pernice 327
Perugia 49
pesca 327
pescatore, alla 381
pesce 327
pesce persico 328
pesce San Pietro 328
pesce spada 328
Pesto 34
Petersfisch 328
Petersilie 333
Petronius 14
petto 328
peverada 51, 328
Pfanne 290–291, 379
Pfannkuchenrollen 344
Pfeffer 326
Pfefferkuchen 314
Pfeffersauce 328
Pferdefleisch 266
Pfifferling 288–289
Pfirsich 327
Pflaume 334
Phylloxera 388
piada siehe piadin
piadin 328
piatto 381
piccagge 322
piccata 328
piccione 328
pici 322
piedino 329
Piemont, Weinbau 390
Piemonte (Piemont) 39–40
pietanza 381
pignolata 329
Pilze 288
pinci 322, 329
Pinienkerne 329
pinoccata 329
pinza 329
pinzimonio 33, 329
pisarei e faso 329
piselli 329
pissaladeira 330
pistacchio 330
pitta 330
Pizza 17, 240–243
Pizza, gefüllte 260
pizzaiola 330

pizzella 330
pizzicheria 381
pizzoccheri 35, 330
Platina 16
Plattiereisen 365
Pochieren 363
Pökelspezialitäten 341
Polenta 103–105, 316, 331
polenta a tordiglioni 38
polenta concia 50
Polenta, Topf für 379
pollastro 331
pollo 331
pollo alla cacciatora 331
pollo alla diavola 331
pollo alla marengo 331
pollo ripieno 332
polombo 313
polpa 381
polpette 332
polpetto 308
polpettone 332
polpo 332
polpo alla luciana 29
pomo d'oro 20
pomodoro 332
pomodoro, concentrato di 271
porcello di latte 333
porchetta 333
porcino 289
porrata 333
porro 333
potacchio 381
in 37
pranzo 381
prataiolo 289
preboggion 333
prescinsena 333
Presnitz 32, 333
prezzemolo 333
primo 382
primizia 382
Primitivo di Manduria DOC 404
Profitéroles 254
prosciutto cotto 334
prosciutto crudo 333
prosciutto d'Aquila 25
Prosecco di Conegliano 395
Prosecco di Valdobbiadene DOC 395
Provolone 334
prugna 334
Pudding 257
Brotpudding 303
Puglia (Apulien) 41–42
pulmentum 9–10
puls 9
punta di petto 334
puntarella 334
Pute 350

Q

quaglia 335
Qualitätsweine 338, 389
quartirolo 335
Quitte 274
Quittenkonfekt 274

R

radicchietto nano 32
Radicchio 268–269, 335
Ragout 296, 335
ragù 26, 335
rana 336
rane in guazzetto 37
rapa 336
raschera 336
Räuchern 363
Ravioli 322–323
Ravioli alla Pusterese 48
razza 336
Rebhuhn 327
Reblaus *siehe* Phylloxera
recchiettelle 38
Rehbock 263
Reis 97–102, 337–338
arancini 250
Reisauflauf 342, 354
Reiskroketten 349
Renaissance 14–17
Renke 298
Resteverwertung 364
rete 336
ribollita 46, 336
ricci di donne 27
ricciarelli 336
riccio di mare 336
Ricotta 13, 336
rigaglie 382
Rigatoni 323
Rindermark 304
Rindfleisch
albese, carne all' 248
bistecca 254
bollito misto 255
braciola 255
bresaola 256
coda di bue 270
costata 273
fettine 281
Jungbulle 302
lombata 299
luftgetrocknetes 256
manzo 302
mariniertes 265
Ochsenschwanz 270
Roastbeef 299
roh mariniertes 248
Rindsuppe, lombardische 302
Ringeltaube 313
ripassare 382
ripieno 382
riso 337–338
riso con la fonduta 39
riso in cagnone 338
Risotto 98–102, 338
risotto al salto 338
risotto alla certosina 37
risotto alla milanese 338
risotto alla renetta 47
risotto nero 338
Riviera Ligure di Ponente DOC 395
Roastbeef 299
robiola 338
Rochen 336

Roero DOC 395
rognone 339
Rom 32–33
rombo 339
Rosenkohl 266
Rosmarin 339
rosmarina 28
rosmarino 339
rosolare 383
Rosso Conero DOC 399
Rosso Piceno DOC 399
Röstbrothäppchen 275
Rösten 364
Rote Bete 252
Rote Grütze 346
rotolo 383
Roulade, sizilianische 280
Rübe 336
Rübensprossen 269
ruchetta 339
Rucola 339

S

Sacchi, Bartolomeo 16
Sackbrässe 313
Safran 25–26, 359
Saft 349
sagne chine 27
Sahne 316
Sahnecreme 317
salama da sugo 339
salame 339
Salami 30, 339
   fave di morti 281
   finocchiona 283
   kleine 259
   lonza 299
Salat bereiten 18
Salate 295–296, 297
   Genueser Fastensalat 262
   Mozarella-Salat 263
salatini 340
Salbei 341
sale 340
Salice Salentino DOC 404
salmì 383
salmoriglio 340
salsa 340–341
salsa verde 341
salsiccia 341
saltimbocca 341
salumi 341
salvia 341
Salz 11, 340
Salzgebäck 350
San-Daniele-Schinken 31
sanato 342
Sangiovese di Romagna DOC 395
sanguinaccio 342
sapore 343
sarago 342
sarda 342
sarde e beccaficu 342
Sardegna (Sardinien) 42–43

Sardelle *siehe* Anchovis
sardenaria siehe focaccia
sardina 342
sardinaira 330
Sardine 342
Sardinenauflauf 342
Sardinien, Weinbau 401–402
sartù 29, 342
Saubohne 280
Sauce 227–234, 340–341
   agliata 247
   agrodolce 247
   aus Genua 352
   bagna caôda 252
   carbonara 263
   Pastasauce, sahnige 263
   pikante 343
Sauergemüse 346
Sauerteig 298
savoiardi 343
savore 343
scalco 19
scalogno 343
scaloppa siehe scaloppina
scaloppina 343
Scamorza 25, 343
scampo 343
scapece 25, 343
scapice 25, 26
Scappi, Bartolomeo 17–18, 22
scarola 343
scarpazzone 343
Schaf
   castrato 266
   Hammel 266, 307
   Mutterschaf 325
Schalotte 343
Schattenfisch 312
Schaugerichte 14
schiacciata 343
Schinken
   coppa 272
   culatello 275
   gekochter 334
   roher 333
Schlagsahne 297
Schleie 352
Schmalzgebäck 267, 268, 285, 360
Schmalzgrieben 268
Schmoren 386
Schmorpfanne 351
Schnecke 300
Schnepfen 253
Schnitzel 343
Schokolade 20
Schokolade, heiße 270
Schwarzwurzel 344
Schwein 349
Schwein, trojanisches 12
Schweinebacke, geräucherte 295
Schweinefett 349
Sardegna (Sardinien) 42–43
Schweinefleisch 301
   braciola 255

costoletta 273
cotenna di maiale 274
guanciale 295
lardo 297
lombatine 299
lonza 299
Milchferkel 333
porcello di latte 333
porchetta 333
Spanferkel 333
Speck 297, 314, 347
Schweinefüße 329, 359
Schweineleber 281
Schweineleberwurst 303
Schweinemettwurst 268
Schweinemetzgerei 378
Schweineragout 308
Schweineschmalz 349
Schweineschwarte 274
Schweinswurst 273, 359
Schweinswürstchen 341
Schwertfisch 328
scorfano 344
scorzonera 344
scottare 383
scottiglia 344
scripelle 344
seadas 43
secondo 383
sedani 321
sedano 344
sedano di Verona 344
sedano rapa 344
Seehecht 309
Seeigel 336
Seespinne 293
Seeteufel 270
Seezunge 345
Seezunge, marinierte 345
Sellerie 344
selvatica 307
semi di anice siehe anice
Semmelbrösel 307, 316
semola siehe semolino
semolino 344
Senffrüchte 308
Sepiatinte 309
seppia 345
sfincioni 345
sfogi in saor 345
sfoglia 345
sfogliata 325
sfogliatelle 345
sformato 345
sgombro 345
Sicilia (Sizilien) 43–45
Siedfleisch 255
Singvögel 12
Sizilien, Weinbau 401
smacafam 345
Soave DOC 395
sobbollire 383
soffritto 383

sogliola 345
sogliole all'emiliana 31
soncino 357
Sonnenblume 292
sopa coada 346
soppressata 346
sopressa 346
Sorbet 222, 346
sorbetto 346
sorbettiera 384
sottaceti 346
sottobosco 346
sott'olio 384
Spaghetti 44, 323
spaghettini 323
Spanferkel 333
spanocchia 261
Spargel 251
Speck 297, 314, 347
Speckstreifen 297
spezie 347
spezzatino 347
spiedini 347
spigola 255, 347
spinacio 347
Spinat 347
Spinat-Ricotta-Gnocchi 301
spoingarda siehe spongata
spongata 348
spremuta 384
Spumone 226, 349
spuntino 384
Staudensellerie 344
Steak 254, 272, 299
stecchi 349
Stefani, Bartolomeo 18
Steinpilz 289
stelline 323
stinchetti 49
stinco 349
stoccafisso 37, 51, 349
Stockfisch 349
stracchino 349
stracciatella 349
stracotto 384
Strandkrabbe 293
strangolapreti 349
strascinare 384
strascinati 49, 323
strozzapreti siehe strangolapreti
strucolo 349
Strudel 349
struffoli 349
strutto 349
Stubenküken 289
stufato 384
Süditalien, Weinregionen 400
Südtirol *siehe* Alto Adige
sugna 349
sugo 349
suino 349
sultanina 349
Sultanine 349
Suppe 63–73, 305–306, 360
   mit Marknudeln 318
   römische 349

Suppenhuhn 289–290
Suppennudeln 319
suppli 349
susina 334
suspirus 349
Süßspeisen 277
   sizilianische 329

T

tacchino 350
taccola 350
Tafelschiffe 14
Tagliatelle 323
tagliolini 323
Taleggio 350
tarallo 350
taralluccio siehe tarallo
tarantello 350
tartufo 350–351
tartufo al mare 351
Taube 22, 328
Taube *siehe auch* Ringeltaube
Taubensuppe 346
Taurasi DOCG 404
tavola calda 385
tegame 385
teglia 385
Teigsäckchen, gefüllte 279
telline 351
Teroldego Rotaliano DOC 396
terraglia 385
Thunfisch 352–353
   ventresca 357
Thunfischsalami 350
Thymian 352
   wilder 327
tiella 351
tielle di pesce 41
Timbale 351, 352
timballo 351, 385
timo 352
timpano 352
tinca 352
Tintenfisch 41, 345, 355
Tiramisu 352
Titus Livius 12
toc de purcit 31
tocco 352
Toma 352
Tomate 20, 332
Tomatenmark 271
Tomino 352
tonnarelli 323
tonnetto 352
tonno 352–353
Töpfe 381, 385
Topinambur 353
tordo 353
Torgiano DOC 399
torrini 50
torrone 354
torrone gelato 28
torta 354
torta di pane 354
torta di riso 354

415

REGISTER

torta di tagliolini 354
torta paradiso 354
torta pasqualina 354
torta sbrisolana 354
Torte 275, 354
Torteletts 345
tortelli 324
tortelli di zucca 35
Tortellini 324
tortelloni 324
tortiglioni 324
tortino 354–355
Toscana (Toskana)
45–47
Toskana, Weinbau
396–397
totano 355
tramezzino 355
trancia 355
trasumanza 38
Traubenhyazinthenknollen
297
Traubenmost 309
Traubensirup 357
tre bicchieri (Weinauszeich-
nung) 390
Trebbiano D'Abruzzo
DOC 399
trenette 324
Trentino DOC 396
Trentino, Weinbau
391
Tresterbrand 294
trifolare 385
triglia 355
trii 44
Trimalcho 14
tripa alla combusciana 38
trippa 355–356
trito 385
trofie 324
trota 356
Trüffel 36, 37, 39–40,
350–351
Trüffelhobel 363
Truthahn 350
tuorlo d'uovo 356

U

uccellini scappati 356
Umbria (Umbrien)
48–49
umbrici 49

Umbrien, Weinbau 397
umido, in 386
uovo 356
uva 356

V

valerianella 357
Valle d'Aosta (Aostatal)
49
Valpolicella & Recioto
Della Valpolicella
DOC 396
Valtellina DOC 396
vaniglia 357
Vanille 357
Vanillecreme, gebackene
274
Vanillesauce 274
Varro 11
Venetien, Weinbau
391
Veneto (Venetien) 50–51
veneziana, alla 386
Venezianische Art 386
ventresca 357
ventricina 25
ventriglio 357
Venusmuschel 358
Verdicchio dei Castelli di
Jesi DOC 399
verdure 357
Vermentino di Gallura
DOCG 404
vermicelli 324
Vernaccia di Oristano
DOC 405
Vernaccia di San
Gimignano DOC
400
Veronelli, Luigi 390
vezzana 47
Vezzena 357
Vialardi, Giovanni 22
vignarola 357
Vin Santo 400
Vincisgrassi 37
vincotto 357
vino da tavola 405
Vino Nobile di Monte-
pulciano DOCG
400
virtù 357
vitello 358

vitello tonnato 36, 358
vitellone 358
vitto ordinario (Hausmannskost) 18
vitto pitagorico 22
Vollkorn 296
vongola 358
Vorspeise 249

W

Wacholder 291
Wachtel 335
Waldschnepfe 253
Walnuss 310
Wasserbad 365
Wassermelone 270
Wein
Erzeugerabfüllung
406
Geschmacksbezeich-
nungen 406
Glossar 407
Gütesiegel 406
Herkunftsbezeichnun-
gen 388
Produktionszonen
388
Qualitätsstufen 405
Ursprungsbezeich-
nung 406
Zusatzbezeichnungen
406
Weinbau, Geschichte
387–388
Weinbauregionen
390–391
Weinetikett 405
Weingesetze 388,
405–406
Weinkauf, Wissenswertes
zum 405
Weinprädikate 406
Weinproduktion 388,
389
Weinrecht 388,
405–406
Regierungserlass
Nr. 164 (Qualitäts-
stufen) 388, 406
Regierungserlass
Nr. 930 (Qualitäts-
stufen) 388, 406
Weinschaumcreme 359

Weizen 287
Wild 143–147, 268
daino 276
Wildente siehe Ente
Wildhase 298
Wildkräuter 278
Wildpilze, getrocknete
289
Wildragout 290–291
Wildsalat 306
Wildschwein 14, 269
Wirtshaus 379
Wolfsbarsch 255, 347
Wurst
affettato 247
Aufschnitt 247
Blutwurst 342
capocollo 261
cappello del prete 262
ciauscolo 268
cotechino 273
lonza 299
luganega 299
mazzafegati 303
Mettwurst 299
Mortadella 308
mosciame 308
musetto 309
Pökelspezialitäten
341
salama da sugo 339
salsiccia 341
salumi 341
sanguinaccio 342
Schweineleberwurst
303
Schweinemettwurst
268
Schweinswurst 273,
359
Schweinswürstchen
341
soppressata 346
sopressa 346
tarantello 350
Thunfischsalami
350
zampone 359
Würstchen 358
Wurstel 358
Wurstsorten 30
Würzextrakt 278
Würzmischung 294
Würzsauce 330, 340

Z

Zabaglione siehe
Zabaione
Zabaione 359
Zackenbarsch 267
zafferano 359
Zahnbrasse 276
zaleti 359
zampetti 359
zampone 359
Zedratzitrone 267
Zelten 48
zenzero 45, 360
zeppole 360
Ziegenkitz 263
Ziegenschinken 307
Zimt 261
zite siehe ziti
ziti 324
Zitronat 267
Zitrone 298–299
Zubereitungsarten
a scapece 343
al dente 369
all' abruzzese 363
all' agro 364
all' arrabiata 364
all' inglese 374
alla bolognese 366
alla boscaiola 366
alla cacciatora 367
alla genovese 372
alla giardiniera 291
alla marinara 376
alla milanese 378
alla napoletana 378
alla paesana 379
alla parmigiana 380
alla pescatore 381
alla veneziana 386
in bianco 22, 366
in guazzetto 373
in umido 386
zucca 360
Zucchine 360
Zucchiniblüte 283
zuccotto 360
Zuckerschote 350
Zunge 299
zuppa 360
zuppa inglese 361
Zwieback 289
Zwiebel 270